经时济世
继往开来
贺教育部
重大攻关项目
成果出版

季羡林
时年九十有八

教育部哲学社會科学研究重大課題攻關項目

“十三五”国家重点出版物出版规划项目

居民收入占国民收入比重统计指标体系研究

RESEARCH ON THE INDEX SYSTEM OF RESIDENTS' INCOME SHARE IN NATIONAL INCOME

刘 扬

等著

中国财经出版传媒集团

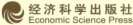

经济科学出版社

Economic Science Press

图书在版编目（CIP）数据

居民收入占国民收入比重统计指标体系研究/刘扬等著.
—北京：经济科学出版社，2016.12
ISBN 978-7-5141-7515-8

Ⅰ.①居… Ⅱ.①刘… Ⅲ.①居民收入-统计指标体系-研究-中国②中国经济-国民收入-统计指标体系-研究 Ⅳ.①F126.2②F124.7

中国版本图书馆CIP数据核字（2016）第297183号

责任编辑：于海汛
责任校对：杨晓莹
责任印制：邱　天

居民收入占国民收入比重统计指标体系研究
刘　扬　等著
经济科学出版社出版、发行　新华书店经销
社址：北京市海淀区阜成路甲28号　邮编：100142
总编部电话：010-88191217　发行部电话：010-88191522
网址：www.esp.com.cn
电子邮件：esp@esp.com.cn
天猫网店：经济科学出版社旗舰店
网址：http://jjkxcbs.tmall.com
北京季蜂印刷有限公司印装
787×1092　16开　37印张　700000字
2017年6月第1版　2017年6月第1次印刷
ISBN 978-7-5141-7515-8　定价：98.00元
（图书出现印装问题，本社负责调换。电话：010-88191510）

课题组主要成员

（按姓氏笔画排序）

刘　扬　纪　宏　纪思亮　梁　峰　康　磊
戴媛媛

编审委员会成员

总　序

哲学社会科学是人们认识世界、改造世界的重要工具，是推动历史发展和社会进步的重要力量，其发展水平反映了一个民族的思维能力、精神品格、文明素质，体现了一个国家的综合国力和国际竞争力。一个国家的发展水平，既取决于自然科学发展水平，也取决于哲学社会科学发展水平。

党和国家高度重视哲学社会科学。党的十八大提出要建设哲学社会科学创新体系，推进马克思主义中国化时代化大众化，坚持不懈用中国特色社会主义理论体系武装全党、教育人民。2016 年 5 月 17 日，习近平总书记亲自主持召开哲学社会科学工作座谈会并发表重要讲话。讲话从坚持和发展中国特色社会主义事业全局的高度，深刻阐释了哲学社会科学的战略地位，全面分析了哲学社会科学面临的新形势，明确了加快构建中国特色哲学社会科学的新目标，对哲学社会科学工作者提出了新期待，体现了我们党对哲学社会科学发展规律的认识达到了一个新高度，是一篇新形势下繁荣发展我国哲学社会科学事业的纲领性文献，为哲学社会科学事业提供了强大精神动力，指明了前进方向。

高校是我国哲学社会科学事业的主力军。贯彻落实习近平总书记哲学社会科学座谈会重要讲话精神，加快构建中国特色哲学社会科学，高校应需发挥重要作用：要坚持和巩固马克思主义的指导地位，用中国化的马克思主义指导哲学社会科学；要实施以育人育才为中心的哲学社会科学整体发展战略，构筑学生、学术、学科一体的综合发展体系；要以人为本，从人抓起，积极实施人才工程，构建种类齐全、梯队衔接的高校哲学社会科学人才体系；要深化科研管理体制改革，发挥高校人才、智力和学科优势，提升学术原创能力，激发创新创造活力，建设中国特色新型高校智库；要加强组织领导、做好统筹规划、营造良好学术生态，形成统筹推进高校哲学社会科学发展新格局。

哲学社会科学研究重大课题攻关项目计划是教育部贯彻落实党中央决策部署的一项重大举措，是实施"高校哲学社会科学繁荣计划"的重要内容。重大攻关项目采取招投标的组织方式，按照"公平竞争，择优立项，严格管理，铸造精品"的要求进行，每年评审立项约40个项目。项目研究实行首席专家负责制，鼓励跨学科、跨学校、跨地区的联合研究，协同创新。重大攻关项目以解决国家现代化建设过程中重大理论和实际问题为主攻方向，以提升为党和政府咨询决策服务能力和推动哲学社会科学发展为战略目标，集合优秀研究团队和顶尖人才联合攻关。自2003年以来，项目开展取得了丰硕成果，形成了特色品牌。一大批标志性成果纷纷涌现，一大批科研名家脱颖而出，高校哲学社会科学整体实力和社会影响力快速提升。国务院副总理刘延东同志做出重要批示，指出重大攻关项目有效调动各方面的积极性，产生了一批重要成果，影响广泛，成效显著；要总结经验，再接再厉，紧密服务国家需求，更好地优化资源，突出重点，多出精品，多出人才，为经济社会发展做出新的贡献。

作为教育部社科研究项目中的拳头产品，我们始终秉持以管理创新服务学术创新的理念，坚持科学管理、民主管理、依法管理，切实增强服务意识，不断创新管理模式，健全管理制度，加强对重大攻关项目的选题遴选、评审立项、组织开题、中期检查到最终成果鉴定的全过程管理，逐渐探索并形成一套成熟有效、符合学术研究规律的管理办法，努力将重大攻关项目打造成学术精品工程。我们将项目最终成果汇编成"教育部哲学社会科学研究重大课题攻关项目成果文库"统一组织出版。经济科学出版社倾全社之力，精心组织编辑力量，努力铸造出版精品。国学大师季羡林先生为本文库题词："经时济世　继往开来——贺教育部重大攻关项目成果出版"；欧阳中石先生题写了"教育部哲学社会科学研究重大课题攻关项目"的书名，充分体现了他们对繁荣发展高校哲学社会科学的深切勉励和由衷期望。

伟大的时代呼唤伟大的理论，伟大的理论推动伟大的实践。高校哲学社会科学将不忘初心，继续前进。深入贯彻落实习近平总书记系列重要讲话精神，坚持道路自信、理论自信、制度自信、文化自信，立足中国、借鉴国外，挖掘历史、把握当代，关怀人类、面向未来，立时代之潮头、发思想之先声，为加快构建中国特色哲学社会科学，实现中华民族伟大复兴的中国梦作出新的更大贡献！

教育部社会科学司

前　言

自古以来，国富与民富的关系是政治家、思想家关注的基本命题之一。国富和民富分别体现在国家和居民的收入上。国富是“经邦”的核心，“经邦”就是要通过国家管理使国家富强起来，有更多的财政收入。而民富则是“济世”的核心，“济世”就是要通过好的政策使老百姓富起来。国富与民富是一种对立统一的关系。对立体现在：在国家财富的分割过程中，国家财政多了，即国多富，则老百姓的所能分到的财富就少了，即民少富，反之亦然。国富与民富统一性体现在：只有老百姓提高生产率，获得了更多的财富，国家才能获得更多的税收；只有国家富了，才能强大，进而保护老百姓的生命财产安全。

从以上对立统一关系可见，国富与民富同收入分配政策密切相关。新增财富应该按何种比例在国家、居民与企业部门之间分配？国家与居民收入的分配比例是否恒定？是经济领域存在争议、悬而未决的学术问题之一。早在20世纪50年代，著名经济学家卡尔多认为，劳动收入占国民收入比重保持稳定是经济学当中的典型事实。但是，20世纪90年代开始，大量研究表明，世界各国劳动收入占国民收入比重并不稳定。2000~2008年，众多学者的研究普遍认为，我国居民收入占国民收入比重、劳动收入占初次分配收入比重显著下降。我们的国家逐步富了，但是许多民众尚未致富。“国进民退”的声音开始传播、放大，逐步成为社会热议的焦点之一。在学术界对居民收入占国民收入比重问题研究逐步升温的背景下，2012年，教育部提出了一个重大研究课题“居民收入占国民收入比重统计指标体系研究（项目编号：12JZD026）”。该课题向全国科研院所公开招标，中央财经大学以刘扬教授为首席专家的研究团队成功竞标。本书成文于该课题的研究报告，是该课题的重要研究成果之一。

准确认识我国居民收入比重问题需要有先进的工具和方法，需要大量的理论和实证研究。我国幅员辽阔，居民收入占国民收入比重的结果是各类群体的收入涓流而成。从地区的角度看，有的地区居民收入比重落后，而有的地区收入比重超前。从行业的角度看，有的行业收入比重落后，有的超前。类似地，就业于不同类型单位的居民、城镇与农村居民在各时期收入比重存在不同差异。在对我国居民总体收入比重进行研究之外，将居民收入比重问题深入到各类群体当中，是本研究的着力点之一。

居民的收入和支出对居民的最终可支配收入比重均有影响。从收入来源来看，居民收入可划分为劳动收入、财产收入、经营性收入、转移性收入四类。其中前三类属于初次分配收入，后者属于再分配收入。从支出项目来看，主要包括生产税支出、利息支出、所得税支出、社会保障支出等。本书的结构主要根据国民收入分配流程和分配项目来编排，从增加值、初次分配到再分配。研究内容涵盖了国民收入分配环节当中居民主要的收入和支出项目，对各类收入项目的研究自成体系又彼此相连。因此，本书既可为关注我国居民收入占国民收入比重的读者提供参考，同时也能为关注居民某类收入或者支出的研究者提供参考。

本书致力于建立一套详细的指标体系来描述、定位、监测、分析和评价居民收入占国民收入比重。实现这一目标的研究路途并非一帆风顺，在研究解决数据缺乏问题过程中我们进行了多项技术攻关，同时取得了一些可喜的研究成果。例如，提出了通过上市公司报表文本数据测算分析居民劳动收入比重的方法，改进了将低频率年度指标转化为高频率季度指标和月度指标的方法。研究方法上的革新在本书导论的创新之处一节中进行了概括，这些方法上的革新对经济和统计相关领域的研究具有启发性和参考价值。

最后，就我国居民收入分配需要在理论、方法和政策上解决的问题而言，我们所做的工作只是沧海一粟。由于笔者的研究水平有限，书中难免存在不足乃至不当之处，敬请读者批评指正。展望未来，我们将继续秉持帮扶收入落后群体，促进我国居民共同富裕的初心，为中国收入分配理论和方法的研究，为中国经济与统计学科的发展而努力！

刘　扬

2016 年 9 月于中央财经大学

摘要

本研究报告包括八部分内容：导论；理论基础和研究框架；居民初次分配收入比重指标体系研究；居民再分配收入比重指标体系研究；居民收入占国民收入比重综合分析；提高居民收入占国民收入比重政策研究；居民收入占国民收入比重微观研究；居民收入占国民收入比重指标季度分解方法研究。

一、导论

导论部分介绍了本课题研究内容的产生背景、研究现状以及研究内容。本课题是在我国居民收入占国民收入比重呈持续下降，党和政府提出逐步提高居民收入在国民收入分配中比重这一背景下展开的。通过对当前国内外居民收入比重相关文献的梳理，总结了已有研究的成果，分析了存在的问题，在此基础上确定了研究内容和需要重点解决的问题。研究的主要内容包括六个方面：居民收入比重相关概念与统计口径研究；居民收入比重相关缺失数据的处理方法研究；不同阶段、不同类型收入占国民收入比重研究；财政收入以及民生财政支出指标研究；居民收入占国民收入比重变动趋势分析；居民收入分配政策模拟与建议研究。

二、理论基础和指标框架说明

理论分析具体包括：国民收入决定理论、居民收入分配理论、要素收入份额决定理论、劳动收入水平决定理论、财产性收入决定理论。本研究一共构建了99个指标，这些指标从不同的角度反映和分析居民收入占国民收入比重情况。指标体系沿着居民收入形成和分配过程这条主线，针对每个环节的收入和支出项目构建描述性、分析性和评价性指标。每个分配环节形成一个指标群，指标群之间相互联系，指标群内部具有一定的逻辑关系。使用构建的指标，针对我国全体居民（香港、澳门和台湾地区除外）以及特定群体居民的收入比重或者收支状况进行测算、比较和分析。

三、居民初次分配收入比重指标体系研究

初次分配收入指标群主要包括：居民部门增加值比重指标群；劳动收入指标群；居民财产收入指标群；居民生产税支出指标群；国民收入初次分配格局指标群。

在居民初次分配收入比重指标构建过程中，研究了以下指标口径问题：国民收入分配中国内外对居民部门的界定范围差异；国内外居民部门增加值核算方法差异；我国劳动报酬统计口径调整及其对劳动收入比重测算的影响；国民核算中财产性收入与经济学当中财产性收入统计范围差异及其影响。

在居民部门增加值比重指标群当中，主要测算了居民部门增加值占国民收入比重及其变动情况。分析了居民部门增加值最大估算项目（居民部门自有住房增加值）估算方法的国内外差异：我国使用成本法估算，国外使用租金等价法估算。对居民部门增加值及其构成项目占国民收入比重进行了国际比较。

在劳动收入指标群当中，分别研究了劳动收入水平和劳动收入比重两个方面问题。使用劳动收入水平指标研究了以下几大类群体的劳动报酬状况：城镇和农村居民；分地区居民。对于城镇居民，进一步研究了不同所有制单位、不同注册类型单位、不同行业、不同地区的劳动报酬状况。对于农村居民，主要研究了不同地区的劳动报酬状况。此外，还研究了我国与国外制造行业的劳动报酬水平差异。

对于劳动收入比重问题，使用不同数据来源测算的劳动收入占国民收入比重；劳动报酬占劳动与资本收入比重；估计了自雇佣者劳动

报酬占国民收入比重；从微观的角度，分别测算分析了城镇和农村不同收入水平家庭劳动收入占家庭总收入（纯收入）比重。

在居民财产收入指标群当中，分别从国民核算口径以及经济学口径构建居民财产收入比重指标。在国民核算口径当中，测算分析了居民部门财产收入净额占国民收入比重以及财产收入细目比重，其中利息收入是居民最主要的财产收入来源。构建存贷款利差指标分析了我国居民利息收入变动情况。国民经济核算对财产收入的统计口径小于经济学的统计口径，租金收入、资产增值收入属于后者而不属于前者。分析了不同统计口径财产收入对居民收入分配格局测算的影响。在经济学口径下，分别测算分析了城镇和农村居民不同收入水平家庭的财产收入水平、结构以及差距。

居民生产税支出指标群当中，分别测算分析了居民、政府和企业部门生产税占国民收入比重、占本部门增加值比重。测算了生产税的税种结构，即增值税、消费税、营业税、关税的比例关系。实证测算分析了生产税对居民收入比重的直接影响和间接影响。直接影响主要体现在居民部门缴纳生产税对居民初次分配收入比重的影响，间接影响主要体现在企业部门支付劳动报酬的影响。

在国民收入初次分配格局指标群当中，从宏观的角度分别测算分析了居民、政府和企业部门的初次分配格局（各个部门收入占国民收入比重），测算分析了我国初次分配之后形成的总体要素收入分配格局（劳动报酬、生产税、资本收入），同时测算分析了居民、政府和企业内部初次要素收入分配格局；从微观的角度，分别测算分析了城镇和农村居民不同收入水平家庭初次分配收入占家庭总收入（纯收入）比重。

四、居民再分配收入比重指标体系研究

居民再分配收入比重指标群包括五个部分：个人所得税指标群；社会保障指标群；转移性收入指标群；居民可支配收入指标群；政府财政再分配指标群。

个人所得税属于居民的支出项目，在调节收入差距的同时，直接影响居民可支配收入比重。在个人所得税指标群当中，从宏观的角度

测算分析了个人所得税总额占国民收入比重、个人所得税征收项目的结构；从微观的角度，测算分析了城镇居民不同收入水平家庭的税赋水平和负担。通过 MT 指数及其分解，实证测算结果显示我国个人所得税对收入差距调节的功能较弱。

社会保障指标群主要从宏观的角度分析了我国收入再分配力度。主要包括：社会保险缴款支出、社会补助收入、其他经常转移收入占国民收入比重。从微观的角度看，养老金收入是居民主要的社会保障收入，指标群对城乡居民社会养老金和城镇职工基本养老金两大养老金体系展开研究。测算分析了城镇职工基本养老金当中企业离退休金、机关离退休金、事业单位离退休金水平和差距。同时测算分析了分地区城乡社会养老金水平。分析了养老金抚养比率、替代比率等指标的相关关系。研究表明，抚养比率与养老金收支比率及缴款率之间具有显著的正向关系；抚养比率较高地区的收支比率以及缴款比率也较高；缴款率与替代率之间也呈现显著的正向相关关系。养老金指标国际比较表明，我国养老金储备占 GDP 比重显著低于 OECD 国家。

转移性收入指标群主要从微观的角度，分别对城镇和农村居民的转移性收入水平和比重进行研究。测算分析了不同地区、不同收入水平家庭转移性收入占家庭总收入（纯收入）比重。测算分析了全国以及地区之间转移性收入差距。为了测算和分析转移性收入对收入差距的调节作用，提出了转移性收入对总收入差距的贡献率、转移性收入对总收入差距相对边际效应的计算方法。

在居民可支配收入指标群当中，从宏观的角度对居民、政府和企业部门可支配收入占国民收入比重进行了测算分析。2000 年以后，居民可支配收入比重曲线呈现宽口的“U”型，“U”型的底部出现在 2008 年附近，表明居民收入份额先下降，后逐步回升。但是，2012 年居民可支配收入份额仍比 2000 年低约 5%。从微观的角度，分别对城镇与农村居民可支配收入（纯收入）水平、增长速度、与 GDP 增长速度的差额进行了测算分析。对不同收入水平家庭的可支配收入（纯收入）水平和差距进行了测算，研究表明：2013 年，农村居民纯收入基尼系数约为 0.356，同期城镇居民可支配收入基尼系数约为 0.290，农村居民内部收入不平等程度显著高于城镇居民。而且，2010 年以来城镇居民可支配收入的不平等呈现下降趋势，而农村居民的这一趋势尚未显现。

政府财政再分配指标群对我国民生财政支出情况进行了测算分析，同时进行了国际比较。首先，对我国财政收入占国民收入比重进行了测算，包括财政税收收入和预算外收入。近年来，税收收入占财政收入比重呈现下降趋势，而以土地出让金为代表的非税收入比重快速增长。然后，对政府财政收入投入到民生领域的比重进行测算分析。主要包括：社会保障支出比重、财政教育支出比重、政府医疗卫生支出比重、政府保障房支出比重。

五、居民收入占国民收入比重的综合分析

主要从三个方面对居民收入占国民收入比重进行分析。第一，从居民收入和支出的视角分析居民可支配收入比重变动；第二，从要素分配格局的角度分析劳动收入比重变动对工资增长的影响；第三，从国际比较的角度分析我国居民收入比重下降的原因。研究表明：居民收入占国民收入比重变动是初次分配以及再分配阶段居民各类收入和支出综合所用的结果，其中居民部门增加值是关键影响环节；劳动生产率的增长是我国近年来所有群体劳动报酬增长的主要源泉与动力，劳动要素收入份额下降拖累了劳动报酬增速；我国财政收入和企业利润在不同程度上挤占了居民的收入份额；中美两国税收结构差异对两国居民初次分配收入比重差异有较大的影响。

六、提高居民收入占国民收入比重政策研究

及时获得居民收入占国民收入比重信息能够提高政策的时效性。针对计算居民收入占国民收入比重指标所需数据发布滞后期较长，使用居民可支配收入（纯收入）增速预测居民收入占国民收入比重。为了了解当前再分配政策的效果，使用居民转移性收入指标构建基尼系数分解模型，分析转移性收入的再分配效应。

政策研究包括政策模拟和政策建议两部分内容。政策模拟包括：不同转移收入分配方案对城镇居民收入公平度的影响。基于特定公平

度的收入分配政策选择，研究给定基尼系数之后，转移性收入可以如何分配；给定基尼系数和平均薪酬水平之后，企业高管薪酬理论范围。

在进一步明确我国当前居民收入占国民收入比重问题之后，从以下五个方面提出了比较具体的政策建议。第一，努力提高劳动收入占居民收入比重；第二，拓宽和完善居民财产收入渠道；第三，建立安全和可持续发展的社会养老、医疗保障体系；第四，改革和完善我国税制结构及征缴方式；第五，关注弱势群体、缩小收入差距。

七、居民收入占国民收入比重微观分析

使用上市公司数据研究发现，与我国劳动收入占国民收入比重下降这一整体趋势不同，上市公司劳动报酬占企业增加值的比重逐年上升，2007～2009年，从24.6%上升至29.7%。同是上市企业，不同行业之间劳动收入份额相差较大。研究得出以下政策启示：一是劳动收入份额下降并不是发生在所有群体当中，而是在特定的群体当中；二是促进劳动收入份额提升的政策措施不能“一刀切”，而应该有针对性。

八、居民收入占国民收入比重季度分解方法研究

由于部分宏观经济指标发布周期较长，通常为年度指标，季度或者月度指标缺失，因此难以计算季度和月度居民收入占国民收入比重，针对这一问题，第七章对低频指标高频分解方法进行了研究。该研究在综合比较了有指示变量与无指示变量的分解方法的基础上，使用我国可得的宏观经济变量构建分解模型，对我国年度GDP、居民可支配收入占国民收入比重指标进行了季度分解。

Abstract

Introduction Section

Introduction section introduces the research background, relavent literature, and the research framework. In the background that China residents' income share in national income has decreased continuously in recent year, and that the Chinese Communist Party (CCP) and Chinese government decide to stop this downward trend and plan to raise the share of residents income gradually. From the review of current domestic and foreign related literature, the existing research results and problems are summarized. On the base of these, the research content and the problems that need to be solved are determined. The main research contents of this study include six aspects: income share related concepts and statistical caliber; missing data's processing method that income share related; residents' income share that from different stage and types; fiscal revenue and expenditure on people's livelihood; variation and trend of residents' income share; simulation and suggestions of policy for improving residents' income.

Theoretical Basis and Index Framework Description

The theoretical analysis includes national income determination theory; residents' income distribution theory; factor income's share determination theory; labor income determination theory; property income determination theory. Ninety-nine indicators are constructed in this book, and these indicators reflect and analyze the share of the residents' income from different point of view. The index system is consistent with the main line of the resident income's formation and distribution, the descriptive, analytical and evaluative types of indicators are constructed from both revenue and expenditure perspective. Each income distribution stage forms an index group, and the index group is connected with each other and has a certain logic relation ship. With these indicators, we calculated, compared and analyzed the income share of the balance of payments for all residents and residents of special groups in China (expect Hongkong SAR, Macao

SAR and Taiwan Rrovince).

Research on the index system of residents' primary income distribution

The index groups in primary income distribution mainly include: the added value distribution index group; labor income index group; residents' property income index group; residents' production tax expenditure index group; primary distribution of national income index group.

In the process of constructing the indexes of primary income distribution, the following indicators caliber problems are studied: the definition differences of the resident sector between the domestic and the foreign, the differences of resident sector's added value accounting between the domestic and the foreign, the adjustment of China's labor remuneration statistical caliber and its influence on the share measurement of labor income, the differences of property income statistical scope between National Accounting and Economics and its influence.

In the added value distribution index group, the values and trends that the proportion of resident sector's added value to the GDP is calculated and analyzed. The estimation methods differences in private housing added value are discussed, which is the maximum estimation item in resident sector added values. Private housing added value use the cost estimation method in China, while it takes the rent equivalent estimation method in foreign countries. An international comparison of the resident sector added value and its component's proportion to national income are made.

In the labor income index group, the labor income level and its proportion to the GDP are studied respectively. Study object includes urban and rural residents, different province's residents. For the urban, residents from different ownership units, different registration type units, different industries and different areas are further investigated. For the rural, study mainly concernsresidents from different areas. In addition, the differences of the compensation between the domestic and foreign manufacturing industries are analyzed.

For the problems existed in the labor income's proportion measurement, using different data sources, the proportion of labor income to national income, the proportion of labor remuneration to the sum of labor and capital income, the proportion of self-employed labor remuneration to national income are investigated. From the microscopic point of view, urban and rural household's labor income to their total household income or net income are measured by income quantile groups.

In the residents' property income index groups, we construct the resident property income index from national accounting caliber and economic caliber. In the national accounting caliber, we calculate and analyze the proportion of the resident sector's net property income to national income, and the details of the property income's proportion, in which interest income is the most important source of income for the residents. And we analyze the changes of residents' interest income by constructing deposit and loan interest spread. The property income statistical caliber in National Economic Accounting is narrower than the statistical caliber in Economics, the rental income and the asset premium income belong to the latter while they do not belong to the former. We also analyze the influence of property income on the estimation of the income distribution pattern from different statistical caliber. In the economics caliber, we calculate and analyze the property income level of different income levels of urban and rural families, and their structure and the gap.

In the index groups of residents' production tax expenditure, we respectively calculate and analyze the proportion of the residents, government and enterprise sector's production tax accounting for the national income, and the proportion accounting for their own sector's added value. And we also calculate the tax structures of the production tax, which are the proportional relationship of the added value tax, consumption tax, business tax and tariff. Then we calculate and analyze the direct and the indirect influence of production tax on the proportion of residents' income. The direct influence is mainly reflected on the primary income distribution, while the indirect influence is mainly reflected on the labor remuneration payed by business sector.

In the primary distribution of national income index group, we calculate and analyze the primary distribution pattern of the residents, the government and the enterprise sector (the proportion of each sector's income in the national income) from the macro point of the view. And we calculate and analyze the overall factor income distribution pattern (labor remuneration, production tax, capital income) which has produced after the primary distribution, and the primary factor income distribution pattern in residents, government and enterprise. From the microscopic point of view, we calculate and analyze the proportions of the primary distribution income to the total household income (or net income) of rural and urban residents' who come from different income levels' families.

Research on the index system of residents' redistribution income

The residents' redistribution income index group contains of five aspects: personal income tax indicators, social security indicators, transfer payment indicators, residents' disposable income indicators and fiscal redistribution indicators.

Social security indicators object to describe and analyze the strength of income redistribution of China from macro point of the view, which include social insurance contributions indicators, allowance income indicators and current transfer indicators. From micro point of the view, social security welfare mainly consists of pension incomes, which refer to basic pension of urban workers and social pension of residents in China. The level and gap of pension that received by workers from enterprise, government, and public institute are estimated. Pension dependency ratio and replacement ratio are calculated and compared across provinces. Research results show that the relations are positive among that pension dependency ratio, social security contribution received to pension payment ratio, social security contribution received to salary payment ratio. What's more, the propertion of China's pension reserves to GDP is significantly lower than OECD countries.

The transfer payment indicators aim at analyzing the level and the propertion of transfer payment to their family income. The indicators are applied to residents from urban and rural areas. A new method is proposed that the transfer payment's marginal effect on total income inequality can be estimated.

Disposable income indicators are used to measure household, government and enterprise sectors' disposable income. From year 2000 till now, the curve that represent the residents' income share shows a "U" shape with bottom around year 2008. The outcome means that the share of the residents' income decreased from year 2002 to 2008 and increased after then. But the ratio in 2012 is still 5% lower than in 2000. From micro point of view, the level of households' disposable income, their growth rate and its gap to GDP growth rate are estimated. The inequality index of disposable income among families grouped by income are estimated. In 2013, Gini coefficient of rural household is 0.356 and that of the urban is 0.290. A decreasing tendency of household disposable income inequality emerges in urban area, which is not happened in the rural area.

Fiscal redistribution indicators depict how fiscal revenues spend on residents' livelihood. The fiscal income to national income ratio that contains of fiscal income and extra-budgetary revenue were estimated and compared internationally. Results show that the ratio of tax revenue to fiscal revenue is decreasing while the proportion of land transaction fees is increasing in recent years. After this, the structure of fiscal expenditure on residents' livelihood is investigated, which includes expenditure on social security, education, medical and indemnificatory housing.

Comprehensive analysis of residents' income share in national income

Analyses mainly focus on three aspects. Firstly, the variations of residents' disposable income share from the point of view of incomes and expenditures, Secondly, the effect that changes on labor income share to the wage growth, finally, the reason of decreasing trends that took place in China. The empirical research shows that the variations of residents' disposable income share are resulted in the mix-effect of incomes and expenditures in primary and secondary income distribution. The added value of residents is a key factor affecting the share. The increase of labor productivity is the driver of compensation in recent year, while the descending of labor income share hinders the growth of compensation. The increment in the share of fiscal income and company's profit also lead to residents' income share decrease. The structure difference of tax revenue between USA and China explained most of residents' income share difference in primary income distribution.

Research on the policy to improve residents' income share in national income

To deal with the lagging of data release, predicting model is constructed to estimate the share of residents' income, which using the growth of residents'disposal income. Gini coefficient decomposition model is adopted to measure the effect of redistribution policies, which using transfer income indicators.

Policies simulation includes following aspects: Firstly, scenario simulation of different transfer payment policies, with which equality effect is investigated. Secondly, given the assuming Gini coefficient, several allocation solutions to transfer payment policies are proposed. Thirdly, given the assuming Gini coefficient and mean compensation, the theoretical range of compensation of company's senior managers is discussed.

After clarifying the key problems of residents' income share, five proposals are put forward. Firstly, make more effort to improve labor income share in household income. Secondly, broaden and improve the channel to increase property income. Thirdly, establish a safe and sustainable social pension and health care system. Fourth, promote the reform of China's tax system and its collection. Fifth, pay close attention to the needy and reduce income inequality.

Analysis of Residents' labor income share in national income from micro perspective

Using datas from listed companies, empirical results show an increasing tendency in recent years. From year 2007 to 2009, the labor share increase from 24.6% to 29.7%. Industries to which the company belonged pay an important role on the labor income share. The research result shows policies implications that the decrease of labor share is not occurred in all industries and the policies aim at improving labor income share should target precisely.

Research on quarterly decomposition method of residents' income share in national income

The release of some macro-economic indicators has a long lag and intervals, which usually published annually. This put obstacles to the monitoring of resident's income share quarterly or monthly. In chapter 7 some methods are put forward to decompose low frequency indicators to higher frequency indicators. On the base of comparing method with and without indicator items, China's annual GDP and the indicators of residents' disposal income share are decomposed into quarterly indicators.

目录

Contents

Contents

导 论

第一节 研究背景

逐步提高居民收入在国民收入分配中的比重，是党和政府针对我国收入分配中存在的突出问题提出的，这一重大现实问题的研究对经济理论提出了新的课题。要解决这个问题，首先要掌握居民收入占国民收入比重的现状、变动及影响因素，因而，如何通过一套完整的统计指标体系测算居民收入在经济运行的各阶段、各环节占国民收入比重及其变化，是对统计理论和方法提出的新课题。本课题的研究从实践中归纳总结出新的理论方法，完善收入分配理论，完善统计分析指标体系，并指导实践，具有重要的理论意义和学术价值。

一、问题的产生

近年来，我国居民收入占国民收入的比重呈持续下降的趋势，如图 0－1 所示。居民收入比重的下降引发了诸多经济问题和社会问题，影响了社会的安定。

首先，居民收入占国民收入比重下降直接影响了居民的消费能力，导致居民部门消费需求难以转化为实际消费。内需不足影响了我国经济增长方式的调整。投资、消费与出口是拉动经济增长的“三驾马车”，在过去的30年里，我国的经济增长高度依赖于投资和出口拉动，在经济起飞的初期，这种经济启动机制是合理的。随着经济改革的深入，问题逐渐显现，以投资为主体的外延型增长方式是不可持续的。在国际金融危机的大背景下，出口已经难以保持以往的高速增长，因此我国经济增长的出路在于转变经济增长方式，扩大国内需求。

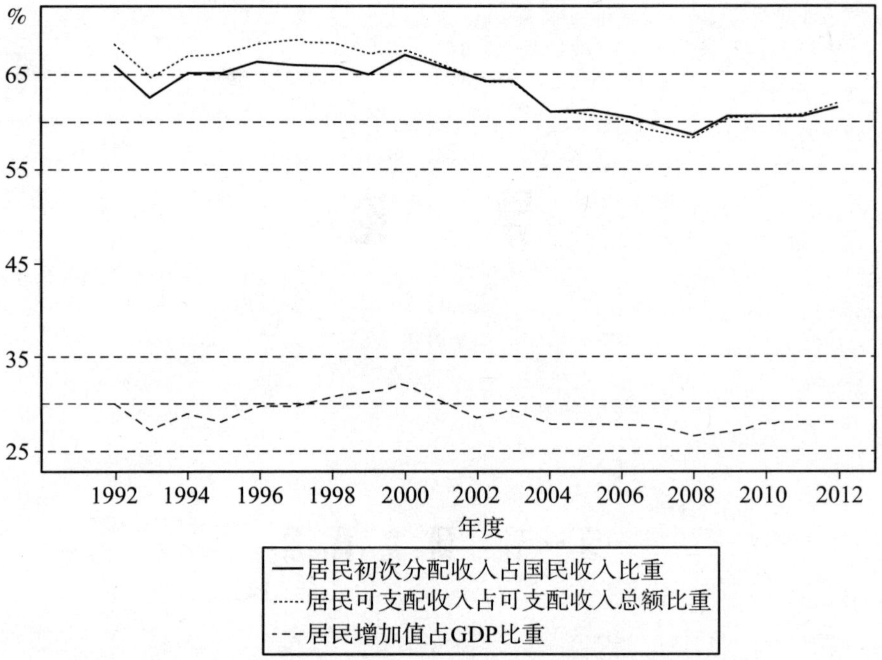

图 0-1　1992~2012 年居民收入比重变动趋势

资料来源：使用相应年度《中国统计年鉴》资金流量表数据计算。

其次，居民收入占国民收入比重不高且呈下降趋势，导致我国国民收入分配格局不合理。在主体分配格局方面，表现在居民所得比重偏低和企业负担过重，在功能分配格局方面，没有完全实现要素流动市场化，劳动者报酬占初次分配比重偏低，在规模分配格局方面，表现为居民内部收入差距持续扩大。

再次，居民收入比重问题不仅仅是经济问题，也是涉及民生和社会安定的重大问题。经过 30 多年的改革，GDP 持续高速增长，总量已达到世界第二的水平，但居民收入占国民收入的比重在持续下降。这引发了以下一系列问题：第一，从总体看，老百姓没有分享到经济增长的成果，国富民穷的趋势已初步显现；第二，在居民收入比重下降的同时，伴随着居民内部收入分配关系的不合理，收入差距持续扩大，引发了居民边际消费倾向下降，内需不足；第三，出现了一系列不稳定的社会矛盾。因而，缩小居民内部收入差距，已是当务之急。要缩小居民收入差距，首先要扩大居民收入比重。居民收入占国民收入比重不仅形成机理十分复杂，也是一个动态系统，因此，提高居民收入占国民收入比重也要从多因素方面加以考虑。在居民收入与国民收入的创造阶段，要营造一个公平竞争的环境，使居民收入的比重起点合理。在初次分配阶段，要激发生产要素的活性，提高劳动者报酬在初次分配中的比重，让更多的劳动者拥有财产收入，使间接税的征收更加合理；在再分配阶段，使直接税的征收更加合理，加大社会保险、社会保障、社会救助等政府向居民经常转移的力度。因而，居民收入占国民收入的比重问题需要用一套指标体系来研究，即居民收入占国民收入比重指标体系的构建问题。居民收入比重等于居民收入总额与国民收入总额的比值，它是一个反映宏观收入分配格局的重要指标，但是由于它的简单和高度概括性，它所给予的信息量十分有限，而且其掩盖了许多重要的信息。因此，度量居民收入占国民收入比重需要一套完整的指标体系，反映居民收入的形成过程、影响因素，这正是本课题的主要研究任务。

二、研究现状

居民收入占国民收入比重指标体系研究是一个非常复杂的问题。从研究内容来看，本书包括两个层面的问题：第一，反映居民收入占国民收入比重的指标研究。由于居民收入与国民收入在收入的形成、分配和使用过程中，有不同的表现形式，因而，居民收入占国民收入的比重不是用一个结构相对数就可以反映的，要用一套指标体系反映其动态过程。第二，居民收入占国民收入比重变化及影响因素的指标研究，主要包括初次分配的影响和再分配的影响。纵观国内外研究历史及现状，没有发现与本书相关的文献，但现有文献中就不同环节、不同问题的研究为本书提供了参考。归纳起来，本书研究现状可从三个层面展开：（1）反映国民收入主体分配格局的指标研究；（2）反映国民收入分配过程研究；（3）居民收入与国民收入指标问题研究。当前缺乏系统研究居民收入占国民收入比重指标体系的文献，目前文献可以归纳为几个方面：

（一）主体分配格局中居民收入比重指标

居民收入占国民收入比重统计指标体系研究是根据我国经济发展中的情况提出的命题，国外少有相关文献。居民收入占国民收入比重是国民收入主体分配格局的组成部分。根据经济学的四部门经济模型，国民经济主体从宏观上可以划分为四个部门，即居民部门、企业部门、政府部门和国外部门。由于国外部门在我国经济中比重不大，所以，我国国民收入主体格局是指三个部门在分配的初始阶段、收入形成阶段和最终阶段的分配格局，也就是一般所说的初始分配格局、初次分配格局和最终分配格局。

经济学中国民收入四部门决定理论是研究国民收入主体分配格局的基础。1947 年以来，英国经济学家斯通（R. Stone）所领导的专家小组经过多年的研究，对国民经济中住户（居民）、企业、政府及国外这四个部门进行了定义，将经济理论中的四部门转化成可以实际统计操作的机构部门，为之后学者研究主体分配格局奠定了基础。

早期的研究中，主体分配格局使用的指标不统一，也不规范。现有的文献表明，经过多年的发展，市场经济国家国民收入主体分配格局及居民最终可支配收入占国民收入比重比较稳定。经我们测算，1992 年以来，美国居民部门可支配收入的比重约为 74% 左右，政府部门收入的比重约为 15% 左右，企业部门约为 11% 左右，且多年来稳定在这个水平。乔根森和莫里斯（Jorgenson and Morris, 2008）对美国各收入主体对固定资产的分布情况进行了研究，根据国民收入账户数据计算，美国 2006 年固定资产在各宏观分配主体中的比例，其中居民部门占 38.6%；政府部门占 20.3%；企业部门占 40.1%。

要素收入占国民收入比重指标包括劳动收入占国民收入比重、资本收入占国民收入比重两个方面。根据乔根森（2008）测算，1948 ~ 2006 年美国资本收入占国民收入份额基本上维持在 40% 的水平，2006 年资本收入占国内总收入的 43.3%。乔根森还计算了同期美国各部门以 2000 年为基期的资本收入指数。2006 年，美国居民部门资本收入的价格指数为 0.97（2000 年为 1）；政府部门为 1.01；企业部门为 1.198。

在传统的计划经济国家和转型国家中，大量文献集中于积累和消费的比例以及国家、集体和个人三者之间利益关系的研究。很多学者（石良平，1992；胡海峰，1994；尹艳林，1999）研究了 1952 ~ 1998 年我国国民收入主体分配格局，推算了个人可支配收入份额，得出了一个基本结论：改革之前的近 30 年我国国民收入分配格局的一个明显特征是：个人可支配收入占国民收入份额长期固定在一个较低水平上。

20 世纪 90 年代，由于统计方法制度逐步与国际接轨，新国民经济核算体系建立，给学术研究提供了更好的技术支持和数据环境。这一时期的研究也更深入。有代表性的研究是国家计委课题组（1999）的课题成果，他们的研究以资金流量为分析基础，同时考虑到政府收入中的预算内和预算外收入，以及大量存在的制度外收入。这一时期研究的基本结论是：居民收入在国民收入分配中的比重有先提高后趋于稳定的态势，但与国际对比，居民收入份额仍较低。

2000 年以来，关于国民收入主体分配格局的研究更加规范，产生了许多有价值的研究成果。刘扬（2002）从国民收入的最终分配格局得出的结论是：1998 年政府所得比例为 17.3%，企业所得比例为 14.15%，居民所得比例为 67.25%；与 1992 年相比，政府所得降低了 1.8 个百分点，企业所得提高了 0.78 个百分点，居民所得降低了 0.66 个百分点；与 1978 年相比，政府所得降低了 16.6 个百分点，企业所得提高了 3.04 个百分点，居民所得比例提高了 12.25 个百分点。

田卫民（2008）利用中国统计年鉴公布的城市和农村人均可支配收入与人口数，也测算了 1978 ~2006 年的居民收入份额。这一时期的研究文献显示，居民收入在国民收入分配中的比重呈逐年下降的趋势。

（二）居民在国民收入分配过程中比重测度指标

国民收入的主体分配格局研究的是国民收入初始形成格局、初次分配格局、国民收入最终分配格局中政府、企业与居民的比重。从居民收入的比重来看，具体表现为居民部门增加值在国内生产总值中的比重指标、居民原始收入在国民总收入中的比重指标、居民可支配收入在国民可支配总收入中的比重指标。这三个指标在分配过程中发生了变化，变化的直接因素是国民收入的初次分配和再分配。

1. 初次分配中居民收入占国民收入比重指标研究

居民原始收入在国民总收入中的比重与居民部门增加值在国内生产总值中的比重之差，体现了初次分配对居民收入比重的影响。初次分配由市场根据参与生产的要素的贡献进行分配。初次分配对居民收入比重的影响指标可以进一步分解，计算出各生产要素收入比重变动对居民收入比重变动的影响，即生产税变动对居民初次分配收入比重变动影响指标；劳动收入变动对居民初次分配收入比重变动影响指标；财产收入变动对居民初次分配收入比重变动影响指标。

（1）生产税变动对居民初次分配收入比重变动影响指标。

生产税作为一种间接税，归政府所有，属于政府提供国内公共管理服务的报酬。生产税从两个方面对居民收入比重产生影响：一是直接影响，即居民部门缴纳生产税额度的大小；二是间接影响，因为生产税的赋税水平会影响到要素的收入，如劳动收入，而劳动收入是居民收入的主要来源，因此生产税会对居民的收入比重产生间接影响。大量税负文献的研究成果表明，税收归宿并不是由要素平均地承担，不同部门产品生产技术的资本密集程度、要素之间的替代弹性、各部门产品需求弹性的差异以及产品市场不完全竞争都将使税负变化对要素分配产生影响（Mieszkowski，1967；Fullerton and Metcalf，2002）。

我国学者白重恩和钱震杰（2010）研究发现，税负水平对劳动收入份额的影响显著为负，税率上升 1 个百分点，按要素成本法计算的劳动收入份额就降低约 0.8 个百分点，因此要素分配对税率并非中性。

（2）劳动收入变动对居民初次分配收入比重变动影响指标。

劳动收入作为居民收入最重要的组成部分，它的变动将直接影响到居民初次分配收入比重。关于劳动收入比重及其变化趋势的研究，国外文献根据研究结论可以概括为两种观点：

一种观点认为劳动收入份额在时间上或空间上保持恒定。其中认为劳动收入份额在时间上具有稳定性的代表人物是卡尔多（Kaldor，1956），他认为要素收入分配比重保持不变被认为是一个“典型化事实”。此观点在相当长时间内被新古典经济学家们认同，导致要素分配份额问题在20世纪70年代和80年代的研究中一直乏人问津。20世纪80年代末以来，一些国家要素收入分配比重的变化引起经济学家们的兴趣。认为劳动收入份额在空间上具有稳定性的代表人物是格林（Gollin，2002），他针对劳动收入份额具有空间稳定性的质疑做出了回应，认为劳动收入份额在不同的国家之间差距巨大的主要原因是这些国家数据质量的问题。他通过对被研究国家的自雇佣劳动者的劳动收入份额进行调整以后，绝大多数国家的劳动收入份额都落入0.65~0.8的范围之内。（Bernanke and Gurkaynak，2002）使用跨国的扩大样本，得到了与格林（2002）相同的结论。

另外一种观点认为劳动收入份额不具有时间上的稳定性，劳动收入份额呈下降趋势。哈里森（Harrison，2002）对格林（2002）通过小样本国家数据得出的结论提出了不同的观点，通过对1960~1997年更多劳动份额数据点的研究，哈里森发现即使调整了自营收入，劳动份额也并不为常数；同时他发现，这30多年间，劳动份额在穷国下降，在富国上升。国外众多学者的研究表明，近20年里，劳动收入份额在下降（Wallace，Leicht et al.，1999；Harrison，2002；Takeuchi，2005；Guscina 2006；Bental and Demougin，2010；Kristal，2010）。

我国学者对中国劳动收入份额的变化趋势也展开了广泛且深入的研究。在理论研究方面，很多学者就按劳分配问题、按要素分配问题展开了系列讨论，对我国实行的按劳分配为主体、多种分配方式并存的分配制度做了大量研究。在实证研究方面，李扬（1992）首次计算了新中国成立后到1990年间的劳动收入比重，发现改革开放以前劳动收入份额被抑制在较低的水平，而改革开放后劳动收入比重逐渐增加。国家计委综合司课题组（1999）对1992~1998年我国宏观分配的总体格局进行测算发现，在宏观收入分配中，居民所得比重基本稳定，企业所得比重有所减少，政府所得比重略有上升，居民所得比例经历了一个先降后升的过程，总体上趋于稳定。卓勇良（2007）的研究表明，劳动所得占GDP比重大幅下降，资本收入占GDP比重大幅上升。李扬和殷剑峰（2007）以资金流量表为基础，发现自1992年以来，居民获得的劳动报酬、财产收入和再分配收入均有所下降，导致居民的储蓄率呈逐步下降趋势。白重恩（2009）利用省际收入法对国民收入分配数据进行了重新核算，发现我国国民收入中的劳动收入份额1995年以来下降了约10个百分点，但是由核算方法或统计口径变化带来的影响，导致劳动收入份额在2003~2004年间骤降了6.3%。份额的下降主要受到了统计口径的影响，因此，我国劳动收入份额的下降并不如人们普遍认为的那么大。认为我国劳动者收入份额呈下降趋势的还有闻潜（2007）、武小欣（2007）等。李稻葵等（2009）认为，在世界各国的经济发展过程中，在初次分配中劳动份额的变化趋势呈现“U”型规律，即劳动份额先下降后上升，转折点约为人均GDP6 000美元（2000年购买力平价）。中国初次分配中劳动份额的变动趋势基本符合这一规律。

总的来说，国内外学者普遍认为劳动者收入份额在近20年来呈下降趋势。对于劳动收入比重变化的影响因素，国外学者的研究结论可概括为：第一，技术进步的影响；第二，经济全球化的影响；第三，工会组织对劳动收入比重也有影响。

我国学者对中国劳动收入的变动原因也有较广泛的研究。根据研究结论，可以将我国学者对中国劳动收入比重下降的原因归纳为以下几个方面：第一，企业和政府挤占了劳动者的收入；第二，产业结构、技术进步、税收政策对劳动者收入份额的影响；第三，统计口径变化的影响。

（3）财产收入变动对居民初次分配收入比重变动影响指标。

关于我国居民财产性收入的来源及其变化，国内学术界有广泛研究。其中有代表性的是国家统计局城市司、广东调查总队课题组（2009）对我国城镇居民财产收入的构成及构成的变动趋势进行的研究。就居民财产性收入的结构而言，出租房屋收入占居民财产性收入的比重占首位，2002～2007年，该比重都超过40%；金融财产性收入比重一般为30%～40%，是城镇居民财产性收入的第二大来源；由于近年股票、基金市场的发展，人均存款利息收入比重已经从2002年的17.63%下降到2007年的10.93%，而股息与红利收入近几年则逐渐提高，2007年的人均股息红利收入占财产性收入的比重达27.6%，创近年新高。其他投资收入主要是房屋买卖增值、股票买卖增值，知识产权收入还不是城镇居民的主要财产性收入，其比重最高只有0.4%。曾为群（2008）对我国居民2002～2006年财产收入比重的变动趋势进行了研究。研究指出，我国居民财产性收入虽趋向高速增长，但其基数较小；在此期间，我国居民财产性收入占人均总收入的比率虽然呈现逐年增长的趋势，但占居民总收入的比重也从未超过2%。

2. 再分配中居民收入占国民收入比重指标研究

居民可支配收入在国民可支配总收入中的比重与居民原始收入在国民总收入中的比重之差，就是再分配对居民收入比重的影响。再分配对居民收入比重的影响可以进一步分解，计算出各种再分配政策对居民收入比重变动的影响指标，即收入税对居民收入再分配比重变动影响指标；社会保险、社会福利对居民收入再分配比重变动影响指标。

（1）收入税对居民收入再分配比重变动的影响指标。

白重恩、钱震杰（2009）研究了收入再分配对居民收入比重的影响。他们经过测算，认为我国居民收入比重1996~2005年间下降了12.72%，其中收入税使居民收入比重下降了0.87%。梁峰、谷彬（2011）通过比较中美两国收入税占国民收入的比重的研究表明，1992~2008年间，我国的收入税平均占国民收入比重为0.67%，而美国收入税平均占国民收入比重为10.34%，由此可见，我国收入税比重明显偏低。

有学者认为我国个人所得税没有起到收入调节的作用。张文春（2005）通过研究指出，第一，尽管我国个人所得税收入增长很快，但水平很低，增值税等流转税才是我国的主体税种。2004年1 737亿元的个人所得税收入只占到了全部税收收入的6.75%，仅为GDP的1%左右，这么低的水平要想发挥收入调节作用显然不可能。从来源分布看，我国个人所得税的65%来自工资薪金，而来自其他形式的收入只占35%。而分析我国高收入者的收入来源，其他所得才是“致富”之本，而工资薪金是普通老百姓的主要收入来源。第二，我国的地下经济发达，各种合法和非法的避税、逃税现象非常严重。第三，地下经济加剧了收入分配不公的问题。第四，我国现行的个人所得税的税制模式离完全的累进的综合所得税制相距甚远，因而再高的累进税率也不会使高收入者缴纳更多的税款。第五，与发达国家相比，我国个人所得税的征管水平落后，无法获得纳税人的全部信息，因而起不到有效的监督作用。持有此类观点的还有罗祥轩等（2006）。罗祥轩等认为，增强我国个人所得税的收入调节功能，可以从以下几个方面努力：一是选择合理的税制模式，实行综合与分类相结合的个人所得税制；二是税率设计上应适当降低个人所得税边际税率，减少累进级次。杨宜勇（2011）对目前再分配存在的问题进行了研究。他指出，一是我国收入税存在一定程度的“跑冒滴漏”。大型企业收入税征缴情况普遍好于中小企业，一般工薪阶层个人所得税缴纳情况普遍好于高收入户。二是现行财产税体系不健全。目前开征的财产课税税种较多，但征税范围过窄，在整个税收收入中的比重一直很低，对转移财产缺乏相应的税种调节，而且减免税过多，收入再分配功能弱化。

（2）社会保险、社会福利对居民收入再分配比重变动的影响指标。

白重恩（2009）研究表明，1996~2005年间，我国的社保净缴款（即向政府缴纳的社保缴款扣除了政府社保福利支出后的净额）呈上升趋势。社保缴款占国民收入比重上升了2.05个百分点，而政府部门向居民支付的社保福利支出占比上升了1.43个百分点，故其净效果是使政府部门收入占比上升，居民收入比重下降。我国社保缴款与社保福利比重逐年上升，但是社保福利的上升幅度逐渐落后于社保缴款的上升幅度。张新华（2009）指出，对于我国完全参加社保单位来说，养老保险单位缴纳20%，个人缴纳8%；医疗保险单位缴纳6%，个人缴纳2%；其他“五险”加起来达到40%。由此可见，我国参加保险单位的个人社保缴款占收入的比例很高，但是我国社会保险覆盖面较低，在养老保险个人账户层面，全国范围内只有不到一半的省市开设个人账户，而我国目前的养老保险覆盖率仅有30%~40%（郑伟等，2010）。因此，包含城镇职工、城镇居民、农民工、农民在内的多层次养老保障体系还需完善。梁峰等（2011）研究发现，我国的社会保险支出比重远低于美国，美国联邦政府2008年预算支出中，社会保险支出占20.8%，相比之下，国防支出占20.5%，医疗保险和医疗补助占20.1%。

（三）居民收入与国民收入指标问题研究

居民收入占国民收入比重统计指标体系的研究主要围绕居民收入测度、国民收入测度、居民收入占国民收入比重测度展开，指标体系在构建的过程中涉及数据的收集、数据的处理、分配格局中各个主体收入的界定、指标的适用条件等问题，不同的处理方法都会对指标体系的科学性和准确性产生影响。不同居民收入和国民收入测算的居民收入比重有不同的含义和功能。

1. 居民收入的测度指标

按照收入分配的流程，居民收入的测度指标主要包括以下三个：居民增加值测度指标，核算社会化大生产中由居民部门创造的财富，即居民部门的GDP；居民原始收入测度指标，核算居民部门在社会初次分配中所得到的收入；居民可支配收入测度指标，核算居民原始收入加上政府的转移支付净额的收入。

居民收入测度指标的数据主要来源于两个渠道：一是从国家相关统计部门获取总体数据，或者是通过微观调查来推断总体数据。现有文献中，居民部门增加值数据主要来源于所在国家的统计部门，在美国，美国经济分析局（Bureau of Economic Analysis，BEA）定期对外发布居民部门的总收入及其构成的数据。在我国，国家统计局定期发布的资金流量表（实物交易部分）包含居民部门年度增加值、初次分配收入、可支配收入等宏观数据。目前我国学者对居民收入占国民收入比重的测算主要基于资金流量表所提供数据的测算（刘扬，2002；李扬和殷剑峰，2007；白重恩和钱震杰，2010）。在我国，反映居民收入的测度指标都是年度指标，没有季度指标和月度指标，这很显然约束了实证分析的开展。因此，如何将年度指标分解为季度指标以及月度指标，即年度时间序列的季度和月度分解，需要进行进一步的研究。布特等（Boot et al.，1967）最先提出了把年度时间序列分解为季度序列的Boot - Feibes - Lisman分解法。该方法不使用额外的信息直接分解目标序列，属于单序列分解。在此之后，丹顿（Denton，1971）和邹一林（Chow - Lin，1971）等几乎在同一时间提出对Boot - Feibes - Lisman分解法的改进，而且改进的思路也极其相似。他们使用与目标序列相同时间段的，且与目标序列相关的季度或月度序列协助分解，这种分解方法通常称为 Denton 分解法或者 Chow – Lin 分解法。蒂拉克（Tilak, 2004）等人使用 Chow – Lin 分解法估计了 1976 年 1 季度到 1981 年 4 季度包括中国在内的多个东南亚国家的 GDP 季度增速。Chow – Lin 分解法每次分解的目标序列为 1 个，因此仍然属于单序列分解。迪·丰佐（Di Fonzo, 2003）将单序列分解拓展到多序列，使用自己提出的方法同时对加拿大 12 个省的季度零售额数据序列进行了月度分解。该分解法利用被分解序列之间以及相关序列的信息，进一步提升了分解的效果。

测度居民收入的另一个途径是通过微观调查来实现，即通过样本来推断居民的总体收入，因此，微观调查的规划设计、实施方式以及调查范围等因素都会对最后推断的准确性产生影响。学者对不同调查方式下数据的质量问题展开了讨论。斯戈蒂斯和韦尔奇（Skordis and Welch, 2004）对调查家庭收入的两种调查方法进行了对比研究，即询问家庭一名代表成员还是询问家庭全部有收入的成员来调查家庭收入，这两种调查方法得到的估计是否一致。斯戈蒂斯和韦尔奇研究表明，基于后一种调查方式得到的家庭收入要高于第一种调查方式，而且前者有更大的方差；这两种调查方式得到的数据对后续的分析会产生实质影响。他们以基尼系数为例进行了说明，即前一种调查方式明显低估家庭收入的不平等性。

2. 国民收入测度指标

国民收入测度指标主要有三个：国内生产总值（GDP）、国民总收入（GNI）和国民可支配收入（GDI）。

国民收入的核算方法随着社会经济的发展不断发展和完善。衡量一国国民收入的尝试可以追溯到 17 世纪的经济学家威廉·配第（William Petty, 1623 ~ 1687），他在《政治算术》（1690）中第一次对国民总收入、总产出、总支出进行数量测定，提出国民收入不仅来源于物质产品的生产，还来源于服务的提供。然而，对于现代的国民收入核算体系，人们一般认为是在 20 世纪 30 年代，当时美国政府苦于制定经济政策缺乏数据，从而委托经济学家库兹涅茨设计建立的。到 20 世纪 50 年代，关于核算的国际标准和规范基本形成，这就是沿用至今的国民经济核算体系（System of National Accounts, SNA）。国民总收入（Gross National Income, GNI）、国内生产总值（Gross Domestic Product, GDP）是 SNA 体系中最重要的指标。GNI 通过 GDP 计算，等于 GDP 加上来自国外的净要素收入。在我国，来自国外的净要素收入所占比重很小，使用《中国统计年鉴（2010）》数据计算，以 2009 年为例，来自国外的净要素收入仅占 GNI 的 0.86%，因此，可以把 GDP 近似地看作国民总收入。国民可支配收入（Gross Disposable Income, GDI）等于 GNI 加上自国外的转移支付净额。来自国外的转移支付净额数额微小，也可以忽略不计。

GDP是计算GNI和GDI的基础，是核算国民收入最重要的指标之一，但是GDP也存在一定的局限性。许宪春（2009，2010，2011）对如何正确理解和使用GDP指标做了十分详细的阐释。GDP指标的重要意义和作用是毋庸置疑的，但是仅凭GDP这一指标来度量国民收入水平并不能得出全面正确的结论。GDP的局限性体现在以下几个方面。首先，GDP没有充分地反映公共服务的价值和质量。由于政府部门提供的公共服务不存在市场价格，目前国际上通行的做法是利用政府部门提供这些公共服务投入的成本来衡量其价值，而这些投入成本远不能反映这些公共服务的价值和质量。其次，GDP没有反映非市场性家务劳动。一般来说，发达国家家务劳动市场化程度比较高，而发展中国家家务劳动市场化程度比较低。不管家务劳动市场化程度高低，这些劳动本身都是存在的，但由于GDP只计算市场化的家务劳动，因此经济发展程度不同的国家的GDP具有一定程度的不可比性。

此外，GDP不能全面地反映人民生活水平的变化。一是GDP没有充分地反映行政服务、教育服务、医疗卫生服务等公共服务在经济发展和社会进步中的作用，从而它不能全面地反映这些公共服务的改善对人民生活水平的影响；二是GDP不能反映就业状况、收入分配状况和社会福利状况，从而它不能反映这些方面的社会进步所带来的人民生活状况的改善；三是GDP不能反映自然环境的变化，从而它不能反映环境损失和环境改善对人民生活质量的影响。因此，在使用GDP指标时应充分考虑其局限性以及适用条件。

3. 政府再分配及效应测度指标

居民的收入由初次分配收入和再分配收入构成。再分配是政府调节居民收入差距的重要手段。再分配收入测算有多种统计方法，在不同的统计方法下度量的再分配效应也会不同。

最直接的计算方法是居民初次分配收入与可支配收入的差额作为再分配收入金额，即政府的转移支付扣减社会保险缴款和纳税金额。这种方法使用得最广泛，它能测算出政府再分配的直接效果，通常被称为“第一效应”（First - Order Effects），杰休伊特（Jesuit et al.，2010）使用该方法测算了再分配对加拿大收入不平等的影响。他得出结论，加拿大2004年不考虑政府再分配之前的基尼系数为0.432，加上再分配收入之后基尼系数变为0.318。博拉蒙迪（Beramendi，2001）研究发现，纳税者和转移收入获得者会根据税收和转移支付政策调整他们的决策和行动，例如，收入者改变其提高初次分配收入的积极性，改变其存款的意愿等。伯格（Bergh，2005）将居民这种对税收和福利政策所产生的行为反馈称为“第二效应”（Second - Order Effects）。在“第二效应”存在的条件下，直接计算再分配收入的方法面临一个问题——无法测量居民的反事实收入（Counterfactual Income）的多少，因此该方法无法捕捉政府再分配的“第二效应”。忽略“第二效应”会夸大政府再分配的作用（Bradley et al.，2003）。例如，在公共养老金所占比重高的国家，存在大量年长居民，他（她）们来源于工作的收入很少、金额低，而且通过劳动来提高收入的积极性不高，但是他（她）们都有国家提供的公共养老金或失业救济金，在此情况下，没有考虑再分配收入情况下测算的社会的不平等程度会很高，而加入再分配收入以后，测算的居民收入不平等程度会明显下降，因此，忽略“第二效应”会夸大了初次分配收入的不平等以及政府再分配的效应。

针对使用初次分配收入与可支配收入的差额作为再分配收入金额方法存在的问题，在测算政府的再分配收入效应时，一种在操作层面上可行的做法是只分析特定年龄段的居民，例如，年龄介于25~59岁的居民，不考虑年长居民（Bradley et al.，2003；Pontusson，2005；Kenworthy and Pontusson，2005）。但是这种方法也存在一些问题，首先，由于样本选择的片面性，该方法无法反映再分配的整体效应。其次，不考虑年长居民而计算的净转移支付金额是无意义的，因为当前的公共养老金包含了这些年长居民年轻时候的缴款。

杰休伊特等（2010）提出了另一种计算再分配收入的方法，该方法能在某种测度上解决居民反事实收入的测量问题，即考虑了“第二效应”。杰休伊特的方法没有排除年长居民的观测样本，不把社会保险缴款看作类似于税收的扣减项，而是看作一种特殊形式的存款，这种存款在将来会转换为收入，而将公共养老金的发放看作对这种存款的提取，因此，在核算初次分配收入时应加上公共养老金和失业保险金。可支配收入的核算范围也要作相应的调整，可支配收入不再扣减社会保险缴款。杰休伊特等根据这种方法计算了12个国家多个年度的基尼系数，结果表明，在初次分配中加入公共养老金以后，初次分配收入的基尼系数明显降低，这些国家的平均基尼系数从原来的0.433下降为0.370。当社会保险缴款不从可支配收入中扣除时，基尼系数的变化很小，平均基尼系数从0.277变为0.281，这反映了社会保险缴款的公平调节作用有限。

三、对研究现状的评述

居民收入在国民收入分配中的比重指标体系研究是一项复杂的系统工程，上述国内外的研究成果为这个研究系统奠定了基础。但也可以看到，已有的研究中存在以下几个需要进一步解决的问题。

（一）居民收入占国民收入比重统计指标体系的理论体系和分析框架尚未完全建立

首先，国民收入分配问题是一个复杂的系统工程，应有自己完备的基础理论体系和分析框架，居民收入比重问题是该系统工程中的一个重要专题。应在国民收入分配研究基础理论体系和分析框架基础上，从国民收入主体分配的居民收入比重切入，形成自己专题的理论体系和分析框架。

从已有文献中可以看出，国外相关问题的研究大多侧重于功能分配格局的研究，主体分配格局的研究不够深入。而国内这个问题的研究大多处于“只见树木，不见森林”的状况。居民收入在国民收入分配中的比重形成的机理是什么？是市场行为还是政府行为？居民作为市场主体，作为政府和企业的劳动力提供者，在国民收入创造中的功能是怎样体现的？劳动力的市场价格如何形成？取得多少收入才合理？从初次分配的数据如何分析和判断按劳分配为主体、多种分配方式并存的分配制度？资本、技术、土地、管理等要素在现行体制下是如何参与分配的？我国税收制度中直接税和间接税的关系如何？收入税在再分配中的功能及调节能力如何？居民收入比重是如何影响居民收入内部收入差距的？居民收入比重是如何影响经济运行的？这些问题都应置于一个整体的理论体系和研究框架内进行。

上述问题为本课题的研究提供了一个契机，围绕指标体系建立和完善理论体系及研究框架是本课题的研究目的之一。

（二）指标概念不清，误用统计数据，指标体系有待建立

首先，用一个或简单几个指标是说不清居民收入比重问题的。但国内很多文献一般都是先给出一两个指标的数据，而后做出大量文字描述，其结论远远超出数据所能提供的信息，其科学性令人质疑。因而，应设置一套相互联系、相互制约、信息完备而不重复的指标体系。其次，居民收入在国民收入分配中的比重，在国民收入分配的不同阶段有具体的表现形式，有不同的概念和含义，不能混用。例如，居民部门增加值在国内生产总值中的比重加上居民在初次分配中所得净额的比重等于居民可支配收入在国民可支配总收入中的比重。这一等式是错误的，它违背了对比基础不同的数学常识。再次，资金流量表中的数据如何调整，动态分析中如何消除价格因素，国际对比时如何调整口径，如何使用财政、税收等方面的数据，在现行的研究中都或多或少存在一些问题。

（三）传统的研究思路和研究方法存在一些问题，研究结论的可比性不强

归纳现有文献中的研究思路和方法，大致有两类：第一类，先提出观点和理论假设，再用实证分析和实测数据，证明所提出的观点和理论假设；第二类，从数据到结论，从实证分析中概括出理论和观点。但这两种研究思路和方法都有值得商榷的问题。

对于第一类研究方法，很多文献的实证研究和所用数据不支持提出的观点和理论假设，问题是所用数据有误，数据代表性差，模型的检验方法有问题或基本不做统计检验；对于第二类研究方法存在的问题是，从实证分析中概括出的理论和观点远远超出了数据提供的信息，数据成了摆设。

无论采用哪种研究思路和方法，都在试图阐释居民收入比重现状及其变动的原因，只有把事实是怎样搞清楚的情况下才谈得上原因的分析，在缺乏科学、准确地反映居民收入占国民收入指标体系的情况下，建立在有代表性误差的数据之上的分析难免有偏误，研究结论的可比性不强，因此建立广泛认可的反映居民收入比重变化的指标体系是一项重要基础性工作。这也为本课题的研究提供了一个扩展空间。

（四）现存的反映居民收入比重的指标内涵交代不清，适用条件模糊

任何指标体系在建立时都应该有其清晰的内涵说明，即指标所要反映的问题，指标取值所代表的经济和社会含义，合理的正常取值范围，指标体系内部的关系，等等。现有反映居民收入比重的指标在这方面研究得还很不充分，通常只给出某个居民收入比重指标值，对指标值做横向或纵向的比较。然而在指标合理的取值范围未知的情况下，这种比较毫无意义。此外，当前某些反映居民收入比重指标的适用条件模糊，导致指标经常被误用，例如，劳动收入占国民收入比重指标对劳动收入的认定方面各个国家存在差异，有些国家将个体经营者的全部收入计入劳动收入，而有些国家按当地平均工资水平计入劳动收入，在不了解这些指标的计算背景和适用条件的情况下，进行指标值之间的比较可能得到错误的结论。

四、建立居民收入占国民收入指标体系的意义

（一）研究价值

“居民收入占国民收入比重统计指标体系研究”，既是统计学问题，也是经济

学问题，建立居民收入占国民收入比重统计指标体系，测度居民收入比重及其变动，对经济理论研究、统计方法研究、实际经济问题研究，具有重要的学术价值。

1. 构建研究居民收入占国民收入比重的分析框架

本书将收入分配过程和结果与经济运行有机结合进行考察，试图建立一个较为系统的分析框架。

根据本书研究的需要，居民收入占国民收入比重统计指标体系由两个层次组成：第一个层次研究和构建反映收入分配过程的指标群；第二个层次研究国民收入分配最终格局的影响因素和机理，构建反映国民收入分配最终结果的指标群。

2. 规范居民收入和国民收入指标，建立居民收入占国民收入比重指标体系和测度方法

在收入分配过程和国民经济运行过程中，居民收入、国民收入以及居民收入占国民收入比重等各项指标是在不断变化的，不同的指标有不同的概念、不同的口径和不同的功能，因此，规范和统一反映居民收入比重及变动的指标体系具有重要的意义。

本书将根据相关经济理论和实证分析，结合其他国家的经验，对居民收入占国民收入比重的各个指标，给出指标的内涵定义、统计口径、适用范围、合理的取值范围及其对应的经济社会含义，规范和统一反映居民收入占国民收入比重及变动的指标体系。

3. 为完善收入分配的经济学理论做出探索

本书的研究将从收入的创造、收入的分配、收入的使用这一经济运行的主线展开，分析其中居民收入在国民收入分配中的比重问题，将收入分配的理论纳入经济运行当中，据此构建反映居民收入形成、收入分配过程、收入分配结果以及收入使用的统计指标体系。这些关于在不同发展阶段中居民收入占国民收入比重的变动、比重的合理范围、比重的发展趋势的理论将进一步补充和完善当前的收入分配及相关经济理论。

4. 为奠定居民收入分配相关问题的研究提供定量基础

居民收入占国民收入比重的指标体系研究，不仅包括了收入分配的各个方面，同时，也可为收入分配问题相关研究提供规范。

建立居民收入占国民收入比重统计指标体系的一个重要目标之一，就是要通过科学准确地计算来反映居民收入状况及其变动的客观事实，为其他与居民收入相关的研究提供支持，使得下一步的研究建立在可比的平台之上。因此，本书的研究是支撑居民收入分配问题研究的基础性研究，本书的成果将为如何提高居民收入在国民收入中比重等收入分配问题的研究奠定坚实的基础。

（二）应用价值

近年来，我国主体分配格局发生了较大变化，出现了一些值得重视的问题。参照现有文献的方法测算：居民可支配收入在国民可支配总收入中的比重1992年为67.71%，2003年为63.20%，2008年为57.11%。居民收入在国民收入中的比重下降，会引发一系列经济和社会问题。

但是，人们可能会对这些反映居民收入占国民收入中的比重的指标提出疑问。这些指标是怎么计算的？这样算合理准确吗？这些指标能全面反映居民收入及其变动的实际情况吗？即这些指标是否完备？这些指标的变动对居民的投资、消费和储蓄有何影响？是否能通过其他的指标反映出来？这些问题是当前文献无法回答的，需要通过本书的研究来解决。这些问题从另一个角度体现了本书具有十分重大的现实意义。

1. 把脉我国国民收入分配现状与变动趋势

居民收入占国民收入比重统计指标体系的作用类似于GDP增长率的作用，主要区别在于GDP增长率反映经济增长速度，而居民收入占国民收入比重统计指标体系反映国民收入分配的现状与变动趋势。居民收入占国民收入比重统计指标体系能提供大量确切地反映我国国民收入现状与问题的有用信息，为进一步分析问题和解决问题提供支持，具有重要的应用价值。

2. 为提高我国居民收入比重提供路径选择和数量标准

指标体系将不仅仅反映我国主体分配格局和功能分配格局的最终状况和变动，还要反映居民初始收入的创造、居民获得的各项初次分配收入、政府对居民部门的各项转移支付以及居民部门的各项支出，即将居民的最终可支配收入指标分解为各项可支配收入形成指标。可支配收入形成指标群刻画了各种可能影响居民最终收入的因素，政策制定者据此可以找到提高我国居民收入比重的路径，有针对性地制定相应的政策。

3. 为扩大消费需求、转变经济发展方式提供参考

根据我们前期研究测算，我国居民消费率低于世界平均水平20多个百分点，低于人均收入中下等国家平均水平10多个百分点。由此可以看出，长期以来，我国经济增长主要依靠投资和出口拉动，而作为促进经济增长根本动力的消费却持续走低。而提高居民收入在国民收入分配中的比重是扩大居民消费需求的必要手段，是实现我国经济增长方式转变的需要。

4. 为深化我国收入分配制度的改革提供依据

随着经济体制改革的深入，收入分配制度发生了重大变迁，分配不公的问题也日益突出，收入分配制度的不完善造成了收入差距不断扩大的趋势。理顺我国收入分配关系，一方面需要理论指导；另一方面需要实证数据的支持，相应地要求有一整套科学的指标体系进行测算和监测。因此，本书的研究可以从理论和应用两方面为深化我国分配制度的改革提供参考。

本书的研究为提高居民收入在国民收入分配中的比重问题研究奠定坚实的基础，提供切实的支持。

第二节　主要研究内容

一、居民收入比重相关概念与统计口径研究

居民收入占国民收入比重的定义公式是：

$$居民收入占国民收入比重 = \frac{居民收入}{国民收入} \times 100\%$$

从上式可以看出，居民收入占国民收入比重是一个结构相对数，即居民收入是国民收入的一部分。首先，这是一个高度宏观的指标，居民收入是指哪一方面、哪一阶段的收入需要明确。既要研究居民劳动收入，也要包括财产收入，还包括其他类型收入。其次，居民的范围需要界定。既要研究全国居民的情况，也要研究各个地区居民、特定群体居民的收入占国民收入的比重。因此，要准确测量居民收入占国民收入的比重，就要科学定义居民收入和国民收入的基本概念和统计口径。

本书需要研究和明确的概念主要包括：居民、服务于居民非营利机构（简称：NPISHs）、国内生产总值（GDP）、国民总收入（GNI）、居民部门增加值、居民初次分配收入、居民可支配收入、居民自有住房增加值、劳动收入、劳动报酬、雇员报酬、工资性收入、混合收入、财产性收入、经营性收入、（经常）转移性收入、人均可支配收入、人均纯收入等概念和统计口径。

另外，指标体系测算使用统计年鉴发布数据为主，网络采集数据为辅。虽然不同统计年鉴发布的指标名称相同，但是可能由于所关注的问题不同，所以会使用不同的统计口径，而使用不同统计口径数据计算的指标可能给出完全不同的结论。因此，我们需要对指标计算所涉及统计年鉴数据的统计口径进行分类和追踪研究，既关注不同统计年鉴之间的指标统计口径差异，也关注相同统计年鉴在不同年度统计口径的差异。

二、缺失数据处理方法研究

针对指标计算过程中的原始数据缺失，课题组将从以下几个方面展开研究：

第一，为了研究上市公司群体的劳动收入份额，需要收集上市公司相关收入分配数据。课题组计划对文本数据挖掘方法展开研究，从上市公司报表中抽取相关的数据。

第二，为了提高指标发布的频率，需要对按年度发布的宏观经济序列进行季度或者月度分解。课题组计划对频数据高频分解方法以及分解的准确度展开研究。

第三，为了能够持续地计算我国个人所得税的收入分配效应，需要有持续的个人收入微观数据。我国统计年鉴每年发布按收入水平分组的居民劳动报酬数据。因此，需要研究如何利用收入水平分组的分位点信息，还原收入的原始分布，进而产生微观的收入数据。

第四，针对计算居民收入占国民收入比重所需原始数据发布滞后的情况，需要研究如何使用其他经济变量提供的信息，用预测的方法对尚未发布的居民收入占国民收入比重指标做出估计。

三、不同阶段、不同类型收入占国民收入比重研究

（一）居民部门增加值

居民部门增加值是居民部门利用所拥有的生产要素创造出来的价值。它指的是对中间产品进行加工后，追加在中间产品上的价值，表明居民部门对国内生产总值的形成做出的新贡献。居民部门增加值的计算公式为：

居民部门增加值 = 农林牧渔业中农户生产活动形式的增加值 + 城乡个体经营户增加值 + 居民自有住房增加值　　(0 - 1)

在此环节，居民收入占国民收入的比重，表现为居民部门增加值占国内生产总值的比重。可见，居民部门增加值占国内生产总值比重重点反映了农户和城乡个体户的收入份额。而居民自有住房增加值不是指居民住房价格上涨所导致的资产价值增加，而是指住房虚拟租金的数额，这是国民经济核算当中金额最大的估算项目。我国对自有住房增加值的核算口径与西方国家存在较大差别，只有理解这些差别才能解读我国居民部门增加值与国外的差异。

（二）居民初次分配收入及其构成项目

1. 居民初次分配收入占 GDP 比重研究

居民初次分配收入（Primary Income）也称居民原始总收入。初次分配是生产活动形成的成果在参与生产的生产要素所有者以及政府之间分配。生产要素包括劳动力、土地、资本。劳动者因提供劳动力而获得劳动报酬，资本所有者因资本的形态不同而获得不同形式的收入，借贷资本所有者获得利息收入，股权所有者获得红利或未分配利润。居民部门初次分配总收的计算公式为：

$$\text{居民初次分配总收入}=\text{居民部门增加值}+\text{劳动报酬收入净额}+\text{财产收入净额}-\text{生产税支出净额} \qquad (0-2)$$

在此环节，居民收入占国民收入的比重，表现为居民初次分配收入占国内生产总值的比重。具体研究内容包括：居民、政府和企业部门初次分配总收入占国民收入比重研究；初次分配之后各要素收入格局研究。

2. 初次分配收支项目研究

初次分配阶段的收支项目主要包括增加值、劳动报酬、财产收入和生产税支出。这些项目占 GDP 的比重决定了居民原始收入占 GDP 的比重，对这些项目展开研究，有利于了解居民初次分配收入比重变动的主要动因。

第一，劳动报酬水平研究。劳动报酬水平直接影响劳动生产要素收入占国民收入的份额。扣除价格因素影响之后，全体居民的平均劳动报酬水平如果与 GDP 保持同步增长，说明居民部门劳动收入占 GDP 比重将保持恒定。为了定位哪部分居民的劳动报酬增速落后，从而造成了居民收入占国民收入比重的下降，需要对不同居民群体的劳动报酬水平及其增长速度进行研究。研究对象包括城镇和农村居民两大群体。城镇居民包括：（1）不同经济类型就业人员；（2）不同登记注册类型单位就业人员；（3）按行业分就业人员（19 个行业）；（4）分地区就业人员（除我国港、澳、台之外 31 个行政区）。由于数据可得性原因，农村居民群体主要按地区划分。此外，对制造业劳动报酬水平进行国际比较研究。

第二，劳动收入比重研究。劳动报酬占国民收入比重研究主要包括：我国劳动报酬统计口径两次调整对居民劳动收入占国民收入比重的影响研究；我国与国外劳动报酬统计口径差异研究；我国劳动报酬占 GDP 比重变动趋势研究；劳动报酬占劳动与资本收入合计比重研究；自雇佣者劳动报酬占国民收入比重研究；劳动收入占居民家庭收入比重研究；劳动收入占国民收入比重国际比较研究。

第三，财产性收入研究。国民经济核算与经济学“财产性收入”统计口径不同，这是居民财产性收入研究的起点。从国民核算的角度，研究内容主要包括：居民财产收入净额占国民收入比重及其变动趋势研究；居民财产性收入结构研究；居民财产收入占国民收入比重的国际比较研究。

从经济学的角度，分别研究城镇居民和农村居民财产收入状况，主要包括：按不同收入水平分组的居民财产收入水平、结构研究；财产收入占城镇居民家庭收入比重研究；财产收入水平的地区差异、城乡差异研究；国民经济核算与经济学“财产性收入”统计口径对居民财产收入差距计算的影响研究。

第四，生产税支出研究。居民从事生产活动需要缴纳生产税。此外，由于生产税具有转嫁的能力，因此企业部门缴纳的生产税也会不同程度转嫁到居民身上，所以，生产税对居民收入比重及国民收入分配格局具有重要的影响。

生产税的研究内容主要包括：各地区生产税总额占 GDP 比重研究；生产税占各部门收入比重研究；生产税及其主要构成项目占税收总收入比重、变动趋势研究；生产税内部税种结构研究；行业生产税占行业增加值比重研究；生产税比重与经济发展水平的关系研究；居民初次分配总收入的直接影响研究；生产税对居民劳动报酬收入比重的影响研究。

（三）居民可支配收入及再分配项目

1. 居民部门可支配收入占 GDP 比重研究

经过初次分配之后，为了弥补市场分配职能的缺陷，政府通过经常转移的形式进行国民收入再次分配，结果形成各个机构部门的可支配总收入。

居民可支配收入（Household Disposal Income）是所有权、使用权以及处置权属于居民的收入。其计算公式为：

$$\text{居民可支配收入}=\text{居民初次分配收入}+\text{经常转移收入}-\text{经常转移支出} \quad (0-3)$$

经常转移项目包括收入税、社会保险缴款、社会保险福利、社会补助以及其他经常转移项目。

国民可支配总收入（Gross National Disposal Income）等于国内各机构部门可支配总收入之和。其计算公式为：

$$\text{国民可支配总收入}=\text{企业部门可支配总收入}+\text{政府部门可支配总收入}+\text{居民部门可支配总收入} \quad (0-4)$$

在此环节，居民收入占国民收入的比重，表现为居民可支配收入占国民可支配总收入的比重。研究内容主要包括：按城乡分组、按收入水平分组、按地区分组居民可支配收入（纯收入）水平及其变动趋势研究；居民、企业和政府部门可支配收入占国民收入比重水平及其变动趋势研究；居民可支配收入水平及比重的国际比较研究。

2. 居民再分配收入及支出研究

再分配过程主要体现在经常转移中，在国民经济核算中，转移是一个机构单位无偿向另一个机构单位提供货物、服务或资产。转移可以分为经常转移和资本转移。经常转移包括收入税、社会保险缴款、社会保险福利、社会补助和其他五项。其计算公式为：

$$经常转移 = 社会保险福利 - 收入税 - 社会保险缴款 + 社会补助 + 其他 \quad (0-5)$$

第一，居民收入税支出研究。收入税是对收入征收的税，目前包括个人所得税、企业所得税两部分，居民承担的是个人所得税。个人所得税研究内容主要包括：按收入水平分组居民所得税负担研究；所得税占 GDP 比重及其变动趋势研究；个人所得税构成项目占所得税总额比重研究；个人所得税税负及其占 GDP 比重国际比较研究；个人所得税的收入再分配效应研究。

第二，社会保障再分配收入研究。社会保障再分配项目研究主要从宏观的角度研究社会保障体系对居民部门收入再分配。在梳理我国社会保障体制结构的基础上，对社会保障再分配项目研究主要包括：社会保障再分配净额及其项目占 GDP 比重研究；分地区城镇职工基本养老保险系统收支状况研究；分地区、分单位类型城镇职工基本养老金水平及其影响因素研究；分地区城乡居民养老金比较；养老金储备及替代比率的国际比较研究。

第三，转移性收入研究。转移性收入主要从微观的角度，使用中国住户调查数据分析居民部门收入再分配情况。转移性收入研究与社会保障再分配项目研究相互补充。转移性收入研究内容主要包括：城镇和农村居民转移性收入水平及变动趋势研究；分地区、分城乡、按收入水平分组转移性收入占居民家庭总收入（纯收入）比重研究；城镇和农村居民转移性收入差距研究。

四、财政收入以及民生财政支出指标研究

政府财政收入用以民生支出的比例是评判政府分配收入比重合理性的一个重要维度。政府部门参与国民收入分配既包括流量收入（GDP），也包括存量财富（土地出让金）。我国国有土地和集体土地分别是全民和集体的共同财产，对土地出让金的分配属于国民存量收入（财富）的分配。本部分研究内容主要包括：政府预算内与预算外收入来源结构研究；社会保障支出占政府财政支出比重研究；财政教育支出比重研究；政府医疗卫生支出比重研究；政府保障房支出比重研究；政府民生财政支出的国际比较研究。

五、居民收入占国民收入比重变动趋势分析

本部分使用本课题组构建的指标体系，综合分析我国近20年来居民收入占国民收入比重的变动趋势，定位主要影响因素和分配环节。研究内容主要包括：居民收入和支出项目对居民可支配收入占国民收入比重变动的影响研究；要素分配格局变动对工资增长的影响研究；我国与其他国家居民收入分配格局差异研究。

六、居民收入分配政策模拟与建议

居民初次收入分配应该由市场来主导，兼顾效率与公平。居民收入再分配应该以公平为主，政府部门在收入再分配环节需要积极作为。本部分的主要研究内容包括：居民转移性收入的再分配效应研究；不同的转移性收入分配方案对居民收入总体差距的影响模拟研究；给定总体收入分配公平度的条件下，居民转移性收入分配方案模拟研究；给定总体收入分配公平度以及平均薪酬水平，企业高管薪酬应落入的区间模拟研究；提高居民收入占国民收入比重的政策建议研究。

第三节　研究数据、思路及方法

一、研究数据

指标体系测算使用统计年鉴发布数据为主，以网络采集数据、万德（WIND）数据库、模拟数据为辅。

（一）年鉴数据

本指标体系计算使用的统计年鉴主要包括：《中国统计年鉴》《中国住户调查年鉴》《中国城市（镇）生活与价格年鉴》《中国农村住户调查年鉴》《中国人力资源和社会保障年鉴》《中国经济普查年鉴》《中国税务年鉴》《中国劳动统计年鉴》《中国财政年鉴》《中国人口和就业统计年鉴》《中国人口普查年鉴》

《中国教育年鉴》《中国卫生和计划生育统计年鉴》《中国工业经济统计年鉴》，以及《北京市统计年鉴》《西藏统计年鉴》等省市统计年鉴。

（二）网络数据

1. 中国国家统计局数据库：http：//data. stats. gov. cn/
2. 亚太经济合作组织数据库，http：//stats. oecd. org/
3. 世界银行数据库：http：//data. worldbank. org. cn/
4. 世界劳工组织数据库：http：//www. ilo. org/global/statistics-and-databases/lang-en/index. htm
5. 美国经济分析局数据库：http：//www. bea. gov/
6. 德国统计局数据库：https：//www. destatis. de/EN/Homepage. html
7. 日本统计局数据库：http：//www. esri. cao. go. jp/
8. 韩国统计局数据库：http：//kosis. kr/eng/
9. 上海证券交易所年度报告数据：http：//www. sse. com. cn/
10. 深圳证券交易所年度报告数据：www. szse. cn/

二、指标体系构建思路

根据研究内容，指标体系的构建将按居民收入分配的阶段展开，即增加值、初次分配、再分配。针对每一分配阶段，深入分析有哪些收入和支出项目，然后根据每一收入和支出项目构建或者选择相应的描述和分析指标（群）。每个居民收入和支出指标（群）都与一定的分配阶段相对应，他们之间存在特定的数量关系。除了使用指标分析居民部门自身的收入比重之外，还构建指标对居民收入的利益相关者或者相关项目的收入和支出状况进行分析。利益相关者包括政府和企业部门，政府民生财政支出情况是对居民收入再分配的延续。

对于每一个指标，将按以下思路进行构建。

第一，根据研究内容确定需要得到的信息，将信息与恰当的概念建立联系。然后根据概念构建或者选择相应的指标，给出指标的定义和数学计算公式，阐释指标取值代表的经济意义。

第二，对指标计算可用的原始数据进行说明，包括数据的来源、统计口径、收集方法说明。对于存在多个来源的或者统计口径出现过变化的，根据需要分析不同来源或者统计口径对指标计算结果的影响。

第三，在分析比较的基础上确定指标计算数据的来源，然后对指标展开实证测算，分析测算结果。

第四，对于测算样本较多的指标，使用频数分布表、核密度估计等统计方法，分析指标的取值分布特点。

第五，将指标的测算结果与其他国家相同或者相近指标取值进行国际比较，分析我国该指标取值所处的状况及其意义。

在得到指标的计算结果之后，根据研究需要，使用相关分析、回归等统计工具，分析指标与其他经济变量之间、指标与指标之间的关系。应用构建的统计指标分析我国居民收入占国民收入比重、分配公平性等问题。

三、指标的构建与测算方法

（一）指标构建方法

（1）通过原始数据直接进行算术运算来构建。例如，测算劳动收入占 GDP 的比重，直接使用劳动报酬总额除以 GDP 总额。

（2）通过统计指标（新构建或者选择已有的）的算术运算来构建，即使用指标构建指标。例如，劳动报酬增速落后（超前）指数，使用劳动报酬实际定基增长速度指标减去 GDP 定基增长速度构建。

（3）使用统计指标的统计量来构建。例如，支付能力与分配力度位差指标，使用支付能力指标的位序统计量与分配力度指标的位序统计量的差额来构建。

（4）基于统计模型构建。例如，转移性收入对总收入差距的贡献率指标，基于基尼系数的分解模型构建。

无论指标通过何种方式进行构建，都与相应的研究目标相联系。

（二）指标主要计算方法

指标体系将根据指标的类型选择合适的计算方法。本指标体系所包含的基本指标类型有绝对数指标、相对数指标、综合指标。

绝对数指标将直接列示，同时对指标的内涵与使用进行详细说明。

相对数指标分为三类：

第一类是比重相对数指标，核算经济主体在分配中所占有的份额。

$$S_{ji} = \frac{I_{ji}}{\sum_{j=1}^{n} I_{ji}} \qquad (0-6)$$

其中，I_{ji}表示经济主体 j 在第 i 年的分配收入；S_{ji}表示经济主体 j 在第 i 年的收入比重。

第二类是增长率相对指标，对比经济主体相对收入的变动。

$$D_{k,i-x}=\frac{K_{ji}-K_{j,i-x}}{K_{j,i-x}}\times 100\% \qquad (0-7)$$

其中，K_{ji}表示经济主体j在第i年度的某个指标，如人均GDP、居民劳动收入比重等；$D_{k,i-x}$表示指标K第i年度相对于第$i-x$年度的增长率。

第三类是贡献率相对数指标，核算各种要素收入或转移收入变动对分配格局变动的贡献。贡献率指标计算以指标之间的关系恒等式为基础，如公式（0-8）所示。

$$D_{K,i-x}=d_{k_1,i-x}+d_{k_2,i-x}+\cdots+d_{k_n,i-x} \qquad (0-8)$$

其中，$D_{K,i-x}$表示指标K在第i年与第$i-x$年之间的变动率；$d_{k_n,i-x}$表示指标K的第n个分解指标在第i年与第$i-x$年之间的变动率，指标K的变动等于n个子指标变动之和。那么指标$d_{k_n,i-x}$对$D_{K,i-x}$的贡献率定义C_{k_n}为：

$$C_{k_n}=\frac{d_{k_n,i-x}}{D_{K,i-x}}\times 100\% \qquad (0-9)$$

（三）基于统计指标的模型分析方法

1. 面板数据模型

在分析劳动报酬比重的影响因素时，由于上市公司报表数据构成了非平衡面板数据，因此，使用面板回归模型相比普通OLS回归模型更适合分析薪酬比重变动的影响因素。面板数据模型能控制企业之间难以观测或度量的、不随时间变化的异质性，如企业负责人的特征、企业背景，等等。假定非平衡面板中缺失数据是随机的（MCAR假设），使用传统应用于平衡面板数据方法来估计参数，参数的估计结果是无偏、一致和有效的。模型设定如下：

$$\ln\frac{y_{it}}{1-y_{it}}=\alpha+\beta_1\ln X_{it}+\mu_{it} \qquad (0-10)$$

其中，y_{it}表示劳动报酬占企业新创造总价值（劳动报酬+企业利润+累计折旧+应交税金）的比重，μ_{it}是复合误差项，由随机误差项v_{it}以及与截面相关的误差项μ_i，如公式（0-11）所示。

$$\mu_{it}=\mu_i+v_{it} \qquad (0-11)$$

由于薪酬比重取值介于0至1之间，属于受限因变量，因此，在回归模型中需要对薪酬比重取值进行logit转换。X_{it}表示影响劳动收入比重的$n\times 1$维向量，每一个维度表示一个影响因素。β为$1\times n$维向量，是待估计参数。μ_{it}为误差项，由两部分构成，v_{it}是通常意义下的随机误差项，μ_i是与截面有关的误差项。如果$\mu_i=0$，模型变为混合回归模型，如果μ_i不等于0，则根据μ_i是否与回归元相关，模型分为固定效应模型与随机效应模型。

2. 时间序列分解模型

在分析统计指标之间、统计指标与宏观经济变量序列之间关系时，经常会遇到数据缺失问题，如仅有年度数据，没有季度数据，此时，需要对时间序列进行分解或者归并，正确地估计出所需要的数据，即低频时间序列高频分解。

低频率指标高频分解模型划分为无指示变量时间序列分解模型和有指示变量时间序列分解模型。无指示变量时间序列分解模型当中具有代表性的是：布特、菲比和李斯曼（Boot，Feibes and Lisman，1967）的方法（BFL 方法）和斯雷曼（Stramand Wei，1986）的 SW 方法。有指示变量时间序列分解模型主要有：基准调整（Benchmarking）方法和最优化方法。丹顿（Denton，1971）奠定了基准调整方法的基础，该方法的思想是在年度序列条件限制下最小化一个二次形式的损失函数。而这个损失函数定义为待调整序列与目标序列同阶差分之差的平方和。以 CL（Chow and Lin，1971）方法为代表的一类时间序列分解方法，属于最优化方法。最优化方法构造目标序列与指示变量的相关关系，在低频率序列的限制条件下，联合估计参数和高频率的目标序列。

3. 时间序列预测模型

本指标体系的大多数指标在实证测算之后能够形成时间序列，使用时间序列预测模型能够根据指标过去的信息预测未来的取值并给出置信区间。我国于 2004 年和 2008 年对居民劳动报酬的核算口径进行了调整，本书拟使用时间序列模型预测统计口径调整年度劳动报酬的数值，与口径调整之后的公布值相对比，以估计统计口径调整对指标测算的影响。研究使用的时间序列预测模型包括：三次样条模型（Cubic Spline Model，CSM），指数平滑状态空间模型（Exponential Smoothing State Space Model，EST），ARIMA 模型、无漂移项随机游走模型（Random Walk without Drift，RWD）。

4. 柯布—道格拉斯生产函数

柯布—道格拉斯生产函数不仅能够反映劳动和资本对产出的影响，还能够反映劳动与资本的收入关系。生产函数的形式如下：

$$y = AK^{\alpha}L^{1-\alpha} \qquad (0-12)$$

其中，y 为实际产出；A 为技术；K 为资本；L 为劳动；α 是产出归属于资本的份额，$1-\alpha$ 是产出归属于劳动力的份额，$1-\alpha>0$。

在研究要素分配格局变动对工资增长的影响时，拟采用生产函数模型对两者的关系进行推导。本书将基于柯布—道格拉斯生产函数推导的结果，分析居民劳动收入占国民收入比重变动对工资增长的影响。

第四节　本书的创新之处

一、指标设计创新

（1）本书按照收入分配的流程，结合居民收入和支出项目，确立了全面分析居民收入占国民收入比重的框架，构建了全面反映居民收入占国民收入比重的指标体系。运用本指标体系，定位了造成居民收入比重下降的收入分配环节、收支项目、居民群体及地区。指标体系测算使用统计年鉴数据为主，网络采集数据为辅，针对核心指标开发了软件计算与分析系统。

（2）本书系统地分析和比较了居民部门增加值、劳动收入、财产收入统计口径对居民收入分配格局的影响，明晰了我国与主要西方国家在居民收入分配格局比较当中存在的统计口径问题；实证测算了我国劳动统计口径调整对居民劳动收入比重变动的影响，测算了经济学与国民核算口径下居民财产收入的差距。

（3）本书从群体的角度，设计了居民收入增速落后（超前）指数。本书基于群体结构保持稳定的假设，如果各个群体的实际收入增长速度与 GDP 增长速度同步，居民收入占国民收入比重将保持稳定。居民收入增速落后（超前）指数通过群体实际收入定基增长速度与 GDP 定基增长速度的差额来构建，由此定位导致居民收入比重下降的群体。

二、方法创新

（1）本书基于给定的平均收入水平，提出了一种模拟生成任意给定基尼系数数据的方法，基于该方法能产生特定公平度的多种收入分配方案；进而分析了各种分配方案的特点，据此提出了总体公平度和局部公平度理论。在相同的总体公平度之下（基尼系数相同），有多种收入分配方案可供选择，收入分布底端的局部公平度会以牺牲收入分布顶端的局部公平为代价，反之亦然。

（2）本书使用一元二次以及以上方程作为洛伦茨曲线函数族，证明了 9 个方程作为洛伦茨曲线的条件和性质，包括方程系数与基尼系数的数量关系，方程能够拟合基尼系数的区间极限以及其他的限定条件。这为收入分配政策模拟提供了新方法。

(3) 本书设计并开发了网络爬虫程序从上海和深圳证券交易所自动下载上市公司报表信息。使用文本数据挖掘方法（正则表达式和语义树），从上市公司PDF格式报表当中抽取员工人数、劳动报酬、累计折旧、企业利润、应交税金等数据，据此计算劳动要素收入份额。该方法提高了监测特定群体主体分配格局以及劳动收入份额的时效性。

(4) 针对居民收入占国民收入比重计算只有年度数据（低频数据），季度或者月度数据（高频数据）缺失，本书综合比较了有指示变量和无指示变量的插补方法的优缺点，构建有指示变量分解模型，对GDP、居民收入占国民收入比重指标进行了季度分解，提高了指标发布的频率。该分解方法可以应用到其他年度经济变量的季度或者月度分解当中。

(5) 针对居民收入占国民收入比重指标计算所需数据发布滞后，本书构建了基于居民平均收入增速落后（超前）指数的回归模型，预测下一年度居民收入占国民收入比重，模型短期预测效果较好。该方法提高了居民收入占国民收入比重信息的时效性。

(6) 针对满足指标测算要求的居民微观收入数据缺失的情况，本书使用非等距分组的居民收入水平作为分位点拟合居民收入经验累积分布函数（Empirical Cumulative Distribution Function），然后利用插值法生成居民收入数据。

三、应用创新

(1) 本书综合使用本指标体系，实证分析了1992～2012年多个区间段居民可支配收入占国民收入比重的变动，量化分析了各收入分配阶段、收支项目对居民可支配收入比重变动的影响。

(2) 本书设计并开发了基于《中国统计年鉴》资金流量表（实物交易）的居民收入分配格局统计系统，使得本书构建的部分核心指标能通过该系统自动计算和比较，而且其具有易用和易推广的特点。软件辅助工具的使用提高了居民收入分配格局计算的准确性、规范化和便利性。

(3) 在政策模拟中给定平均收入水平和基尼系数的条件下，本书模拟生成了多套收入分配方案；分析了在多种收入分配公平度下（基尼系数不同），企业高级管理人员薪酬应该落入的区间。

(4) 本书使用基尼系数分解方法，实证分析了转移性收入比重及其自身的公平度对居民总收入差距的贡献率及其边际效应；1995～2004年，转移性收入扩大了居民收入差距；2005～2011年，转移性收入则缩小了居民收入差距。

四、创新观点

本书基于自身构建的指标体系的测算和分析，主要提出了以下创新观点：

（1）2000年以来居民收入占国民收入比重下降只存在于特定居民群体当中，主要以广大农村居民以及城镇自雇佣者为代表。以国有企业、上市公司为代表的群体，实际收入增速显著高于GDP的增长速度。因此，提高居民收入占国民收入比重的政策应该重点面向收入增长速度落后群体。

（2）提出了存量收入（财富）分配与流量收入分配概念。与西方高福利国家相比，我国政府收入占国民收入比重并不算高，从这个角度讲政府并没有挤占居民收入份额。但是，近年来我国政府税收收入占财政收入比重大幅度下降，以土地出让金为代表的非预算收入占财政收入比重上升。然而，在统计上土地出让金并不作为GDP产出，因此，政府对居民收入份额的挤占主要体现在存量收入的分配，而不是新增流量收入（GDP）的分配。

（3）政府收入占国民收入比重高低难以用好或者不好来评判，问题的关键是政府如何使用财政收入，做到取之于民，用之于民。因此，政府收入占国民收入比重应该结合政府的财政支出结构、效率及其透明度等方面综合评判。如果难以做到财政收入使用高效和透明、公平公正，就应该将收入份额尽可能让位于民。

（4）清晰的产权和完善的信用体系是居民财产收入高度依赖的政治和经济环境，产权和信用体系建设是增加居民财产收入工作的核心。在这两方面工作做好的前提下，市场的力量就会创造出新的居民财产收入渠道。

第一章

理论基础和研究框架

居民收入占国民收入比重指标体系构建将以经济增长、收入分配理论为指导。同时，指标体系的研究结果也将检验已有理论在时间以及空间上的适用性，补充和完善现有的经济增长和收入分配理论。

第一节　理论基础

一、国民收入决定理论

国民收入增长（即经济增长）是居民收入增长的基础，而国民收入增长理论的发展经历了古典、新古典和新增长三个发展阶段。

国民收入增长的探讨起源于亚当·斯密发表的《国富论》（Adam Smith，1973）。他认为国民财富的产生主要取决于两个因素：一是劳动力的技术、技巧和判断力；二是劳动力和总人口的比例。在这两个因素中，第一个因素起决定性作用。斯密强调自由市场这只“无形之手”对经济发展的重要作用。

索洛经济增长模型是新古典增长模型的代表。索洛模型假定技术是外生的，人均产出的增长来源于人均资本存量和技术进步，但只有技术进步才能够导致人均产出的永久性增长。索洛经济增长模型未能解释长期经济增长的真正来源。它把技术进步（劳动的有效性）看作外生给定的，而这恰恰是长期经济增长的关键。因此，索洛模型是通过“假定的增长”来解释增长的。

近半个世纪以来，现代经济增长理论经历了一条由外生增长到内生增长的演进道路。在 20 世纪 80 年代中期，以罗默（Romer，P.）、卢卡斯（Lucas，R.）等人为代表的一批经济学家，在对新古典增长理论重新思考的基础上，提出了内生性增长理论，即新增长理论。他们把技术进步看作是内生的，强调经济增长不是外部力量（如外生技术变化），而是经济体系的内部力量（如内生技术变化）作用的产物。新增长理论重视对知识外溢、人力资本投资、研究和开发、收益递增、劳动分工和专业化、边干边学、开放经济和垄断化等新问题的研究，重新阐释了经济增长率和人均收入的跨国差异。

2000 年以后，对经济发展的研究集中在关注一些根本的决定因素上，具有代表性的观点有以下几类。

文化因素对经济发展的影响。一个国家的文化会影响其经济增长的观点是对马克斯·韦伯（1864～1920）所提出的“资本主义精神”讨论的延续。韦伯在其所著的《新教伦理与资本主义精神》中提出了“资本主义精神”，试图从比较的角度，去探讨世界主要民族的精神文化气质与该民族的社会经济发展之间的内在联系。韦伯试图论证：西方民族在经过宗教改革以后对西方近代资本主义的发展起了重大的作用。它们鼓励逐利和创造财富，同时提倡节俭，但是都无法解释东亚的崛起。

体制对经济发展的影响在近年来引起了学者们的兴趣。韩国、朝鲜、联邦德国、民主德国，中国改革开放前后的经济状况都证明了体制是影响经济发展的重要因素。但是体制在多大程度上影响经济的发展难以量化。同时，为什么有些国家会选择好的制度而有些没有？制度是由什么决定的？即制度是外生的还是内生的问题难以回答。

产权制度对经济发展的影响是当前经济发展理论的研究热点。研究结论普遍认为，重视保护个人产权的国家经济发展的都好，因为好的产权保护制度能让企业和个人着眼长远，发挥潜力。阿西莫格鲁（Acemoglu，2005）发表在《美国经济评论》上的文章分析近代欧洲的崛起时也支持上述结论。地理大发现对欧洲的崛起有重大影响，而与英国相比，西班牙、荷兰和葡萄牙是最先开始航海的国家，为什么工业革命却发生在英国而不是上述国家？阿西莫格鲁认为英国的崛起源于其有很好的产权保护制度。在阿西莫格鲁看来，有掠夺能力的群体是不愿意保护产权的，当时西班牙等国的皇室力量很强，因此其航海均是以皇室为主导的，所以他们不会保护产权；而英国当时的皇室很弱，航海家大部分是平民阶层，他们成长起来后就与弱势的皇室达成了保护产权的协议。由此，英国率先崛起。

二、居民收入份额基本理论

（一）国民收入主体分配理论

根据国民收入主体分配理论，新创造的价值在居民部门、企业部门、政府部门与国外部门之间分配，由于国外部门所占的比重很小，通常小于百分之一，可以忽略不计。国民收入在居民部门、企业部门、政府部门之间的分配比例，构成了一个国家或地区的主体分配格局，居民收入占国民收入比重是主体分配格局中的重要组成部分。一个国家的主体分配格局在分配过程中以及最终分配结果应该呈现何种比例，是主体分配理论研究的核心问题。我国与西方国家之间主体分配格局存在巨大差异，需要用主体分配理论来解释。

（二）国民收入功能分配理论

国民收入功能分配理论，也叫要素分配理论，居民部门所掌握要素的多少直接影响收入份额。从要素分配的角度，国民总收入将根据各要素对生产的贡献来分配。参与社会化大生产的要素主要包括劳动、资本和土地，劳动获得相应劳动报酬，资本获得红利或利息，土地获得租金。

要素收入在国民收入中所占的比重是否保持恒定是功能分配理论争论的热点。早在20世纪中期，学者们普遍认为参与社会生产的各种要素在国民收入分配中所占份额在时间上是保持基本恒定的。持有这种观点的代表性人物是卡尔多（Kaldor，1956），他认为要素收入分配比重保持不变被认为是一个“典型化事实”。但是该理论的适应性在近10多年来受到了较多的质疑，众多国家的实际数据证明了劳动报酬收入占国民收入的比重在下降。也有学者针对劳动报酬份额提出了“U”型规律理论，即在世界各国的经济发展过程中，劳动份额先下降后上升。

（三）国民收入规模分配理论

国民收入规模分配理论主要研究居民内部收入差距。居民的收入差距与国民收入水平存在内在联系。库兹涅茨（1955）提出了以他的名字命名的曲线——库兹涅茨曲线（Kuznets Curve），又称倒“U”曲线（Inverted U Curve）、库兹涅茨倒“U”型曲线假说。他认为，农业文明向工业文明过渡的经济增长早期阶段迅速扩大，随后是短暂的稳定，然后在增长的后期阶段逐渐缩小。但经济发展的资料表明：库兹涅茨曲线不符合第三世界国家的实际情况。换言之，随着经济发展的进程，第三世界国家的收入不平等越来越悬殊，并没有向平等方向转变。

规模分配理论认为，居民收入差距与居民收入比重互为影响。(1) 居民收入差距的扩大意味着收入向少数人集中，假设总体居民收入份额保持恒定的情况下，如果目光转向少数富人之外的广大居民，他（她）们的收入占国民收入的比重是降低的，即总体居民收入份额的恒定掩盖了绝大部分居民收入比重下降的事实。如果总体居民收入份额保持下降趋势，那么收入差距的扩大使得绝大部分居民收入比重下降更加明显。(2) 居民收入比重反过来也会影响居民的收入差距。居民收入比重下降，将直接影响居民消费，消费的下降会导致需求下降，需求的降低会引发国民经济产出的下降，即国民收入或国民收入增长速度降低，随即失业率上升，从而增大居民收入差距。

三、要素收入份额决定理论

（一）新古典劳动收入份额决定理论

边际生产力理论是新古典经济学的基石，由 19 世纪末美国经济学家克拉克（Clarke）首创。该理论主要用于阐明在生产中相互合作的各生产要素或资源所得到的报酬。按照该理论，劳动报酬由劳动要素的边际生产力决定，因此，劳动收入份额就是劳动的产出弹性。

1. 资本产出比对劳动收入份额的决定理论

在新古典假设条件下，本特利纳和森特·鲍尔（Bentolina and Saint - Paul, 2003）研究发现，劳动收入份额与资本产出比存在确定的函数关系。

具体地，考虑第 i 个经济体，拥有资本（K_i）和劳动（L_i）两种生产要素，可微生产函数 Y_i。假设规模报酬不变，并且存在劳动增强型技术进步（B_i），则：

$$Y_i = F(K_i, B_iL_i) \tag{1-1}$$

如果劳动按照边际产出支付，那么劳动收入份额为：

$$s_{L_i} = g(k_i) \tag{1-2}$$

其中，$s_{L_i} = w_iL_i/p_iY_i$ 表示第 i 个经济体的劳动收入份额；w_i 表示第 i 个经济体的工资；p_i 表示第 i 个经济体的产品价格；$k_i = K_i/Y_i$ 表示资本产出比。

在规模报酬不变假设下，生产函数可以写成：

$$Y_i = K_if(B_iL_i/K_i) = K_if(l_i) \tag{1-3}$$

其中，$l_i = B_iL_i/K_i$。

本特利纳和森特·鲍尔（2003）经推导发现，劳动收入份额与资本产出比之间存在如下确定性关系：

$$s_{L_i}=k_ih(k_i)f'(h(k_i)) \quad (1-4)$$

其中，f'表示函数f的一阶导数，$h(k_i)=l_i=f^{-1}(1/k_i)$。

进一步，本特利纳和森特·鲍尔（2003）用SK曲线更加直观地反映了这一确定关系（见图1－1）。并且，他们指出要素价格（如工资和利率）的变动以及劳动增强型技术进步大小的变动都不会改变SK曲线，这些因素引起的劳动收入份额的变动都沿着SK曲线移动。

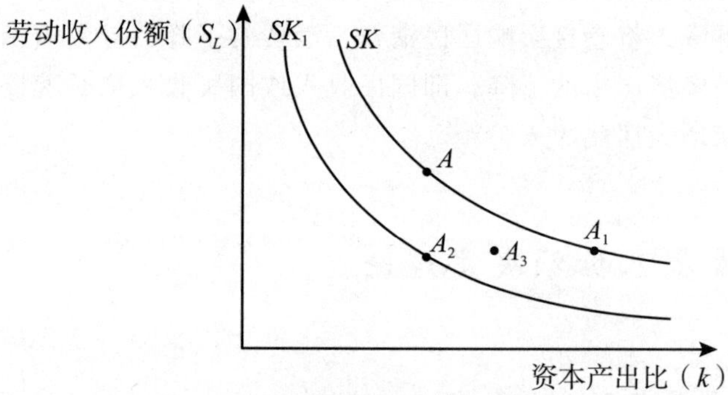

图1－1　劳动收入份额与资本产出比的SK曲线

资料来源：本特利纳和森特·鲍尔（2003）。

劳动收入份额与资本产出比的这种确定关系对于特定的生产函数有不同的经济意义。下面以柯布—道格拉斯（Cobb－Douglas）生产函数和CES生产函数做简单介绍。

对于柯布—道格拉斯生产函数$Y=AK^{\alpha}L^{1-\alpha}$，劳动收入份额满足$s_{L_i}=1-\alpha$，也就是说劳动收入份额是一个恒定的常数。基于前面综述可知，很多学者均支持这一观点，比较有代表性的有柯布和道格拉斯（1928），卡尔多（1957）以及格林（Gollion，2002）等。

对于CES生产函数$Y=(\alpha(A_iK_i)^{\varepsilon}+(1-\alpha)(B_iL_i)^{\varepsilon})^{1/\varepsilon}$，劳动收入份额满足$s_{L_i}=1-\alpha\ (A_iL_i)^{\varepsilon}$。可见，劳动收入份额是资本产出比的单调函数，而递增或递减取决于ε的符号。当劳动与资本相互替代时（$\varepsilon<0$），较低的资本密度会提高劳动收入份额；当劳动与资本互补时（$\varepsilon>0$），较低的资本密度会降低劳动收入份额；当$\varepsilon=0$时，$s_{L_i}=1-\alpha$，也就转化为柯布—道格拉斯生产函数的特殊情况。

这一理论对研究我国收入份额的变动具有一定的启示意义，国内众多实证结果（罗长远、张军，2009；白重恩、钱振杰，2009；周明海等，2010）表明我国劳动收入份额与资本产出比存在显著正相关关系。但是，也应该看到该理论存在一定的缺陷，即劳动收入份额与资本产出比的确定关系是建立在劳动增强型技术进步的假设前提下，对于资本增强型技术进步就失效了。

2. 技术进步对劳动收入份额的决定理论

索洛（Solow，1958）认为技术进步是劳动收入份额变动的重要影响因素。阿斯莫格鲁（2003）把技术进步归结为劳动增强型技术进步和资本增强型技术进步。劳动增强型技术进步下的生产函数为式（1－1），而劳动收入份额与资本产出比的关系满足式（1－4）；资本增强型技术进步下的生产函数为 $Y_i = F(E_iK_i, L_i)$，劳动收入份额与资本产出比的关系满足：

$$s_{L_i} = E_i h(E_i k_i) f'(h(E_i k_i)) \tag{1-5}$$

本特利纳和森特·鲍尔（2003）考察影响 SK 曲线变动的因素时发现，劳动增强型技术进步不会影响劳动收入份额与资本产出比的 SK 关系，而资本增强型技术进步会使 SK 曲线发生位移。

传统研究常常假设劳动增强型进步，但这一理论框架显然与新兴经济体的实际不符。基于此阿斯莫格鲁（2003）给出了不同经济增长路径下不同形式的技术进步对劳动收入份额影响的经济学解释。在均衡增长路径下，技术进步总是劳动增强型的，此种情况下劳动收入份额保持不变；在转型路径下，产生资本增强型技术进步，劳动收入份额会因技术进步而下降。如果用 SK 曲线解释（见图 1－1），资本增强型技术进步会导致 SK 曲线向下平移到 SK_1，劳动收入份额也就从最初的点 A 下降到点 A_1。按照这一解释，我国处于经济转型时期，资本增强型技术进步对劳动收入份额的影响应该起到主导作用。这一结论得到国内许多学者研究的验证（黄先海、徐圣，2009；肖文、周明海，2010）。但罗长远、张军（2009）、白重恩、钱震杰（2009）的相关研究并没有发现技术进步对劳动收入份额具有明显影响。产生不一致结论的原因一方面可能由于实证数据的差异，另一方面也可能在于技术进步对于劳动收入份额的解释存在局限性。罗长远（2008）认为偏向型技术进步并不能完全解释劳动收入份额的动态变化过程，因为技术进步往往是内生的，寻找偏向型技术进步发生的原因可能更有意义。

3. 不完全竞争市场对劳动收入份额的决定理论

（1）产品市场的劳动收入份额决定理论。

在产品市场不完全竞争下，产品价格（P_i）不再等于边际成本（MC_i），而存在边际成本的加成。如果用 μ 表示加成份额，那么新古典经典假设就修正为 $P_i = \mu MC_i$。在此情形下，劳动收入份额 $s_{L_i} = \mu^{-1} g(k_i)$，$g(k_i)$ 含义与前述一致。当加成份额 μ 恒定时，劳动收入份额与资本产出比之间仍然保持稳定关系；而加成份额 μ 发生变化时，SK 曲线将发生偏移，特别地，如果 μ 顺周期性变化，劳动收入份额将呈现逆周期特征。这为考察劳动收入份额的周期性提供了一种分析思路。结合 SK 曲线（图 1－1），加成份额 μ 的变动致使均衡点偏离 SK 曲线，劳动收入份额从初始位置 A 下移到 A_3。但是，从产品市场的不完全竞争角度不仅难以解释经济一体化背景下欧洲发达资本主义国家劳动收入份额的下降，而且更加难以解释向社会主义市场经济转变过程中我国劳动收入份额的变动。

（2）劳动力市场的劳动收入份额决定理论。

文献综述部分我们已经从劳动力市场的供求关系的变化、工资协商机制、工会力量的强弱以及劳动力调整成本等方面对劳动力市场的相关研究及结论进行了梳理。因此，本部分主要关注工人与雇主间的两种著名的博弈模型：管理权模型（Right-to-manage Model）和效率议价模型（Efficient-bargaining Model）。

在管理权模型下，工人与雇主首先进行讨价还价，然后企业根据设定的工资自主确定劳动雇佣量。外生工资条件下，公司寻求利润最大化。用公式表示也就是解决下述问题（Cahuc and Zylberberg，2004）：

$$\max_w [R(L^d(w)) - wL^d(w)]^{1-\gamma}[(u(w) - u(\bar{w}))L^d(w)]^{\gamma} \qquad (1-6)$$

其中，w 为工人与雇主议价后的工资；$L^d(w)$ 为既定工资下的劳动需求；$R(L^d(w))$ 表示既定劳动需求下的公司收入；$u(w)$ 为既定工资 w 下的工人效用；$u(\bar{w})$ 为工资收入的其他替代效用；γ 是工人的议价能力，而 $1-\gamma$ 是雇主的议价能力。因此，式（1-6）第一项表示公司的盈余，而第二项表示工人的净效用获得。

图 1-2 显示了劳动力市场的讨价还价。开口向下曲线为公司利润曲线而开口向上曲线为工人的无差异曲线。管理权模型下的议价均衡点落于 A 点，因为该点为劳动力需求曲线与工人最大可能性无差异曲线的交点。合同曲线上（除 $(\bar{w}, \bar{L})$ 外）的所有点都是讨价还价的结果，并且工资均高于劳动的边际产出。在这种博弈模型下，工人的议价能力的变化将影响劳动收入份额，劳动收入份额的变动依然满足 SK 曲线，但上升或下降取决于资本和劳动的替代弹性。

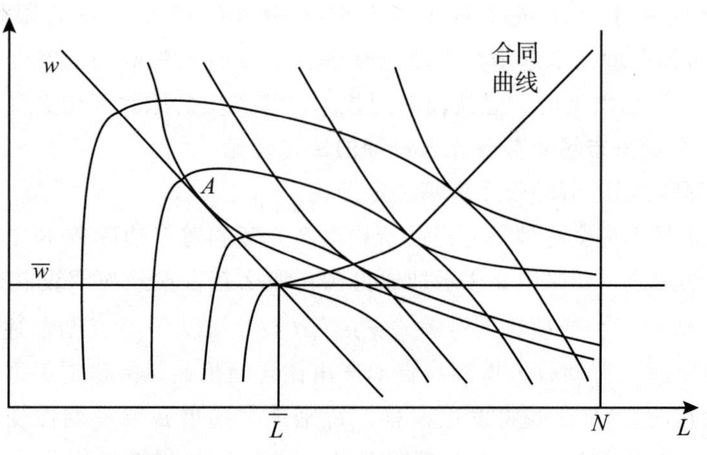

图 1-2　劳动力市场的讨价还价

资料来源：麦当娜和索洛（McDonald and Solow，1981）。

在效率议价模型（Efficient-bargaining Model）下，工人和雇主同时对工资和劳动雇佣量进行博弈。卡于克和尔贝尔博格（Cahuc and Zylberberg，2004）定义了该模型的目标函数：

$$\max_{w,L}[R(L)-wL]^{1-\gamma}[(u(w)-u(\bar{w}))L]^{\gamma} \tag{1-7}$$

仅当存在可以讨价还价的某种准租金或利润时，效率议价模型的均衡点才处于劳动需求曲线和合同曲线的交点处。交点越高（图1-2的右上方），工人从租金中获得的份额越大。该博弈模型下，劳动收入份额为 $s_L=\gamma+(1-\gamma)g(k)$。这表明工人谈判能力增强时，*SK* 曲线将向上移动，短期内影响劳动收入份额但不影响就业，但长期内也会影响就业（因为资本有充足时间调整）。因此，效率议价模型下工人议价能力的提升在提高劳动收入份额的同时也会降低劳动收入份额对资本产出比的敏感度。

（二）开放经济下劳动收入份额决定理论

经济全球化是当代世界经济发展的重要特征，这意味着商品、服务、资本、技术和劳动等在全球范围内快速流动或扩散。但基于前面的综述，我们发现近期研究主要基于实证角度关注经济全球化对劳动收入份额的影响，相对理论基础较少。因此，本部分主要从发达国家和发展中国家两个角度介绍与之相关的两个理论：新古典贸易理论和德克瑞斯—马立克（Decreuse - Maarek）模型。

1. 新古典贸易理论

19世纪末20世纪初，伴随新古典经济学的产生，新古典贸易理论应运而生。其中，要素禀赋理论是新古典贸易理论的核心。要素禀赋最早由瑞典经济学家赫克歇尔（Heckscher，1919）提出，随后奥林（Ohlin，1930）在《地区间贸易和国际贸易》一文中进一步发展了生产要素禀赋理论，因此，这一理论又称H-O定理。该定理以比较优势理论为基础，基于两种或两种以上生产要素框架分析产品的生产成本，并用总体均衡的方法探讨国际贸易与要素变动的相互影响。其核心思想是：在国际贸易中，一国的比较优势是由其要素丰裕程度决定的。一国应生产和出口较密集地使用其较丰裕的生产要素的产品，进口较密集地使用其稀缺的生产要素的产品。

萨缪尔森（Samuelson，1948）在H-O定理基础上，得出要素均等化命题，并对其论证，因此又称H-O-S定理。H-O-S定理的基本内容是：自由贸易不仅会使两国商品的相对价格和绝对价格均等化，而且会使生产要素的相对价格和绝对价格均等化，以致两国的所有工人都能获得相同的工资率，所有的资本（土地）都能获得相同的利润率（或租金），而不管两国的生产要素供给和需求模式如何。

斯托尔珀和萨缪尔森（Stoplper - Samuelson）定理是 H - O 模型的另一扩展。该定理由斯托尔珀萨缪尔森（Stoplper and Samuelson，1941）在《保护主义和实际工资》一文中提出，主要阐述关税对国内生产要素价格或国内收入分配的影响；证明了实行保护主义会提高一国相对稀缺要素的实际报酬。其理论假设前提是产品市场完全竞争和要素在国内自由流动。其基本观点是：某一商品相对价格的上升，将导致该商品密集使用的生产要素的实际价格或报酬提高，而另一种生产要素的实际价格或报酬则下降。

基于新古典贸易理论可以看出，贸易自由化的提高会致使劳动富裕国家的劳动收入份额上升，同时导致资本富裕国家的劳动收入份额下降。这对发达国家劳动收入份额的下降具有很好的解释力，并得到广泛实证研究的支持（Harrison，2002；Guscina，2006；Jaumotte and Tytell，2007；European Commission，2007）。但是，相对劳动丰裕的中国，近年来也出现了劳动收入份额的下降，这种现象显然是与新古典贸易理论相矛盾的。因此，新古典贸易理论可能并不适合解释我国的要素分配。

2. 德克瑞斯—马立克模型

德克瑞斯和马立克（2008）提出了一种仅反映 FDI 对发展中国家劳动收入份额影响的德克瑞斯—马立克模型。它是两部门静态模型，假设经济体中仅存在两种最终产品。模型中，工人是同质的，但公司是异质的。国外公司的生产效率高于国内公司，但国外公司面临较高的进入成本。如果国内公司的成立成本为 C_R，非完全金融开放（Imperfect Financial Openness）为 C_0，国外公司进入的机会成本为 $\bar{\pi}$，那么，国外企业在该国开设公司的总成本为 $C_F = C_R + C_0 + \bar{\pi}$。

另外，工人和职位空缺满足匹配函数 $M_i = M(\mu_i, n_i)$，其中，μ_i 表示第 i 类部门寻找工作的工人数量；n_i 表示相同部门的职位空缺。匹配函数 M 是一个严格凹函数，其最低边界为 $\min\{\mu_i, n_i\}$。因为，工人仅在两类部门寻找工作，所以 $\mu_1 = \mu_2 = 1$。另外，公司招聘前须选定进入部门。基于上述设定，工人收到第 i 类部门职位的概率为 $M(1, n_i) = m(n_i)$。

在劳动力市场均衡的假设条件下，两种产品的价格均为 1，并且两部门外国公司的比例相同。因此，工资决定如下：工人仅收到一份工作邀请的概率为 $2m(n)(1 - m(n))$，此时，工人工资为 0，公司获得总产出；工人收到两份工作邀请的概率为 $m(n)^2$，此时，工资取决于两个公司的生产效率。假定外国公司的比例为 ρ，则两个国内公司同时提供职位的概率为 $(1 - \rho)^2$，此时工人获得产出 y_R；一家外国公司和一家当地公司提供职位的概率为 $\rho(1 - \rho)$，此时，工人将会被国外公司雇佣，工资为 y_R，国外公司收入为 $y_F - y_R$；另外，两家外国公司同时提供职位的概率为 ρ^2，此时，工人的工资为边际产出 y_F。

基于上述工资决定，国外公司（π_F）和国内公司（π_R）的期望利润为：

$$\pi_F = -c_F y_F + [m(n)/n][(1-m(n))y_F + m(n)(1-\rho)(y_F - y_R)] \quad (1-8)$$

$$\pi_R = -c_R y_R + [m(n)/n][1-m(n)]y_R \quad (1-9)$$

均衡条件（即 $\pi_F = \pi_R = 0$）下：

$$c_F = [m(n)/n]\{1-m(n)+m(n)(1-\rho)[(y_F - y_R)/y_F]\} \quad (1-10)$$

$$c_R = [m(n)/n][1-m(n)] \quad (1-11)$$

其中，n 为每个部门的公司数量；ρ 为每个部门中外国公司的比例。式（1-10）为国外公司自由进入某部门的条件，式（1-11）为国内公司自由进入某部门的条件。

进一步，外国公司的总工资为：

$$W_F = m(n)^2\rho[\rho y_F + 2(1-\rho)y_R] \quad (1-12)$$

国内公司的总工资为：

$$W_R = m(n)^2(1-\rho)^2 y_R \quad (1-13)$$

外国公司的总产出为：

$$Y_F = m(n)\rho[2-m(n)\rho]y_F \quad (1-14)$$

类似地，国内公司的总产出为：

$$Y_R = m(n)(1-\rho)[2-m(n)(1+\rho)]y_R \quad (1-15)$$

因此，我们可以获得的劳动收入份额为：

$$LS = \frac{W}{Y} = \frac{W_F + W_R}{Y_F + Y_R} = \frac{m(n)[\rho^2 y_F + (1-\rho^2)y_R]}{\rho[2-m(n)\rho]y_F + (1-\rho)[2-m(n)(1+\rho)]y_R} \quad (1-16)$$

对式（1-16）求导，则有：

$$\begin{aligned} dLS/d\rho &= -dY/d\rho \times LS + dW/d\rho \\ &= \underbrace{-(1-\rho m(n))(y_F - y_R)LS}_{\text{技术差距效应}} + \underbrace{\rho m(n)(y_F - y_R)}_{\text{工资结构效应}} \end{aligned} \quad (1-17)$$

由式（1-17）可以看出，存在两种影响劳动收入份额变动的力量：技术差距效应和工资结构效应。其中，技术差距效应倾向于降低劳动收入份额，其影响效果取决于外国公司基于技术优势从劳动中提取租金的能力；工资结构效应有利于提高劳动收入份额，这是因为外国公司的进入提高了工资竞争。外国公司进入成本对劳动收入份额的影响正是上述两种力量相互作用的结果。

另外，式（1-17）可以简化为：

$$dLS/d\rho = \rho^2 y_F - (1-\rho^2)y_R \quad (1-18)$$

可见，$dLS/d\rho$ 是 ρ 的“U”型函数。当 $dLS/d\rho = 0$ 时，劳动收入份额位于最低点，此时外国公司的数量 $\rho^* = [(y_F y_R)^{1/2} - y_R]/(y_F - y_R)$。另外，还存在两种

极端情况：一是经济体中没有外国投资者（即 C_F 足够大，$\rho=0$）；二是经济体中仅有外国公司投资生产，不存在国内企业（即 $C_F=C_R$，$\rho=0$）。在这两种极端情况下，劳动收入份额为 $LS=m(n)/[2-m(n)]$。外国公司比例与劳动收入份额的“U”型关系详如图 1－3 所示。

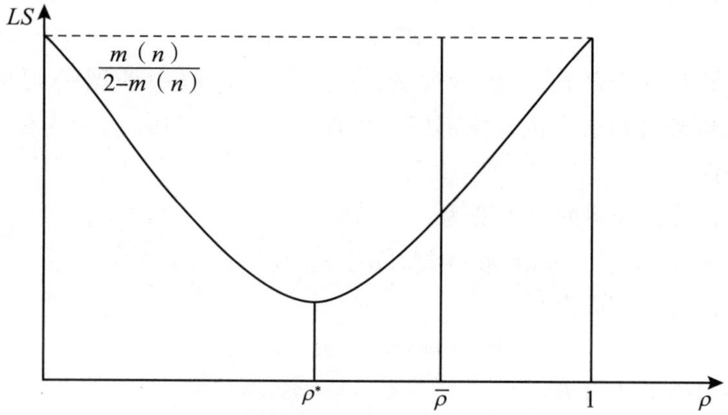

图 1－3　劳动收入份额与外国公司比例的“U”型关系

资料来源：德克瑞斯和马立克（2008）。

金融开放程度的提高或外部利润的减少会致使曲线由左向右移动。这些变量仅通过改变外国公司的数量来影响劳动收入份额，金融开放本身并没有影响。另外，从机会成本中理清非金融开放程度 C_0 是非常重要的。政府能够改变金融开放的程度，但不能减少其他国家的获利机会。因此，在金融开放初期，外国公司的比例与金融开放政策是一致的，反映在图 1－3 就是沿曲线下行。但是，外国公司的进入机会成本会限制其进一步上升。图 1－3 中，$\bar{\rho}$ 为进入成本 $C_F=C_R+\bar{\pi}$ 下的外国公司的比例。如果这种限制能力过大，也可能 $\bar{\rho}<\rho^*$。

总体来看，德克瑞斯和马立克模型在一定程度上弥补了新古典贸易理论对解释发展中国家劳动收入份额变动的缺陷。但是，该模型在现实分析中也存在一定的不足：一方面，理论模型中的相关代理变量难以找到实际的数据匹配（如技术差距等）；另一方面，模型的理论假设过于简单，与现实经济不符。抛开不足，该模型的分析思路以及代理变量的影响机制对研究经济全球化对我国劳动收入份额的变动还是具有一定的借鉴意义。

（三）转型经济下劳动收入份额决定理论

前述两类理论并不能完全解释我国劳动收入份额的变动，结合经济转型与制度变革来分析我国劳动收入份额的变化可能更有必要。因为，经济转型和制度变革对我国改革开放以来的经济运行发挥了重要作用。相对来讲，制度变革对我国劳动收入份额的影响仅限于实证分析，前面综述中已经较为完整地梳理。因此，本部分主要较为详细地阐述李稻葵等（2009）以刘易斯的二元经济理论为背景建立的劳动力转移模型和龚刚、杨光（2010）的具有凯恩斯主义特征的非均衡动态模型。

1. 以刘易斯二元经济理论为背景的劳动力转移模型

前面综述中我们已经提到模型的假设前提和阶段划分，下面着重从数理角度进行介绍。

该模型仅假设经济体中存在农业和工业两个生产部门，在经济发展过程中，农村大量剩余劳动力从农业部门向工业部门转移。农业部门的生产函数为 $Y_1 = A_1L_1^{\alpha_1}$，工业部门的生产函数为 $Y_2 = A_2L_2^{\alpha_2}K_2^{1-\alpha_2}$，并且 $L_1 + L_2 = 1$，$A_1 < A_2$。

在劳动力伴随城市化逐渐从农业部门向工业部门转移的过程中，工资传导机制出现了摩擦，导致工人的工资水平仅为农业部门工资，小于其边际产出。此时，农业劳动者工资为 $W_1 = A_1A_1L_1^{\alpha_1-1}$，全社会总产出为 $Y = Y_1 + Y_2 = A_1L_1^{\alpha_1} + A_2L_2^{\alpha_2}K_2^{1-\alpha_2}$，全社会工资总额为 $W = W_1(L_1 + L_2) = A_1A_1L_1^{\alpha_1-1}(L_1 + L_2) = A_1A_1L_1^{\alpha_1-1}$。从而，劳动收入份额为：

$$\begin{aligned} LS &= W/Y \\ &= A_1A_1L_1^{\alpha_1-1}/(A_1L_1^{\alpha_1} + A_2L_2^{\alpha_2}K_2^{1-\alpha_2}) \\ &= A_1L_1^{\alpha_1-1}/(L_1^{\alpha_1} + AL_2^{\alpha_2}K_2^{1-\alpha_2}) \end{aligned} \tag{1-19}$$

其中，$A = A_2/A_1$。

基于上述简单数理推导，李稻葵等（2009）发现劳动收入份额与人均 GDP 间呈正“U”型关系（如图 1-4 所示）。并且，他们把其分解为三个阶段：（1）劳动力转移初期，工业产出（Y_2）的上升速度大于农业产出（Y_1）的下降速度和工资（W）上升的速度，导致劳动收入份额（LS）下降；（2）劳动力转移中期，工业边际产出增速减缓，而农业边际产出上升以及工资上升速度加快，致使劳动收入份额到达最低点；（3）劳动力转移后期，工业边际产出持续下降导致工业产出上升速度慢于工资的增长速度，从而劳动收入份额上升。

另外，他们还指出，“U”型最低点会随着工业与农业生产率相对差异 A 以及工业部门总资本 K 的提高不断左移和下移。这表明当工业部门生产效率和总资本提高时，劳动力的转移时间会延长，并且劳动收入份额的下降幅度也越明显。

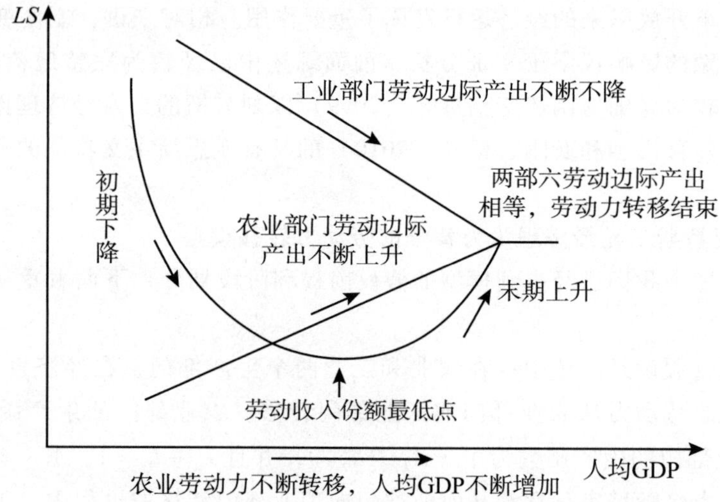

图 1-4　劳动力转移过程中的劳动收入份额的变动

资料来源：李稻葵等（2009）。

2. 具有凯恩斯主义特征的非均衡动态模型

龚刚和杨光（2010）用于推导劳动收入份额动态轨迹的非均衡动态模型具有明显的凯恩斯—哈罗德特征：需求决定产出；工资和价格的调整具有粘性；产品和劳动力市场并不出清；投资函数相对独立。

该模型的方程结构形式为：

$$Y_t = \theta I_t \ \theta > 1 \tag{1-20}$$

$$U_t = Y_t / AK_{t-1} \ A > 1 \tag{1-21}$$

$$K_t = (1-\mathrm{d})K_{t-1} + I_t \ \mathrm{d} > 0 \tag{1-22}$$

$$L_t^d = Y_t / X_t \tag{1-23}$$

$$N_t = L_t^d / L_t^s \tag{1-24}$$

$$I_t / K_{t-1} = \varphi_i + \varphi_u U_{t-1} + \varphi_m (m_t - p_t) \ \varphi_u > 0,\ \varphi_m > 0 \tag{1-25}$$

$$w_t = \alpha_w + \alpha_p p_{t-1} + \alpha_n N_{t-1} + \alpha_x x_t \ \alpha_p > 0,\ \alpha_n > 0,\ \alpha_x > 0 \tag{1-26}$$

$$p_t = \beta_p + \beta_w w_t + \beta_u u_{t-1} - \beta_x x_t \ \beta_w > 0,\ \beta_u > 0,\ \beta_x > 0 \tag{1-27}$$

$$m_t - m_{t-1} = \pi_p (\bar{p} - p_{t-1}) + \pi_m (g - m_{t-1}) \ \pi_p > 0,\ \pi_m > 0 \tag{1-28}$$

其中，Y_t 为实际 GDP，t 为时间下标；I_t 为实际投资；K_t 为实际资本存量；U_t 为生产能力利用率；L_t^d 为劳动力需求；X_t 为劳动生产率；L_t^s 为劳动力供给；N_t 为就业率；m_t 为名义货币增长率；p_t 为通货膨胀率；w_t 为名义工资增长率；x_t 为 X_t 增长率；θ 为乘数；A 为资本产出比；d 为折旧率；$\bar{\rho}$ 中央银行的通货膨胀目标；g 为中央银行的货币供给目标。

式（1-20）是 GDP 的决定公式，既反映了凯恩斯理论下的乘数过程，又表明了投资驱动的经济波动；式（1－21）为生产能力利用率的定义；式（1－22）反映了资本积累率；式（1－23）反映了劳动力需求；式（1－24）为就业率的定义，其中劳动力供给 L_t^s 外生；式（1－25）是投资函数，表明了投资既取决于生产能力利用率，又取决于货币供给；式（1－26）和式（1－27）为工资和价格的双重菲利普斯曲线；式（1－28）为央行的货币供给规则。

进一步，如果令 LS_t 表示劳动收入份额，那么：

$$LS_t = W_t L_t^d / P_t Y_t \tag{1-29}$$

其中，W_t 为工资水平；P_t 为价格水平；Y_t 为实际 GDP；L_t^d 为劳动力需求。

把式（1－28）带入式（1－23），则有：

$$LS_t = W_t / P_t X_t \tag{1-30}$$

如果令 $LS_t = (1 + ls_t) LS_{t-1}$，那么：

$$1 + ls_t = (1 + w_t)/(1 + p_t)(1 + x_t) \tag{1-31}$$

从式（1－31）可以看出，劳动收入份额 LS_t 的变动取决于：

$$w_t > p_t + x_t + p_t x_t \tag{1-32}$$

如果式（1－32）成立，劳动收入份额会上升。反之，不变或下降。事实上，只有工资增长率足够大于通货膨胀率和劳动生产率之和时，劳动收入份额才会上升。

经济发展初期，农村大量剩余劳动力的存在，使工资增长的幅度小于劳动生产率的增长和通货膨胀率的增长，因此式（1－32）难以满足，劳动收入份额下降；伴随着经济增长及产量的上升，劳动力需求不断上升，剩余劳动力供给消失，当劳动力市场接近充分就业时，劳动力收入份额下降的趋势会得到逆转。

相比较而言，李稻葵等（2009）的模型假设劳动力只在农业部门和工业部门之间转移，忽略了劳动密集型的服务业发展对劳动收入份额的影响，并且研究框架仍局限于新古典。而龚刚和杨光（2010）的研究体现了刘易斯（1954）关于二元经济结构下无限剩余劳动力假设，因而更加符合我国现实。尽管如此，但两者均认为劳动收入份额的变化随经济发展呈“U”型曲线，这一结论得到许多实证研究的支持（罗长远、张军，2009；白重恩、钱震杰，2009）。

四、劳动收入水平决定理论

（一）维持生存工资理论

维持生存工资理论是威廉·配第（William Petty）早在17世纪提出来的。配第在论述以地租为中心的分配理论时依据劳动价值论提出了工资的决定标准，即工人的工资水平取决于维持工人生活所需资料的价值。该理论成为古典经济学派研究工资理论的基础。大卫·李嘉图（DavidRicardo）对维持生存工资理论做了进一步的发展。他认为，工资是劳动力这一特殊商品的价格，工资有自然价格（Natural Wage）和市场价格（Market Wage）之分。自然价格是劳动者维持自身生存和后代繁衍所必需的生活成本，如食物、生活必须品的支出，等等。从长期来看，工资将等于其自然价格，就是他提出的“工资铁律”（Iron Law of Wages）。由于维持生存工资理论无法解释同一国家和地区的工人之间存在的工资差异，因此该理论逐步被经济学家放弃。但是作为最早的工资理论，它对后来者的影响是深远的，当今各国所实施的最低工资标准仍然体现着该理论的思想精髓。

（二）工资基金理论

工资基金理论（Wage-fund）是19世纪中叶流行于英国的一种工资决定理论，最初由约翰·斯图亚特·穆勒（John Stuartmill）提出。该理论认为工资取决于用于支付工资的基金（购买劳动力的资本）与工人数量之比；并假定工资基金在一个时期（如1年）是固定不变的，等于资本扣除了生产资料成本和利润之后的剩余。工资基金总额固定的情况下，工资水平的高低取决于工人数量的多少，如果有一部分人工资增加了，必然以另一部分人工资减少了作为代价。在就业水平固定的情况下，工资水平取决于工资基金总额的大小。穆勒在提出工资基金理论之后引起了许多争议，有人认为资本与工资的关系要比工资基金理论所描述的复杂，而且工资基金在某一个确定的年度可能是变化的，而不是固定的。穆勒本人后来也收回了工资基金理论。然而工资基金理论也有其值得肯定之处，它跳出了工资仅由维持工人生活所需成本决定这一思路，认为工资水平与工资支付总额以及人口数目有关。

（三）边际生产力工资理论

1899年，美国经济学家约翰·贝茨·克拉克（John Bates Clark）在其著作《财富的分配》中提出了边际生产力分配论。他认为，劳动和资本（包括土地）各自的边际生产力决定它们各自的产品价值，同时也就决定了它们各自所取得的收入（胡放之，2005）。克拉克是以雇主追求利润最大化为前提的，而且产品的边际生产力递减，工资取决于劳动的边际生产力。如果增加工人所带来的收益小于支付给他的工资，雇主就不会继续雇佣工人或裁员；如果工人所带来的收益大于支付给他的工资，雇主就会继续雇佣工人，直到劳动的边际成本等于劳动的边际收益为止。边际生产力工资理论可以说是现代工资理论的先驱，它不仅解释了工资的长期水平如何决定，也适用于解释短期工资水平的确定。但是，边际生产力工资理论基于的假设是：产品市场和要素市场均为自由竞争市场；工人具有相同的效率；每种生产资源的数量为已知；设备的数量被看作是固定的，设备能与任何数量的劳动力做最优搭配。这些假设在现实中难以满足，这就使得边际生产力理论难以在实际中应用。

（四）供给与需求及其均衡理论

劳动力的供给与需求和工资的关系早在18世纪就引起了经济学家们的思考。亚当·斯密（Adam Smith）认为，工资的增长受到劳动力需求的影响，在工人数量相对稳定的情况下（供给相对稳定），社会生产对劳动力的需求越大，工资提高的速度越快。财富生产的增速决定了社会对劳动力需求的增速。亚当·斯密对劳动力需求与工资关系的认识在今天看来也是正确的。在亚当·斯密之后，李嘉图试图用供给与需求理论来解释他所提出的“工资铁律”没有出现的原因。李嘉图认为，工资的市场价格根据劳动力的供给与需求的比例来确定。劳动力供给的增长速度影响到工资的增长速度，他以马尔萨斯的人口理论为基础，提出了工资水平的高低与工人人口的自然增长率成反比。除了供给，劳动力需求也是影响工资增长的重要因素，劳动力的需求主要受到资本积累速度的影响，当资本积累的速度超过工人人口增速时，工资将会上涨。当工人人口的供给大于资本对劳动力的需求时，供大于求的压力使得市场工资又逐步回到自然工资的水平。

古典经济学家对供给与需求和工资关系的认识为后续的研究者奠定了基础，但是从今天来看，他们的研究受到当时的生产水平和社会条件的限制，其认识没有跳出自然工资的层面，没有考虑工资与生产之间的内在联系。英国经济学家阿尔弗雷德·马歇尔（Alfred Marshall）在其构建的均衡价格理论的框架下提出了均衡工资理论，将供给与需求影响工资增长的理论向前推进了一大步。根据均衡工资理论，劳动力的供给和需求曲线决定了劳动力的均衡工资水平。在劳动力需求不变的假定下，供给曲线向右移动，意味着在此工资水平下，会有更多的供给量，供给量增加会使得劳动力之间的竞争增加，从而导致工资水平下降。从供给的角度看，工资一方面受到劳动力生产成本的影响，如生活成本、教育成本，等等；另一方面受到闲暇成本的影响，劳动者必须在工作和闲暇之间做出时间分配，如果劳动者的闲暇时间越稀缺，那么闲暇的成本越高，由此需要相应较高的工资来补偿。而从需求的角度看，工资取决于劳动的边际生产力。

进入20世纪70年代，供给和需求对工资影响的理论进一步发展，学者从相对供给和相对需求的角度研究劳动力供需变动对工资的影响。一个群体相对供给的增加会对该群体的相对工资产生负向影响，而一个群体相对需求的增加会对该群体工资产生正向的影响。韦尔奇（Welch，1979）和伯杰（Berger，1985）发现美国20世纪70年代年轻工人相对数量的增加导致他们相对工资的降低。弗里曼（Freeman，1979）研究了劳动力年龄结构变化对相对工资变动的影响。美国在第二次世界大战之后和1955～1960年两次生育高峰出生的人口在20世纪70年代涌入劳动力市场，使得美国该时期劳动力市场的人口年龄结构发生了巨大的变化。1966～1976年，35岁以下劳动力的比例从0.46上升至0.67。弗里曼研究了年轻劳动力相对供给的大幅增加对不同年龄段群体相对工资的影响。结果表明，男性工人的年龄－工资曲线受年轻劳动力相对供给增加的影响较大，而女性劳动力存在间歇性（因生育等原因）工作特点，年轻女工与年长女工之间替代性更强，因此女性工人的年龄－工资曲线对劳动力年龄结构变动的影响并不明显。卡茨和墨菲（Katz and Murphy，1992）构建了一个用相对供给与相对需求来分析相对工资结构的框架。研究表明，1963～1987年，社会对受过良好教育以及熟练工人需求的增加，是该时期工资结构变化的主要因素，该时期大学生溢价工资的波动与该时期大学生相对供给的增加有关系。

无论是马歇尔构建的供给与需求均衡状态下的均衡工资价格理论，还是韦尔奇，弗里曼后来提出的相对供给与相对需求理论，它们都是在其他条件不变，仅有供给与需求变动情况下提出来的，而在现实当中这很难达到。因此，工资的决定理论还需要其他理论来补充和完善。

（五）分享工资理论

1984年，美国经济学家马丁·魏茨曼（Martin Lawrence Weitzman）在其所著《分享经济》一书中，提出了他的分享经济理论。分享经济理论认为，传统的资本主义经济的根本弊病不在于生产，而在于分配。在传统工资制度中，工人的工资在与厂商签订雇佣合同时就已经固定，而与厂商的利润无关。由于产品的生产成本固定，产品的出厂价格也就确定下来。当市场对产品需求减少时，厂商会选择调整产品产出数量，而不会调低产品的出厂价格，因为降价将会导致亏本。厂商减少生产的最终结果是导致劳动力需求的下降，工人失业增加。基于以上原因，魏茨曼提出了将雇员的报酬制度分为工资制度和分享制度（胡放之，2005）。他提出把原来固定的工资制度改为与厂商某种经营状况（如利润）相联系的浮动工资，让工资与厂商的利润挂钩。然后以厂商的利润为来源建立分享基金，并把它作为工人工资的来源，而分享比例由工人与雇主双方协商确定。这样，工人和雇主在劳动市场上达成的工资协议就不再是规定每小时多少工资，而是工人与雇主在企业收入中各占多少分享比例（宋晶，2011）。分享制度有不同的形式：雇员的工资完全取决于企业的业绩；也可能员工工资分为基本保障工资和利润（或收入）分享工资两部分。大多数实际运行的分享制度，都是把以时间为基础的保障工资和某些形式的利润分享结合起来。工资中的分享部分通常采取年终由管理部门宣布红利或者年终奖励的形式反映出来。

分享制度把传统固定工资制改成员工与雇主利润分成制，工资不再是刚性，而是随利润增减而变动。当市场出现收缩时，员工工资跟随着利润的下降而降低，而劳动力成本下降使得雇主不用通过裁员来压缩成本，这样有利于促进社会就业和员工队伍的稳定。同时，分享制度有利于调动员工的工作积极性，提高劳动生产率。因此，分享工资理论成为20世纪受到普遍认可的工资理论。

（六）马克思的劳动价值论

马克思吸收了古典经济学的工资决定思想，形成了以劳动价值论为基础的工资理论。马克思首先分析了工资的本质，他认为工资只是劳动力价格的特种名称，是劳动力价值或价格的转化形式。另一方面，工资是劳动的市场价格，价格围绕着价值上下波动。马克思在其《资本论》中写道：“在资产阶级社会的表面上，个人的工资表现为劳动的价格，表现为对一定量劳动支付的一定量货币。”（马克思，1975a）。

马克思认为，劳动力价值是由生产、发展、维持和延续劳动力所必需的生活资料的价值决定的。劳动力价值除了维持劳动者自己生活所必需的生活资料以外，还需要有一定量的生活资料来养活子女，此外，还需要花费一定数量的价值发展自己的劳动力和获得一定的技能。（马克思，1975b）

马克思认为价格会围绕着价值波动，工资的波动存在最高限度和最低限度。工资的最低限度由维持自身生理需要的必须生活资料的价值决定，而最高限度理论上由工资的最大价值决定。马克思指出，工资的波动一方面受到供求规律的制约和影响，劳动力商品的供求关系会引起工资水平的波动；另一方面工资与企业的利润存在关联性，工资受到利润、历史或社会因素的制约（马克思，1975c）。马克思还指出工资不仅是一个收入分配问题，还与生产、交换及消费关系密切（马克思、恩格斯，1972）。

五、财产性收入的决定理论

（一）古典经济学派财产收入理论

古典经济学派认为自然资源、土地与劳动一样，是创造价值的源泉。自然资源和土地既然创造了价值，自然需要获得相应的收入。威廉·配第指出："土地是财富之母，而劳动则是财富之父和能动的要素"①，该论断说明了自然资源和劳动是财富的源泉。配第举例说，一个人用自己双手在一块土地上种植谷物，将收成扣除了种子、食物、生活必需品等生产资料成本剩下的部分即为土地的地租。利息是一段时间内不能使用已让渡货币的报酬。货币所有者能够购买土地，从中收取利息。如果货币所有者没有用自己的货币购买土地，而贷出去，就可以获得利息，获得的利息收入不小于借到的货币购买土地所产生的地租。利息的水平由货币的供求决定，同时受地租的高低影响。利息派生于地租，所以也被称为货币租金。

亚当·斯密将财富的探讨从农业领域延伸到生产领域。斯密把地租归结为自然力的产物。斯密认为："在农业上，自然也和人一起劳动；自然的劳动虽无代价，它的生产物却和最昂贵的工人生产物一样，有它的价值。……这种地租，可以说是地主借给农业家使用的自然力的产物"②。在斯密的经济思想中，对借贷资本和利息已经有了较为明确的认识。他说："有资本不自用，而转借他人。借以取得收入，这种收入，称为货币的利息或利益。出借人既给借用人以获得利润的机会，借用人就付给利息作为报酬。由借款获得的利润，一部分当然属于冒险投资的借用人，另一部分，则当然属于使借用人有获取利润机会的出借人。利息总是一种派生的收入。"③

古典经济学派将生产要素与收入的关系概括为三位一体公式："资本—利润，土地—地租，劳动—工资"。④ 该公式指明了要素和收入的关系，但是将价值的分配等同于价值的创造。价值分配就是把劳动分为必要劳动和剩余劳动两部分，必要劳动归劳动者所有，作为劳动力生产和再生产所必需的消费资料；剩余劳动在市场经济下转化为剩余价值，分为利润和地租，归资本所有者和土地所有者所有。这样分配的理论根据是马克思的物质利益原则（杨永华，2010）。马克思认为，资本和土地并不创造价值，劳动是价值的唯一源泉。利润和地租实际上来源于剩余劳动，但是，资本和土地获得收入是具有好处的。马克思说，"剩余劳动一方面是社会自由时间的基础，从而另一方面是整个社会发展和全部文化的物质基础。正是因为资本强迫社会的相当一部分人从事这种超过他们直接需要的劳动，所以资本创造文化，执行一定的历史的社会的职能。这样就形成了整个社会

---

① 陈冬野、马清槐等译：《配第经济著作选集》，商务印书馆 1981 年版，第 66 页。
② 亚当·斯密：《国民财富的性质和原因的研究》（下卷），商务印书馆 1974 年版，第 333 页。
③ 萨伊：《政治经济学概论》，商务印书馆 1963 年版，第 406 页。
④ 亚当·斯密：《国民财富的性质和原因的研究》（下卷），商务印书馆 1974 年版，第 47 页。

的普遍勤劳。”[①]

（二）边际价格理论

新古典经济学的代表人物马歇尔认为，资本、劳动、土地和管理是生产活动的构成要素，这些要素为最终产出做出了不同程度的贡献，各要素所创造的价值形成了它们的收入。而要素所有者为了获得或生产这些要素支付了相应的成本，因此需要获得相应的报酬，即这些要素的价格。在完全竞争市场条件下，从供给和需求的角度看，要素的价格受要素的供给和需求影响，最终成交的价格为要素供给曲线与需求曲线的交会点，此价格被称为均衡价格。从生产的角度看，工资、利润、地租和利息分别等于劳动、企业家、土地和资本这四个生产要素所创造的边际收益产品，每一收入的获得者就是收入的创造者。马歇尔认为，国民收入的分配问题就是各个生产要素价格的决定问题，各生产要素收入占国民收入的份额大小取决于各自的均衡价格。

马歇尔边际价格理论的局限性主要在于其完全竞争市场的条件假设。在现实条件下，完全竞争市场通常并不存在。另外，企业决策者在制定产品价格或者支付生产要素价格时，在多大程度上考虑了边际收益产品也值得质疑。霍尔和希契（Hall and Hitch，1939）指出，商人们极少使用边际收益和边际成本的概念来考虑他们的价格决策。调查显示，几乎所有的商人都遵循了一种“全成本”的价格规则而没有采用边际规则。

（三）产权与法律理论

产权制度对财产收入具有重要的影响。诺贝尔奖得主科斯（1958）在其著作《论社会成本问题》中提出，经济学的任务首先是分析产权，资源配置的有效性取决于产权界定的清晰度。财产性收入的实现来源于财产使用权的转让，只有法律或条例对财产的所有权进行了清晰的界定，财产使用权的转让方和受让方的权利和义务才能得到保障和监督，财产使用权的转让才具有可行性。然而，产权的界定范围会影响到居民财产收入的来源。例如，我国1990年通过的《著作权法》确立的作者对所出版著作的权利，使得著作这一知识产权成为了合法的财产收入来源。2010年，全国人民代表大会对《著作权法》进行了二次修订，明确了视听作品的“二次获酬权”——即各创作作者从视听作品后续利用中获得报酬的权利，规定原作者、编剧、导演以及词曲作者等五类作者对视听作品后续利用行为享有“二次获酬权”。因此，产权的确立和法律的修订使得一些群体的财产收入

① 《马克思恩格斯全集》第47卷，人民出版社1979年版，第257页。

来源得以延展。产权的性质也是影响居民财产收入的重要因素，其是公有、集体所有还是私有，是大产权还是小产权，均会影响到产权所有者的财产收入。

第二节 指标体系框架

本指标体系的研究框架将根据国民收入分配过程搭建，在每个分配过程当中按照收入和支出的项目展开。

一、国民收入的界定

居民收入占国民收入比重主要研究国民收入如何分配，因此首先需要界定清楚国内生产总值、国民总收入等概念。

（一）国内生产总值

国内生产总值（Gross Domestic Product，GDP）是指一个国家或地区范围内反映所有常住单位生产活动成果的指标。所谓常住单位，是指在一国经济领土内具有经济中心利益的经济单位。GDP 是按市场价格计算的一个国家（或地区）所有常住单位在一定时期内生产活动的最终成果。国内生产总值有三种表现形态，即价值形态、收入形态和产品形态。从价值形态看，它是所有常住单位在一定时期内生产的全部货物和服务价值与同期投入的全部非固定资产货物和服务价值的差额，即所有常住单位的增加值之和；从收入形态看，它是所有常住单位在一定时期内创造并分配给常住单位和非常住单位的初次收入之和；从产品形态看，它是所有常住单位在一定时期内最终使用的货物和服务价值与货物和服务净出口价值之和①。

（二）国内生产总值与国民总收入的关系

国民总收入（Gross National Income，GNI）等于 GDP 加上国外要素收入净额，即加上从国外获得的要素收入，减去支付给国外的要素支出。与 GDP 相比，GNI 是一个与收入有关的概念，而 GDP 是与增加值（产出）有关的概念。为了

① 《中国统计年鉴（2013）》常用统计指标解释。

免于混淆，SNA1993（System of National Account）体系将国民生产总值（Gross National Product）改名为GNI①。相对于GDP，国外要素收入净额在数值上很小，几乎可以忽略不计，因此GNI与GDP在数值上近似相等。

由于国民生产总值（GNP）的概念在SNA1993体系中被GNI概念替代，因此原先使用的国民生产净值也相应地被国民收入净额（Net National Income，NNI）替代。国民收入净额等于国内各个部门（居民、企业、政府）收入净额之和，而收入净额等于收入总额减去折旧。

（三）使用GDP估计国民总收入以及国民可支配收入总额的误差

本指标体系需要测算多种类型收入和支出占国民总收入的比重，因此，国民总收入是本指标体系的一个重要数据项。由于国民总收入与GDP数额十分接近，另外，国外以及我国各省份GDP数据可得性高于国民总收入数据，所以使用GDP作为国民总收入的近似值有利于国家和地区之间居民收入占国民收入比重的比较。因此，本指标体系的国民收入在数额上使用GDP估计。那么使用GDP估计国民总收入存在多大误差？以下使用国民总收入与GDP差额占国民收入比例作为GDP估计国民收入的误差，结果如图1-5所示。1992~2012年，GDP估计国民总收入的误差很小，介于-0.6%~1.6%之间。

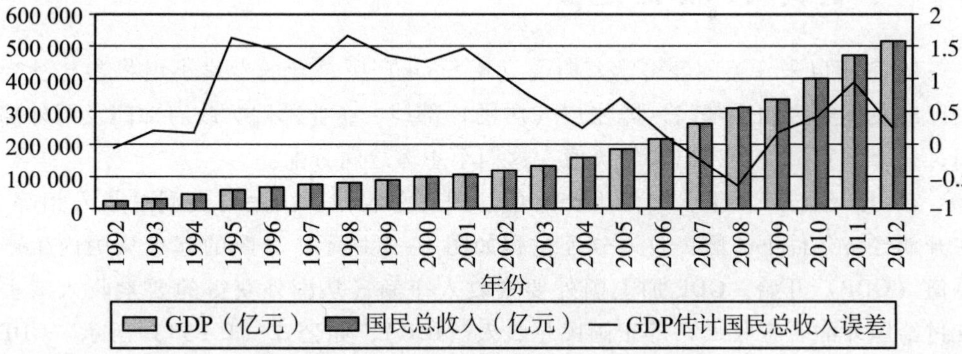

图1-5 使用GDP估计国民总收入误差

资料来源：原始数据来源于相应年度《中国统计年鉴》。

国民可支配总收入与国民总收入的差额为国外经常性转移净额，相对于国民总收入，国外经常性转移净额在数值上很小，因此，国民可支配总收入与国民总收入在数量上十分接近。国民可支配总收入与GDP的差额包括两部分：一是国外经常性转移净额；二是国外要素转移净额。由于这两个方面相对于GDP在数

① 详细论述参见*System of National Accounts* 1993，United Nations，1994.

量上微小，因此国民可支配总收入与GDP在数量上也十分接近。以下使用国民可支配总收入与GDP差额占国民可支配总收入比例，作为用GDP估计国民可支配总收入的误差，误差计算结果如图1-6所示。1992~2012年，用GDP估计国民可支配收入总额的误差较小，介于-1.5%~1.6%之间。

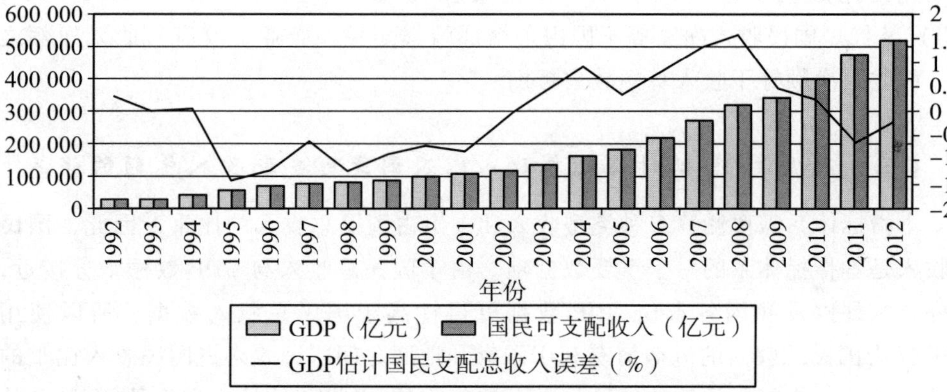

图1-6 使用GDP估计国民可支配总收入误差

资料来源：原始数据来源于相应年度《中国统计年鉴》。

二、国民收入分配过程

1947年以来，英国经济学家斯通（R. Stone）所领导的专家小组将参与社会生产的主体分为四个部门，即住户（居民）部门、企业部门、政府部门及国外部门，一个国家最终生产出来的价值在这四个主体之间分配。

在封闭经济条件下，国内生产总值、国民总收入、国民可支配总收入相等。在开放经济条件下，国民收入分配过程如图1-7所示。分配的起点从国内生产总值（GDP）开始，GDP加上国外要素收入净额（从国外获得的要素收入减去支付给国外的要素收入）等于国民总收入（GNI），如公式（1-33）所示。GDP转变为GNI的过程是经济成果向国外部门分配的过程，而GNI是国内分配的开始。

国内生产总值+来自国外的要素收入-向国外支付的要素支出=国民总收入 (1-33)

从政府的角度看，政府通过生产、流通环节征收间接税，最后通过商品和服务的价格转嫁到消费者身上。间接税是我国主要的税收来源，政府的另一种征税形式是直接税，我国的直接税主要由企业所得税和个人所得税构成。

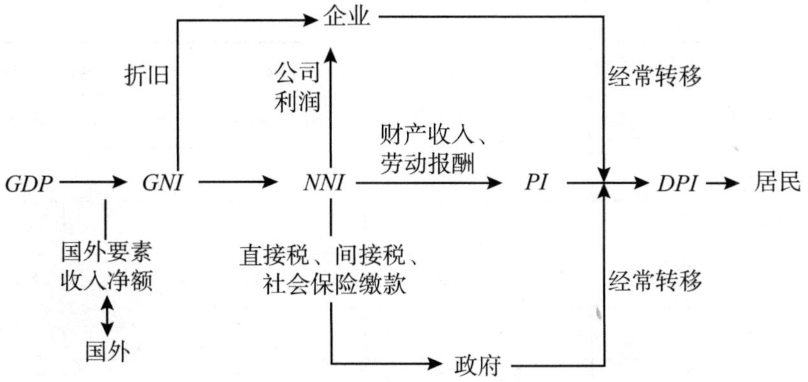

图 1-7 国民收入分配过程

从企业的角度看，企业的净利润扣除支付股东的股息后（未分配利润），加上累计折旧，构成企业的总收入。企业另一个收入来源是获得政府的补贴。

国民净收入（NNI）中的公司未分配利润归企业部门拥有，税收和社会保险缴款归政府部门所有，扣除这三项以后的国民收入分配给个人。居民在此环节所得到的收入称为初次分配收入或原始收入（Primary Income）。居民初次分配收入与经常转移净值之和为可支配收入，如公式（1-34）所示。

国民总收入 + 来自国外的经常转移收入 - 来自国外获得的经济转移收入
= 国民可支配总收入 （1-34）

在国民经济运行中，收入分配是连接生产和消费的桥梁。国民收入分配过程包括初次分配和再分配。初次分配是按参与生产的要素进行分配，是生产性收入的分配。初次分配中，市场机制发挥引导作用，对要素价格的形成起着基础作用。国民收入经过初次分配后形成各部门的原始收入，从经济整体来看，就是国民总收入。再分配的对象是国民总收入，是在整个国民经济范围内发生的，包括转移性收支。国民收入分配流程如表 1-1 所示。

表 1-1 国民收入分配流程

	政府		企业		居民		国外		合计	
	运用	来源	运用	来源	运用	来源	运用	来源	运用	来源
一、增加值		X_{12}		X_{14}		X_{16}				Y_{12}
二、初次分配	X_{21}	X_{22}	X_{23}	X_{24}	X_{25}	X_{26}	X_{27}	X_{28}	Y_{21}	Y_{22}
1. 劳动报酬										
2. 生产税净额										

续表

	政府		企业		居民		国外		合计	
	运用	来源	运用	来源	运用	来源	运用	来源	运用	来源
3. 财产收入										
三、初次分配总收入		X_{32}		X_{34}		X_{36}				Y_{32}
四、再分配	X_{41}	X_{42}	X_{43}	X_{44}	X_{45}	X_{46}	X_{47}	X_{48}	Y_{41}	Y_{42}
1. 收入税										
2. 社会缴款										
3. 社会福利										
4. 生活补助										
5. 其他										
五、可支配总收入		X_{52}		X_{54}		X_{56}				Y_{52}

从部门的角度看，GDP 主要来源于三个部门：企业、政府和居民部门。增加值是一定时期国内生产和服务新增的产出，是可供各个部门分配的新增总收入。增加值是各种生产要素组合之后形成的产出，因此各个部门的增加值将在各种生产要素之间分配。生产要素主要包括劳动、资本以及社会管理，劳动要素获得劳动报酬，资本要素获得财产收入和营业盈余，社会管理要素获得税收收入。而各种生产要素分别归属于不同部门所有，三个部门根据要素的使用情况向其他部门支付费用，这个分配过程是收入初次分配阶段。在表 1 - 1 中，“来源”是本部门获得的收入，“运用”是本部门的支出。各个部门增加值扣减初次分配阶段“运用”支出，加上“来源”收入，最终形成了本部门的初次分配总收入（原始总收入）。对于居民部门，其原始总收入的计算公式如下：

$$\text{居民部门增加值} + \text{来自其他部门的要素收入} - \text{支付给其他部门的要素支出} = \text{居民原始收入} \quad (1-35)$$

三个部门初次分配总收入的和就是国民总收入。本指标体系将构建指标群反映居民增加值、劳动报酬、生产税以及初次分配总收入情况，这四个指标群构成了初次分配阶段指标群。

初次分配主要通过市场机制决定要素价格来分配，而由于市场机制缺陷，初次分配在公平性方面兼顾不够，所以需要由政府主导对各个部门原始收入进行再次分配，该阶段称为收入再分配阶段。如表 1 - 1 所示，再分配项目主要划分为五类。各个部门初次分配总收入扣减再分配阶段“运用”支出，加上“来源”

收入，最终形成了本部门的可支配总收入。对于居民部门，可支配总收入的计算公式如下：

$$\text{居民原始收入} + \frac{\text{来自其他部门的}}{\text{经常转移收入}} - \frac{\text{支付给其他部门的}}{\text{经常转移支出}} = \text{居民可支配总收入} \tag{1-36}$$

本指标体系将构建指标群反映所得税、社会保障、转移性收入、可支配收入情况，这四个指标群构成了再分配阶段指标群。

本指标体系的构建将遵循国民经济核算的一般定理以及核算账户之间的平衡关系。

三、指标体系的基本结构

指标体系的建立将以国民收入分配过程为基础，居民收入占国民收入比重指标体系的核心围绕居民收入总额与国民收入总额的配比关系展开。指标体系的基本结构如图 1－8 所示。通过了解和掌握居民收入及国民收入相关指标的内涵，反映居民收入在国民收入分配中的状况、地位和发展态势，为我国的收入分配、经济发展提供决策依据和数据支持。

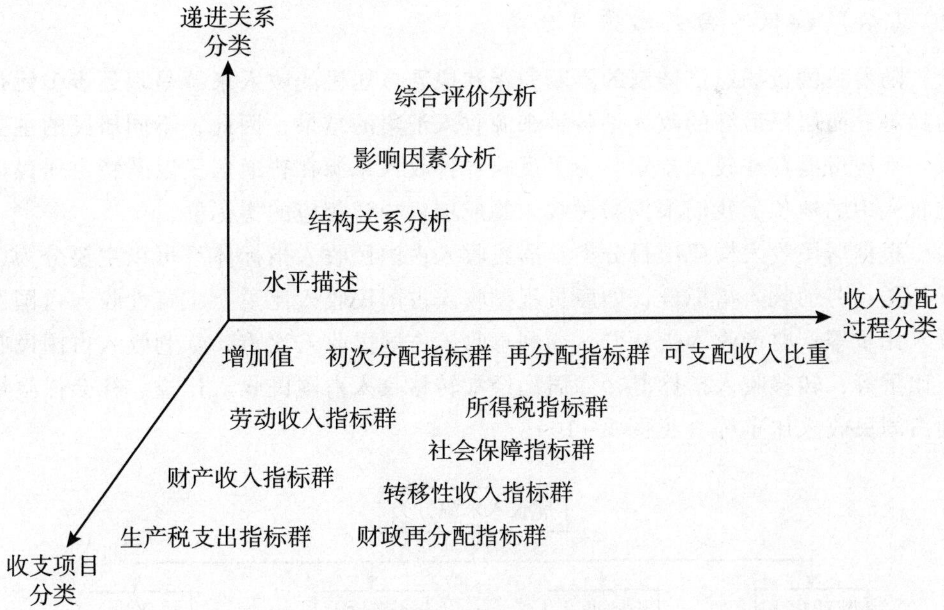

图 1－8　指标体系基本结构

（一）按收入分配过程分类

国民收入分配过程分为两个主要阶段：初次分配和再分配。根据收入分配两个阶段的划分，居民收入占国民收入指标体系可以划分为初次分配指标群和再分配指标群（见图1-9）。初次分配指标群包括初次分配起点指标，如居民部门增加值、居民部门增加值占国民收入比重；初次分配过程指标，如居民劳动收入占国民收入比重、居民缴纳生产税净额占国民收入比重等；居民初次分配结果指标，如居民初次分配净额占国民收入比重。

再分配指标群包括再分配过程统计指标，如居民收入税占国民收入比重、居民社会保险缴款占国民收入比重等；再分配结果统计指标，如居民可支配收入占国民收入比重。

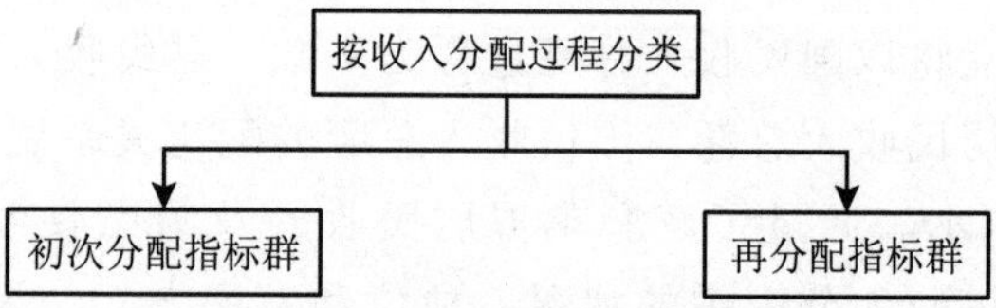

图1-9　指标体系按收入分配过程分类

（二）按收入与支出项目分类

随着我国市场经济体制的不断完善和成熟，居民的收入来源呈现逐步多元化的趋势，而居民最终的收入是各种来源收入汇集的结果，因此，不同居民的主要收入来源可能存在较大差别。为了反映各种收入来源在普通居民以及特定居民群体收入中的地位，我们根据居民收入构成项目构建相应的指标群。

根据居民收入构成项目分类，居民收入占国民收入指标体系可以主要分为以下几类：劳动收入指标群，如雇员报酬收入占国民收入比重、工资性收入占国民收入比重等；财产收入指标群，如利息收入占国民收入比重、红利收入占国民收入比重等；转移收入指标群，如居民经常转移收入占国民收入比重、社会保险福利占国民收入比重等（见图1-10）。

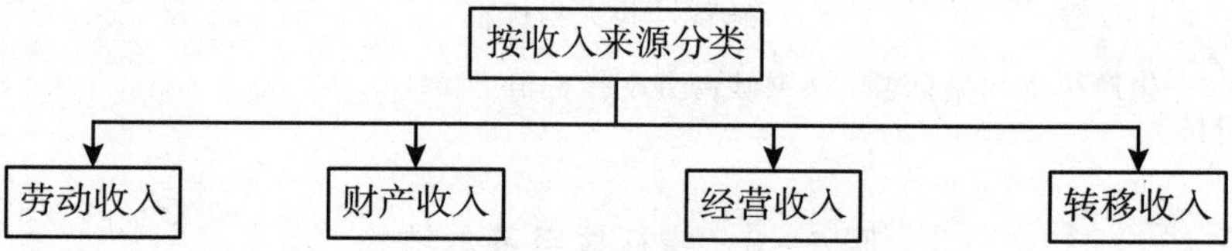

图1-10　指标体系按收入来源分类

（三）按分析层面分类

居民收入占国民收入比重指标的递进关系可以分为四个层面：水平描述、结构关系分析、影响因素分析和综合评价分析（见图 1－11）。水平描述是指使用统计指标从多个维度对国民、居民收入水平的历史变迁和当前状况进行描述。结构关系分析是指居民收入与国民收入之间的配比关系分析、居民收入构成项目与居民收入总额结构关系分析。影响因素分析是指对居民收入水平或某项收入构成的主要影响因素进行分析，例如，构建存贷款利差指标对居民利息收入水平和份额进行分析、构建居民财产形成系数对不同收入水平居民的财产收入状况进行分析等。综合评价分析是指构建指标或模型对居民收入水平、收入份额的合理性进行综合评价，如劳动报酬支付能力综合指数、劳动报酬水平综合指数、支付能力与劳动报酬水平位差模型等。居民收入占国民收入比重指标中的水平描述、结构关系分析、影响因素分析和综合评价分析四个层面之间既相互独立，又存在密切的相互联系，可以将他们之间的关系总结为“递进分析、层层说明”。

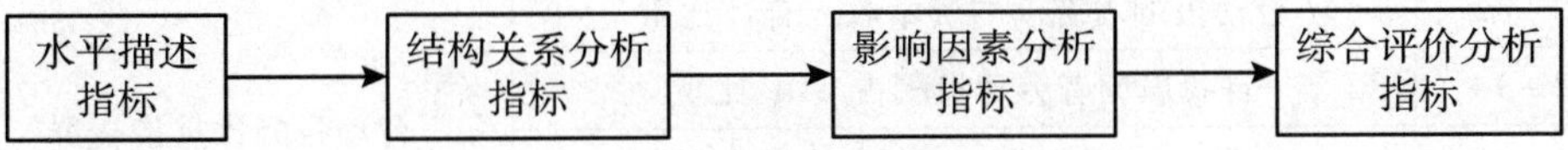

图 1－11　指标体系按分析层次分类

（四）按统计指标属性分类

居民收入占国民收入比重指标体系除了以上三种基本的分类方法以外，从统计学的角度来看还有若干种分类方法。按照指标是否加工处理和加工的程度分为采集（原始）指标和加工指标；按指标反映事物的联系程度可以分为绝对指标和相对指标；按照指标的含义可分为具体指标和抽象指标；按照反映事物内涵的不同可分为表象指标和规律特征指标；按照考虑因素的多寡可分为单项指标和综合指标。例如，GDP、劳动报酬总额是采集指标、具体指标、绝对指标；劳动报酬综合水平指数由多个群体的劳动报酬水平加工而成，是一个加工指标、综合指标。

四、指标体系概览

居民收入占国民收入比重指标如表 1－2 所示。

表1-2　　居民收入占国民收入比重指标体系概览

编号	指标名称	所属指标群
2-1	居民部门增加值占GDP比重	居民部门增加值比重指标群
2-2	居民部门增加值占居民初次分配收入比重	
2-3	居民部门增加值占居民可支配收入比重	
2-4	居民部门增加值与GDP增速差额	
2-5	名义平均劳动报酬	劳动报酬水平指标群
2-6	实际平均劳动报酬	
2-7	劳动报酬年均实际增速	
2-8	劳动报酬年均实际增速与GDP增速差额	
2-9	实际劳动报酬增速落后（超前）指数	
2-10	劳动报酬占GDP比重	劳动报酬比重指标群
2-11	劳动报酬占居民初次分配收入比重	
2-12	劳动报酬占初次分配收入总额比重	
2-13	劳动报酬占劳动与资本收入合计比重	
2-14	自我雇佣者劳动报酬占GDP比重	
2-15	工薪收入占城镇居民家庭总收入比重	
2-16	工资性收入占农村居民家庭纯收入比重	
2-17	劳动报酬综合支付能力指数	
2-18	劳动报酬综合水平指数	
2-19	支付能力与劳动报酬水平位差	
2-20	居民财产收入占GDP比重	国民核算口径财产收入指标群
2-21	居民财产收入占居民初次分配收入比重	
2-22	居民财产收入占居民可支配收入比重	
2-23	财产收入结构指标	
2-24	存贷款利差指标	
2-25	财产收入占城镇家庭总收入比重	经济学口径财产收入指标群
2-26	居民财产收入项目占家庭财产总收入比重	
2-27	居民财产收入占农村居民纯收入比重	
2-28	居民财产形成系数	
2-29	居民财产收入差距	
2-30	国民核算口径财产收入占经济学口径财产收入比重	

续表

编号	指标名称	所属指标群
2-31	生产税占GDP比重	生产税支出指标群
2-32	分部门生产税占部门增加值比重	
2-33	分部门生产税占国民收入比重	
2-34	生产税占税收总额比重	
2-35	生产税细项占税收合计比重	
2-36	国民负担率	
2-37	国民税负比重	
2-38	生产税行业税负	
2-39	各部门初次分配收入占GDP比重	国民收入初次分配格局指标群
2-40	要素收入占GDP比重	
2-41	要素收入占部门增加值比重	
2-42	居民初次分配收入占家庭总收入比重	
3-1	个人所得税人均税负	个人所得税指标群
3-2	家庭所得税支出水平	
3-3	家庭所得税支出负担	
3-4	个人所得税支出占GDP比重	
3-5	个人所得税支出占居民初次分配收入比重	
3-6	个人所得税占税收总额比重	
3-7	个人所得税构成项目占所得税总额比重	
3-8	MT指数	
3-9	所得税水平公平效应指标	
3-10	所得税垂直公平效应指标	
3-11	社会保险缴款支出占GDP比重	社会保险再分配指标群
3-12	社会保险福利收入占GDP比重	
3-13	社会补助收入净额占GDP比重	
3-14	其他经常转移收入净额占GDP比重	
3-15	再分配收入净额占GDP比重	
3-16	养老金水平	
3-17	养老保险抚养比率	
3-18	基本养老金平均替代比率	
3-19	基本养老保险收支比率	

续表

编号	指标名称	所属指标群
3-20	基本养老保险缴款水平	社会保险再分配指标群
3-21	养老保险缴款比率	
3-22	养老金支付力度	
3-23	养老金储备占 GDP 比重	
3-24	居民人均转移性收入水平	转移性收入指标群
3-25	居民转移性收入占家庭收入比重	
3-26	转移性收入构成项目占转移收入比重	
3-27	转移性收入集中系数	
3-28	转移性收入对总收入差距贡献率	
3-29	转移性收入对总收入差距相对边际效应	
3-30	转移性收入对基尼系数变化影响度	
3-31	城镇居民人均可支配收入水平	可支配收入指标群
3-32	农村居民人均现金纯收入水平	
3-33	城镇居民人均实际可支配收入增速	
3-34	农村居民人均实际现金纯收入增速	
3-35	人均实际可支配收入增速与 GDP 增速差额	
3-36	人均实际纯收入增速与 GDP 增速差额	
3-37	人均可支配收入实际增速落后（超前）指数	
3-38	人均纯收入实际增速落后（超前）指数	
3-39	可支配收入占 GDP 比重	
3-40	城镇居民可支配收入占家庭总收入比重	
3-41	财政收入占 GDP 比重	民生财政支出指标群
3-42	社会保障支出占财政支出比重	
3-43	社会保障支出细项占财政支出比重	
3-44	财政性教育经费占 GDP 比重	
3-45	公共财政预算教育经费占地区财政支出比重	
3-46	政府医疗卫生支出占 GDP 比重	
3-47	政府医疗卫生支出占财政支出比重	
3-48	政府医疗卫生支出占卫生总费用比重	
3-49	政府社会社会保障支出占 GDP 比重	

续表

编号	指标名称	所属指标群
3－50	政府社会社会保障支出占财政支出比重	民生财政支出指标群
3－51	政府保障房支出占 GDP 比重	
3－52	政府保障房支出占财政支出比重	
6－1	平均劳动报酬水平	上市公司分配格局指标群
6－2	劳动报酬总额占企业年度产出比重	
6－3	累计折旧占企业年度产出比重	
6－4	利润净额占企业年度产出比重	
6－5	税费总额占企业年度产出比重	

第二章

居民初次分配收入比重指标体系

居民初次分配收入是居民向市场提供生产要素而获得的收入。居民部门在生产服务当中投入劳动和资本，获得增加值、劳动收入和财产收入，同时向政府部门缴纳生产税。因此，增加值、劳动收入、财产收入和生产税构成了初次分配项目，本章针对这四个收入分配项目进行研究。

第一节 居民部门增加值比重指标群

居民部门增加值是居民初次分配收入（原始收入）的主要构成项目，主要核算农村居民、城镇个体户的经营收入，房屋租金（对自有住房进行虚拟计算）收入。以下对本章以及后续章节涉及的概念和统计边界进行定义或者说明。

一、居民部门的界定

（一）SNA 对居民部门的定义

本书首先要对居民进行界定。根据 SNA（System of National Accounts，SNA）的定义，居民是在某一经济领土（Economic Territory）上具有中心利益（Centre of Economic Interest）的住户成员和法人实体。居住性是居民的重要属性。居民的居住状态决定国内产出的边界，影响到GDP以及国民经济核算其他账户的核算。本指标体系所研究的居民是指在经济领土上具有中心利益的住户成员。

判断住户在经济领土上是否具有中心利益的标准是住户是否使用该经济领土中的住所作为其主要住所，并为了长期居住对该住所进行必要的维护。如果住户中的成员离开了一个国家或地区，不再在该地居住，那么该成员被视为不再是该国家或地区的居民。

（二）我国与西方国家对NPISHs界定的差异

服务于居民的非盈利机构（NPISHs）满足一些基本条件，如经费由民间筹集而非政府拨款，管理者不受政府委派（彭志龙，2012）。NPISHs主要包括三类：一是各类专业学会、政治团体、贸易组织、消费者协会、宗教组织、社会文化、体育和休闲俱乐部；二是慈善和救助组织；三是免费提供服务的研究机构和环境组织[①]。

由于我国NPISHs规模较小，加上日常统计中资料收集的难度较大，我国将NPISHs合并到政府部门。在国民经济核算实践当中，美国、德国、韩国等国家将NPISHs合并到了居民部门，因此他们对居民部门界定的范围大于我国。NPISHs的分类归宿会影响居民部门增加值的核算。NPISHs增加值包括服务于这些机构而获得的雇员报酬，NPISHs拥有和使用固定资产的租金价值或收入[②]。将NPISHs合并到政府部门将降低居民部门增加值占国民收入的比重，进而影响到居民初次分配和再分配收入占国民收入的比重。随着我国经济和社会向前发展，NPISHs的规模将逐步扩大，到那时，我国与其他国家在NPISHs分类归属口径上的差异将会低估我国居民收入在宏观收入分配格局中的比重。

二、我国居民部门增加值的界定

（一）我国居民部门增加值的计算方法

居民部门的可支配收入由居民部门增加值加上初次分配收入、再次分配收入

① UN, IMF, OECD, WB, "System of National Accounts 2008", http://unstats.un.org/unsd/nationalaccount/docs/SNA2008Chinese.pdf, P.96.

② U.S. Bureau of Economic Analysis, "Concepts and Methods of the U.S. National Income and Produc-t Accounts", http://www.bea.gov/national/pdf/chapters1 -4.pdf.

得到，而近年来，我国居民部门增加值占居民可支配总收入的比重在45%左右[①]，因此，居民增加值核算对居民最终收入分配格局具有重要影响。经济普查年度我国居民部门增加值计算公式如下。

居民部门增加值=农林牧渔业中农户生产活动增加值+城乡个体经营户增加值+居民自有住房增加值[②]　　(2-1)

其中，农林牧渔业中农户生产活动增加值属于农户的混合收入，全部作为劳动报酬核算。城乡个体经营户增加值在2008年后进行了区分，分为劳动报酬和营业盈余两部分。此处的居民自有住房增加值不是指由于房屋价格上涨产生的房产价格增值，而是居民自有住房服务增加值。自有住房者和租房者一样享受了住房服务，为了GDP核算数额在居民租房比例发生变化时不受影响，在支出法GDP核算中，居民租房支出的租金和居住自有住房支付的虚拟租金都是GDP的构成项目。2000年我国居民自有住房虚拟租金占GDP的比重约为4.9%（Liu，2008），由此可推算其占居民可支配收入的比重约为7.3%。居民自有住房虚拟租金是各国GDP核算当中最大的估算项目，而且核算难度较大，核算方法不统一（周清杰，2012）。

（二）居民部门自有住房增加值计算差异

根据SNA建议，自有住房虚拟租金可以使用租金等价法（Rental-equivalence Approach）和成本法核算，其中租金等价法更加贴近自有住房服务的产出。2004年以前，我国对居民自有住房虚拟租金使用历史成本法核算，第一次经济普查以后，使用成本法核算，即按照当期的建筑成本计算（许宪春，2006）。而房屋租赁市场相对完善的西方国家使用租金等价法，即自有住房参照相同条件租赁房屋租金来估算虚拟租金。我国没有使用租金等价法，主要是因为我国房屋租赁主要集中在大城市，中小城市和农村房屋租赁市场发展滞后，房屋租赁数据贫乏。使用成本法估算虚拟租金是在没有可参考房屋租赁市场情况下的一个次优选择。在成本法下，我国居民自有住房服务增加值按以下公式计算：

居民自有住房服务增加值=城镇居民住房虚拟折旧+农村居民自有住房虚拟折旧[③]　　(2-2)

其中，居民自有住房虚拟折旧基数为住房面积乘以单位面积造价（造价按现

---

① 根据《中国统计年鉴（2013）》资金流量表数据计算。

② 国家统计局核算司：《中国经济普查年度资金流量表编制方法》，中国统计出版社2007年版，第21页。

③ 国家统计局核算司：《中国经济普查年度国内生产总值核算方法》，中国统计出版社2007年版，第66页。

价计算）。城镇居民和农村居民住房虚拟折旧率分别为 2% 和 3%。

近年来我国住房价格快速上涨，房屋租金也水涨船高。2004 年自有住房虚拟租金计算从历史成本法转变为当期成本法，使得自有住房虚拟租金的估算误差缩小，与美国等西方国家居民自有住房服务产出的可比性增强。但是，由于估算误差对房屋建造成本与租金的配比关系较为敏感，因此，我国与西方国家在居民自有住房服务增加值估算方法上的差异，影响到了我国与西方国家居民部门增加值占 GDP 比重的可比性，进而在一定程度上影响了我国居民收入分配格局与西方国家的可比性。

三、我国居民部门增加值指标定义与测算

（一）指标定义与说明

居民部门增加值比重指标的定义与说明如表 2-1 所示。

表 2-1　　居民部门增加值比重指标群

编号	指标名称	定义或者计算公式	备注
2-1	居民部门增加值占 GDP 比重	$\frac{\text{居民部门增加值}}{\text{GDP}}$	
2-2	居民部门增加值占居民初次分配收入比重	$\frac{\text{居民部门增加值}}{\text{居民初次分配收入}}$	
2-3	居民部门增加值占居民可支配收入比重	$\frac{\text{居民部门增加值}}{\text{居民部门可支配收入}}$	
2-4	居民部门增加值与 GDP 增速差额	居民部门增加值增速 - GDP 增速	

居民部门增加值的核算范围如公式（2-1）。居民初次分配收入计算公式如下：

$$\begin{aligned}\text{居民初次分配总收入} &= \text{居民部门增加值} + \text{劳动报酬} \\ &\quad + \text{财产收入净额} - \text{生产税净额} \qquad (2-3)\end{aligned}$$

公式（2-3）两边同除以居民初次分配总收入，可得：

$$\begin{aligned}&\text{居民部门增加值占居民初次分配收入比重} + \text{劳动报酬占居民初次分配收入比重} \\ &+ \text{财产收入净额占居民初次分配收入比重} - \text{生产税净额占居民初次分配收入比重} \\ &= 100\% \qquad (2-4)\end{aligned}$$

居民可支配总收入计算公式如下：

居民可支配总收入 = 居民初次分配收入 + 再分配收入净额　　(2-5)

将公式（2-3）代入公式（2-5），然后两边同除以居民可支配总收入，可得：

居民部门增加值占居民可支配总收入比重 + 劳动报酬占居民可支配总收入比重 + 财产收入净额占居民可支配总收入比重 - 生产税净额占居民可支配总收入比重 + 再分配收入净额占居民可支配总收入比重 = 100%　　(2-6)

（二）指标测算

使用《中国统计年鉴》资金流量表（实物交易）数据计算的以上指标值如表2-2以及图2-1所示。国家统计局使用2008年经济普查统计口径对2000年及以后资金流量表数据进行了修订。2000年以前的修订尚未完成。因此，2000年前后数据的比较受此影响，但是在各自的区间内，数据具有可比性。总体上，2000年以前，居民增加值占GDP比重呈现稳中有升趋势。在7个年度中，有4个年度居民部门增加值增速超过了GDP增速。相反，2000年以后，居民增加值占GDP比重呈现下降趋势，13年中有8个年度居民部门增加值增速低于GDP增速。该比重在2008年达到谷底，相比2000年下降了约5.5%。这一下降趋势在2008年以后有所扭转（见图2-2）。

表2-2　我国1992~2012年居民部门增加值比重　　单位：%

年份	居民增加值（千亿元）	占GDP比重	占居民初次分配收入比重	占居民可支配收入比重	居民增加值与GDP增速差额
1992	8.07	29.98	45.36	43.74	
1993	9.65	27.32	43.72	42.28	-11.66
1994	13.95	28.94	44.51	43.20	8.11
1995	17.02	28.00	43.62	42.25	-4.10
1996	21.24	29.84	45.55	44.13	7.68
1997	23.67	29.97	45.92	43.96	0.49
1998	25.97	30.77	47.35	45.53	2.86
1999	28.07	31.31	48.78	47.00	1.85
2000	31.92	32.17	48.50	47.97	3.05
2001	33.50	30.55	47.02	46.61	-5.56
2002	34.36	28.56	44.74	44.38	-7.16

续表

年份	居民增加值（千亿元）	占 GDP 比重	占居民初次分配收入比重	占居民可支配收入比重	居民增加值与 GDP 增速差额
2003	39. 81	29. 31	46. 01	45. 61	2. 97
2004	44. 68	27. 94	45. 83	45. 35	-5. 48
2005	51. 61	27. 91	45. 87	45. 71	-0. 15
2006	60. 09	27. 78	45. 83	45. 72	-0. 54
2007	73. 13	27. 51	46. 05	46. 12	-1. 18
2008	83. 54	26. 60	45. 06	44. 93	-3. 91
2009	92. 51	27. 14	44. 79	44. 63	2. 18
2010	112. 27	27. 96	46. 42	46. 18	3. 58
2011	132. 94	28. 10	46. 76	46. 52	0. 58
2012	145. 48	28. 00	45. 54	45. 26	-0. 37

注：1992～1999 年的数据来源于相应年度《中国统计年鉴》资金流量表（实物交易），2000～2012 年的数据来源于《中国统计年鉴》（2012～2014）资金流量表（实物交易）。

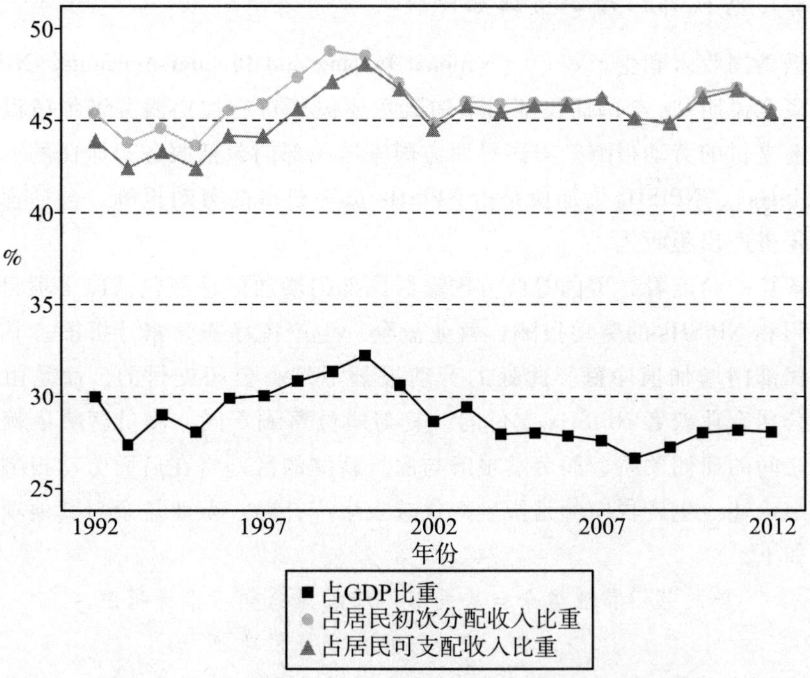

图 2-1　中国 1992～2012 年中国居民增加值比重

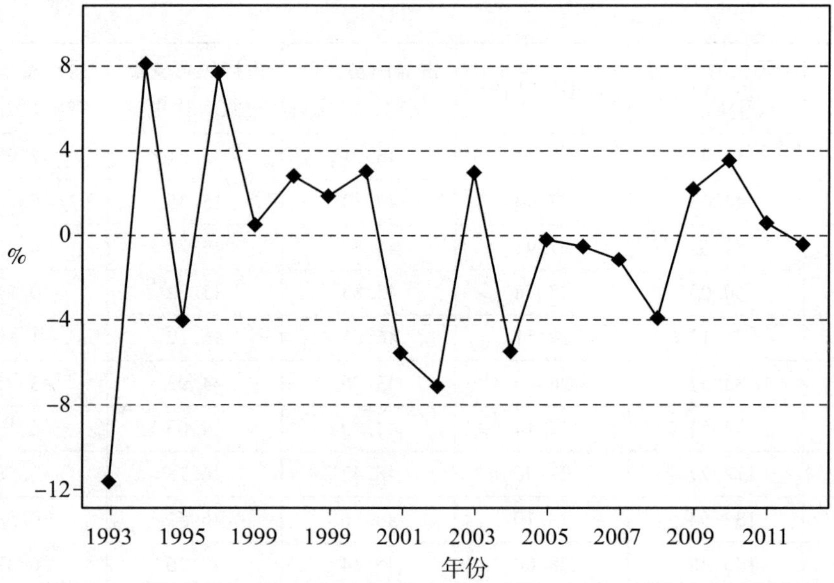

图 2-2　中国 1993~2012 年居民部门增加值增速与 GDP 增速差额

（三）居民部门增加值国际比较

根据美国收入和生产账户（National Income and Product Accounts，NIPA）的方法和概念说明①，美国居民部门增加值主要包括自有住房服务增加值以及居民部门内部支付的劳动报酬。美国等西方国家居民部门包括服务于居民的非营利机构（NPISHs），NPISHs 增加值是指 NPISHs 员工获得的劳动报酬，包括含房产在内的固定资产出租收入。

从核算的角度看，美国等西方国家居民部门增加值总额包括以下项目：来自居民部门和 NPISHs 的劳动报酬、营业盈余、生产税净额、累计折旧。其中前三项为居民部门增加值净额。此处的劳动报酬不是由公司支付的，而是由居民个人、非公司企业或者 NPISHs 支付的。其与雇员薪酬不同，雇员薪酬依赖于企业与居民之间的雇佣关系，而劳动报酬与雇员薪酬的区别将在后面劳动报酬指标体系中详细论述。生产税净额是指生产税减去生产补贴。营业盈余与其他项目之间的关系如下：

$$居民部门营业盈余=居民部门增加值总额-累计折旧-劳动报酬-生产税净额 \quad (2-7)$$

与美国等西方国家相比，我国增加值核算的主要差异表现在以下方面：第

① http：//www. bea. gov/national/pdf/NIPAhandbookch1 -4. pdf.

一，居民部门不包含 NPISHs，NPISHs 属于政府部门。但是，我国 NPISHs 部门的规模较小，落后于发达国家，因此 NPISHs 增加值的规模也相对较小，对居民部门增加值份额的影响较小。第二，我国居民部门生产税净额不在增加值当中核算，而在初次分配当中核算，即美国等西方国家居民部门增加值当中剔除生产税净额之后，与我国居民部门增加值核算口径更加接近。第三，根据上面的分析，我国对自有住房服务增加值的估算方法与美国等西方国家不同其在累计折旧当中反映。以上三个方面，在进行居民增加值国际比较时需要注意。根据数据的可得性，以上第二点差异可以通过从美国等西方国家增加值当中剔除生产税净额来消除，本节将该统计口径称为“与我国居民部门增加值核算接近口径”。

根据“与我国居民部门增加值核算接近口径”以及美国等西方国家自身核算口径，使用美国以及德国收入和生产账户数据①测算的两国增加值占相应 GDP 比重分别如图 2－3 和图 2－4 所示。

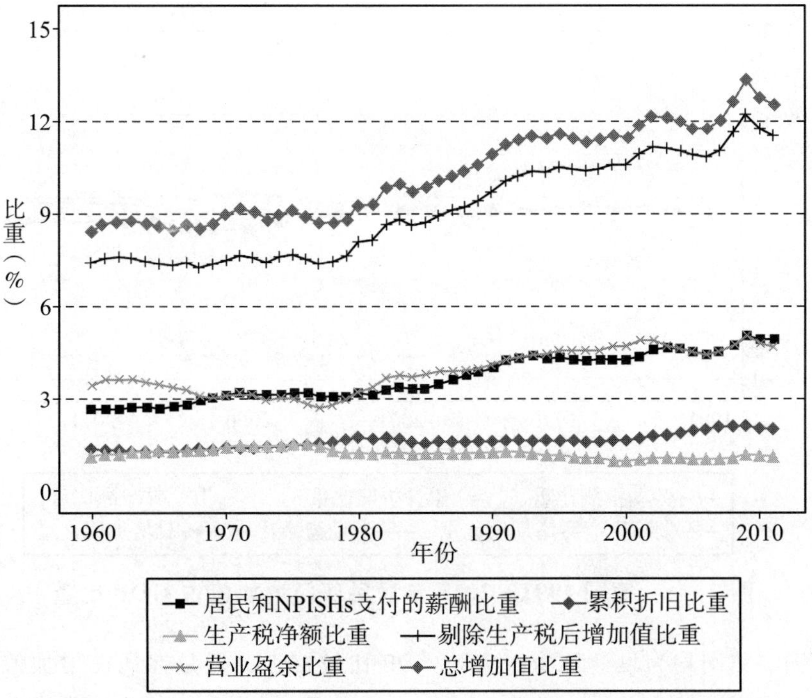

图 2－3　美国 1960～2011 年居民部门增加值占 GDP 比重

在 1960～1980 年，根据“与我国居民部门增加值核算接近口径”计算，美

① https：//www. destatis. de/DE/Publikationen/Thematisch/VolkswirtschaftlicheGesamtrechnungen/Nationaleinkommen/Sektorkonten. html；jsessionid = C0B6B49E5F0CC84C9AEA33ABF5E395E5. cae4.

国居民部门增加值占 GDP 比重比较平稳，保持在 7.5% 左右。1980 年以后逐步上升，从 1980 年的 8.0% 上升到 2011 年的 11.5%。从居民部门增加值的构成项目可以看出，该时期美国居民部门增加值的上升主要来源于两个方面：一是居民部门营业盈余上升；二是居民与 NPISHs 支付的劳动报酬份额上升。其生产税净额占 GDP 比重在过去的 50 年里十分平稳，保持在 1% 上下，比重的标准差仅为 0.16%。生产税净额占比反映了按美国自身口径核算的居民增加值比重和“与我国居民部门增加值核算接近口径”计算结果的差异约为 1%。累计折旧占 GDP 比重也比较稳定，从 1960 年的 1.3% 上升到 2011 年的 2.0%，变动幅度仅为 0.7%。由此可见，居民自有住房服务增加值占 GDP 比重比较稳定。

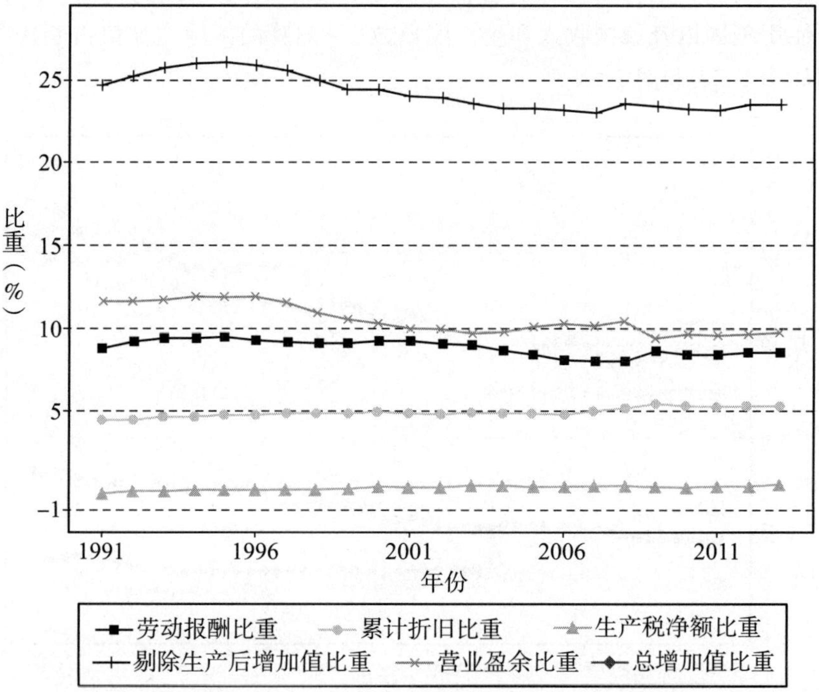

图 2-4　德国 1991~2013 年居民部门增加值占 GDP 比重

德国与美国均为发达国家，人均 GDP 比较接近，但是在居民增加值的比重方面与美国存在较大差异。首先，德国居民部门增加值占 GDP 比重比美国高约 12%；其次，与美国近 20 年来居民部门增加值比重上升趋势不同，德国居民增加值的比重相对平稳。从居民部门增加值的具体项目看，德国呈现“三高一低”态势——营业盈余、劳动报酬与累计折旧比重高，生产税净额比重低。德国居民部门累计折旧占 GDP 比重约为 5%，反映了居民自有住房服务增加值占 GDP 比重高于美国。德国居民部门缴纳的生产税净额比重接近于零，个别年度为负值，表明有些年度政府对居民部门生产补助金额超过了生产税金额。

从居民部门增加值比重的国际比较可以得出以下结论：

第一，居民部门增加值占 GDP 比重与国家经济发展水平关系不显著。美国 20 世纪 60 年代人均 GDP 与我国当前人均 GDP 水平接近，根据美国“与我国居民部门增加值核算接近口径”计算，美国当时居民部门增加值占 GDP 比重约为 7.5%，而我国当前居民部门增加值占 GDP 比重约为 28.0%。德国与美国人均 GDP 水平接近，但德国居民部门增加值比重显著高于美国。

第二，居民部门增加值的最主要影响项目是营业盈余和有别于雇员薪酬的劳动报酬。两者占美国和德国居民部门增加值总额的比重在多数年度超过了 75%。我国居民部门劳动报酬占居民增加值比重 2012 年约为 64%①，加上城镇个体经营户的营业盈余，这一比重将更高②。

第三，累计折旧占 GDP 的比重多年来在美国和德国十分平稳。美国在过去的 50 多年，德国在过去的 30 多年，居民部门累计折旧比重都接近恒定。累计折旧主要来自对居民自有住房服务增加值的估计，是 NIPAs 的最大估计项目，可见美、德两国居民部门自有住房服务增加值与 GDP 同步增长。

第二节　劳动收入指标群

一、劳动报酬相关概念的界定

（一）劳动报酬的界定

劳动报酬指劳动者从事生产活动而获得的各种形式的报酬，包括工资，奖金，福利费，实物报酬，各种补贴、津贴以及单位为劳动者缴纳的社会保险费等。在基金流量表核算中，把劳动报酬进一步划分为工资及工资性收入和单位社会保险付款两个子项。单位社会保险付款指基本养老保险、医疗保险、失业保

① 使用《中国统计年鉴（2014）》资金流量表（实物交易）数据，根据居民部门劳动报酬“使用”额占居民部门增加值的比重计算。

② 我国没有对农户的生产经营收入进行劳动报酬与营业盈余区分，全部作为劳动报酬核算。城乡个体经营户的增加值包括劳动报酬和营业盈余两部分。

险、工伤保险和生育保险五项保险之和①，还包括劳动者享受的公费医疗和医疗卫生费、住房公积金等②。

我国统计典籍对劳动报酬有不同的称谓。长期以来，中国的住户调查一直分城乡分别开展。城镇居民调查的是可支配收入，农村居民调查的是纯收入。《中国住户调查年鉴》将城镇居民收入划分为四大类：工薪收入；经营性净收入；财产性收入；转移性收入。其中，工薪收入即是劳动报酬，其定义为：就业人员通过各种途径得到的全部劳动报酬，包括所从事的主要职业的工资以及从事第二职业、其他兼职和零星劳动得到的其他劳动收入③。《中国住户调查年鉴》对农村居民的纯收入也划分为四类：工资性收入、家庭经营纯收入、财产性收入和转移性收入。其中，工资性收入是指农村住户成员受雇于单位或个人，靠出卖劳动而获得的收入③，包括在非企业组织中劳动得到的收入；在本地劳动得到的收入；常住人口外出从业得到的收入。家庭经营纯收入是指农村住户以家庭为生产经营单位进行生产筹划和管理而获得的收入。农村住户家庭经营活动按行业划分为农业、林业、牧业、渔业、工业、建筑业、交通运输业邮电业、批发和零售贸易餐饮业、社会服务业、文教卫生业和其他家庭经营。家庭经营纯收入当中既包括农村居民自身劳动获得的收入，也包括其投入的农具、设备获得的资本收入，属于混合收入。由于混合收入难以严格划分劳动收入和资本收入的份额，因此，在我国劳动报酬统计当中，农户的混合收入均作为劳动报酬统计。因此，本课题将农村居民工资性收入和经营纯收入合计作为劳动报酬。《中国住户调查年鉴》对人均工薪收入和人均工资性收入的计算方法为：

$$\text{人均工薪收入}=\frac{\text{家庭工薪收入总额}}{\text{家庭就业人口数}} \tag{2-8}$$

$$\text{人均工资性收入}=\frac{\text{家庭工资性收入总额}}{\text{家庭常住人口数}} \tag{2-9}$$

$$\text{农村人均经营纯收入}=\frac{\text{家庭经营纯收入总额}}{\text{家庭常住人口数}} \tag{2-10}$$

其中，家庭就业人口是指国有单位职工；城镇集体单位职工；其他各种经济类型单位职工；个体经营者（指个体雇主和自营者）。农村居民家庭常住人口是指全年经常在家或在家居住 6 个月以上，而且经济和生活与本户连成一体的人口。外出从业人员在外居住时间虽然在 6 个月以上，但收入主要带回家中，经济与本户连为一体，仍视为家庭常住人口；在家居住，生活和本户连成一体的国家

① 国家统计局国民经济核算司：《中国经济普查年度资金流量表编制方法》，中国统计出版社 2007 年版，第 23 页。

② 国家统计局：《中国国民经济核算体系（2002）》，中国统计出版社出版 2003 年版。

③ 国家统计局：《中国住户调查年鉴（2013）》，中国统计出版社出版 2014 年版。

职工、退休人员也为家庭常住人口；但是现役军人、中专及以上（走读生除外）在校学生，及常年在外（不包括探亲、看病等）且已有稳定的职业与居住场所的外出从业人员，不作为家庭常住人口①。

《中国统计年鉴》中劳动报酬指标有工资总额、平均工资。

工资总额根据《关于工资总额组成的规定》进行界定，是指报告期内直接支付给本单位全部就业人员的劳动报酬总额。其中包括计时工资、计件工资、奖金、津贴和补贴、加班加点工资、特殊情况下支付的工资，它是在岗职工工资总额、劳务派遣人员工资总额和其他就业人员工资总额之和。工资总额是税前工资，包括单位从个人工资中直接为其代扣或者代缴的房费、水电费、住房公积金和社会保险基金个人缴纳部分。但工资总额不包括以下项目②：

（1）根据国务院发布的有关规定颁发的创造发明奖、自然科学奖、科学技术进步奖和支付的合理化建议和技术改进奖以及支付给运动员、教练员的奖金；

（2）有关劳动保险和职工福利方面的各项费用；

（3）有关离休、退休、退职人员待遇的各项支出；

（4）劳动保护的各项支出；

（5）稿费、讲课费及其他专门工作报酬；

（6）出差伙食补助费、误餐补助、调动工作的旅费和安家费；

（7）对自带工具、牲畜来企业工作职工所支付的工具、牲畜等的补偿费用；

（8）实行租赁经营单位的承租人的风险性补偿收入；

（9）对购买企业股票和债券的职工所支付的股息（包括股金分红）和利息；

（10）劳动合同制职工解除劳动合同时由企业支付的医疗补助费、生活补助费等；

（11）因录用临时工而在工资以外向提供劳动力单位支付的手续费或管理费；

（12）支付给家庭工人的加工费和按加工订货办法支付给承包单位的发包费用；

（13）支付给参加企业劳动的在校学生的补贴；

（14）计划生育独生子女补贴。

《中国统计年鉴》对平均工资的定义为单位就业人员在一定时期内平均每人所得的货币工资额。计算公式为：

$$平均工资=\frac{报告期支付的全部就业人员工资总额}{报告期全部就业人员平均人数} \qquad (2-11)$$

① 国家统计局：《中国住户调查年鉴（2013）》，中国统计出版社出版2014年版。

② 《关于工资总额组成的规定》。

（二）我国劳动报酬的数据来源及其差异

以上典籍中的劳动报酬称谓主要包括工资、工资性收入、工薪收入。它们的核算内容基本一致，均可视作劳动收入的代理指标。但是，由于数据的获取渠道和计算方法存在差异，以上指标在使用过程中需要注意。

我国劳动报酬数据主要来源于“劳动工资统计报表”和城乡居民住户调查。前者数据发布于《中国统计年鉴》。城乡居民住户调查分为城镇住户调查和农村住户调查。2011 年以前，城镇住户收入数据发布于《中国城市（镇）生活与价格年鉴》，农村住户收入数据发布于《中国农村住户调查年鉴》。2011 年以后，城镇和农村住户调查进行了合并，数据发布于《中国住户调查年鉴》。这两种数据来源的区别体现在以下方面：

（1）《中国统计年鉴》与《中国住户调查年鉴》劳动报酬数据的获取渠道不同。《中国统计年鉴》从用人单位获取数据。“劳动工资统计报表”统计中，调查范围为城镇全部法人单位。非私营单位采用全面调查法，私营单位采用抽样调查法。数据由国家统计局人口和就业统计司根据《劳动工资统计报表制度》、《劳动力调查制度》及《农林牧渔业统计调查制度》收集整理。《中国住户调查年鉴》从居民个人获取数据，使用随机调查的方法。以 2013 年住户调查为例，农村住户调查按照分层、多阶段 PPS 抽样（概率比例规模抽样）方法，在全国 31 个省（区、市）中抽选 896 个调查县、7 000 个调查村和 7.4 万个调查户；城镇住户调查按照分层、二相 PPS 抽样方法，在全国 31 个省（区、市），抽选 476 个调查市县、6 000 多个调查社区和 6.6 万个调查户。为保证样本的代表性，国家统计局定期对住户调查村、城镇调查社区和调查户进行轮换，城镇住户调查样本每年轮换 1/3，农村住户调查样本每 5 年轮换一次①。

（2）《中国统计年鉴》与《中国住户调查年鉴》劳动报酬数据样本推断的统计总体不同。《中国统计年鉴》劳动报酬数据的推断总体是城镇法人单位就业人员的劳动收入。2013 年底，城镇非私营单位就业人数约 1.8 亿人，私营单位就业人数约 0.8 亿人。从就业人数看，2013 年底城乡就业人数约 7.7 亿人②。因此，《中国统计年鉴》中的城镇单位劳动报酬数据仅代表了我国约 1/3 就业人口的劳动报酬水平。而《中国住户调查年鉴》样本的代表性更广，其统计推断的总体是我国 31 个地区城乡居民的劳动收入。城乡居民按照居住地来划分。其中，农村住户是指长期（1 年以上）居住在乡镇（不包括城关镇）行政管理区域内的住

---

① 国家统计局：《中国住户调查年鉴（2013）》，中国统计出版社出版 2014 年版。

② 数据来源于国家统计局：《中国统计年鉴（2014）》，中国统计出版社 2014 年版。

户，还包括长期居住在城关镇所辖行政村范围内的农村住户。户口不在本地而在本地居住1年及以上的住户也包括在本地农村常住户范围内；有本地户口，但举家外出谋生1年以上的住户，无论是否保留承包耕地都不包括在本地农村住户范围内①。

(3)《中国统计年鉴》与《中国住户调查年鉴》对平均劳动报酬的计算方法不同。前者根据公式（2-11）计算；后者城镇居民根据公式（2-8）计算，农村居民根据公式（2-9）计算。公式的主要差别体现在分母：城镇职工平均工资计算以平均职工人数作为分母，城镇住户人均工薪收入以家庭就业人口作为分母，农村住户人均工资性收入以家庭常住人口作为分母。由于农村住户家庭常住人口包括退休人员和非就业人口，因此，农村住户人均工资性收入会被非就业人口拉低。

(4)《中国统计年鉴》与《中国住户调查年鉴》劳动报酬数据的统计误差不同。后者的统计误差高于前者。一方面，由于后者使用的是概率抽样调查方法，前者主要采用全面调查加上概率抽样调查方法。另一方面，居民保护个人隐私的意识不断增强，调查工作难度加大，住户调查取得准确的居民收入数据面临着严峻的挑战，主要表现在三个方面：一是高收入户不愿意接受调查，导致住户调查样本中高收入户偏少；二是调查样本户尤其是高收入样本户少报、漏报收入，导致调查收入低于真实收入；三是确定流动人口样本户困难，导致调查样本对流动人口缺乏代表性。这三个方面的问题，导致住户调查获得的居民收入与居民的真实收入必然存在偏差，尤其是前两个方面的问题，必然导致住户调查获得的居民收入存在一定程度的低估（许宪春，2011）。

此外，《中国统计年鉴》劳动报酬属于税前收入，而《中国住户调查年鉴》劳动报酬属于可支配收入或者纯收入。

（三）雇员报酬的界定

SNA1993对居民劳动报酬（Compensation）的定义是：在会计期间内，企业因为雇员提供劳动而以现金或实物方式支付给雇员的报酬（Remuneration）。劳动报酬包括两大类：第一类是薪酬，包括现金薪酬（Wage and Salary in cash）和实物薪酬（Wage and Salary in kind）；第二类是雇主为雇员缴纳的社会保险缴款。

雇员的劳动报酬（Compensation of Employees）（以下简称雇员报酬），是指公司雇员获得的劳动报酬的总和②。SNA2008当中的劳动报酬核算仅限于雇员，

① 国家统计局：《中国住户调查年鉴（2013）》，中国统计出版社出版2014年版。
② SNA2008，7.40.

美国等西方国家对居民劳动报酬的核算使用的是该口径。雇员报酬包括两大类：以现金或者实物支付的工资和薪金；雇主为雇员支付的各类社会保险缴款[①]。以现金和实物支付的薪酬如表2-3所示。

表2-3　　雇员报酬中现金和实物薪酬核算的具体范围

项目	包括	不包括
以现金支付的工资和薪金	工资和薪金；代扣代缴的所得税、社会保险缴款；各种奖励；加班和夜班津贴、远途工作补贴、国外工作补贴、住房补贴、差旅补贴；第三方支付的佣金和小费	伤病离岗期间的工资；因工作需要员工差旅、搬家报销的相关费用；为了完成工作必须的工具、设备、特殊服装等物品的发放和报销，如果该费用由员工支出，应抵减工资收入；针对雇员家属的教育或补贴支出；针对雇员或其家属由于裁员、丧失劳动能力或死亡支出的遣散费
实物薪酬*	工作餐；住房或宿舍服务；交通工具或者其他耐用消费品；雇主发放自己生产的产品或者服务；运动、休闲或假日使用的物品；上下班班车服务；免费停车服务；雇员孩子的看管服务；以低于市场价格（抵扣价格）卖给雇员的物品和服务	为了完成工作必须的工具、设备、特殊服装等物品

注：*雇主为雇员外购的产品或者服务，按购买者价格计算；雇主生产的产品或者提供的服务，按照生产者价格计算。

雇员报酬强调雇佣关系，而雇佣关系存在与否的标准是企业和个人之间是否存在正式或非正式的工作协定，并根据工作时间或某项客观的工作完成指标来支付报酬，因此，雇员报酬是建立在雇佣关系基础之上的劳动报酬。雇员报酬与就业形式和工作内容存在联系，居民是被雇佣还是自雇佣（self-employed），工作内容是否属于SNA界定的生产范畴之内，会影响到雇员报酬的界定。

自雇佣者获得的劳动报酬在以下情况下属于混合收入，但不属于雇员报酬：①为自己所拥有的非公司企业或机构工作，无论是企业的唯一拥有者或者合伙人；②为非公司企业工作且不领取劳动报酬的家庭成员或协作者；③完全为个人消费或者资本形成而工作的个人或集体。而当自雇佣者根据正式或者非

① SNA2008，7.42.

正式合同向企业提供产品或者服务时，应该视同雇员，其劳动报酬视同雇员报酬。

（四）自由职业者劳动收入的界定

SNA 对一类特殊的职业者——Outworker（本书翻译为自由职业者）的劳动收入分类进行了说明。自由职业者通常在家中完成工作任务，他（她）们根据约定或者合同向特定企业提供一定数量的产品或者服务，而工作地址不在企业的任何注册地点；企业对其工作时间不加控制，对工作条件和环境也不负有责任。自由职业者在提供产品或者服务的过程中通常承担一定的成本，如房租、电费、存储或者运输费用等。自由职业者在不同程度上具有雇员和自雇佣者的特征，应当将其归入哪一类通常根据以下准则：如果根据工作量来获得报酬，与其工作产出的价值或者最终盈利状况无关，那么自由职业者应属于雇员，其收入属于雇员报酬；如果根据工作产出的价值来获得报酬，与其投入工作量的多少无关，此类自由职业者应属于自雇佣者，其劳动收入属于混合收入；然而在其完成工作过程中如果还雇佣了其他劳动者，那么其收入必须作为混合收入核算。[①]

二、劳动报酬核算口径差异

（一）我国劳动报酬核算口径的两次调整

劳动报酬核算口径的变动直接影响到劳动报酬总额及其比重相关指标的计算，因此，厘清劳动报酬口径的变动情况对于后续指标的构建和比较具有重要的现实意义。为了向国际标准靠拢，提高我国劳动报酬指标与国际上普遍使用的雇员报酬指标的可比性，近年来，我国统计部门对混合收入中劳动报酬核算口径进行了两次调整。而调整的另一个原因是我国城乡个体经营户是一个不小的群体，依据 2008 年经济普查等有关资料计算的结果表明，我国个体经营户和农户创造的增加值约占 GDP 的 18%，如果不设置一个包括个体经营户劳动报酬在内的完整的劳动者报酬指标，就无法完整地反映劳动要素收入（许宪春，2011）。针对自雇佣者（我国通常称作个体经营户）劳动报酬核算口径的调整情况及其影响如表 2-4 所示。

① SNA2008，7.36.

表 2-4　我国混合收入中劳动报酬核算口径变动的前后对比

年份	调整前	调整后	影响
2004	个体经营户通过生产经营获得的纯收入，全部视为劳动者报酬，包括个人所得的劳动报酬和经营获得的利润（国家统计局，2003）	把个体经营户的混合收入作为营业盈余处理，只把个体经营户的雇员报酬作为劳动者报酬处理（国家统计局核算司，2007，2008）	个体经营收入中仅有雇员报酬①视作劳动报酬。相比 2004 年以前，劳动报酬核算范围缩小
2008	个体经营户的混合收入中除了雇员薪酬之外均视作营业盈余	个体经营户的混合收入划分为营业盈余和劳动报酬。划分依据为第二次经济普查资料计算的每一行业相近规模企业的劳动者报酬和营业盈余的比例。（国家统计局核算司，2011）	个体经营户混合收入的一定比例归入劳动报酬。劳动报酬核算范围相比 2004 年之后有所扩大，但小于 2004 年以前

值得注意的是，在上述两次劳动报酬核算口径调整中，农户的劳动者报酬口径均未作调整，仍执行 2004 年之前的统计口径，即农户的混合收入全部作为劳动报酬处理（国家统计局核算司，2007，2008，2011）。

（二）口径调整对劳动收入份额变动影响估计

劳动报酬是归属于劳动这一生产要素的收入。而要素收入份额应该保持恒定，在 20 世纪 50 年代被认为是一个“典型化事实”（Kaldor，1956）。但是，近年来我国劳动报酬占国民收入比重呈现下降趋势（刘扬和梁峰，2013）。居民劳动报酬宏观分配格局的研究主要有三个数据来源：一是资金流量表（实物交易）数据；二是地区收入法 GDP 核算数据；三是投入产出表数据。由于前两个数据的发布频率高于第三个，因此，前两个数据源是主要的数据来源。使用前两个数据来源测算的劳动报酬占 GDP 比重如图 2-5 所示。

图 2-5 中两种数据在统计口径一致年度测算的劳动报酬比重约有 2 个百分点的差距，该差距主要由统计误差造成。

① 雇员报酬的界定参照上文。

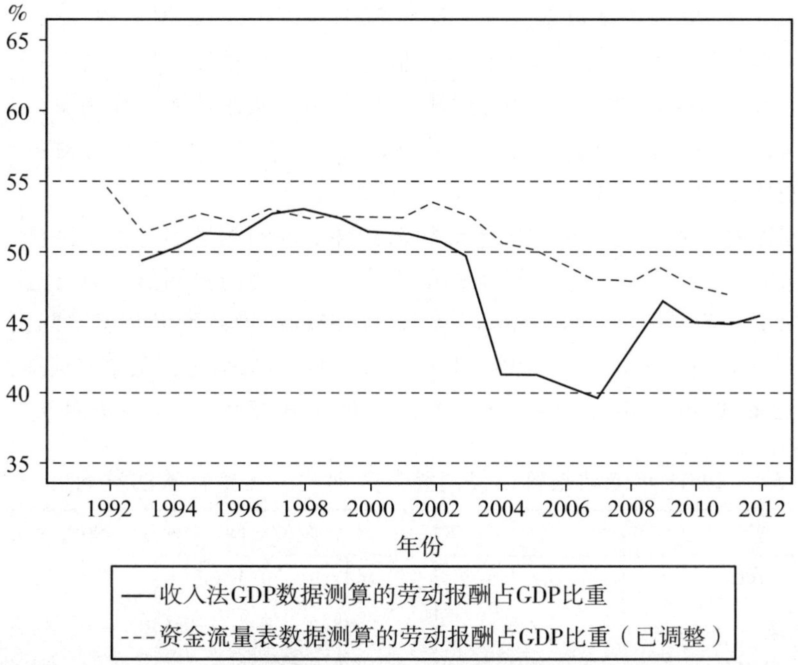

图 2－5　两种数据来源测算的劳动报酬比重

资料来源：1993～1996 年、2004 年收入法 GDP 数据来源于《中国国内生产总值核算历史资料（1952～2004）》，1997～2012 年数据来源于各年度《中国统计年鉴》，2008 年经济普查年度收入法 GDP 数据尚未发布；1992～1999 年资金流量表数据来源于 1994～2002 年度《中国统计年鉴》，2000～2011 年资金流量表数据来源于 2012 年、2013 年《中国统计年鉴》。

2012 年，统计局使用 2008 年劳动报酬统计口径对资金流量表 2000～2011 年数据进行了调整，调整之后序列的波动幅度显著减缓。图 2－5 中使用收入法 GDP 数据测算的劳动报酬比重曲线，在 2004～2007 年出现明显的塌陷，其主要原因是两次劳动报酬统计口径调整所致。

2004 年和 2008 年劳动报酬统计口径修订，前者缩小了劳动报酬的统计范围，而后者扩大了其范围。那么劳动报酬统计口径调整对劳动收入份额影响有多大？即按统计口径调整之前的劳动收入份额会是怎样的水平？以下使用地区收入法 GDP 核算数据，通过时间序列预测模型进行测算。具体测算方法如下。

（1）根据各年度《中国统计年鉴》地区收入法 GDP 核算数据计算劳动报酬占 GDP 比重，形成时间序列。

（2）使用 1993～2003 年时间序列，预测 2004 年劳动报酬占 *GDP* 比重，由此得到 2004 年原来口径下劳动报酬比重估计值 $\hat{S}_{2004}$，其与 2004 年统计口径修订后报告值的差，是第一次统计口径修订对劳动报酬比重影响的估计值 $\hat{F}_{2004}$。估计结果如表 2－5 所示。

（3）由于2008年度数据缺失，使用2004～2007年数据预测2008年劳动报酬比重，作为第二次统计口径修订前的估计值 $\hat{S}_{2008}$。估计结果如表2－6所示。

（4）使用2009～2012年数据预测2008年劳动报酬比重，作为第二次统计口径修订后估计值 $\hat{A}_{2008}$；$\hat{A}_{2008}$ 与 $\hat{S}_{2008}$ 的差额，是第二次统计口径修订对劳动报酬比重影响的估计值 $\hat{F}_{2008}$。估计结果如表2－7所示。

在预测时，根据时间序列图像形状选择合适的预测模型。为了降低模型选择可能带来的偏误，将模型预测结果的平均值作为最终的预测值。最终选用的预测模型为三次样条模型（Cubic Spline Model，CSM），指数平滑状态空间模型（Exponential Smoothing State Space Model，EST），ARIMA模型、无漂移项随机游走模型（Random Walk without Drift，RWD）。软件为R语言Forecast软件包。

表2－5　2004年劳动报酬口径调整对劳动收入比重计算的影响　单位：%

模型	$\hat{S}_{2004}$	80%置信区间	90%置信区间
CSM	49.1	[47.9，50.3]	[47.3，50.9]
EST	49.6	[48.5，50.7]	[47.9，51.3]
ARIMA	50.4	[49.4，51.5]	[48.8，52.0]
$\hat{S}_{2004}$均值	49.7	[48.6，50.8]	[48.0，51.4]
报告值	41.4	[41.4，41.4]	[41.4，41.4]
$\hat{F}_{2004}$	－8.3	[－7.2，－9.4]	[－6.6，－10.0]

注：$\hat{S}_{2004}$均值为三种预测模型估计的均值；$\hat{F}_{2004}$ ＝报告值－$\hat{S}_{2004}$均值；报告值为经济普查公布值，假设其置信区间的估计值为其自身。

表2－6　2008年劳动报酬比重估计值　单位：%

模型	$\hat{S}_{2008}$	80%置信区间	90%置信区间
ARIMA	40.8	[39.9，41.7]	[39.4，42.2]
EST	39.7	[39.0，40.5]	[38.6，40.9]
RWD	39.7	[39.2，40.3]	[38.8，40.6]
$\hat{S}_{2008}$均值	40.1	[39.4，40.8]	[39.0，41.2]

注：根据2008年以前口径估计。

表2－7　2008年劳动报酬口径调整对劳动收入比重计算的影响　单位：%

模型	$\hat{A}_{2008}$	80%置信区间	90%置信区间
ARIMA	45.5	[44.7，46.4]	[44.2，46.9]
EST	45.5	[44.7，46.4]	[44.2，46.9]

续表

模型	$\hat{A}_{2008}$	80%置信区间	90%置信区间
RWD	46.6	[45.1, 48.1]	[44.4, 48.9]
$\hat{A}_{2008}$均值	45.9	[44.8, 47]	[44.3, 47.5]
$\hat{F}_{2008}$	5.8	[5.5, 6.1]	[5.3, 6.3]

注：$\hat{F}_{2008}=\hat{A}_{2008}$均值 $-\hat{S}_{2008}$均值，$\hat{S}_{2008}$均值见表2-6。

表2-5显示，2004年劳动报酬统计口径调整对劳动报酬占GDP比重影响度为-8.3%，该值以90%的置信度落入-6.6%~-10.0%区间内。按第一次修订前口径，收入法GDP数据测算的2003年劳动报酬占比为49.6%。由此得到两个方面启示：第一，根据口径调整的内容可以估算，2004年我国个体经营户混合收入占GDP的比重约为8.3%；第二，剔除了统计口径影响，2004年与上一年度相比，劳动报酬比重基本持平而无显著变化。

2008年劳动报酬统计口径调整使得劳动报酬比重上升了约5.8%，该值以90%的置信度落入5.3%~6.3%区间内。由此可见，由未考虑统计口径的地区收入法GDP核算数据计算，2009年劳动报酬比重比2007年上升约7.0%，其中约83%是由于统计口径调整影响所致，其他因素也使得2009年劳动报酬比重有所上升，但是升幅不大。

使用时间序列预测模型来估计统计口径调整的影响的前提条件是假定其他因素对时序变量的影响不变。当其他因素对时序变量的影响发生显著变化的年度，使用该方法会存在较大的估计误差。

（三）我国劳动报酬核算口径与国外的主要差异

目前世界上绝大多数国家的国民经济核算都遵循SNA体系，但在实际操作中各国存在一些差异。我国劳动报酬的核算口径大于西方国家（美国、德国等），主要体现在我国劳动报酬包括了非雇员的劳动收入，而西方国家对劳动收入的核算仅指雇员薪酬，不包括混合收入。具体来看，2004年以前，我国劳动报酬比西方国家多核算了两项：一是农户的混合收入；二是个体经营户的混合收入。2004~2008年，我国劳动报酬比西方国家多核算了农户的混合收入。2008年以后，我国劳动报酬比西方国家还是多核算了两项：一是农户的混合收入；二是个体经营户的混合收入中按一定比例归入劳动报酬的部分。

三、不同群体的劳动报酬水平

（一）指标定义与说明

劳动报酬是居民部门最大的收入来源，因此，劳动报酬占国民收入比重受到各方面的广泛关注。劳动报酬指标的设计目的是要反映不同群体的劳动报酬水平、劳动报酬增长速度、劳动报酬增长是否与 GDP 同步增长，使其能定位哪些群体的劳动报酬使得居民劳动报酬占国民收入比重下降。劳动报酬指标群如表 2-8 所示，其中劳动报酬的定义、统计口径、数据来源以及计算方法依据上文的相关概念界定。

表 2-8　劳动报酬水平指标群

编号	指标名称	定义或者计算公式	备注
2-5	名义平均劳动报酬	根据当年价格计算的平均劳动报酬水平	分析对象：城镇分经济类型单位就业人员；城镇按行业分就业人员；城镇分地区就业人员；农村分地区就业人员
2-6	实际平均劳动报酬	$=\frac{\text{名义劳动报酬}}{\text{居民消费者价格指数}}$	根据分析需要选择基期
2-7	劳动报酬年均实际增速	$\frac{\text{本年度劳动报酬实际水平}-\text{上年度劳动报酬实际水平}}{\text{上年度劳动报酬实际水平}}\times 100\%$	
2-8	劳动报酬年均实际增速与 GDP 增速差额	劳动报酬实际增速 - GDP 增速	根据需要选择基期
2-9	实际劳动报酬增速落后（超前）指数	劳动报酬实际累计增速 - GDP 累计增速	

（1）实际劳动报酬增速落后（超前）指数指标说明

理论上，总体劳动报酬应与 GDP 保持同步增长。长期来看，如果劳动报酬增长速度超越了 GDP 的增长速度，实际上是对 GDP 的透支；相反，如果劳动报酬低于 GDP 的增长速度，则劳动者未共享经济增长的成果。由于 GDP 是按照不变价格计算，因此劳动报酬也应该剔除价格因素的影响，即此处的劳动报酬是指实际劳动报酬水平，而不是名义劳动报酬水平。

假设将居民划分为 n 个没有交集的群体，第 i 个群体的人数为 n_i，平均劳动报酬为$\bar{y}_i$，劳动报酬总额为 W_i。假设每个群体在 t 和（$t-1$）两个时期内人数保持稳定。（$t-1$）期劳动报酬占 GDP 比重（S_{t-1}）为：

$$S_{t-1} = \frac{\sum \bar{y}_i n_i}{GDP} = \frac{\sum W_i}{GDP} \tag{2-12}$$

情形一：从 t 期到（$t-1$）期，假设 GDP 增长幅度为 d%，群体 i 的平均劳动报酬增长幅度 $d_i\%$ 与 GDP 增幅保持同步，即 $d_1\% = d_2\% =, \cdots, = d_n\% = d\%$，则到 t 期，劳动报酬占 GDP 比重（S_t）为：

$$S_t = \frac{\sum W_i \times (1 + d\%)}{GDP \times (1 + d\%)} = \frac{\sum W_i}{GDP} = S_{t-1} \tag{2-13}$$

公式（2-13）表明，如果每个群体的平均劳动报酬能够与 GDP 保持同步增长，则劳动报酬占 GDP 比重将保持稳定。但是如果 $i \neq j$ 时，存在$\bar{y}_i \neq \bar{y}_j$，劳动收入差距将会扩大，因为劳动报酬等比例增长，劳动报酬高者计算基数高，增长的绝对数大，而低收入者由于工资基数低而增长的绝对数小。这种增长方式的潜在理论依据是高收入者的劳动生产率高于低收入者，对于新增产出的贡献率大于低收入者，因此在新增产出的分配方面占有更大份额。这种分配方式优先考虑了效率，对公平性兼顾不够。

情形二：从 t 期到（$t-1$）期，假设 GDP 增长幅度为 d%，$\forall d_i\% \leq d\%$，且 $\exists d_i\% < d\%$。此时 $S_t < S_{t-1}$，即如果存在部分群体劳动报酬增速落后于 GDP 增速，劳动报酬占 GDP 比重将下降。劳动报酬增速低于 GDP 增速的群体是导致 t 期到（$t-1$）期劳动报酬比重下降的群体。

劳动报酬增速落后（超前）指数正是基于这种思路构建的。如果 t 期到（$t-1$）期劳动报酬占 GDP 比重下降，则该指数小于 0 的群体是导致劳动报酬比重下降的群体，该指数的取值越小，表明该群体劳动报酬水平越需要提高。对于该指数大于 0 的群体，表明该群体的劳动报酬增幅减缓了该时期劳动报酬占国民收入比重的下降。

（二）群体的划分

为了定位居民劳动报酬占国民收入比重下降的影响群体，需要对不同群体的劳动报酬水平和变动趋势展开测算。首先将研究对象划分为城镇和农村居民两大群体。城镇居民包括在城镇非私营单位[①]（简称：城镇单位）就业居民和私营单位就业居民。根据不同的分类标准，城镇单位职工可进一步划分为：①不同经济类型就业人员（国有单位、城镇集体单位、其他单位）；②不同登记注册类型单位就业人员（国有单位；城镇集体单位；股份合作单位；联营单位；有限责任公司；股份有限公司；其他内资；港澳台商投资单位；外商投资单位）；③分行业就业人员（19 个行业）；④分地区就业人员（除我国港澳台之外 31 个行政区）。由于数据可得性原因，农村居民群体主要按地区划分。劳动报酬指标群的应用群体及数据来源如图 2－6 所示。

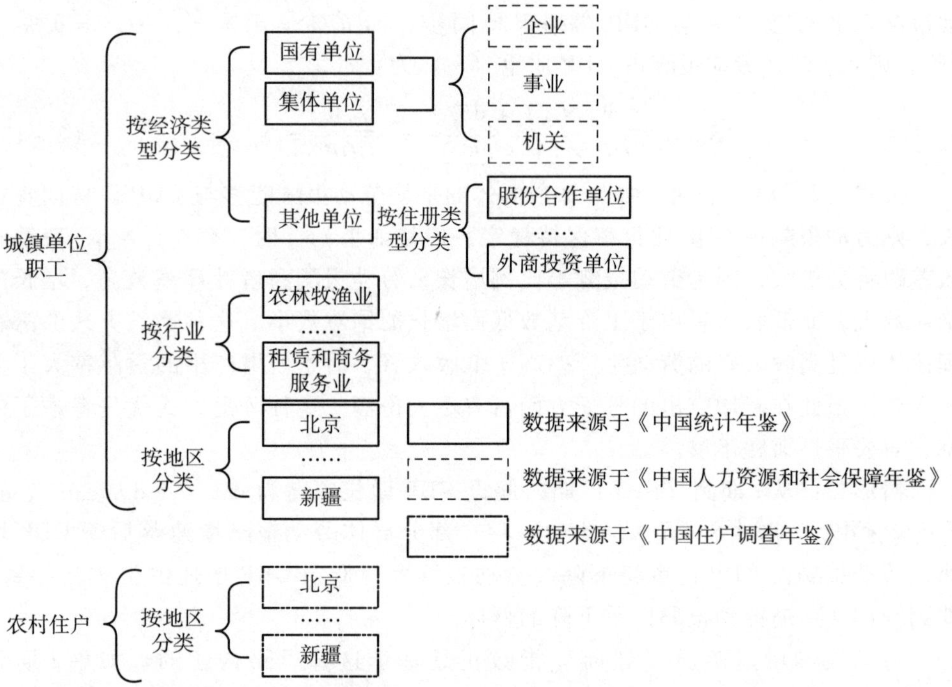

图 2－6　劳动报酬指标群的应用群体及数据来源

（三）城镇分经济类型单位就业人员劳动报酬

城镇分经济类型单位就业人员劳动报酬指标主要有国有单位、城镇集体单位和其他单位平均劳动报酬水平。其数据来源于《中国统计年鉴》。年鉴中使用的指标名称是"职工工资"，根据其指标解释，"职工工资"与《中国经济普查年度资金流量表编制方法》以及《中国国民经济核算体系（2002）》定义的劳动报

① 为了与《中国统计年鉴》的称谓一致，如果没有特殊说明，城镇单位是指城镇非私营单位。

酬一致。1998年及以后城镇单位就业人员、劳动报酬总额、平均劳动报酬等指标中不包括离开本单位但仍保留劳动关系职工及其生活费。指标计算方法为：

$$分经济类型单位就业人员平均劳动报酬=\frac{劳动报酬总额}{单位年末就业人数} \quad (2-14)$$

城镇分经济类型单位就业人员劳动报酬分析指标主要有劳动报酬年均实际增速；劳动报酬年均实际增速与GDP增速差额；劳动报酬增速落后（超前）指数。此处的城镇居民劳动报酬实际水平使用城镇居民消费价格指数进行平减，而不是使用全体居民的消费者价格指数。

$$劳动报酬实际水平=\frac{名义劳动报酬}{城镇固定基期城镇居民消费者价格指数} \quad (2-15)$$

劳动报酬增速落后（超前）指数根据实际分析需要选择基期固定在哪一期。

以上指标的测算结果如表2-9、表2-10及图2-7所示。表2-9计算了城镇国有、集体和其他单位的平均劳动报酬。三大类单位2013年底登记的就业人数约为1.8亿人，其中国有单位约0.63亿人，集体单位约0.05亿人，余下的为其他单位就业人员①。1995年以来，三大类单位的劳动报酬格局演变可分为三个阶段：第一个阶段从1995~2002年，其他单位的劳动报酬显著高于国有与集体单位，但是增长速度已经显著低于后者。20世纪90年代后期，我国的国有企业开展了大刀阔斧的改革，利用产权转让、下岗分流等形式，使得国有企业数量大幅缩减，得以保留下来的主要是关系国计民生的大中型企业。其中，人员的分流为国有企业人均薪酬的提升创造了必要条件。第二个阶段从2003~2009年，国有单位劳动报酬平均水平超越了其他单位后，仍保持高速增长，其与集体单位的劳动报酬差距继续拉大。第三个阶段为2009~2013年，国有单位劳动报酬水平保持领先的同时，增长速度已经显著下降，而集体单位劳动报酬增速开始提升，连续5年位居榜首。集体单位与国有及其他单位劳动报酬的差距开始缩小。

前面的理论研究已经阐述，劳动报酬水平受到多种因素影响，而这三类单位的劳动报酬水平的格局演变，进一步验证了分享工资理论。除了政府行政单位，劳动报酬与单位的经营业绩高度相关。劳动报酬在各类单位当中的位置，反映了单位的发展状况或者盈利水平的位置。20世纪90年代，我国私营经济快速发展，公职人员频频放弃“铁饭碗”下海；国有企业大面积亏损，因而其劳动报酬显著低于其他单位。进入21世纪，国有企业依靠规模以及政策优势快速发展，其经营延伸到了大多数暴利行业。考公务员、进国企一度成为大学毕业生的首选。2010年前后，国有企业依靠垄断获得高额利润，承受了越来越大的舆论压力，被迫退出了非自身主营业务的暴利行业，如房地产业。而且针对国企高管限制薪

① 国家统计局：《中国统计年鉴（2014）》，中国统计出版社2014年版。

酬的呼声此起彼伏，国有单位的劳动报酬增速逐步放缓。

各类型单位劳动报酬增速此起彼伏，反映出劳动报酬在不同单位之间具有"溢出效应"，即劳动报酬增幅会在不同类型单位之间传导——劳动报酬高的单位会带动其他单位劳动报酬的增长，劳动报酬低的单位会承受涨薪压力，否则将面临人才流失和经营萎缩。集体单位劳动报酬在2010年之后的高速增长验证了国有单位劳动报酬的这种"溢出效应"，因为此期间集体企业的经营状况总体上表现欠佳，所以可以推断该时期其劳动报酬的高速增长并非由经营业绩推动，更多的是国有以及其他单位"溢出效应"的拉动。

表2-9　1995~2013年城镇单位就业人员平均劳动报酬及其增速

年份	平均劳动报酬（万元/年）				年均实际增速（%）				GDP增速
	总平均	国有单位	城镇集体单位	其他单位	总平均	国有单位	城镇集体单位	其他单位	
1995	0.53	0.56	0.39	0.77					10.9
1996	0.60	0.62	0.43	0.85	2.8	2.7	0.7	1.3	10.0
1997	0.64	0.67	0.45	0.91	4.5	4.4	1.6	3.5	9.3
1998	0.74	0.76	0.53	0.92	16.3	14.2	18.4	2.3	7.8
1999	0.83	0.84	0.58	1.01	13.2	12.9	9.8	11.2	7.6
2000	0.93	0.94	0.62	1.12	11.3	10.9	7.5	9.9	8.4
2001	1.08	1.10	0.69	1.24	15.3	16.2	9.0	9.9	8.3
2002	1.24	1.27	0.76	1.35	15.4	16.2	12.6	9.5	9.1
2003	1.40	1.44	0.86	1.48	11.9	12.0	12.0	9.1	10.0
2004	1.59	1.64	0.97	1.65	10.3	10.9	9.1	7.7	10.1
2005	1.82	1.90	1.12	1.84	12.5	13.6	13.1	9.4	11.3
2006	2.09	2.17	1.29	2.10	12.9	12.7	13.4	12.7	12.7
2007	2.47	2.61	1.54	2.43	13.4	15.1	14.9	10.6	14.2
2008	2.89	3.03	1.81	2.86	10.7	9.9	11.0	11.4	9.6
2009	3.22	3.41	2.06	3.14	12.6	13.7	14.9	10.8	9.2
2010	3.65	3.84	2.40	3.58	9.8	8.9	12.9	10.7	10.5
2011	4.18	4.35	2.88	4.13	8.7	7.7	13.9	9.6	9.3
2012	4.68	4.84	3.38	4.64	9.0	8.3	14.3	9.2	7.7
2013	5.15	5.27	3.89	5.15	7.3	6.1	12.2	8.2	7.7

资料来源：原始数据来源于《中国统计年鉴（2014）》，劳动报酬实际水平按照1995年不变价格计算，等于名义劳动报酬除以以1995年固定基期的城镇消费者价格指数。

以1995年为基期的分经济类型单位劳动报酬增速落后（超前）指数如表

2－10 所示。劳动报酬增速落后（超前）指数反映了劳动报酬是否随着 GDP 发展而增长。理论上，劳动报酬作为劳动要素的收入，其占 GDP 的份额应该保持恒定，这在 20 世纪 50 年代就被认为是"典型事实"。而维持这一"典型事实"的潜在条件是居民劳动报酬总额与 GDP 同步增长。

以 1995 年为比较的基准点，从总平均看，城镇单位劳动报酬实际增速在 1999 年以前落后于 GDP 增速。1998 年落后指数为 -4.79%，表示劳动报酬实际累计增速比 GDP 累计增速落后约 4.79%，其中其他单位落后的幅度最大，达到 22.41%，集体单位次之。2000 年以后，城镇单位劳动报酬累计增速总体上超越了 GDP 的累计增速，具体表现为劳动报酬增速落后（超前）指数由负转正。但是不同类型单位转正的时间差别较大。截至 2013 年，城镇其他单位劳动报酬累计增速仍然低于 GDP 累计增速，落后约 72%。由此可见，城镇单位拉低了劳动报酬占 GDP 的比重。

表 2-10　以 1995 年为基期的分经济类型城镇单位劳动报酬增速落后（超前）指数

单位：%

年份	总平均	国有单位	集体单位	其他单位
1995				
1996	-7.24	-7.27	-9.27	-8.67
1997	-12.82	-13.02	-17.91	-15.36
1998	-4.79	-7.25	-8.51	-22.41
1999	1.80	-1.38	-6.54	-20.29
2000	6.01	1.95	-8.30	-20.22
2001	17.49	14.20	-7.96	-19.79
2002	30.47	28.08	-3.22	-20.94
2003	37.41	35.04	-0.15	-24.55
2004	41.74	40.41	-2.09	-31.07
2005	49.61	50.84	1.59	-38.10
2006	56.56	57.33	3.62	-42.87
2007	62.15	68.41	6.06	-57.15
2008	72.10	75.96	10.97	-58.18
2009	92.70	101.70	31.84	-59.06
2010	99.37	105.00	45.02	-64.60
2011	105.28	106.32	70.07	-69.50

续表

年份	总平均	国有单位	集体单位	其他单位
2012	120.50	117.96	109.65	-68.80
2013	127.46	117.78	145.11	-72.00

资料来源：原始数据来源于《中国统计年鉴（2014）》，指数计算方法如公式（2-11）所示。

以1995年为基期的劳动报酬增速落后（超前）指数如图2-7所示，其显示了劳动报酬落后GDP增速的变动趋势。那么该变动趋势是如何积累形成的呢？可从各年度劳动报酬环比实际增速与GDP环比增速的差额来考察。两者差额的计算结果如图2-8所示，虚线以上表示劳动报酬实际环比增速高于GDP环比增速，以下表示前者低于后者。由图2-8可知，城镇集体单位劳动报酬增速落后（超前）指数较高，主要是在2003年之后，而国有单位的增速较高主要在2005年以前。虽然两者劳动报酬增速落后（超前）指数接近，但形成该结果的时期有所不同。

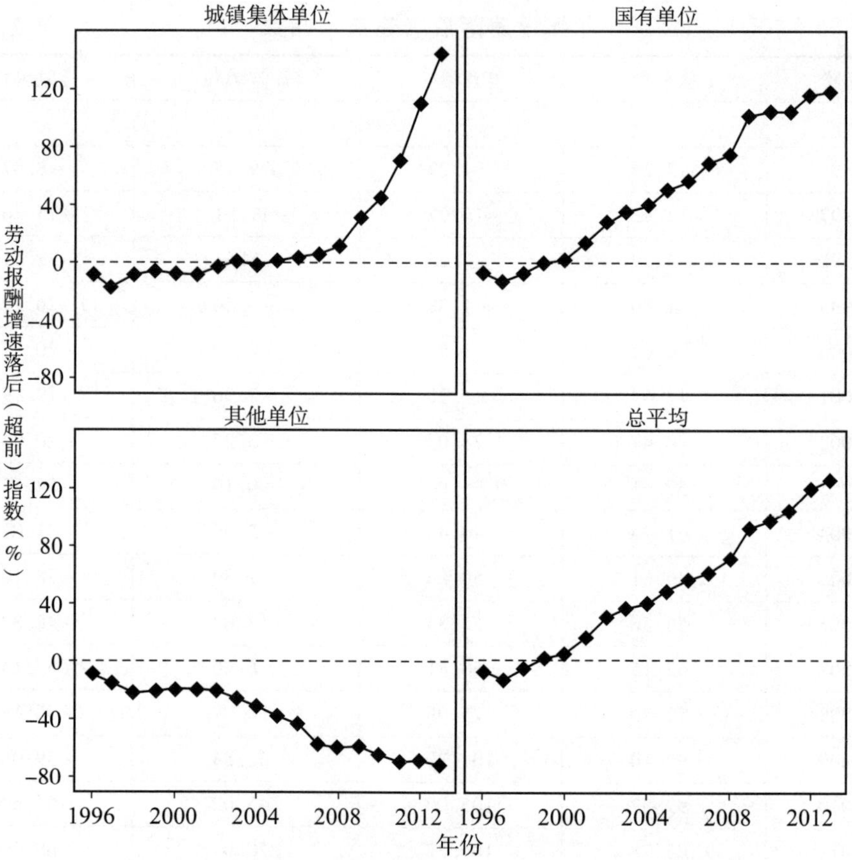

图2-7 以1995年为基期的劳动报酬增速落后（超前）指数

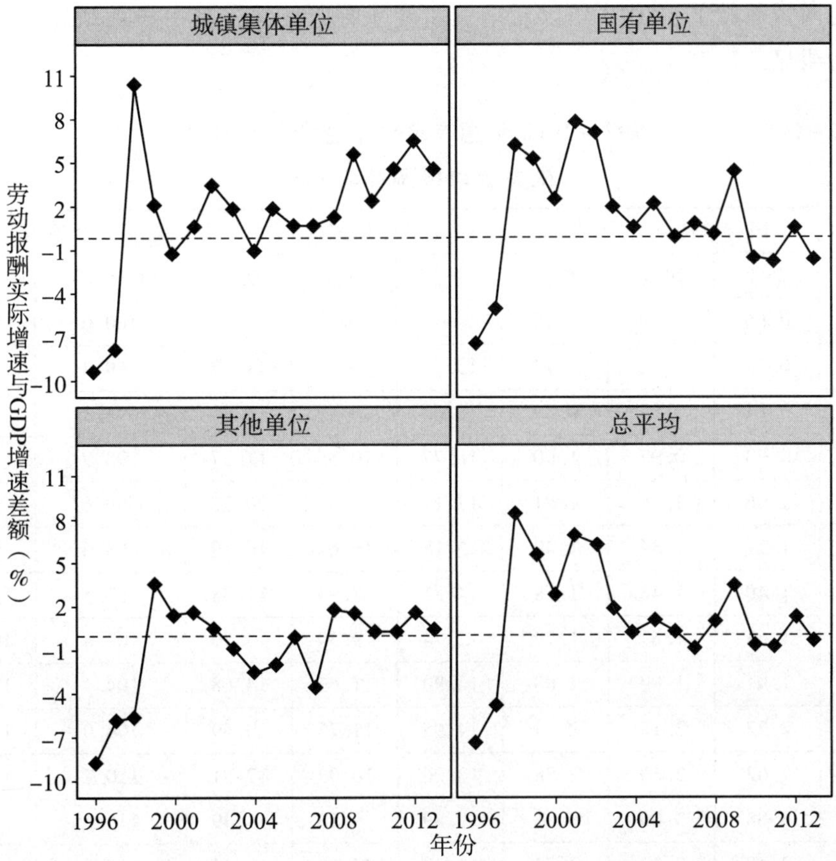

图 2-8　1996～2013 年分经济类型单位劳动报酬实际增速与 GDP 增速差额

（四）按登记注册类型分城镇单位就业人员劳动报酬

国有单位、城镇集体单位和其他单位是我国对城镇就业单位的大分类。具体来看，国有和集体单位均包括企业、事业以及机关等。其他单位包括外商投资单位，港、澳、台商投资单位，股份有限公司等。对单位类型进一步细分研究有利于更准确地定位劳动报酬超越或者落后 GDP 增速的群体。

1. 国有和集体单位当中企业、事业、机关就业人员劳动报酬

国有单位当中企业、事业、机关的劳动报酬水平和实际增速如表 2-11 所示。由表 2-11 可以看出，2004 年以前，国有单位劳动报酬排序由高到低依次为机关、事业、企业单位。2004 年以后，企业的劳动报酬水平超越了国有事业和机关单位。从劳动报酬的实际增长速度来看，1997 年以后企业、事业和机关劳动报酬年均实际增速分别约为 12.7%、11.7% 和 11.9%，增长速度在多数年度保持在两位数以上；2010 年以后增长速度才有所放缓，其中机关增速放缓的步伐最为明显。

表 2－11　　1997～2012 年国有单位中企业、事业和机关劳动报酬变动分析

年份	国有单位（万元/年）			实际增速（%）			城镇消费者价格指数	GDP 增速（%）
	企业	事业	机关	企业	事业	机关		
1997	0.66	0.69	0.70	—	—	—	100.0	9.3
1998	0.76	—	0.77	15.70	—	11.42	99.4	7.8
1999	0.84	0.87	0.89	10.67	—	16.80	98.1	7.6
2000	0.93	0.97	1.00	10.77	10.55	11.37	98.9	8.4
2001	1.06	1.16	1.21	13.11	18.58	20.22	99.6	8.3
2002	1.21	1.34	1.40	15.18	16.61	16.69	98.6	9.1
2003	1.40	1.48	1.58	14.81	8.93	11.38	99.5	10
2004	1.63	1.67	1.79	12.74	9.39	9.90	102.8	10.1
2005	1.91	1.89	2.08	14.90	11.62	14.68	104.4	11.3
2006	2.22	2.15	2.34	14.95	11.75	10.49	106.0	12.7
2007	2.63	2.60	2.88	13.06	16.03	17.81	110.7	14.2
2008	3.08	3.00	3.39	10.89	9.15	11.49	116.9	9.6
2009	3.48	3.43	3.74	14.02	15.28	11.43	115.9	9.2
2010	3.99	3.86	4.06	11.27	9.19	5.06	119.6	10.5
2011	4.63	4.35	4.44	10.07	7.01	3.93	125.9	9.3
2012	5.17	4.87	4.86	8.75	8.91	6.63	129.3	7.7

资料来源：劳动报酬数据来自《中国人力资源和社会保障年鉴（2013）》，城镇居民消费者价格指数和 GDP 数据整理自《中国统计年鉴（2014）》；消费者价格指数按 1995 年不变价格计算；“—”表示数据缺失。

集体单位当中企业、事业、机关的劳动报酬水平和实际增速如表 2－12 所示。集体企业的劳动报酬水平明显低于集体事业和机关单位。2012 年，集体企业的平均劳动报酬仅为集体事业单位的 80% 左右，而集体事业单位与机关单位的劳动报酬水平比较接近，在多数年份机关的劳动报酬略高于事业单位。从劳动报酬实际增长速度来看，集体企业和事业单位的增速相对平稳，年均增速约为 12.4%；而集体机关单位增速波动的幅度较大，增长速度的极差达到 25%，年均增速约为 11.4%。机关单位增速波动较大的主要原因是其劳动报酬变动主要依赖于管理部门的薪酬政策，受市场机制影响较小。

表2-12　　1997~2012年集体单位中企业、事业和机关劳动报酬变动分析

年份	集体单位（万元/年）			实际增速（%）			城镇消费者价格指数	GDP增速（%）
	企业	事业	机关	企业	事业	机关		
1997	0.44	0.57	0.63	—	—	—	100.0	9.3
1998	0.53	0.62	0.67	19.20	—	5.95	99.4	7.8
1999	0.57	0.70	0.78	9.13	—	18.80	98.1	7.6
2000	0.61	0.74	0.87	7.50	5.15	10.50	98.9	8.4
2001	0.67	0.85	0.90	7.77	14.50	2.07	99.6	8.3
2002	0.74	0.94	0.93	12.51	11.46	4.87	98.6	9.1
2003	0.84	1.04	0.97	12.11	10.16	3.79	99.5	10
2004	0.95	1.18	1.21	9.62	9.09	20.25	102.8	10.1
2005	1.09	1.36	1.54	12.87	13.72	24.98	104.4	11.3
2006	1.25	1.59	1.79	13.33	15.08	14.77	106.0	12.7
2007	1.49	1.98	2.18	13.50	19.43	16.57	110.7	14.2
2008	1.76	2.27	2.53	12.09	8.32	9.87	116.9	9.6
2009	2.00	2.69	3.04	14.80	19.68	21.24	115.9	9.2
2010	2.33	3.13	3.13	12.83	12.60	-0.10	119.6	10.5
2011	2.81	3.64	3.96	14.41	10.52	20.05	125.9	9.3
2012	3.33	4.14	3.96	15.24	10.81	-2.64	129.3	7.7

资料来源：劳动报酬数据来自《中国人力资源和社会保障年鉴（2013）》，城镇居民消费者价格指数和GDP数据整理自《中国统计年鉴（2014）》；消费者价格指数按1995年不变价格计算；“—”表示数据缺失。

国有和集体单位当中企业、事业和机关单位劳动报酬年均实际增速与GDP增速差额指标的计算结果如表2-13所示。指标大于0表示劳动报酬实际增长速度高于GDP增速，反之表示其低于GDP增速。六类单位的劳动报酬实际增速在大多数年份超过了GDP增速，因为表2-12的86个增长节点当中，有61个节点大于0，占73%。2010年以后，机关单位的劳动报酬实际增速放缓，增长速度低于GDP增速，其原因是其2010年以前劳动报酬水平显著高于企业和事业单位，管理部门对机关单位涨薪的步伐放缓。

表 2-13　　1998~2012 年企业、事业和机关劳动报酬与 GDP 增速差额

单位：%

年份	国有单位			集体单位		
	企业	事业	机关	企业	事业	机关
1998	7.9	—	3.62	11.40	—	-1.85
1999	3.07	—	9.2	1.53	—	11.20
2000	2.37	2.15	2.97	-0.90	-3.25	2.10
2001	4.81	10.28	11.92	-0.53	6.20	-6.23
2002	6.08	7.51	7.59	3.41	2.36	-4.23
2003	4.81	-1.07	1.38	2.11	0.16	-6.21
2004	2.64	-0.71	-0.2	-0.48	-1.01	10.15
2005	3.6	0.32	3.38	1.57	2.42	13.68
2006	2.25	-0.95	-2.21	0.63	2.38	2.07
2007	-1.14	1.83	3.61	-0.70	5.23	2.37
2008	1.29	-0.45	1.89	2.49	-1.28	0.27
2009	4.82	6.08	2.23	5.60	10.48	12.04
2010	0.77	-1.31	-5.44	2.33	2.10	-10.60
2011	0.77	-2.29	-5.37	5.11	1.22	10.75
2012	1.05	1.21	-1.07	7.54	3.11	-10.34

资料来源：根据表 2-12 的数据计算；"—" 表示数据缺失。

根据数据的可得性，以 1997 年为固定基期的国有、集体单位当中企业、事业以及机关劳动报酬落后（超前）指数如表 2-14 所示。由表 2-14 可知，2012 年六类单位劳动报酬增速均超前于 GDP 增速，特别是在国有单位当中，企业超越的幅度最高，累计达到 200.17%。国有机关劳动报酬在 2009 年以前一直在各类单位当中涨幅领先，但是 2010 年以后被国有企业超越。而集体机关单位劳动报酬累计增速的超越幅度较低。

表 2-14　　企业、事业和机关单位劳动报酬增速落后（超前）指数

单位：%

年份	国有单位			集体单位		
	企业	事业	机关	企业	事业	机关
1998	7.9	—	3.62	11.4	0.92	-1.85
1999	12.05	12.76	14.15	14.08	7.71	9.88
2000	16.1	16.61	19.19	14.09	4.34	13.34

续表

年份	国有单位			集体单位		
	企业	事业	机关	企业	事业	机关
2001	24.25	32.61	38.07	14.51	12.77	5.79
2002	36.22	48.26	54.76	20.97	17.44	0.3
2003	48.72	50.98	63.05	26.65	19.45	-8.91
2004	59.24	54.61	68.95	28.44	19.57	5.87
2005	74.54	61.53	85.16	34.93	26.61	31.95
2006	90.18	66.86	89.67	40.84	35.39	40.81
2007	99.38	81.71	113.8	44.76	54.07	52.94
2008	113.53	88.05	131.76	56.59	55.28	58.87
2009	143.06	118.68	153.14	80.8	95.76	105.4
2010	161.56	125.55	144.09	98.38	114.3	72.6
2011	180.48	126.56	131.47	129.98	130.5	123.8
2012	200.17	142.36	136.17	177.86	156.2	81.99

注：以 1997 年为基期。

2. 城镇其他细分单位就业人员劳动报酬

1995~2013 年城镇其他单位就业人员平均劳动报酬如表 2-15 所示。由表 2-15 可知，在七类单位当中，外商投资单位和股份有限公司的劳动报酬领先于其他单位，其他内资和联营单位的劳动报酬位于底部。从劳动报酬差距的角度看，各类单位的差距趋于收敛。1998~2013 年，标准差系数[①]从 0.28 下降到 0.18，平均劳动报酬最高单位与最低单位的比值从 2.1 下降到 1.7。

表 2-15　　1995~2013 年城镇其他单位就业人员平均劳动报酬

单位：万元/年

年份	股份合作单位	联营单位	有限责任公司	股份有限公司	其他内资	港、澳、台商投资单位	外商投资单位
1995	0.73	0.61	—	—	0.65	0.77	0.88
1996	0.76	0.69	—	—	0.70	0.86	1.01

① 标准差与均值的比值。

续表

年份	股份合作单位	联营单位	有限责任公司	股份有限公司	其他内资	港、澳、台商投资单位	外商投资单位
1997	0.77	0.74	—	—	0.72	0.96	1.12
1998	0.61	0.84	0.78	0.88	0.62	1.03	1.29
1999	0.67	0.95	0.87	0.97	0.86	1.13	1.44
2000	0.75	1.06	0.98	1.11	0.99	1.22	1.57
2001	0.84	1.19	1.10	1.23	1.19	1.30	1.76
2002	0.95	1.24	1.20	1.38	1.04	1.42	1.94
2003	1.06	1.36	1.34	1.57	1.07	1.52	2.10
2004	1.17	1.52	1.51	1.81	1.02	1.62	2.23
2005	1.38	1.75	1.70	2.03	1.12	1.78	2.36
2006	1.52	1.99	1.94	2.44	1.33	1.97	2.66
2007	1.76	2.37	2.23	2.86	1.63	2.26	2.96
2008	2.15	2.76	2.62	3.40	1.96	2.61	3.43
2009	2.50	2.95	2.87	3.84	2.16	2.81	3.71
2010	3.03	3.39	3.28	4.41	2.53	3.20	4.17
2011	3.67	3.61	3.76	5.00	3.00	3.83	4.89
2012	4.34	4.21	4.19	5.63	3.47	4.41	5.59
2013	4.87	4.40	4.67	6.11	3.83	5.00	6.32

资料来源：《中国统计年鉴（2014）》；其他单位是指除了国有和集体以外的单位；“—”表示数据不可得。

上面的研究表明，城镇其他单位劳动报酬累计增速落后于 GDP 累计增速，那么具体哪些细分单位落后？图 2-9 描绘了 1996~2013 年城镇其他单位劳动报酬增速落后（超前）指数的变动趋势。在七类单位当中，除了股份有限公司、有限责任公司以外，其他单位劳动报酬累计增速均落后于 GDP 累计增速。具体来看，港澳台商投资单位 2003 年以前劳动报酬累计增速与 GDP 基本保持同步，但是之后增速逐步落后。股份合作单位劳动报酬增速落后（超前）指数为负数，呈现“U”型，谷底出现在 2008 年前后。联营单位劳动报酬增速落后（超前）指数为负数，接近于 0，表明劳动报酬与 GDP 协调同步增长。其他内资企业落后程度最大，以 1995 年为比较基准，2013 年劳动报酬增速落后 GDP 约 130%。外商投资单位劳动报酬增速落后（超前）指数围绕 0 值上下波动，劳动报酬增速与 GDP 增速相比，时而超前，时而落后。总的来看，城镇其他单位劳动报酬增速落后主要来自其他内资单位、港澳台商投资单位以及股份合作单位。

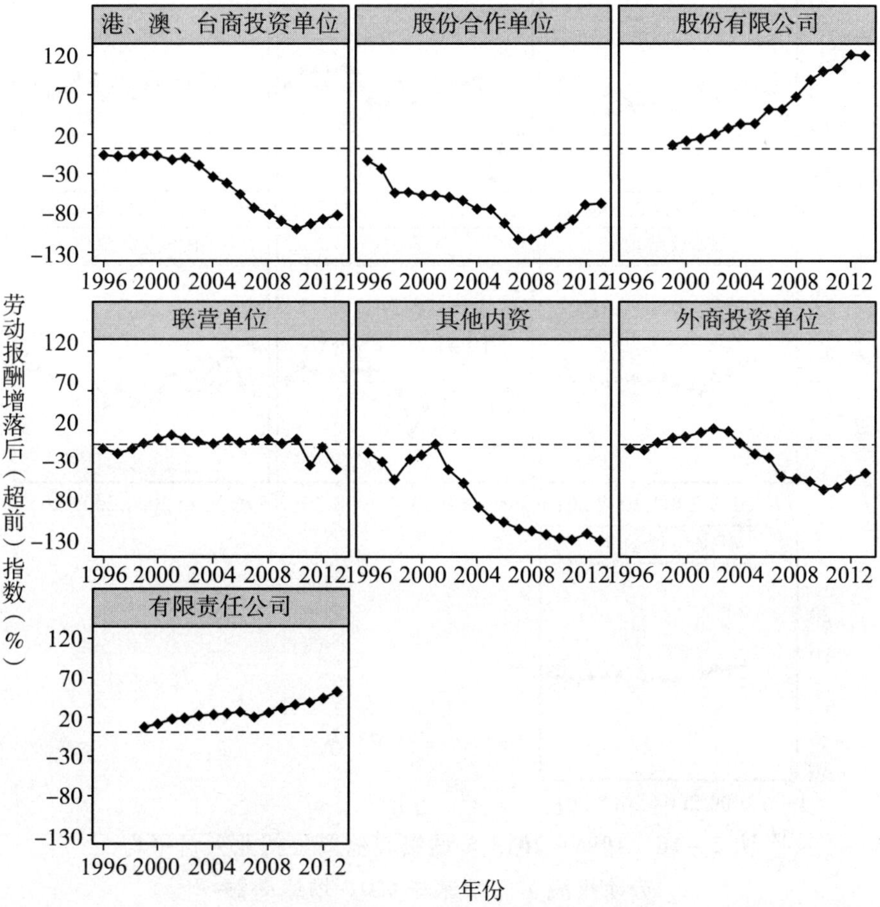

图 2-9　1996～2013 年城镇其他单位劳动报酬增速落后（超前）指数

注：由于数据可得性，股份有限公司和有限责任公司基期固定在 1998 年，其他单位固定在 1995 年。

那么其他细分单位劳动报酬增速超前或者落后主要来自哪些时期？1996～2013 年城镇其他细分单位平均劳动报酬实际增速与 GDP 增速差额如图 2-10 所示。港澳台商投资单位劳动报酬累计增速落后的形成阶段主要出现在 2000～2007 年之间。股份合作单位劳动报酬累计增速落后的形成时期主要在 1999 年以前。股份有限公司劳动报酬累计增速在七类单位当中最高，是逐年累积的结果。其他内资单位劳动报酬累计增速落后的形成时期主要在 2006 年以前，之后年度劳动报酬增速均不低于 GDP 增速。

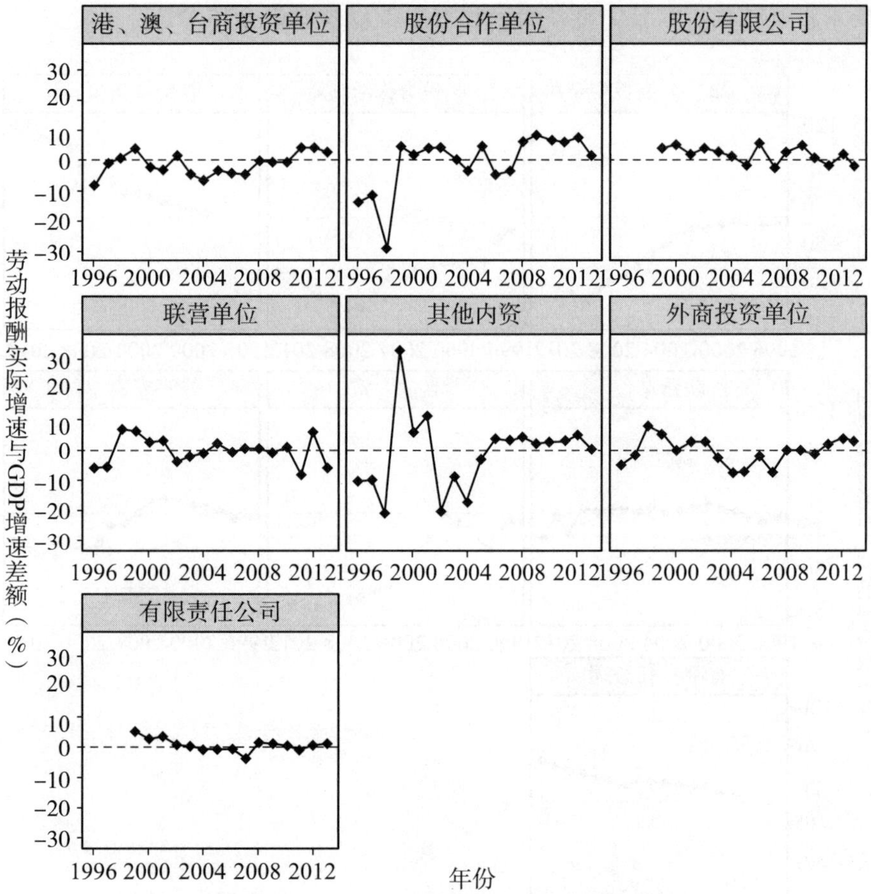

图 2-10　1996~2013 年城镇其他单位就业人员平均劳动报酬实际增速与 GDP 增速差额

（五）按行业分城镇单位就业人员劳动报酬

2002 年国家统计局颁布了我国新的行业分类标准《国民经济行业分类》（GB/T4754-2002），将原先 1994 年《国民经济行业分类与代码》（GB/T4754-94）规定的 16 个行业分类拓展到 19 个行业分类。2003~2013 年按行业分城镇单位就业人员劳动报酬水平如图 2-11 所示。

表 2-16 列出了我国 19 个行业的年均实际工资增长速度（R）；2003 年行业平均工资相对于该年度城镇单位平均工资的差距（P），计算方法为：行业工资与城镇单位平均工资的差除以城镇单位平均工资；2013 年行业平均工资相对于该年度城镇平均工资的差距（Q），计算方法同 P；差距变化（G），计算方法如公式（2-16）。

$$G = I(|P| \geqslant |Q|) \tag{2-16}$$

$I(\cdot)$ 为指示函数，当括号内条件成立时，$G=$ "+"，否则 $G=$ "−"。$G=$ "+" 表示2013年相比于2003年，该行业与城镇单位平均工资水平的距离在扩大，$G=$ "−" 表示该行业与城镇单位平均工资水平的距离在缩小。

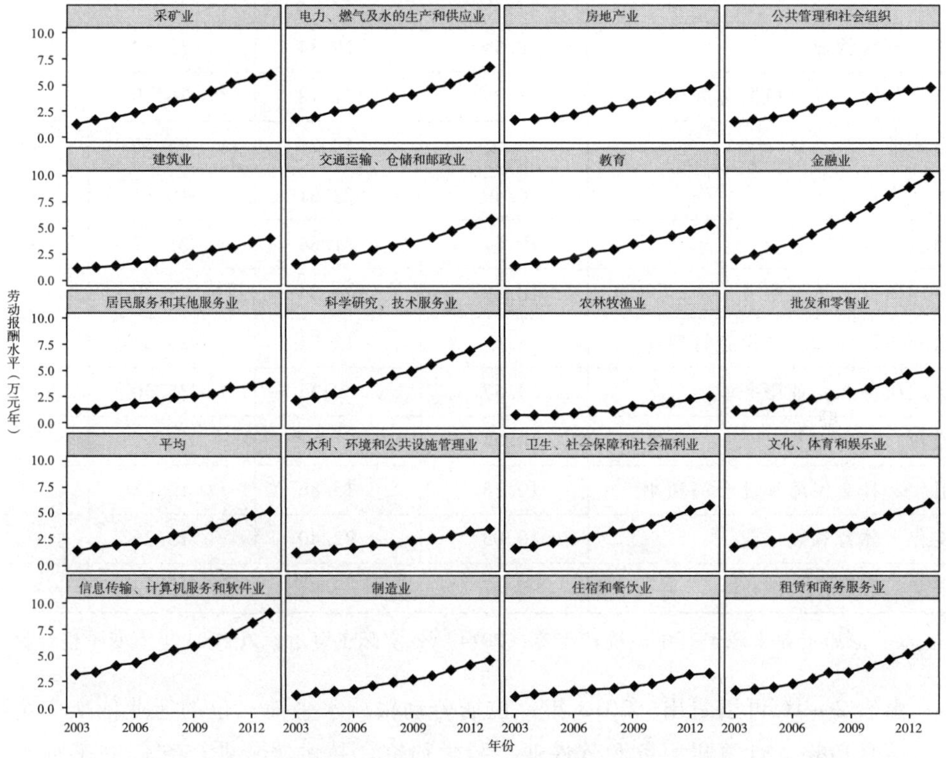

图2-11　2003~2013年按行业分城镇单位就业人员劳动报酬水平

表2-16　2003~2013年行业劳动报酬年均增速与差距变化　单位：%

行业	工资年均实际增速（R）	相对2003年城镇平均工资（P）	相对2013年城镇平均工资（Q）	差距变化（G）
农林牧渔业	10.89	−50.72	−49.85	−
采矿业	12.71	−2.45	16.81	+
制造业	10.63	−9.29	−9.81	−
电力、燃气及水的生产和供应业	10.48	32.97	30.31	−
建筑业	10.78	−18.91	−18.28	−
批发和零售业	13.22	−22.01	−2.28	−
交通运输、仓储和邮政业	10.69	12.77	12.64	−

续表

行业	工资年均实际增速（R）	相对2003年城镇平均工资（P）	相对2013年城镇平均工资（Q）	差距变化（G）
住宿和餐饮业	8.59	-19.84	-33.87	+
信息传输、计算机服务和软件业	8.23	121.18	76.59	-
金融业	13.65	48.76	93.56	+
房地产业	8.40	22.31	-0.84	-
租赁和商务服务业	10.67	21.84	21.47	-
科学研究、技术服务	10.88	46.34	48.79	+
水利、环境和公共设施管理业	8.69	-15.71	-29.84	+
居民服务和其他服务业	8.57	-9.33	-25.36	+
教育	10.63	1.57	0.91	-
卫生、社会保障和社会福利业	10.38	15.86	12.62	-
文化、体育和娱乐业	10.03	22.40	15.25	-
公共管理和社会组织	9.17	9.92	-4.32	-

注：原始资料来源于《中国统计年鉴（2014）》；实际工资增速以2003年不变价格计算。

由表2-16可以看出，2013年，位居劳动报酬水平前三位的行业依次为金融业，信息传输、计算机服务和软件业，科学研究、技术服务业；它们的工资水平高于全国平均工资水平，分别为93.56%、76.59%、48.79%。位于后三位的行业依次为农林牧渔业，住宿和餐饮业，水利、环境和公共设施管理业；它们的工资水平低于全国平均工资水平，分别为49.85%、33.87%、29.84%。各个行业实际工资的平均增速存在较大差异，增长速度介于8.23%~13.65%之间，增速最高的金融业与增速最低的信息传输、计算机服务和软件业相差约5.5%。

由表2-16可见，19个行业中6个行业工资与城镇单位平均工资的距离增大了，13个行业工资与城镇单位平均工资的距离缩小了。如果将行业工资水平高于城镇单位平均水平认为是高工资，反之为低工资，那么我国的行业工资水平的格局相对稳定。表2-17列出了我国行业工资水平的演变。2003~2009年，绝大部分高工资的行业仍为高工资，低工资的行业仍为低工资；1个行业（采矿业）由低工资行业转变成了高工资行业；2个行业（房地产业；公共管理和社会组织）由高工资行业转变成了低工资行业。

表 2－17　　2003～2013 年城镇单位行业工资差距结构变动

	2013 年低工资	2013 年高工资
2003 年低工资	7	1
2003 年高工资	2	9

注：原始数据来源同表 2－16；表格中的数字表示行业数目。

以 2003 年为基期的城镇分行业劳动报酬落后（超前）指数如图 2－12 所示。劳动报酬累计增速超过 GDP 累计增速的行业主要有 5 个，分别为采矿业，金融业，批发和零售业，科学研究、技术服务业，批发和零售业。劳动报酬累计增长速度落后于 GDP 增速的主要行业有 6 个，分别为房地产业，公共管理和社会组织，居民服务和其他服务业，水利环境和公共设施管理业，信息传输、计算机服务和软件业，住宿和餐饮业。其他行业劳动报酬的累计增速与 GDP 累计增速基本持平，共 8 个行业。其中，信息传输、计算机服务和软件业劳动报酬基期（2003 年）的水平较高，属于起点高而增速落后。相比之下，金融业属于起点高且增速超前。

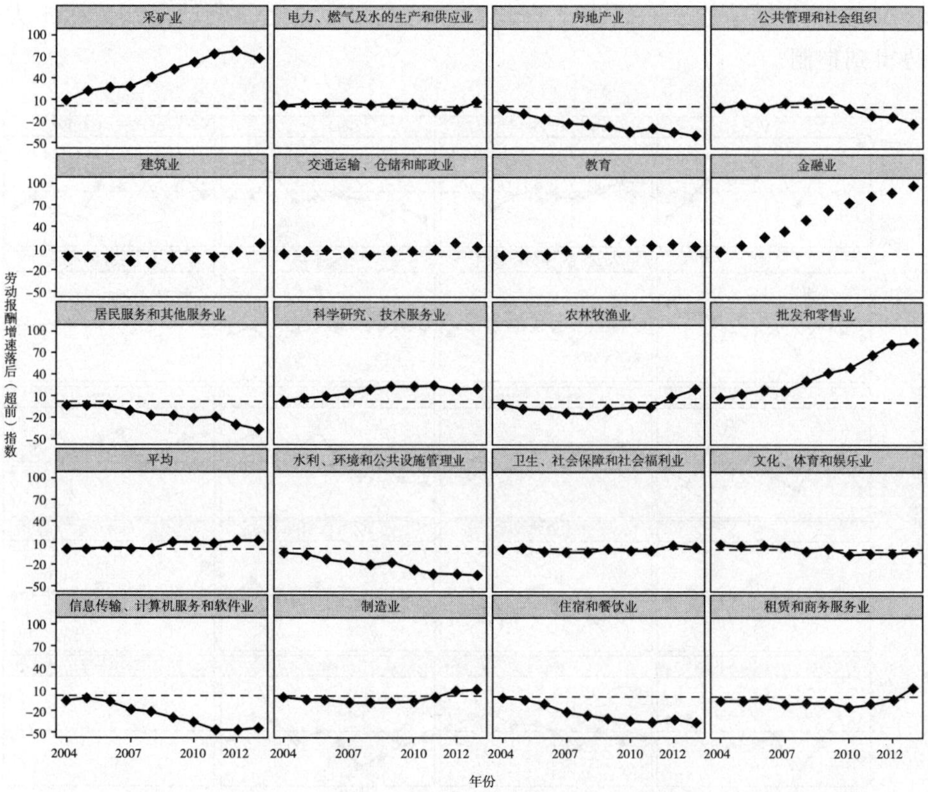

图 2－12　以 2003 年为基期的城镇分行业劳动报酬落后（超前）指数

具体来看，行业劳动报酬累计增速超前或者落后形成于哪些时期呢？可从劳动报酬实际增速与GDP增速差额中找到答案。2004～2013年分行业城镇劳动报酬增速与GDP增速差额如图2－13所示。采矿业劳动报酬高速增长主要出现在2011年以前，2012年以后，劳动报酬增速已经低于GDP增长速度。公共管理和社会组织的劳动报酬增速在2010年以后出现了较显著的下降，而建筑业在2010年以后增速显著上升。金融业劳动报酬增速在2009年以前高于GPD增速约5%，之后增速逐步下降，2010年以后增速与GDP增速基本持平。农林牧渔业的劳动报酬增速逐年上升，于2008年超越了GDP增速，这使得农林牧渔业平均劳动报酬与城镇平均劳动报酬的差距有所缩小。批发和零售业劳动报酬在所有行业当中处于较低水平，近年来，劳动报酬增速多数年份都在GDP增速之上。与之相反的是住宿和餐饮业，劳动报酬水平较低，劳动报酬增速多数年份都在GDP增速之下，其劳动报酬水平与城镇单位平均劳动报酬的差距在扩大，2003年低于城镇单位平均工资19.8%，2013年低约33.9%。

总的来看，劳动报酬高的行业，其劳动报酬增速逐步趋缓，劳动报酬与GDP增速的差额为负数或趋近于0。劳动报酬低的行业，劳动报酬增速逐步上升，劳动报酬与GDP增速的差额趋近于0或者为增速。行业之间劳动报酬差距扩大的趋势得到抑制。

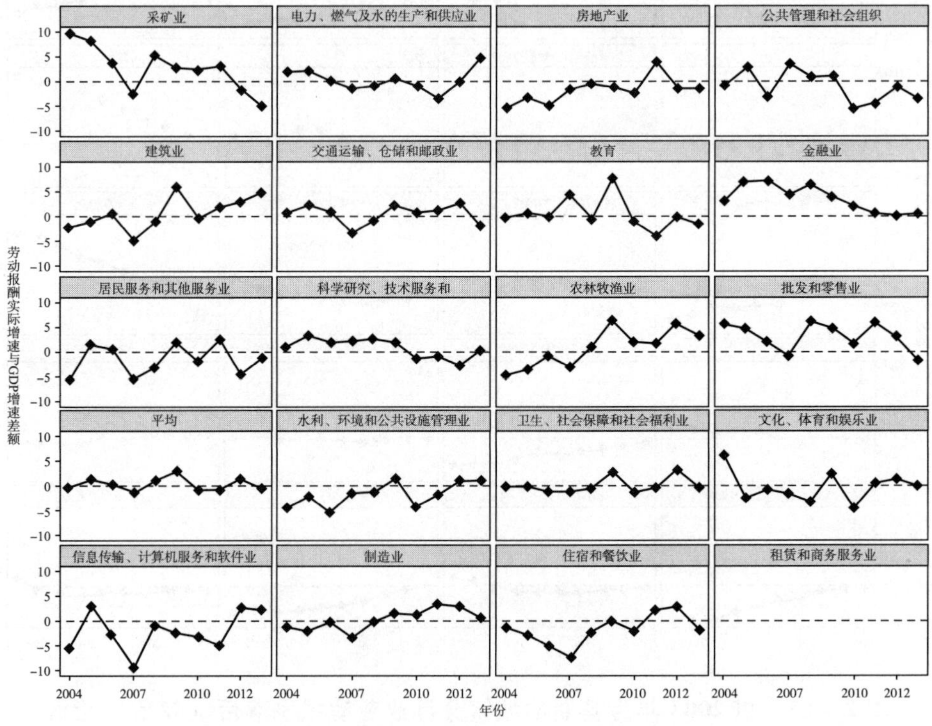

图2－13　2004～2013年分行业城镇劳动报酬增速与GDP增速差额

（六）分地区城镇就业人员劳动报酬

2000～2013 年分地区城镇就业单位平均劳动报酬如图 2－14 所示。

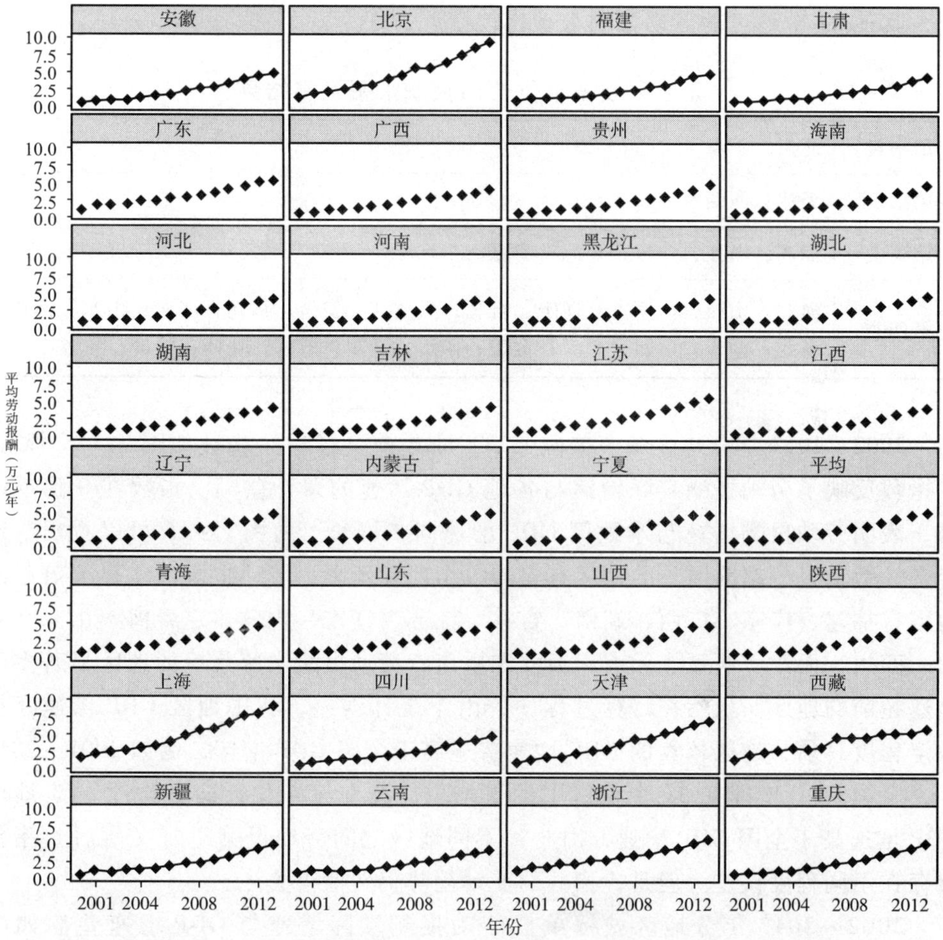

图 2－14　2000～2013 年分地区城镇就业单位平均劳动报酬

资料来源：根据 2001～2004 年《中国统计年鉴》数据绘制。

为了划分各个地区的劳动报酬水平，以下对各地区的劳动报酬进行聚类分析，将每个地区 2000～2013 年劳动报酬视作 14 维变量，计算各地劳动报酬的欧几里德距离，将距离接近的划分为一类①。根据聚类谱系树，31 个地区劳动报酬划分为 4 类。聚类结果如表 2－18 所示。

① 使用 R 软件 STATS 软件包。

劳动报酬水平处于第一梯队的是北京和上海。2013 年，北京城镇单位年平均劳动报酬达到 9.3 万元，位居全国首位[①]。劳动报酬处于第二梯队的是天津和西藏。2013 年，两地年均劳动报酬分别为 6.8 万元和 5.8 万元。劳动报酬处于第三类的是江苏等沿海地区，青海和宁夏的劳动报酬水平也较高。除了以上三类以外，其他 22 个地区的劳动报酬水平比较接近。

表 2－18　　　　分地区城镇单位劳动报酬水平聚类结果

第一类	北京；上海
第二类	天津；西藏
第三类	江苏；浙江；广东；青海；宁夏
第四类	河北；山西；内蒙古；辽宁；吉林；黑龙江；安徽；福建；江西；山东；河南；湖北；湖南；广西；海南；重庆；四川；贵州；云南；陕西；甘肃；新疆

2002～2013 年分地区城镇单位劳动报酬超前（落后）指数如图 2－15 所示。该指数反映了劳动报酬实际增速与各地 GDP 增速的累计差额。指数在 0 附近徘徊，表明劳动报酬增速与本地区 GDP 增速同步增长。由图 2－15 可以看出，近年来，劳动报酬超前增长的地区有安徽、山西和新疆；劳动报酬增速显著落后的地区有福建、广东、广西、湖南、吉林、江苏、辽宁、内蒙古、青海、山东、陕西、四川、天津、西藏、云南、浙江和重庆；劳动报酬增速落后的地区显著多于增速超前的地区。虽然在计算过程中，由于统计误差，我国地区 GDP 增速存在一定程度高估，地区核算的 GDP 增速普遍高于全国 GDP 增速，例如 2001～2013 年，全国 GDP 增速在 31 个地区中的平均位序排在第 4 位，即平均约 84% 地区 GDP 增速高于全国 GDP 增速，由此，不同地区之间劳动报酬超前（落后）指数会存在不同程度误差。但是，指数的变动趋势仍然值得关注。

2002～2013 年分地区城镇单位劳动报酬实际增速与 GDP 增速差额如图 2－16 所示。劳动报酬实际增速与 GDP 增速差额的共同特征是劳动报酬实际增速在 2003 年以前显著高于 GDP 增速，原因之一是 2000 年和 2001 年消费者价格指数分别为 0.7 和 －0.8[②]，增速很低，这推高了劳动报酬实际增速。而这两个年度全国 GDP 增速在 10% 以下，显著低于后续年度 GDP 增速。2009 年以来，劳动报酬实际增速显著低于本地 GDP 增速的地区有天津、西藏和重庆。广东、福建和内蒙古实际劳动报酬增速主要在 2003～2006 年之间落后于

① 本课题研究不包括香港、澳门和台湾地区。
② 资料来源：《中国统计年鉴（2014）》，中国统计出版社 2014 年版。

本地 GDP 增速。

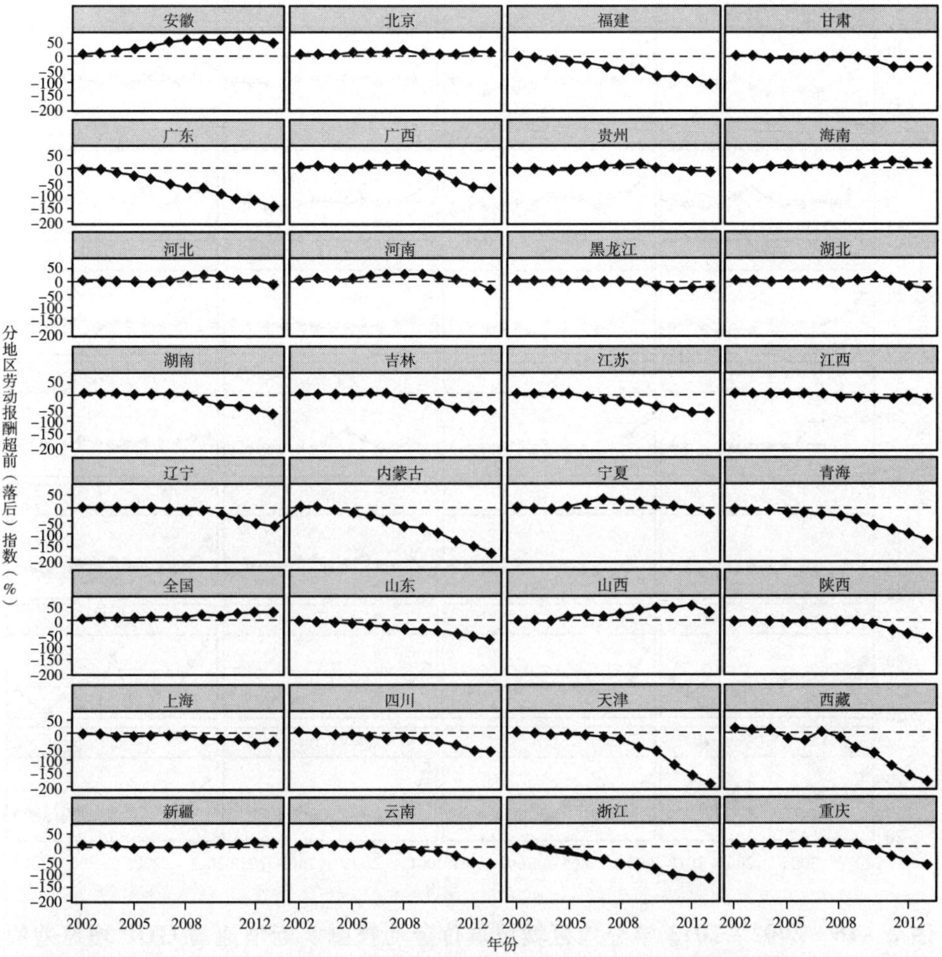

图 2-15　2002～2013 年分地区城镇单位劳动报酬超前（落后）指数

注：以 2001 年为固定基期，劳动报酬数据来源同图 2-14。GDP 增速数据来源于《中国统计年鉴（2014）》，为地区 GDP 增速。劳动报酬按 2001 年不变价格计算。

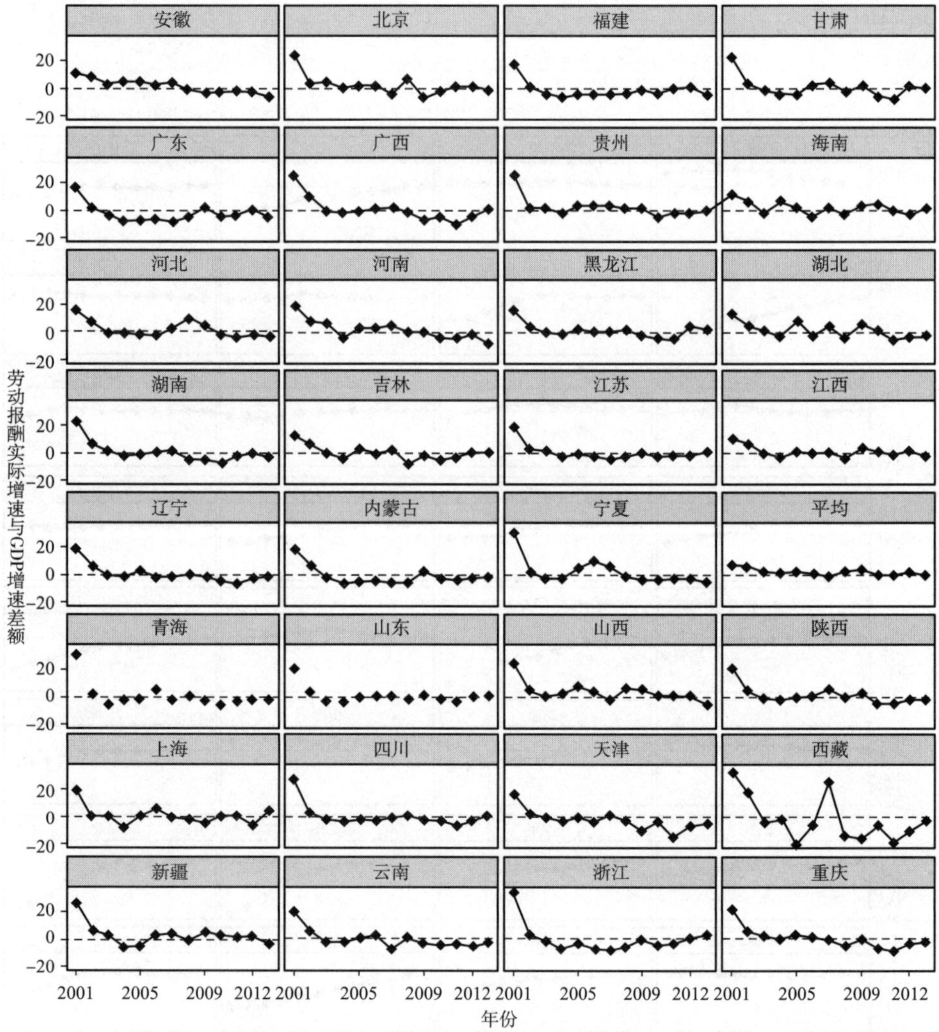

图 2－16　2002～2013 年分地区城镇单位劳动报酬实际增速与 GDP 增速差额

资料来源：同图 2－14。

2001～2013 年，根据地区 GDP 数据计算，31 个地区的劳动报酬平均增速约为 12.3%，GDP 平均增速约为 12.1%。劳动报酬平均增速与平均 GDP 增速的交点位于对角线下方，表明劳动报酬增速平均上高于 GDP 增速。由于所研究的单位为城镇就业单位，而近年来城镇单位劳动报酬增速总体上高于 GDP 增速，这与上面的研究结论一致。以增速均值作为衡量高和低的标准。图 2－17 将劳动报酬增速和 GDP 增速划分为四个区间：A 区为经济高增长，劳动报酬低增长地区；B 区为劳动报酬和 GDP 均高增长地区；C 区为劳动报酬和 GDP 均低增长地区；D 区为劳动报酬高增长而 GDP 低增长地区。对于我国劳动报酬占国民收入比重下降问题，应该重点关注处于A区、B区和C区当中对角线以上部分，这些地区平均劳动报酬增速低于GDP平均增速。内蒙古平均GDP增速和平均劳动报酬增速均为最高，但是平均劳动报酬增速仍显著低于其平均GDP增速。

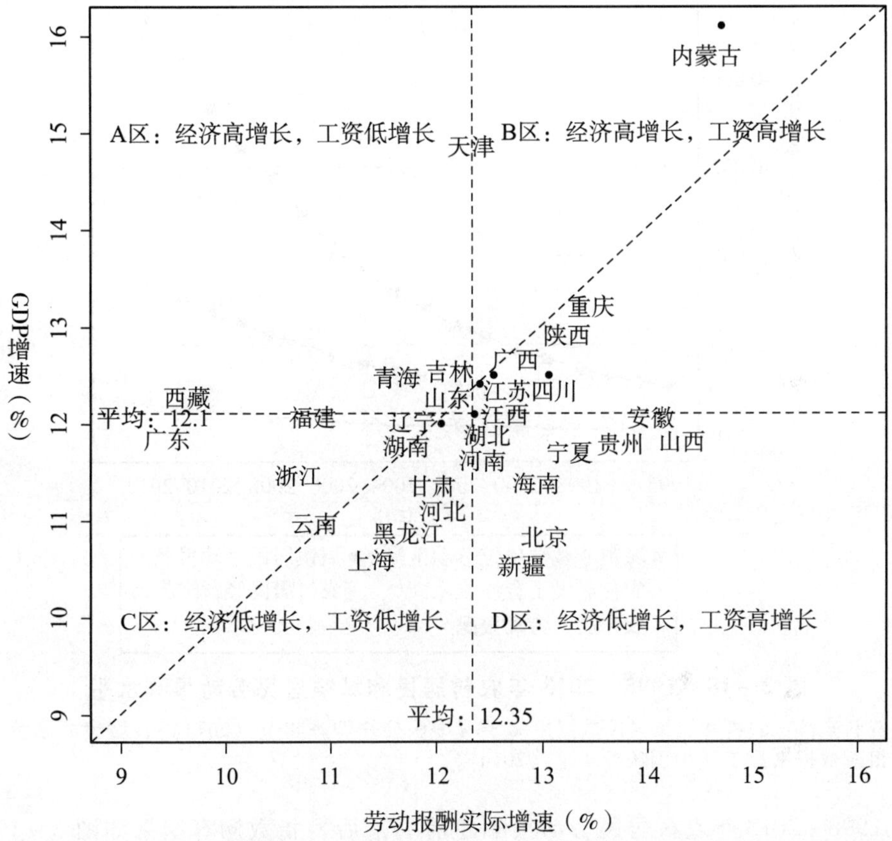

图2-17　2001~2013年地区劳动报酬实际平均增速与GDP增速散点图

（七）农村居民劳动报酬

在2004年和2008年两次劳动报酬口径调整中，农村居民劳动报酬口径均未调整，工资性收入和经营收入均作为劳动报酬核算。1995~2013年农村居民年人均工资性收入、经营纯收入以及劳动报酬水平如图2-18所示，其中劳动报酬等于工资性收入与经营纯收入的和。由图2-18可知，城镇居民与农村居民劳动报酬的差距不断扩大，1995年，城镇非私营单位劳动报酬约为农村居民的3.6倍，2013年，该差距扩大为6.6倍。同期，城镇居民与农村居民劳动报酬差距由2.3

倍扩大为2.4倍。

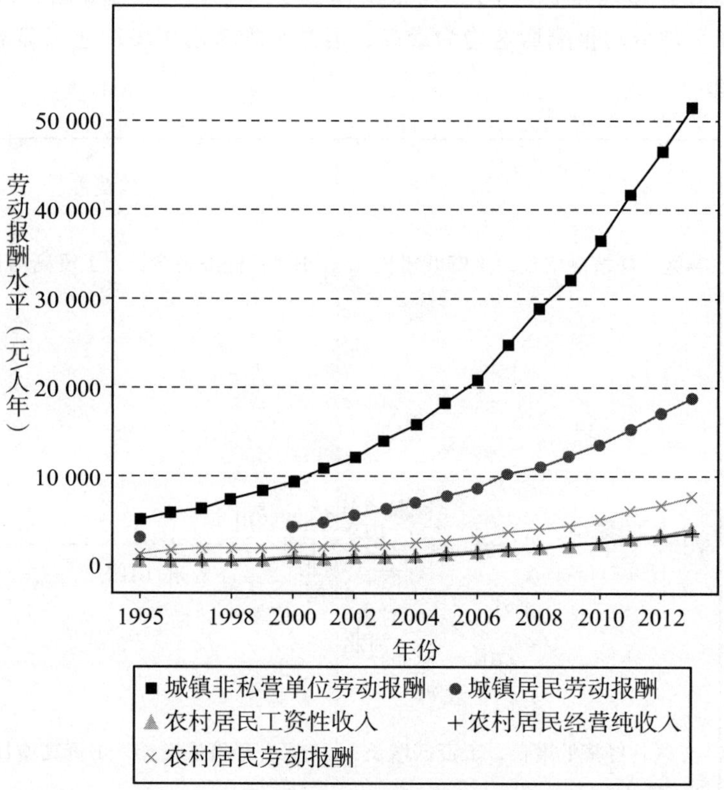

图2-18　1995~2013年农村居民和城镇居民劳动报酬水平

资料来源：农村和城镇居民数据来源于《中国住户调查年鉴（2014）》，城镇非私营单位劳动报酬数据来源于《中国统计年鉴（2014）》。

1996~2013年农村居民劳动报酬超前（落后）指数测算结果如图2-19所示。2013年，农村居民劳动报酬实际增速落后于GDP约180%。图2-20显示了劳动报酬实际增速与GDP增速的差额。1998~2003年劳动报酬实际增速与GDP增速差额巨大，是形成劳动报酬累计增速落后于GDP的主要时期，该时期劳动报酬实际增速不足GDP增速的一半。2010年以后，农村居民劳动报酬增速落后的趋势得到扭转，其增长速度超越了GDP的增长速度。

2013年不同地区之间农村居民劳动报酬以及城镇单位就业人员劳动报酬水平如图2-21所示。农村居民劳动报酬水平位于前三位的地区依次为浙江、天津、上海。位于后三位的地区依次为甘肃、青海、贵州。大部分地区农村居民人均劳动报酬介于5 000~1万元之间。

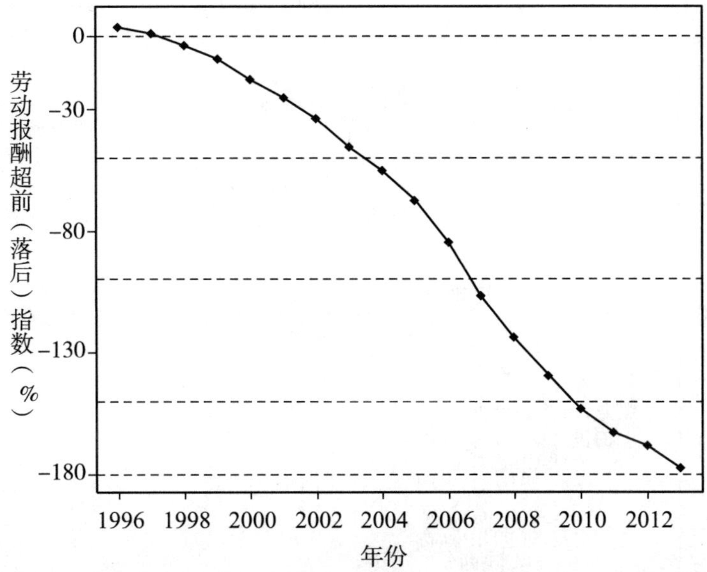

图2-19　1996~2013年农村居民劳动报酬超前（落后）指数

注：以1995年为固定基期。

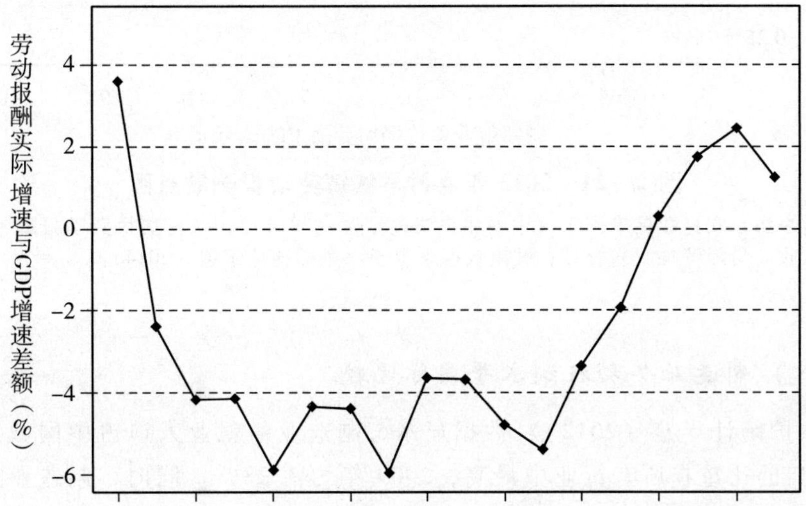

图2-20　1996~2013年农村居民劳动报酬实际增速与GDP增速差额

资料来源：劳动报酬实际增速使用农村消费者价格指数进行调整，价格指数来源于《中国统计年鉴（2014）》。

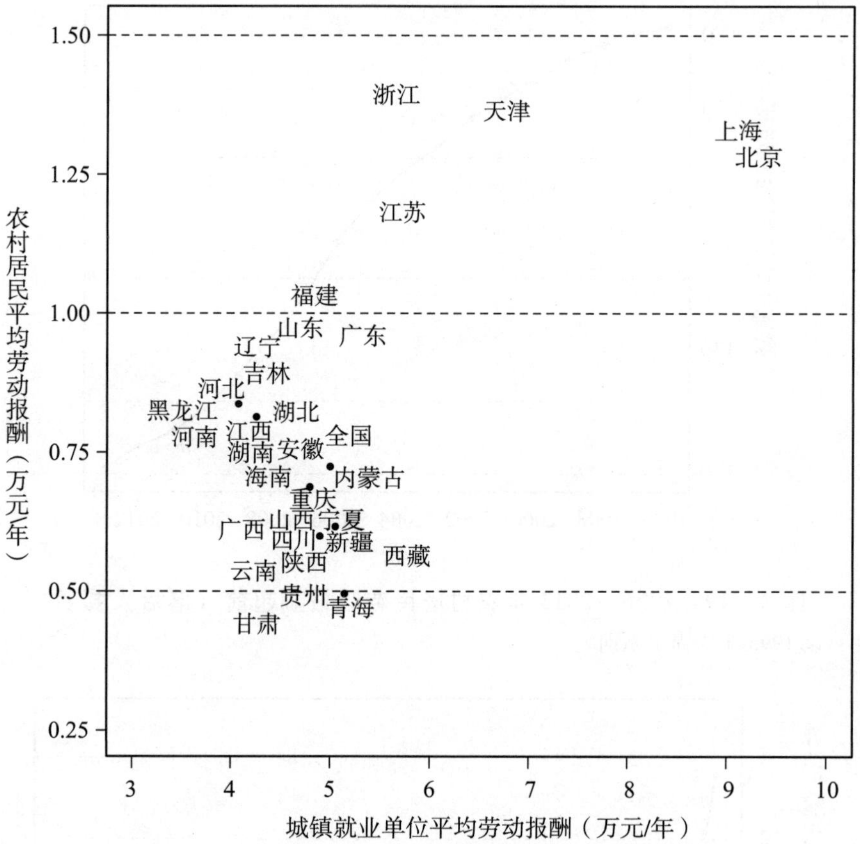

图 2 - 21　2013 年农村与城镇劳动报酬散点图

资料来源：农村数据来源于《中国住户调查年鉴（2014）》，农村居民劳动报酬为农村居民工资性收入与经营纯收入合计；城镇数据来源于《中国统计年鉴（2014）》。

（八）制造业劳动报酬水平国际比较

《中国统计年鉴（2012）》数据显示，制造业的就业人口占中国城镇单位就业人口的比重在所有行业中最高，2009 年约占 28%。同时，制造业是中国引进外资最多的行业，2009 年接受外商直接投资（FDI）占中国该年度 FDI 总值的 52%。以下对我国制造业的平均工资水平与国外制造业工资水平进行对比分析。

各国劳动统计部门发布的本国工资水平均以本币计算，单位也不完全一致，因此，各国工资水平的比较首先需要进行币种和计量单位的调整。另外由于发展中国家对制造业统计口径、核算范围的差异以及数据的可得性，所以，发展中国家之间制造业的工资水平仅近似可比。美国劳工部在进行工资水平的国际比较时就强调了中国、印度数据与其他国家之间的不完全可比性，主要原因如下：

美国劳工部估计的中国制造业工资既包括城镇单位（Urban Units）也包括乡镇企业（Town and Village Enterprises），是两者工资的加权平均值，但是乡镇企业的数据相对贫乏，因此数据缺乏准确性。此外，中国缺乏整年的工人工作时间调查数据，所以，其工作时间只能根据理论来推算①。

对于印度，其制造业工资数据来自在印度政府有备案的企业调查。然而，虽然有备案制造企业的产出约占印度制造业产出的2/3，但是超过80%的制造业员工是在没有政府备案企业工作，这部分员工数据的获取十分困难，因此美国劳工部公布的印度制造业工资水平代表的是有备案制造企业的工资水平。另外，印度的数据无法剔除合同工人。合同工工资通常低于正式工人，而且没有社会保险和带薪假期，也就是说，如果考虑合同工人，印度的工资水平存在一定程度的高估②。

基于以上原因，中国、印度的工资水平与其他国家不是完全可比，但是不乏参考价值。

美国劳工部使用（Banister，2005）提出的方法估计我国制造业工资水平。Banister根据2002年微观调查数据推算中国制造业工人年均工作2 179小时。本课题组使用每年中国制造业工人周工作时间调查数据来估算工人的年工作时间，而不是使用2002年调查数据来代替后续年度，计算结果更加准确。制造业劳动者周工作时间如表2－19所示。对于劳动者年工作周数，参考Banister的做法，假定从每年52周工作日中扣除2周法定假期，扣除1周生病、请假等个人原因不工作时间，扣除1周企业检修、停电等原因不工作时间，劳动者每年工作时间为48周。据此计算的中国城镇单位制造业工资水平如表2－19第5列所示，表2－19第6列为美国劳工部计算的工资水平。

表2－19　2003～2012年我国城镇单位制造业工资水平估计

年份	工资[1] （元/年）	工作时间 小时/周	工资 （元/小时）	工资[2] （美元/小时）	工资[3] （美元/小时）
2003	12 671	46.4	5.69	0.69	1.07
2004	14 251	46.9	6.33	0.76	1.19
2005	15 934	51.1	6.49	0.79	1.30

① http：//www.bls.gov/fls/china.htm.

② http：//www.bls.gov/fls/india.htm.

续表

年份	工资[1] （元/年）	工作时间 小时/周	工资 （元/小时）	工资[2] （美元/小时）	工资[3] （美元/小时）
2006	18 225	50.4	7.53	0.95	1.47
2007	21 144	49.4	8.91	1.17	1.83
2008	24 404	47.9	10.63	1.53	2.38
2009	26 810	48.5	11.51	1.69	—
2010	30 916	47.0	13.70	2.02	—
2011	36 665	46.2	16.53	2.56	—
2012	41 650	46.3	18.74	2.97	—

注：1. 工资和工作时间数据来源于各期《中国劳动统计年鉴》，汇率数据来源于世界银行数据库；2. 本课题组计算，汇率为年度平均汇率；3. 美国劳工部计算；“—”表示数据不可得。

从表 2-19 可知，美国劳工部对我国制造业劳动者的劳动时间存在低估，因此在一定程度上高估了中国制造业的工资水平。2005 年中国开始了汇率体制改革，人民币相对美元逐步升值。根据 2004 年汇率，2009 年中国制造业每小时工资为 1.39 美元，而表 2-19 的计算结果为 1.69 美元，由此可以计算由于人民币升值使得中国制造业工资水平上升了 21 个百分点。

2009 年制造业劳动者周平均工作时间比 2003 年增加了 2.1 小时，根据 2003 年劳动时间计算的 2009 年工资水平为 1.76 美元，相比 2009 年的 1.69 美元，由于劳动时间的增加使得我国按小时计算的工资水平降低了约 4 个百分点。

阿根廷等 32 个国家和地区 1996～2012 年制造业劳动报酬水平如图 2-22 所示。

2012 年，每小时劳动报酬在 20 美元以下的国家和地区主要有：阿根廷、巴西、波兰、菲律宾、捷克、墨西哥、葡萄牙、中国台湾地区和匈牙利；每小时劳动报酬介于 20～40 美元之间的国家主要有：爱尔兰、奥地利、法国、韩国、荷兰、加拿大、美国、日本、西班牙、希腊、新加坡、新西兰、以色列、英国和意大利。每小时劳动报酬在 40 美元以上的国家主要有：澳大利亚、比利时、丹麦、德国、芬兰、挪威、瑞典和瑞士。

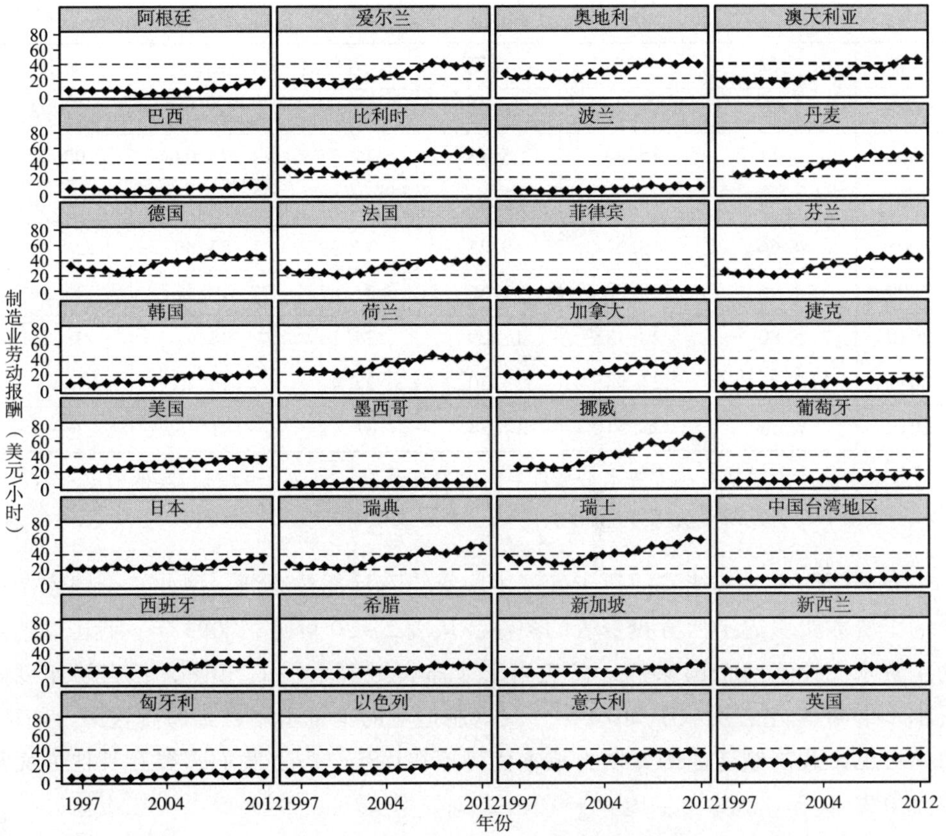

图 2-22　1996～2012 年制造业劳动报酬水平国际比较

资料来源：美国劳工部网站：http：//www. bls. gov/fls/#compensation。

表 2-20 列出了我国与其他国家、地区制造业工资差距。我国制造业的工资与美国的制造业工资仍然有较大的差距，2012 年仅占美国工资的 8.3% 左右。与同是"金砖国家"的巴西的工资差距保持相对稳定，2011 年工资水平约为巴西工资水平的 21.9%，与 2003 年水平相近，表明我国制造业工资的增长幅度与巴西相近。我国与韩国、印度、菲律宾，以及我国大陆与台湾地区的工资差距大幅缩小，表明近年来我国工资增长的幅度高于这些国家和地区。

表 2-20　2003～2012 年我国制造业与其他国家、地区的制造业劳动报酬比率

单位：%

年份	美国	巴西	韩国	中国台湾	菲律宾	印度
2003	2.41	21.56	6.05	9.86	69.00	86.25
2004	2.59	20.00	5.98	10.41	69.09	84.44

续表

年份	美国	巴西	韩国	中国台湾	菲律宾	印度
2005	2.62	15.80	5.23	10.00	65.83	87.78
2006	3.11	15.83	5.43	11.73	73.08	95.00
2007	3.64	16.48	5.97	14.27	73.13	97.50
2008	4.66	18.21	9.27	17.59	85.00	121.43
2009	4.96	20.86	11.66	21.67	99.41	136.29
2010	5.80	20.18	11.29	24.14	106.95	138.36
2011	7.21	21.94	13.30	27.41	126.46	—
2012	8.33	26.51	14.34	31.41	141.33	—

资料来源：我国制造业工资水平来自上面的测算结果（见表 2－19），其他国家和地区工资水平数据来源于美国劳动统计部网站；“—” 表示数据不可得。

我国与印度、菲律宾同属于发展中国家，而且都在亚洲，因此三个国家制造业的工资差距引起了西方投资者的关注。从表 2－20 可见，2003 年，我国制造业的工资水平比这两个国家低，仅相当于菲律宾工资水平的 60%，相当于印度工资水平的 86% 左右。到了 2010 年，我国制造业的工资水平已经超越这两个国家。由此可见，我国制造业的劳动力成本优势正在逐步消失，我们需要在其他方面加强竞争力。

（九）小结

本节构建的指标有：名义劳动报酬水平；实际劳动报酬水平；劳动报酬年均实际增速；实际劳动报酬年均增速与 GDP 增速差额；实际劳动报酬增速落后（超前）指数。通过对以上指标进行测算分析，可以得到以下结论：

1. 劳动报酬比重下降来源于部分群体，有些群体劳动报酬增速显著超前于 GDP 增速

农村住户劳动报酬增速较慢是造成我国劳动报酬占国民收入比重下降的首要原因。2013 年底，我国乡村就业人数约为 3.9 亿人，约占全国就业人口的 50%[①]。而近 18 年来，农村住户劳动报酬增速有 13 个年度落后于 GDP 增速，由此说明农村住户劳动报酬未能与 GDP 同步增长，所以，提高劳动收入占国民收入分配比重需要重点关注劳动报酬增速落后群体。

① 资料来源：《中国统计年鉴（2014）》，中国统计出版社 2014 年版。

表 2-21　　城镇单位劳动报酬增速超前（落后）情况

分类	超前	落后	备注
按经济类型分类	国有单位、集体单位	其他单位	以 1995 年为基期
按注册类型分类	国有和集体的机关、事业、企业；有限责任公司；股份有限公司；	港、澳、台商投资单位；股份合作单位；联营单位；其他内资；外商投资单位	有限责任公司；股份有限公司以 1998 年为基期，其他以 1995 年为基期。
按行业分类	金融业；批发和零售业；采矿业；科学研究、技术服务业；农林牧渔业；建筑业；租赁和商务服务业；交通运输、仓储和邮政业；教育	公共管理和社会组织；水利、环境和公共设施管理业；住宿和餐饮业；居民服务和其他服务业；房地产业；信息传输、计算机服务和软件业	以 2003 年为基期
按地区分类	安徽；山西；海南；北京；新疆	天津；西藏；内蒙古；广东；青海；浙江；福建	以 2001 年为基期

注：根据劳动报酬增速超前（落后）指数的测算结果整理；数据截至 2013 年；分类数量多的只取前 5 位。

2. 群体之间劳动报酬增长存在溢出效应，高工资群体会带动低工资群体劳动报酬增长

劳动报酬增长速度与 GDP 增速差额指标围绕着 0 值波动，表明各群体劳动报酬增速时而超前，时而落后。近年来，高劳动报酬群体工资增速下降，而低劳动报酬群体工资增速上升。劳动报酬是劳动力的价格，而价格具有调剂供给与需求的功能。因此，劳动报酬高的群体将吸引劳动力供给的增加，造成供大于求，抑制了劳动报酬进一步上涨。而劳动报酬低会导致劳动力向高收入群体流动，从而造成劳动报酬低群体劳动力相对稀缺，拉动了劳动报酬的增长。劳动报酬水平的这种功能表现为群体之间劳动报酬的溢出效应，高劳动报酬群体会带动低劳动报酬群体工资收入的增长。

3. 群体之间劳动报酬水平差距较大

在城镇和农村之间、行业之间以及地区之间，不同群体的劳动报酬差距较大。2013 年，城镇非私营单位劳动报酬约为农村住户的 6.6 倍，城镇居民劳动报酬约为农村住户的 2.4 倍。城镇金融行业劳动报酬是农林牧渔业的 2.9 倍，北京市平均劳动报酬是河南省的 2.4 倍。不同群体劳动报酬差距的扩大主要形成于 2008 年以前，之后劳动报酬差距的扩大趋势得到了抑制，2010 年以后，群体之间劳动报酬差距有不同程度的缩小。

四、劳动报酬比重指标及其测算

（一）指标定义和说明

劳动报酬是居民部门最大的收入项目，因此，劳动报酬占国民收入比重变动对居民最终可支配收入占国民收入比重变动具有重要影响。劳动报酬比重指标群如表 2 – 22 所示。

表 2 – 22　　劳动报酬比重指标群

编号	指标名称	定义或者计算公式	备注
2 – 10	劳动报酬占 GDP 比重	$=\frac{\text{居民劳动报酬总额}}{\text{GDP}}$	
2 – 11	劳动报酬占居民初次分配收入比重	$=\frac{\text{居民劳动报酬总额}}{\text{居民初次分配收入总额}}$	
2 – 12	劳动报酬占初次分配收入总额比重	$=\frac{\text{居民劳动报酬总额}}{\text{初次分配收入总额}}$	
2 – 13	劳动报酬占劳动与资本收入比重	$=\frac{\text{居民劳动报酬总额}}{\text{GDP}-\text{生产税净额}}$	
2 – 14	自雇佣者劳动报酬占 GDP 比重	=（农村住户部门增加值 ×90% + 城乡个体经营户雇员报酬）/GDP	
2 – 15	工薪收入占城镇居民家庭总收入比重	$=\frac{\text{家庭人均工薪收入}}{\text{家庭人均总收入}}$	
2 – 16	工资性收入占农村居民家庭纯收入比重	$=\frac{\text{家庭人均工资性收入}}{\text{家庭人均纯收入}}$	分析对象：按城镇、农村居民家庭收入分组
2 – 17	劳动报酬综合支付能力指标	基于以下指标构建：人均 GDP；人均法人单位数量；人均规模以上工业企业总数；人均规模以上工业企业总数；第一产业人均生产总值；人均财政收入。	分析对象：地区
2 – 18	劳动报酬综合水平指标	基于以下指标构建：①城镇单位就业人员平均工资；②城镇私营单位平均工资；③农村居民工资性收入；④企业在岗职工平均工资⑤事业在岗职工平均工资；⑥机关在岗职工平均工资；⑦民间非营利组织在岗职工平均工资。	分析对象：地区
2 – 19	支付能力与劳动报酬水平位差指标	= 支付能力综合指数排序 – 劳动报酬综合指数排序	分析对象：地区

1. 劳动报酬占 GDP 比重指标说明

从以上指标的意义来看，该指标值越大，反映了归属于劳动的收入越多。在劳动投入数量保持稳定的情况下，指标值上升反映了劳动力价格（成本）上升；反之，在劳动力价格（成本）保持稳定的情况下，该指标值上升反映了劳动投入量增加，人均资本配比减少或者资本收益率下降。该指标与居民收入占国民收入比重正向相关，其他条件不变情况下，劳动报酬占 GDP 比重越高，居民最终可支配收入越高。根据卡尔多要素收入守恒理论（Kador，1956），该指标值应该保持恒定，但是近年来，一些国家和地区劳动报酬占 GDP 比重并没有保持恒定。

该指标取值受到多种因素影响，主要包括：①劳动报酬水平直接影响劳动报酬占 GDP 比重水平。从动态的角度看，劳动报酬增速超越 GDP 增速或者劳动生产率增速，指标值上升，反之下降。因此，可以使用上面构建的劳动报酬增速落后（超前）指数、劳动报酬年均实际增速与 GDP 增速差额指标来分析劳动报酬占 GDP 比重指标的变动。②劳动报酬占 GDP 比重受到产业结构影响。在三次产业当中，第一产业当中劳动收入占比最高，第三产业次之，第二产业最低。三次产业产值在国民经济当中的结构将影响劳动报酬占 GDP 比重指标的取值。随着工业化的推进，第一产业在国民经济当中的产出占比下降，将降低劳动报酬占 GDP 比重；在后工业化时代，以服务业为代表的第三产业崛起，将推动劳动报酬占比上升。③劳动报酬占 GDP 比重受劳动力与资本相对稀缺性影响。其他条件不变，劳动力富足而资本相对稀缺的环境下，劳动报酬占 GDP 比重相对较低。反之，如果一个经济生产过程中主要的决定因素是资本，那么资本所有者在这生产中相应的决策权和获得收益的能力就比较强。已有研究当中对劳动报酬占 GDP 比重变动的解释有较丰富的文献，可参阅本书理论基础部分的内容。

中国共产党在多次重要会议上提出提高劳动报酬占初次分配收入比重。其中包括两个层面：一是提高劳动报酬占居民初次分配总收入的份额；二是提高劳动报酬占国民收入（初次分配总收入）的份额。指标 2 - 11 和 2 - 12 反映了这两方面内容。初次分配总收入即为国民总收入，其与 GDP 的差额为国内外要素收入和支出净额，由于国内外要素收入和支出净额很小，因此国民总收入与 GDP 之间近似相等。

2. 劳动报酬占劳动与资本收入比重指标说明

劳动报酬占 GDP 比重指标主要反映了劳动报酬在国民收入中的占比，在已有的研究中，人们不仅关注劳动收入在国民收入中的比重，还关注劳动与资本这两大生产要素的收入分配格局。按收入法核算的 GDP 包括劳动报酬、生产税净额、固定资产折旧、营业盈余这四项。劳动报酬属于劳动的收入，固定资产折旧和营业盈余属于资本的收入，而生产税既不属于劳动收入，也不属于资本收入，是夹在两者之间的一个“楔子”（Gomme and Rupert，2004），而扣除了“楔子”之后才能更准确地反映劳动收入和资本收入的分配格局（Gollion，2002）。

表 2－22 对劳动报酬占劳动与资本收入比重定义为：

$$\text{劳动报酬占劳动与资本收入比重} = \frac{\text{劳动报酬}}{\text{GDP} - \text{生产税净额}} \qquad (2-17)$$

其中，劳动报酬的核算范围参见上面的概念界定。生产税净额是指缴纳的生产税扣减生产补贴。我国的生产税包括增值税、营业税、消费税、城镇土地使用税、房产税、商业和专业许可费、车船税、船舶吨税、印花税、进出口关税、城市维护建设税、耕地占用税、土地增值税、契税、烟叶税等。

3. 劳动收入结构指标说明

劳动报酬占居民初次分配收入比重、工薪收入占城镇居民家庭总收入比重、工资性收入占农村居民家庭纯收入比重指标提供了居民的收入结构信息（以下简称劳动收入结构指标）。前两个指标立足于宏观的角度，后两个指标立足于微观的角度。劳动收入结构指标均不考虑居民收入占国民收入的比重，着重考察居民部门自身的收入结构。居民收入来源主要分为劳动收入、财产收入、经营收入和转移收入。劳动收入结构指标值越大，反映了劳动收入份额越高，其他来源收入的重要程度越低。劳动报酬占居民初次分配收入比重指标与劳动报酬占居民可支配收入比重指标差额，反映了居民初次分配收入与可支配收入的差额。当差额为正数，居民初次分配收入大于可支配收入；当差额为负数，则反之。

劳动收入结构指标计算过程中需要注意以下问题：①居民初次分配收入比重与居民可支配收入比重是指总额，而非净额，即包括居民部门在收入形成过程中消耗的固定资产折旧。②如果没有特别说明，劳动报酬既包括雇员报酬，也包括混合收入当中的劳动报酬。③工资性收入占城镇居民家庭总收入比重和工资性收入占农村居民家庭纯收入比重指标当前较权威和稳定的数据来源是《中国住户调查年鉴》，城镇分组数据主要来源于《中国城市（镇）生活与价格年鉴》。根据数据的可得性，城镇居民使用的是家庭总收入，而非家庭可支配收入；农村居民使用的是家庭人均纯收入，具体计算方法参见本章第二节当中劳动报酬的界定；农村居民工资性收入不包括经营性收入，而根据我国经济普查年度对劳动报酬的统计方法，农村居民经营性收入均作为劳动报酬统计。④使用《中国统计年鉴》资金流量表数据计算的劳动报酬占居民初次分配收入以及可支配收入比重，与使用《中国住户调查年鉴》数据计算的居民劳动报酬比重之间存在一定幅度差额。两者在各自一致口径范围内具有可比性，但是两者之间不具有可比性。两种数据的获取方式不同，前者为宏观数据，通过我国统计报表制度收集；后者来自微观随机调查。⑤农村居民是指农村住户，而非按户籍划分，具体参见本章第二节当中劳动报酬的界定。

4. 自雇佣者劳动报酬占国民收入比重指标说明

自雇佣收入是劳动收入占比研究争论的一个焦点，我国对劳动报酬口径的两次调整也主要是围绕自雇佣收入展开的。因此，自我雇佣者劳动报酬及其份额的测算对于研究劳动收入及其占比问题具有重要意义。经济普查年度资金流量表对自雇佣者劳动报酬的估算公式如下：

$$\text{自雇佣者劳动报酬} = \text{农村住户部门增加值} \times 90\% + \text{城乡个体经营户雇员报酬} \tag{2-18}$$

根据SNA2008的界定，住户部门的增加值划分为劳动报酬、营业盈余和混合收入[①]。我国农村住户经营规模比较小，劳动生产率较低，利润率也比较低。据测算，2009年，农村劳动力从事农业生产经营活动的月均收入约600元，不及外出农民工工资水平的一半，也达不到在本地从事非农劳动的报酬水平（许宪春，2011）。因此将农村住户部门增加值的大部分产出归入劳动报酬具有合理性。具体应当将农村住户部门增加值的多大比例归入劳动报酬，已有研究当中没有一致的结论。考虑到数据的可得性并权衡其合理性，本书将农村住户部门增加值的90%归入劳动报酬，这一比例与我国资金流量表对住户部门劳动报酬“运用方”公式的定义一致[②]。城乡个体经营户支付的雇员报酬也是自我雇佣收入的组成部分。公式（2-12）测算的自雇佣者劳动报酬口径与国家统计局2004年修订后的口径一致（参见前述）。相比2008年第二次口径修订，公式（2-12）缺少了城乡个体经营户混合收入中归入劳动报酬的部分，由于数据可得性原因，本书没有对这一部分劳动报酬进行测算。需要说明的是，2004年国家统计局修订的劳动收入核算口径更贴近SNA的界定，因此相比2008年统计口径具有更强的国际可比性。

自雇佣者劳动报酬占国民收入比重指标取值主要受两方面因素影响：一是自雇佣者的规模。在经济发展初级阶段，第一产业所占比重较高，而且第一产业当中规模以上企业较少，劳动者以个体为单位参与农林牧渔业生产为主，此时自雇佣者劳动报酬占国民收入比重较高。自雇佣者的另一个主要来源是城镇个体经营者，经济发展初级阶段，个体经营者的经营规模较小，多以个人为单位参与市场经营。随着经济发展以及市场经济的成熟，个体经营者由于规模、资金方面的劣势而逐步被具有竞争优势的公司代替，自雇佣者转变为被雇佣者，自雇佣者的规模下降。二是自雇佣者的劳动报酬收入水平。我国农村居民个体经营收入全部作为劳动报酬核算，城镇居民个体经营收入的一定比例作为劳动报酬核算，因此，

---

① SNA2008，表7.1。

② 国家统计局国民经济核算司：《中国经济普查年度资金流量表编制方法》，中国统计出版社2007年版，第25页。

居民个体经营收入水平对自雇佣者劳动报酬占国民收入比重具有重要影响。以农村居民为例，粮食和农产品的收购价格、农业生产资料成本等对经营纯收入具有影响，进而对自雇佣者劳动报酬占国民收入比重产生影响。

（二）劳动报酬占 GDP 以及初次分配收入比重指标测算

目前针对劳动报酬占比研究共有三个数据来源：一是地区收入法 GDP 核算数据；二是投入产出表数据；三是资金流量表数据。以下分别使用《中国统计年鉴》资金流量表（实物交易）数据、《中国统计年鉴》中分地区收入法 GDP 核算数据，测算居民劳动报酬占国民收入比重，指标计算结果如图 2-23 所示。

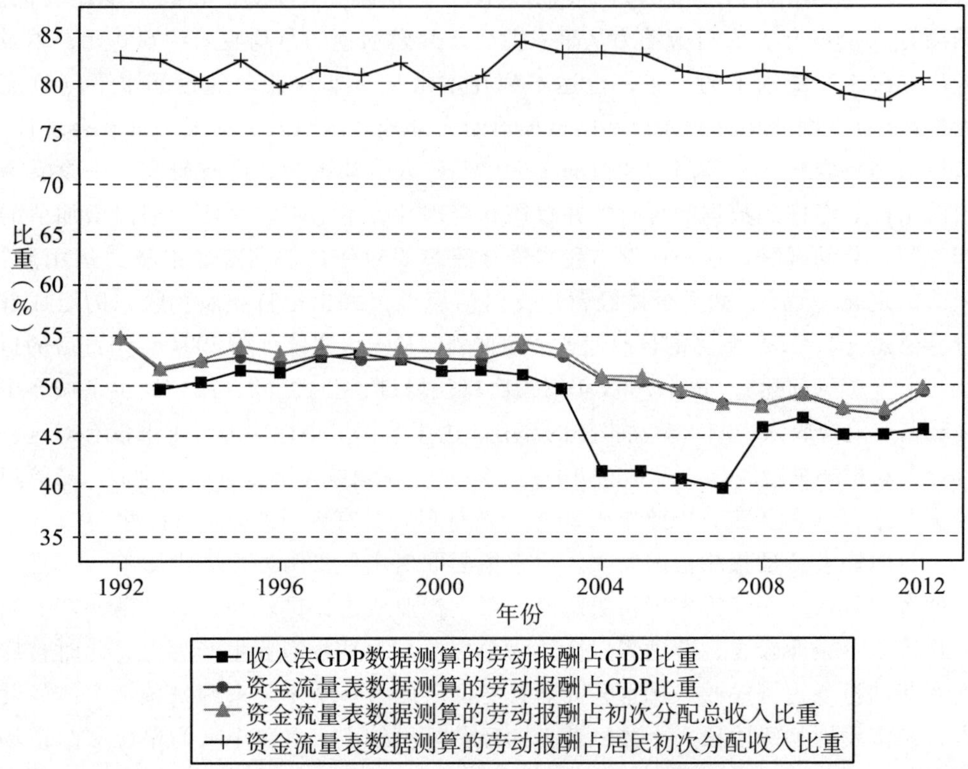

图 2-23　1992～2012 年中国劳动报酬比重

资料来源：1993～1996 年、2004 年收入法 GDP 数据来源于《中国国内生产总值核算历史资料（1952～2004）》；1997～2012 年数据来源于各年度《中国统计年鉴》；2008 年经济普查年度收入法 GDP 数据尚未发布，取值来自前述"口径调整对劳动收入份额变动影响估计"的估计值；1992～1999 年资金流量表数据来源于 1994～2002 年度《中国统计年鉴》；2000～2011 年资金流量表数据来源于 2012～2014 年《中国统计年鉴》。

资金流量表数据测算的结果当中，劳动报酬占初次分配总收入比重与劳动报酬占 GDP 比重曲线近似重合，表明使用 GDP 作为国民总收入的近似估计，造成的要素收入占国民收入比重误差很小。使用收入法 GDP 数据测算的 2004 ~2007 年劳动报酬占 GDP 比重存在一个明显的塌陷，主要原因来自我国对劳动报酬统计口径的两次调整。具体分析参见前述“口径调整对劳动收入份额变动影响估计”一节的分析。国家统计局对资金流量表2000 年以前数据的统计口径尚未完成，比较 2000 年前后数据时需要注意，但是 2000 年之前和 2000 年之后数据统计口径一致，在各自范围内具有可比性。近 20 年来，我国劳动报酬占 GDP 比重呈现以下特征。

(1) 2000 年以前，劳动报酬占 GDP 比重基本保持稳定，明显的下降趋势出现在 2002 年以后。通过前述劳动报酬超前（落后）指数分析可知，该时期劳动报酬占 GDP 比重下降主要原因在于农村居民劳动收入增长速度落后于 GDP 增长速度。城镇单位当中，港、澳、台商投资单位，股份合作单位，联营单位，其他内资，外商投资单位劳动报酬增速落后于 GDP 增速。劳动报酬占 GDP 比重下降是结构性而非全局性的，由部分群体劳动报酬增速落后所致。平均来看，城镇国有和集体单位劳动报酬累计实际增速高于同期 GDP 累计增速，城镇国有和集体单位不是造成劳动报酬占 GDP 比重下降的群体。

(2) 2000 年以来，劳动收入在居民初次分配收入和可支配收入中所占比重均呈现下降趋势。劳动收入占居民初次分配收入比重下降主要源于居民收入来源多样化，财产收入在居民初次分配收入中占比上升。2002 年，劳动报酬占居民可支配收入比重约为 83.1%，2012 年，该值下降为 79.8%。除了财产收入份额变动的影响之外，劳动收入占居民可支配收入份额下降的另一个原因在于转移收入在居民收入中所占份额上升。近年来，随着我国新型农村社会养老保险和城镇居民社会养老保险的建立，我国实现了城镇居民与农村居民养老保险制度全覆盖。社会再分配力度加大，提升了转移收入在居民收入份额中的地位。2012 年，居民经常转移收入约占 GDP 比重 7.3%，1992 年该比值约为 4.9%，表明收入再分配力度加大。

(3) 2010 年以来，劳动报酬占 GDP 比重下降趋势出现扭转，“U”型拐点逐步显现。从资金流量表测算的结果来看，2012 年劳动报酬占 GDP 比重约为 49.4%，上升较快，恢复到 2006 年的水平。收入法 GDP 测算结果显示了相同的趋势，但是指标上升幅度比资金流量表测算的小。李韬葵等（2009）研究认为，劳动份额变化存在“U”型规律：即在经济发展的初期，劳动份额下降，但在经济发展的后期，劳动份额则不断提高，“U”型拐点约为人均 GDP6 000 美元(2000 年购买力平价)。存在“U”型规律的理论解释是：经济发展过程中劳动力在不同部门间的转移是有摩擦的，摩擦力大于资本的运动所面临的阻力，因而劳动力转移速度低于资本的转移速度。这一结果一定是劳动力获得的回报在经济发展过程中低于其边际产出，而资本恰恰相反。所以劳动收入份额在经济发展初期一定是下降的。当劳动力转移逐步完成，劳动收入份额会开始上升。“U”型拐点出现的另一原因是，2010 年以来我国 GDP 增速回落，劳动报酬增长的惯性大于 GDP 回落的速度，由此劳动报酬占 GDP 比重上升。此外，中国共产党十七大和十八大均针对我国劳动报酬占比较低和比重下降提出了政策目标，这些政策实施的效应逐步显现，居民收入增长较快，农村居民劳动报酬增速更加显著，这也促进了劳动报酬占 GDP 比重的回升。

使用《中国统计年鉴》收入法 GDP 数据计算的 31 个地区劳动报酬占 GDP 比重如图 2－24 所示。图 2－24 根据 2012 年地区劳动报酬占 GDP 比重由左向右，自上而下升序排列。2012 年，31 个地区劳动报酬占 GDP 比重介于 38.4%～64.3%

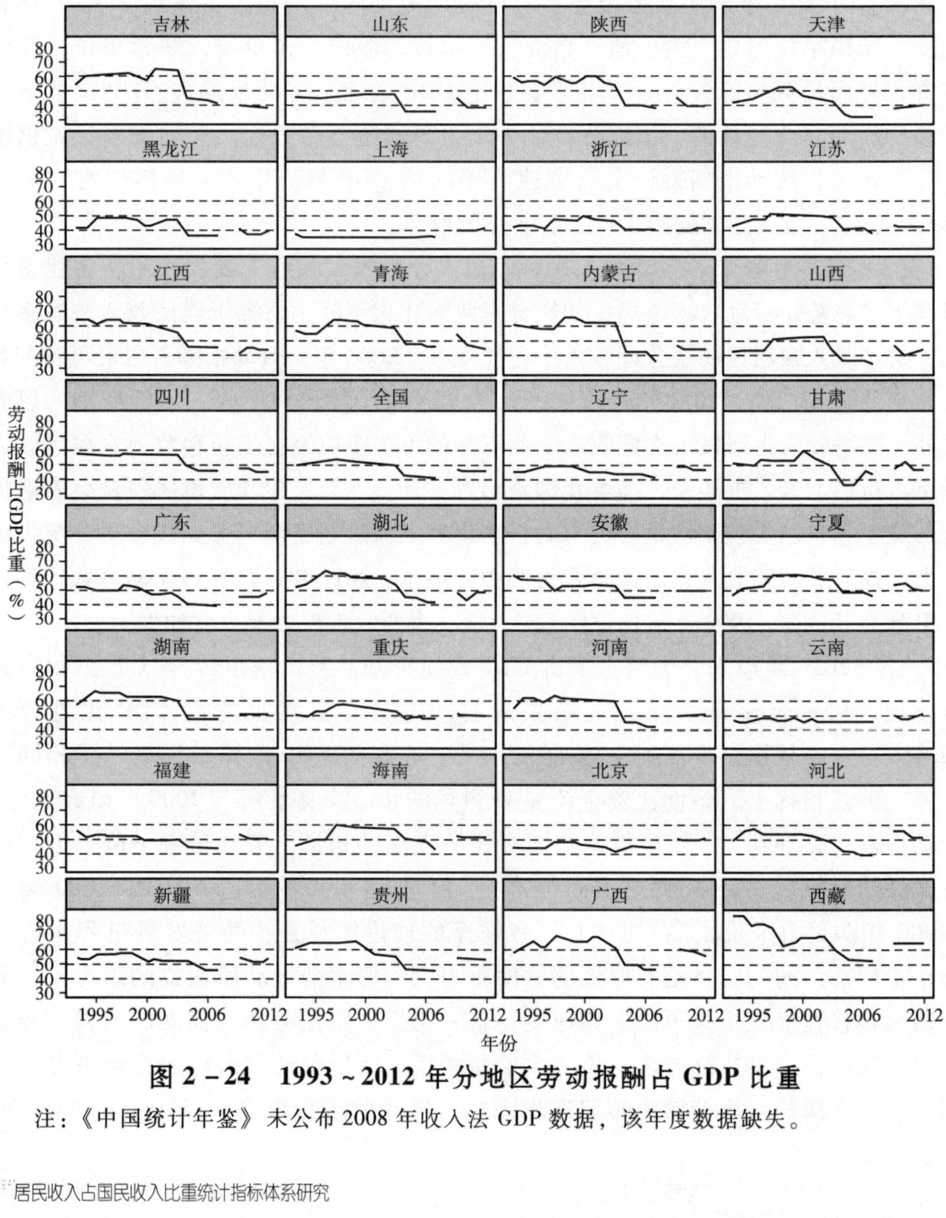

图 2－24　1993～2012 年分地区劳动报酬占 GDP 比重

注：《中国统计年鉴》未公布 2008 年收入法 GDP 数据，该年度数据缺失。

之间，极差达到25.9。其中，有13个地区劳动报酬比重低于全国水平。位列劳动报酬比重后三位的地区分别为吉林、山东和陕西；位于前三位地区分别为西藏、广西和贵州。各地区劳动报酬比重在2004年和2009年分别有显著的下降和上升趋势，主要是劳动报酬两次统计口径调整所致。

2009年之后各地劳动报酬统计使用了第二次调整后口径，因此劳动报酬占GDP比重变动具有可比性。2009年与2012年劳动报酬占GDP比重在地区之间的密度分布估计曲线如图2-25所示。对比两个年度的密度曲线发现，2012年密度曲线相对于2009年左移，表明2012年劳动报酬占GDP比重下降。劳动报酬比重在两个年度均在50%附近的密度最高，相对于2009年，2012年劳动报酬比重介于40%~45%之间的地区增加。

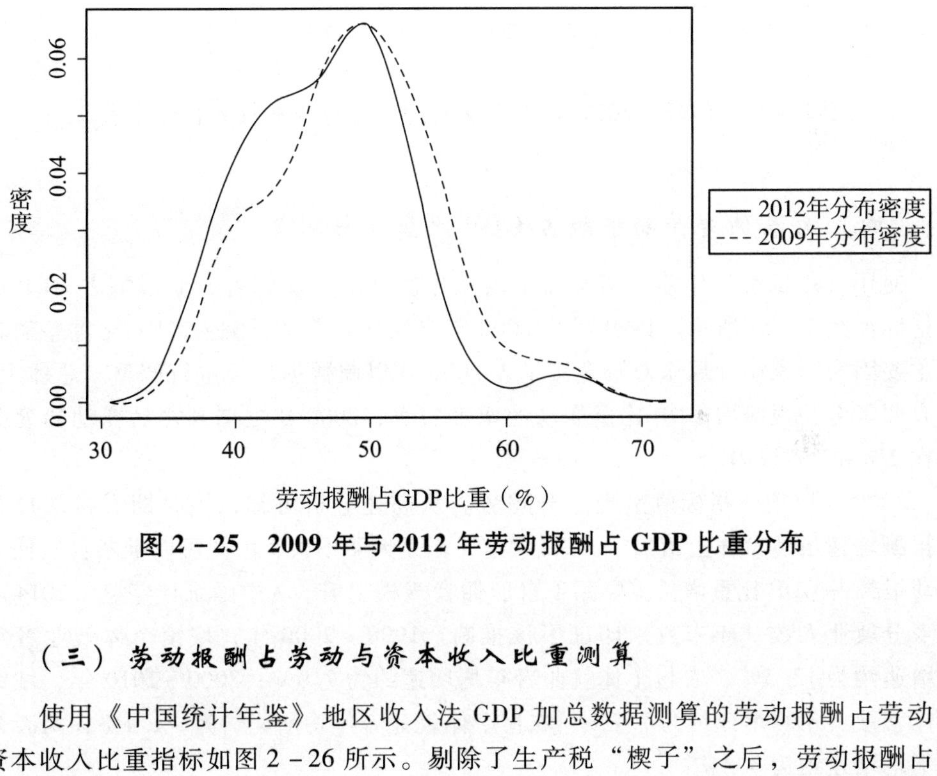

图2-25　2009年与2012年劳动报酬占GDP比重分布

（三）劳动报酬占劳动与资本收入比重测算

使用《中国统计年鉴》地区收入法GDP加总数据测算的劳动报酬占劳动与资本收入比重指标如图2-26所示。剔除了生产税“楔子”之后，劳动报酬占劳动与资本收入比重比劳动报酬占GDP比重上升了约6%~10%。两者的图像形状十分相似。

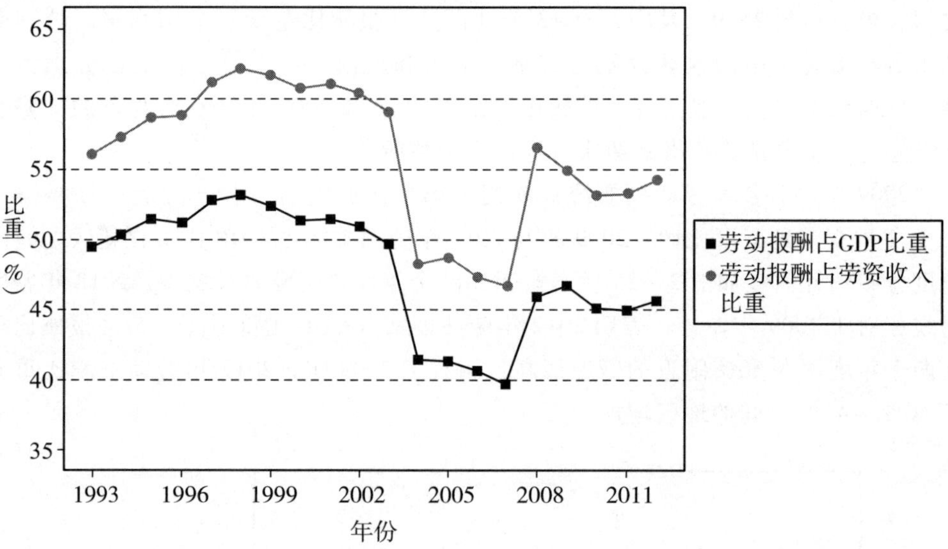

图 2-26　1993~2012 年劳动收入占劳动与资本收入合计比重

（四）自雇佣者劳动报酬占 GDP 比重指标测算

使用《中国统计年鉴》资金流量表数据测算的自雇佣者劳动报酬占 GDP 比重指标如图 2-27 所示。1999 年与 2000 年自雇佣者劳动报酬占 GDP 比重差额较大主要因为国家统计局未对资金流量表 2000 年以前数据口径进行调整。总体上，自雇佣者劳动报酬占 GDP 比重变动的幅度较小，2000 年之前和之后变动幅度分别在 2% 和 3% 以内。

2000 年以前，指标值呈现上升趋势。从前述分析可知，该时期农村住户劳动报酬增速虽然总体上落后于 GDP 增速，但是差距不大，由此可以推断自雇佣者劳动报酬占 GDP 比重增长主要源于自雇佣者规模上升。《中国统计年鉴（2014）》城乡分就业人数（年末数）印证了该推断。1990~2000 年，城镇个体就业者年均增速约为 13.3%，农村个体就业者年均增速约为 7.0%；2000~2010 年，城镇个体就业者年均增速约为 7.7%，农村个体就业者年均增速约为 -1.4%，两者合计平均增速约为 3.3%。

2000 年以后，自雇佣劳动者劳动报酬占 GDP 比重呈现下降趋势。该时期农村居民劳动报酬增速显著落后于 GDP 增速。在个体就业者规模保持增长的情况下，自雇佣劳动者劳动报酬占 GDP 比重仍然下降，显示出农村和城镇自雇佣者劳动收入增长缓慢是导致该时期居民部门劳动报酬占 GDP 比重下降的因素之一。农村和城镇自雇佣者是导致该时期劳动报酬比重下降的群体。

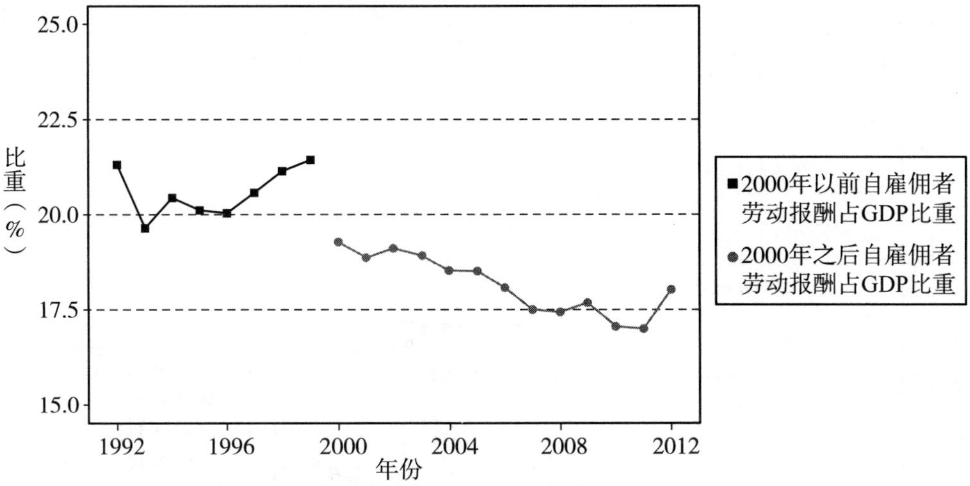

图 2-27　1992~2012 年自雇佣者劳动报酬占 GDP 比重估计

（五）劳动收入占居民家庭收入比重指标测算

根据前述关于居民收入结构指标的说明可知，劳动收入结构指标测算有多种稳定的数据来源。各种来源数据的获取和计算方法存在区别，然而不同数据来源之间具有一定互补性。《中国统计年鉴》资金流量表数据无法分别计算城镇和农村居民的劳动报酬占居民家庭收入比重，且数据滞后期相对较长，《中国住户调查年鉴》数据弥补了其不足。使用《中国住户调查年鉴（2014）》计算的工薪收入占城镇居民家庭总收入比重指标以及工资性收入占农村居民家庭纯收入比重指标如图 2-28 所示。由于我国将农村居民经营纯收入作为劳动报酬核算，图 2-28 中也绘制了农村住户工资性收入与经营收入合计占农村住户人均纯收入曲线。

城镇居民劳动报酬占家庭总收入比重呈现下降趋势。2013 年，城镇居民劳动报酬占家庭总收入比重约为 64.1%，比 1990 年下降了约 11.7%。劳动收入比重下降反映了其他来源收入比重增加，其中经营性净收入比重增加了约 8.0%；财产性收入比重增加了约 1.7%；转移性收入比重增加了约 1.2%。对于农村居民，1983~1995 年工资性收入占人均纯收入比重稳定在 20% 上下，之后该比重逐步上升，2013 年达到约 45.3%。农村居民工资性收入比重增长的一个重要原因是其就业渠道出现了巨大变化，农民从以个体就业为主转变为到以私营企业就业为主。《中国统计年鉴（2014）》年末就业人数数据显示，2013 年，私营企业就业人数超越了个体就业人数。相对于 1995 年，农村居民在私营企业就业人数增加了约 8 倍，而个体就业人数仅增加了约 4.6%。农村居民就业人口在企业就业比重增加，推动了工资性收入占居民纯收入比重的上升，经营纯收入比重的下降。农村居民经营纯收入比重从1995年的71.4%下降为2013年的42.6%。

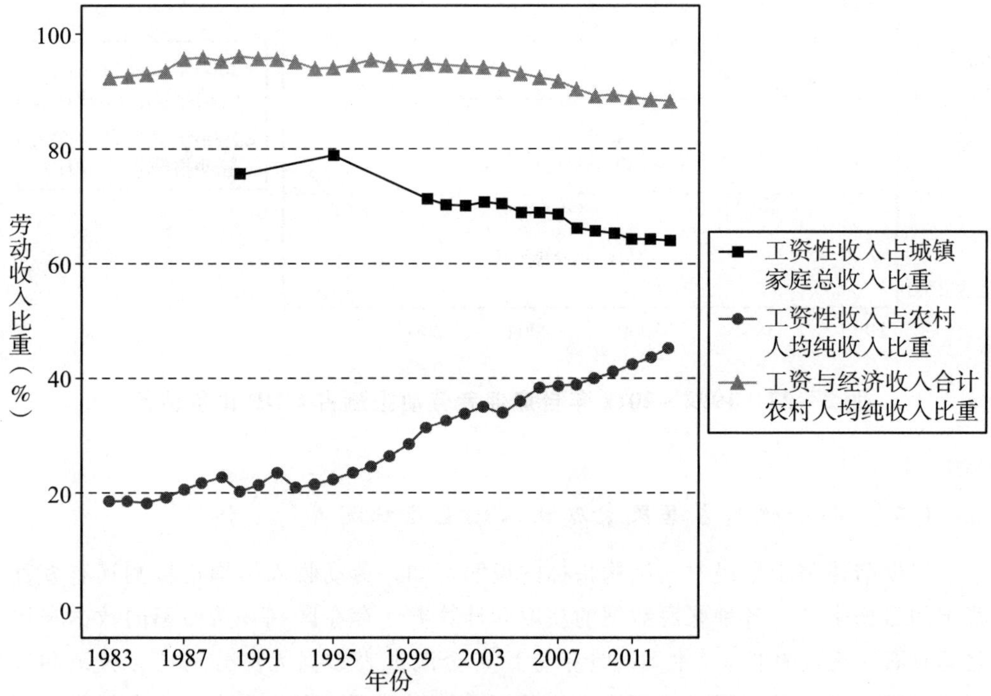

图2-28　1983~2013年城镇与农村居民劳动收入占家庭收入比重

《中国城市（镇）生活与价格年鉴》发布了按照家庭收入水平分组的城镇居民分项收入水平。使用该年鉴历年可得数据测算的按收入分组城镇居民工薪收入占家庭总收入比重变动趋势如图2-29所示，家庭收入水平由左向右升序排列。

总体上看，随着家庭收入水平提高，工薪收入占城镇居民总收入比重呈现倒“U”型。中等收入户工薪收入占家庭总收入的比重最高，处于家庭收入分布两边的困难户与最高收入户该比重均较低。高收入户的收入来源多样化，财产收入和经营性收入占家庭总收入的比重较高，使得工薪收入占比较低。与之相反，困难户的收入来源渠道较窄，而且家庭当中具有稳定工薪收入来源的人口比例较少，来自政府补贴的转移性收入比重较高，由此工薪收入占家庭总收入比重较低。相比之下，工薪收入是中等收入家庭最主要的收入来源。

从家庭收入分组内部来看，城镇居民工薪收入占家庭总收入比重呈现下降趋势，测算结果与《中国住户调查年鉴》数据测算结果一致。但是对于困难户和低收入户，工薪收入比重在2005年之后有约2%~5%左右的回升，但是回升势头在2008年金融危机之后消失。对于其他收入分组家庭，工薪收入占家庭总收入比重持续下降的趋势没有改变。

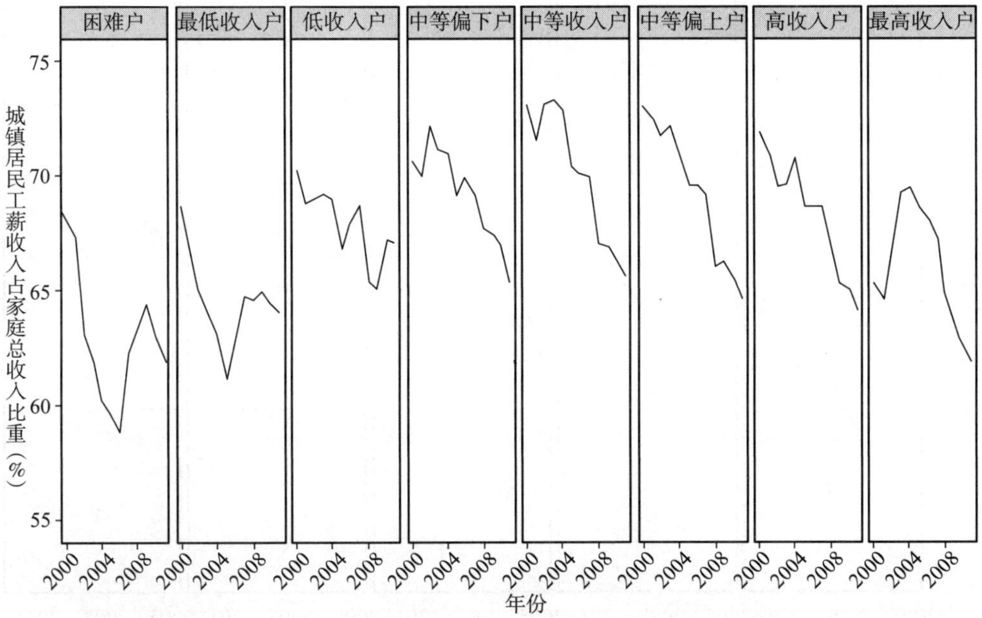

图2-29　2000~2011年不同收入分组居民工薪收入占家庭总收入比重

以上为城镇居民工薪收入占家庭总收入情况。那么农村居民的工资性收入比重如何？使用《中国住户调查年鉴》2012年、2013年数据，图2-30显示了农村住户工资性收入占其家庭纯收入比重的测算结果。农村住户家庭纯收入指农村住户当年从各个来源得到的总收入相应地扣除所发生的费用后的收入总和。图2-30由左至右按家庭纯收入由低到高排列。

总体上看，随着居民家庭收入水平的增加，工资性收入占家庭纯收入的比重逐步上升，这一趋势终止于高收入户。由此可见，剔除了高收入户，农村住户家庭收入与工资性收入比重正向相关，即对于大部分农村家庭而言，家庭成员到企业工作来获得工资性收入是提高家庭纯收入水平的重要渠道。但是，要成为高收入家庭，依靠工资性收入是不够的。

具体到各个收入分组，2005年以来，农村住户工资性收入占家庭纯收入比重均呈现上升趋势。从图2-30中可见，随着家庭收入水平提高，曲线的斜率逐步减小，表明近年来工资性收入比重在低收入家庭当中增速更快。而在高收入户中，工资性收入比重上升幅度较小。

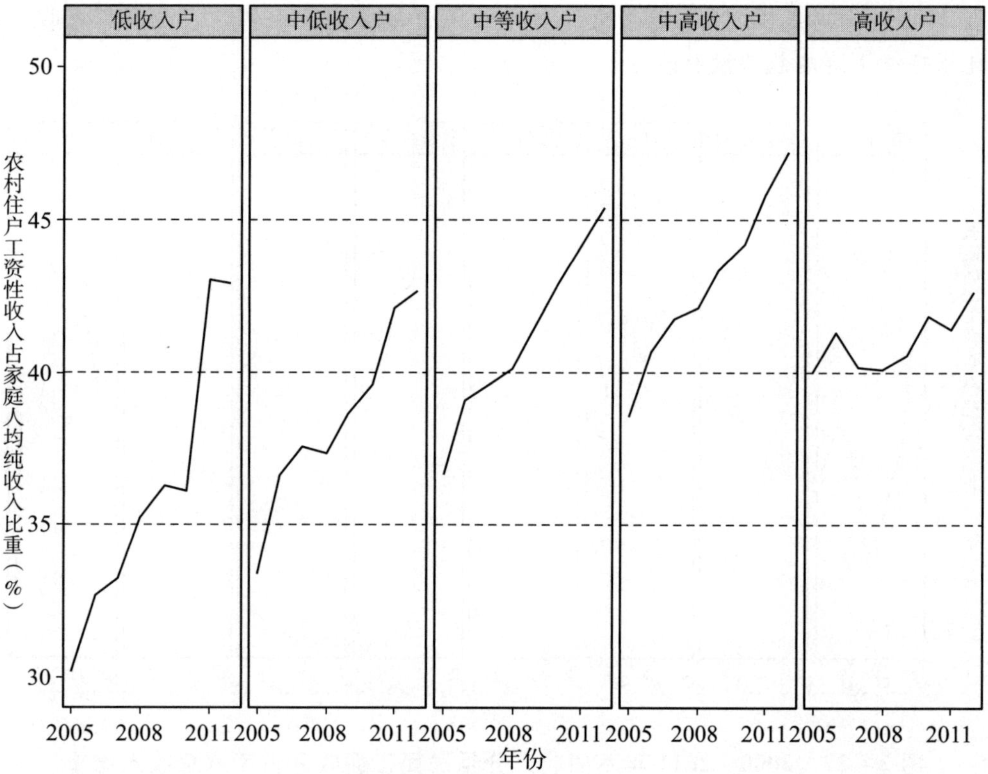

图 2－30　2005～2012 年不同收入水平农村居民工资性收入占纯收入比重

（六）劳动报酬比重国际比较

在市场经济环境下，劳动报酬比重是经济运行过程中形成的收入分配格局。了解其他国家劳动报酬占国民收入比重的水平和变动趋势，有助于了解劳动报酬比重的一般水平和变动规律。

美国、德国等西方国家国民收入账户统计的劳动报酬仅限于雇员报酬，不包括个体经营者劳动与经营混合收入当中归属于劳动的收入。雇员报酬参考本节的相关概念界定。美国和德国雇员报酬分为两类：由居民部门和服务于居民的非营利机构支付的雇员报酬在收入形成账户当中核算；由企业和政府部门支付的雇员报酬在初次分配账户当中核算。前者与我国城乡个体经营户雇员报酬相近。本书将两者的合计称为劳动报酬。1960～2011 年美国雇员报酬与劳动报酬比重如图 2－31 所示。

美国居民雇员报酬占 GDP 比重介于 55%～60%之间，劳动报酬比重比雇员报酬比重高约 5%，介于 60%～65%之间。在过去 50 多年里，劳动报酬占 GDP 比重比较平稳。劳动报酬占 GDP 比重与经济周期变动吻合度较高。指标的几次阶段性谷底分别出现在 1984 年、1997 年和 2006 年，分别对应 20 世纪 80 年代初期的经济危机、90 年代末期的互联网危机以及 2008 年的金融危机。

美国雇员报酬占初次分配收入比重主要介于 70% ~77% 之间，其雇员报酬占可支配收入比重高于占初次分配收入比重。主要原因在于美国的税收主要安排在再分配阶段，居民可支配收入显著低于初次分配收入。而我国与之相反，税收主要安排在初次分配阶段，居民可支配收入高于初次分配收入。

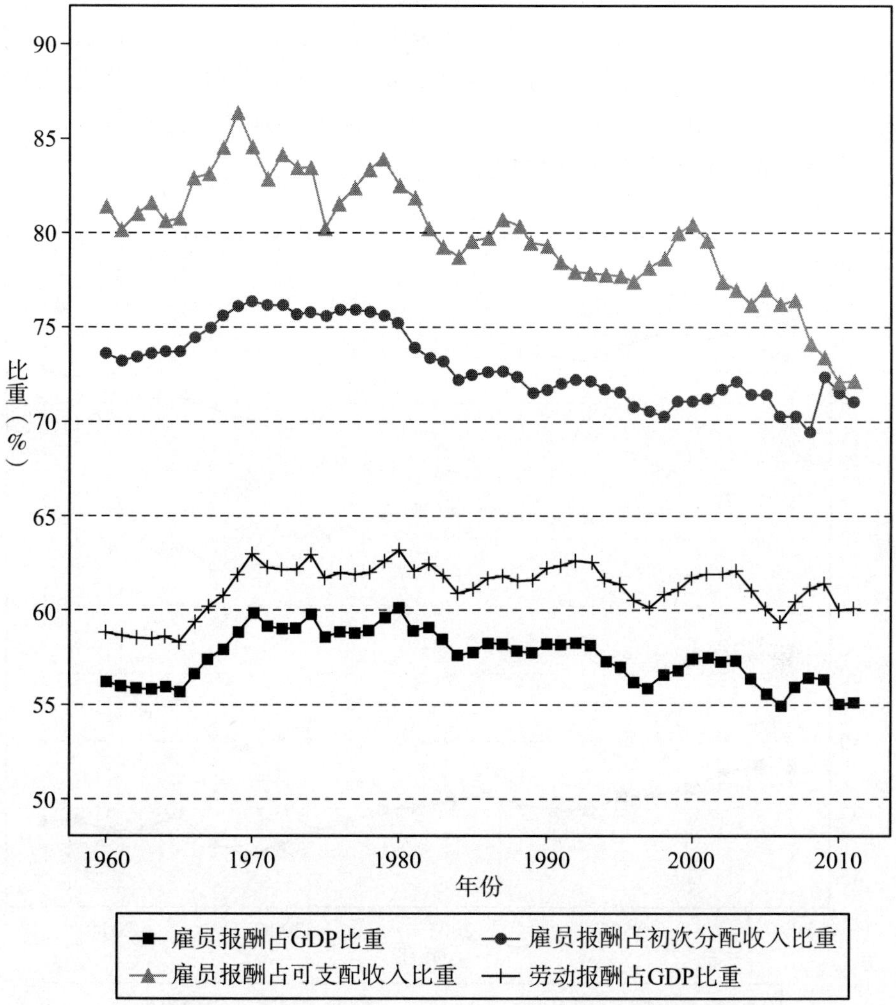

图 2-31　1960~2011 年美国雇员报酬与劳动报酬比重

注：劳动报酬 = 雇员报酬 + 居民与 NPISHs 支付的薪酬；初次分配和可支配收入为总额，非净额。

德国雇员报酬与劳动报酬比重如图 2-32 所示。1991 年以来，德国劳动报酬占 GDP 比重介于 54.5% ~62.4% 之间，高于美国。雇员报酬占 GDP 比重介于

46.6% ~53.3%之间，比劳动报酬比重低约9%，表明由居民和服务于居民的非营利组织支付的劳动报酬占GDP比重约为9%，该比例比美国高约5%，可以推断德国工作于非企业和政府部门的劳动力比率高于美国。

德国劳动报酬占GDP比重呈现下降趋势，但是幅度较小。相对于1991年，2013年劳动报酬占GDP比重下降了约4%。指标的波动与经济波动正向相关。劳动报酬占GDP比重曲线的两次阶段性谷底分别出现在1997年和2007年，这两年前后世界经济受到亚洲金融危机与世界金融危机的影响，经济增速也处于阶段性谷底。在这两次劳动份额指标下降当中，劳动报酬占GDP比重形成的波谷深于雇员报酬占GDP比重形成的波谷，由此可以推断在经济衰退过程中，工作于非企业和政府部门的劳动者受到的冲击高于雇员。

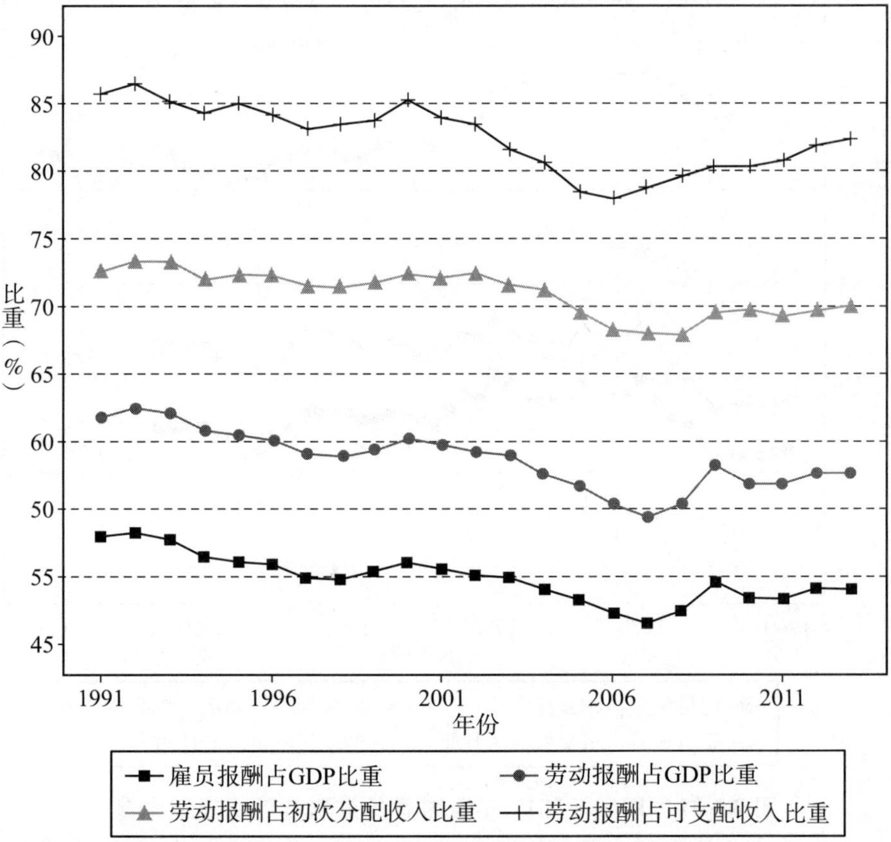

图2-32　1991~2013年德国雇员报酬占劳动报酬比重

德国雇员报酬占初次分配收入比重介于67% ~73%之间，雇员报酬占可支配收入比重介于77% ~87%之间，两者相差较大。原因在于雇员报酬尚未剔除收入税，扣除了收入税之后，可支配收入相对于初次分配收入显著下降。

韩国、日本均为亚洲国家，前者属于中等发达国家，后者属于经济发达国家，两国不仅与我国在地理位置上毗邻，还具有相近的文化渊源，因此，它们的劳动报酬比重情况对我国具有参考意义。韩国雇员报酬比重如图 2 - 33 所示。由于韩国和日本未从收入形成账户中细分居民部门以及服务于居民的非营利组织支付劳动报酬，该部分数据缺失，图中仅报告雇员报酬比重情况。

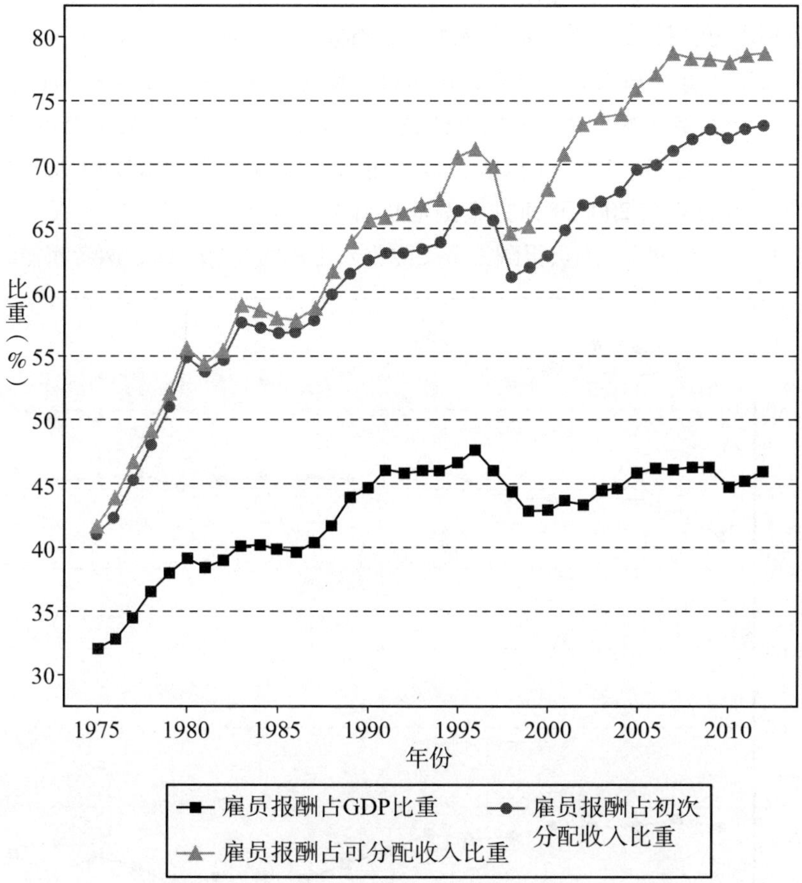

图 2 - 33　1975 ~ 2012 年韩国雇员报酬比重

2013 年，韩国雇员报酬占 GDP 比重约为 45.8%，相比 1975 年的 32.1% 上升了 13.6%。前述对我国自雇佣者劳动报酬占 GDP 比重的测算显示，我国 2012 年自雇佣者劳动报酬占 GDP 比重约为 18.0%，扣除了自雇佣者劳动报酬份额，我国 2012 年雇员报酬比重约为 31.4%，与韩国 1975 年雇员报酬比重相近。韩国雇员报酬逐步提高与其经济快速发展有关，它从 20 世纪 70 年代的发展中国家，到 90 年代成为中等发达国家，市场经济趋于成熟。随着经济发展，居民逐步由个体劳动者转变为被雇佣者，韩国雇员报酬占 GDP 比重上升主要出现在该时期。1990 年以后，韩国雇员报酬占 GDP 比重比较稳定，2012 年雇员报酬相对于 1990 年仅上升了 1.0%。1990 年以来，韩国雇员报酬比重有一次较大的波动，出现在 1997 年前后。受亚洲金融危机影响，1996～1999 年，韩国雇员报酬占 GDP 比重下降了约 4.6%，该降幅直到 2003 年之后才逐步恢复。

2012 年，韩国雇员报酬占初次分配收入比重约为 73.1%，雇员报酬占可支配收入比重约为 78.6%，两者相差约 5.5%。韩国雇员报酬占初次分配收入比重曲线与雇员报酬占可支配收入比重曲线呈现发散趋势，而且前者在后者下方，表明居民可支配收入逐步低于初次分配收入，说明收入税对居民收入的调节作用逐步增强。

1994～2011 年日本雇员报酬比重如图 2－34 所示。日本雇员报酬占 GDP 比重介于 50%～55%之间。1994 年以来，该比重有小幅度下降，指标局部最低点出现在 2007 年，其低点与 2008 年西方金融危机有关。2011 年，日本雇员报酬占初次分配收入比重约为 75.9%，雇员报酬占可支配收入比重约为 80.0%，两者相差约 4.1%。

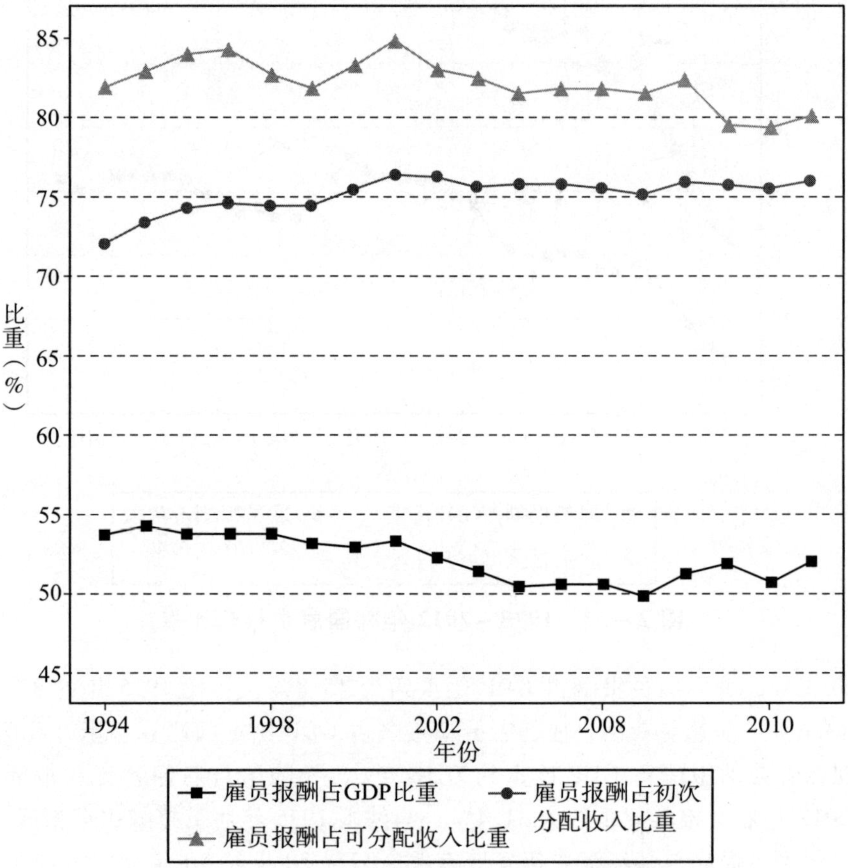

图 2－34　1994～2011 年日本雇员报酬比重

（七）小结

本节构建的指标有劳动报酬占国民收入比重；劳动报酬占居民初次分配收入比重；劳动报酬占居民可支配收入比重；劳动报酬占劳动与资本收入比重；自我雇佣者劳动报酬占国民收入比重；工薪收入占城镇居民家庭总收入比重；工资性收入占农村居民家庭纯收入比重。通过对以上指标进行测算分析，可以得到以下结论。

1. 我国劳动报酬占 GDP 比重呈现下降趋势，但是"U"型拐点已逐步显现

无论是使用《中国统计年鉴》资金流量表数据还是收入法 GDP 数据，我国劳动报酬占 GDP 比重指标的测算结果均表明，在统计口径可比的区间内，2000 年以来我国劳动报酬占国民收入比重呈现下降趋势。但是，下降速度逐步放缓，且在 2012 年出现了较显著的反转。根据指标值绘制的曲线显示，劳动报酬占 GDP 比重的"U"型拐点已逐步显现，拐点底部出现在 2011 年附近。首先，依据李韬葵等（2009）等的研究结论，拐点预计出现在人均 GDP 为 6 000 美元附近；其次，我国政府对居民劳动收入比重下降高度重视，之前出台的一些提高居民收入的政策效应逐步显现；最后，近年来我国经济增长速度下调，工资增速的惯性仍然存在，由此推动了劳动收入占比的提升。

2. 城镇居民劳动报酬占家庭总收入比重下降，农村居民则相反

总体上看，近年来，城镇居民工薪收入占家庭总收入比重呈现下降趋势。具体到不同家庭收入分组，城镇居民工薪收入占家庭总收入比重下降主要出现在中等及以上收入家庭，困难户以及低收入家庭工薪收入比重上升。城镇居民工薪收入占家庭总收入比重与城镇居民家庭收入水平呈现倒"U"型，倒"U"型顶部为中等收入家庭。农村居民工资性收入占家庭纯收入比重变动趋势与城镇居民相反，总体呈现显著的上升趋势。具体到不同收入水平家庭，工资性收入占家庭纯收入比重越高，家庭收入水平越高，两者呈现正向相关。

3. 雇员报酬占 GDP 比重与经济发展水平正向相关

2000 年以来，我国自雇佣者劳动报酬占 GDP 比重呈下降趋势。随着经济发展水平的提高，从事个体劳动的就业人口增长速度放慢，新增劳动力主要流向企业和政府等部门。由此，雇员报酬占 GDP 比重上升，自雇佣者劳动报酬占 GDP 比重下降。韩国雇员报酬占 GDP 比重指标的发展轨迹验证了这一点。从国际比较的角度看，美、日、德雇员报酬占 GDP 比重高于韩国，而韩国该比重高于我国，由此显示，雇员报酬占 GDP 比重与经济发展水平正向相关。

4. 经济周期是影响劳动报酬占国民收入比重的重要因素

在劳动报酬比重国际比较当中发现，劳动报酬占国民收入比重指标波动与经济周期波动有较高吻合度。受2008年金融危机影响，2008年前后普遍是各国劳动报酬或者雇员报酬比重指标的局部低点，1997年亚洲金融危机，韩国劳动报酬在该时期也处于局部低点。原因在于，在经济衰退期，失业率上升，在较高失业率背景下薪酬增长面临较大压力，由此导致劳动报酬占国民收入比重下降。

五、基于支付能力的劳动报酬水平综合评价

劳动报酬与国民收入之间应该保持怎样的比例关系才是合理的？已有研究无一致的答案。因此，本书试图构建支付能力与分配力度位差指标，对经济、政策环境趋同经济体的这一配比关系进行评价分析。支付能力主要取决于经济体的产出水平和效率。理论上，劳动报酬水平的影响因素十分复杂，前述已经进行了归纳总结。在自由竞争的市场经济条件下，各种因素最终对经济体（省、直辖市、行业、企业等）的支付能力产生不同程度的影响，例如，从微观的角度看，劳动者素质是影响劳动报酬的重要因素，劳动者素质对企业支付能力的影响路径是：劳动者素质决定了其生产效率，较高的生产效率决定了较高水平的产出，而较高水平的产出创造了较多可供分配的价值，让分配主体具备了较强的支付能力。这与租金工资理论具有相近之处，租金工资理论认为，对于企业，盈利水平代表了支付能力（Caju，2009）。居民的劳动收入水平应该与分配主体的支付能力相匹配，支付能力越强，分配给居民的劳动报酬越多。实际当中，不同经济体的劳动报酬水平与分配主体的支付能力之间的配比关系存在较大差异，一定比例的产出增长并不必然带来相同比例的工资增长。支付能力与劳动报酬水平之间的配比关系，反映了经济体向劳动要素分配的力度。

（一）基于支付能力的劳动报酬水平评价

由以上分析可知，在既定的条件下，一定的支付能力应与一定的劳动报酬水平相匹配。将这一基本理念予以扩展可知，在相同的经济和政策环境下，不同的支付能力有不同的劳动报酬水平与之匹配，而且不同样本支付能力的排序必然与其对应的劳动报酬水平排序一致。这一基本理念的数学关系式如下所示：

$$L = F(X) \tag{2-19}$$

其中，X 支付能力表示；L 表示理论劳动报酬水平。L 是 X 的单调递增函数。对于具体的样本，有如下关系：

$$L_T = F(X_T) \qquad (2-20)$$

公式（2－20）表示，对于不同的支付能力，有不同的劳动报酬水平与之相对应。由于公式（2－19）为单调递增函数，公式（2－20）中存在如下关系：

当：$X_1 > X_2 > X_3 \cdots > X_N$

有：$L_1 > L_2 > L_3 \cdots > L_N$

即 L 值的大小排序应与 X 指的大小排序一致，序号相等。即：

$$T_X = T_L \qquad (2-21)$$

公式（2－21）表明，理论劳动报酬水平的位置由支付能力的位置来确定，由此建立了理论劳动报酬水平与支付能力位置的相互关系。再引入实际劳动报酬水平 $\hat{L}$。如果实际劳动报酬水平正好等于理论劳动报酬水平 L，那么：

$$\hat{L}_1 > \hat{L}_2 > \hat{L}_3 \cdots > \hat{L}_N$$

即 $\hat{L}$ 值大小排序与对应的 X 和 L 一致。如果实际劳动报酬水平 $\hat{L}$ 与理论劳动报酬水平 L 不相等，$\hat{L}$ 的取值不完全取决于公式（2－19），当其取值超出一定范围，其排序与对应的 L 和 X 排序完全一致。以上理论劳动报酬水平 L、X 支付能力以及实际劳动报酬水平 $\hat{L}$ 关系的描述可以得到以下启发：

第一，理论上一个地区支付能力的排序决定了其劳动报酬水平的排序，如果一个地区实际劳动报酬水平排序与支付能力排序不一致，说明该地区向劳动生产要素分配的力度与支付能力不匹配。

第二，由于理论上劳动报酬水平排序与支付能力排序一致，当劳动报酬水平与经济主体支付能力之间的函数关系复杂时，可以不用关注函数的细节，直接使用实际劳动报酬水平与支付能力排序的位差来评价实际劳动报酬水平是否合理。

（二）支付能力与劳动报酬水平位差评估分析模型

支付能力与分配力度位差指标用于评价经济体的支付能力及其向居民实际分配力度。其基本构建思路如下：①分别测算支付能力指数和劳动报酬指数，对两项指标进行排序定位，然后计算个样本的位差，即计算各样本支付能力指数排序序号与劳动报酬指数排序序号的差异；②统计样本位差的分布，并根据位差分布情况确定预警标准。试图为本节开始提出问题的解决提供一个参考指标，即：劳动报酬与国民收入之间应该保持怎样的比例关系才是合理的；③根据预警标准，对样本逐一进行评估，筛选预警对象。具体步骤如图 2－35 所示。

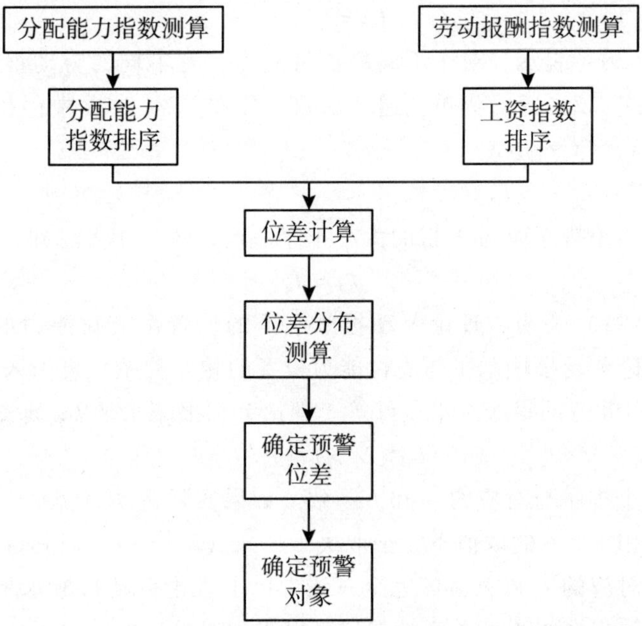

图 2-35 支付能力与分配力度位差评估分析模型框架

1. 劳动报酬支付能力评价指标

用什么指标度量经济体的支付能力，是一个有待探讨的技术性问题。由于不同经济体内部的产业结构、生产效率等方面存在不同程度的差异，因此，支付能力是多方面影响因素综合作用的结果。另外，计算单一因素时很难剔除其他因素的影响，因此，从方便适用的角度讲，应更多考虑能反映支付能力本质的代表性指标，客观地评价支付能力的相对状况即可。可以考虑选取若干单项指标来计算支付能力综合指数，来评价不同经济体的相对状况。

本书侧重居民收入宏观领域的分析，因此侧重从宏观的角度选取经济体支付能力的评价指标。在指标选取过程中综合考虑数据的可得性，共选取了6个指标，具体如下：

（1）人均GDP。

$$\text{人均 GDP} = \frac{\text{GDP}}{\text{人口数量}} \tag{2-22}$$

GDP是衡量经济体产品和服务总产出的指标，人均GDP是一定时期内人均创造产值的数额，既反映了劳动资料的生产效率，也反映了可供分配的物质和服务的质量。根据卡尔多劳动份额守恒“典型事实”，人均GDP水平理论上与劳动报酬水平应呈现线性正相关。

（2）人均法人单位数量。

$$人均法人单位数量=\frac{法人单位数量}{人口数量} \tag{2-23}$$

人均法人单位数量反映了一个地区的市场化发展水平，法人单位数量越多，劳动者获得雇佣收入的机会越多。另一方面，法人单位的数量代表了劳动报酬支付主体的数量，支付主体的数量的多少，反映了劳动报酬支付能力的大小。

（3）人均规模以上工业企业总数。

$$人均规模以上工业企业数=\frac{规模以上工业企业总数}{人口数量} \tag{2-24}$$

支付能力的强弱不仅与支付主体的数量有关，还与支付主体的规模相关。规模以上工业企业的支付劳动报酬支付能力一般大于小规模企业①。

（4）规模以上工业企业人均利润。

$$规模以上工业人均利润=\frac{规模以上工业利润总额}{规模以上工业平均人数} \tag{2-25}$$

企业利润水平是劳动报酬支付能力的一个重要标志。根据分享工资理论，企业通过将一定比例的利润与员工分享来激励员工努力工作，即员工的工资与业绩挂钩。企业人均利润水平越高，其劳动报酬的支付能力越强。

（5）第一产业人均生产总值。

$$人均第一产业生产总值=\frac{第一产业生产总值}{第一产业就业人数} \tag{2-26}$$

第一产业的产值反映了农、林、牧、渔业（简称农业部门）的产出总额，人均第一产业生产总值反映了农业部门的生产效率，该指标反映了农业部门劳动报酬的支付能力。

（6）人均财政收入。

$$人均财政收入=\frac{财政收入}{人口数量} \tag{2-27}$$

人均财政收入反映了政府的财政支付实力。政府机关和事业单位人员的工资主要来源于财政拨款，在地方财政收入高的地区，政府向公职人员支付劳动报酬的能力较强。

总的来看，劳动报酬支付能力评价指标考虑了经济体的整体生产效率，支付主体的数量、规模和质量，农业部门的生产效率以及政府部门对公职人员的支付能力。

2. 劳动报酬评价指标

我国城乡之间、不同所有制单位之间的劳动报酬差距较大，某一群体的劳动

① 2010年之前，规模以上工业企业是指年主营业务收入在500万元及以上的法人工业企业；2011年开始，是指年主营业务收入在2 000万元及以上的法人工业企业。

报酬水平能反映整个经济体的劳动报酬水平。因此，本书选取多种群体的工资水平来构建劳动报酬水平综合评价指标，具体如下：

（1）城镇单位就业人员平均工资。

（2）城镇私营单位平均工资。

（3）农村居民工资性收入。

（4）企业在岗职工平均工资。

（5）事业在岗职工平均工资。

（6）机关在岗职工平均工资。

（7）民间非营利组织在岗职工平均工资。

3. 位差计算

支付能力以及劳动报酬水平综合指数使用相对值的概念进行计算，先计算各指标的平均值，然后计算指标相对值，最后汇总相对值的平均数求综合指数。将评价测算的每个地区作为一个样本，计算上述指标的具体值、平均值与相对值。公式如下：

$$平均值_i = \frac{\sum_{j=1}^{M} 具体值_i}{M} \tag{2-28}$$

$$相对值_i = \frac{具体值_i}{平均值_i} \tag{2-29}$$

$$综合指数 = \frac{\sum_{i=1}^{N} 相对值_i}{N} \tag{2-30}$$

其中，$i \in [1, 2, \cdots, N]$ 为指标下标，N 为指标总数；$j \in [1, 2, \cdots, M]$ 为地区下标，M 为地区数目。随着我国对外公布数据的不断完善和细化，实际测算过程中，可以根据可得数据灵活地筛选指标，并可以对相关指标赋予不同的权重，以更科学、方便地比较各地的支付能力和劳动报酬进行综合测算。

$$支付能力与劳动报酬水平位差 = 支付能力综合指数排序 - 劳动报酬综合指数排序 \tag{2-31}$$

位差为 0 表示劳动报酬水平与地区的支付能力完全匹配；位差大于 0 表示劳动报酬水平相对高于地区的劳动报酬支付能力，收入分配向劳动要素侧重；位差小于 0 表示劳动报酬水平低于地区的劳动报酬支付能力，依据地区的劳动报酬支付能力，劳动报酬水平有理由更高。

4. 预警位差的确立

理论上，如果劳动报酬水平应与支付能力相匹配，各样本的位差都等于 0，即位差的均值为 0，标准差也为零。但是现实当中，样本的实际劳动报酬水平一般不会完全等于理论上的劳动报酬，难以避免出现非 0 位差。位差理论上应如何分布？由工资租金、工资分享等理论可知，支付能力与劳动报酬水平存在正相关关系，那么位差应向0收敛，位差处于0附近的样本较多，而距离0较远的样本数较少。位差的这种分布属性与均值为0的正态分布相同，因此在理论上位差的分布应接近均值为0的正态分布。如果位差的经验分布属于正态分布，那么预警位差可以确立为经验分布双侧2.5%概率分位点，样本落入分位点两侧区域的概率合计为5%，属于小概率事件，在一次实验中是不应该发生的，统计上可将这类样本视作异常点，需要引起注意。因此，将2.5%概率分位点对应的位差值作为预警位差。此时，将位差的标准差作为正态分布标准差的近似估计，预警位差为：

$$\text{预警位差绝对值} = \Delta \times s \tag{2-32}$$

其中，Δ 为正态分布5%双尾概率对应的分位点，在标准正态分布情况下，$\Delta \approx 1.96$；s 为位差的标准差，$s = \sqrt{\frac{\sum (x_i - \bar{x})^2}{n-1}}$。

如果位差的经验分布拒绝了正态分布原假设，预警位差无法通过公式（2-32）确定。位差的取值介于［0，样本数-1］之间，参照正态分布情况下确定预警位差的思想，可将预警位差确定为：

$$\text{预警位差绝对值} = (\text{样本数} - 1) \times 95\% \tag{2-33}$$

需要说明的是，当样本数较小时，以上方法确立的预警位差的稳健性有待进一步研究，此时应结合具体情况和经验来考察预警位差。对于位差的经验分布是否服从正态分布，可以通过Kolmogorov-Smirnov方法来检验①。在确立预警位差之后，当样本位差绝对值大于预警位差时，此类样本应作为预警对象重点关注。

（三）支付能力与分配力度位差实证分析

我国不同地区劳动报酬占GDP的比重存在差异，表明各地区向劳动要素分配的力度并不相同，那么各地区劳动报酬水平与地区经济的支付能力是否匹配？以下通过前述构建的支付能力与分配力度位差模型对2010年数据进行实证分析。

1. 2010年薪酬支付能力综合指数

2010年我国省、自治区、直辖市薪酬支付能力综合指数如表2-23所示。

① 吴喜之：《非参数统计》（第二版），中国统计出版社2006年版，第164～165页。

表2-23　　2010年我国省、自治区、直辖市薪酬支付能力综合指数

地区	人均GDP（万元）	人均财政收入（万元）	规模以上企业人均利润（万元）	第一产业人均产值（万元）	人均法人单位数（个/万人）	人均规模以上企业（个/万人）	支付能力指数	支付能力位序
北京	7.59	1.27	8.28	1.91	160.43	3.51	2.03	2
天津	7.30	0.85	10.42	1.92	113.74	6.14	1.89	3
河北	2.87	0.19	6.21	1.74	45.73	1.94	0.81	17
山西	2.63	0.28	4.36	0.87	54.63	1.19	0.68	21
内蒙古	4.73	0.44	13.49	1.92	52.12	1.87	1.23	5
辽宁	4.24	0.46	5.90	2.33	79.02	5.45	1.35	7
吉林	3.16	0.22	6.03	2.00	48.07	2.25	0.88	15
黑龙江	2.71	0.20	8.46	1.68	42.86	1.20	0.80	16
上海	7.61	1.36	7.89	3.14	157.50	7.25	2.40	1
江苏	5.28	0.52	5.17	2.88	91.34	8.15	1.66	4
浙江	5.17	0.49	3.70	2.15	114.45	11.83	1.79	6
安徽	2.09	0.19	5.46	1.12	38.16	2.74	0.71	24
福建	4.00	0.31	4.26	2.14	73.50	5.21	1.18	12
江西	2.13	0.18	4.57	1.39	37.64	1.77	0.65	26
山东	4.11	0.29	6.56	1.79	70.46	4.60	1.15	11
河南	2.44	0.15	6.89	1.20	41.03	2.08	0.72	22
湖北	2.79	0.18	5.66	2.33	57.32	2.81	0.92	14
湖南	2.47	0.17	5.33	1.24	42.17	2.11	0.70	23
广东	4.47	0.45	3.98	1.54	68.70	5.12	1.18	10
广西	2.02	0.16	5.13	1.07	39.27	1.43	0.61	27
海南	2.38	0.31	11.26	2.43	35.90	0.57	0.94	9
重庆	2.76	0.33	3.54	1.08	54.25	2.47	0.79	19
四川	2.12	0.19	4.73	1.16	42.16	1.70	0.65	25
贵州	1.31	0.15	3.96	0.52	29.62	0.85	0.42	31
云南	1.58	0.19	6.47	0.66	32.45	0.78	0.53	29
西藏	1.73	0.12	5.66	0.74	52.77	0.32	0.53	28
陕西	2.71	0.26	9.73	1.15	54.90	1.22	0.84	13
甘肃	1.61	0.14	3.25	0.82	39.82	0.78	0.47	30

续表

地区	人均GDP（万元）	人均财政收入（万元）	规模以上企业人均利润（万元）	第一产业人均产值（万元）	人均法人单位数（个/万人）	人均规模以上企业（个/万人）	支付能力指数	支付能力位序
青海	2.41	0.20	9.06	1.09	45.99	0.99	0.74	18
宁夏	2.69	0.24	4.75	1.24	53.06	1.55	0.73	20
新疆	2.50	0.23	14.16	2.47	42.93	1.13	1.03	8

注：本表不包括我国香港、澳门和台湾地区；人均 GDP、人均财政收入、第一产业人均产值数据来源于《中国财政年鉴（2011）》；第一产业就业人数来源于《中国统计年鉴（2011）》；各地区人口数来源于《中国 2010 年人口普查资料》；法人单位数来源于《中国统计摘要（2011）》；规模以上企业人均利润根据《中国工业经济统计年鉴》数据计算；各个地区的支付能力指数根据公式（2-30）计算。

表 2-23 的测算结果显示：上海、北京和天津市劳动报酬的支付能力最强，分别位列支付能力的前三位，贵州、甘肃和云南省的劳动报酬支付能力最弱，分别位列后三位。劳动报酬支付强的地区主要集中在直辖市和东部沿海省份，而支付能力弱的地区主要集中在中部和西部省份。

2. 劳动报酬综合指数及其位差

劳动报酬综合指数及其位差如表 2-24 所示。

表 2-24　　2010 年我国省、自治区、直辖市劳动报酬综合指数及其位差

地区	城镇单位就业人员平均工资（万元）	城镇私营单位就业人员平均工资（万元）	农村居民人均工资性收入（万元）	劳动报酬指数	劳动报酬位序	支付能力与劳动报酬水平位差
北京	6.52	2.74	0.82	2.08	2	0
天津	5.15	2.40	0.53	1.53	3	0
河北	3.15	1.79	0.27	0.92	11	6
山西	3.31	1.56	0.21	0.83	19	2
内蒙古	3.52	2.17	0.10	0.82	20	-15
辽宁	3.44	1.93	0.27	0.97	9	-2
吉林	2.90	1.69	0.11	0.69	30	-15
黑龙江	2.77	1.69	0.12	0.70	29	-13

续表

地区	城镇单位就业人员平均工资（万元）	城镇私营单位就业人员平均工资（万元）	农村居民人均工资性收入（万元）	劳动报酬指数	劳动报酬位序	支付能力与劳动报酬水平位差
上海	6.61	2.33	0.96	2.19	1	0
江苏	3.98	2.34	0.49	1.37	5	-1
浙江	4.06	2.34	0.58	1.49	4	2
安徽	3.33	1.85	0.22	0.89	14	10
福建	3.23	2.10	0.31	1.04	7	5
江西	2.84	1.80	0.24	0.86	18	8
山东	3.33	2.07	0.30	1.03	8	3
河南	2.98	1.59	0.19	0.79	25	-3
湖北	3.18	1.86	0.22	0.88	17	-3
湖南	2.97	1.72	0.27	0.89	15	8
广东	4.04	2.26	0.48	1.35	6	4
广西	3.07	1.79	0.17	0.80	21	6
海南	3.08	1.81	0.13	0.75	26	-17
重庆	3.47	2.08	0.23	0.96	10	9
四川	3.26	1.83	0.22	0.89	16	9
贵州	3.04	2.03	0.13	0.79	23	8
云南	2.92	1.86	0.09	0.70	28	1
西藏	4.99	—	0.11	0.90	13	15
陕西	3.34	1.61	0.17	0.80	22	-9
甘肃	2.91	1.43	0.12	0.66	31	-1
青海	3.61	1.74	0.13	0.79	24	-6
宁夏	3.72	1.98	0.18	0.90	12	8
新疆	3.20	2.00	0.06	0.71	27	-19

注：本表不包括我国香港、澳门和台湾地区；城镇单位就业人员平均工资数据来自《中国人口和就业统计年鉴（2012）》；城镇私营单位就业人员平均工资数据来自《中国统计年鉴（2011）》；农村居民人均工资性收入数据来自《中国住户调查年鉴（2011）》。本表劳动报酬综合指数的计算只使用了前述构建的“劳动报酬评价指标”的前三个，后四个指标2010年未发布。《中国人力资源和社会保障年鉴（2013）》开始发布后四个指标的数据。

表2-24显示了我国31个省、自治区和直辖市2010年支付能力与劳动报酬水平位差情况，图2-36显示了位差分布情况。从图形上看，位差呈现左拖尾正态分布，分布密度最高地区集中在位差为1附近。约有61%的地区位差大于等于0，表示大部分地区劳动报酬水平与地区劳动报酬支付能力是相匹配的，或者不同程度相对高于其经济支付能力。与此对应，有约39%的地区劳动报酬水平与其支付能力地位不匹配。位差分布的标准差为8.7，位差介于一倍标准差［-8.7，8.7］以内的地区有17个，约占54.8%，这部分地区可以看作劳动报酬支付能力与劳动报酬水平相差不大的地区；其他地区为两者相差较大的地区。具体来看，新疆、海南两个地区位差不大于-17，是该年度位差最低的两个地区。从劳动报酬支付能力指数来看，新疆位于第8位，属于支付能力较强地区，而新疆劳动报酬水平指数位于第27位，是劳动报酬水平较低地区。其中一个重要原因是新疆农村居民的工资性收入较显著低于全国其他地区，而其财产收入、营业盈余收入是否显著高于我国其他地区有待进一步考察，但是在相同口径比较下，新疆劳动报酬水平在2010年度偏低是不争的事实。

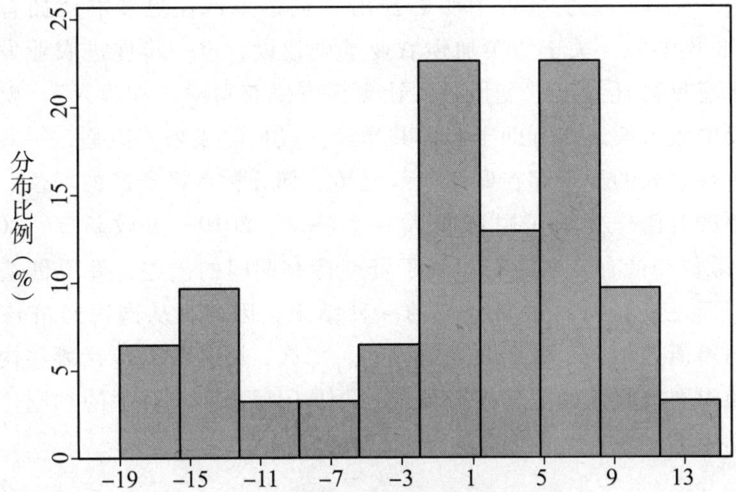

图2-36　2010年我国地区支付能力与劳动报酬水平位差分布

第三节　居民财产收入指标群

财产性收入是居民收入的构成项目之一，其在居民，特别是中高收入居民中的地位日益上升。财产收入对于市场经济的运转、经济的发展、社会的稳定均具有重要意义。居民的财产性收入派生于居民的个人财产。

我国著名思想家孟子曾经说过，“民之为道也，有恒产者有恒心，无恒产者无恒心，苟无恒心，放辟邪侈，无不为己……是故，明君制民之产，必使仰足以事父母，俯足以畜妻子；乐岁终身饱，凶年免于死亡。然后驱而之善，故民之从之也轻。”孟子认为，对于一般的民众，个人财产对居民的道德和行为产生影响，居民一无所有时，心有不安，行为无所顾忌，自然不利于社会的稳定。因此，开明的君主应该安置民众的产业，使他们对上可以赡养父母，对下可以养活妻子儿女；丰收的年份丰衣足食，灾荒的年份免于死亡。然后使民心向善，民众可以很轻松地跟从他。孟子的“恒产论”受限于当时的社会和经济环境，但是，“恒产论”指出了财产对于社会稳定的作用，现在看来也是正确的。

一、国民经济核算与经济学“财产性收入”核算口径差异

中国共产党在十七大报告中明确提出“创造条件让更多群众拥有财产性收入”①，2008 年中央《关于切实加强农业基础建设，进一步促进农业发展、农民增收的若干意见》还提出“创造条件让更多农民获得财产性收入”。财产性收入拓展了居民的收入渠道，有助于居民共享经济成长的成果。但是，一些国内学者对居民财产性收入的界定存在概念上的混淆。部分学者将资产的增值、销售房产收入、股票的升值作为居民财产收入（李济广，2010；贝政新等，2011；张俊山，2012）。资产持有价格的变动属于资产持有期间的损益，并不创造新的产品或者服务，而是社会财富重新分配的一种结果，因此，从国民经济核算的角度看，资产的增值并不属于财产收入的范畴。那么，财产收入包括哪些内容？以下从两个视角对财产收入的范畴进行界定：一是国民经济核算中的“财产性收入”；二是经济学中的“财产性收入”。

（一）国民经济核算中的财产性收入

在国民经济核算当中，SNA（System of National Account）将收入分配账户分为两类：收入形成账户和分配账户。对于居民部门，收入形成账户反映了居民作为产品和服务生产者创造原始收入的能力，而分配账户聚焦居民部门获得收入的能力。表 2－25～表 2－27 反映了 SNA 对居民收入的核算过程。收入形成账户和

① 《胡锦涛在中国共产党第十七次全国代表大会上的报告》，http：//news. xinhuanet. com/newscenter/2007－10/24/content_6938568. htm。

分配账户反映了居民的收入分为两部分：一是部门内部形成的收入；二是来自分配的收入。居民部门增加值来自生产账户的结转，即居民部门产出扣减中间投入之后的余额，居民部门产出包括在市场上交易的产出、自用物品和服务的产出两大类。居民部门的产出以三种形式转化为居民的收入：劳动报酬、营业盈余和混合收入，如表2－25所示。此处的劳动报酬是指居民部门收到的非公司企业应付的劳动报酬，与表2－26分配账户中居民应收劳动报酬不同。

表2－25　　居民部门收入形成账户

使用	来源
劳动报酬	增加值
营业盈余	
混合收入	

资料来源：SNA2008，表7.1。

表2－26　　居民部门初次收入分配账户

使用	来源
	居民部门收入形成账户的使用方项目
	其他部门向居民支付的劳动报酬
财产支出	财产收入
平衡项：初次分配收入	

资料来源：SNA2008，表7.2。

表2－27　　居民部门再分配账户

使用	来源
	初次分配收入平衡项
经常转移支出	经常转移收入
除了实物转移之外社会福利支出	除了实物转移之外社会福利收入
其他经常转移支出	其他经常转移收入
资产、收入税支出	
社会缴款支出净额	
平衡项：可支配收入	

资料来源：SNA2008，表8.1。

从财产收入在国民核算账户中出现的位置可见，财产收入属于初次分配收入。在国民经济核算中，财产收入是与劳动报酬、转移收入、混合收入（即个体经营收入）并列的一个收入类别。表2－28对主要统计典籍中财产性收入的定义进行了梳理，并对定义的适用领域进行了判定。这些定义的共同特征是从财产类型和财产性质对财产性收入进行了定义。我国对财产性收入的定义与SNA2008版的定义基本一致，不同之处在于我国强调了财产的非生产属性。从定义的适用领域看，国民核算领域的定义与收入分配领域的定义存在较大差别，收入分配领域对财产性收入定义的范围更广。表2－29列示了SNA对财产性收入范围的界定，该范围适用于国民核算领域。表2－30列示了《中国城镇住户调查手册（2006）》对财产性收入范围的界定，该范围适用于经济学领域。

表2－28　　　　不同典籍对财产性收入的定义

序号	定义	来源	适用领域
1	财产性收入是金融资产或自然资源的所有者将资产或资源交给其他机构单位使用时产生于的收入。金融资产对应投资收入，自然资源对应租金收入。财产性收入是投资收入与租金收入之和。	SNA2008，P150	国民核算
2	财产性收入指金融资产或有形非生产性资产的所有者向其他机构单位提供资金或将有形非生产性资产供其支配，作为回报而从中获得的收入。	中国国家统计局网站*；《中国统计年鉴》	国民核算
3	财产收入是金融投资或将土地等有形非生产资产提供给其他机构单位使用而获得的收入，包括利息、红利、土地租金、其他财产收入。土地租金由于资料不足暂不进行核算。	《中国经济普查年度资金流量表编制方法》	国民核算
4	财产性收入指家庭拥有的动产（如银行存款、有价证券）、不动产（如车辆、土地、收藏品等）所获得的收入。包括出让财产使用权所获得的利息、租金、专利收入；财产营运所获得的红利收入、财产增值收益等。	《中国城镇住户调查手册》国家统计局城市司，2006年9月；《中国城市（镇）生活与价格年鉴（2011）》	经济学

注：* http://www.stats.gov.cn/tjsj/zbjs/201310/t20131029_449516.html。

表 2 – 29　　SNA 对居民财产性收入范围的界定

核算内容	具体项目
利息	存款、债券、贷款、将金融资产交由其他机构的收入、特别提款权的分配或收入
公司分配收入	现金股利、股票股利、准企业所有者从可支配收益中的提款（不包括从销售收入和出售资产的提款）
投资分配收入	寿险和非寿险的投资收入；养老金、共同基金的投资收入
租金收入	自然资源、土地（包括内陆水域）、矿藏的租金收入

表 2 – 30　　中国国家统计局城市司对居民财产性收入范围的界定

核算内容	具体项目
利息	指资产所有者按预先约定的利率获得的高于存款本金以外的那部分收入。包括各类定期和活期存款利息、债券利息、储蓄性奖券和存款的“中奖”收入。利息与红利的差异：利息一般是预先约定的，与企业的经营状况无关，而红利的多少与企业的经营效益直接有关，一般不预先约定。利息收入是应得收入，包括银行代扣的利息所得税。
股息与红利收入	指购买公司股票后，由股票发行公司按入股数量定期分配的股息、年终分红。
保险收益	指家庭参加储蓄性保险，扣除交纳的保险本金后，所获得的保险净收益。不包括保险责任人对保险人给予的保险理赔收入。
其他投资收入	指家庭从事股票、保险以外的投资行为所获得的投资收益。如出售艺术品、邮票等收藏品超过原购买价的那部分收入；如投资各种经营活动（自己不参与经营）所获得的利润；财产转让溢价部分收入。

资料来源：整理自国家统计局城市司编制的《中国城镇住户调查手册（2006）》。

SNA 对“租金”（Rent）和“租赁金”（Rentals）进行了区分。租赁金是出租方与承租方签订经营契约协定的内容，租赁属于销售或者购买服务行为，因此租赁金属于生产经营收入。租金是资源契约协定的内容，租金收入属于财产收入。经营契约与资源契约存在区别。建筑或者其设施的出租收入属于租赁金而不属于租金。但是在现实当中，承租方向出租方支付的金额可能既包括租金也包括租赁金。例如，在一份合同当中，承租方向出租方支付的金额既包括土地使用或改良的费用，也包括土地上建筑使用费。如果该支付金额在合同中没有进行明确的划分，视收入中哪一部分价值更高，如果土地所占的价值更高，合同金额计入租金收入，否则计入租赁金，即出售服务收入。租金可能以现金支付，也可能以实物支付。租金可以提前固定，也可以根据承租方收入的比例确定，例如，根据农产品的收成支付一定比例的农产品作为租金。

在我国国民经济核算当中，房屋租金作为住房服务产出进行核算。这种产出包括两个方面：一是满足他人居住需求的住房服务，服务的产出以租金进行计量，中间投入包括房屋的维修费用、广告费等。产出扣除中间投入之后的余额，就是住房服务的产出。二是居民以满足自身住房需求的住房也算作产出，不同国家和地区的自有住房和出租住房的比例存在较大差异，自身住房服务的产出通常使用虚拟的方法计算。自身住房服务作为产出进行核算的同时，也作为消费进行核算，但自身住房服务对居民的可支配收入无影响（刘伟，2011）。

从表 2 - 29 与表 2 - 30 的对比可见，经济学中对财产收入核算的范围大于国民核算当中界定的范围。主要区别在于以下几项收入包括在收入分配界定的财产收入当中，而不包括在国民核算界定的财产收入当中：第一，生产性资产获得的租金收入不属于财产收入，而是作为生产活动计入 GDP。如房屋出租获得的租金，不作为财产收入核算，对于居民而言，作为混合收入或者经营收入核算。第二，资产转让获得的收入不属于财产性收入。资产转让是资产从一种类别转化为另一种类别，如销售房产，资产从房产转化为存款（高敏雪和王丹丹，2008）。第三，财产的增值不作为财产性收入。财产增值或者跌价属于资本的损益，是市场对资产进行的再分配。第四，居民无形资产获得的收入不属于财产性收入。例如，居民所拥有的专利、技术、商誉，等等。

（二）经济学中的财产性收入

1. 收入、财产和财产性收入

根据财产理论，财产可以从普通概念和复杂概念两个层面进行定义。在普通概念下，财产被看作物，其主要部分是指有形物，如土地、房屋、汽车、工具、工厂。但它也包括无形物，如著作权、专利、商标。这些物中的许多东西不会在没有财产权利的世界中存在。古希腊经济学家色诺芬在其著作《经济论》中对财产的定义为：财产是人们具有的物或者所有物，且是能被人们控制和利用的有用物①。在复杂的财产概念（也被人们称为法律概念）下，财产被理解为关系。更准确地说，财产是由与物有关的人或其他实体之间所形成的特定关系，包括转让的规范和权力，排斥他人干涉的规范和权力②。在英文中，财产可用“Fortunes”、“Possessions”、“Goods”、“Estates”和“Property”表达。在中文中，财产也可称为财富，是指某一时点，人们所拥有的资产货币净值（赵人伟，2005）。

① 色诺芬：《经济论》（中译本），商务印书馆 1961 年版，第 1 ~ 4 页。

② 斯蒂芬·芒泽：《财产理论》，北京大学出版社 2006 年版，第 15 ~ 16 页。

改革开放以来，我国居民经历了从“无产者”到“有产者”的转变。当前居民拥有的主要财产是房产、金融资产、土地使用权等。

收入与财产性收入是包含与被包含的关系，两者互为影响。上一期的收入会影响当期的财产，而当期的财产会影响下一期的收入。财产性收入与劳动收入、转移收入、经营收入相并列。它是收入分配链条的中间环节，它的变动会影响收入分配的最终结果。拥有财产并不代表拥有财产性收入，因为财产转化为收入离不开市场的存在，房产、土地在房地产交易市场、租赁等市场获得财产性收入，金融资产在货币市场、股票交易等市场中获得收入。收入到财产的积累、再到财产性收入通常经历三个阶段（国家统计局城市司，广东调查总队课题组，2009）：第一阶段，收入增加为财产的积累创造了条件，居民在满足日常消费支出之后，财产的规模逐步扩大。第二阶段，财产积累首先从生活型家庭财产开始，在满足日常生活和享受之后，逐步向投资性财产积累转变。第三阶段，居民持有财产的品种逐步多元化，财产能通过房地产、资本市场等市场获得财产性收入。简言之，收入、财产和财产性收入之间的内在逻辑关系如图 2－37 所示。

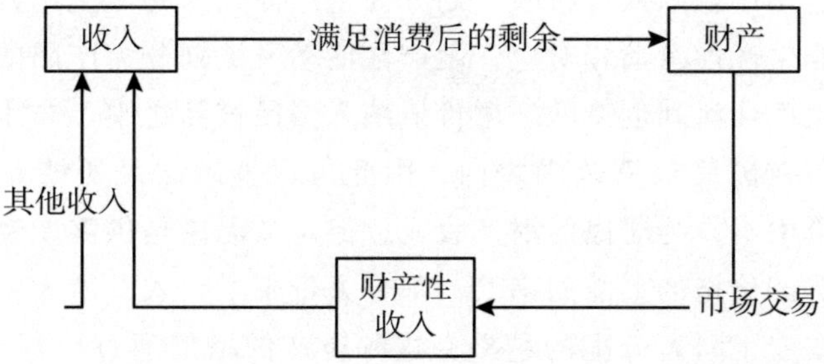

图 2－37　收入、财产和财产性收入的逻辑关系图

2. 财产性收入的特点

财产性收入与其他类型收入相比，具有以下特点。

（1）派生性。财产性收入派生于财产的占有权和支配权，拥有财产是获得财产性收入的前提条件，没有财产，财产性收入就无从谈起。财产性收入的派生性使得居民能够投入很少的时间和精力来获得持续的收入，居民对财产性收入重点在于决策，即持有何种财产，何时持有财产。

（2）累积性。财产性收入具有“滚雪球效应”，拥有的财产越多，其带来的财产性收入越多，财产带来的收入能再转换为财产，随着财产的不断累积，财产性收入能实现自身的累积。

（3）风险性。居民配置某项财产的目的通常不仅是为了出让使用权获得收入，而是希望财产获得增值收益。财产性收入受资产价格变动的影响较大，因此具有一定的风险。相比之下，居民的劳动收入、转移收入相对固定，不确定风险较小。

（4）继承性。财产的可继承性决定了财产收入的可继承性。财产的获得主要来源于收入扣除消费之后的积累，此外，继承、受赠也是获得财产的重要方式。财产所有者的亲属可以无偿或者以较小的成本继承财产，从而获得财产性收入。财产的可继承性使得财产性收入容易影响收入分配起点的公平性。

3. 资产增值收益的财产性收入属性

对于某一经济体而言，资产价格的上涨并没有增加居民的总体福利，只是总体福利的内部结构发生了变化。因此，对资产增值收益的研究从微观或者中观的角度才更具现实意义。国民核算当中的财产收入与经济学中的财产收入存在差别。首先在国民核算当中重点关注的是收入的形成和使用，而收入分配领域的研究通常关注的是收入的分配状态和财富分配的结果，两者对财产性收入所关注视角的侧重点有所不同。其次，国民核算关注的财产收入主体更多，包括居民部门、企业部门、政府部门等，而收入分配关注的财产收入主体是居民。国民核算对收入类别的定义比较细致，将收入划分为生产性收入和非生产性收入，分别与生产性活动、非生产性活动相对应，生产性活动又被划分为产品的生产和服务的生产，而只有生产性活动创造的新增价值纳入国民核算之中。非生产活动导致产品价值的改变不在国民核算范围之内，由此可以理解居民所持有财产价格的上涨，在国民核算中不作为居民的财产收入。但是，无论是供需变动、通货膨胀还是其他原因，资产价格的上涨的确给一部分人带来了收入，增大或者缩小了居民的收入差距，改变了财富分配的结果，这种资产的增值通过市场交易一旦实现，从经济学的视角来看，就应该算作居民的财产收入。

4. 房屋租金对居民初次分配收入比重指标的影响

房产是我国大部分居民的主要财产，它是投资品还是消费品，当前尚无一致的看法。当自有房产用于自身以及家庭成员的居住需求时，此时房产应属于消费品。国民经济核算当中，自有住房也算作服务性产出，产出额通过租金虚拟化的方式处理。从收入分配的角度看，房产担当了个人消费品的功能，个人并没有从房产中获得货币或者实物收入，此时的房产不属于收入分配阶段探讨的范畴，而属于消费行为研究内容。因此，自有住房虽然是居民的主要财产，但是居民将其用于自身消费期间，不能构成居民的财产性收入。当居民将其拥有的住房用于出租时，房产的消费属性转变为投资属性，房产的价值在租赁市场中得以体现，居民获得相应的租金收入，这一收入是由房产带来的，从经济学的角度看，租金收入应属于居民的财产性收入。从国民经济核算的角度看，这是住房服务的产出，属于居民的经营收入。经营收入与财产收入均是初次分配收入的构成项目，无论将房屋租金作为财产收入还是经营收入，对居民初次分配总收入并无影响。因此，房屋租金所属类别对居民初次分配收入占国民收入比重指标没有影响。

二、国民核算口径居民部门财产收入比重指标

（一）指标定义与说明

国民核算口径居民部门财产收入比重指标群如表 2-31 所示。

表 2-31　　国民核算口径财产收入指标群

编号	指标名称	指标定义	备注
2-20	居民财产收入占 GDP 比重	$=\frac{\text{财产收入净额}}{\text{GDP}}$	
2-21	居民财产收入占居民初次分配收入比重	$=\frac{\text{财产收入净额}}{\text{居民初次分配收入}}$	
2-22	居民财产收入占居民可支配收入比重	$=\frac{\text{财产收入净额}}{\text{居民可支配收入}}$	
2-23	财产收入结构指标	$\frac{X_i}{\text{财产收入净额}}$，$X_i \in$ [利息；红利；地租；其他]	
2-24	存贷款利差指标	银行对居民贷款平均利率 - 银行存款平均利率	

居民财产收入净额根据表 2-28 第二项定义。此处财产收入是国民核算范畴下的财产收入，非经济学范畴下的财产收入，两者的区别见之前的论述。

国民核算中，居民财产收入划分为四类：利息、红利、地租、其他财产收入。土地租金由于资料不足暂不进行核算。对于利息等项目的具体界定参见表 2-29。其他财产收入主要包括：投保人的投资收入、对养老金权益的投资收入、属于投资基金股东集体的投资收入。指标之间存在以下关系。

利息收入占财产收入比重 + 红利收入占财产收入比重 + 地租收入占财产收入比重 + 其他财产收入占财产总收入比重 =1。

参照世界银行对存贷款利差（Interest Rates Spread）的定义[1]，存贷款利差指标为银行将款贷给住户部门收取的平均利息率，减去商业银行对活期、定期储蓄存款支付的平均利息率的差额。由于各国银行存款和贷款利率所附加的条件存在差异，因此不同国家之间存贷款利差不具备完全可比性。

存贷款利差反映了银行的经营成本，同时也反映了金融企业部门与住户部门之间的收入分配关系。较小的存贷款利差表明收入分配格局对居民部门有利，会使居民部门获得较多的财产收入。反之，收入分配格局将对金融企业部门有利，会使金融企业部门获得较高的利润。

（二）居民财产收入占 GDP 比重指标测算

根据表 2 - 31 中居民财产收入占 GDP 比重的定义，使用《中国统计年鉴》（2012）、（2013）资金流量表（实物交易）数据，居民财产收入占 GDP 比重指标计算结果如图 2 - 38 所示。

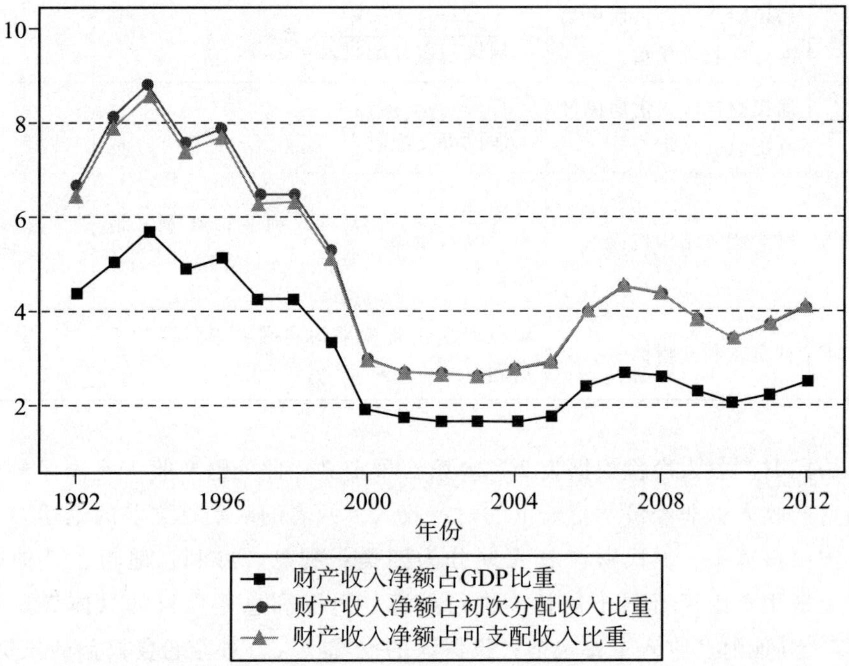

图 2 - 38　我国居民财产收入占国民收入比重指标取值变化趋势

注：国家统计局对 2000 年以前资金流量表统计口径调整尚未完成。

[1] http://data.worldbank.org/indicator/FR.INR.LNDP.

（三）财产收入结构指标测算

根据表2－31中财产收入结构指标的定义，使用《中国统计年鉴》（2012）、（2013）资金流量表（实物交易）数据计算，2000年以来居民财产收入构成指标如图2－39所示。

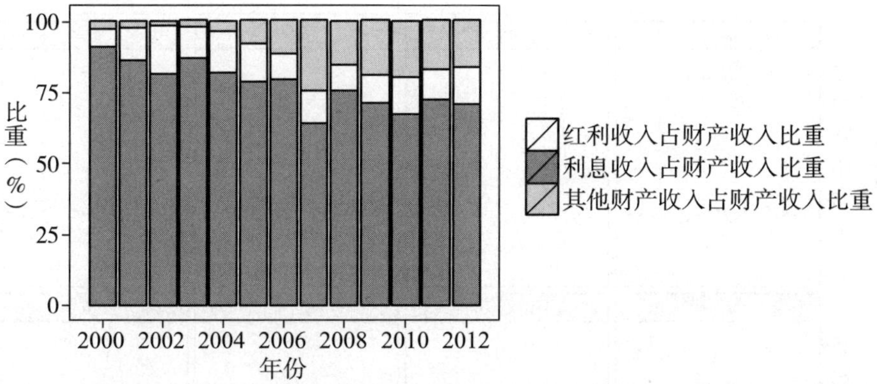

图2－39　我国居民财产收入构成指标取值变化趋势

（四）存贷款利差指标测算

根据表2－31中存贷款利差指标的定义，使用世界银行数据测算的部分国家存贷款利差指标如图2－40所示[①]。

（五）居民财产收入占国民收入比重的特点及趋势

我国居民财产收入经历了从无到有的发展。改革开放以前，理论上和实践上对财产性收入都是否定的，按劳分配被视作社会主义的重要标志之一，劳动收入是居民单一的收入来源。另一方面，大部分居民除了生活必需品外，没有多少财产，因此也谈不上财产收入。改革开放以后，我国经济从计划经济向市场经济转轨，与经济的发展水平和环境相适应，收入分配制度也发生了巨大变化。从单一的按劳分配，发展为以按劳分配为主，其他分配方式为补充，再发展到按劳分配与按生产要素分配相结合。资本、土地等生产要素逐步从社会化生产中获得相应的收入。

① http：//data. worldbank. org/indicator/FR. INR. LNDP.

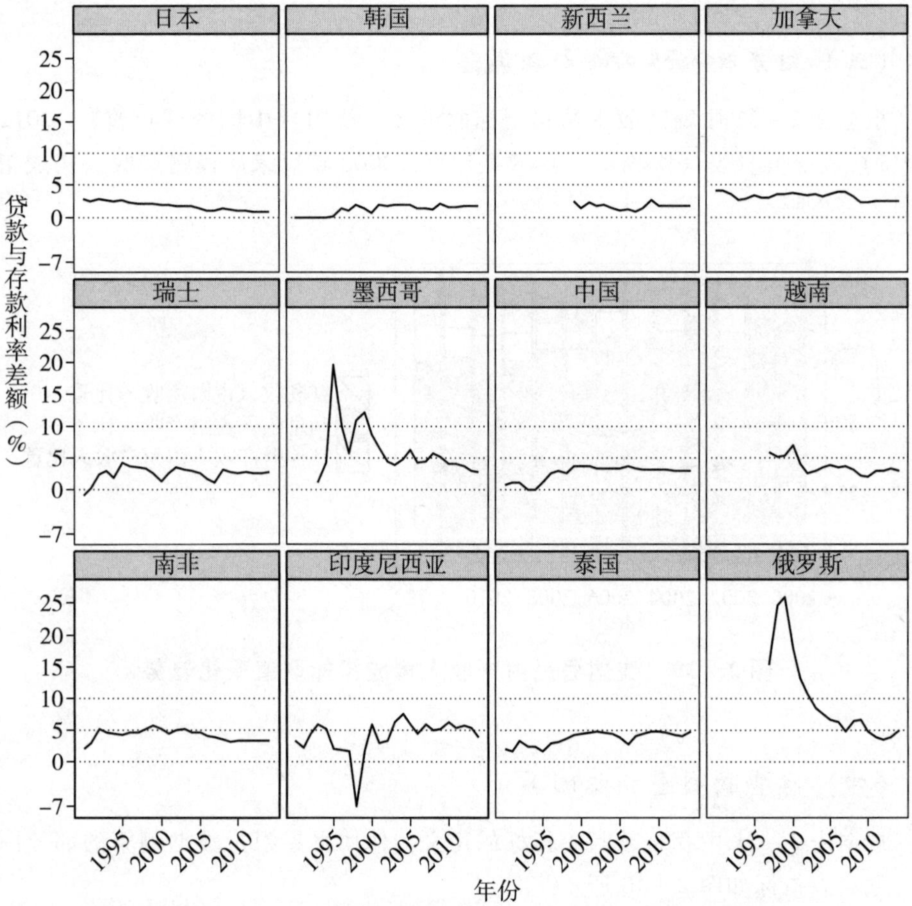

图 2-40　1990～2014 年各国存贷款利差水平及其变动趋势

资料来源：世界银行数据库。

1. 2000 年以来财产收入比重成倒“U”型，比重仍然偏低

居民财产收入占 GDP 的比重在 2000～2005 年约为 1.8%，2006 年以后上升至 2% 以上。2006 年和 2007 年财产收入上升的幅度较大，分别上升了 0.6% 和 0.3%，之后财产收入占 GDP 比重呈下降趋势。2000 年以来财产收入占比的变动轨迹呈现倒“U”型，倒“U”的顶端出现在 2007 年。结合我国当时的经济环境可以理解，2007 年是我国近 10 多年来股票市场的顶峰时期，居民从资本市场获得了较丰厚的收入。居民财产收入占 GDP 比重处于较低水平，相比之下，20 世纪 90 年代以来，美国居民财产收入占 GDP 的比重稳定在 17% 左右。20 世纪 60 年代，美国人均 GDP 与我国当前时期接近，其居民财产收入占比约为 15%，仍然较大幅度高于我国[1]。

2. 利息收入份额下降，但仍然是主要财产收入来源

图2－39显示，利息收入占居民财产收入比重呈下降趋势，2011年相比2000年下降了约9.2%。根据表2－29的界定，居民利息收入主要包括存贷款利息、债券利息。近年来，虽然居民的存款总额不断上升，但是，居民持有的金融资产中存款和国债所占的份额持续下降，因为金融资产结构发生了较大变化，居民持有的金融资产日益多元化。我国居民持有的金融资产的结构如表2－32所示。

2010年存款占居民金融资产比重相比2004年下降了约8%。我国居民储蓄率仍然较高，截至2013年末，居民部门存款余额达到44.5万亿元，同比增长8.5%，增速下降8.1个百分点。居民存款理财化趋势明显，银行理财资金余额9.5万亿元，同比增长41.8%；信托计划余额10.91万亿元，同比增长46%；证券公司管理受托资金规模5.2万亿元，同比增长175.1%。[2]

表2－32　2004～2010年中国居民金融资产结构　单位：%

年份	2004	2005	2006	2007	2008	2009	2010
本币通货	9.9	9.5	8.9	7.5	8.3	7.8	7.6
存款	71.8	7.2	68.3	54.2	66.6	65.4	63.8
证券	8.4	6.9	9.5	17.4	7.3	12.2	12
其中：(1) 国债	3.5	3.1	2.8	2	1.5	0.6	0.5
(2) 股票	4.9	3.8	6.8	15.4	5.9	11.5	11.4
证券投资基金份额	1.1	1.2	2.2	8.9	5	2	1.5
证券客户保证金	0.7	0.7	1.2	3	1.4	1.4	0.9
保险技术准备金	7.8	8.8	9	8.1	11	11.3	10.6
代客理财资金	—	—	—	—	—	—	3
资金信托计划权益	—	—	—	—	—	—	0.6

资料来源：中国人民银行《中国金融稳定报告（2012）》。

① 刘扬、梁峰：《居民收入比重和收入构成的国际比较分析》，载于《马克思主义研究》2013年第7期，第70页。

② 资料来源：中国人民银行发布的《中国金融稳定报告（2014）》，第22页。

3. 我国存贷款利差相比20世纪90年代初上升

在利息收入是我国居民财产收入主要来源的背景下，存贷款的利差水平对居民财产收入的影响不容忽视。图2-40反映了中国、韩国等国家存贷款利差水平及变动趋势。由于各国对存款和贷款利率的设定条件存在差别，因此国家之间难以进行同时期横向比较。但是，从各国内部看，俄罗斯、日本的存贷款利差呈现下降趋势，而我国与韩国的存贷款利差水平的变动趋势相反，相比20世纪90年代初升幅明显。1995年以前，我国存贷款利差维持在1.5%以内，之后逐步上升，2012年为3%。我国银行业以国有控股为主，近年来，我国商业银行的利润快速增长，2011年商业银行净利润超过万亿元大关，达到10 412亿元①，平均每天赚约28.5亿元。在我国居民存款规模不断扩大的情况下，存贷款利差上升将带来乘数效应。商业银行净利润的上升侵蚀了部分应属于居民的财产收入。

4. 红利收入份额与股票资产份额变动趋势背离

图2-39显示，红利在居民财产收入中的份额在2000~2005年逐步上升，之后缓慢下降。这与我国居民金融资产中股票份额变动趋势相背离。表2-32显示，2004年以来，股票占居民金融资产的比重总体上呈现上升趋势，从2004年的4.9%上升至2010年11.4%，而在此期间，居民红利收入占其财产收入的份额从10.7%下降到8.2%。升降之间相差了9%，表明我国股票市场机制的不完善，居民投资股票市场没有获得相应的投资分红收益。上市企业重视股价而忽视分红，使得市场中炒作的导向较浓，而投资的氛围弱化。

5. 投资收入来源日益多元化

随着我国市场经济改革的深入，投资渠道逐步增多，居民理财观念也发生了较大变化，除了利息收入和分红收入之外，其他财产收入增多。图2-39显示，其他财产收入占居民财产总收入的比重逐步上升，2000年约2.3%上升至2011年的9.7%。根据表2-29的界定，我国居民其他财产收入主要包括：投保人的投资收入、对养老金权益的投资收入、属于投资基金股东集体的投资收入。

（六）居民财产收入份额的国际比较

居民财产收入受到居民财产拥有量、资本要素价格、产权保护程度、资本市场的发展水平等多方面的影响。以下选取美国、德国、韩国和日本四个国家，使用前述构建的财产收入相关指标，测算这些国家财产收入比重和财产收入构成，结果如图2-41~图2-48所示。

① 资料来源：2012年4月4日Wind资讯。

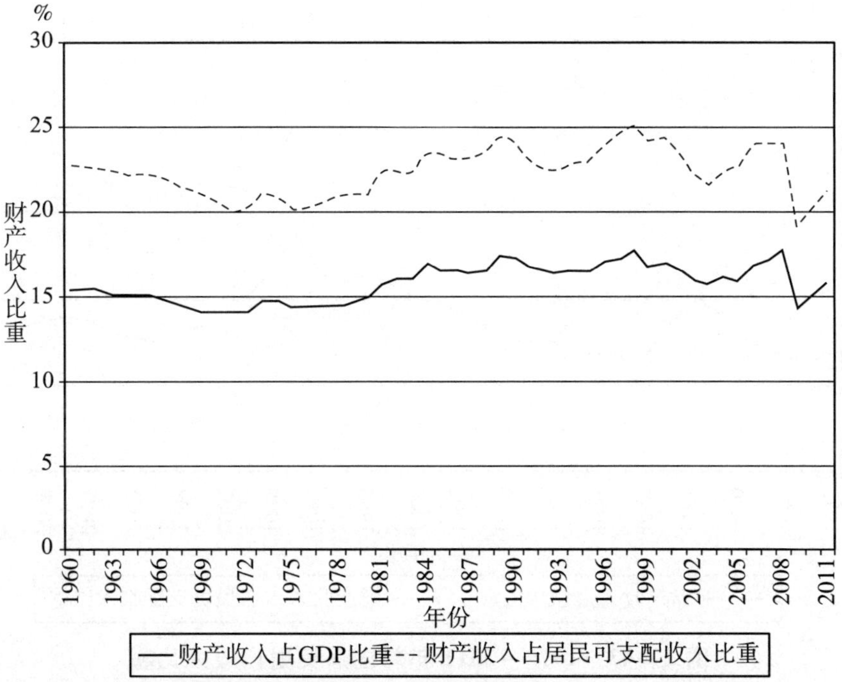

图 2-41　1960～2011 年美国居民财产收入比重

注：原始数据来源于美国经济分析局。

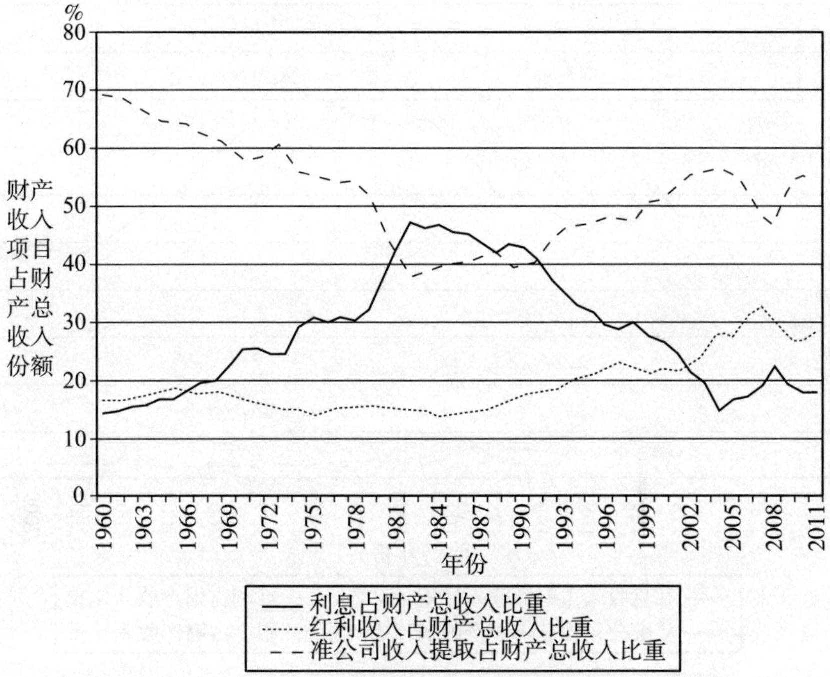

图 2-42　1960～2011 年美国居民财产收入构成

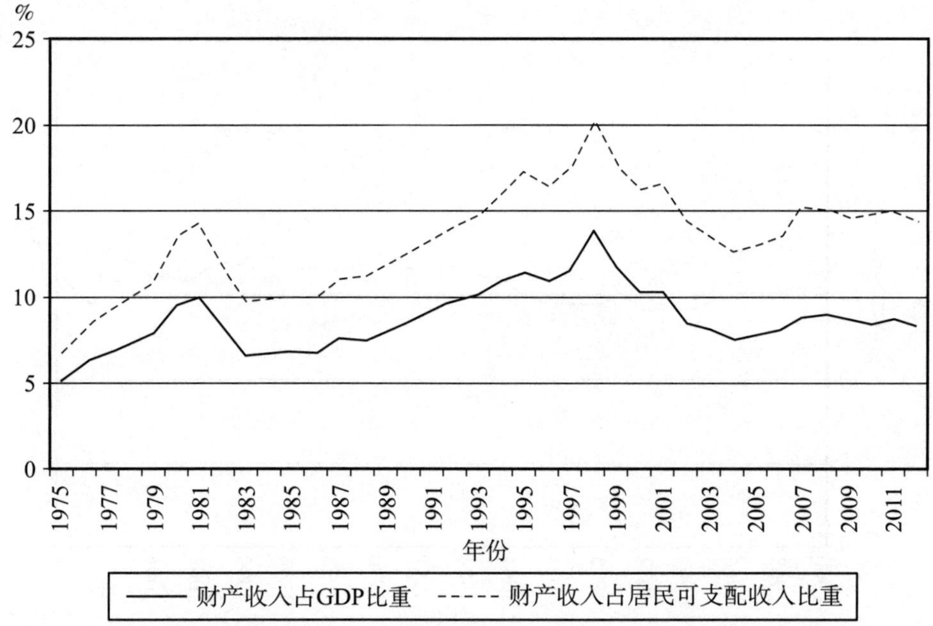

图 2－43　1975～2011 年韩国居民财产收入比重

注：原始数据来源于 http：//kosis. kr/eng/statisticsList/statisticsList_01List. jsp？vwcd = MT_ETITLE&parmTabId = M_01_01。

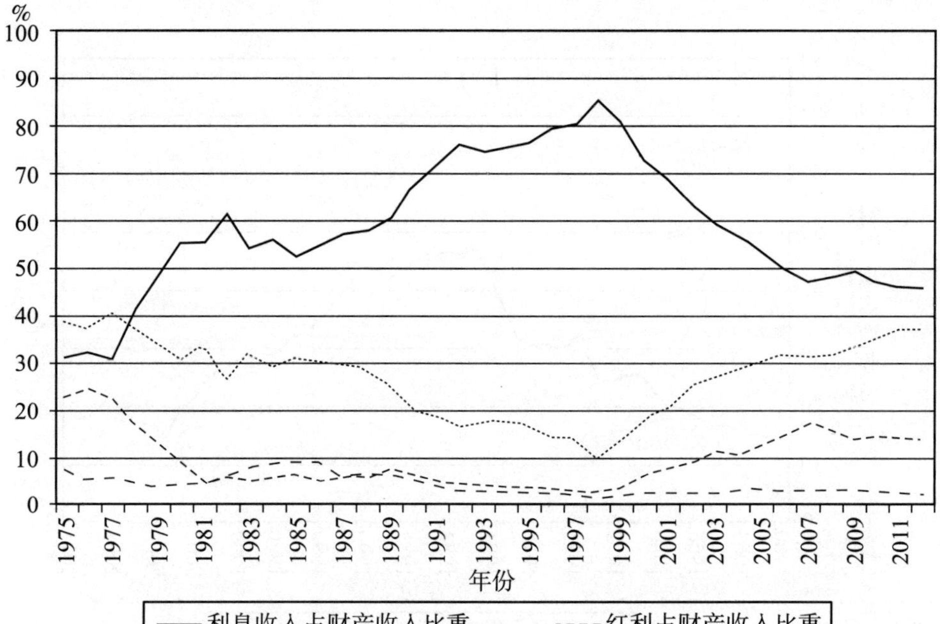

图 2－44　1975～2011 年韩国居民财产收入构成

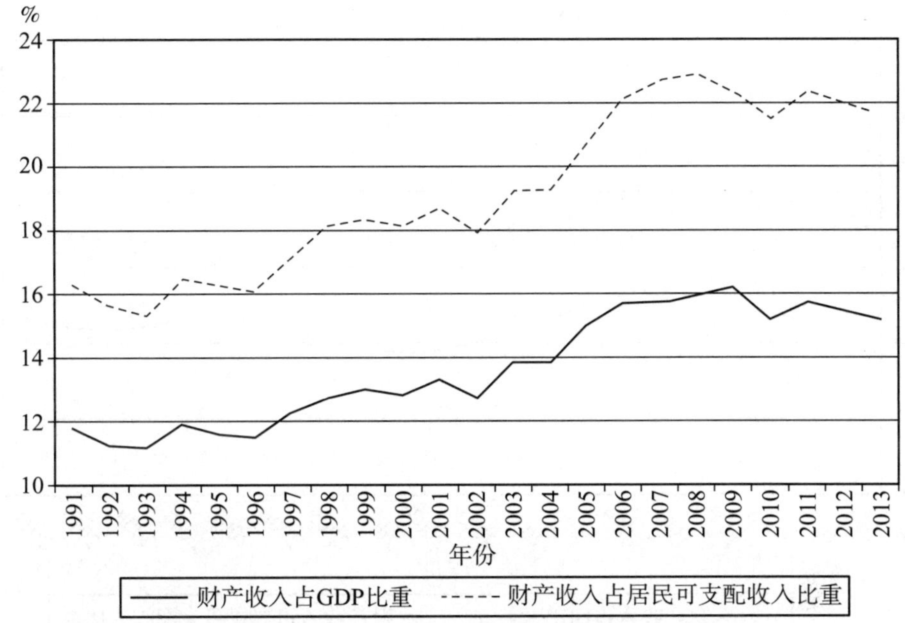

图 2-45　1991~2013 年德国居民财产收入比重

注：原始数据来源于 https：//www. destatis. de/DE/Publikationen/Thematisch/Volkswirtschaft licheGesamtrechnungen/Nationaleinkommen/Sektorkonten. html； jsessionid = C0B6B49E5F0CC84C9AEA 33ABF5E395E5. cae4。

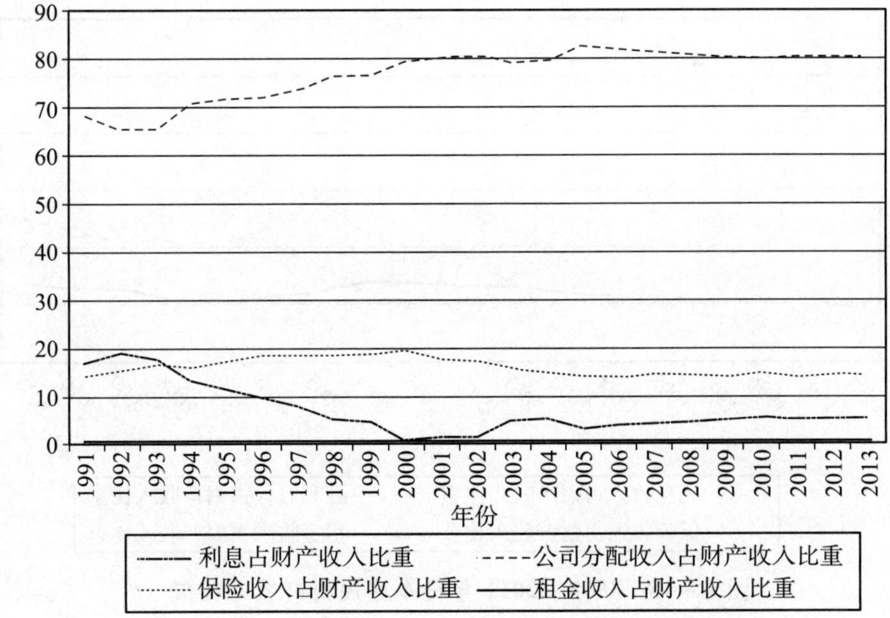

图 2-46　1991~2013 年德国居民财产收入构成

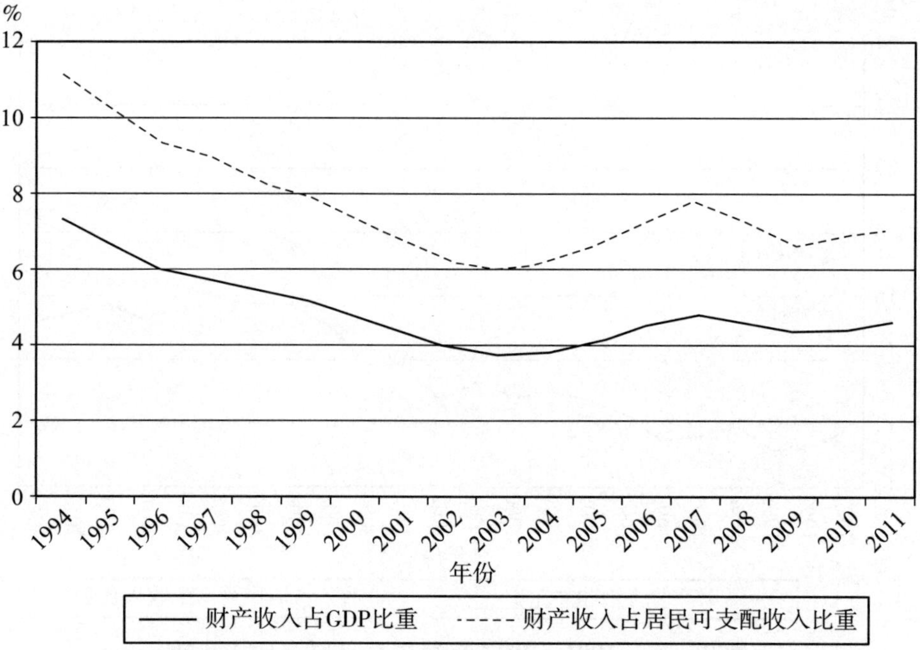

图 2-47　1994～2011 年日本居民财产收入比重

注：原始数据来源于 http：//www. esri. cao. go. jp/en/sna/data/kakuhou/files/sq/23sqannual_report_e. html。

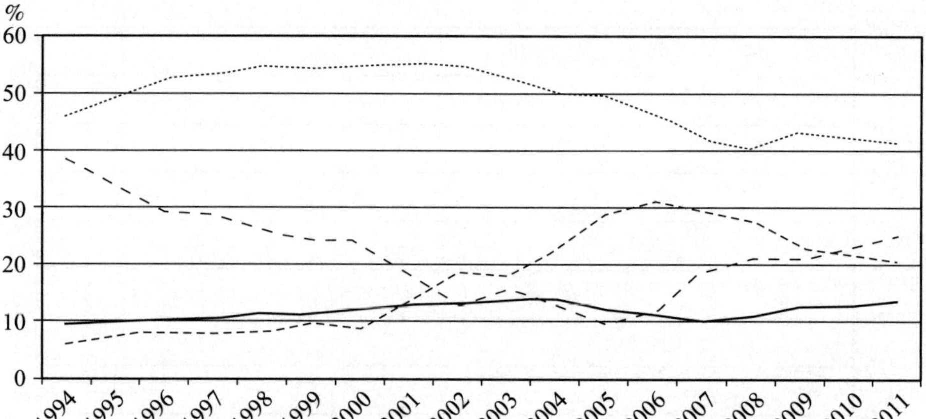

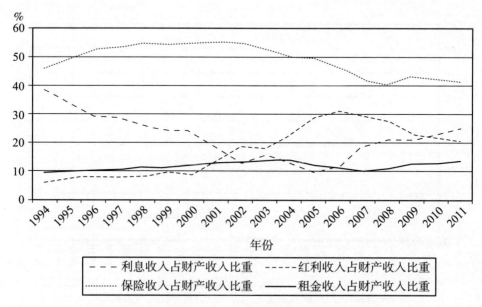

图 2-48　1994～2011 年日本居民财产收入构成

总体上这些国家的财产收入具有以下特征。

1. 财产收入占比与经济发展水平之间无必然正相关

以 2011 年为例，我国居民财产收入占 GDP 的比重约为 2%；美国约为 16%；韩国约为 8%；德国约为 15%；日本约为 5%。从地理区域看，亚洲国家的财产收入低于欧美国家。从经济发展水平看，以上国家的经济发展水平、人均 GDP 的差异并没有财产收入占比的差距悬殊。日本 2011 年人均 GDP 约为 3.6 万美元，美国约为 4.2 万美元，相差不大，但是日本与美国居民财产收入比重相差约 11%。从各国内部看，财产收入占比与人均 GDP 水平之间多数存在显著的相关关系，但是相关关系未必为正。表 2－33 列示了财产占比与人均 GDP 水平之间的相关系数。相关系数为正数，表明该国随着人均 GDP 水平的提高，财产收入占比呈现上升趋势。这种趋势在德国尤为明显，德国居民财产收入占 GDP 比重在 20 世纪 90 年代初约为 11%，之后缓慢地稳步上升。但是，日本的情况与其他国家不同，财产收入占比与人均 GDP 水平之间呈现显著的负相关，近 20 年来，日本居民财产收入占 GDP 比重呈现下降趋势，而人均 GDP 缓慢地小幅上升。20 世纪 60～80 年代，日本的平均存款利率约为 4%[①]，90 年代之后，随着日本经济进入了滞涨期，存款利率水平下降到 1% 以下，2003 年前后存款利率一度接近于 0。利率一方面影响到居民的利息收入，同时，利率是其他资产收益率的重要参照系，利率水平下降直接和间接地导致了日本居民财产收入份额下降。

表 2－33　　财产收入占比与人均 GDP 的相关性

国家	皮尔森相关系数	P 值	样本时期
中国	0.63	0.0293	2000～2011 年
美国	0.62	0.0000	1960～2011 年
德国	0.94	0.0000	1991～2012 年
韩国	0.33	0.0454	1975～2012 年
日本	－0.59	0.0105	1994～2011 年

注：人均 GDP 来源于世界银行，以 2005 年不变价格计算。P 值对应的原假设为：相关系数为 0。

2. 利息收入普遍不是居民财产收入的主要来源

通过以上各国居民财产收入构成的对比发现，各国居民的财产收入构成差异较大。除了我国以外，利息收入均不是以上国家居民财产收入的主要来源。以 2011 年为例，美国居民利息收入占其财产收入的比重约为 19%；韩国约为 48%；德国约为 5%；日本约为 25%；我国约为 84%。居民的财产收入格局与投资环

① 资料来源：世界银行数据库。

境、文化、习惯、社会保障等因素有关。我国居民的储蓄率长期处于较高水平，使得利息收入占居民财产收入比重较高。利息收入占比指标从另一个角度反映了居民投资渠道的多与寡。投资选择较少时，居民只能将资本存在银行获取利息，由此利息占比指标较高；如果投资渠道较多时，利息占比指标则反之。一个国家投资渠道的多元化，受到产权保护程度、金融市场的成熟度、社会信用体系的完善程度等多方面因素的影响。西方国家市场经济经过了长时间的发展，在以上方面不同程度地走在了我们国家前面，他们的选择相对丰富，因此利息收入在财产收入中的占比不高。

3. 公司分配收入是美国、德国居民财产收入的主要来源

美国经济分析局对居民从公司获得的财产收入划分为两类：第一类是从准公司提取的收入，准公司是没有以法人身份运营的个体企业或者合伙企业。这类收入是居民财产收入的主要部分。第一类是从公司获得的红利收入。美国居民财产收入构成如图 2－42 所示。自 1960 年以来，美国居民从准公司获得的财产收入占居民总财产收入比重在多数年度都在 50% 以上，总体变动趋势呈现边缘为锯齿状的“U”型。“U”型的底部出现在 20 世纪 70 年代末期，可见美国居民准公司的经营状况受 70 年代末期经济危机的影响较大，该时期居民从准公司获得收入的比重大幅下降。相比之下，该时期美国居民财产收入中利息收入占比大幅提高，有大约十多年时间超越了居民从准公司获得的财产收入份额。

在德国，公司分配收入占居民财产收入的比重基本稳定在 80% 左右；保险收入约占 15%；利息收入约占 5%。可见德国公司分配收入是居民主要而且稳定的财产收入来源，利息收入所占比重微弱。

4. 韩国和日本居民的财产收入格局近 20 年来变化较大

韩国和日本居民财产收入构成分别如图 2－44 及图 2－48 所示。20 世纪 70 年代，韩国居民利息收入占其财产收入比重约为 30%，之后逐步上升，1997 年达到 83% 左右。亚洲金融危机成为了转折点，利息收入占比从 85%，到 2012 年下降为不足 50%。该时期居民利息收入占财产收入比重下降与利率水平下降密切相关，1998 年韩国存款利率水平达到 13.2%，2012 年下降为 3.7%[①]。伴随着利息收入占比下降，居民从准公司提取的收入快速增长，2012 年达到了约 40%。

日本居民的财产收入构成与其他国家不同，保险收入是其居民财产收入的主要来源。1996～2004 年，保险收入占居民财产收入的比重超过 50%，因为日本保险产品除了保障功能之外，还具有较强的理财功能。但是，2004 年之后，保险收入占居民财产收入比重出现了较明显的下降，与之相对应的是利息收入比重

① 资料来源：世界银行数据库。

上升。相比其他国家，租金收入在日本居民的财产收入中的地位稳固，近 20 年来，租金占居民财产收入比重平稳地保持在 10% 以上。根据表 2 - 29 的界定，图 2 - 48 的租金收入是指自然资源、土地（包括内陆水域）、矿藏的租金收入。

三、经济学口径居民部门财产收入比重指标

（一）指标定义与说明

经济学口径财产收入指标群如表 2 - 34 所示。

表 2 - 34　　　　经济学口径财产收入指标群

编号	指标名称	指标定义	备注
2 - 25	财产收入占城镇家庭总收入比重	$=\frac{\text{家庭财产总收入}}{\text{家庭总收入}}$	城镇居民
2 - 26	居民财产收入项目占家庭财产总收入比重	$=\frac{X_i\text{(财产收入项目)}}{\text{家庭财产总收入}}$	分析对象：城镇居民 分析内容：利息收入等 7 类财产收入
2 - 27	居民财产收入占农村居民纯收入比重	$=\frac{\text{人均财产收入}}{\text{家庭人均纯收入}}$	农村住户
2 - 28	居民财产形成系数	$=\frac{\text{家庭人均纯收入}-\text{人均生活消费总支出}}{\text{家庭人均纯收入}}$	农村住户
2 - 29	居民财产收入差距	基尼系数	经济学口径和国民核算口径
2 - 30	国民核算口径财产收入占经济学口径财产收入比重	$=\frac{\text{国民核算口径财产收入}}{\text{经济学口径财产收入}}$	

经济学口径财产收入指标群主要使用住户调查数据测算，2013年以前，我国城镇居民住户调查与农村住户调查分开进行，调查指标存在不同程度的差别。城镇居民调查的是家庭总收入，农村住户调查的是家庭纯收入。城镇居民按家庭总收入划分为8组，而农村住户划分为5组。因此，经济学口径财产收入指标群当中，城镇居民和农村住户的财产收入指标计算公式存在一些区别。

1. 城镇居民财产收入指标说明

财产总收入依据经济学当中财产收入的定义，而非国民经济核算中的定义，定义见表2-28第4项。财产收入包括的具体内容如表2-30所示，其统计范围大于表2-29中的界定，主要区别在于表2-30增加了出租房屋收入和财产增值收入，具体差别见前述。城镇家庭总收入是指家庭成员得到的工资性收入、经营净收入、财产性收入、转移性收入之和，不包括出售财物收入和借贷收入[①]。

在居民财产收入项目占家庭财产总收入比重指标中，财产收入项目 X_i 包括：利息收入，股息与红利收入，保险收益，其他投资收入，出租房屋收入，知识产权收入，其他财产性收入。

2. 农村住户财产收入指标说明

财产收入的定义见表2-28第4项，财产收入包括的具体内容如表2-30所示。农村居民家庭纯收入是指农村住户当年从各个来源得到的总收入相应地扣除所发生的费用后的收入总和[②]。计算方法如下。

$$\begin{aligned}\text{农村居民家庭纯收入} = &\text{总收入} - \text{家庭经营费用支出} - \text{税费支出}\\ &- \text{生产性固定资产折旧} - \text{赠送农村内部亲友}\end{aligned} \tag{2-34}$$

其中总收入是指调查期内农村住户和住户成员从各种来源渠道得到的收入总和。

与农村居民家庭纯收入有联系，但是又有所区别的另一个概念是现金收入。现金收入是指农村住户和住户成员在调查期内得到以现金形态表现的收入，按来源分成工资性收入、家庭经营现金收入、财产性收入、转移性收入。

农民纯收入按收入的形态分为现金纯收入和实物纯收入。现金纯收入指当年从各个来源得到的现金总收入相应扣除所发生的现金费用支出后的收入总和，是纯收入中已经变现的部分，反映当年纯收入中农民对外进行商品交换的现实支付能力。实物纯收入指当年农户自产自用的粮食、食油、蔬菜、肉禽蛋等农副产品的折价收入，计算方法是将农户当年生产的农产品产量扣除出售部分，分品种作

① 参照国家统计局统计指标解释定义，http://www.stats.gov.cn/tjsj/zbjs/201310/t20131029_449516.html。

② 资料来源：国家统计局网站，http://www.stats.gov.cn/tjsj/zbjs/201310/t20131029_449516.html。

价后计算得出。

农民人均现金收入与农民人均纯收入的区别主要表现在两个方面：一是农民人均纯收入包括农民自产自用的农副产品折价收入，即实物纯收入，而农民人均现金收入仅包括农村住户和住户成员在调查期内得到的以现金形态表现的收入，没有包括实物折价收入；二是农民人均纯收入中的现金收入部分，是扣除从事生产和非生产经营费用支出、缴纳税款和上交承包集体任务金额等费用支出后的纯收入，而不是农户家庭所有的现金收入。

3. 居民财产形成系数指标说明

居民财产形成系数涉及八项生活消费支出：食品、衣着、居住、家庭设备及用品、交通通信、文教娱乐、医疗保健、其他支出①。家庭纯收入扣减生活消费总支出之后的剩余部分将以各种形式转化为居民财产，可能的转化形式包括转化为现金资产、银行存款、股票、基金、固定资产、借贷资产、收藏品等。

家庭收入结余与家庭纯收入的比值反映了居民收入转化为财产的比例。农村居民财产形成系数是相对数指标，财产形成系数取值高，反映了居民具有较强的财产积累能力，取值低则反之。取值的高低主要受到三个方面因素的影响：一是受到家庭人均纯收入水平的影响；二是受到生活消费品价格的影响，生活消费品的价格影响到居民的消费总支出；三是受到居民消费习惯的影响，节俭还是奢侈直接影响到消费水平。如果居民当期的生活消费总支出大于当期家庭纯收入时，财产形成系数为负数，表示居民当期消费将要消耗往期的财产积累，或者形成负债，透支未来的财产积累。

4. 居民财产收入差距指标说明

本书使用基尼系数来衡量农村居民的财产收入差距。基尼系数的计算方法有多种，包括公式法、切块法、弓形面积法、拟合曲线法等。以下使用张建华（2007）提出的一种简单算法，如公式（2-35）所示。该方法被广泛使用（杨旭等，2014）。

$$基尼系数 = 1 - \frac{1}{n}(2\sum_{i=1}^{n-1} W_i + 1) \tag{2-35}$$

其中，W_i表示第1组直到第i组人口累计收入占全部人口总收入的百分比，n为分组数。

该方法是基于等距离分组构建的，农村住户调查按居民家庭纯收入等距分组，可以直接使用该公式。但是，城镇住户调查结果按可支配收入排序分为七组，组距不相等，因此无法直接使用。参照李建华的思想，我们对公式（2-35）

① 参照《中国统计年鉴》"按收入五等份分农村居民家庭平均每人生活消费支出"统计表对生活消费支出分类方法划分。

进行了改进，结果如公式（2－36）所示。公式（2－36）适用于组距相等或者不等的情况。

$$基尼系数=\frac{A}{A+B}=1-2B \quad (2-36)$$

$$B=\frac{1}{2}W_1P_1+\frac{1}{2}\sum_{i=2}^{n}(W_{i-1}+W_i)P_i \quad (2-37)$$

其中，A 为图 2－49 中绝对公平线与实际洛伦茨曲线之间的面积；B 为洛伦茨曲线、绝对不公平线之间阴影部分面积。其中，$A+B=\frac{1}{2}$。n 为分组数目，W_i 是第 1 组累计到第 i 组人口的收入占总收入的比重，P_i 是第 i 组人口占总人口的比重。根据城镇住户调查 7 个收入分组，图 2－49 中洛伦茨曲线上的点为 2012 年各累计分组人口比重对应的累计财产收入比重，这些点将 B 分解为 1 个三角形和 6 个梯形。

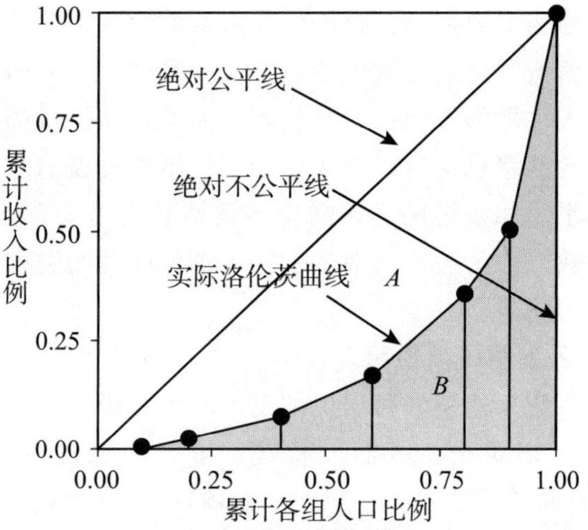

图 2－49　非等距分组基尼系数计算

（二）城镇居民财产收入比重测算

1. 城镇居民财产收入占家庭总收入比重测算

由《中国住户调查年鉴（2013）》以及《中国城市（镇）生活与价格年鉴（2012）》数据可知，2011 年城镇居民财产收入水平如图 2－50 所示。城镇居民财产收入占家庭总收入比重指标的测算结果如图 2－51 所示。

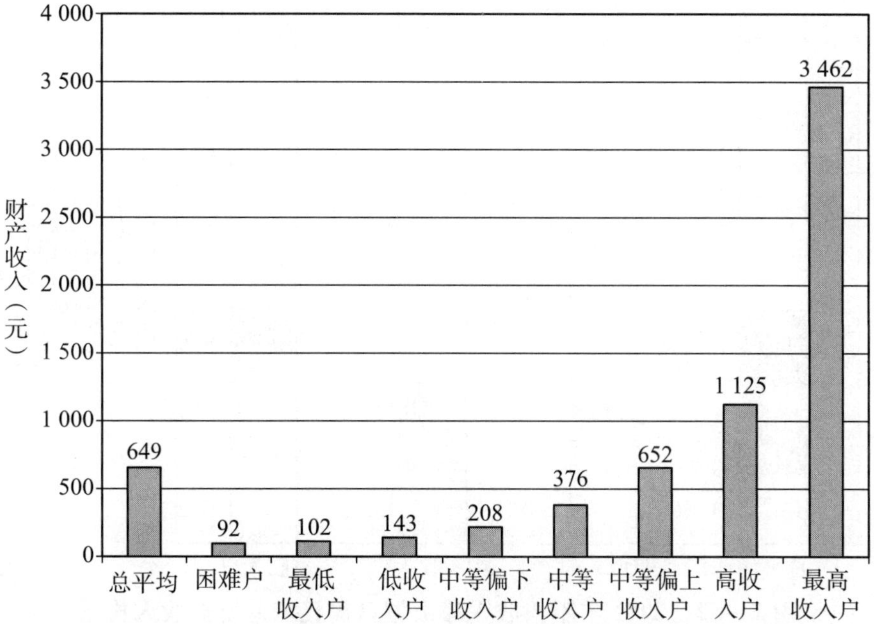

图 2-50　2011 年不同收入等级城镇家庭财产收入水平

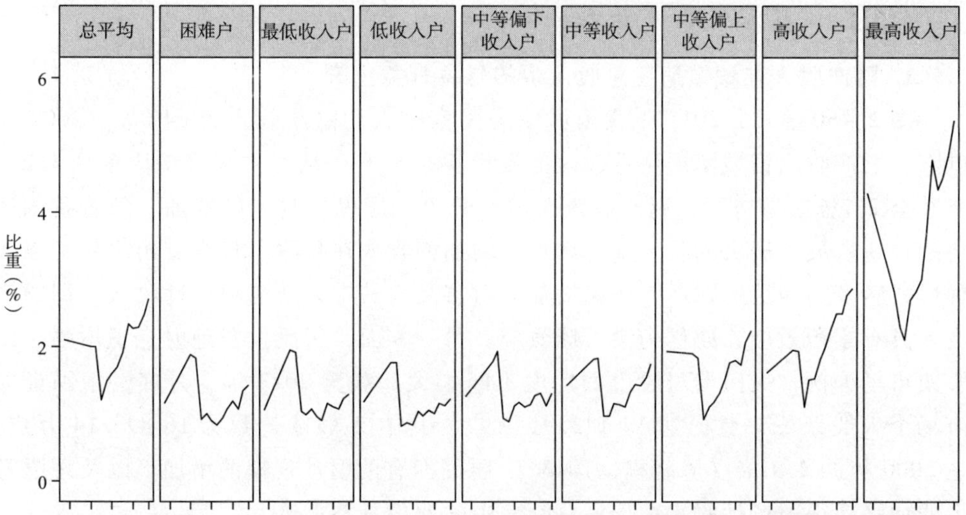

图 2-51　1995～2011 年城镇居民财产收入占家庭总收入比重

2. 城镇居民财产收入项目占家庭财产总收入比重测算

由《中国城市（镇）生活与价格年鉴（2012）》数据可知，2011 年城镇居民财产收入项目占家庭财产总收入比重的计算结果如图 2-52 所示。

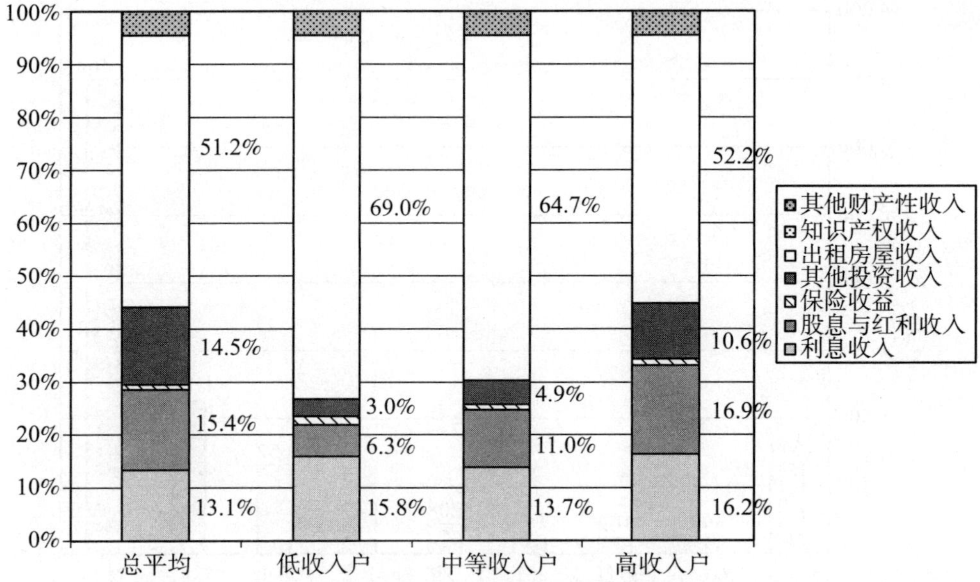

图 2-52　2011 年不同收入等级城镇居民家庭财产收入构成

（三）城镇居民财产收入分析

1. 财产收入在城镇居民总收入中的地位日益上升

图 2-50 显示，2011 年我国城镇居民家庭人均财产收入为 649 元。2002 年以来，财产收入占城镇居民总收入的比重逐步上升，从平均来看，比重从 1.2% 上升至 2.7%。一方面，财产收入比重上升源于居民总收入的增加。随着我国经济的快速发展，居民的收入快速增加，增加的收入在扣除了日常支出之后，以各种形式转变为居民的财产，居民增加的财富又为其带来新的财产性收入，即财产收入具有累积效应，或称为滚雪球效应。另一方面，居民投资理财意识增强。以股票市场为例，居民参与股市的广度不断扩大。截至 2013 年 3 月底，中国证券市场个人股票账户数已达 17 143.91 万户。其中 A 股账户数为 16 893.14 万户，是 2000 年的 2.9 倍（陈晓枫，2013）。居民拥有的财产规模的增加，以及理财意识的增强使得财产性收入在居民总收入中的地位日益上升。

2. 财产收入在不同收入分组中的差距日益扩大

居民财产收入占比日益上升的同时，不同收入分组家庭的财产收入差距也在逐步扩大。2002 年以前，城镇居民财产收入比重曲线多数处于重合状态，之后逐年发散。财产收入占比的排列次序与家庭收入等级分组的排列次序几乎完全一致，收入越高家庭的财产收入占比越高。图 2-51 显示，2011 年，最高收入户的平均财产收入为 3 462 元，是最低收入户的 33.9 倍。高敏雪和王丹丹（2008）

认为，财产分布的不平等程度远大于收入分配的不平等程度。财产收入派生于资产的所有权，因此，财产收入不是缩小收入分配差距的收入项目，而是恰好相反。

3. 房租收入是城镇居民主要财产收入来源

图 2－52 显示，我国城镇居民财产收入主要来自房租收入。近年来，我国商品房价格快速上升，房租价格也节节攀升，在此背景下，居民将个人财富中较大一部分配置成房产，所以，房产占居民家庭总财产的比重随之升高。

从平均来看，2011 年房租收入占城镇居民财产收入的比重约为 51.2%，比利息收入占比高约 38.1%，因此，房租收入是城镇居民财产收入的主要来源。而根据国民经济核算口径，利息收入是我国居民财产收入的主要来源，这支持了一些学者的研究结论，但说明我国居民财产收入占国民收入比重被严重低估（李济广，2010）。究其根源，是房租收入的归属问题。如果从经济学的视角，房租收入应属于财产收入的核算范围，国家统计局城市司进行城镇住户调查的统计口径也是如此；如果从国民经济核算的视角，房租属于服务经营收入，而不属于财产收入。我国以及其他遵循 SNA 国民经济核算体系的国家均不将房租收入作为财产收入。学者们对我国居民财产收入是否被低估这一问题的争论，焦点是以何种口径进行比较，容易犯的错误是将我国经济学视角下的财产收入与外国国民经济核算视角下的财产收入相提并论。

从不同收入水平家庭的财产收入对比来看，高收入家庭的财产收入来源更加多元化。对于低收入家庭，房租收入和利息收入合计占财产总收入比重为 84.8%，相比之下，中等收入家庭的这一比重为 78.4%，而高收入家庭为 68.4%。随着家庭收入水平的提高，房租和利息收入所占比重之和有所降低，这反映了中高收入家庭还有较大份额的其他财产收入，说明财产收入渠道随着家庭收入水平上升而趋向多元化。

4. 财产收入水平在地区之间分布失衡

图 2－53 展现了我国按行政地区划分的城镇家庭财产收入水平①，虚线为全国平均水平。2011 年我国城镇居民平均财产收入为 649 元，31 个行政地区当中，9 个地区高于全国平均水平，多数地区在平均线以下。可见财产收入在地区之间分布并不均匀，一些地区居民的财产收入“被平均”了，地区之间的收入极差为 1 674 元。

财产收入水平和比重较高的地区主要集中在福建、浙江、广东等沿海地区，

① 如无特殊说明，本书中的“我国”、“中国”指中国大陆地区，不包括中国的香港、澳门和台湾地区。

因为这些地区是我国最早对外开放的地区，居民的理财意识较强。同时，这些地区的民营经济相对发达，居民来源于企业以及准企业的分配收入较高。此外，这些地区流动人口较多，居民的房租收入也相对较高。但是，前面对不同国家经济发展水平与财产收入占比关系的分析表明，财产收入占比与经济发展水平之间没有必然的正相关关系。北京、上海是我国人均 GDP 相对高的地区，但其居民财产收入水平处于全国均值附近，而且财产收入占居民总收入的比重低于全国平均水平。其主要原因在于劳动报酬是上海和北京居民收入的主要来源，而相对于两地较高的收入水平，财产收入所占比重被拉低了。

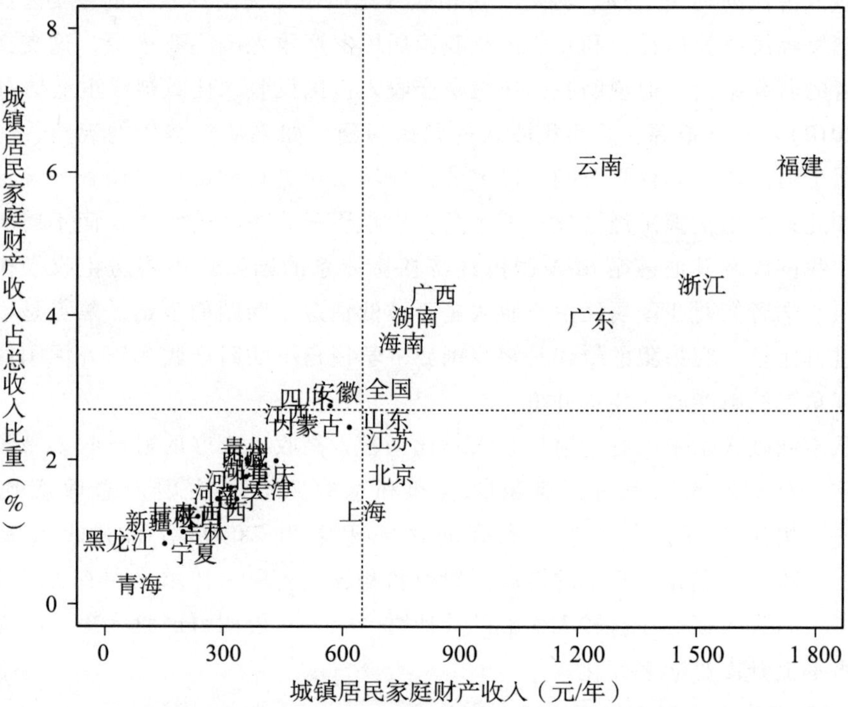

图 2-53　2011 年分地区城镇居民财产收入水平及其比重

资料来源：国家统计局：《中国城市（镇）生活与价格年鉴（2012）》，中国统计出版社 2012 年版。

（四）农村住户财产收入比重测算

1. 农村住户财产收入占纯收入比重

使用《中国住户调查年鉴（2013）》数据对农村居民财产收入占纯收入比重进行计算，结果图 2-54 所示。

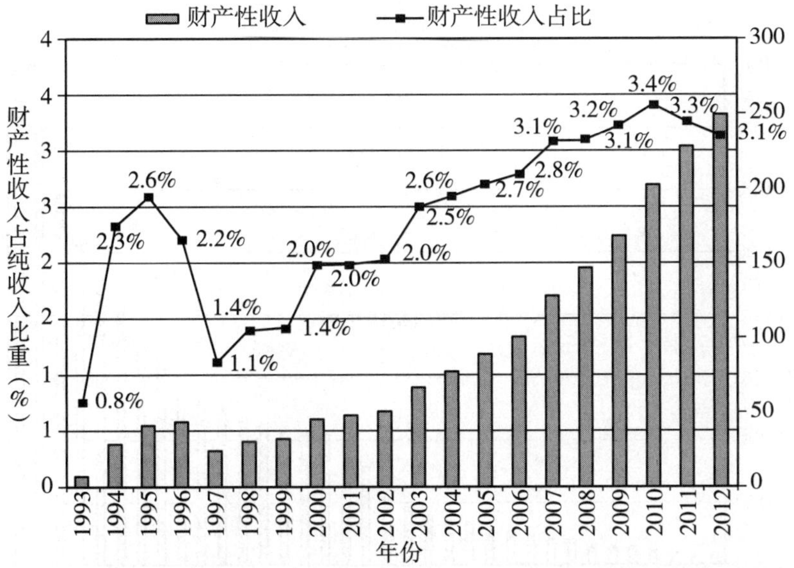

图 2－54　1993～2012 年农村居民财产收入平均水平及其占居民纯收入比重

2. 按农村住户收入水平分组财产收入水平与比重

使用《中国住户调查年鉴（2013）》数据测算的农村住户财产收入水平与差距如图 2－55 所示。1978～2012 年农村住户人均纯收入及其构成如图 2－56 所示。农村住户财产收入占家庭纯收入比重如图 2－57 所示。

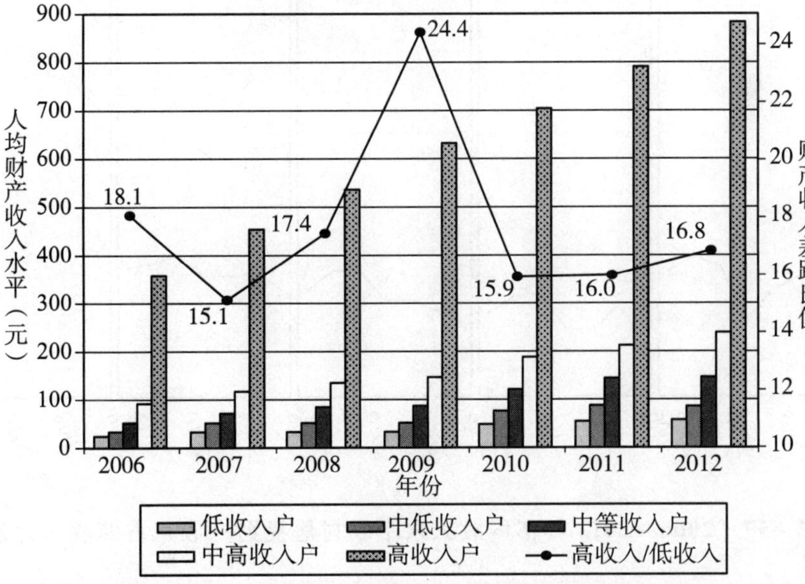

图 2－55　2006～2012 年农村住户按收入等级划分的财产收入水平和差距

资料来源：国家统计局：《中国住户调查年鉴（2013）》，中国统计出版社 2013 年版。

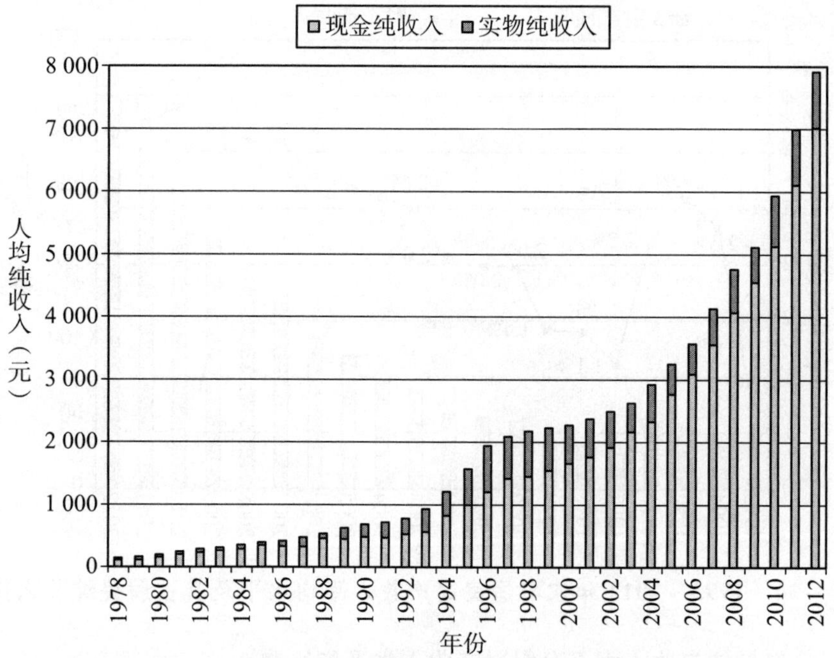

图 2-56　1978～2012 年农村住户人均纯收入及其构成

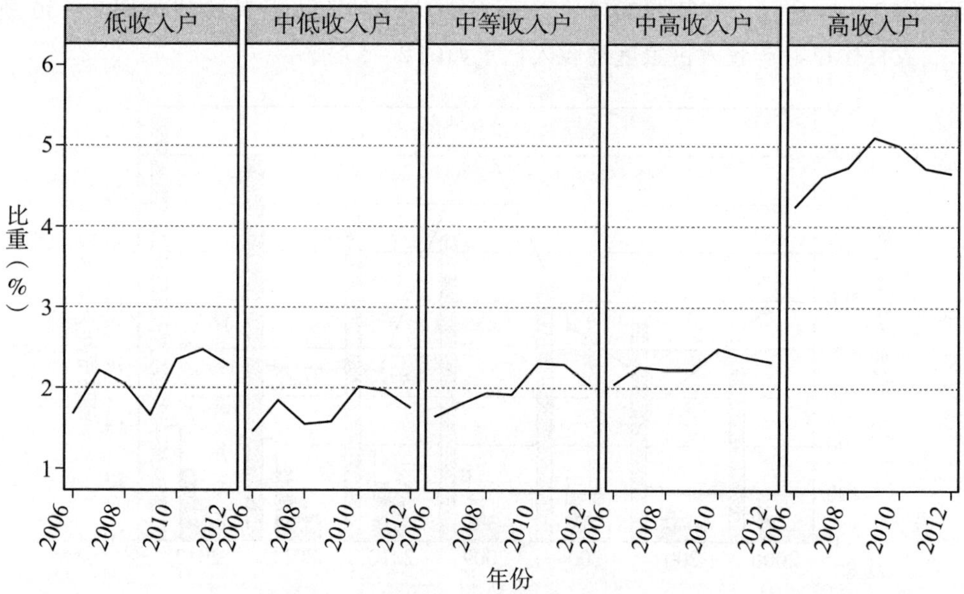

图 2-57　2006～2012 年不同收入水平农村居民财产收入占纯收入比重

（五）农村居民财产形成系数测算

使用《中国统计年鉴》2006～2013 年数据对农村居民财产形成系数进行测算，结果如表 2－35 所示。

表 2－35　　农村居民财产形成系数

年份	低收入户	中低收入户	中等收入户	中高收入户	高收入户
2005	－0. 451	0. 052	0. 184	0. 281	0. 407
2006	－0. 374	0. 082	0. 184	0. 274	0. 377
2007	－0. 374	0. 087	0. 197	0. 282	0. 388
2008	－0. 430	0. 096	0. 218	0. 293	0. 393
2009	－0. 520	0. 077	0. 212	0. 290	0. 392
2010	－0. 356	0. 111	0. 241	0. 325	0. 417
2011	－0. 656	0. 069	0. 224	0. 325	0. 455
2012	－0. 616	0. 071	0. 229	0. 317	0. 459

（六）农村居民财产收入差距测算

使用《中国统计年鉴》2006～2013 年"按收入五等份分农村居民家庭基本情况"数据测算的农村居民财产收入的基尼系数如表 2－36 所示①。

表 2－36　　2005～2012 年农村居民纯收入与财产收入基尼系数

年份	2005	2006	2007	2008	2009	2010	2011	2012
纯收入	0. 347	0. 345	0. 345	0. 349	0. 356	0. 35	0. 359	0. 358
财产收入	0. 505	0. 532	0. 513	0. 53	0. 557	0. 507	0. 504	0. 518

（七）农村居民财产收入分析

1. 农村居民的财产收入水平远低于城镇居民

我国农村居民财产收入与城镇居民存在较大差距。以 2011 年为例，城镇居民人均财产收入约为 649 元，而农村居民约为 228 元，前者为后者的 2. 8 倍。城镇最高收入户人均财产收入约为 3 462 元，是农村最高收入户人均财产收入的 4. 4 倍。

① 测算程序参见附录。

我国城乡居民财产收入差距主要源于城乡居民财产持有的差距。李实等（2005）研究表明，1995 年城镇居民与农村居民人均财产的绝对差距是 2 271 元，相对差距是 1.2∶1，到了 2002 年，城乡之间的绝对差距和相对差距分别扩大为 33 196 元和 3.6∶1。由此可知，财产分布差距扩大幅度超过了收入分布，2002 年城乡居民总财产净值的基尼系数都分别高于城乡居民收入基尼系数，全国居民总财产净值基尼系数比全国居民收入基尼系数高约 10 个百分点。2006 年财产收入的基尼系数也表明，全国及城镇居民财产分布不均等性均高于收入分布，并且扩张幅度上升（罗楚亮，2009）。

造成农村居民财产持有额远低于城镇居民的原因是多方面的：

从收入的角度看，农村居民收入水平长期低于城镇居民，造成财产积累的输入动力不足，扣除日常消费之后的剩余相对较少。图 2－58 显示，城乡收入差距总体呈现扩大趋势，1982 年城镇居民人均可支配收入与农村居民人均纯收入绝对差距为 254 元，相对差距为 1.8∶1，到了 2009 年，城乡之间收入绝对差距和相对差距分别扩大为 12 021 元和 3.3∶1。最近几年，中央出台了一系列为农民增收减负的政策，城乡收入差距出现了缩小的迹象。

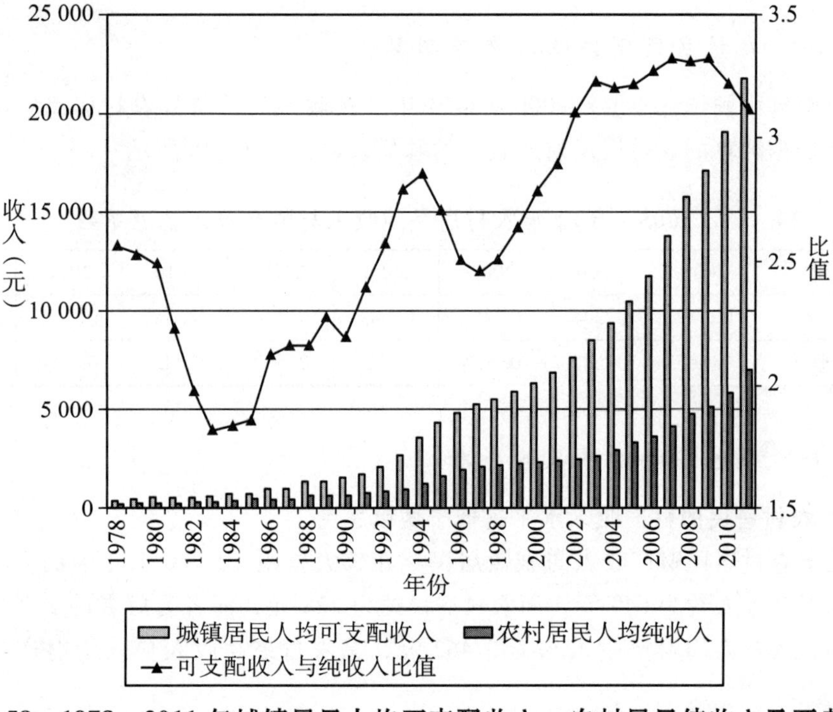

图 2－58　1978～2011 年城镇居民人均可支配收入、农村居民纯收入及两者比值

从产权的角度看，我国农村的产权界定落后于城镇。家庭联产承包责任制是我国农村基本的土地制度，农民只拥有土地的使用权，没有所有权。虽然我国城镇居民对土地也是拥有70年使用权，但是相对与城镇居民，农村居民对土地所拥有的财产权利十分贫瘠。农民对自己承包土地的处置、流转、使用用途等决策受到很大限制。村民委员会或者村民小组是土地的实际控制者，以“农村集体”或者“农民集体”的身份代替农民决策，甚至在一些地区最终变成了村民委员会主任、村支书等个人说了算（程国栋，2005）。财产权利的贫瘠直接导致了财产收入的荒芜。

此外，农村居民整体文化素质相对低于城镇居民，农村的金融市场落后于城市，农民进入金融市场的便利性不足，农村信息化发展水平较低等，对农村居民财产收入相对偏低均具有不同程度影响。

2. 农村居民的财产收入主要集中在高收入户

图2－54显示，我国农村居民的财产收入水平稳步上升，2012年人均财产收入为249元，约为1993年的35倍。财产收入占纯收入比重也逐年提高，由1997年的1.1%上升至2012年的3.1%。在居民财产收入水平提高的同时，居民之间的财产收入出现较大差异，高收入户人均财产收入是低收入户的16.8倍，是中高收入户的3.7倍。中国住户调查按农村收入水平进行五等份划分，据此计算，2012年收入分布顶端20%家庭的财产收入约占农村居民财产收入的63%，由此可见，我国农村居民的财产收入主要集中在高收入家庭。

表2－36显示，农村居民财产收入的基尼系数约为0.5，而其纯收入的基尼系数约为0.35，由此可见，财产收入的不平等程度显著高于家庭纯收入。居民之间财产收入的差异主要源于财产持有规模的差异，而财产规模除了继承和受赠之外，很大程度上取决于居民的财产形成系数。而表2－35显示，随着家庭纯收入水平的上升，财产形成系数逐步上升。对于低收入户，财产形成系数为负数，表明当年的纯收入不足以支付生活消费支出，需要动用积蓄、亲友协助、借贷或其他方式来弥补生活消费支出，因此，财产积累无从谈起。对于中低收入户，每年的纯收入中有不到10%的纯收入可以转化为财产。以2012年为例，中等收入户的财产形成系数为0.229，表明约有22.9%的纯收入转化为财产，而中高收入户和高收入户分别有31.7%、45.9%纯收入转化为财产。由于财产收入具有累积属性，因此，高收入户的财产形成系数长期保持在较高水平，使得居民财产收入差距较大。表2－35还反映了另外一个现象：低收入户的财产形成系数趋于下降，因此其财产规模在萎缩；而其他收入层次家庭的财产规模增加，财产收入上升。

（八）财产收入的统计口径对居民收入分配格局测算的影响

规模分配格局反映了收入在居民之间分配的公平程度。中国住户调查对居民财产收入的调查包括以下 7 项：①利息收入；②股息与红利收入；③保险收益；④其他投资收入；⑤出租房屋收入；⑥知识产权收入；⑦其他财产性收入。①、②、③、⑦项属于国民经济核算口径的财产收入，而④至⑥项属于经济学口径的财产收入。城镇居民国民经济核算口径财产收入占经济学口径财产收入比重如表 2－37 所示。

表 2－37　城镇居民国民经济核算口径财产收入占经济学口径财产收入比重

单位：%

年份	最低收入户	低收入户	中等偏下收入户	中等收入户	中等偏上收入户	高收入户	最高收入户	平均
2006	15.6	31.7	29.5	38.0	40.1	36.7	38.8	37.4
2007	14.8	26.7	29.1	33.3	32.4	30.2	28.9	29.6
2008	29.4	27.6	33.9	32.3	37.1	38.5	37.4	36.3
2009	28.0	28.1	35.5	36.6	38.0	39.5	35.0	36.1
2010	31.8	26.4	32.9	35.8	33.8	35.4	34.7	34.4
2011	33.8	27.9	28.8	30.4	34.0	37.2	34.9	33.9

注：根据《中国城市（镇）生活与价格年鉴》2007～2012 年数据计算，收入水平按人均可支配收入由低到高排序，按 10%、10%、20%、20%、20%、10%、10% 的比例分为七组。

从表 2－37 可知，国民经济核算口径财产收入约占经济学口径财产收入比重的三分之一。因此，将经济学口径财产收入误作为国民经济核算口径财产收入，将会对城镇居民财产收入占国民收入份额高估约两倍；反之，将会对城镇居民财产收入份额低估约 60%。

由于不同口径下财产收入涵盖的内容不同，因此，不同统计口径下测算的财产收入差距不完全一致，进而对居民规模收入分配格局产生影响。以下使用《中国城市（镇）生活与价格年鉴》2006～2011 年城镇住户调查的收入分组数据，分别测算两种口径下财产收入的基尼系数。数据是按照居民可支配收入分组，由于居民财产收入与可支配收入近似线性相关，两者相关系数约为 0.97，因此可以将人均可支配收入分组近似看作财产收入分组。根据公式（2－36）近似计算的国民核算口径和经济学口径居民财产收入基尼系数如表 2－38 所示。

表 2－38　　两种口径下城镇居民财产收入基尼系数

口径＼年份	2006	2007	2008	2009	2010	2011	平均
国民核算	0.414	0.426	0.418	0.440	0.430	0.418	0.424
经济学	0.446	0.427	0.443	0.447	0.440	0.443	0.441

注：原始数据来源同表 2－37。

在所观测的年度，国民核算口径下财产收入差距均不同程度低于经济学口径测算的差距，前者比后者的基尼系数平均低约0.02。由此，可以推断城镇居民出租房屋收入、知识产权收入以及其他投资收入的差距总体上大于其他类型的财产收入。同时，使用国民核算口径来分析居民财产收入的规模收入分配格局，将在一定程度上低估居民财产收入差距。

（九）小结

本节梳理了财产收入的决定理论，对财产收入相关概念进行了界定。分析了收入、财产和财产收入的关系，总结了财产收入的属性：派生性、积累性、风险性和继承性。针对学术界对居民财产收入及其比重计算的争议与混淆，对租金收入、资产增值的财产收入分类归属进行了辨析，理清了这两项收入在国民核算口径下不属于财产收入，而在经济学口径下应属于财产收入。针对两种统计口径，构建了财产收入比重指标群，对指标群中每个指标进行了定义、测算和分析。

第四节　居民生产税支出指标群

一、生产税相关概念界定

生产税（Taxes on production）是来自国民经济核算领域的概念，通常与关税相提并论。生产税是对一类税的统称，在税收学领域分类当中，并没有生产税这一分类。税收学对税的分类主要有：按课税对象分为所得税、流转税、财产税、资源税、行为税；按是否能够转嫁分为直接税和间接税；按税收管辖和支配权分为国税（中央税）、地税、中央和地方共享税。生产税的具体税目均可以划分到税收学领域的具体分类中，总的来看，生产税属于间接税。

（一）SNA 对生产税的说明

生产税和关税（Taxes on Production and Imports）扣减了生产和进口补贴之后是政府初次分配收入的主要来源[①]。在 SNA 当中，生产税在最顶层分为两类：产品税和其他生产税（见表 2－39）。产品税是在生产、销售、租赁、转移产品或服务时应付的税费，无论这些产品和服务是对外销售，还是用于自身的消费或者资本形成。其他生产税是指生产过程中使用土地、建筑和其他资产时缴纳的税，以及为雇佣劳动或支付劳动报酬缴纳的税[②]。

表 2－39　　SNA 对生产税的分类

<table>
<tr><th>一级分类</th><th>二级分类</th><th>三级分类</th><th>四级分类</th></tr>
<tr><td rowspan="5">产品税</td><td colspan="3">增值税类（VAT）</td></tr>
<tr><td rowspan="2">除 VAT 外的进口税和关税</td><td colspan="2">进口关税</td></tr>
<tr><td>进口税</td><td>一般销售税；消费税；特殊服务税；进口垄断利润；多重汇率税</td></tr>
<tr><td>出口税</td><td colspan="2">出口关税；出口垄断利润；多重汇率税</td></tr>
<tr><td>除上述三类以外的产品税</td><td colspan="2">一般销售税或流转税；消费税；特殊服务税；金融和资本交易税；财政垄断利润；央行征收的高于市场利率产生的税</td></tr>
<tr><td>其他生产税</td><td colspan="3">对劳动力或薪酬征收的税（不含所得税和社保税）；对土地、楼房或其他建筑物周期性征收的税；商业和专业许可税；固定资产使用税；印花税；污染税；国际交易税</td></tr>
</table>

资料来源：刘伟：《“生产和进口税”核算的理论分析与启示》，载于《统计研究》2013年第 2 期，第 7～13 页。

（二）我国对生产税的界定

我国将生产税界定为生产单位在生产、销售、转移或以其他方式处理货物和服务时应交纳的产品税，以及因从事生产活动拥有和运用固定资产、土地和劳动力等生产要素应交纳的其他生产税。生产税范围主要包括营业税、增值税、消费税、进口税、固定资产使用税、烟酒专卖上缴政府的专项收入、车船税、排污

① SNA2008，7.2 节。
② SNA2008，7.73 节。

费、教育费附加和水电费附加等，除此之外还包括政府性基金和预算外收入中属于生产税的部分①。其中，增值税、营业税和消费税是生产税的主要构成。

1. 增值税的基本内容

增值税是对在我国境内从事销售货物或者提供加工、修理修配劳务以及从事进口货物的单位和个人取得的增值额为课税对象征收的税种。增值税的征收范围广泛涉及商品生产、批发、零售等诸多领域。增值税具有以下特点。

第一，按全额销售额计算税款，但只对货物或劳务价值中新增加部分征税。

第二，实行税款抵扣制度，对以前环节已纳税款予以抵扣。

第三，税款随着逐个销售环节转移，最终消费者是全部税款的承担者。形式上政府不向消费者直接征税，而在生产经营的各个环节向生产经营者征收，但是理论上各个环节纳税人并不承担增值税的税收负担。

2. 营业税的基本内容

营业税是对有偿提供应税劳务、转让无形资产和销售不动产的单位和个人，就其营业收入额征收的一种税。应税劳务是指纳税人提供的交通运输、建筑、金融保险、邮电通信、文化体育、娱乐以及服务七大类劳务，其中保险劳务是指保险标的物为境内物品的保险。一直以来营业税在税收总额中所占比重在10%以上，仅次于增值税和企业所得税，2012年约占全国税收总额的14.2%②。此外，营业税是我国分税制财税管理体制中地方税的主体税种，在地方税收体系中具有举足轻重的位置。营业税具有以下特点。

第一，以营业收入额为税基。在营业税的征税项目中，除少数营业项目外，大多数应税项目以纳税人取得的营业收入全额为计税依据。税收收入不受成本、费用变化的影响。

第二，按行业设计税目、税率。除了征收增值税的行业，其余均征收营业税，对于不同的行业，营业税有不同的税率，而对于同一行业税率则相同。对有利于社会稳定、发展的福利单位和教育、卫生部门给予免税；对一些关系国计民生的行业采用低税率，如交通运输业、邮电通信业、文化体育业和建筑业适用3%的税率；对一些收入较高的歌厅、舞厅、高尔夫球等娱乐行业适用5%～20%的高税率。

第三，计算简便，便于征管。营业税按营业额全额征税，实行的是比例税率，所以，相对于其他税种来说，其计算简便，有利于纳税人计算缴纳和税务机关征收管理。

---

① 国家统计局网站：http：//data. stats. gov. cn/。

② 根据《中国税务年鉴（2013）》数据计算。

3. 消费税的基本内容

消费税是我国1994年税制改革在流转税中新设置的一个税种。消费税是以消费品的流转额作为征税对象的各种税收的统称，是在对货物普遍征收增值税的基础上，选择少数消费品再征收的一个税种。现行消费税的征收范围主要包括烟、酒及酒精、鞭炮、焰火、化妆品、成品油、贵重首饰及珠宝玉石、高尔夫球及球具、高档手表、游艇、木制一次性筷子、实木地板、汽车轮胎、摩托车、小汽车等税目。消费税是典型的间接税、国税。其具有以下特点。

第一，单一环节一次课税。消费税实行价内税，只在应税消费品的生产、委托加工和进口环节缴纳，在以后的批发、零售等环节，因为价款中已包含消费税，因此不用再缴纳消费税，税款最终由消费者承担。

第二，税率相对较高。从税率结构上看，消费税平均税率较高，税率之间幅度差别较大。通过高低不同的税率调节消费，对烟、酒等消费起抑制作用，使外部成本转换为内部成本。

第三，归属国税。从税收管理体制上看，消费税属于国税而不是地税。消费税是一项税源稳定、调控能力强的税种。

二、生产税支出指标群

（一）指标定义与说明

生产税指标群如表2-40所示。

表2-40　　　　生产税支出指标群

编号	指标名称	定义	备注
2-31	生产税占GDP比重	$=\frac{\text{生产税净额}}{\text{GDP}}$	全国、分地区
2-32	分部门生产税占部门增加值比重	$=\frac{\text{部门生产税净额}}{\text{部门增加值}}$	企业、居民和政府部门
2-33	分部门生产税占GDP比重	$=\frac{\text{部门生产税净额}}{\text{GDP}}$	企业、居民和政府部门
2-34	生产税占税收总额比重	$=\frac{\text{生产税净额}}{\text{税收总额}}$	税收总支出未包括社保缴款支出
2-35	生产税细项占税收合计比重	$=\frac{\text{生产税构成项目}}{\text{税收合计}}$	分析内容：增值税，消费税，营业税，关税

续表

编号	指标名称	定义	备注
2-36	国民负担率	$=\frac{\text{税收与社会保险支出合计}}{\text{GDP}}$	税收包括生产税和收入税，负担包括居民和企业部门
2-37	国民税负比重	$=\frac{\text{税收合计}}{\text{GDP}}$	税收包括居民和企业部门
2-38	生产税行业税负	$=\frac{\text{行业生产税纳税额}}{\text{行业增加值}}$	

1. 生产税比重指标说明

生产税包含范围参照前面的界定。生产税是政府部门重要的收入来源，其占GDP的比重是反映一个国家或者地区税收负担的指标之一。在其他条件不变情况下，生产税占GDP的比重越高，政府在国民收入分配当中所占比重也越高，而企业或者居民部门收入在国民收入分配当中所占比重越低。生产税占GDP比重的取值首先受税制结构的影响。从税制结构看，以间接税为主体税种的国家或地区，生产税占GDP比重较高，以直接税为主体税种的国家或地区则反之。生产税占税收总额比重指标反映了一个经济体的税制结构，因此，生产税占GDP比重指标与生产税占税收总额比重指标正向相关。其次，生产税占GDP比重受税率水平影响，增值税、消费税、营业税以及关税税率水平与该比重正向相关。再次，生产税占GDP比重受税收减免以及补贴政策影响。本指标的生产税是指生产税净额，等于生产税总额扣减政府对生产或销售的各项补贴。出口退税政策、税收抵扣和减免范围等均影响生产税净额水平，因此，生产税占GDP比重取值与政府对生产和销售的补贴力度负向相关。

在不考虑生产税的税收归宿情况下，生产税的宏观税负主体包括企业、政府和居民部门。那么这些宏观税负主体的生产税负担如何？这个问题生产税占部门增加值比重、生产税占部门初次分配总收入比重指标能作出回答。在现实当中，生产税的税负主体与税收归宿主体并不等价，生产税具有较强的转嫁能力。生产税的税收归宿一方面取决于纳税商品和服务由谁消费，生产税在产品和服务的生产者和消费者之间分摊。另一方面，生产税的税收归宿取决于商品和服务的供给弹性和需求弹性，较小的一方承担更多的生产税负担。对于居民部门，其生产税主要来自个体工商户，产品和服务主要面向本部门，其生产税的税负主体和税收归宿基于一致。因此，居民部门缴纳的生产税对居民收入的影响，高于企业和政府部门缴纳生产税对居民部门收入的影响。

2. 生产税细项占税收合计比重指标说明

生产税细项主要包括增值税、消费税、营业税和关税。不同的税种对居民收入分配的调节作用存在差异。已有研究表明（刘怡和聂海峰，2009），我国生产税整体上具有累退性特征，即高收入家庭承担的生产税占家庭收入份额低于低收入家庭，生产税加剧了居民部门的收入差距。但是，具体到某一生产税税种，其对居民收入差距的影响并不相同。增值税具有累退性，而营业税具有累进性，营业税在一定程度上减少了收入不平等的增加。因此，从收入分配公平性的角度看，增值税占税收总收入比重下降，营业税比重上升将有利于居民收入的公平性。

但是，从经济发展的角度看，营业税相对于增值税具有明显的劣势。首先，营业税不利于市场细化和分工协作。营业税的税基为课税对象的总价值，营业环节越多，产业链条越长，税收负担越重，这促使企业将生产所需的中间产品和劳务内化，不利于产业分工与协作。而增值税仅对每个生产环节增值部分征税，无论商品和劳务的最终形成需要经历多少生产和流通环节，其承担的总体税负等于其最终价值乘以名义税率。其次，营业税不利于我国服务业的发展。我国对产品生产主要增收增值税，对劳务和服务增收营业税。由于营业税按销售价值全额增收，重复征税不同程度存在，由此导致服务业的税负较高，有失公平。再次，营业税削弱了我国劳务和服务出口的竞争力。在我国现行的税收规定下，出口的产品退还在国内已经缴纳的增值税和消费税，但是，营业税不退，这削弱了我国劳务和服务出口的价格优势。

因此，生产税细项当中哪一项高或者低更好，需要综合权衡来判断。总体上，生产税征收的难度、成本低于收入税，其缺点在于对收入分配调节的功能较弱。

3. 国民负担率和国民税负比重指标说明

国民负担率是指各个部门（包括居民、企业和政府部门）向政府部门缴纳的各种税款与社会保险缴款合计占 GDP 的比重。国民税负比重是指各个部门向政府部门缴纳的各种税款合计占 GDP 比重。两个指标仅在分子相差一项，即社会保险缴款。社会保险缴款是收入再分配阶段居民部门最大的支出项目，其对居民可支配收入占国民收入比重的影响与税收相似，均为负向影响。国民负担率指标将税收与社会保险缴款对国民可支配收入影响的效应进行加总，国民负担率指标等于国民税负比重指标与国民社会保险缴款占 GDP 比重指标之和。构建这两个指标的另一个原因在于，亚太经济合作组织（OECD）对其成员国的国民负担率进行测算，对我国国民负担率和国民税负比重指标进行测算，将有助于了解我国与 OECD 国家在国民负担方面的差异，帮助判断我国国民负担以及税负比重是否处于合适水平。

4. 生产税行业税率指标说明

生产税比重指标仅能测算一个国家或地区的宏观税负，如果要测算生产税对居民收入分配的影响，则需要居民的收入和消费的微观数据，或者分组数据，同时需要确定生产税的税率。生产税是多项税种的统称，不同税种的税基确定方法不同，而且生产税的税率涉及众多产品，因此，准确地计算居民承担的生产税税率，需要有关居民消费情况的详细数据支持，但是，详细的消费数据收集成本较高而难以获得。因此，本课题组提出了一种简易的生产税税率估算方法，即根据居民所消费商品或者服务所属行业的生产税税率，近似估计该商品或者服务的生产税税率。而生产税行业税率使用行业生产税纳税额与行业增加值的比值来近似计算。

（二）生产税比重及国民负担率指标测算分析

1. 全国生产税比重及国民负担率测算分析

使用历年《中国统计年鉴》资金流量表（实物交易）数据，测算的生产税占国民收入比重、国民负担率以及国民税负比重如图 2 – 59 所示。由于国家统计局对 2000 年之后资金流量表数据进行了修订，因此，2000 年前后的数据不具有可比性。

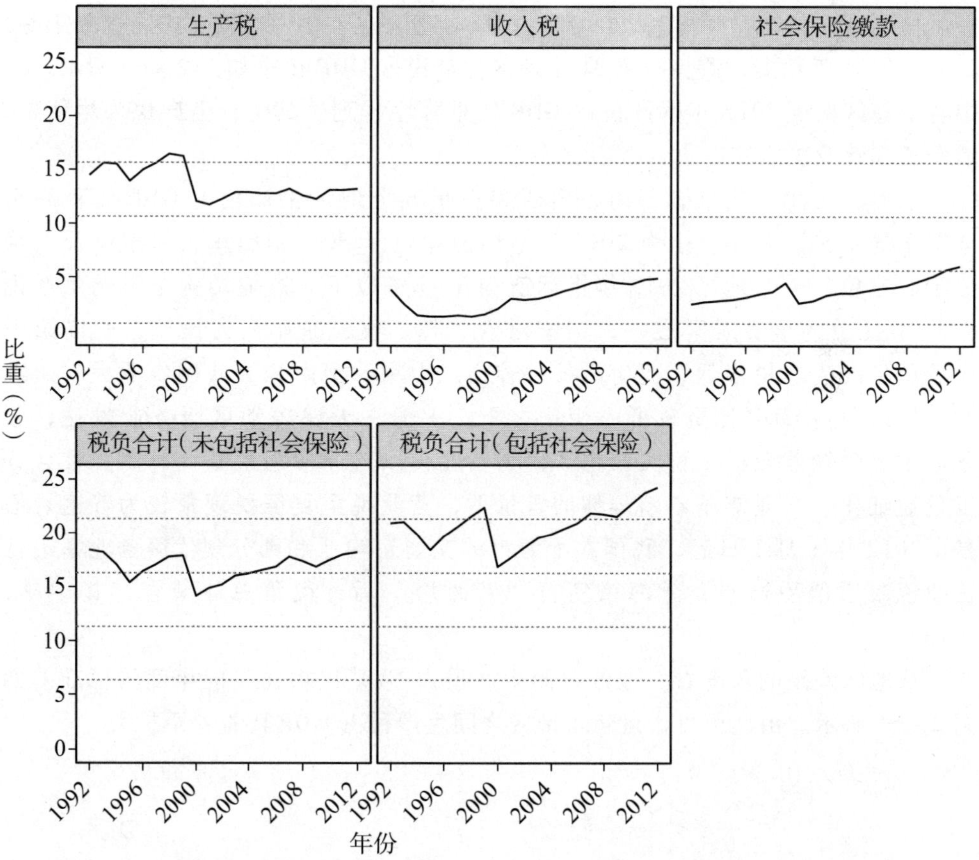

图 2 – 59　1992 ~ 2012 年生产税、收入税及社会保险缴款占 GDP 比重

2000年以来，我国生产税占GDP比重介于12%~14%之间，2012年比2000年小幅度上升了1.2%。收入税占GDP比重从2000年2.1%，到2012年上升到5.0%，升幅达到2.9%。表明我国仍然以生产税为主，收入税为辅。但是，收入税的比重上升幅度显著，而生产税上升幅度较弱，反映了税收结构逐步优化。

国民税负比重指标显示，2000年以前，我国国民税负总体呈现下降趋势，2000年以后，国民税负呈现上升趋势，2012年比2000年上升了约4.1%。如果考虑社会保险缴款，国民负担率在2000~2012年间上升了约7.4%，其中社会保险缴款上升了约3.4%。社会保险缴款上升的一个重要原因是我国社会保险的覆盖范围显著扩大，到2012年，医疗保险和养老保险实现了制度全覆盖。因此，随着参保人数增加，社会保险缴款占国民收入比重上升。

2. 分地区生产税比重测算分析

使用《中国统计年鉴》2009年、2013年分地区GDP数据、《中国税务年鉴》2006~2013年数据，测算我国31个地区生产税占GDP比重如图2-60所示，图中各个地区按照2012年生产税占GDP比重降序排列。其中，生产税为增值税、消费税和营业税之和。

上海、天津、北京、云南、山西和贵州五个地区生产税占GDP比重高于全国平均水平。其中，上海2012年指标值超过了30%；山东、河南以及西藏位于后三位，三个地区2012年指标值均在10%以下。产业结构是影响生产税占GDP比重的重要因素之一，国家对农、林、牧、渔业大力扶持，所以第一产业承担的生产税很低，而生产补贴较高。山东、河南均为我国农业大省，因此，生产税占GDP比重较低。相比之下，上海、天津等地区服务业发达，服务业主要缴纳营业税，税负较重，因为营业税以营业额为税基计算，在社会分工日益细化、产业链条不断延伸的背景下，营业税重复征税现象较为普遍。但是，2012年1月1日起，我国在上海市的交通运输业和部分现代服务业率进行营业税改增值税试点，上海市实行“营改增”后，税负总体减轻（杨卫华，2013）。

从地区差距的角度看，地区之间生产税占GDP比重在不同年度的标准差如图2-61所示。由此可见，近年来地区之间生产税占GDP比重差距扩大。

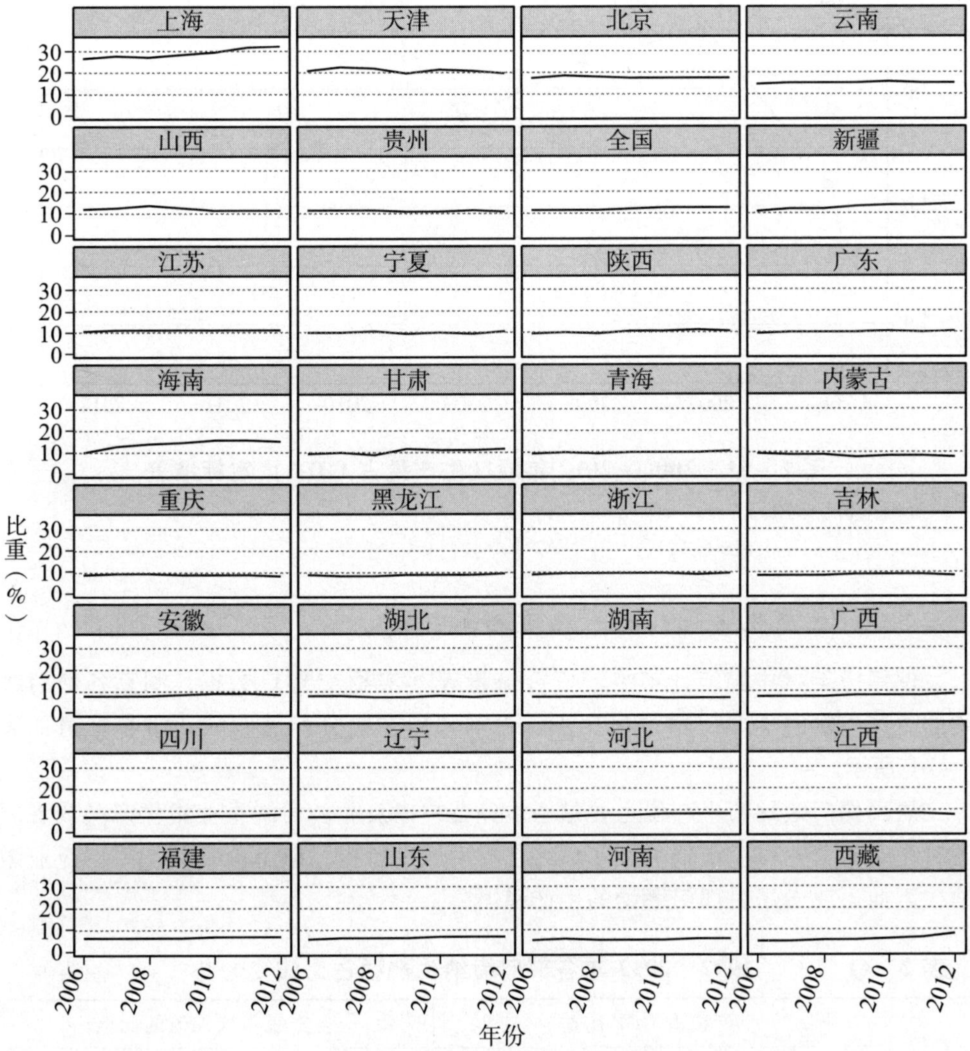

图 2-60　2006~2012 年分地区生产税占 GDP 比重

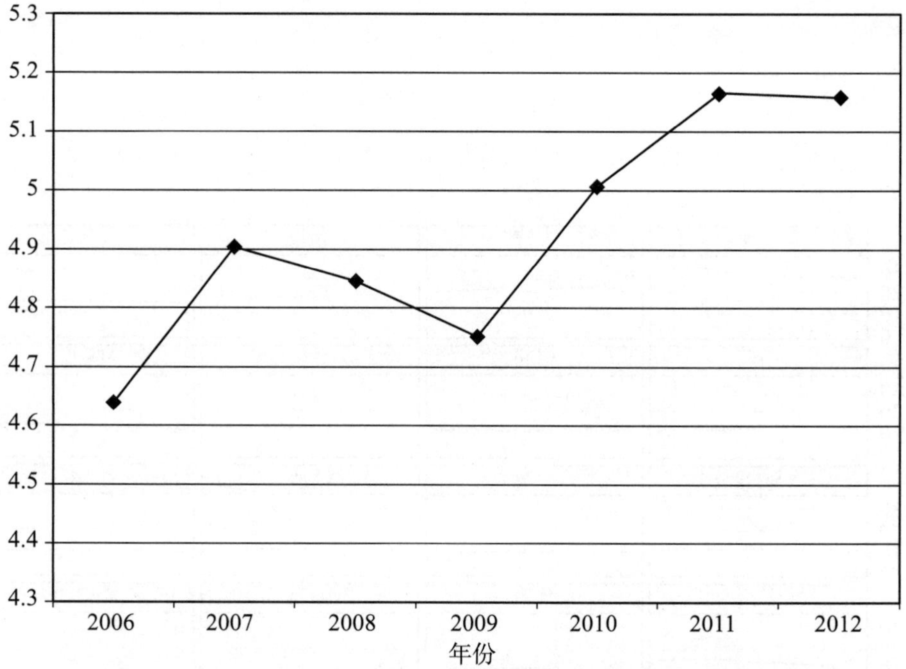

图 2-61　2006~2012 年地区生产税占 GDP 比重标准差

资料来源：同图 2-60。

（三）生产税占部门收入比重测算分析

使用历年《中国统计年鉴》资金流量表（实物交易）数据，测算各部门缴纳的生产税额占本部门增加值比重、占本部门初次分配总收入比重指标值如表 2-41 所示。

居民部门缴纳的生产税主要是个体经营户以及非公司制企业提供产品或者服务时缴纳的营业税。消费税虽然最终主要由居民负担，但由消费税主要由企业缴纳，因此不属于居民部门缴纳的生产税。

表 2-41　　1992~2012 年各部门缴纳生产税占比演变趋势　　单位：%

年份	生产税占 GDP 比重			生产税占增加值的比重		
	政府	企业	居民	政府	企业	居民
1992	0.19	12.75	1.56	1.72	21.71	5.22
1993	0.17	13.78	1.67	1.67	21.97	6.12
1994	0.14	13.92	1.49	1.62	22.34	5.15

续表

年份	生产税占 GDP 比重			生产税占增加值的比重		
	政府	企业	居民	政府	企业	居民
1995	0.13	12.54	1.32	1.6	19.55	4.72
1996	0.11	13.39	1.52	1.58	21.29	5.11
1997	0.11	14.08	1.39	1.49	22.47	4.65
1998	0.11	14.91	1.38	1.39	24.37	4.49
1999	0.11	14.57	1.60	1.39	24.08	5.11
2000	0.11	10.79	1.17	1.36	18.00	3.63
2001	0.11	10.80	0.91	1.33	17.67	2.98
2002	0.13	11.24	0.90	1.32	18.14	3.15
2003	0.12	11.63	1.14	1.36	18.88	3.89
2004	0.22	11.92	0.75	2.42	18.92	2.69
2005	0.23	11.88	0.70	2.44	18.91	2.5
2006	0.22	11.90	0.66	2.44	18.89	2.36
2007	0.22	12.01	1.04	2.45	18.97	3.79
2008	0.16	11.78	0.66	1.68	18.42	2.47
2009	0.06	12.07	0.18	0.63	19.13	0.65
2010	0.06	12.80	0.25	0.71	20.31	0.9
2011	0.06	12.84	0.26	0.75	20.26	0.92
2012	0.05	12.82	0.38	0.67	19.89	1.37

注：2000 年之前和之后数据口径不同。

在国民收入初次分配阶段，政府以生产税的方式参与国民收入初次分配，各部门缴纳的生产税合计等于政府部门的生产税收入。表 2 - 41、图 2 - 62 ~ 图 2 - 64 结果显示，2000 年以来政府部门和居民部门缴纳的生产税净额占比较小且各年波动较大，总体呈下降趋势。2006 年 1 月 1 日，中国完全取消了农业“四税”（农业税、屠宰税、牧业税、农林特产税），在中国延续了千年的农业税成为历史。国家对农业生产资料综合补贴、良种补贴的力度逐步加大，进一步促进了生产税占居民部门增加值以及初次分配收入比重下降。相比之下，企业部门是生产税的主要交税来源，其 2000 年以来的生产税负担呈稳步增长的趋势。

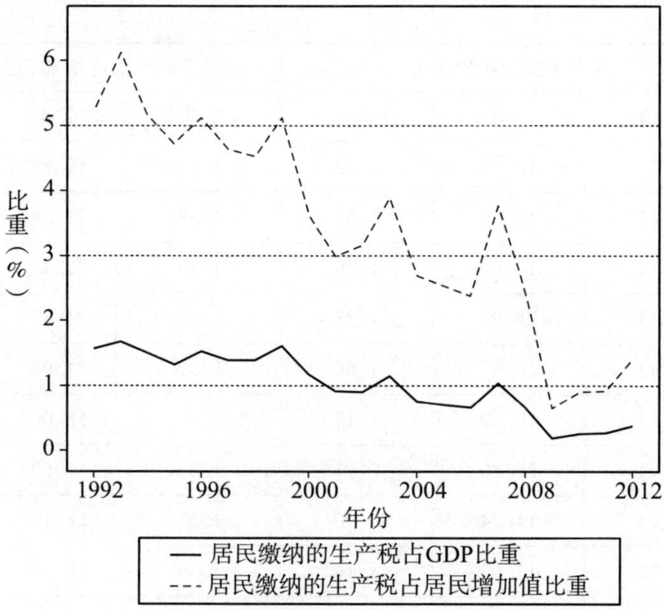

图 2-62　居民部门缴纳的生产税净额演变趋势

资料来源：根据表 2-41 数据绘制。

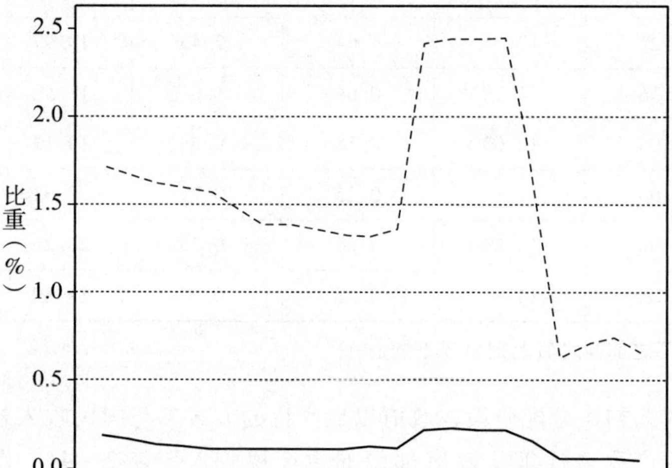

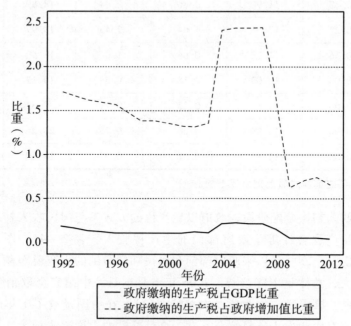

图 2-63　政府部门缴纳的生产税净额演变趋势

资料来源：根据表 2-41 数据绘制。

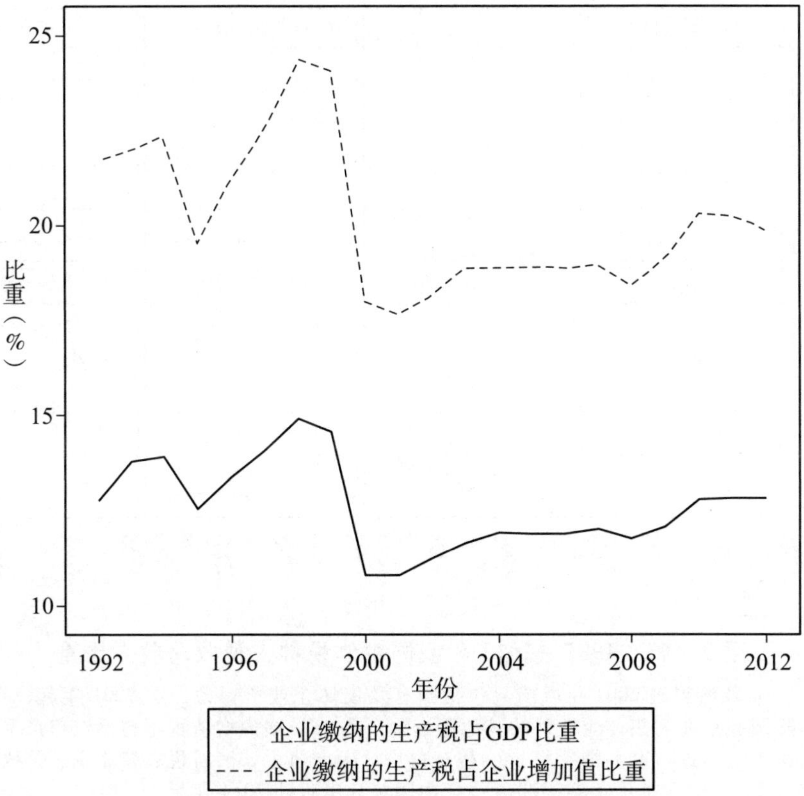

图 2-64　企业部门缴纳的生产税净额演变趋势

资料来源：根据表 2-41 数据绘制。

（四）生产税细项占税收合计比重测算分析

使用《中国统计年鉴（2014）》数据测算的生产税项目占税收总收入比重如图 2-65 所示。

1994 年的分税制改革虽然已经走过了 20 年历程，这期间税制经历了几次调整，但没有改变我国以生产税为主体的税收结构。1995 年，生产税占税收总收入比重约为 71.2%，之后逐年下降，2012 年，生产税占税收总收入比重仍然大于 50%。生产税占税收总收入比重下降主要原因是增值税和关税比重下降。

1993 年 12 月 13 日发布的《增值税暂行条例》确定，自 1994 年 1 月 1 日起，增值税的征税范围包括销售货物，加工、修理修配劳务和进口货物，因其不允许一般纳税人扣除固定资产的进项税额，故被称“生产型增值税”。实行生产型增值税，主要是基于控制投资规模、引导投资方向和调整投资结构的需要。1994 年，增值税占我国税收总收入比重达到 45.0%。

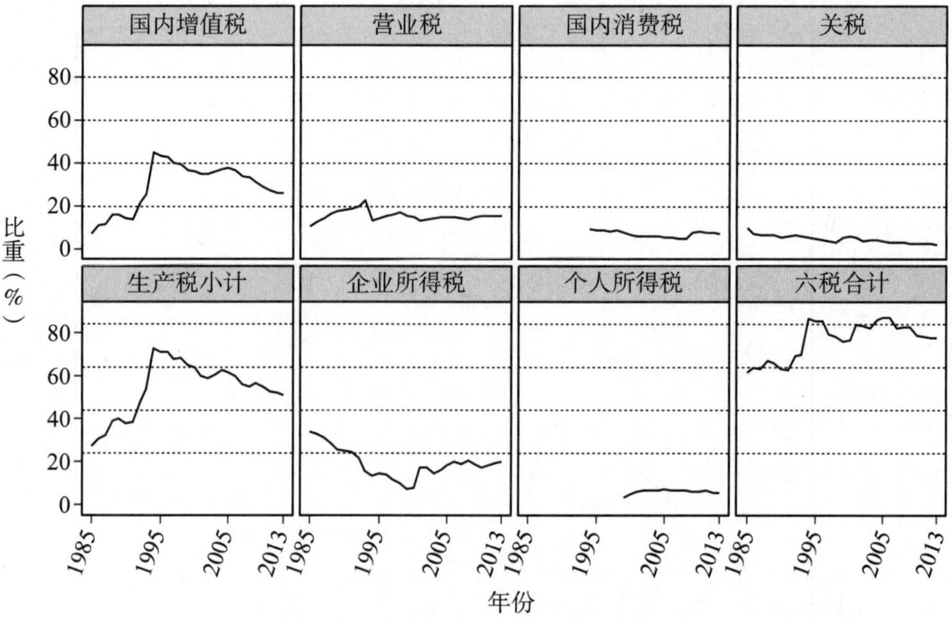

图 2-65　1985～2013 年我国主体税种占税收总收入比重

注：1. 企业所得税 2001 年以前只包括国有及集体企业所得税，从 2001 年起，企业所得税还包括除国有企业和集体企业外的其他所有制企业。2. 国内增值税不包括进口产品增值税；国内消费税不包括进口产品消费税。3. 生产税小计为增值税、消费税、营业税、关税合计。

资料来源：《中国统计年鉴（2014）》，中国统计出版社 2014 年版。

1994 年后征收的增值税，与此前试行开征的增值税相比，具有以下几个方面的特点：（1）实行价外税，即与销售货物相关的增值税额，独立于价格之外单独核算，不作为价格的组成部分；（2）扩大了征收范围，即征收范围除了生产、批发、零售和进口环节外，还扩展到劳务活动中的加工和修理修配；（3）简化了税率，即重新调整了税率档次，采用基本税率、低税率和零税率；（4）采用凭发票计算扣税的办法，即采用以票控税的征收管理办法，按照增值税专用发票等抵扣凭证上注明的税款确定进项税额，将其从销项税额中抵扣后计算出应纳税额；（5）对纳税人进行了区分，即按销售额的大小和会计核算的健全与否，将纳税人划分为一般纳税人和小规模纳税人，对小规模纳税人实行简易征收办法。

增值税抵扣范围扩大是其比重下降的重要原因。2004 年，我国开始实行由生产型增值税向消费型增值税的转型试点。自 2004 年 7 月 1 日起，东北地区的辽宁省、吉林省、黑龙江省和大连市实行扩大增值税抵扣范围政策的试点。自 2007 年 7 月 1 日起，扩大增值税抵扣范围的改革由东北三省一市扩大到中部地区 26 个老工业基地城市；自 2008 年 7 月 1 日起，东北老工业基地扩大增值税抵扣范围试点政策适用于内蒙古东部地区；与此同时，增值税转型试点扩大到汶川地震中受灾严重地区，包括极重灾区 10 个县市和重灾区 41 个县区。2008 年 11 月 5 日，国务院修订《增值税暂行条例》，决定自 2009 年 1 月 1 日起，在全国范围内实施增值税转型改革。

但是，我国将再次迎来增值税比重上升时期。2012 年 1 月 1 日起，我国率先在上海实行交通运输业及部分现代服务业的营业税改征增值税试点改革。随后，北京市、天津市、江苏省、安徽省、浙江省（含宁波市）、福建省（含厦门市）、湖北省、广东省（含深圳市）自 2012 年 9 月 1 日起先后纳入营业税改征增值税的试点地区。经国务院批准，自 2013 年 8 月 1 日起，在全国范围内开展交通运输业和部分现代服务业营改增试点。自 2014 年 1 月 1 日起，铁路运输和邮政业也纳入营业税改征增值税的试点①。

从生产税项目的内部构成情况来看，生产税主体税种的绝对收入水平及其占生产税总额比重如表 2－42 所示。

表 2－42　生产税主体税种占生产税总额比重

年份	绝对收入（亿元）				占生产税收入比重				
	国内增值税	国内消费税	营业税	关税	生产税	国内增值税	国内消费税	营业税	关税
2000	4 553. 17	858. 29	1 868. 78	750. 48	11 975. 31	0. 38	0. 07	0. 16	0. 06
2001	5 357. 13	929. 99	2 064. 09	840. 52	12 968. 17	0. 41	0. 07	0. 16	0. 06
2002	6 178. 39	1 046. 32	2 450. 33	704. 27	14 761. 76	0. 42	0. 07	0. 17	0. 05
2003	7 236. 54	1 182. 26	2 844. 45	923. 13	17 516. 17	0. 41	0. 07	0. 16	0. 05
2004	9 017. 94	1 501. 90	3 581. 97	1 043. 77	20 608. 83	0. 44	0. 07	0. 17	0. 05
2005	10 792. 11	1 633. 81	4 232. 46	1 066. 17	23 685. 68	0. 46	0. 07	0. 18	0. 05
2006	12 784. 81	1 885. 69	5 128. 71	1 141. 78	27 656. 69	0. 46	0. 07	0. 19	0. 04
2007	15 470. 23	2 206. 83	6 582. 17	1 432. 57	35 304. 86	0. 44	0. 06	0. 19	0. 04
2008	17 996. 94	2 568. 27	7 626. 39	1 769. 95	39 556. 34	0. 45	0. 06	0. 19	0. 04
2009	18 481. 22	4 761. 22	9 013. 98	1 483. 81	41 962. 76	0. 44	0. 11	0. 21	0. 04
2010	21 093. 48	6 071. 55	11 157. 91	2 027. 83	52 672. 59	0. 40	0. 12	0. 21	0. 04
2011	24 266. 63	6 936. 21	13 679. 00	2 559. 12	62 270. 81	0. 39	0. 11	0. 22	0. 04

资料来源：根据各年《中国统计年鉴》整理。

（五）分行业生产税税负测算

使用《中国税务年鉴》分行业增值税、消费税和营业税数据以及《中国统

① 《我国增值税的历史沿革》，http：//www. dongao. com/zjzcgl/jjf/201409/188583. shtml。

计年鉴》的分行业增加值数据测算的分行业生产税税率估计值如图 2-66 所示，图中按 2012 年行业生产税税负升序排列。

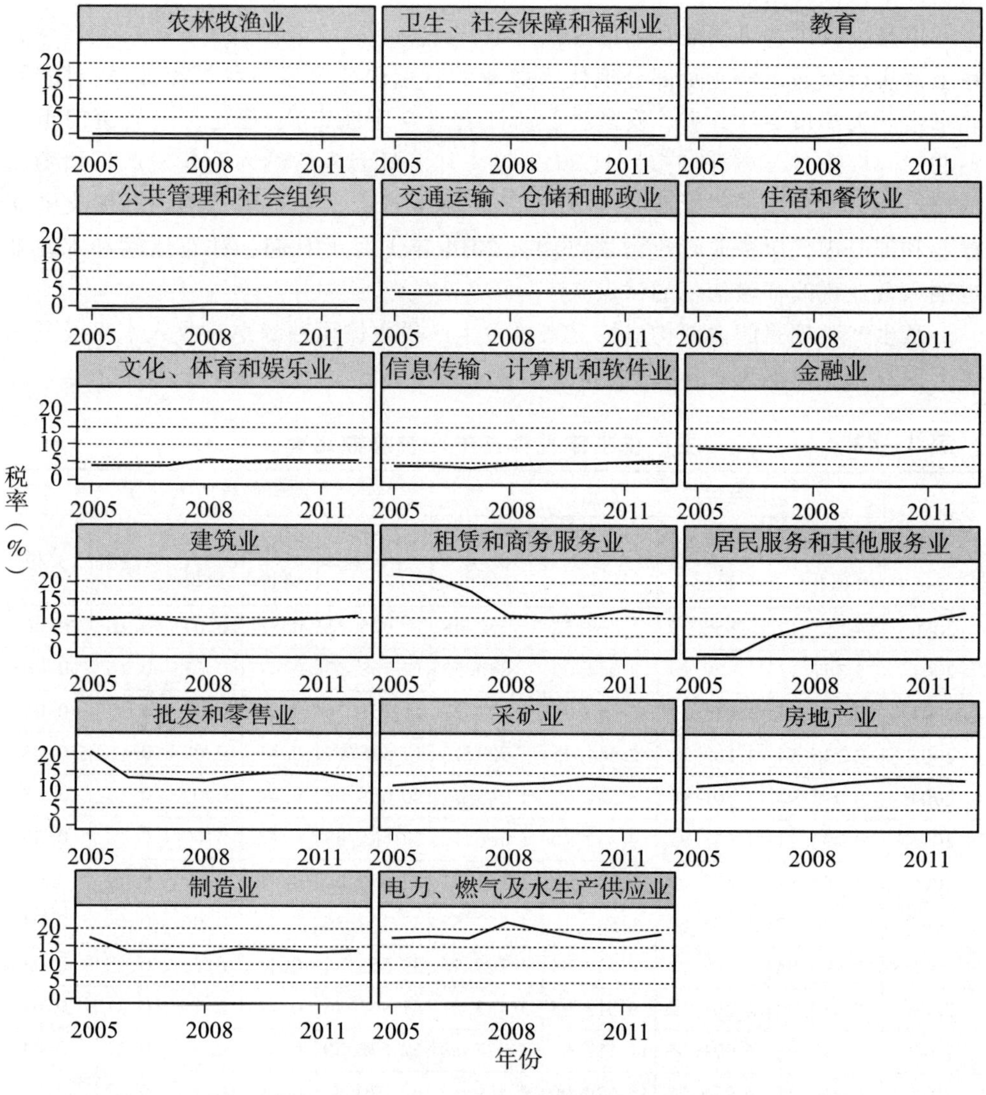

图 2-66　2005~2012 年分行业生产税税率估计①

我国农、林、牧、渔业，卫生、社会保障和福利业，教育，公共管理和社会组织的生产税税负很低，接近于 0。而生产税税负最高的三个行业依次为：电力、燃气及水生产供应业，制造业和房地产业。

① 生产税包括增值税、消费税和营业税，未包括关税。

（六）生产税及其占比的国际比较

1. 生产税占GDP比重

亚太经济合作组织（OECD）数据库发布了生产税占税收总收入比重、税收总收入占GDP比重数据，将这两个指标相乘，即可得到各国生产税占GDP比重。OECD国家生产税占GDP比重如图2-67所示，图中各国按2012年生产税占GDP比重升序排列。

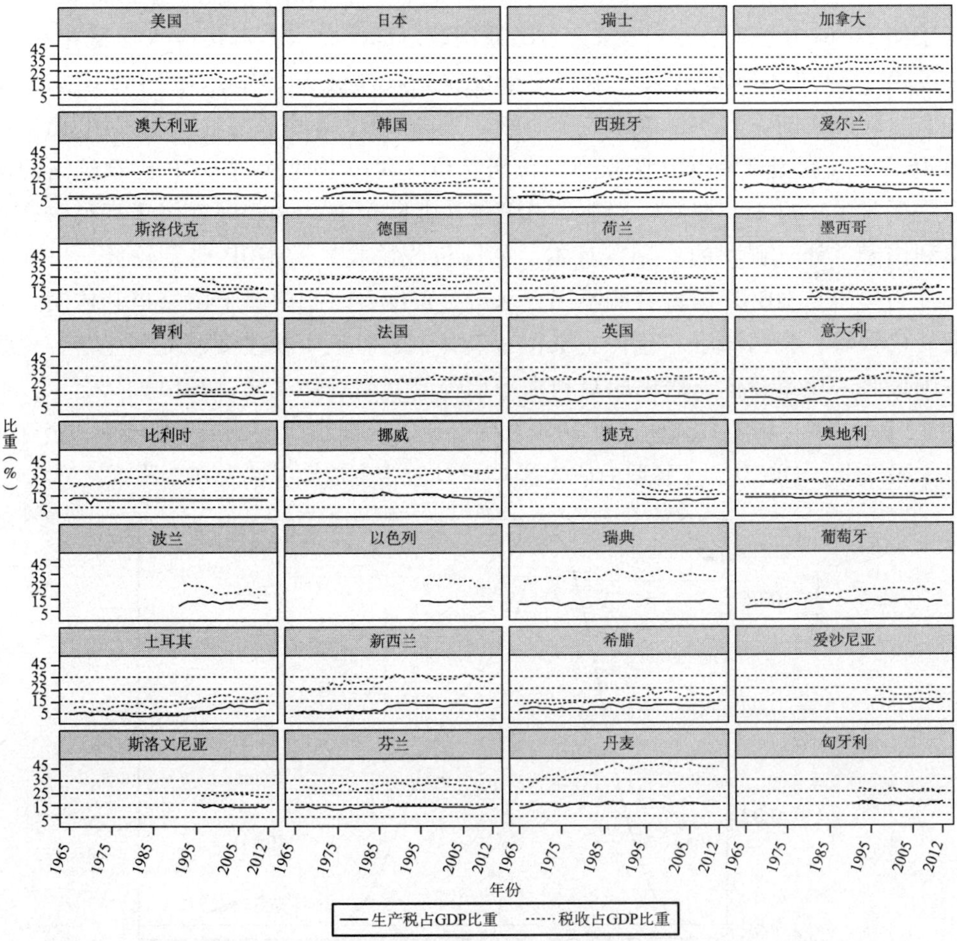

图2-67　1965～2012年OECD国家生产税及税收总收入占GDP比重

资料来源：http：//stats. oecd. org/viewhtml. aspx？ datasetcode = REV&lang = en；http：//dx. doi. org/10. 1787/888933164061；税收总收入不包括养老保险缴款。

图2-67中生产税占GDP比重曲线与税收占GDP比重曲线的垂直距离，反映了生产税在税收总收入当中的地位，距离越大，说明生产税在税收总收入中所占比

重越低。美国、日本和瑞士生产税占 GDP 比重较低，约为 5%。匈牙利、丹麦、芬兰生产税占 GDP 比重较高，2012 年分别为 16.8%、14.8%、14.2%。根据图 2-59，我国 2012 年生产税占 GDP 比重约为 13.3%，位于爱沙尼亚之前，希腊之后，可见我国生产税占 GDP 比重处于较高水平。其中主要原因在于我国税制结构与多数西方国家不同，我国以生产税为主要税收来源，生产税占税收总收入比重超过 50%。而西方国家以收入税和财产税作为税收主要来源，生产税在国民收入中占比较低。

从税收总收入的角度看，2012 年，我国税收总收入（不包括养老保险缴款）占 GDP 比重约为 18.2%，仅略高于 OECD 国家当中的斯洛伐克、墨西哥和日本，低于图 2-67 中其他 29 个国家，可见我国政府部门收入占国民收入比重并不高。2012 年，32 个 OECD 国家当中有 8 个税收总收入低于 20%，有 19 个国家介于 20%～30%之间，有 5 个国家高于 30%。丹麦 2012 年税收总收入占 GDP 比重约为 46.3%，在全部 OECD 国家当中位居首位。税收总收入占 GDP 比重较高的国家主要集中在丹麦、挪威、瑞典、芬兰等西北欧国家，这些国家属于高税收、高福利国家。处于亚洲的中国、日本、韩国税收总收入占 GDP 比重较低。亚洲国家福利体制与 OECD 国家有所不同，从历史角度看，我国属于儒家福利体制，从近现代来看，我国属于“生产主义”福利体制，社会资源主要服务于生产，税收占国民收入比重较低，居民的福利水平也较低（刘扬和梁峰，2013）。

图 2-68 绘制了 OECD 国家 2000 年及 2012 年税收总收入占 GDP 比重和密度曲线。2012 年，OECD 国家税收总收入占 GDP 比重密度最高区域为 20%附近，2000 年，

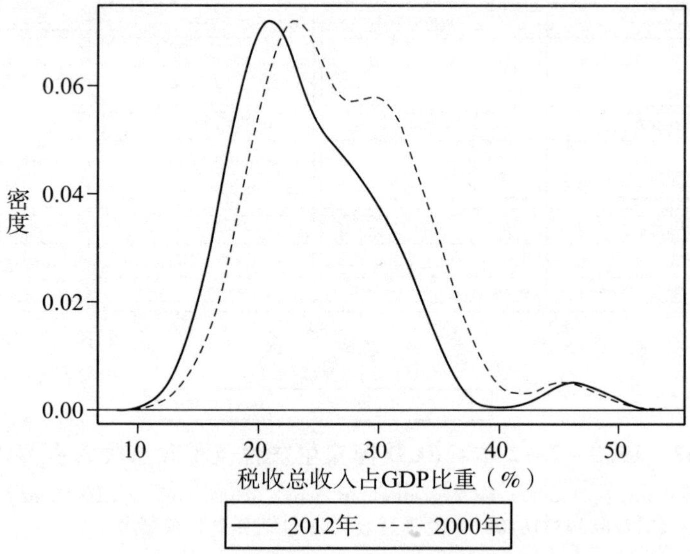

图 2-68　OECD 国家税收总收入占 GDP 比重密度分布

资料来源：同图 2-67。

密度最高区域在22%附近。整体来看，2012年密度曲线相对于2000年左移，表明近年来税收总收入占GDP比重平均上呈下降趋势，32个国家当中有21个该比重不同程度下降。下降幅度位于前三位的国家为以色列加拿大和爱尔兰，分别下降5.7%、4.2%、4.1%。税收总收入占GDP比重上升幅度位于前三位的国家为墨西哥、智利和捷克，分别上升2.9%、2.6%、0.9%。从图2－68可知，我国2012年税收总收入占GDP比重比2000年上升了4.0%，相对于OECD国家，我国该指标上升幅度较大。

2. 生产税占税收总收入比重

根据图2－67的计算结果，将生产税占GDP比重指标除以税收总收入占GDP比重指标，得到OECD国家生产税占税收总收入比重的计算结果如图2－69所示。

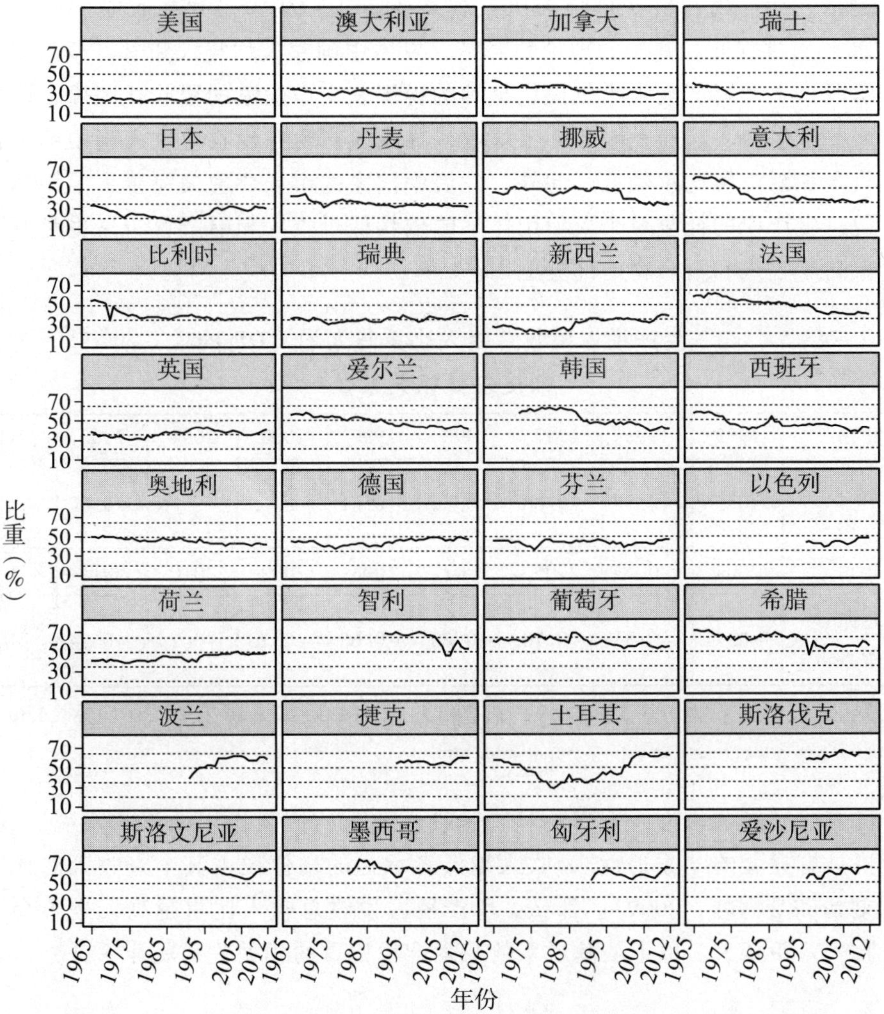

图2－69　1965～2012年OECD国家生产税占税收总收入比重

资料来源：同图2－67。税收总收入不包括社会保险缴款。

图中各国按照指标取值升序排列。2012 年，OECD 国家生产税占 GDP 比重介于 23.1% ~65.3%之间。生产税占税收总收入比重位于前三位的国家分别为美国、澳大利亚和加拿大，指标值分别为23.1%、28.1%、29.0%。位于后三位国家分别为爱沙尼亚、匈牙利和墨西哥，指标值分别为65.3%、65.0%、64.0%。根据图 2－59 数据的计算可知，我国 2012 年生产税占税收总收入比重约为 72.7%[①]，显著高于 OECD 国家。

总的来看，生产税占税收总收入比重在发展中国家较高，在发达国家相对较低。表 2－43 列示了生产税占税收总收入比重与人均 GDP 的斯皮尔曼（Spearman）相关系数。相关系数为负值，且小于－0.5，表明 OECD 国家人均 GDP 越低，生产税占税收总收入比重越高。图 2－69 中排列在底端的国家人均 GDP 水平相对较低。其中的理论解释是，发展中国家人均收入和财富积累水平较低，所以个人和财产收入难以提供足够的税源来支撑国家的税收，因此，国家的税收需要从生产、流通及服务环节征收，导致生产税在税收总收入当中的占比较高，收入和财产税比重较低。此外，发展中国家的市场环境欠完善，信用体系相对薄弱，生产税的征收对个人信用体系的依赖低于收入和财产税，这也是其生产税比重高于收入和财产税的部分原因。

表 2－43　　生产税占税收总收入比重与人均 GDP 的斯皮尔曼相关系数

年份	1995	1996	1997	1998	1999	2000	2001	2002	2003
斯皮尔曼相关系数	－0.56	－0.58	－0.60	－0.54	－0.61	－0.65	－0.66	－0.67	－0.69
年份	2004	2005	2006	2007	2008	2009	2010	2011	2012
斯皮尔曼相关系数	－0.71	－0.71	－0.70	－0.70	－0.68	－0.70	－0.76	－0.74	－0.76

注：以上相关系数均在 1% 水平下显著；人均 GDP 数据来源于 OECD 网站：https://data.oecd.org/gdp/gross-domestic-product-gdp.htm.

已有研究普遍认为，生产税对居民收入差距的调节作用低于收入税。其中，增值税具有显著的“累退性”，收入越低者承担的增值税占其个人收入的比重越高（刘怡和聂海峰，2009）。那么，生产税占税收总收入比重越高，是否会导致居民收入差距越大？以下从基尼系数与生产税比重的相关关系展开探讨。

① 2012 年，生产税占 GDP 比重约为 13.26%，税收总收入（未包括社会保险）占 GDP 比重约为 18.23%，两者相除得到生产税占税收总收入比重。

图 2－70 显示了 1974～2011 年 OECD 国家基尼系数。图中各国按照 1974～2011 年平均基尼系数升序排列。可见，收入公平度最高的前三个国家依次为丹麦、瑞典和芬兰，平均基尼系数分别为 0.229、0.238、0.241。而收入公平度最低的三个国家依次为智利、墨西哥和土耳其，平均基尼系数分别为 0.508、0.482、0.429。相比之下，2011 年，国家统计局公布的我国基尼系数为 0.477①，说明我国收入公平度较低。表 2－44 测算了生产税占税收总收入比重与基尼系数的斯皮尔曼相关系数。结果显示，生产税比重与居民收入公平度之间未见显著的相关关系，即生产税占税收总收入比重高的国家，居民收入的公平度未必低。由此可见，税制结构对居民的收入公平度无必然的影响，税收对收入公平的调节作用的关键在于征税对象、范围以及税收归宿。

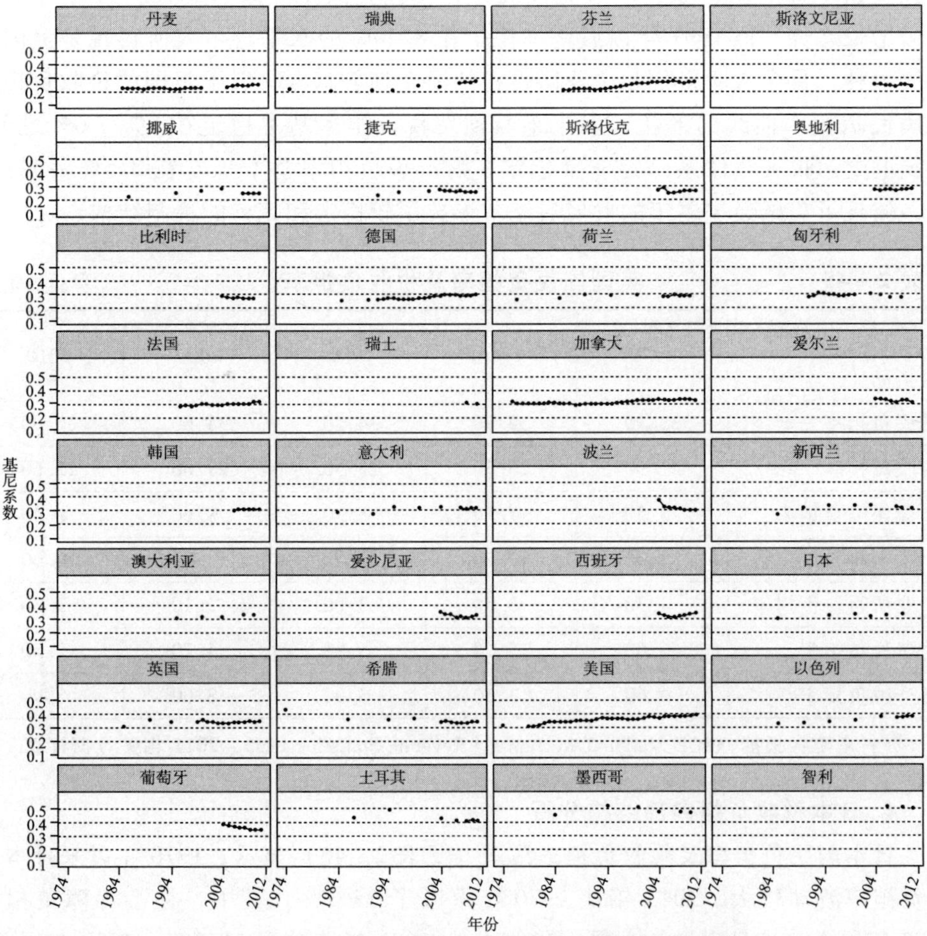

图 2－70　1974～2011 年 OECD 国家基尼系数

资料来源：https：//data. oecd. org/inequality/income－inequality. htm。

① 人民网：http：//politics. people. com. cn/n/2013/0118/c1001－20253603. html。

表2-44　　生产税占税收总收入比重与基尼系数的相关系数

年份	2004	2005	2006	2007	2008	2009	2010	2011
斯皮尔曼相关系数	0.29	0.04	-0.08	-0.08	-0.10	-0.11	0.04	0.03

注：以上相关系数在10%水平下均不显著。

资料来源：同图2-67。

3. 美国税收负担内部结构分析

美国国民负担率及税收负担率的演进（见表2-45）显示，1970年以来美国国民负担率基本在30%～36%之间波动，其社会保障负担率1970～1990年间呈缓慢增长态势，但1991年以后基本稳定在8.50%的水平。个人所得税是美国的主体税种，且个人所得税和企业所得税的演变趋势基本决定了美国的税收负担率和国民负担率曲线的形状，多年来其消费税负担率基本稳定在5%～6%之间。美国的财产税征收体系已经非常稳定，财产税负担率基本稳定在3.5%～5%之间，体现了美国经过多年的发展后基本形成了较稳定和完善的税制结构。

表2-45　　美国国民负担率及税收负担率　　单位：%

指标＼年份	1970	1980	1990	2000	2010
国民负担率	33.10	32.90	34.10	35.60	30.90
税收负担率	27.50	25.50	25.30	27.00	22.60
社会保障负担率	5.50	7.50	8.80	8.60	8.40
个人所得税负担率	12.00	12.70	12.50	14.70	10.00
企业所得税负担率	4.30	3.50	3.00	3.10	3.30
消费税负担率	6.60	5.70	5.90	5.70	5.50
财产税负担率	4.60	3.50	3.90	3.60	3.90

资料来源：根据OECD National Accounts、Revenue Statistics 1965～2011相关数据计算。

4. 日本税收负担内部结构分析

日本国民负担率及税收负担率演进（见表2-46）显示，1970年以来日本国民负担率波动较大，2013年比1970年上升了15.7%。其中，社会保障负担率1970年以来一直呈现增长态势，2013年比1970年上升了11.9%。2000年以前，个人所得税及企业所得税是日本主体税种，但是，2000年以后，消费税呈缓慢增长态势，而个人所得税和企业所得税负担率明显下降。此外，财产税负担率较低，介于1.8%～3.9%之间。日本的税制结构充分体现了其已经迎来了老龄化社会，需要较高的国民负担率和社会保障负担率才能解决日本社会面临的老龄化问题。

表 2-46　日本国民负担率及税收负担率　单位：%

指标＼年份	1970	1980	1990	2000	2010	2013
国民负担率	24.3	30.5	38.4	37.3	38.5	40.0
税收负担率	18.9	21.7	27.7	23.7	22.1	22.7
社会保障负担率	5.4	8.8	10.6	13.6	16.4	17.3
个人所得税负担率	5.2	7.4	10.5	7.7	7.0	7.3
企业所得税负担率	6.4	6.7	8.4	5.0	4.4	4.6
消费税负担率	5.4	5.0	5.2	7.1	7.0	7.1
财产税负担率	1.8	2.6	3.6	3.9	3.8	3.7

资料来源：OECD National Accounts、Revenue Statistics 1965～2011；税收负担率指国税和地税的合计；所得税包括对财产征收的税收；1980 年以后的数据是基于 SNA1993，1979 年以前的数据是基于 SNA1968 计算。

5. 法国税收负担内部结构分析

法国一直被认为是间接税的鼻祖，但分析其国民负担率和税收负担率情况（见表 2-47）发现，法国的消费税负担率呈稳定下降的趋势，其直接税负担率超过了间接税负担率。其中，个人所得税负担率上升趋势明显，税收负担率的上升主要取决于个人所得税税负的上升。其社会保障负担率虽然从 1996 年开始有所下降，但一直高于美国和日本。法国的税制结构显示其主体税种从间接税向直接税转变。

表 2-47　法国国民负担率及税收负担率　单位：%

指标＼年份	1970	1980	1990	2000	2010
国民负担率	44.9	55.6	58.1	61.2	60.0
税收负担率	27.4	30.4	31.4	37.6	35.2
社会保障负担率	17.5	25.2	26.8	23.6	24.8
个人所得税负担率	4.6	6.2	6.0	10.6	9.7
企业所得税负担率	2.7	2.7	3.0	4.1	2.9
消费税负担率	16.4	16.1	15.9	15.3	14.5
财产税负担率	3.6	5.3	6.4	7.6	8.1

资料来源：根据 OECD National Accounts、Revenue Statistics 1965～2011 相关数据计算。

6. **德国税收负担内部结构分析**

德国的国民负担率及税收负担率演进（见表2-48）显示，其主体税种是个人所得税和消费税，多年来个人所得税和消费税负担率呈现出交替上升的趋势，而企业所得税和财产税负担率一直较低。德国社会保障负担率1989年以来呈上升趋势，且国民负担率的变动趋势主要取决于社会保障负担率的变化趋势。

表2-48　　德国国民负担率及税收负担率　　单位：%

指标 \ 年份	1970	1980	1990	2000	2010
国民负担率	39.5	47.4	44.6	55.3	50.5
税收负担率	25.5	28.3	25.6	30.5	28.6
社会保障负担率	14.0	19.1	18.9	24.8	21.9
个人所得税负担率	9.8	12.8	11.3	12.7	11.5
企业所得税负担率	2.1	2.4	2.0	2.4	2.0
消费税负担率	11.7	11.7	11.0	14.3	14.0
财产税负担率	2.0	1.5	1.4	1.2	1.1

7. **英国税收负担内部结构分析**

英国的税制结构中，个人所得税和消费税占主体地位，其企业所得税负担率较低，甚至低于财产税负担率，而社会保障负担率一直稳定在10%左右。英国的税制结构体现出多年来没有进行过大的税制结构调整，各税种的税收负担率较稳定（见表2-49）。

表2-49　　英国国民负担率及税收负担率　　单位：%

指标 \ 年份	1970	1980	1990	2000	2010
国民负担率	47.5	49.2	50.2	50.4	47.3
税收负担率	39.7	39.1	40.2	40.3	36.4
社会保障负担率	7.8	10.1	10.0	10.1	10.8
个人所得税负担率	14.6	13.8	14.2	14.2	12.9
企业所得税负担率	4.0	3.9	4.8	4.7	3.9
消费税负担率	13.3	13.7	15.0	15.7	14.1
财产税负担率	7.8	7.7	6.1	5.6	5.4

从以上国家税收负担发展趋势判断，发达国家曾经极力主张征收以所得税为代表的直接税。但是，自2008年世界金融危机爆发以来，各国纷纷对税收政策作出调整。部分国家甚至大幅降低企业所得税或个人所得税的税率。如日本2010年将企业所得税的税率从30%降到25.5%，英国2012也将企业所得税税率降至25%。随着个人所得税份额的下降，社会保障税收入呈上升势头。

为了保证国家财政收入，部分国家提高了间接税的份额和寻找新税源，部分国家也开始增加财产税和其他税种的份额。财产税在部分国家的税收收入中占有重要地位，如2010年，财产税在日本、英国、瑞典、法国和美国税收总收入中的占比超过12%。但是，也有部分国家考虑到选民反对这种高度“可视的”税收，以及财产税税基不能即时更新等原因，财产税负担率呈下降趋势。总之，以上发达国家税制演进的突出特点是进行此增彼减的结构性调整。

三、生产税对居民收入分配格局的影响分析

国民收入经过初次分配形成三大要素的收入份额，即劳动所得、资本所得（包括固定资产折旧和营业盈余）和政府税赋。生产税与传统所理解的“间接税”、“流转税”相对应，其特点在于可全部或部分地通过提高货物或服务的销售价格转嫁给其他部门。

我国目前以生产税为主体，而生产税当中以增值税、消费税和营业税为主，我国税收收入中最大的五个税种依次为增值税、企业所得税、营业税、消费税和个人所得税。2012年，生产税占总税收收入的70%以上。

生产税的主体税种均不同程度地存在转嫁效应。转嫁效应使得生产税的税负归宿不同程度地向其他非缴纳者转移。生产税转嫁效应可以划分为“后转”和“前转”。“后转”是指税收归宿向产业链下游转移，即买者的税负转移给卖者，经过多级传递后最终会降低生产要素的购入价格。若税负转移给卖方，理论上卖方的收入规模会缩小，而在现实中企业均会追求利润最大化的目标，为了实现既定的利润，会努力降低成本，而压低要素购入价格则是最简单、可行的办法，最终在这一链条低端的要素提供者则承担了税负转嫁的后果。“前转”是指税收归宿向产业链上游转移，生产税由卖方向买方转移。我国生产税的最大构成税目——增值税属于典型的价外税，全部由买方承担。居民部门作为产品和服务的最终消费者，包含在产品价格当中的增值税无法抵扣，因此成为所消费产品已缴纳增值税的实际承担者。若在“前转”的条件下，生产税会使商品价格提高，虽然表面上并没有造成要素价格的变化，但由于商品价格提高，要素使用者需要花更多的钱来购买所需商品，这将导致要素所有者的购买能力下降，实际收入水平

降低。

基于国民经济核算的一般原理及核算账户之间的平衡关系，根据《中国统计年鉴》“资金流量表（实物交易部分）”总结的居民部门初次分配总收入的形成过程及生产税对居民收入的影响如图 2－71 所示。

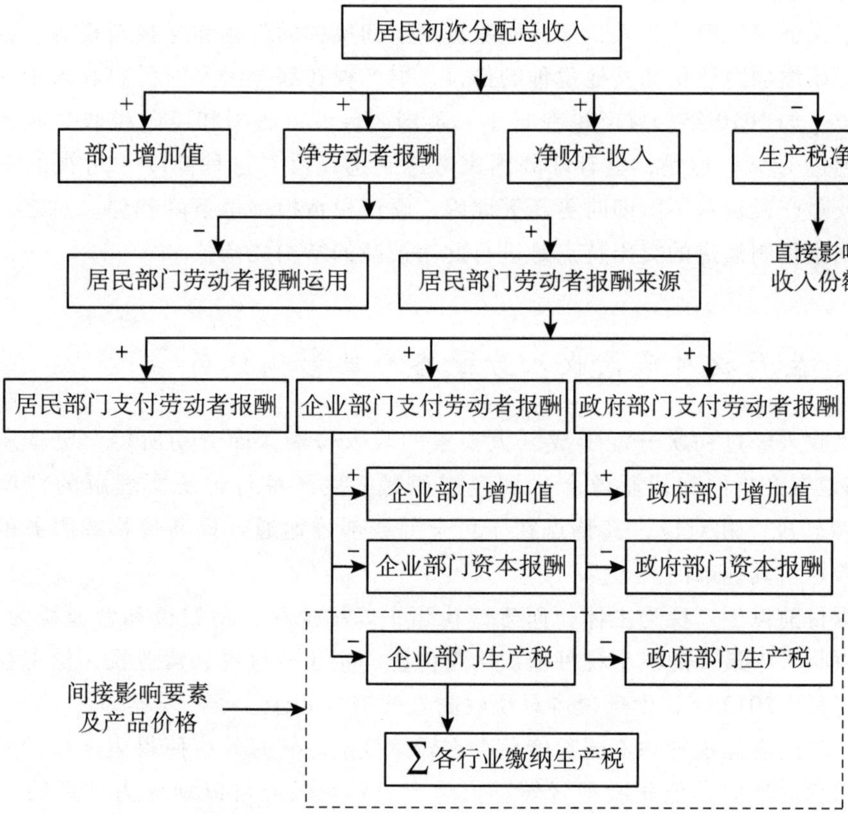

图 2－71　生产税影响居民收入的路径

生产税对居民收入的影响可以分解为直接影响和间接影响。企业部门、政府部门及居民部门缴纳的生产税，是政府对新增价值的分配。居民部门缴纳的生产税是居民部门收入的抵减项目，对居民部门初次分配收入占国民比重、可支配收入占国民收入比重产生直接影响。因此，居民初次分配收入占 GDP 比重与居民部门缴纳的生产税占 GDP 比重等额变动，但是方向相反。即居民部门缴纳的生产税占 GDP 比重上升一个单位，居民部门初次分配收入占 GDP 比重就下降一个单位。

政府和企业部门缴纳的生产税对居民部门劳动报酬收入份额产生间接影响。以企业为例，企业生产过程中，劳动者是劳动力的出售者，企业是劳动力的购买者和使用者，买方和卖方围绕着成交价格（劳动报酬）展开博弈。由于生产税的支出刚性较强，在生产税支出比重上升的背景下，企业为了维持既定的利润率，不得不压缩其他方面支出的成本。一方面努力降低劳动力的购买价格，另一方面减少劳动力的购买数量。这两方面都会导致劳动要素收入份额下降。

（一）生产税对居民初次分配总收入的直接影响

使用各年度《中国统计年鉴》资金流量表实物交易数据测算的居民部门缴纳生产税对居民初次分配收入比重的直接影响如表2－50所示。

表2－50　　居民部门缴纳生产税对居民初次分配收入比重的直接影响

单位：%

年份	税前居民初次分配收入比重	生产税比重	税后居民初次分配收入比重	生产税对初次分配比重影响
2000	67.50	1.17	66.33	－1.17
2001	65.89	0.91	64.98	－0.91
2002	64.72	0.90	63.82	－0.90
2003	64.84	1.14	63.70	－1.14
2004	61.73	0.75	60.98	－0.75
2005	61.54	0.70	60.84	－0.70
2006	61.27	0.66	60.61	－0.66
2007	60.79	1.04	59.74	－1.04
2008	59.69	0.66	59.03	－0.66
2009	60.76	0.18	60.59	－0.18
2010	60.49	0.25	60.24	－0.25
2011	60.35	0.26	60.09	－0.26
2012	61.88	0.38	61.50	－0.38

注："比重"指占GDP比重。

由表2－50可知，居民初次分配收入占GDP比重呈下降趋势，2000～2012年，税前初次分配收入占GDP比重下降了约5.6%，税后初次分配收入占GDP比重下降了4.8%。税前收入比重下降的幅度高于税后，表明从居民部门征收的生产税并没有使得居民初次分配收入比重下降，相反，居民部门缴纳的生产税负担逐步减轻，生产税占GDP比重从2000年的1.2%下降为2012年的0.4%左右，由此可见，生产税对居民部门收入的直接负向影响减弱。居民部门生产税主要来自个体就业者，比重下降主要得益于农业生产税的减免，生产补贴增加。

但值得注意的是，生产税对居民收入的间接影响比直接影响大得多，主要原因在于居民部门缴纳的生产税占生产税总额比重很低，而且呈现下降趋势。表2－51显示了生产税在企业、政府和居民部门之间的分布。2012年，居民部门缴纳生产税占生产税总额比重约为2.0%，企业部门缴纳生产税占生产税总额比重约为97.6%。因此，生产税对居民收入的影响主要存在于企业部门。

表2－51　　1992～2012年生产税在部门之间分布　　单位：%

年份	企业			政府			居民		
	生产税净额占本部门增加值比重	生产税占GDP比重	部门生产税占总生产税比重	生产税支出占本部门增加值比重	生产税占GDP比重	部门生产税占总生产税比重	生产税净额占本部门增加值比重	生产税占GDP比重	部门生产税占总生产税比重
1992	21.71	12.75	87.89	1.72	0.19	1.33	5.22	1.56	10.78
1993	21.97	13.78	88.22	1.67	0.17	1.07	6.12	1.67	10.71
1994	22.34	13.92	89.5	1.62	0.14	0.92	5.15	1.49	9.58
1995	19.55	12.54	89.66	1.6	0.13	0.9	4.72	1.32	9.44
1996	21.29	13.39	89.1	1.58	0.11	0.76	5.11	1.52	10.14
1997	22.47	14.08	90.35	1.49	0.11	0.7	4.65	1.39	8.95
1998	24.37	14.91	90.89	1.39	0.11	0.68	4.49	1.38	8.43
1999	24.08	14.57	89.48	1.39	0.11	0.7	5.11	1.6	9.82
2000	18.00	10.79	89.43	1.36	0.11	0.88	3.63	1.17	9.69
2001	17.67	10.8	91.36	1.33	0.11	0.93	2.98	0.91	7.71
2002	18.14	11.24	91.65	1.32	0.13	1.02	3.15	0.9	7.33
2003	18.88	11.63	90.2	1.36	0.12	0.96	3.89	1.14	8.84
2004	18.92	11.92	92.47	2.42	0.22	1.7	2.69	0.75	5.83
2005	18.91	11.88	92.79	2.44	0.23	1.77	2.5	0.7	5.45
2006	18.89	11.9	93.11	2.44	0.22	1.76	2.36	0.66	5.14
2007	18.97	12.01	90.46	2.45	0.22	1.68	3.79	1.04	7.86
2008	18.42	11.78	93.52	1.68	0.16	1.26	2.47	0.66	5.22
2009	19.13	12.07	98.06	0.63	0.06	0.5	0.65	0.18	1.44
2010	20.31	12.8	97.59	0.71	0.06	0.49	0.9	0.25	1.93
2011	20.26	12.84	97.56	0.75	0.06	0.48	0.92	0.26	1.96

资料来源：根据各年中国统计年鉴资金流量表（实物交易部分）计算。2000年之前和之后统计口径不同。

（二）生产税对企业部门支付劳动报酬比重的间接影响

前面的理论分析表明，生产税会通过“后转”间接地影响生产要素价格和使用量，从而影响要素的收入份额。企业部门支付的劳动报酬占企业增加值比重反映了劳动要素的收入份额，或者劳动要素支付比率。企业部门缴纳的生产税占企业增加值比重反映了企业平均生产税税率。表2-52计算了企业部门劳动报酬占企业增加值比重指标、生产税占企业增加值比重指标的相关关系。随着平均生产税率的逐步上升，劳动报酬比重逐步下降。两者的皮尔逊相关系数为-0.69，该相关系数在1%水平下显著，表明两者呈现显著的线性相关关系。

表2-52　　2000~2012年生产税比重与劳动报酬比重关系　　单位：%

年份	劳动报酬占企业增加值比重	生产税占企业增加值比重
2000	44.89	18.00
2001	42.99	17.67
2002	42.62	18.14
2003	41.94	18.88
2004	38.21	18.92
2005	38.15	18.91
2006	36.98	18.89
2007	35.84	18.97
2008	35.58	18.42
2009	36.62	19.13
2010	35.85	20.31
2011	35.58	20.26
2012	38.31	19.89
皮尔逊相关系数	-0.69	

注：数据来源于《中国统计年鉴》资金流量表实物交易；相关系数在1%水平下显著。

但是，企业部门劳动要素支付比率是多种因素综合影响的结果，除了生产税对劳动收入份额的间接影响之外，劳动与资本的配比关系、劳动与资本的边际收益率、企业与雇员在薪酬水平博弈过程中力量的强弱等因素也影响劳动收入份额。各种因素的影响结果表现为三个方面：一是企业财产支出净额比重；二是企业初次分配收入比重；三是生产税净额比重。这三方面比重变动会导致劳动报酬

份额变动。三者与劳动报酬的关系为：[①]

初次分配总额 = 企业增加值 - 劳动报酬支出 - 财产支出净额 - 生产税支出净额 (2-38)

其中，初次分配总额是企业部门获得的初次未分配利润，或者称为留存利润，是企业增加值扣除劳动、生产税、财产支出净额之后的余额。初次分配总额反映了作为独立的收入分配主体（法人）获得的收入。财产支出净额包括利息、红利、地租及其他支出净额。

其中，利息包括存贷款利息、股票以外证券利息和应收账款利息[②]。红利是指企业对股东的利润分配。地租是指企业向土地这一生产要素支付的成本。财产支出净额属于资本要素获得的收入。公式（2-38）两边同除以企业增加值，整理得到：

劳动报酬比重 = 1 - 初次分配收入比重 - 财产支出净额比重 - 生产税支出净额比重 (2-39)

公式（2-39）对两个时期劳动报酬比重相减，得到劳动报酬比重变动公式如下：

$$\Delta 劳动报酬比重 = \Delta 初次分配收入比重 + \Delta 财产支出净额比重 + \Delta 生产税支出净额比重 \quad (2-40)$$

其中，Δ 表示变动额。公式（2-40）将劳动报酬比重变动的影响分解为三个方面：将公式（2-40）等号右端的和记为 $\sum$，那么生产税对劳动报酬变动的影响可以通过 $\frac{\Delta 生产税支出净额比重}{\sum}$ 计算，利息、红利以及地租对劳动报酬比重变动的影响通过 $\frac{\Delta 财产支出净额比重}{\sum}$ 计算，企业利润对劳动报酬比重的影响通过 $\frac{\Delta 初次分配收入比重}{\sum}$ 计算。

使用《中国统计年鉴》资金流量表实物交易数据计算的生产税、资本以及利润对企业部门劳动报酬收入份额的影响如表 2-53 所示。

① 国家统计局国民经济核算司：《中国经济普查年度资金流量表编制方法》，中国统计出版社 2007 年版，第 58 页。

② 国家统计局国民经济核算司：《中国经济普查年度资金流量表编制方法》，中国统计出版社 2007 年版，第 34 页。

表 2-53　　2000~2012 年生产税对企业部门劳动报酬比重的影响

单位：%

年份	劳动报酬比重	生产税净额比重	财产支出净额比重	初次分配收入比重
2000	44.89	18.00	4.62	32.48
2001	42.99	17.67	4.85	34.49
2002	42.62	18.14	4.78	34.45
2003	41.94	18.88	3.23	35.95
2004	38.21	18.92	3.11	39.76
2005	38.15	18.91	4.20	38.75
2006	36.98	18.89	4.94	39.19
2007	35.84	18.97	4.60	40.59
2008	35.58	18.42	4.12	41.87
2009	36.62	19.13	5.14	39.12
2010	35.85	20.31	5.13	38.71
2011	35.58	20.26	6.73	37.43
2012	38.31	19.89	6.64	35.16
变动	-6.58	1.89	2.02	2.68
贡献率	100.00	28.68	30.65	40.67

注："比重"是指占企业增加值比重，企业包括非金融企业和金融企业。

由表 2-53 可知，2000 年以来，劳动报酬占企业部门增加值的比重下降幅度显著，2012 年比 2000 年下降了约 6.58%。相比之下，生产税、资本以及企业利润收入份额呈现不同程度的上升趋势，分别上升了 1.89%、2.02%、2.68%。从影响程度来看，生产税对企业部门劳动收入份额下降影响度约为 28.68%；资本的影响度约为 30.65%；利润的影响度约为 40.67%。可见，企业留存利润对企业部门劳动报酬份额下降的影响最大、资本次之、生产税的影响最小。

（三）小结

生产税是我国的税收主要来源。2012 年，我国生产税占税收总收入比重约为 72.7%。从生产税目的构成分布来看，增值税、营业税、消费税和关税四项占税收总收入比重超过 50%。从税收在部门之间的分布看，企业部门缴纳的生产税约占生产税总额的 98%，政府和居民部门缴纳的生产税占比较低。从变动趋势看，企业部门生产率平均税率小幅上升，居民和政府部门缴纳的生产税占其增加值比重小幅下降。从生产税在行业之间的分布看，我国农林、牧、渔业，卫生、社会保障和福利业，教育，公共管理和社会组织的生产税税率很低，电力、燃气及水生产供应业，制造业和房地产业的生产税税率较高。从生产税在地区之间的分布来看，生产税占 GDP 比重在我国不同地区之间分布差异较大，而且差距呈现扩大趋势。生产税占 GDP 比重较高地区主要为服务业较发达地区，而我国农业大省生产税占 GDP 比重较低。在社会分工日益细化，产业链条不断延伸的背景下，归属于生产税的。营业税重复征税现象严重，导致了服务业发达地区生产税占比较高。

总的来看，我国国民税负呈现上升趋势。2012 年比 2000 年上升了约 4.1%。如果考虑社会保险缴款，国民负担率在 2000～2012 年间上升了约 7.4%。在此期间，生产税占 GDP 比重小幅度上升 1.2%，收入税占 GDP 比重上升约 2.9%。可见，我国税收结构逐步优化，收入税在税收结构当中比例增加，生产税的比例下降。

税收收入的国际比较发现：第一，2012 年，我国税收总收入（不包括养老保险缴款）占 GDP 比重约为 18.2%，仅略高于 OECD 国家当中的斯洛伐克、墨西哥和日本，低于其他 29 个国家，所以我国属于低税收、低福利国家。第二，我国 2012 年税收总收入占 GDP 比重比 2000 年上升了 4.0%，相对于 OECD 国家，我国该指标上升幅度较大。第三，生产税占税收总收入比重在发展中国家较高，在发达国家相对较低。OECD 国家人均 GDP 越低，其生产税占税收总收入比重越高。第四，生产税比重与居民收入公平度之间未见显著的相关关系，即生产税占税收总收入比重高的国家，居民收入的公平度未必低。

生产税对居民部门收入分配格局具有直接影响和间接影响。指标的实际测算表明，我国居民部门缴纳的生产税负担逐步减轻，生产税对居民部门收入的直接负向影响减弱。而生产税对居民部门收入分配格局的影响主要体现在间接方面，企业部门支付的劳动报酬占企业部门增加值的比重下降幅度显著，2012 年比 2000 年下降了约 6.58%，其中，生产税解释了该降幅的 28.68%。

第五节　国民收入初次分配格局指标群

一、国民收入初次分配主体与要素收入格局

（一）指标定义与说明

国民收入初次分配格局指标群如表 2－54 所示。

表 2 – 54　　国民收入初次分配格局指标群

编号	指标名称	定义	备注
2 – 39	各部门初次分配收入占 GDP 比重	$=\frac{部门初次分配收入}{GDP}$	分析对象：政府、企业、居民
2 – 40	要素收入占 GDP 比重	$=\frac{X_i}{GDP}X_i\in$［劳动报酬，资本收入，生产税］	分析内容：劳动报酬、生产税、资本
2 – 41	要素收入占部门增加值比重	$=\frac{X_i}{部门增加值}$，$X_i\in$［劳动报酬，资本收入，生产税］	主体内部要素分配格局
2 – 42	居民初次分配收入占家庭总收入比重	$=1-\frac{转移收入}{家庭总收入}$	城镇居民，农村住户，分地区

1. 各部门初次分配收入比重指标说明

各部门初次分配收入比重指标反映的是初次分配之后形成的国民收入主体分配格局，即居民、政府和企业部门初次分配收入占国民收入比重。根据《中国统计年鉴》资金流量表（实物交易）对于居民、企业和政府部门初次分配收入的记录方法，部门初次分配收入计算公式如下：

$$\begin{aligned}部门初次分配收入 &= 本部门增加值 + (劳动报酬来源 - 劳动报酬运用)\\ &+ (生产税来源 - 生产说运用)\\ &+ (财产收入来源 - 财产收入运用)\end{aligned} \tag{2-41}$$

其中，“来源”表示本部门的收入；“运用”表示本部门的支出。对于某个部门，“来源”或者“运用”方数据可能为零。

对于居民部门，居民部门初次分配收入占 GDP 比重指标与前面构建的居民部门增加值占 GDP 比重、劳动报酬占 GDP 比重、自我雇佣者劳动报酬占 GDP 比重、国民核算口径下居民财产收入占 GDP 比重指标有如下关系。

$$\begin{aligned}居民部门初次分配收入占 GDP 比重 = &居民部门增加值占 GDP 比重 +\\ &劳动报酬占 GDP 比重 -\\ &自我雇佣者劳动报酬占 GDP 比重^{①} +\\ &居民财产收入占 GDP 比重 -\\ &居民部门缴纳生产税占 GDP 比重\end{aligned} \tag{2-42}$$

① 由于居民部门增加值和劳动报酬中均包括自雇佣者劳动报酬，因此需要将其中重复扣除。

从公式（2－42）可见，居民部门初次分配收入占GDP比重是对居民若干项收入和支出项目的汇总。部门之间的初次分配收入占GDP比重存在如下关系：

居民初次分配收入比重＋企业初次分配收入比重＋政府初次分配收入比重≈1[①]　（2－43）

2. 要素收入占GDP比重指标说明

要素分配格局与主体分配格局从不同的角度反映了收入分配状况。从生产的角度看，劳动和资本是社会化生产的两大要素，在初次分配中分别对应劳动报酬和资本收入，资本收入包括地租、利息、累计折旧、营业盈余等内容。生产税是夹在劳动和资本之间的“契子”，是政府提供社会公共管理的要素收入。

《中国统计年鉴》资金流量表中提供了劳动报酬、生产税的数据，而资本收入当中累计折旧、营业盈余等数据缺失。由于三大要素收入比重合计为100%，所以资本收入占国民收入比重可以通过以下公式推算：

资本收入占GDP比重＝1－劳动收入占GDP比重－生产税占GDP比重　（2－44）

此处的生产税包括企业、居民以及政府部门缴纳的生产税。

3. 要素收入占部门增加值比重指标说明

要素收入占部门增加值比重反映了部门增加值如何向各种生产要素分配。要素收入占部门增加值比重指标与要素收入占GDP比重指标存在以下关系：

劳动报酬占GDP比重＝居民部门劳动要素收入占居民增加值比重＋
企业部门劳动要素收入占企业增加值比重＋
政府部门劳动要素收入占政府增加值比重　（2－45）

资本收入占GDP比重＝居民部门资本要素收入占居民增加值比重＋
企业部门资本要素收入占企业增加值比重＋
政府部门资本要素收入占政府增加值比重　（2－46）

生产税占GDP比重＝居民部门缴纳生产税占居民增加值比重＋
企业部门缴纳生产税占企业增加值比重＋
政府部门缴纳生产税占政府增加值比重　（2－47）

对于居民部门，其增加值当中支付给劳动要素的收入包括农村居民和城镇个体户的向其他居民支付的劳动报酬、混合收入当中属于劳动报酬的部分。该部分

① 由于国外部门收入份额约为1%，将国外部门收入份额忽略。

收入可以使用资金流量表当中居民部门劳动报酬“运用”方金额近似计算，也可用前面自我雇佣者劳动报酬占国民收入比重指标换算。居民部门增加值当中支付的生产税，使用资金流量表当中居民部门生产税“运用”方金额计算。由于增加值主要在劳动、资本和生产税之间分配，三者合计为100%，因此，居民增加值当中归属资本的收入可用以下公式计算：

$$居民部门增加值当中资本收入份额 = 1 - 居民部门劳动要素收入占居民增加值比重 - 居民部门缴纳生产税占居民增加值比重 \quad (2-48)$$

对于政府部门和企业部门，其支付的劳动要素收入即为雇员报酬，从资金流量表劳动报酬项目的“运用”方可获得相应数据。其缴纳的生产税数据可从资金流量表生产税项目的“运用”方获得。政府部门和企业部门增加值当中归属资本的收入份额计算思路同居民部门。

4. 初次分配收入占家庭总收入比重指标说明

不同于以上指标从宏观的角度反映初次收入分配格局，初次分配收入占家庭总收入比重指标使用中国住户调查的数据，从微观的角度考察居民初次分配收入占其总收入的状况。由于中国住户调查城镇和农村分开，因此，初次分配收入占家庭总收入比重指标也分别针对城镇居民和农村居民计算。对于城镇居民，指标计算的分母是家庭总收入，而对于农村居民，计算的分母是家庭纯收入。中国住户调查将居民收入划分为四大类：劳动报酬、财产性收入、经营性收入、转移性收入。其中前三项属于初次分配收入，最后一项属于再分配收入。因此，居民初次分配收入占家庭总收入比重等于1减去转移性收入占家庭总收入比重。

初次分配收入占家庭总收入比重指标汇总了居民三大类收入的信息，其与转移性收入占家庭总收入比重指标互补。指标取值下降，表明我国再分配力度加大，否则表明再分配力度下降。

（二）主体收入格局测算分析

2012年以后，《中国统计年鉴》编委会根据财政部提供的全口径财政收支详细资料、国家外汇管理局修订后的国际收支平衡表数据，以及部分交易项目编制方法的调整，系统修订了2000年以后的实物交易资金流量表（实物交易部分）。1992~1999年资金流量表（实物交易部分）截至目前仍在修订之中。因此，按目前国家统计局提供的数据，2000年前后的数据尚未统一口径。国民收入初次分配主体分配格局计算结果如表2-55所示。

表 2 -55　　1992 ~2012 年居民、企业和政府初次分配收入占 GDP 比重

年份	政府		企业		居民		
	金额（亿元）	占比（%）	金额（亿元）	占比（%）	金额（亿元）	占比（%）	GDP（亿元）
1992	4 462.2	16.6	4 679.6	17.4	17 795.4	66.1	26 923.5
1993	6 097.9	17.3	7 086.8	20.1	22 075.3	62.5	35 333.9
1994	8 216.8	17.0	8 550.7	17.7	31 341.1	65.0	48 197.9
1995	9 103.1	15.0	11 682.6	19.2	39 024.8	64.2	60 793.7
1996	11 659.9	16.4	11 853.9	16.7	46 628.8	65.5	71 176.6
1997	13 334.4	16.9	13 188.8	16.7	51 537.6	65.3	78 973.0
1998	14 729.0	17.5	13 445.5	15.9	54 850.0	65.0	84 402.3
1999	15 170.7	16.9	15 755.1	17.6	57 553.4	64.2	89 677.1
2000	12 865.2	13.0	19 324.3	19.5	65 811.0	66.3	99 214.6
2001	13 697.3	12.5	23 122.2	21.1	71 248.7	65.0	109 655.2
2002	16 600.0	13.8	25 694.2	21.4	76 801.6	63.8	120 332.7
2003	18 387.5	13.5	30 077.0	22.1	86 512.5	63.7	135 822.8
2004	21 912.7	13.7	40 051.2	25.1	97 489.7	61.0	159 878.3
2005	26 073.9	14.1	45 026.4	24.3	112 517.1	60.8	184 937.4
2006	31 373.0	14.5	53 416.4	24.7	131 114.9	60.6	216 314.4
2007	39 266.9	14.8	68 349.9	25.7	158 805.3	59.7	265 810.3
2008	46 549.1	14.8	84 085.8	26.8	185 395.4	59.0	314 045.4
2009	49 606.3	14.6	84 169.6	24.7	206 544.0	60.6	340 902.8
2010	59 926.7	14.9	97 968.3	24.4	241 864.5	60.2	401 512.8
2011	72 066.9	15.2	112 212.5	23.7	284 282.9	60.1	473 104.0
2012	80 975.9	15.6	117 776.5	22.7	319 462.4	61.5	519 470.1

资料来源：根据《中国统计年鉴》资金流量表数据计算。

2000 年以前，居民、企业和政府部门的初次分配收入格局相对稳定，居民部门约占初次分配总收入的 65%，企业部门约占 18%，政府部门约占 17%。

2000 ~2012 年，初次收入分配格局演变可分为两个阶段。对于居民部门，第一个阶段，从 2000 ~2008 年，居民部门初次分配收入比重从 67% 下降到 59%。第二个阶段，2008 ~2012 年，居民初次分配收入比重止跌企稳，呈现小幅上涨趋势。对于企业部门，第一个阶段初次分配收入份额上升了约7.3%，第二个阶段下降了约4.1%。对于政府部门，2000年以来，初次分配收入占国民收入比重小幅稳步上升，2012年相比2000年上升了约2.6%。由此可见，在第一阶段，初次分配的格局对企业部门和政府部门有利，居民部门初次分配收入占GDP比重下降主要因为企业部门挤占了居民的收入份额，而政府部门对居民初次收入分配的挤占相对较轻。

（三）要素收入格局测算分析

劳动报酬、资本和生产税占GDP比重如表2-56所示。劳动报酬收入归属于居民部门，生产税收入归属于政府，而资本收入在居民、政府和企业之间分配。

表2-56　　1992～2012年初次分配后形成的要素分配格局

年份	政府（生产税）		资本收入		居民（劳动者报酬）		GDP
	金额（亿元）	占比（%）	金额（亿元）	占比（%）	金额（亿元）	占比（%）	合计（亿元）
1992	3 907.1	14.5	8 319.7	30.9	14 696.7	54.6	26 923.5
1993	5 519.0	15.6	11 641.5	32.9	18 173.4	51.4	35 333.9
1994	7 493.8	15.5	15 498.1	32.2	25 206.0	52.3	48 197.9
1995	8 501.3	14.0	20 205.0	33.2	32 087.4	52.8	60 793.7
1996	10 697.6	15.0	23 393.2	32.9	37 085.8	52.1	71 176.6
1997	12 308.1	15.6	24 794.5	31.4	41 870.4	53.0	78 973.0
1998	13 848.3	16.4	26 233.6	31.1	44 320.4	52.5	84 402.3
1999	14 599.7	16.3	27 942.8	31.2	47 134.6	52.6	89 677.1
2000	11 975.3	12.1	34 996.4	35.3	52 242.9	52.7	99 214.6
2001	12 968.2	11.8	39 157.2	35.7	57 529.8	52.5	109 655.2
2002	14 761.8	12.3	41 069.4	34.1	64 501.5	53.6	120 332.7
2003	17 516.2	12.9	46 570.9	34.3	71 735.7	52.8	135 822.8
2004	20 608.8	12.9	58 318.7	36.5	80 950.8	50.6	159 878.3
2005	23 685.7	12.8	68 103.7	36.8	93 148.0	50.4	184 937.4
2006	27 656.7	12.8	82 288.7	38.0	106 369.0	49.2	216 314.4
2007	35 304.9	13.3	102 586.5	38.6	127 918.9	48.1	265 810.3
2008	39 556.3	12.6	123 977.4	39.5	150 511.7	47.9	314 045.4
2009	41 962.8	12.3	131 982.1	38.7	166 957.9	49.0	340 902.8

续表

年份	政府（生产税）		资本收入		居民（劳动者报酬）		GDP
	金额（亿元）	占比（%）	金额（亿元）	占比（%）	金额（亿元）	占比（%）	合计（亿元）
2010	52 672.6	13.1	157 970.7	39.3	190 869.5	47.5	401 512.8
2011	62 270.8	13.2	188 409.4	39.8	222 423.8	47.0	473 104.0
2012	68 866.0	13.3	194 040.1	37.4	256 563.9	49.4	519 470.1

资料来源：原始数据来源于《中国统计年鉴》；资本收入包括累计折旧和营业盈余。

根据表 2－55 及表 2－56 的计算结果，我国国民收入初次分配呈现以下特征：

（1）在国民收入初次分配中，2000 年以来，居民部门收入占初次分配总收入的比例在 59%～67%之间，企业部门占比在 20%～27%之间，政府部门占比在 13%～15%之间。但是，从各部门收入比例的变化趋势来看，政府和企业部门在初次分配总收入中的占比呈上升趋势，而居民部门占比呈下降趋势。这说明修订了 2000 年之后资金流量表（实物交易部分）统计口径后，居民部门初次分配总收入占比下降的趋势没有改变。

（2）从要素收入分配格局来看，2000 年以来，劳动报酬占比呈下降趋势，资本收入和生产税收入占比呈上升趋势。但是，这一趋势在 2008 年以后出现了一些变化。劳动收入比重由下降转为上升，而资本收入比重由上升转为下降。生产税比重上升的趋势没改变，但是上升的速度显著放缓。具体而言，2012 年较 2000 年资本收入比重上升了 2.1%，生产税净额比重上升了 1.2%，而劳动者报酬比重下降了 3.3%。

（3）资本收入主要归属于企业和居民部门，归属于政府部门的资本收入份额较小。通过对比主体分配格局与要素分配格局，可以计算出资本收入在居民、政府和企业之间的分配比例，如表 2－57 所示。其中，政府部门资本收入占 GDP 比重（C 列）等于政府部门初次分配收入比重（B 列）减去生产税收入占 GDP 比重（A 列）；居民部门资本收入占 GDP 比重（F 列）等于居民部门初次分配收入比重（D 列）减去居民劳动收入占 GDP 比重（E 列）；企业部门资本收入占 GDP 比重（H 列）等于资本收入占 GDP 比重（G 列）减去政府以及居民部门获得的资本收入比重（C 和 F 列）。

对于居民部门，资本收入的核算范围大于财产收入。根据前面居民财产收入占国民收入比重的测算结果，居民部门财产收入占 GDP 比重约为 2%。财产收入主要包括利息收入、租金收入、红利收入等项目。而资本收入除了以上财产收入项目之外，还包括累计折旧、营业盈余等项目。

从表 2－57 可以看出，居民部门资本收入占 GDP 比重约为 12%，总体上保持稳定。企业部门资本收入占 GDP 比重约为 23%。2000～2008 年，企业部门资本收入比重上升幅度约为 5.4%，2008 年以后，该比重有所下降。政府部门资本收入占 GDP 比重约为 2.3%，近年来呈现小幅上涨的趋势。

表 2－57　资本收入在居民、政府和企业之间分配　单位：%

年份	生产税收入比重	政府初次分配收入比重	政府资本收入比重	居民初次分配收入比重	居民劳动收入比重	居民部门资本收入比重	资本收入比重	企业部门资本收入比重
	A	B	C＝B－A	D	E	F＝D－E	G	H＝G－C－F
2000	12.1	13.0	0.9	66.3	52.7	13.6	35.3	20.8
2001	11.8	12.5	0.7	65.0	52.5	12.5	35.7	22.5
2002	12.3	13.8	1.5	63.8	53.6	10.2	34.1	22.4
2003	12.9	13.5	0.6	63.7	52.8	10.9	34.3	22.8
2004	12.9	13.7	0.8	61.0	50.6	10.4	36.5	25.3
2005	12.8	14.1	1.3	60.8	50.4	10.4	36.8	25.1
2006	12.8	14.5	1.7	60.6	49.2	11.4	38.0	24.9
2007	13.3	14.8	1.5	59.7	48.1	11.6	38.6	25.5
2008	12.6	14.8	2.2	59.0	47.9	11.1	39.5	26.2
2009	12.3	14.6	2.3	60.6	49.0	11.6	38.7	24.8
2010	13.1	14.9	1.8	60.2	47.5	12.7	39.3	24.8
2011	13.2	15.2	2.0	60.1	47.0	13.1	39.8	24.7
2012	13.3	15.6	2.3	61.5	49.4	12.1	37.4	23.0

注：A、B、D、E、G 列数据来源于表 2－55 及表 2－56；"比重"是指占 GDP 比重。

（四）部门内部对增加值的分配测算

由于居民、政府和企业部门的增加值合计等于 GDP，所以，对三个部门的要素分配结构的研究是对要素分配格局研究的细化。通过每个部门各种要素的分配比例，可以判断某一要素收入比重变动的主要受哪一个部门的分配结构变动的影响。初次要素分配占部门增加值比重指标的测算结果如表 2－58 所示。

表 2-58　　1992~2012 年居民、企业和政府本部门增加值的分配结构

单位：%

年份	企业			政府			住户		
	劳动报酬	生产税净额	资本收入	劳动报酬	生产税净额	资本收入	劳动报酬	生产税净额	资本收入
1992	42.06	21.71	36.23	76.00	1.72	22.29	71.08	5.22	23.71
1993	38.42	21.97	39.61	77.00	1.67	21.33	71.98	6.12	21.90
1994	40.59	22.34	37.07	75.00	1.62	23.38	70.61	5.15	24.24
1995	41.35	19.55	39.10	78.00	1.60	20.40	71.88	4.72	23.40
1996	42.81	21.29	35.90	70.48	1.58	27.94	67.22	5.11	27.68
1997	43.10	22.47	34.43	73.50	1.49	25.01	68.66	4.65	26.68
1998	40.93	24.37	34.70	78.70	1.39	19.92	68.74	4.49	26.77
1999	40.13	24.08	35.79	83.68	1.39	14.93	68.54	5.11	26.35
2000	44.89	18.00	37.10	82.45	1.36	16.19	59.96	3.63	36.41
2001	42.99	17.67	39.34	88.39	1.33	10.29	61.79	2.98	35.22
2002	42.62	18.14	39.24	85.28	1.32	13.40	67.00	3.15	29.85
2003	41.94	18.88	39.18	88.35	1.36	10.28	64.63	3.89	31.48
2004	38.21	18.92	42.87	88.18	2.42	9.41	66.36	2.69	30.95
2005	38.15	18.91	42.94	84.56	2.44	13.00	66.30	2.50	31.20
2006	36.98	18.89	44.13	83.61	2.44	13.95	65.16	2.36	32.48
2007	35.84	18.97	45.20	84.93	2.45	12.63	63.73	3.79	32.47
2008	35.58	18.42	46.00	80.47	1.68	17.85	65.50	2.47	32.02
2009	36.62	19.13	44.26	82.75	0.63	16.62	65.06	0.65	34.29
2010	35.85	20.31	43.84	85.15	0.71	14.14	61.04	0.90	38.05
2011	35.58	20.26	44.16	85.23	0.75	14.03	60.47	0.92	38.62
2012	38.31	19.89	41.80	86.05	0.67	13.28	64.39	1.37	34.24

资料来源：根据相应年度《中国统计年鉴》数据计算。

测算结果呈现以下几个特征：

（1）各部门内部生产要素的初次分配格局差异较大。资本收入是企业部门最大的分配项目，2012 年，企业部门新增价值的 41.80% 归于资本收入；属于劳动的收入份额约为 38.31%；而生产税的收入份额约为 19.89%。对于政府部门，新增价值绝大部分用来支付劳动报酬，2012 年约占 86.05%。随着我国政府职能的转变，政府部门缴纳的生产税比重很小，而且呈现下降趋势。对于居民部门，增加值主要包括农村居民从事农、林、牧、渔业增加值、城镇个体户经营增加值、自有住房虚拟租金三个部分。居民部门增加值当中分配给生产税的份额很小，增加值主要在劳动和资本之间分配，劳动与资本之间的配比比例约为 2∶1。

(2) 劳动收入份额下降主要出现在企业部门。前述分析显示，我国居民劳动报酬比重在2000~2008年之间出现了显著下降。以上三个部门增加值分配结构的测算结果显示，在此期间，政府部门劳动报酬占增加值比重下降了约2%，而企业部门支付的劳动报酬占其增加值比重下降了约9.3%。相比之下，居民部门增加值当中归属于劳动报酬的比例上升了约5.5%。由此可见，2000~2008年，劳动收入占GDP比重的下降主要来自企业部门，政府部门对比重也有负向影响，但是相对较小。在居民部门内部，劳动力的相对价格上升，而资本的价格相对下降。

结合前面劳动报酬指标体系的分析可知，企业部门导致的劳动收入份额下降主要出现在城镇私营单位当中，而国有企业劳动报酬增长速度超越了GDP增速。

(3) 生产税的征收来源进一步向企业集中。2012年，企业、政府和居民缴纳的生产税分别占各部门增加值的比重约为19.89%、0.67%、1.37%。企业部门缴纳生产税占其增加值的比重显著高于政府和居民部门。从变动趋势来看，2000~2012年，居民部门缴纳的生产税占其增加值比重下降了2.3%。政府部门缴纳的生产税占其增加值比重下降了约0.69%，而企业部门上升了约1.89%。

(五) 初次分配格局国际比较

1. 美国初次分配之后形成要素收入格局

使用美国经济分析局收入和生产账户数据计算，美国初次分配之后形成要素收入格局如图2-72所示。分配格局具有以下几个特点：

第一，1960~2013年，美国居民劳动收入占GDP比重介于52.1%~58.4%之间。劳动收入既包括雇员报酬，也包括居民以及服务于居民的非营利机构支付的劳动报酬。劳动收入占比较高的时期出现在20世纪60年代末期到70年代初期，占比的最低点出现在2013年。

第二，资本收入占GDP比重介于33.5%~41.4%之间。资本收入包括累计折旧和营业盈余两大类。其中，累计折旧占GDP比重介于11.8%~16.5%之间，营业盈余占GDP比重介于20.4%~25.9%之间。

第三，2008年金融危机以来，美国劳动收入占GDP比重持续下降，而资本收入占GDP比重稳步上升，一定程度上反映了金融危机造成资本相对价格上升。资本收入比重上升主要指营业盈余占比上升，上升幅度约为4.2%，累计折旧占GDP比重约下降了0.7%。一方面资本价格上升造成劳动收入份额下降，另一方面较高的失业率也加剧了劳动收入份额下降。

第四，美国生产税占GDP比重相对稳定而且水平较低，介于6.2%~8.3%之间。从前面生产税指标群的测算结果可知，美国是以直接税为主的国家，而生产税属于间接税，因此生产税在税收体系中的占比相对较低。

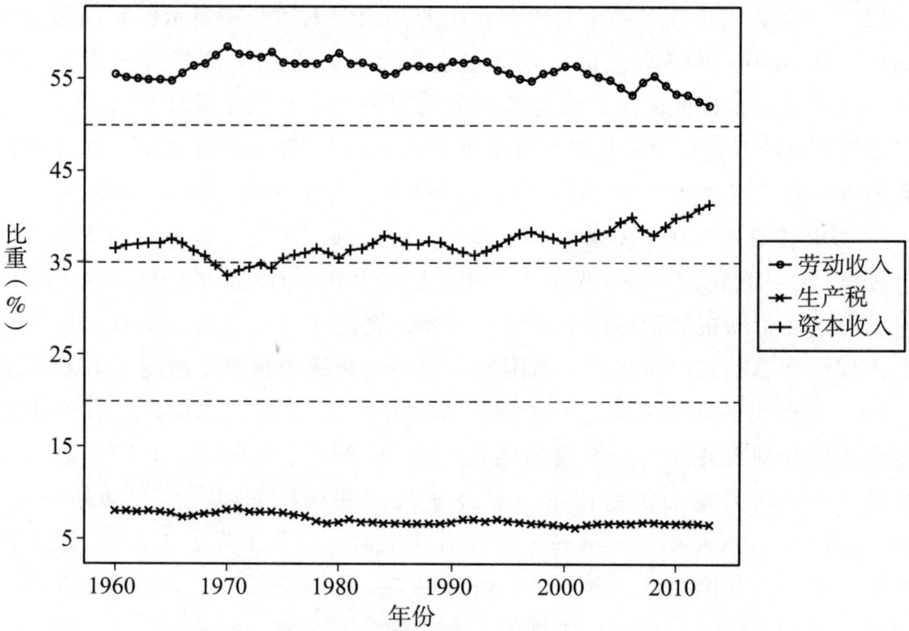

图 2－72　美国初次分配之后形成的要素收入格局

资料来源：原始数据来源于美国经济分析局 http：//www. bea. gov/national/nipaweb/Ni_FedBeaSna/GetCSV. asp？GetWhat = SS_Data/Section1All_xls. zip&Section = 2。

2. 德国初次分配之后形成要素收入格局

使用德国国家统计局收入和生产账户数据计算的德国初次分配之后形成的要素收入格局如图 2－73 所示。其分配格局具有以下几个特点。

第一，1991～2013 年，德国劳动收入占 GDP 比重介于 54.5%～62.3%之间，略高于美国同期水平。总体上，德国劳动收入比重呈现下降趋势，1991～2007 年，劳动收入占 GDP 比重下降了约 7.1%。2007 年之后逐步回升，2013 年比 2007 年上升了约 3.1%。由此可见，20 世纪 90 年代以来，中国、美国和德国劳动收入占 GDP 比重均出现下降。

第二，2008 年金融危机成为资本收入份额的转折点。20 世纪 90 年代资本收入占 GDP 比重相对平稳。2000～2007 年，资本收入占 GDP 比重上升了约 5.5%，达到局部顶点。该时期资本收入占比上升主要原因是营业盈余份额上升。累计折旧占 GDP 比重十分稳定，波动幅度仅为 0.35%。2007～2013 年，资本收入比重转入下降通道，从 45.9%下降到 42.6%，该时期资本收入下降主要归因于营业盈余收入比重下降。

第三，德国政府对企业的生产补贴高于收取的生产税，生产税净额占 GDP 比重为负值，因为德国的税收体制以直接税为主，主要在再分配阶段征收。

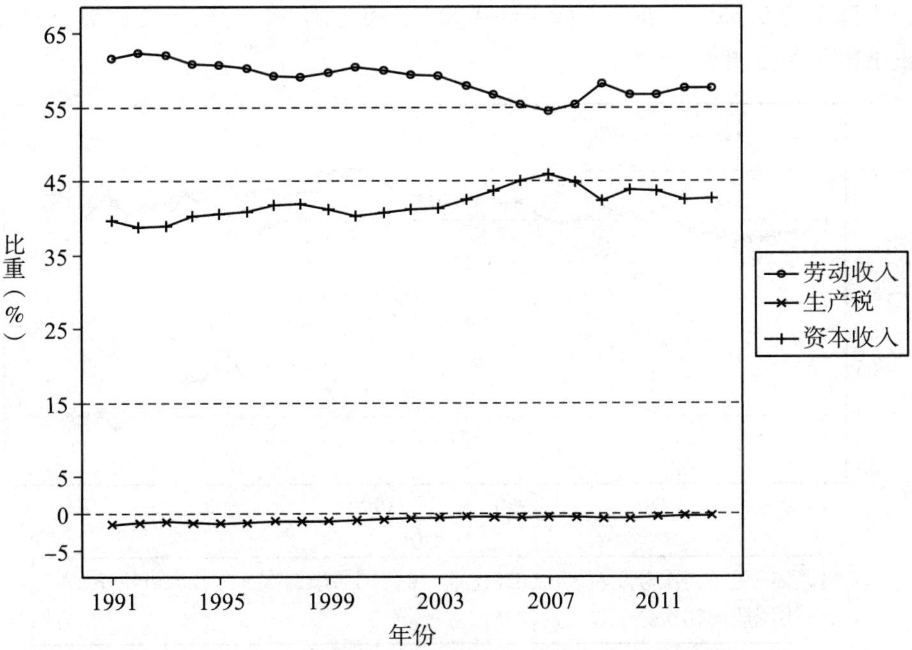

图 2－73　德国初次分配之后形成的要素收入格局

资料来源：原始数据来源于德国统计局，https：//www.destatis.de/DE/Publikationen/Thematisch/VolkswirtschaftlicheGesamtrechnungen/Nationaleinkommen/Sektorkonten.html； jsessionid = C0B6B49E5F0CC84C9AEA33ABF5E395E5.cae4.

3. 中国、德国和美国居民初次分配收入比重

中国、德国和美国居民初次分配收入占 GDP 比重如图 2－74 所示。三个国家的居民初次分配格局呈现以下特点：

第一，美国和德国居民初次分配收入占 GDP 比重显著高于我国，而美国和德国居民初次分配收入份额十分接近。1960～2013 年，美国居民收入占 GDP 比重介于 77.8%～84.3% 之间。1991～2013 年，德国居民收入占 GDP 比重介于 80.4%～85.2%之间。1992～2012 年，我国居民收入占 GDP 比重介于 62.9%～66.3%之间。我国与美国、德国居民初次分配收入比重差异的一个重要原因在于税制结构不同，美国和德国居民以收入税为主、我国以生产税为主、收入税为辅。美国、德国居民初次分配收入相当于税前收入，缴纳完收入税之后居民的可支配收入占 GDP 比重将显著下降。而我国所得税对居民初次分配比重的影响有限。

第二，20 世纪 90 年代以来，三个国家居民初次分配收入占 GDP 比重均呈现下降趋势。美国居民初次分配收入占 GDP 比重上升主要出现在 90 年代以前，1990 年达到自 1960 年以来的局部顶点之后，居民初次分配收入占 GDP 比重转为下降。2012 年相比 2000 年，美国居民初次分配收入占 GDP 比重下降了约 1.9%，德国下降了约0.63%，我国下降了约4.8%。相比之下，我国居民初次分配收入比重下降的幅度更大。

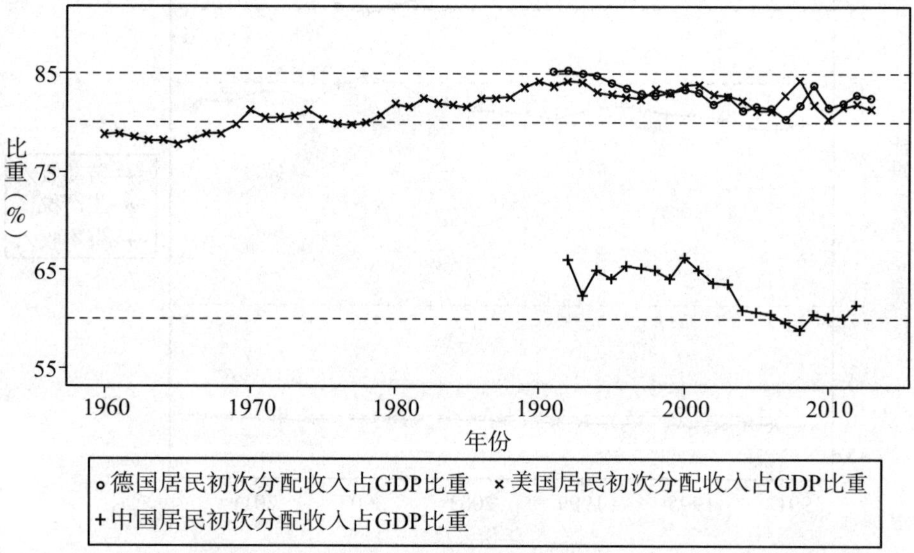

图2－74　中国、德国和美国居民初次分配收入占GDP比重比较

资料来源：中国数据来源于表2－55。美国和德国原始数据来源分别同图2－72和图2－73。

二、初次分配收入占居民总收入比重指标测算

（一）按收入分组城镇和农村居民初次分配收入比重

1. 城镇居民

根据表2－57对初次分配收入占家庭总收入比重指标的定义和说明，使用《中国城市（镇）生活与价格年鉴》数据测算的不同收入分组居民初次分配收入占家庭总收入比重如图2－75所示。

城镇居民初次分配收入占家庭总收入比重呈现以下特点：

第一，城镇居民初次分配收入占家庭总收入比重主要介于75%～80%之间，即平均上城镇居民有大约20%～25%的收入来自再分配，其中主要是离退休金。

第二，除了最高收入户之外，其他收入户初次分配收入占家庭总收入比重呈现下降趋势。下降的幅度越大，表明收入结构改善的程度越高。从这个角度看，中等收入群体下降的幅度最为显著，中等收入群体转移性收入占家庭总收入比重最高。

第三，最高收入户的收入结构发生了显著变化。2000年以来，其初次分配收入占比从所有收入分组中最低，2011年，转变为最高。表明2000年前后，再分配政策向高收入家庭倾斜。反过来看，正是这些家庭具有较高份额的转移性收

入（主要是离退休金），才使其进入高收入家庭的行列。但是，近年来情况发生了变化，最高收入户的初次分配收入比重显著上升，而转移性收入份额下降。

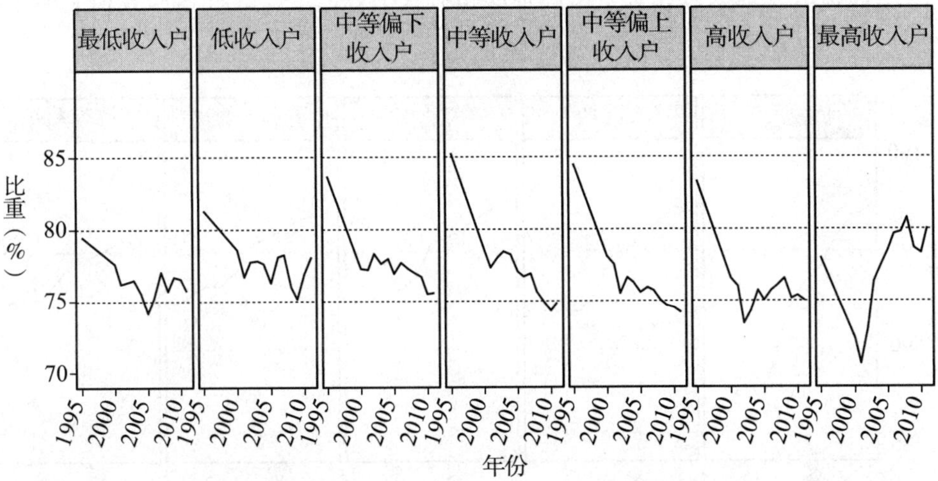

图 2－75　1995～2011 年城镇居民不同水平收入户初次分配收入占家庭总收入比重

资料来源：原始数据来源于《中国城市（镇）生活与价格年鉴》（2006～2012），中国统计出版社 2006～2017 年版。

第四，低收入户和最低收入户的初次分配收入结构变化不大。2011 年，这部分城镇居民的初次分配收入占家庭总收入比重仍然高于中等收入户。

2. 农村居民

使用《中国统计年鉴》相应年度数据测算的 2002～2012 年农村居民的初次分配收入占其家庭纯收入比重如图 2－76 所示。农村居民初次分配收入比重呈现以下特点：

第一，农村居民初次分配收入占家庭收入比重显著高于城镇居民。2012 年，农村居民初次分配收入占其纯收入比重介于 85%～95%之间，相比城镇居民高大约 10%。我国针对农村居民的养老保险制度推出时间不长，其保障水平显著低于城镇居民基本养老保险制度。绝大部分居民的主要收入来自初次分配阶段。

第二，农村居民的初次分配收入格局优于城镇居民。对比图 2－75 和图 2－76 发现，近年来城镇居民初次分配收入比重较低的分组为中等收入群体，而农村居民该比重较低的群体主要为低收入户以及中等偏下收入户。农村中等收入以上家庭的初次分配收入比重的格局相差较小，表明农村地区的收入再分配向低收入者倾斜，而城镇向中等收入者倾斜。

第三，农村居民初次分配格局显著改善。2002 年以来，居民初次分配收入占家庭纯收入比重普遍下降，且幅度超过 5%，低收入户下降的幅度显著高于高收入户，表明转移性收入向农村低收入户倾斜。2012 年，初次分配收入占居民家庭纯收入比重随着家庭收入分组上升而逐步提高。相比之下，2000 年以来，城镇居民初次分配收入比重下降的幅度相对较小。但是，这种格局有助于缩小城乡居民初次分配收入格局的差异，从而缩小城乡收入差距。

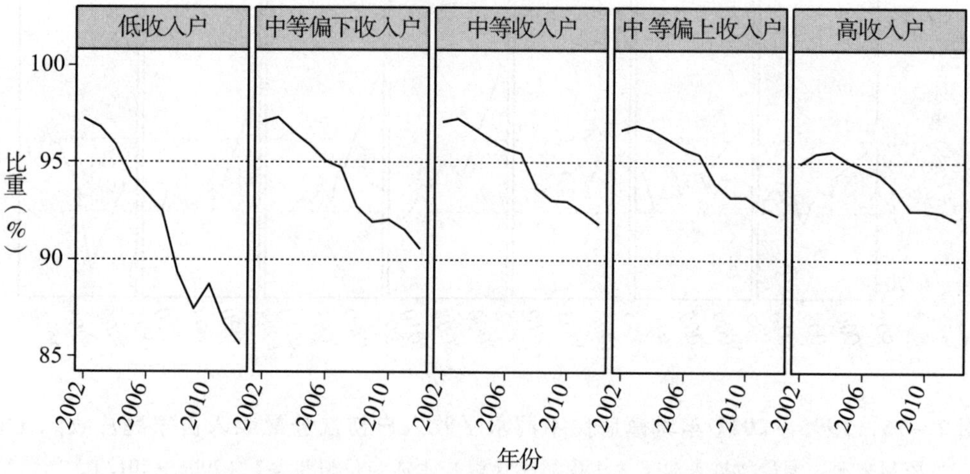

图 2-76　2002～2012 年农村居民初次分配收入占家庭纯收入比重

资料来源：原始数据来源于《中国统计年鉴》（2003～2013）。

（二）分地区城镇和农村居民初次分配收入比重

使用《中国统计年鉴》相应年度数据计算的全国 31 个地区城镇居民初次分配收入占家庭总收入比重、农村居民初次分配收入占家庭纯收入比重如图 2-77 所示。图中各地区按照 2013 年城镇居民初次分配收入占家庭总收入比重升序排列。

对于城镇居民，全国平均水平约为 76%，有 20 个地区低于该水平，11 个地区高于该水平。2013 年，各地区的比重介于 70%～92% 之间。城镇居民初次分配收入占家庭总收入比重较低的前三个地区分别为辽宁、天津和黑龙江，比重分别为 70.1%、70.3%、71.1%。比重较低地区集中在我国的东北以及老工业基地，因为这些地区的退休职工较多，转移性收入所占的比重较高，因此，居民初次分配收入占家庭总收入比重较低。

对于农村居民，初次分配收入占家庭纯收入比重的平均水平约为 91.2%。全国有 11 个地区低于该水平，有 18 个地区高于该水平，可见大部分农村地区初次分配收入比重较高。2013 年，各地区的比重介于 75%～95% 之间。农村居民初次分配收入占家庭纯收入比重最低的三个地区分别为北京、上海和青海，比重分别为 75.3%、81.2%、82.0%。其原因在于北京和上海农村居民的社会保障力度较强，再分配收入比重较高。

从趋势上看，农村居民初次分配收入占家庭纯收入比重普遍呈现下降趋势。2003～2013年，北京、上海、青海、内蒙古、新疆和西藏等省、市、自治区的下降幅度超过了10%。上海下降的幅度最大，达到19%。新疆和西藏地区的统计年鉴显示，新疆和西藏地区农村居民初次分配收入占家庭纯收入比重下降主要得益于中央政府对这些地区的财政补贴力度较大。西藏地区是全国唯一一个农村居民初次分配收入比重低于城镇居民初次分配收入比重的省份，可见，中央政府对西藏的补贴重点面向农村居民。相比之下，河南、福建和贵州农村居民初次分配收入占家庭纯收入比重在过去10年当中变化很小，幅度小于3%。

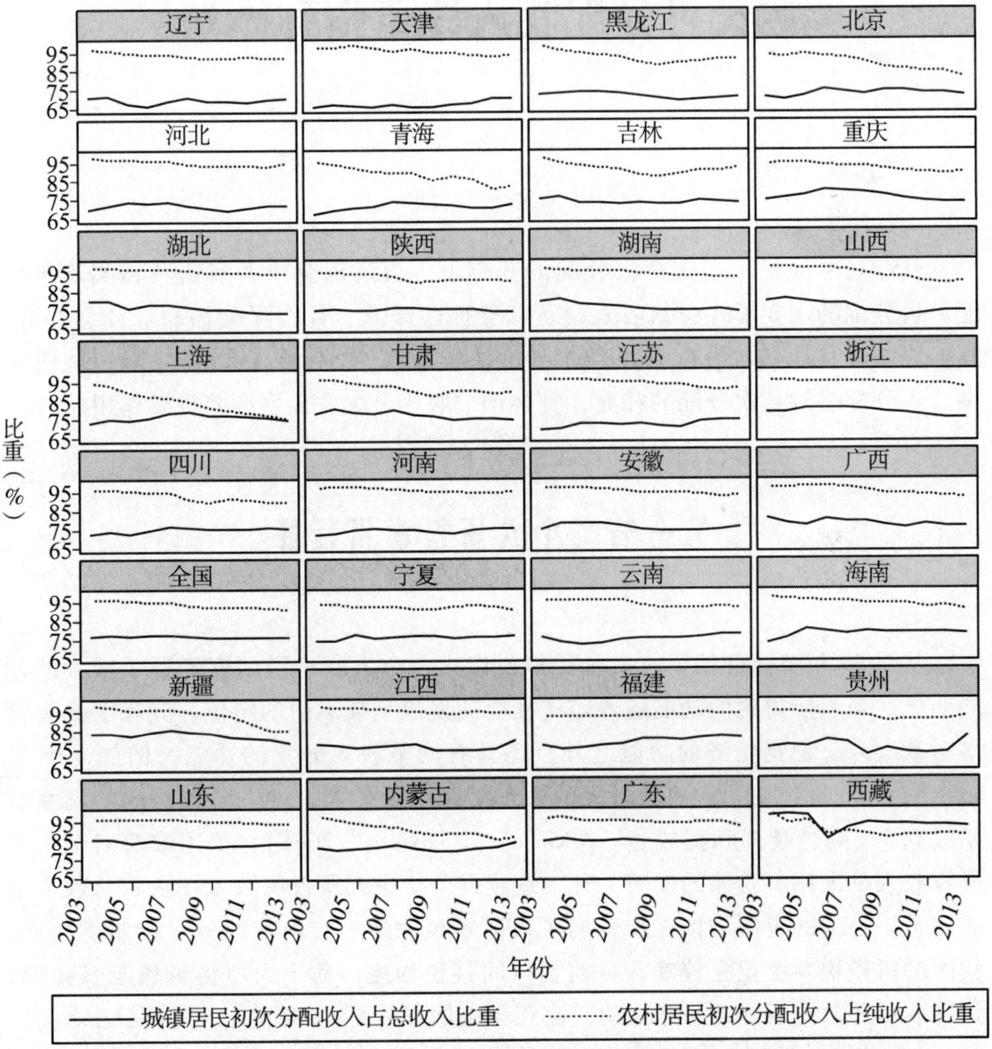

图2－77　初次分配收入占城镇居民总收入以及农村居民纯收入比重

资料来源：原始数据来源于相应年度《中国统计年鉴》。

第三章

居民再分配收入比重指标体系

收入再分配是指在初次分配的基础上，通过现金或者实物转移实现再分配。再分配的主要形式包括收入税、社会保险缴款、社会保险福利、社会补助、其他经常转移。初次分配由市场主导，注重效率，再分配由政府主导，注重公平。再分配是对初次分配的补充，其在调节收入分配方面发挥着重要作用。

第一节　个人所得税指标群

从 1799 年英国开始征收个人所得税以来，个人所得税制度经历了较大的发展变化，个人所得税的功能随着经济社会的发展呈现不同的定位。其除了具有筹集财政收入、稳定经济的功能之外，还具有调节收入分配的功能。例如，19 世纪末期到 20 世纪初期，美国居民的收入差距空前扩大，这一阶段美国基尼系数超过 0.5（阿特金森和赛威达：Atkinson 和 Salverda，2005），美国政府对个人所得税收入分配调节功能的依赖上升，逐步提升了个人所得税收入在税收总收入中的比重，美国的税制结构逐步转向了以所得税为主。与西方的所得税制度相比，我国的所得税制度建立较晚，目前仍以间接税为主。而个人所得税属于直接税，是在改革开放之后才逐步建立的，真正大范围征收是在 20 世纪 90 年代之后。

一、个人所得税界定

（一）个人所得税征收项目

收入税是对收入所征收的税，目前包括个人所得税和企业所得税两部分，由于本课题关注的是居民收入，因此，仅研究个人所得税。个人所得税是对个人所得征收的一种税。个人所得税实行分类征收，将个人所得分为工资薪金所得、个体工商户生产经营所得、承包承租经营所得、劳务报酬所得、稿酬所得、特许权使用费所得、利息股息红利所得、财产租赁所得、财产转让所得、偶然所得和其他所得等 11 个征税项目，并相应规定了每个应税项目的适用税率、费用扣除标准及计税办法。

个人所得税的税基是个人（主要是城镇居民）收入，其中，工资收入的纳税比较规范，是个人所得税的主要来源。工资收入主要分为两类，一类是从国家机关、事业单位获得的工资收入，它的来源比较稳定，和国家的工资制度直接相关；另一类是从企业获得的工资收入，它的高低是由劳动力市场的供求状况、企业经营状况和国家的最低工资标准等多方面因素决定。

（二）个人所得税的历次调整

新中国第一部个人所得税法于 1980 年通过。个人所得税的纳税人为在中国境内居住满 1 年，从中国境内、境外取得所得的个人和不在中国境内居住或者在中国境内居住不满 1 年，从中国境内取得所得的个人。征税对象为纳税人的所得，包括工资、薪金所得，劳务报酬所得，特许权使用费所得，利息、股息和红利所得，财产租赁所得和经中国财政部确定征税的其他所得 6 类（刘佐，2010）。

20 世纪 80 年代中期，我国个体工商户数量和经营规模快速扩大，为了对高收入户进行调节，1986 年 1 月，国务院发布《中华人民共和国城乡个体工商业户所得税暂行条例》。该条例将个体工商户的经营所得扣减成本、费用、工资、损失和国家允许在所得税前列支的税金以后的余额，纳入了个人所得税的征税范围。

1986 年 9 月，国务院发布《中华人民共和国个人收入调节税暂行条例》。个人所得税增收对象增加了两类：专利权转让、专利实施许可和非专利技术提供、转让取得的收入；投稿、翻译取得的收入。

1993 年 10 月，第八届全国人民代表大会常务委员会第四次会议通过《中华人民共和国个人所得税法》修正案，自1994年1月1日起施行。《中华人民共和国城乡个体工商业户所得税暂行条例》《中华人民共和国个人收入调节税暂行条例》同时废止。新的个人所得税法将原来按照不同的纳税人分别设立的个人所得税、个人收入调节税和城乡个体工商业户所得税合并为统一的个人所得税，并从纳税人、征税项目、免税项目、税率、费用扣除等方面加以完善。调整后的征税项目有11项：工资薪金所得、个体工商户生产经营所得、承包承租经营所得、劳务报酬所得、稿酬所得、特许权使用费所得、利息股息红利所得、财产租赁所得、财产转让所得、偶然所得和其他所得。在此11项征税项目当中，工资薪金所得是个人所得税主要的收入来源，2012年其占个人所得税的比例超过了60%。工资薪金所得税一方面受到起征点的影响，另一方面受到累进税率水平和结构的影响。工资薪金所得税起征点的历次调整如表3-1所示。

表3-1　　工资薪金个人所得税起征点历次调整

调整时间	主要调整内容
1980年9月	《个人所得税法》获得通过，确定起征点为800元，纳税对象主要以在华外国人为主。
2005年10月	全国人大常委会通过决议，把个人所得税工薪费用减除标准从800元调整到1 600元。决定于2006年1月1日起施行。
2007年12月	全国人大常委会表决通过了关于修改个人所得税法的决定。个人所得税起征点自2008年3月1日起由1 600元提高到2 000元。
2011年9月	起征点调整为3 500元。

二、个人所得税指标群构建与测算

（一）指标定义与说明

个人所得税指标群如表3-2所示。

表3-2　　个人所得税指标群

编号	指标名称	指标定义	备注
3-1	个人所得税人均税负	$=\frac{\text{个人所得税纳税总额}}{\text{就业人口年末数}}$	
3-2	家庭所得税支出水平	=家庭总收入-家庭可支配收入	分析对象：城镇按家庭收入分组居民

续表

编号	指标名称	指标定义	备注
3-3	家庭所得税支出负担	$=\frac{家庭总收入-家庭可支配收入}{家庭总收入}$	
3-4	个人所得税支出占GDP比重	$=\frac{个人所得税纳税总额}{GDP}$	
3-5	个人所得税支出占居民初次分配收入比重	$=\frac{个人所得税纳税总额}{居民部门初次分配总收入}$	
3-6	个人所得税占税收总额比重	$=\frac{个人所得税纳税总额}{税收总额}$	
3-7	个人所得税构成项目占所得税总额比重	$=\frac{所得税项目}{个人所得税总额}$	工资薪金所得等11类所得税
3-8	MT指数	$MT=(C_N-G_N)+\frac{t}{1-t}P$	
3-9	所得税水平公平效应指标	$=C_N-G_N$	MT指数等号右侧第一项
3-10	所得税垂直公平效应指标	$=\frac{t}{1-t}P$	MT指数等号右侧第二项

1. 个人所得税水平与负担指标说明

个人所得税有明确的税率，在给定收入类型和收入金额的情况下，可以很方便计算出应缴纳的所得税税款。但是，我国家庭个人所得税的实际水平及负担如何，已有研究当中未见已被普遍应用的测算指标。因此，本书构建以下三个指标来反映个人所得税的实际水平与负担，他们分别为：个人所得税平均税负；家庭所得税支出水平；家庭所得税支出负担指标。

在计算个人所得税人均税负指标时，使用年末就业人数作为计算基数。按照国家统一规定，安家费、退职费、退休工资、离休工资、离休生活补助费免缴纳个人所得税，因此，在测算个人所得税平均税负时，使用年末就业人数作为基数，不考虑非就业居民。

家庭所得税支出水平指标以家庭总收入与可支配收入差额来近似估计。在城镇居民家庭基本生活情况调查中，总收入-可支配收入=交纳的所得税+个人交纳的社会保障支出+记账补贴。记账补贴是国家统计局或财政局为了更好地统计收入，对那些坚持自行记账核算自家收入的人士给的补贴，但不是每个人都可以得到的，只有家庭条件有代表性、记账核算完整、持续记账才可能被统计局或财政局选定，而且补贴数额不大，因此，可以忽略记账补贴项。另外，考虑到家庭或个人社会保障支出与所得税一样上交给政府机构，因而具有所得税的特点，可将其作为所得税看待（刘穷志，2011）。

2. 个人所得税比重及结构指标说明

个人所得税水平与负担指标主要从微观的角度，分析其对不同收入水平家庭收入的影响。个人所得税比重及结构指标从宏观的角度，分析其对居民可支配收入比重的影响。个人所得税比重及结构指标包括：个人所得税支出占 GDP 比重；个人所得税支出占居民初次分配收入比重；个人所得税占税收总额比重；所得税构成项目占所得税总额比重。

个人所得税支出占 GDP 比重反映了政府从个人所得税中获得的收入份额。个人所得税支出占居民初次分配收入比重反映了居民部门的个人所得税宏观税负。个人所得税占税收总额比重指标、所得税构成项目占所得税总额比重指标，分别反映了所得税在税收收入当中比重以及哪些是个人所得税的主要项目。个人所得税税目包括：工资薪金所得、个体工商户生产经营所得、承包承租经营所得、劳务报酬所得、稿酬所得、特许权使用费所得、利息股息红利所得、财产租赁所得、财产转让所得、偶然所得和其他所得。

居民可支配收入占 GDP 比重与居民初次分配收入占 GDP 比重具有如下关系。

居民可支配收入占 GDP 比重 = 居民初次分配收入占 GDP 比重

− 所得税收入占 GDP 比重 + 经常转移净额占 GDP 比重

从以上公式可见所得税对居民可支配收入的影响是负向的。

3. MT 指数及其分解方法说明

马斯格雷夫和辛（Musgrave and Thin，1948）最早提出了以其名字缩小命名的 MT 指数。之后 MT 指数广泛用于财政、税收、福利等再分配效应的测量（Kakwani，1984）。以税收为例，MT 指数等于税前基尼系数和税后基尼系数的差值，用公式表示为：

$$\mathrm{MT} = G_X - G_N \tag{3-1}$$

其中，G 为基尼系数（Gini coefficient），X 和 N 分别表示税前和税后收入。如果税收具有均等效应，那么税后收入基尼系数会低于税前收入基尼系数，MT 指数为正数。反之，如果税收具有不均等效应，MT 指数将是一个负值。通过对 MT 指数的分解，可考察个人所得税对居民收入的调节效应，了解税基和税制结构设定对再分配的影响及其程度。现有 MT 分解中最常用的是卡瓦尼（Kakwani，1984）提出的分解方法（岳希明等，2011），该方法为：

$$\mathrm{MT} = (C_N - G_N) + \frac{t}{1-t}P \tag{3-2}$$

其中，t 表示平均税率，即纳税额与税前收入总额的比率。P 为衡量税收累进性指标（Kakwani，1977）。P 的计算公式为：

$$P = C_T - G_X$$

其中，C_T 为按照税前收入排序的税收 T 的集中系数。C_N 是按照税前收入排序的税后收入集中系数（Concentration Index）。G_N 为税后基尼系数。C_N 与 G_N 的唯一区别在于排序方式不同，前者按照税前收入排序，后者按照税后收入排序。针对不同类型数据集中系数的计算可参见世界银行的技术文档①。对于微观数据，近似计算公式如下（Jenkins，1988）。

$$C = 2\text{cov}(y_i,\ R_i)/\mu \qquad (3-3)$$

在测量税后收入的集中系数时，y_i 为居民 i 的税后收入，μ 是其均值，R_i 为居民 i 在税前收入分布中的比例位序，即在收入分布中的皮尔森位序（Person's Rank）。cov(,) 表示协方差。

P 是相对于收入而言，衡量税收负担在个人之间分布的指标。其基本思想是：税收集中系数大于税前收入基尼系数，$P>0$，表示税收负担偏重于高收入人群，税收具有累进性。反之，$P<0$ 表示税收具有累退性。当个人税收总额比重与其在收入总额中的比重相等时，税收负担与个人收入分布相同，$P=0$，此时税收为比例税，税收与收入呈现等比例变化。公式（3-2）的两项分别反映了税收的横向公平性和纵向（垂直）公平。税收横向公平要求相同收入水平缴纳的税负相同，同时要求高收入的税后收入高于低收入者的税后收入。后者也被称为位序公平（厄本：Urban，2009）。$(C_N - G_N)$ 度量了位序公平性。当位序公平得到满足时，$C_N = G_N$。反之，如果纳税人在税收收入与税前收入分布中的位序发生改变，税后收入集中系数将小于税后收入基尼系数，即 $C_N < G_N$（岳希明等，2011）。由于 $(C_N - G_N) \leqslant 0$，其他条件不变情况下，当税收横向公平得以现实，MT 指数达到最大值，即税收的再分配效应最强。

而纵向公平要求高收入者高税负。公式（3-2）第二项度量税收分配的纵向公平，纵向公平受平均税率和累进性两方面因素影响，而且只有累进税制才能使所得税具有收入再分配效应，即在累进税制下 $P>0$。在其他条件不变情况下，MT 指数随着 P 增大而增大。在税制累进性一定的情况下，平均税率 t 越高，所得税的再分配效应也越强。

（二）个人所得税水平与负担测算分析

使用《中国统计年鉴》、《中国税务年鉴》数据测算，个人所得税人均税负

---

① http://siteresources.worldbank.org/INTPAH/Resources/Publications/Quantitative-Techniques/health_eq_tn07.pdf.

如表3－3所示。

表3－3　　1999～2012年人均个人所得税水平分析

年份	年末就业人数（亿人）	个人所得税（亿元）	个人所得税人均税负（元）	所得税增速	城镇居民人均可支配收入增速	农村居民现金收入增速
1999	7.14	413.66	57.94			
2000	7.21	659.64	91.51	0.59	0.07	0.02
2001	7.28	995.26	136.72	0.51	0.09	0.05
2002	7.33	1 211.78	165.36	0.22	0.12	0.05
2003	7.37	1 418.03	192.31	0.17	0.10	0.06
2004	7.43	1 737.06	233.90	0.22	0.11	0.12
2005	7.46	2 094.91	280.64	0.21	0.11	0.11
2006	7.50	2 453.71	327.26	0.17	0.12	0.10
2007	7.53	3 185.58	422.93	0.30	0.17	0.15
2008	7.56	3 722.31	492.60	0.17	0.14	0.15
2009	7.58	3 949.35	520.83	0.06	0.09	0.08
2010	7.61	4 837.27	635.60	0.22	0.11	0.15
2011	7.64	6 054.11	792.22	0.25	0.14	0.18
2012	7.67	5 820.28	758.80	－0.04	0.13	0.13

资料来源：年末就业人数来自《中国统计年鉴（2013）》，所得税数据来源于历年《中国税务年鉴》；城镇居民人均可支配收入增速和农村居民现金收入增速数据来源于国家统计局网站：http：//data. stats. gov. cn。

我国城镇不同收入水平分组家庭所得税支出水平如表3－4以及图3－1所示。

表3－4　　按收入分组城镇家庭所得税支出水平（元/年）

年份	总平均	困难户	最低收入户	低收入户	中等偏下收入户	中等收入户	中等偏上收入户	高收入户	最高收入户
2006	960	290	303	405	550	782	1 151	1 631	2 867
2007	1 123	387	394	488	668	936	1 299	1 873	3 235
2008	1 287	453	450	553	779	1 071	1 530	2 269	3 809
2009	1 683	738	697	795	1 102	1 458	2 033	2 785	4 524
2010	1 924	744	756	962	1 269	1 697	2 309	3 211	5 004
2011	2 169	1 047	943	1 079	1 382	1 895	2 639	3 636	5 619

资料来源：根据《中国城市（镇）生活与价格年鉴》相应年度数据计算。

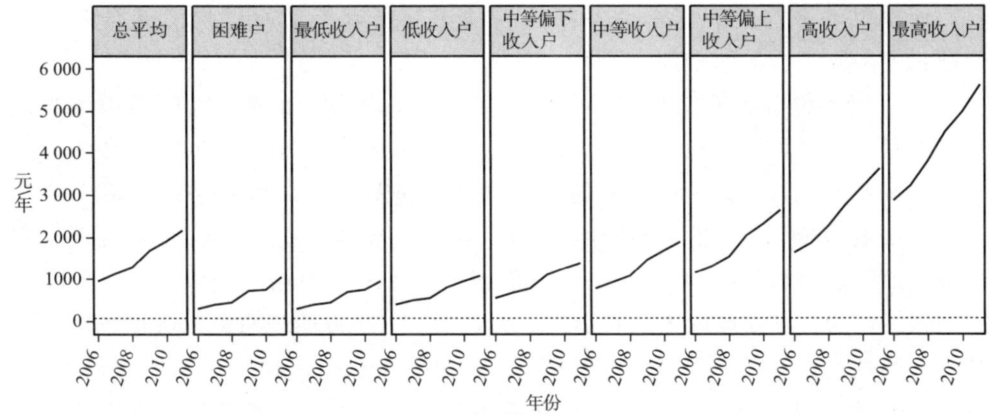

图 3-1　按收入分组城镇家庭所得税支出水平

我国城镇不同收入水平分组家庭所得税负担如表 3-5 及图 3-2 所示。

表 3-5　　按收入分组城镇家庭所得税负担　　单位：%

年份	总平均	困难户	最低收入户	低收入户	中等偏下收入户	中等收入户	中等偏上收入户	高收入户	最高收入户
2006	7.5	9.3	7.8	6.8	6.8	7.1	7.6	7.9	8.2
2007	7.5	10.3	8.6	7.0	7.0	7.2	7.3	7.8	8.1
2008	7.5	10.8	8.7	7.0	7.1	7.1	7.4	8.0	8.0
2009	8.9	15.0	11.7	8.9	8.9	8.7	8.8	8.9	8.8
2010	9.1	13.6	11.3	9.4	9.1	9.0	9.1	9.4	8.9
2011	9.0	16.2	12.1	9.2	8.7	8.8	9.1	9.3	8.7

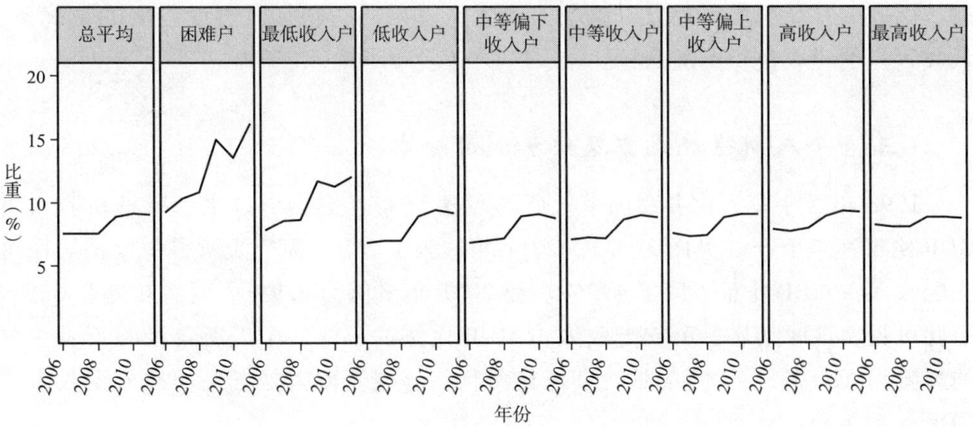

图 3-2　按收入分组城镇家庭所得税负担

所得税水平与负担指标测算结果反映出我国近年来所得税发展具有以下特征：

（1）所得税对居民收入的影响加深。1999 年以来，我国个人所得税增收额稳步增长，年平均增速约为23.5%，增长速度高于城镇居民人均可支配收入以及农村居民现金收入增速，后两者的年均增速分别为 11.5% 和 10.4%。2012 年个人所得税负增长，其中的主要原因是2011 年个人所得税起征点从 2 000 元调整到 3 500 元所致。所得税的发展趋势一方面表明个人所得税相对于居民收入征收力度增强，其为国家财政收入的收集作出了贡献。另一方面表明个人所得税对居民收入的影响增大，在 2000 年，就业居民人均每年承担不到 100 元的所得税负，到了 2012 年，人均每年承担约 758 元所得税负。从另一个角度看，由于个人所得税对收入分配的调节作用优于流转税，因此增强个人所得税对于调节收入分配差距是有益的。

（2）低收入家庭所得税支出增速高于中高收入家庭。按收入分组城镇家庭所得税支出测算结果显示，2011 年城镇家庭所得税平均支出约为 2006 年的 2.3 倍，所得税征收力度增强。虽然低收入家庭担负的个人所得税低于高收入家庭，但从变动趋势来看，2011 年困难户与最高收入户的所得税支出分别约为 2006 年的 3.6 倍和 1.9 倍。可见在此期间低收入家庭所得税负担增长更快。受此影响，2006 年最高收入家庭所得税支出是困难户支出的约 9.8 倍，到 2011 年，此差距缩小为 5.4 倍。

（3）低收入家庭的所得税相对负担更重。困难户所得税支出占家庭总收入的比重高于中高收入户，随着家庭收入水平提高，所得税负担呈现下降趋势，而且这种趋势在 2009 年以来更加明显。其中的主要原因是低收入家庭的收入来源相对较少，主要是工薪收入，而中高收入家庭财产收入在家庭总收入中所占份额较高。因此，在我国所得税以工薪收入为主，财产所得税征收力度较弱的情况下，低收入户的税收负担更加凸显。

（三）个人所得税比重及结构测算分析

1993 年《中华人民共和国个人所得税法》修正案实施以来，所得税收入占 GDP 比重逐年上升（见图 3－3），2011 年约为 1.2%。即个人所得税使得居民可支配收入占 GDP 比重下降了 1.2%。而 2001 年该值为 0.9%，两者相差 0.03%，由此可见，该时期居民可支配收入占 GDP 比重的下降，个人所得税并不是主要的影响因素。图 3－3 两条曲线呈现分离状，其主要原因是居民初次分配收入占 GDP 比重下降。

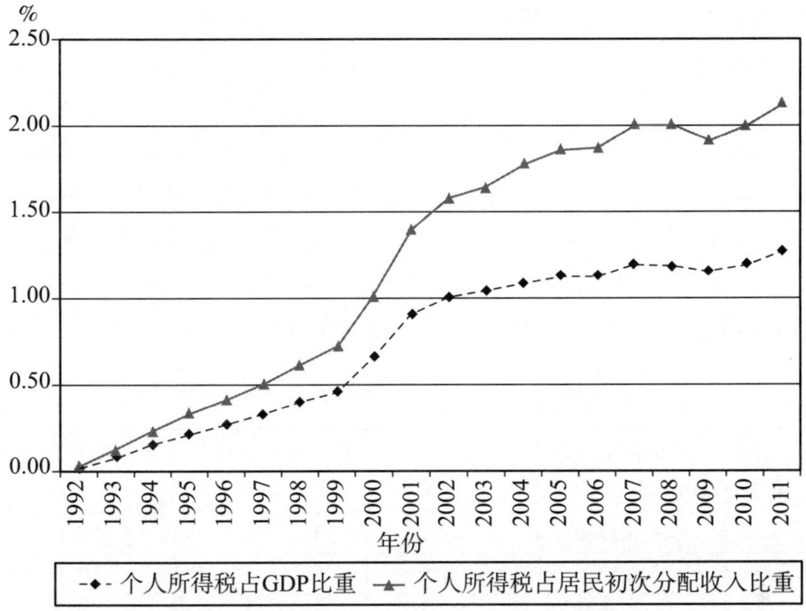

图 3-3　个人所得税占 GDP 以及居民初次分配收入比重

注：根据《中国统计年鉴》相应年度数据计算。

从发展的角度看，税收总收入占 GDP 的比重呈现上升趋势（见图 3-4），2013 年相比 1995 年上升了约 9%。相比之下，个人所得税的增长速度落后于税收总收入的增长速度。个人所得税占税收总收入比重在 2000 年以前快速增长，比例从 2% 上升到 6% 左右，之后稳中有降。特别是 2011 年个人所得税起征点调整之后，所得税对居民收入的影响进一步缩小。

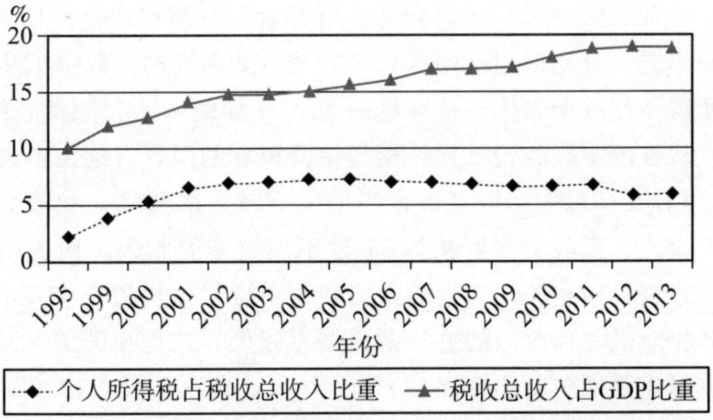

图 3-4　个人所得税占总税收收入比重

资料来源：国家统计局网站，http：//data. stats. gov. cn/workspace/index? a = q&type = global&dbcode = hgnd&m = hgnd&dimension = zb&code = A080601&region = 000000&time = 2013，2013。

根据当前税法，个人所得税由11项构成，那么哪些项目对居民收入的影响较大？表3-6反映了近年来我国个人所得税的比例。工资、薪金所得，个体工商户生产、经营所得，利息、股息、红利所得，财产租赁所得，财产转让所得，劳务报酬所得六项合计占个人所得税合计的96%左右。其中，对居民收入影响最大的是工资、薪金所得，2012年其占个人所得税的比例约为61.7%。所得税项目中“利息、股息、红利所得税”下降幅度明显，其中的主要原因是利息税逐步减征和免征。原自1999年11月1日起对储蓄存款利息征收20%的所得税，2007年8月15日之后减少为按5%征收，到2008年10月，改变为暂免征税（刘佐，2010）。

表3-6　个人所得税主要构成项目占个人所得税总额比重　单位：%

年份	工资、薪金所得	个体工商户生产、经营所得	利息、股息、红利所得	财产租赁所得	财产转让所得	劳务报酬所得	合计
2006	52.6	13.6	27.2	0.2	1.3	2.0	96.9
2007	55.0	12.6	24.9	0.2	2.3	2.0	96.9
2008	60.3	12.8	18.4	0.3	2.6	2.1	96.6
2009	63.1	12.2	14.2	0.3	4.2	2.3	96.2
2010	65.3	12.6	11.1	0.3	5.3	2.2	96.8
2011	64.4	11.3	10.9	0.3	7.7	2.3	96.9
2012	61.7	10.2	13.0	0.4	8.3	2.6	96.3

资料来源：根据相应年度《中国税务年鉴》数据计算。

有学者将我国出现“工资、薪金所得税”主导个人所得税，归因于我国薄弱的税收征缴能力（徐建炜等，2013）。一般而言，个人所得税的征缴模式主要分为三类：分类计征、综合计征和混合计征（综合与分类相结合）模式。分类计征按照所得类型不同，分别使用不同的计征方式，如不同的扣除额或税率。综合计征即将全部所得看作一个整体，按照统一方式（如统一的扣除额、统一的税率）计征所得税。从各国实践经验来看，实行综合税制的国家占绝大多数（贾康和梁季，2010）。综合计征对一个国家的征税能力有较高的要求。我国个人所得税采用分类计征的模式，征收时需要核算11种不同类型的收入。而逃税漏税概率与收入类型核算难度正向相关。工资薪金所得由单位代扣代缴，核算难度较低，因此，工资薪金相对于其他收入的逃税漏税概率较低。这是我国工资薪金所得在个人所得税中占据重要地位的原因之一。

分类计征具有可区别对待不同来源所得，调节不同收入来源的优点，但是其缺点也是明显的。个人所得税制度设计的目标本应是高收入者多纳税，但从目前我国个人所得税的制度设计来看，却只是高薪酬所得者多纳税（贾康和梁季，

2010）。我国个人所得税调节职能将高薪酬者和高收入者混同了。但现实生活中，我国大部分高收入者通常不是以薪酬形式获取收入的群体（私营厂主、企业老板可以只给自己象征性地开一点薪酬，甚至也有完全不领取薪酬的情况）。在股票市场及房地产市场炙热的年度，高薪酬者与高收入者偏离愈发明显。此时，我国个人所得税对个人收入甚至出现逆向调节（刘扬等，2014）。

（四）个人所得税的国际比较

1. 不同收入水平群体的所得税税负

亚太经济合作与发展组织（OECD）对其成员国的薪酬所得税占劳动收入的份额进行过统计，2013 年，OECD34 个成员国不同收入水平者所得税占个人收入比重如表 3－7 所示。表中报告了收入仅占平均收入 2/3 的低收入者、平均收入者、收入为平均收入 1.33 倍、1.67 倍者的所得税税负。分别代表低收入、中等收入、中高收入和高收入群体。这四类全体使用简单算术平均计算的税负分别为：11.3%、15.5%、18.9%，21.6%。各成员国总体上所得税采用累进税率，随着收入水平的提高，不仅缴纳的税额提高，而且纳税额占个人收入比重也上升。其中，荷兰的所得税率累进增速最快，高收入者的所得税率比低收入者高约 22.5%。其他国家高收入者比低收入者所得税税率平均高 10% 左右，仅匈牙利采用等额税率，即比例税率。

表 3－7　2013 年 OECD 国家不同收入水平者所得税占个人收入比重

编号	国家	均值的67%	均值	均值的133%	均值的167%	编号	国家	均值的67%	均值	均值的133%	均值的167%
1	澳大利亚	17.21	23.1	26.84	29.17	11	德国	14.14	19.14	23.84	27.66
2	奥地利	10.23	16.24	19.93	22.87	12	希腊	3.08	9.01	14.58	18.78
3	比利时	22.23	28.58	32.75	35.35	13	匈牙利	16	16	16	16
4	加拿大	11.59	15.33	19.24	21.83	14	冰岛	22.48	27.86	30.55	32.76
5	智利	0	0	0.24	0.84	15	爱尔兰	8.56	14.71	22.83	27.86
6	捷克	7.63	11.79	13.86	15.11	16	以色列	4.36	8.8	12.23	15.99
7	丹麦	32.98	35.82	39.28	42.67	17	意大利	17.53	21.54	25.86	28.62
8	爱沙尼亚	15.91	17.47	18.25	18.71	18	日本	6.08	7.66	9.23	12.22
9	芬兰	15.81	22.54	26.95	29.6	19	韩国	1.62	5.08	7.38	8.97
10	法国	12.61	14.61	18.51	20.86	20	卢森堡	8.99	16.95	22	25.03

续表

编号	国家	均值的67%	均值	均值的133%	均值的167%	编号	国家	均值的67%	均值	均值的133%	均值的167%
21	墨西哥	0.67	8.4	10.77	12.87	28	斯洛文尼亚	6.44	10.96	13.48	15.28
22	荷兰	5.63	15.66	22.71	28.09	29	西班牙	12.05	16.57	19.45	22.46
23	新西兰	13.27	16.89	20.21	22.77	30	瑞典	15.21	18	24.24	30.11
24	挪威	17.71	21.39	25.29	27.79	31	瑞士	7.94	10.86	13.6	15.83
25	波兰	5.96	6.92	7.4	7.69	32	土耳其	11.07	13.52	16.06	17.59
26	葡萄牙	8.25	16.17	20.13	23.91	33	英国	12.03	14.69	18.53	22.82
27	斯洛伐克	5.82	9.37	11.14	12.2	34	美国	13.89	16.93	20.61	22.82

资料来源：OECD 数据库，http：//stats. oecd. org/index. aspx？DataSetCode = TABLE_I5#。

注：均值是指个人的平均工资，收入占均值的比例反映了个人的相对收入水平。调查范围仅包含无子女且仅一个人就业的家庭。

为了进一步区分各国的所得税税负水平，本书对各国的所得税税负进行聚类分析，将每个国家四个收入层级的税负视作4维变量，计算各国税负的聚类欧几里德距离，将距离接近的划分为一类。聚类谱系树如图3-5所示（叶子节点编号与表3-7国家编号对应）。根据谱系树将OECD国家的税负划分为3类。比利

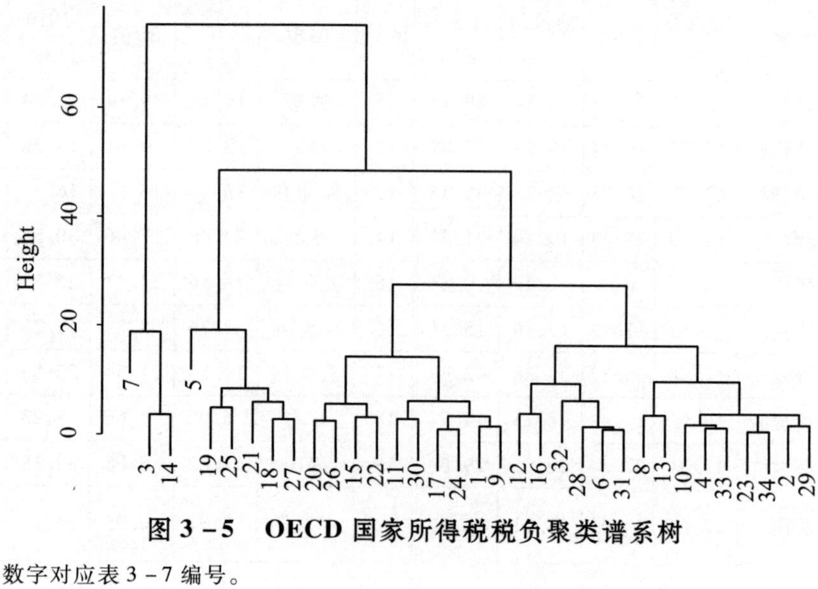

图3-5　OECD国家所得税税负聚类谱系树

注：数字对应表3-7编号。

时、丹麦和冰岛属于高所得税税负国家。智利、韩国、波兰、墨西哥、日本和斯洛伐克属于低所得税税负国家，其他23个国家的所得税税负比较接近，在OECD国家中处于中等水平。以美国为例，低收入者所得税占个人劳动收入的比重约为13.9%，中等收入者约为16.9%，高收入者约为22.8%。

2. OECD国家所得税占GDP比重

32个成员国按照其平均所得税占GDP比重升序排列，4个国家一组，一共8组。图3-6列示了8组OECD国家1995年以来所得税占GDP比重的变动趋势。2012年，OECD成员所得税占GDP比重简单算术平均值为8.6%，介于2.5%~23.8%之间，相差比较悬殊。约75%国家所得税占GDP比重在5%以上，约25%国家这一比重在10%以上。其中，丹麦、瑞典、芬兰和新西兰所得税占

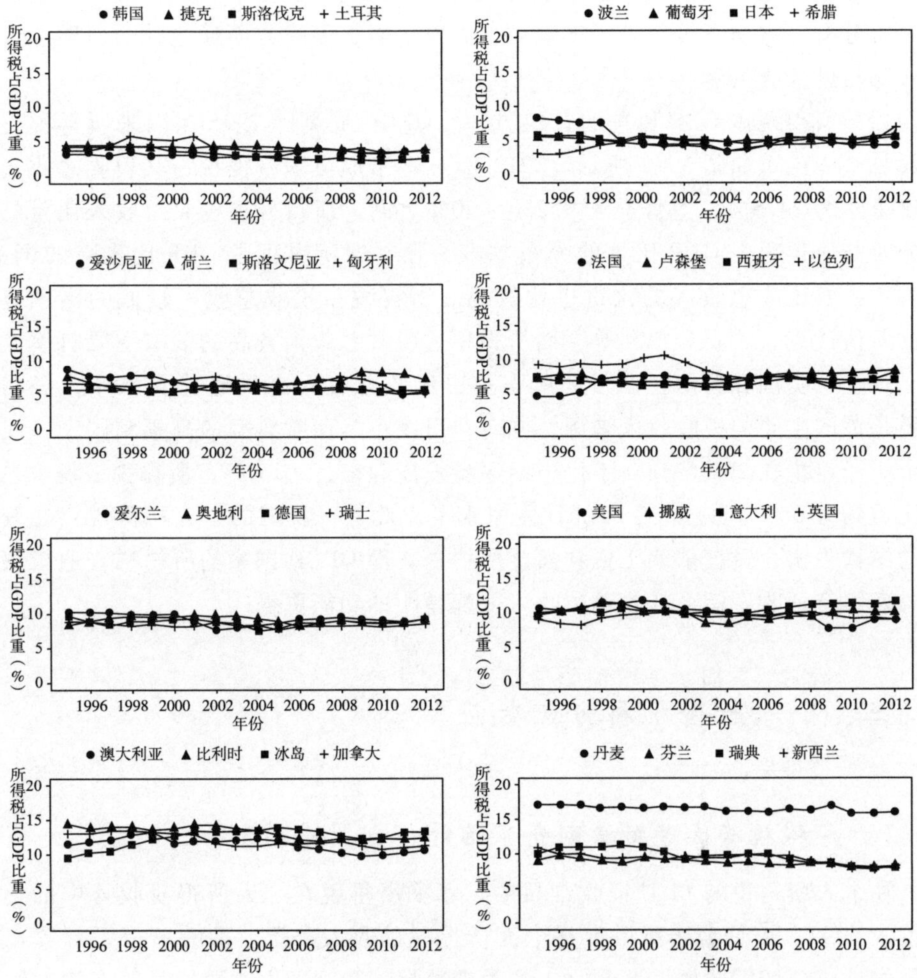

图3-6 OECD国家所得税占GDP比重

GDP比重最高。丹麦所得税占GDP份额达到约四分之一。韩国、捷克、斯洛伐克和土耳其所得税占GDP比重低于5%，在OECD成员中最低。从地理分布来看，所得税比重较高的地区主要分布在北欧和大洋洲，而较低的地区主要分布在亚洲、东欧和南欧地区。

我国2011年所得税占GDP比重约为1.2%，远低于OECD国家平均水平，可见我国个人所得税对收入分配调节的力度远低于OECD国家。这与我国的税制结构有关（刘扬和梁峰，2013），而其根源在于我国社会诚信体系尚不完善，使得税收征收困难，税收体系主要依赖较好征缴的流转税，而不是所得税。

3. OECD国家所得税占税收总收入比重

一个国家的税种通常包括消费税、增值税、所得税、关税等。所得税占税收总收入比重既是反映了一个国家的税收结构，也是反映一个国家再分配力度的指标。再分配一方面通过个人所得税调节高收入者，另一方面通过社会保险、经常性转移帮助低收入者。

参照所得税占GDP比重的分组方法，OECD成员国1995年以来所得税占其税收总收入比重如图3-7所示。2012年，32个成员国所得税占其税收总收入平均比重约为24.5%，总体介于9.2%~50%之间。所得税占税收总收入比重的地区分布与所得税占GDP比重的分布基本一致，即所得税占GDP比重高的国家，所得税占其税收总收入的比重也比较高。所得税占税收总收入较低的国家有韩国、斯洛伐克、希腊和智利等，而所得税占税收总收入较高的国家主要有澳大利亚、丹麦、美国和新西兰。丹麦所得税占税收总收入比重超过了50%，表明所得税是该国主要的税收收入来源，同时，丹麦也是西欧典型的高福利国家。我国的个人所得税在20世纪90年代中期逐步发展起来，2013年，所得税占税收总收入比重约为6%，明显低于OECD国家水平。此外，我国的个人所得税存在较严重的结构失衡，过度依赖工资和薪金所得税。而OECD国家的所得税普遍根据收入总额综合征收，综合征收调节收入分配差距的功能更强。

三、个人所得税再分配效应

（一）城镇居民劳动报酬分布估计

在个人所得税的11项征收细目中，薪酬所得税在个人所得税收入中的比重超过了60%，可见薪酬所得税是个人所得税的收入来源。薪酬所得税计算以及再分配效应分解需要居民薪酬收入的微观数据。微观数据主要通过调查的方法获

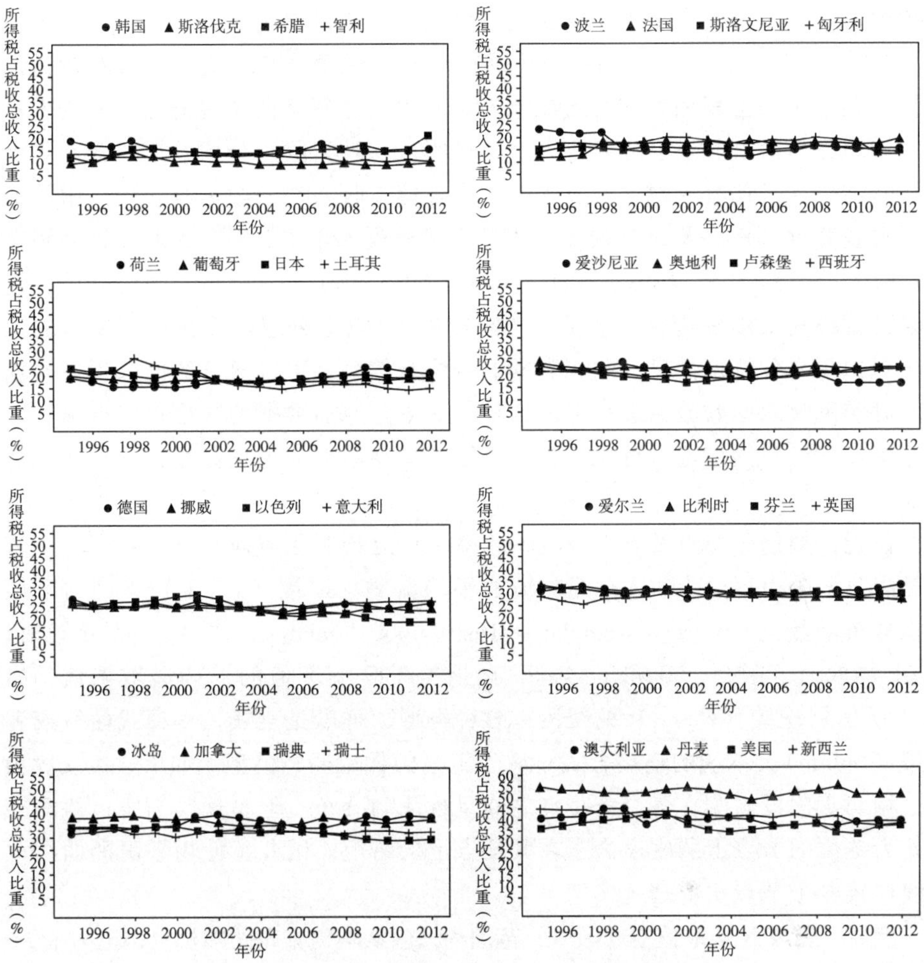

图 3-7　OECD 国家所得税占税收总收入比重

得，调查数据通常得到的是税后收入，调查可能存在低报收入，因此，有的学者使用模拟的方法生成收入数据，进而测算个人所得税的收入分配效应。张世伟和万相昱（2008）依据微观个体参加社会保险（失业保险、养老保险和医疗保险）的情况以及社会保险条例，将微观个体的可支配收入数据还原为税前收入数据；然后依据微观个体所在行业进行分组并计算各组平均薪金收入，对比同期区域经济统计年鉴的行业薪金等总量数据，计算不同行业的修正权重，依据修正权重重新计算微观个体收入；最后依据区域经济的社会保障金水平和覆盖面以及微观个体的人口特征，应用蒙特卡洛（Monte Carlo）方法计算微观个体的社会保障收入。本文也使用模拟的方法来产生居民薪酬数据，但是模拟的方法与已有研究不同，根据统计部门公开发布按收入分组的薪酬均值信息模拟出薪酬的分布。由于按收入分组的薪酬均值信息会定期被发布，因此，该方法具有较好的通用性和可持续性，这对学者研究个人所得税的再分配效应提供便利。

《中国城市（镇）生活与价格年鉴》公布了城镇住户调查收入分组数据，其中包含人均收入总额和人均可支配收入，而收入总额可视作税前收入。收入总额进一步划分为薪酬收入、经营收入、财产收入和转移收入分项数据。薪酬收入公布了困难户、最低收入户、低收入户、中等偏下收入户、中等收入户、中等偏上收入户、高收入户以及最高收入户的人均薪酬收入水平，8 类收入分组分别对应了：收入分布的 5%、10%、20%、40%、60%、80%、90%、100% 分位点。假设居民薪酬收入水平与居民总收入线性相关①，以上分组数据提供了城镇居民薪酬分布的 8 个分位点信息。利用数据的分位点信息，可以通过数值分析中的插值技术对居民收入原始数据进行近似还原，如果还原后数据的分位点统计量，均值统计量与分组数据接近，可视为模拟还原了微观数据的统计分布，其具体仿真思路如下：

首先，根据分位点及其对应的平均薪酬信息绘制相应样本点（x_i，y_i）。其中 x_i 对应收入分组；y_i 为收入分组对应的平均薪酬。连接（x_i，y_i）得到薪酬经验累积分布函数（Empirical Cumulative Distribution Function，ECDF）的近似估计。ECDF 的取值范围介于 0 和 1 之间，且是关于薪酬取值的单调递增函数，如图 3-8 所示。连接（x_i，y_i）的线段有多种类型，可以是直线，多项式曲线或者是样条（Spline），不同的连接方式对应了不同的数值插补模型。如果连接线段为直线，相当于假设薪酬在各个分位点之间呈现均匀分布。但是现实当中，薪酬在以百元为单位的节点上的密度高于在其他点上的密度。因此，使用平滑的曲线取代直线连接各个节点更符合现实情况。

然后，生成 N 个取值在［0，1］范围内，服从均匀分布的随机数，记为 y_1，…，y_n。由于 ECDF 单调递增，每一个 $y_i \in [0, 1]$ 都有唯一的 x_i 与其对应。根据连接（x_i，y_i）的数值插补模型，分别求解 y_i 对应的 x_i 值，由此得到 N 个 x_i，其分布与 ECDF 的分布一致。

模拟分布数值的准确度主要受到 ECDF 准确度的影响，ECDF 准确度随着分位点数量的增加而提高。需要注意的是，模拟数据 x_i 不会超越原始数据的取值范围，前者的取值范围介于样本点最小值和最大值之间。但是现实当中，原始数据的最小值和最大值并未发布，例如最小分位点为 5%，最大分位点为 95%。此时，原始数据的最小值和最大值需要进行估计或者假设。

① 使用《中国城市（镇）生活与价格年鉴（2012）》数据测算表明，1990～2011 年城镇居民平均收入总额与平均工薪收入的相关系数为 0.99。

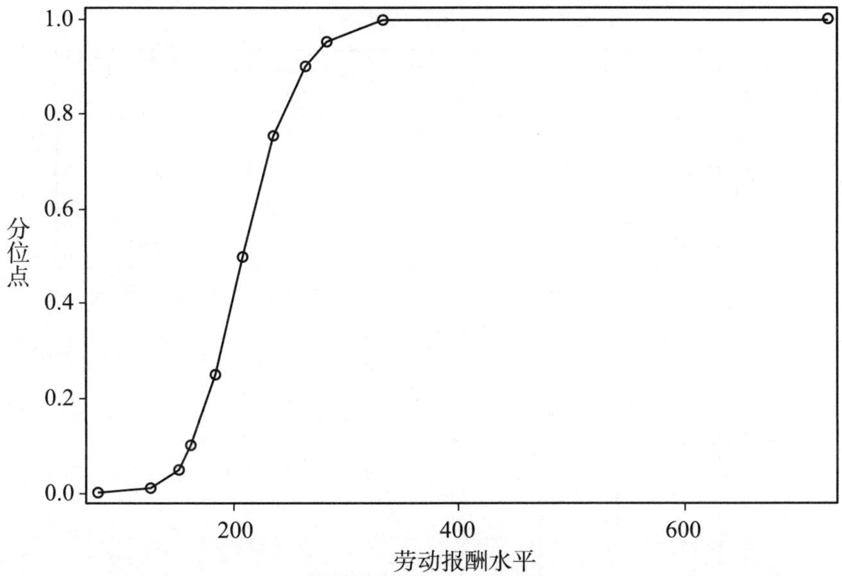

图 3-8　根据分位点信息还原经验分布示意图

（二）个人所得税再分配效应测算与分解

我国薪酬所得税的收入再分配效应有多大？以下使用上文介绍的 MT 指数分解模型，首先通过数值模拟得到的居民薪酬收入数据，然后分别使用 2011 年 9 月之前及之后所得税政策，测算个人所得税对 2011 年工薪所得的再分配效应。

使用《中国城市（镇）生活与价格年鉴（2012）》数据，用三次样条对已公布分位点之外的数据点进行插值，2011 年城镇居民薪酬分布如图 3-9 所示。年鉴报告的分位点与模拟分位点的差距如表 3-8 所示。

2011 年，我国城镇居民困难户处在城镇居民 5% 分位点处，其家庭人均薪酬约为 332.6 元。最高收入户家庭人均薪酬约为 3 318.1 元。最高收入户人均薪酬是困难户的约 10 倍。从分布的直方图看，我国城镇居民家庭人均薪酬呈现右偏的正态分布，密度最高区域出现在 500～1 000 元之间。家庭人均薪酬低于1 500 元的家庭约占 80%。从模拟效果来看，模拟数据分位点与年鉴公布的实际分位点十分接近，误差最大为 11.6 元，出现在 90% 分位点处。

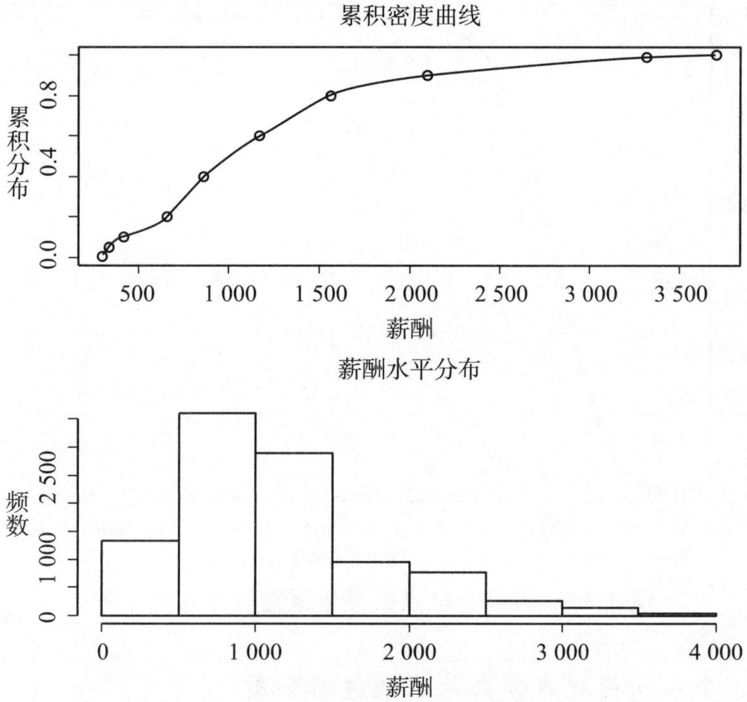

图 3-9　2011 年城镇居民薪酬分布数值模拟结果

表 3-8　2011 年家庭人均薪酬模拟分位点、实际分位点及其误差

单位：元

收入分组	困难户	最低收入户	低收入户	中等偏下收入户	中等收入户	中等偏上收入户	高收入户	最高收入户
分位点	5%	10%	20%	40%	60%	80%	90%	99%
实际分位点	332.6	417.2	656.8	863.7	1 171.6	1 562.3	2 093.8	3 318.1
模拟分位点	329.0	410.1	657.9	858.9	1 174.8	1 571.2	2 105.4	3 307.4
误差	3.6	7.1	-1.0	4.9	-3.2	-9.0	-11.6	10.6

注：模拟样本数量 10 000，薪酬最大值为 3 700 元，最小值为 300 元，均值为 1 149 元。

使用以上模拟的居民薪酬数据，结合我国超额累进个人所得税税率，可以测算居民的个人所得税税负，进而计算 MT 指数以及个人所得税的收入再分配效应。2006～2007 年，薪酬的个人所得税起征点为 1 600 元，扣除起征点、免税额等项目之后的应纳税所得额在 500 元以内的，按照 5% 征税；500～2 000 元部分按照 10% 征税。2008～2011 年，薪酬的个人所得税起征点为 2 000 元，应纳税所得额在 500 元以内部分，按照 5% 征税；500～2 000 元部分按照 10% 征税。2011

年 9 月，起征点调整为 3 500 元。按各年度起征点和税率测算的个人所得税再分配效应如表 3 -9 所示。

表 3 -9　　个人所得税对薪酬的再分配效应

年份	平均税率	纳税人比率	纳税者平均税额（元/人月）	税前基尼系数	税后基尼系数	再分配效应	水平公平	垂直公平	MT 指数
2006	0.0007	0.0326	13.6	0.3222	0.3218	0.0005	0.0000	0.0005	0.0005
2007	0.0015	0.0560	20.2	0.3147	0.3137	0.0010	0.0000	0.0010	0.0010
2008	0.0009	0.0383	20.4	0.3213	0.3206	0.0006	0.0000	0.0006	0.0006
2009	0.0013	0.0505	24.1	0.3092	0.3083	0.0009	0.0000	0.0009	0.0009
2010	0.0020	0.0697	29.4	0.2994	0.2981	0.0013	0.0000	0.0013	0.0014
2011①	0.0035	0.1108	36.6	0.2985	0.2962	0.0023	0.0000	0.0023	0.0023
2011②	0.0000	0.0039	2.4	0.2985	0.2985	0.0000	0.0000	0.0000	0.0000

注：①根据 2011 年 9 月以前税率计算；②根据 2011 年 9 月以后税率计算。

其中，平均税率是指薪酬所得税总额与薪酬总额的比率；纳税人比例是指薪酬达到起征点居民占领取薪酬居民的比例；纳税者平均税额是指薪酬所得税总额与达到起征点居民人数的比值。MT 指数、水平效应和垂直效应根据表 3 -2 定义计算，具体方法参见前面指标定义与说明。再分配效应根据税前基尼系数和税后基尼系数的差额计算。

我国个人所得税对薪酬存在正向的分配效应，即通过缴纳个人所得税，居民在薪酬方面的不平等有所下降。居民薪酬税后收入基尼系数约为 0.3，水平并不高。其中的原因包括：一方面，该收入差距仅反映了城镇居民薪酬收入差距，如果考虑到非薪酬收入并且加入非城镇居民群体，该收入差距将会显著增大；另一方面，本书基于城镇居民家庭平均薪酬分组数据进行模拟，家庭平均薪酬在一定程度上弱化了个人的薪酬差距，因为家庭中可能存在非就业人员，这会一定程度上低估薪酬收入差距；此外，城镇居民家庭平均薪酬分组数据也是基于微观调查得到，针对收入的微观调查数据存在一定程度的低报和漏报（许宪春，2011）。

从个人所得税对薪酬的再分配效应水平来看，其再分配效应比较微弱。2006 ~ 2011 年，税后基尼系数下降幅度介于 0.0005 至 0.0023 之间，但是，调节效应有微弱的增强趋势。从个人所得税负水平看，2006 年以来，居民薪酬的平均税率逐步增强，从 2006 年 0.07% 增长到 2011 年 0.35%，但是，仍然很低。相比之下，美国 2004 年个人所得税的平均税率为 12.24%（格林德：Gerlinde，2004），欧盟 15 国 1998 年个人所得税的平均税率为 11.44%（凯纳和皮特：Kinam 和 Peter，2009）。

可见，我国个人所得税的税率低于发达国家，与发挥税收再分配调节功能的要求尚有一定距离（万莹，2011）。但是，这并不代表我国的平均税负水平低于发达国家，造成这种局面的主要原因是我国与发达国家之间税制结构存在较大差异，我国是以直接税为主要税收来源，个人所得税在税收体系中所占的比例较低。

从覆盖范围看，我国薪酬所得税纳税人的覆盖比例逐步提高。2005 年以来，我国三次提高了薪酬所得税的起征点。2005 年从 800 元调整为 1 600 元，2008 年调整为 2 000 元，2011 年进一步调整为 3 500 元。但是，多次提升纳税人起征点并没有使得纳税人比例减少，2006 年个人所得税覆盖率仅为 3.2%，到 2011 年，如果仍按照 2 000 元起征点测算，个人薪酬所得税覆盖率达到约 11.1%。由此可见，所得税起征点提升是有必要的。从平均缴纳金额来看，纳税者平均税额也稳步提升。按照 2 000 元起征点计算，纳税者平均税额约为 33.6 元。

第二节　社会保障指标群

一、我国社会保障体制结构

社会保障是居民收入再分配的重要形式，理清我国社会保障体制是构建社会再分配收支指标群的基础。我国社会保障制度主要由社会保险金制度和社会救助制度构成，社会保险金包括基本养老保险、医疗保险、失业保险、工伤保险和生育保险。其中，养老保险和医疗保险是我国社会保障体系的主要方面。

（一）养老保险模式以及制度设计

现代各国常见的养老保险模式有四类，分别是现收现付制、个人账户积累制、总账积累制和名义账户制。在现收现付制下，处于工作期的劳动者按规定缴纳养老保险费，保险费筹集之后用于当期老年人的养老金支付。劳动者退休之后可以领取养老保险金，养老金基金来源于同期处于工作期的劳动者所缴纳的养老保险费。

个人账户积累制、总账积累制均属于累积制度。理论上累积制度是指，当前支付的养老金来自前期累积起来的养老金储备，现实当中大多数国家的养老保险制度是部分累积制，即当期养老金部分来自前期的累积，部分来自现收现付，国家之间的主要区别在于使用累积资金支付的比例。而个人账户积累制与总账积累制的主要区别在于养老金额的计算上。个人账户积累制的养老金额与个人缴费累积金额的精算相关度较高，即根据缴费累积金额来确定养老金水平，而总账积累制下两者的精算相关度较低。

名义账户制将个人缴费，企业配比缴费、政府补贴的养老金全部详细地计入个人账户。参保者达到养老保险领取年龄，根据个人账户养老金的累积金额领取养老金。名义账户制中个人账户的资金是虚拟的，政府不一定做实记账金额对应的资金，政府仅负责参保者到期能领取经过精算测算的养老金。名义账户制兼有累积制度和现收现付制的特征，养老金的发放参照个人账户的累计金额，具有较高的精算相关度，有利于提升参保人投保积极性，同时，在一定程度上使用现收现付的方式，有利于发展中国家迅速提升养老保险的覆盖面，缓解养老保险支付压力。

近年来，我国政府加快了社会养老保障制度建设的步伐，取得了巨大的成就。养老保险覆盖人数从2002年的8 200万人增加到2012年的3.04亿人，基金规模从2002年的1 600亿元增加到2012年的约2.4万亿元。建立覆盖全体居民且公平、全国统一的养老保险体系，是我国养老保险的改革目标。但是，该目标格局尚未形成，因此，难以将我国的养老保险制度归入前面介绍的某一类当中，而是部分险种兼具有现收现付制和累积制的特点。

从目前来看，我国政府主导的养老保险分为两类：城镇职工基本养老保险和城乡居民社会养老保险。这两类保险是我国养老保险体系的主要支柱。除此之外，当前企业年金和私人商业养老保险也是我国的养老制度的重要补充。相对政府主导的养老保障体系，企业年金和私人商业养老保险作用仍比较微弱。

（二）我国二元养老体系的形成及其特征

我国城镇居民职工和农村居民的养老体系尚未统一，存在显著的城乡二元结构特征。

1. 城镇职工基本养老保险体系的形成

城镇职工基本养老保险是为城镇就业群体建立的养老保险。20世纪90年代，国有企业改革催生了城镇职工基本养老保险制度。为了减轻企业负担，增强企业的竞争力，城镇职工基本养老保险制度替代了原先企业劳动保险制度。1993年11月，党的十四届三中全会提出实行社会统筹与个人账户相结合的城镇职工养老保险制度，确定了统筹基金现收现付、个人账户基金完全积累的制度模式，简称：统账模式。

1997年7月，国务院颁布《关于建立统一的企业职工基本养老保险制度的决定》，从三个方面强调实行统一制度，即统一企业和个人缴费比例、统一个人账户规模和统一养老金计发办法。这个文件的颁布，标志着具有中国特色的，以统账结合模式为特征的城镇职工养老保险制度的形成。

2003年10月，党的十六届三中全会通过的《中共中央关于完善社会主义市场经济体制若干问题的决定》提出，加快完善企业职工基本养老保险制度，坚持社会统筹与个人账户相结合，逐步做实个人账户，逐步实行省级统筹，条件具备时实行基本养老金的基础部分全国统筹，进一步奠定了社会统筹的基础。

2005年12月，《国务院关于完善企业职工基本养老保险制度的决定》正式发布，明确提出要确保基本养老金按时足额发放。同时，要逐步做实个人账户，完善社会统筹与个人账户相结合的基本制度，以及加强基本养老保险基金征缴和监管，完善多渠道筹资机制的要求。

2. 城乡居民社会养老保险体系的形成

随着我国经济的快速发展，农村居民和城镇非从业居民的社会保障滞后问题日益突出。针对这一问题，2009年9月，《国务院关于开展新型农村社会养老保险试点的指导意见》提出建立新型农村社会养老保险，简称：新农保。新农保和以前一些地方实行的老农保有所不同。

第一，筹资的结构不同。过去的老农保主要都是农民自己缴费，实际上是自我储蓄的模式。而新农保一个最大的区别就是个人缴费、集体补助和政府补贴相结合，有三个筹资渠道。特别是中央财政对地方进行补助，且是直接补贴到农民的头上。这是继取消农业税、农业直补、新型农村合作医疗等一系列惠农政策之后的又一项重大的惠农政策。

第二，老农保主要是建立农民保险账户，新农保在支付结构上的设计包含两部分：一部分是基础养老金，一部分是个人账户的养老金。而基础养老金是由国家财政全部保证支付的。换句话说，中国农民60岁以后都将享受到国家普惠式的养老金。①

针对城镇非从业居民，2011年6月，《国务院关于开展城镇居民社会养老保险试点的指导意见》提出，建立个人缴费、政府补贴相结合的城镇居民养老保险制度，实行社会统筹和个人账户相结合，家庭养老、社会救助、社会福利等其他社会保障政策相配套，保障城镇居民老年人的基本生活。城镇居民社会养老保险实施范围与新型农村社会养老保险试点基本一致。至此，我国基本实现城镇居民养老保险制度全覆盖。

2014年2月，《国务院关于建立统一的城乡居民基本养老保险制度的意见》提出，在总结新型农村社会养老保险（简称新农保）和城镇居民社会养老保险（简称城居保）试点经验的基础上，国务院决定，将新农保和城居保两项制度合

① 新华网：http：//news. xinhuanet. com/fortune/2009 - 08/04/content_11825304. htm。

并实施，在全国范围内建立统一的城乡居民基本养老保险（简称城乡居民养老保险）制度。该文件的颁布，标志着我国养老保险制度向前迈进了一大步，由三元分割降低为二元分割。

（三）我国医疗保险制度体系结构的建立

我国医疗保障改革起于20世纪90年代，医疗保险制度与养老保险制度类似，由职工基本医疗保险制度（简称“职工医保”）、新型农村合作医疗制度（简称“新农合”）、城镇居民基本医疗保险制度（简称“城居医保”）构成。

1. 职工医保的建立

职工基本医疗保险制度是依法对职工的基本医疗权利给予保障的社会医疗保险制度，是通过法律、法规强制推行的，实行社会统筹医疗基金与个人医疗账户相结合的基本模式，与养老、工伤、失业和生育保险一样，同属社会保险的一个基本险项。

1998年颁布的《国务院关于建立城镇职工基本医疗保险制度的决定》指出了职工医保的参保范围：城镇所有用人单位，包括企业（国有企业、集体企业、外商投资企业、私营企业等）、机关、事业单位、社会团体、民办非企业单位及其职工，都要参加基本医疗保险。乡镇企业职工、城镇个体经济组织业主及其从业人员是否参加基本医疗保险，由各省、自治区、直辖市人民政府决定。

基本医疗保险基金实行社会统筹和个人账户相结合方式。保险费由用人单位和职工双方共同负担，用人单位缴费率应控制在职工工资总额的6%左右，职工缴费率一般为本人工资收入的2%。随着经济发展，用人单位和职工缴费率可作相应调整。基本医疗保险基金由统筹基金和个人账户构成。其中，职工个人缴纳的基本医疗保险费全部计入个人账户。而用人单位缴纳的基本医疗保险费分为两部分：一部分用于建立统筹基金，一部分划入个人账户。划入个人账户的比例一般为用人单位缴费的30%左右，具体比例由统筹地区根据个人账户的支付范围和职工年龄等因素确定。

2. 新型农村合作医疗的建立

新型农村合作医疗是针对农村居民的医疗保险，是指由政府组织、引导和支持，农民自愿参加，个人、集体和政府多方筹资，以大病统筹为主的农民医疗互助共济制度。采取个人缴费、集体扶持和政府资助的方式筹集资金。

2003年1月，《关于建立新型农村合作医疗制度的意见》提出，到2010年，实现在全国建立基本覆盖农村居民的新型农村合作医疗制度的目标，减轻农民因疾病带来的经济负担。新农合与职工医保不同之处在于：新农合强调自愿参加的原则，而职工医保具有强制性；新农合以收定支，保障的力度低于职工医保，是针对农民最基本的医疗服务。

3. 城镇居民基本医疗保险的建立

针对城镇非从业居民无医疗保障这一状况，2007 年 7 月，《国务院关于开展城镇居民基本医疗保险试点的指导意见》提出，开展城镇居民基本医疗保险试点工作。城镇居民基本医疗保险由个人缴费和政府补贴来筹资。不同群体缴费标准不同，每年介于 100～560 元不等。“城居医保”主要用于支付参保居民的住院和门诊大病、门诊抢救医疗费。门诊费用达到一定起付标准后，超出部分按照一定比例报销，报销设有上限。

二、社会保险再分配指标群构建

基于我国社会保障体系，再分配渠道包括五个方面：所得税、社会保险缴款、社会保险福利、社会补助和其他经常转移。

社会保险缴款是职工按照国家的有关法律和规定，向社会保障机构缴纳的社会保险金。社会保险金包括基本养老保险、医疗保险、失业保险、工伤保险和生育保险。社会保险福利是指社会保险机构按照国家法律规定，向缴纳保险的个人支付的社会保险金，包括养老金、医疗保险金额、失业保险金等。社会补助是国家财政用于抚恤和社会福利的支出、财政“政策性补贴”中的“市镇居民肉食价格补贴”和企业支付的社会福利救济费。其他经常转移主要是指除上述经常转移以外的转移。目前，其他经常转移包括未纳入统筹的单位支付的离退休费和医疗费、常住者和非常住着之间的经常转移、保险赔款三项。

（一）指标定义与说明

社会保险再分配指标群如表 3－10 所示。

表 3－10　　社会保险再分配指标群

编号	指标名称	指标定义	备注
3－11	社会保险缴款支出占 GDP 比重	$=\frac{社会保险缴款额}{GDP}$	
3－12	社会保险福利收入占 GDP 比重	$=\frac{社会保险福利收入}{GDP}$	
3－13	社会补助收入净额占 GDP 比重	$=\frac{社会补助收入净额}{GDP}$	

续表

编号	指标名称	指标定义	备注
3－14	其他经常转移收入净额占 GDP 比重	$=\frac{\text{其他经常转移收入净额}}{\text{GDP}}$	
3－15	再分配收入净额占 GDP 比重	＝社会保险福利收入比重＋社会补助收入比重＋其他经常转移收入净额比重－个人所得税支出比重－社会保险缴款支出比重	个人所得税支出比重指标在上一节定义
3－16	养老金水平	根据当年价格计算的平均养老金水平	分析对象：城乡居民社会养老金；城镇职工基本养老金；企业离退休金；机关离退休金；事业单位离退休金；分地区
3－17	养老保险抚养比率	$=\frac{\text{取养老保险人数}}{\text{缴纳养老保险人数}}$	分析对象：城乡居民社会养老保险；城镇居民基本养老保险；分地区
3－18	基本养老金平均替代比率	$=\frac{\text{退休居民平均养老金水平}}{\text{在岗职工平均工资水平}}$	分析对象：城镇居民
3－19	基本养老保险收支比率	$=\frac{\text{养老保险年度支出}}{\text{养老保险年度收入}}$	
3－20	基本养老保险缴款水平	$=\frac{\text{基本养老保险收入金额}}{\text{参保职工年末人数}}$	
3－21	养老保险缴款比率	$=\frac{\text{基本养老保险缴款水平}}{\text{在岗职工平均工资}}$	
3－22	养老金支付力度	＝抚养比升序排列序号－养老金水平降序排列序号－支付比率降序排列序号	
3－23	养老金储备占 GDP 比重	$=\frac{\text{养老金资产余额}}{\text{GDP}}$	

1. 社会保障比重指标说明

社会保障比重指标包括：社会保险缴款支出占 GDP 比重；社会保险福利收入占 GDP 比重；社会补助收入占 GDP 比重；其他经常转移收入净额占 GDP 比重；个人所得税支出占 GDP 比重；再分配收入净额占 GDP 比重。其中前五个指标反映了收入再分配的五条宏观渠道，最后一个指标是前五个指标的综合，反映了我国再分配的力度，指标值越高，再分配力度越强。社会保障比重指标通过《中国统计年鉴》资金流量表数据计算。

2. 养老保险指标说明

社会保险涵盖养老金、医疗保险、失业保险、生育保险等内容，其中，养老保险在社会保险中所占比重最高，其与医疗保险资产余额合计占社会保险资产余额的比重约为90%。因此，养老保险是我国收入再分配的重要内容。此外，退休金是我国老年群体的主要收入来源，退休金水平直接影响到居民收入占国民收入比重。有必要构建指标深入了解和分析我国养老金的水平及其发展可持续性。

我国当前养老保险实行双轨制，城镇职工基本养老保险与城乡居民社会养老保险在资金管理、福利水平等方面存在分割。此外，同是城镇职工基本养老保险，企业、机关和事业单位的养老金待遇水平存在差别。因此，养老金的分析比较需要注意分析对象的差别。

城镇居民基本养老金替代比率需要特别说明。替代率是国际上通用的衡量养老金水平的一个指标，简单说就是养老金与工资的比例。但由于养老金和工资都有不同的统计口径，相应的替代率计算口径也有多种，内涵也有所不同。

亚太经济合作组织（OECD）将养老金替代比率定义为养老金与退休前收入的比值。总替代率定义为总退休金收入除以退休前总收入。在通常情况下，替代率使用退休金收入水平与退休前收入水平之比计算。如果居民的收入随着年龄的增长而上升，那么退休时的收入会高于其生命周期内的平均收入，因此，使用退休前收入计算的替代率会偏低①。

我国对养老金替代比率的定义主要有四种口径②。

一是制度设计的目标替代率，指连续参保缴费的代表性个体职工退休时，养老金相对于上年职工平均工资的比例。其中代表性个体职工是指，在劳动年龄阶段就业、连续参保缴费，工资与同期职工平均工资一致的职工。目标替代率反映制度设计，特别是基本养老金计发办法的目标保障水平。目前，我国城镇企业职工基本养老保险制度设计的目标替代率约为59.2%，是指以职工平均工资连续缴费35年（含视同缴费年限）的参保人员，60岁退休时养老金约为上年职工平均工资的59.2%。

二是当年新增退休人员本人养老金实际替代率，指当年新增退休人员本人养老金与本人退休前一年工资的比例。它衡量个体退休前后收入差异。职工退休前

① OECD. Pensions at a Glance2013：OECD AND G20 INDICATORS.

② 白天亮：《中国养老金替代率超国际标准不必忧退休生活》，载于《人民日报》2014年12月12日。

一年工资如果是 3 000 元，退休当年养老金领到 1 500 元，其替代率就是 50%。该统计口径与 OECD 的统计口径相似，从微观的角度度量，以退休者自身为参照系，分析退休与在职收入的变化。

三是全部新增退休人员养老金平均替代率，指当年全部新增退休人员平均养老金与上年职工平均工资的比例，它衡量当年新增退休人员与在职人员收入差异，反映养老金计发办法的实际保障水平。由于人员结构原因，譬如一些人缴够 15 年就不再缴费，一些人缴费时未按实际工资水平为基数缴纳，缴费工资基数较低，这一比率低于 59.2% 的目标替代率。

四是全部退休人员养老金平均替代率，指当年全部退休人员养老金与工资的比例，它衡量退休人员与在职人员收入水平总体差异。我国第四个统计口径从宏观的角度，以当期在职员工的平均收入水平为参照系，考察退休人员收入水平。相比前三种统计口径，第四种统计口径受经济增长、物价上涨等因素影响较小，因此，本书的实证测算使用第四种统计口径。但是，为了方便国际比较，本书同时报告了 OECD 使用第二种统计口径测算的养老金替代比率。

基于养老金抚养比率、支付比率以及养老金水平构建的养老金的支付力度指标，主要用于评价养老金支付的力度。其中，抚养比反映了养老金的支付压力。抚养比越低，社会抚养压力越小，养老金的支付压力越小。反之，抚养压力越大，养老金支付的压力越大。由此可知，随着抚养比升序排列序号的递增（减），抚养压力递增（减）。同理，随着养老金水平降序排列序号递增（减），养老金水平递减（增）。随着支付比率降序排列序号递增（减），养老金支付力度递减（增）。

养老金支付力度指标的思想是：养老金水平应与抚养能力（压力）相匹配。支付力度与养老金水平以及支付比率成正比。因此，当养老金支付水平大于相应的抚养能力时，养老金支付力度指标取正值；当养老金相对支付水平与抚养比率相当时，养老金支付力度指标值为零；当养老金支付水平低于对应的抚养能力时，养老金支付力度指标取负值。在养老金支付力度指标的计算公式当中，“支付比率降序排列序号”作为一个调节项，如果支付比率较低，那么从某种程度上抵减了养老金支付力度指标值，反之，将增大养老金支付力度指标值。需要注意的是，养老金支付力度指标属于相对指标，它将抚养能力与养老金支付能力挂钩，未考虑养老金缴款水平对养老金支付水平的影响。

（二）社会保障比重指标测算分析

社会保障比重指标测算结果如表 3－11 所示。

表 3-11　　1992~2011 年再分配收入净额及其构成项目占 GDP 比重

单位：%

年份	再分配收入净额	个人所得税支出	社会保险缴款支出	社会保险福利收入	社会补助收入	其他经常转移收入净额
1992	2.44	0.02	1.36	1.20	1.67	0.95
1993	2.13	0.08	1.44	1.34	1.26	1.05
1994	1.97	0.15	1.49	1.38	1.04	1.18
1995	2.08	0.22	1.60	1.41	1.05	1.43
1996	2.10	0.27	1.70	1.48	0.94	1.64
1997	2.92	0.33	1.84	1.66	1.00	2.42
1998	2.60	0.40	1.85	1.87	1.15	1.83
1999	2.43	0.46	2.29	2.22	0.29	2.68
2000	0.73	0.66	2.34	2.40	0.99	0.35
2001	0.56	0.91	2.50	2.51	1.06	0.41
2002	0.52	1.01	2.89	2.88	0.97	0.57
2003	0.56	1.04	3.18	2.96	1.12	0.71
2004	0.64	1.09	3.23	2.89	1.26	0.80
2005	0.21	1.13	3.41	2.92	1.21	0.62
2006	0.14	1.13	3.55	2.99	1.30	0.54
2007	-0.09	1.20	3.61	2.97	1.27	0.48
2008	0.17	1.19	3.86	3.16	1.64	0.42
2009	0.22	1.16	4.23	3.61	1.83	0.17
2010	0.31	1.20	4.32	4.04	1.53	0.27
2011	0.31	1.28	4.61	4.30	1.60	0.29

资料来源：2000~2011 年指标值根据《中国统计年鉴（2012，2013）》资金流量表数据计算，其他年度数据根据历年《中国统计年鉴》数据计算。

国家统计局对 2000~2011 年资金流量表的统计口径进行过统一修订，因此，2000 年前后数据需分别比较，表 3-11 的测算结果显示，居民再分配收入净额占 GDP 的份额较低。2000 年以前，平均约占 GDP 的 2.3%。根据 2000 年之后的统计口径，居民再分配收入净额占 GDP 比重下降到 1% 以内，而且呈现逐年下降趋势。特别地，2007 年再分配占 GDP 比重小于 0，表明通过再分配收入环节之后，居民收入占国民收入比重不但没有上升，反而下降了。造成这种结果有多方面原因。首先，经济快速增长而社会保障发展速度相对滞后。2000~2010 年，我国

GDP 年均增速在 10% 上下。以医疗保险为例，城镇非从业居民一直无医疗保障，2007 年 7 月，《国务院关于开展城镇居民基本医疗保险试点的指导意见》提出之后才扭转这一局面。其次，居民社会保险缴款负担较重且平均保障力度不高。由于历史原因，我国农村居民和城镇无业居民一直游离在社会保障体系之外。新建立起来针对这两个群体的社会保障体系既需要面对历史的欠账，还需要兑现未来的福利。因此在职劳动者需要缴纳较高比例的社会保险金。2011 年社会保险缴款占 GDP 的比重约为 4.6%。相比之下，城乡居民养老金的水平较低，这直接降低了居民再分配收入净额。再次，发展中国家的财政支出侧重经济建设而对民生支出投入不足。有学者将中国、韩国的福利体制称为发展国家福利体制[①]或者生产主义（Productivist）福利体制[②]。在生产主义福利体制当中，社会政策依附于经济政策，社会福利方案是为经济和生产目标服务的，福利方案与就业紧密相连[③]。

社会保险在再分配中所占据的份额最高，而养老金在社会保险支出中所占的份额最大，超过了 60%。以下使用前面构建的指标，对我国城镇职工基本养老金和城乡居民（农村和城镇无业居民）养老金的水平、趋势、支付力度、安全性等因素进行实证分析。

（三）分退休单位城镇居民基本养老保险指标测算分析

使用《中国劳动统计年鉴（2013）》《中国人力资源和社会保障年鉴（2013）》数据测算，我国城镇居民基本养老平均养老金、养老金替代比率、抚养比率以及支付比率如表 3-12 所示。

测算结果显示，我国城镇职工保险收支具有以下特征。

第一，近年来，我国养老金水平稳步增长。全国平均城镇基本养老金从 1998 年的 413 元增长到 2012 年的 1 750 元。增长了约 4 倍。年均增速约为 10.9%。而同期消费者价格指数年均增速为 2%，GDP 年均增速为 11%。养老金年均增长速度显著高于 CPI 的年均增速，表明退休职工的消费能力稳步提高。城镇职工养老金年均增速与 GDP 年均增速基本持平，表明经济发展的成果已在城镇退休群体中共享。在不同类型单位当中，企业养老金增速高于事业和机关单位。而事业单

① Lee, H. K, "Globalization and the Emerging Welfare State: the Experience of South Korea", *International Journal of Social Welfare*, Vol. 9, no. 1, 1999, pp. 23 - 37.

② Holliday, I, "Productivist Welfare Capitalism: Social Policy in East Asia", *Political Studies*, vol. 48, no. 4, 2000, pp. 706 - 723.

③ Aspalter C, "The East Asian Welfare Model", *International Journal of Social Welfare*, Vol. 15, no. 4, 2006, pp. 290 - 301.

位与机关单位的增速基本持平。

表 3-12　　1998～2012 年城镇职工基本养老保险待遇水平变动分析

年份	平均养老金（元）	养老金增速（%）	GDP增速（%）	CPI增速（%）	企业	机关	事业	最高/最低	城镇月平均工资（元）	替代比率	抚养比率	支付比率
1998	413		7.8	-1	413	—	—	—	623	0.66	—	—
1999	503	21.8	7.6	-1	494	721	725	1.5	696	0.72	—	—
2000	559	11.1	8.4	1.5	544	947	871	1.7	781	0.72	—	0.93
2001	576	3.0	8.3	-0.3	556	940	894	1.7	906	0.64	0.31	0.93
2002	648	12.5	9.1	-0.4	618	1 077	1 031	1.7	1 035	0.63	0.32	0.90
2003	674	4.0	10	3.2	640	1 124	1 091	1.8	1 164	0.58	0.33	0.85
2004	705	4.6	10.1	2.4	667	1 223	1 154	1.8	1 327	0.53	0.33	0.82
2005	758	7.5	11.3	1.6	716	1 257	1 208	1.8	1 517	0.50	0.33	0.79
2006	873	15.2	12.7	2.8	832	1 364	1 290	1.6	1 738	0.50	0.33	0.78
2007	1 002	14.8	14.2	6.5	947	1 711	1 576	1.8	2 060	0.49	0.33	0.76
2008	1 168	16.6	9.6	1.2	1 121	1 822	1 663	1.6	2 408	0.49	0.32	0.76
2009	1 294	10.8	9.2	1.9	1 246	1 959	1 816	1.6	2 687	0.48	0.33	0.77
2010	1 426	10.2	10.4	4.6	1 380	2 055	1 929	1.5	3 045	0.47	0.32	0.79
2011	1 574	10.4	9.3	4.1	1 528	2 241	2 105	1.5	3 483	0.45	0.32	0.76
2012	1 750	11.2	7.7	2.5	1 700	2 352	2 380	1.4	3 897	0.45	0.32	0.78
年均增速（%）	10.9	11	9.7	2	10.6	8.8	8.9		14			

资料来源：根据《中国劳动统计年鉴（2013）》表 1-23、表 1-24、表 1-25 以及《中国人力资源和社会保障年鉴（2013）》表 5-4 计算。

第二，企业养老金水平显著低于事业和机关单位，但是差距在逐步缩小。2000 年前后，事业或机关单位养老金比企业养老金高约 70%，到了 2012 年，前者比后者仅高约 40%。2014 年底，我国城镇不同类型单位的养老金将并轨，三者的差距在未来将进一步缩小。

第三，城镇基本养老金与城镇在岗职工工资的差距在逐步扩大。养老金的替代比率从 2000 年 72% 下降到 2012 年的 45% 左右。其中原因在于城镇养老金的年均增长速度显著低于在岗平均工资的增长速度。前者比后者低约 3%。经过 10 多年的积累效应，两者的差距逐步扩大。

第四，城镇基本养老金抚养比率保持稳定，但是支付比率呈下降趋势。抚养比率约为 0.32，即 1 个在职职工抚养 0.32 个退休职工。支付比率从 2000 年的 93% 下降到 2012 年的 78%，降低了约 15%。随着我国老龄化步伐加快，养老金的支付比率需要考虑养老金替代比率，也需要关注养老金系统地可持续性，即养老金的安全性。

养老保险结余额、支付比率是反映养老保险安全的重要指标。我国城镇职工养老保险、医疗保险历年结余额与收支比率如表 3 - 13 所示。

表 3 - 13　城镇职工基本养老保险、医疗保险历年结余额与收支比率

年份	职工保险结余合计（亿元）	养老保险结余（亿元）	养老保险支付比率（%）	其中：企业收支比率（%）	事业、机关收支比率（%）	企业结余占总结余比重（%）	医疗保险结余（亿元）	医疗保险收支比率（%）
1990	117.3	97.9	83.5	83.5				
1995	516.8	429.8	89.2	89.2			3.1	75.3
2000	1 327.5	947.1	92.8	94.3	76.6	80.4	109.8	73.2
2001	1 622.8	1 054.1	93.3	94.7	80.8	77.7	253.0	63.6
2002	2 423.4	1 608.0	89.6	89.9	87.7	77.3	450.7	67.4
2003	3 313.8	2 206.5	84.8	84.6	86.3	80.0	670.6	73.5
2004	4 493.4	2 975.0	82.2	81.3	88.9	84.0	957.9	75.6
2005	6 073.7	4 041.0	79.3	77.8	90.6	86.8	1 278.1	76.8
2006	8 255.9	5 488.9	77.6	76.1	90.0	88.7	1 752.4	73.1
2007	11 236.6	7 391.4	76.1	73.5	98.5	91.4	2 476.9	69.2
2008	15 225.6	9 931.0	75.9	73.9	93.8	93.1	3 431.7	68.5
2009	18 941.5	12 526.1	77.4	75.7	94.2	94.0	4 275.9	76.2
2010	22 902.7	15 365.3	78.7	77.0	95.3	94.7	5 047.1	82.1
2011	28 901.3	19 496.6	75.6	73.8	95.0	95.4	6 180.0	80.0
2012	35 679.2	23 941.3	77.8	76.3	62.5	95.9	7 644.5	79.9

资料来源：根据《中国人力资源和社会保障年鉴（2013）》表 5 - 1、表 5 - 2 计算。职工保险结余合计为：养老保险、失业保险、医疗保险、工伤保险和生育保险五项组成。

2012 年，我国城镇职工保险余额合计约为 3.6 万亿元。其中，养老保险和医疗保险两项余额占职工保险余额的 90% 左右。按 3.5% 的同期年存款利率计算，职工保险年利息收入约为 1 260 亿元。从支出来看，2000 年以来，养老保险的收支比率呈现下降趋势，而医疗保险收支比率呈现上升趋势。

城镇养老金结余额快速增长。从 2000 年的 947 亿元增长到 2012 年的约 2.4 万亿。相比之下，养老金支付比率显著下降。从结构上看，企业养老金支付比率快速下降期主要出现在 2005 年以前，2006 年之后企业养老金的支付比率保持基本稳定。随着养老金规模的扩大，在抚养比率保持基本稳定的背景下，企业养老金支付比率的稳定，使得企业养老金在 2006 年以后逐步缩小了其与机关和事业单位养老金差距。机关和事业单位养老金支付比率变动的拐点出现在 2012 年，支付比率从 2011 年的 95% 下降到 2012 年的 63% 左右。

值得注意的是，账面上看我国基本养老保险制度这几年积累了大量的收支节余，为养老金待遇的按时足额发放提供了保障。但是，这些余额大部分来自中央政府和各级地方政府的财政补贴。《中国养老金发展报告 2012》[①] 指出，如果剔除 1998 年以来中央财政补助，有 14 个省份累计节余将为负数，合计负 2 066 亿元，《中国养老金发展报告 2012》认为财政补贴掩盖了企业基本养老保险基金当期收支存在的缺口。这种得益于政府补贴的基金累计节余的快速增长，长期来看是不可持续的。因为随着人口老龄化日趋严重，经济增长进入结构性减速的通道，财政收入的增长也会相应趋缓，依赖长期财政补贴的代价显然是越来越高昂。此外，近年来财政收入一直以年均超 20% 左右速度增长，经济学界普遍认为这种状况随着我们国家经济增长速度结构性减速很有可能落到 1 位数，这种情况下，矛盾就会凸显。

（四）分地区城镇居民基本养老保险指标测算分析

我国分地区城镇职工基本养老保险近年抚养比率如表 3 - 14 所示。

根据表 3 - 14 数据绘制的职工基本养老保险抚养比率如图 3 - 10 所示，图中各地区按 2012 年抚养比率升序排列。我国各地区城镇养老保险抚养比率主要介于 0.2 ~ 0.5 之间。抚养比率呈下降趋势的地区主要集中在北京、上海、广东、江苏、浙江、福建等经济较发达地区，抚养比率呈上升趋势的地区主要集中在内蒙古、宁夏、湖北、河北、广西、甘肃、吉林、黑龙江等东北、中西部地区。抚养比率下降地区主要是劳动力流入地区，而抚养比上升地区主要是劳动力流出地区。以北京为例，2002 ~ 2011 年，劳动人口增长率约为 35%，而同期人口自然

① 郑秉文：《中国养老金发展报告（2012）》，经济管理出版社 2012 年版。

表 3-14　　2001~2012 年分地区城镇职工基本养老保险抚养比率

年份	全国	北京	天津	河北	山西	内蒙古	辽宁	吉林	黑龙江	上海	江苏	浙江	安徽	福建	江西	山东	河南
2001	0.31	0.41	0.43	0.29	0.29	0.29	0.39	0.34	0.35	0.54	0.31	0.26	0.29	0.32	0.31	0.23	0.24
2002	0.32	0.44	0.45	0.31	0.31	0.32	0.41	0.36	0.37	0.55	0.31	0.23	0.31	0.28	0.32	0.25	0.27
2003	0.33	0.46	0.53	0.33	0.32	0.32	0.42	0.37	0.38	0.55	0.31	0.22	0.33	0.28	0.36	0.24	0.29
2004	0.33	0.48	0.53	0.34	0.33	0.35	0.44	0.39	0.39	0.52	0.31	0.21	0.34	0.28	0.37	0.24	0.3
2005	0.33	0.43	0.54	0.35	0.34	0.34	0.43	0.4	0.41	0.54	0.3	0.2	0.36	0.28	0.37	0.24	0.31
2006	0.33	0.36	0.52	0.36	0.3	0.34	0.44	0.41	0.42	0.54	0.29	0.19	0.37	0.26	0.37	0.24	0.32
2007	0.33	0.34	0.53	0.36	0.31	0.35	0.46	0.42	0.44	0.58	0.28	0.19	0.38	0.24	0.33	0.24	0.33
2008	0.32	0.31	0.52	0.35	0.31	0.36	0.44	0.42	0.47	0.59	0.28	0.16	0.38	0.23	0.3	0.24	0.33
2009	0.33	0.29	0.52	0.35	0.32	0.38	0.45	0.45	0.57	0.6	0.28	0.16	0.37	0.23	0.3	0.24	0.33
2010	0.32	0.25	0.5	0.36	0.33	0.38	0.46	0.53	0.62	0.6	0.28	0.15	0.36	0.22	0.31	0.24	0.33
2011	0.32	0.23	0.48	0.37	0.34	0.43	0.45	0.56	0.63	0.42	0.28	0.15	0.36	0.2	0.35	0.24	0.33
2012	0.32	0.21	0.47	0.38	0.35	0.48	0.46	0.59	0.66	0.43	0.29	0.19	0.36	0.2	0.36	0.25	0.32
抚养比变动	0.01	-0.2	0.04	0.09	0.06	0.19	0.07	0.25	0.31	-0.11	-0.02	-0.07	0.07	-0.12	0.05	0.02	0.08
位序变动		-21	-3	9	5	21	1	12	12	-13	-5	-2	6	-11	0	3	4

续表

年份	湖北	湖南	广东	广西	海南	重庆	四川	贵州	云南	西藏	陕西	甘肃	青海	宁夏	新疆	最高	最低
2001	0.29	0.32	0.16	0.31	0.39	0.44	0.41	0.36	0.4	0.58	0.32	0.32	0.4	0.3	0.43	0.58	0.16
2002	0.31	0.34	0.16	0.33	0.4	0.46	0.43	0.36	0.42	0.59	0.35	0.34	0.38	0.3	0.44	0.59	0.16
2003	0.32	0.36	0.16	0.33	0.4	0.49	0.45	0.4	0.43	0.62	0.37	0.36	0.39	0.31	0.45	0.62	0.16
2004	0.33	0.37	0.16	0.34	0.42	0.52	0.44	0.4	0.45	0.65	0.38	0.38	0.39	0.32	0.42	0.65	0.16
2005	0.35	0.37	0.15	0.34	0.43	0.53	0.41	0.39	0.46	0.67	0.4	0.39	0.39	0.31	0.42	0.67	0.15
2006	0.35	0.39	0.14	0.34	0.4	0.52	0.41	0.39	0.46	0.69	0.4	0.4	0.39	0.3	0.41	0.69	0.14
2007	0.36	0.41	0.13	0.34	0.39	0.49	0.42	0.38	0.46	0.59	0.4	0.41	0.38	0.3	0.4	0.59	0.13
2008	0.37	0.4	0.13	0.35	0.37	0.47	0.43	0.38	0.44	0.57	0.4	0.41	0.37	0.29	0.39	0.59	0.13
2009	0.39	0.39	0.12	0.4	0.35	0.56	0.5	0.37	0.42	0.51	0.4	0.41	0.37	0.29	0.39	0.6	0.12
2010	0.41	0.39	0.12	0.44	0.34	0.49	0.51	0.35	0.41	0.48	0.38	0.42	0.37	0.39	0.43	0.62	0.12
2011	0.44	0.39	0.11	0.46	0.31	0.51	0.5	0.34	0.44	0.4	0.36	0.48	0.45	0.43	0.44	0.63	0.11
2012	0.46	0.4	0.11	0.47	0.32	0.53	0.5	0.34	0.44	0.36	0.38	0.51	0.44	0.44	0.43	0.66	0.11
抚养比变动	0.17	0.08	-0.05	0.16	-0.07	0.09	0.09	-0.02	0.04	-0.22	0.06	0.19	0.04	0.14	0		
位序变动	17	2	0	13	-14	0	2	-11	-4	-20	0	14	-4	9	-10		

资料来源：根据《中国人力资源和社会保障年鉴（2013）》表5-5计算。

增长率约为3.65%。城镇养老保险缴纳地点随着人员流动而变动，而养老保险支出对象的流动性很弱，劳动力流动是造成不同地区养老金抚养比率变动的主要原因。在养老金未能实现全国统筹的背景下，劳动力流出地区的养老金支付压力将随着抚养比率上升而凸显。由此，养老金上涨的空间将减少，这一方面会扩大地区之间养老金差距，另一方面，影响居民的再分配收入，进而影响居民收入占国民收入的比重。

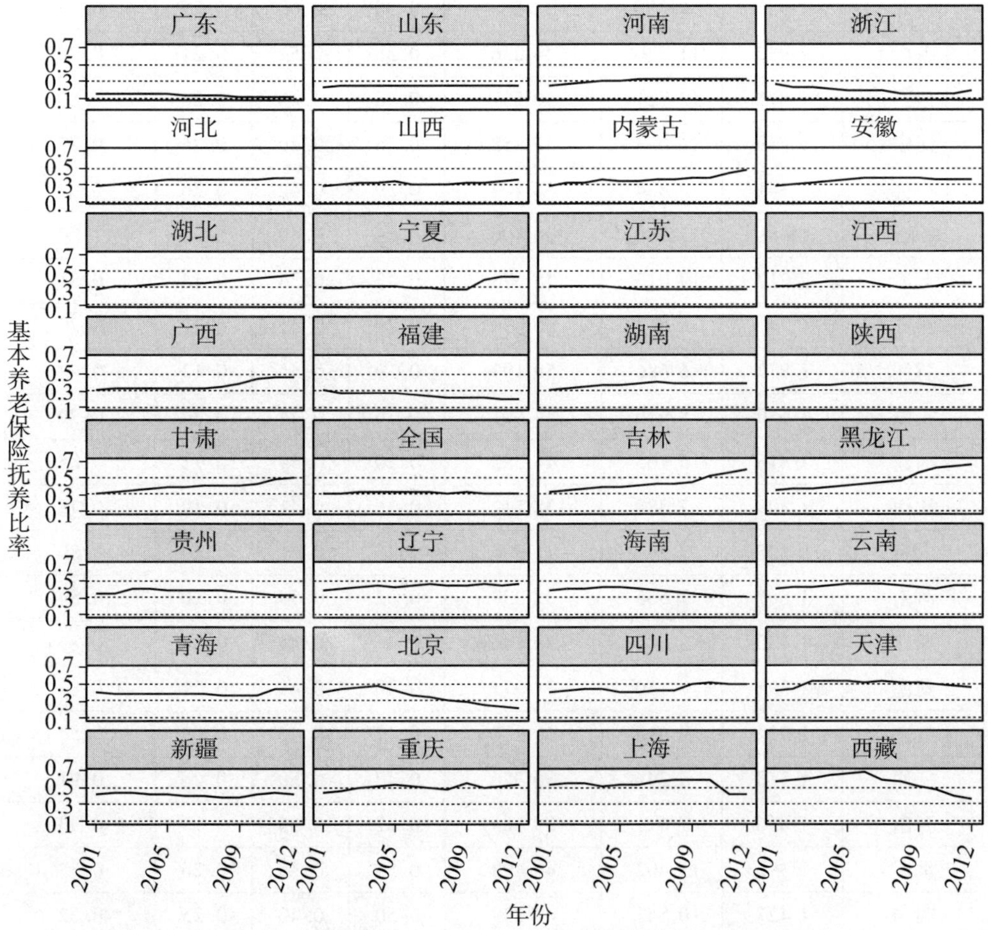

图3-10　2001~2012年分地区职工基本养老保险抚养比率

为了进一步了解我国不同地区城镇职工养老金水平的分布，掌握各地区缴款比率、抚养比率、收支比率和替代比率之间的关系，以下对2012年各地区城镇职工基本养老保险展开分析（见表3-15、图3-11）。

表 3-15　2012 年分地区城镇职工基本养老保险比较分析

地区	养老金（元/月）	缴款水平（元/年）	在岗平均工资（元/年）	抚养比	替代比率	缴款率	基金收支比
全国	1 742	8 703	47 593	0.32	0.44	0.18	0.78
北京	2 532	9 994	84 742	0.21	0.36	0.12	0.64
天津	1 939	12 612	61 514	0.47	0.38	0.21	0.87
河北	1 931	9 750	38 658	0.38	0.60	0.25	0.91
山西	1 932	11 736	44 236	0.35	0.52	0.27	0.70
内蒙古	1 871	12 721	46 557	0.48	0.48	0.27	0.85
辽宁	1 719	11 033	41 858	0.46	0.49	0.26	0.87
吉林	1 341	9 824	38 407	0.59	0.42	0.26	0.97
黑龙江	1 488	11 780	36 406	0.66	0.49	0.32	1.00
上海	2 217	14 013	78 673	0.43	0.34	0.18	0.81
江苏	1 740	8 667	50 639	0.29	0.41	0.17	0.70
浙江	1 877	6 686	50 197	0.19	0.45	0.13	0.64
安徽	1 650	8 916	44 601	0.36	0.44	0.20	0.79
福建	1 815	5 103	44 525	0.20	0.49	0.11	0.85
江西	1 309	7 388	38 512	0.36	0.41	0.19	0.78
山东	2 120	7 994	41 904	0.25	0.61	0.19	0.80
河南	1 667	7 555	37 338	0.32	0.54	0.20	0.84
湖北	1 470	9 505	39 846	0.46	0.44	0.24	0.85
湖南	1 395	8 130	38 971	0.40	0.43	0.21	0.83
广东	1 924	4 613	50 278	0.11	0.46	0.09	0.54
广西	1 513	9 344	36 386	0.47	0.50	0.26	0.91
海南	1 816	7 611	39 485	0.32	0.55	0.19	0.93
重庆	1 392	11 402	44 498	0.53	0.38	0.26	0.77
四川	1 427	10 543	42 339	0.50	0.40	0.25	0.82
贵州	1 642	9 361	41 156	0.34	0.48	0.23	0.71
云南	1 591	11 761	37 629	0.44	0.51	0.31	0.71
西藏	2 857	18 384	51 705	0.35	0.66	0.36	0.66
陕西	1 887	10 304	43 073	0.38	0.53	0.24	0.83
甘肃	1 718	12 740	37 679	0.51	0.55	0.34	0.83

续表

地区	养老金（元/月）	缴款水平（元/年）	在岗平均工资（元/年）	抚养比	替代比率	缴款率	基金收支比
青海	2 067	11 987	46 483	0.44	0.53	0.26	0.91
宁夏	1 800	9 923	47 436	0.44	0.46	0.21	0.95
新疆	1 921	12 548	44 576	0.43	0.52	0.28	0.80

资料来源：根据《中国人力资源和社会保障年鉴（2013）》、《中国统计年鉴（2013）》数据计算。参保职工约2.3亿人，参保离退休人员7 445.7万人。缴款水平根据基本养老保险收入金额除以参保职工年末人数计算。缴款率根据缴款水平除以在岗平均工资计算。

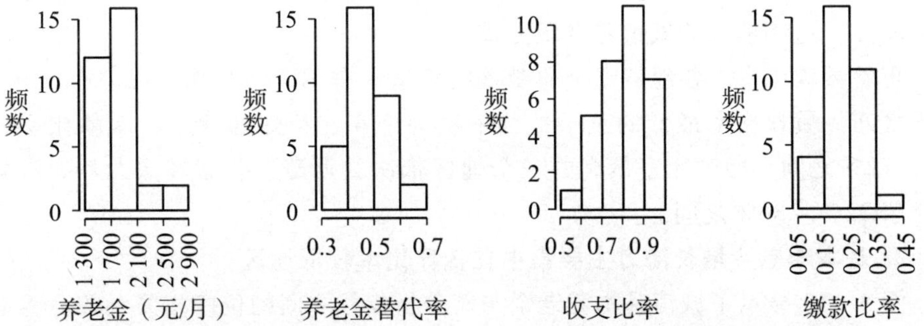

图3-11　2012年分地区城镇职工基本养老保险分析指标分布

2012年，我国参加城镇职工基本养老保险人数约为2.3亿人，领取养老保险人数约为0.7亿人。城镇职工基本养老保险覆盖的人数规模小于城乡养老保险规模。两类养老保险覆盖的人数达到了约8.1亿人。

1. 养老金分析指标地区分布特征

2012年，各地区每月平均养老金介于1 300~2 900元之间。分布最集中的区域是1 700~2 100之间。养老金超过两千元的仅有西藏、北京、上海、山东和青海四个地区。其中西藏的平均养老金最高，达到了2 800元。养老金平均水平最低的地区为江西、吉林和重庆，低于1 400元以下。总体上，城镇基本养老保险金显著高于城乡居民养老保险金城乡居民养老保险从无到有，因此，缩小两者的差距需要一个过程。

养老金替代比率反映了养老金水平与在职职工工资水平的比率。各地养老金替代率介于30%~70%之间，在40%~60%之间的集中度最高。从地区的角度看，养老金替代比率最低的地区为四个直辖市，替代比率低于40%。北京、上海和天津的在岗工资水平较高，而退休工资距离全国平均水平不远，由此造成了替代比率较低。重庆替代比率也较低，其主要原因是养老金水平较低。相比之下，替代比率最高的三个地区为西藏、山东和河北。

抚养比率反映了养老金支付压力。抚养比率介于11% ~66%之间。其中抚养比率最低的三个地区为广东、浙江和福建，抚养比率不超过20%。由于年轻劳动力的涌入，降低了这些地区的养老负担。抚养比率最高的三个地区为黑龙江、吉林和重庆。这些地区均为我国重工业较为集中的地区，大量的退休工人导致了较高的抚养比率。

图3－11显示，从图形看，各地养老金的收支比率呈现左偏正态分布。收支比率介于54% ~100%之间。收支比率最高的三个地区依次为：黑龙江、吉林和宁夏。其收支比率均超过了90%，其中黑龙江的收支比率接近100%，即当期的养老金缴款几乎全部用于当期的养老金支出。随着我国老龄化步伐加快，这些地区的养老金安全值得关注。基本养老金收支比率最低的三个地区依次为广东、北京和浙江，这些地区的城镇养老压力较小。

再看缴款比率，各地养老金的缴款比率呈现右偏正态分布，比率介于9% ~36%之间。缴款比率最低的三个地区依次为广东、福建和北京，缴款比率介于9% ~12%之间。缴款比率最高的三个地区依次为西藏、甘肃和黑龙江，缴款比率介于32% ~36%之间。

2. 基本养老金增长潜力主要集中在抚养比率较低地区

图3－12显示了城镇基本养老金与其分析指标之间的位序相关系数。养老金

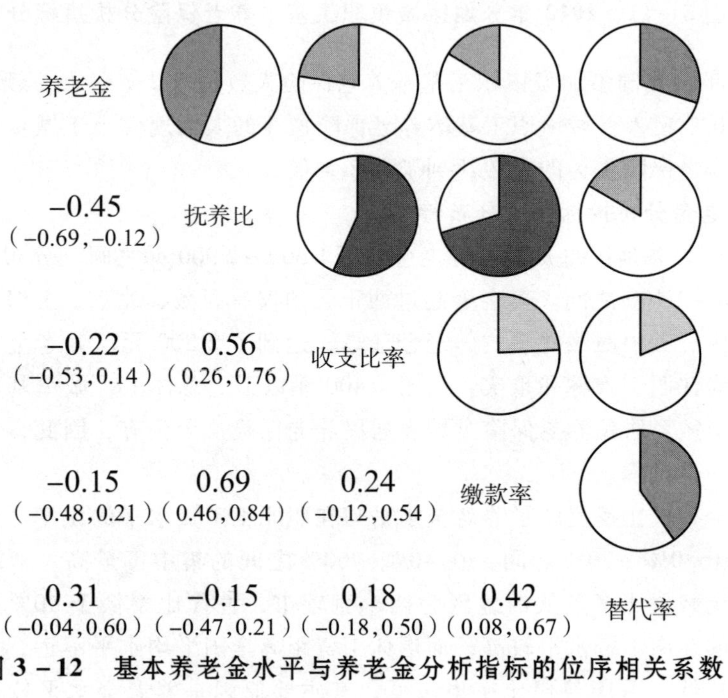

图3－12 基本养老金水平与养老金分析指标的位序相关系数

水平与抚养比率呈现显著的负向相关关系，抚养比高的地区养老金水平偏低。抚养比率是影响养老金水平的重要因素。抚养比率与养老金收支比率和缴款率之间具有显著的正向关系，抚养比率较高地区的收支比率以及缴款比率也较高。缴款率与替代率之间则呈现显著的正向相关关系。

（五）分地区城乡居民养老保险指标测算分析

以上对我国城镇职工基本养老保险的相关指标进行了测算分析。由于历史原因，我国养老保险制度分群体设计，城镇职工基本养老保险仅保障城镇职工群体，其他居民长期游离在养老保险覆盖范围之外。随着新农村养老保险以及城镇非就业居民养老保险（城乡居民养老保险）的提出，我国实现了养老保险在制度上的全覆盖。但是由于城乡居民养老保险起步较晚，其与城镇职工基本养老保险在福利水平上仍有较大差距。目前，城乡居民社会养老保险与城镇职工基本养老保险在以下方面有所不同：

保障对象不同。城镇职工基本养老保险是保障城镇就业群体；而新农保保障的是农村居民群体，城镇居民社会养老保险保障的是城镇非从业居民群体。

实施强度不同。城镇职工基本养老保险是国家法律法规规定强制实施的，是雇主、用人单位包括劳动者个人都必须按照规定缴费基数和比例来缴费的；而城乡居民养老保险强调的是由政府加以引导，政府补贴城乡居民自愿参保。

缴费标准不同。新农保政策具有“弹性”，这是城镇职工基本养老保险中没有的。在城镇职工基本养老保险中，有规定的缴费比例、领取资格、支付标准，总体来讲是没有太大的弹性的。而新农保里有一条原则叫做“有弹性”，比如设计的缴费标准从100～200元、300元、400元、500元。农民可以根据自己的收入水平进行选择，同时允许地方增设缴费标准，可以向上增设，也可以向下增设，这就是为了适应各地经济发展的不平衡和农民收入水平差异相对较大的实际情况，不搞“一刀切”。

筹资结构不同。城镇职工基本养老保险主要筹资方是用人单位，虽然个人也缴费，但用人单位缴的是主要部分。而新农保的主要供款方是政府，政府支付基础养老金，同时对中青年的缴费也予以补助。最大的不同就是第三方筹资结构，不仅仅局限于集体经济，国家还鼓励其他经济组织、社会公益组织、个人为参保人缴费提供资助。

统筹机制不同。城镇职工基本养老保险当中，用人单位的缴费部分纳入社会保险统筹基金，不记入个人养老保险账户。因此，如果参保人以灵活就业方式缴费的，其中60%的个人缴费要纳入社会统筹基金，只有40%记入本人的养老保险个人账户。而城乡居民养老保险没有进行统筹，不论是个人缴费、政府补贴、集体补助、还是他人资助全部记入本人的养老保险个人账户。

待遇计发不同。不论职工基本养老保险还是城乡居民社会养老保险，其养老金待遇都是由基础养老金和个人账户养老金组成，但二者的计发办法不尽相同。其中个人账户养老金计发办法相同，都是以个人达到60周岁（或退休年龄）时的个人账户储存额除于139（139指个人账户计发系数）。但是，基础养老金计发办法二者不同，城乡居民养老保险的基础养老金是以绝对额来确定的，目前，国家规定全国统一的最低标准是每人每月55元，地方可根据经济发展情况提高基础养老金标准；而企业职工基本养老保险的基础养老金计发办法较为繁杂，其基础养老金月标准以参保人员办理申领基本养老金手续时上年度全市职工月平均工资和本人指数化月平均缴费工资相加后的平均值为基数，缴费每满1年加发1%。其中，本人指数化月平均缴费工资按照参保人员办理申领基本养老金手续时，上年度全市职工月平均工资，乘以本人月平均缴费工资指数确定。计算参保人员本人月平均缴费工资指数时，应当包括其视同缴费年限的缴费工资指数。

2012年分地区城乡居民养老保险分析指标测算结果如表3-16所示。

表3-16　　2012年分地区城乡居民养老保险分析

地区	平均养老金（元/月）	抚养比	支付比	养老金排名	抚养比排名	支付比排序	养老金支付力度指标值	支付力度排序
北京	421	0.15	0.51	2	1	28	-29	22
天津	172	0.76	0.45	4	31	31	-4	9
河北	52	0.24	0.54	29	12	22	-39	27
山西	54	0.22	0.51	26	8	28	-46	29
内蒙古	89	0.24	0.6	11	12	12	-11	12
辽宁	54	0.33	0.62	26	26	10	-10	11
吉林	57	0.32	0.51	20	25	28	-23	17
黑龙江	64	0.23	0.46	17	10	30	-37	26
上海	541	0.56	0.96	1	30	1	28	1
江苏	100	0.39	0.75	9	28	5	14	5
浙江	117	0.43	0.87	5	29	2	22	2
安徽	55	0.24	0.55	22	12	21	-31	23
福建	53	0.24	0.55	28	12	21	-37	26
江西	54	0.22	0.51	26	8	28	-46	29
山东	71	0.28	0.63	16	21	9	-4	9

续表

地区	平均养老金（元/月）	抚养比	支付比	养老金排名	抚养比排名	支付比排序	养老金支付力度指标值	支付力度排序
河南	56	0.24	0.64	21	12	7	-16	14
湖北	54	0.26	0.51	26	18	28	-36	24
湖南	53	0.27	0.58	28	19	16	-25	20
广东	74	0.27	0.58	13	19	16	-10	11
广西	61	0.3	0.74	18	22	6	-2	6
海南	71	0.24	0.63	16	12	9	-13	13
重庆	207	0.31	0.77	3	23	4	16	3
四川	58	0.35	0.6	19	27	12	-4	9
贵州	104	0.31	0.84	6	23	3	14	5
云南	48	0.2	0.51	30	6	28	-52	30
西藏	91	0.16	0.57	10	2	17	-25	20
陕西	71	0.23	0.56	16	10	18	-24	18
甘肃	47	0.21	0.47	31	7	29	-53	31
青海	100	0.18	0.58	9	4	16	-21	16
宁夏	80	0.18	0.55	12	4	21	-29	22
新疆	101	0.17	0.58	7	3	16	-20	15
全国	73	0.27	0.63					

资料来源：根据《中国人力资源和社会保障年鉴（2013）》表5-20数据计算。参保人数约4.8亿人，领取养老金人数约1.3亿人。平均养老金根据养老金支出总额除以领取养老金人数计算。

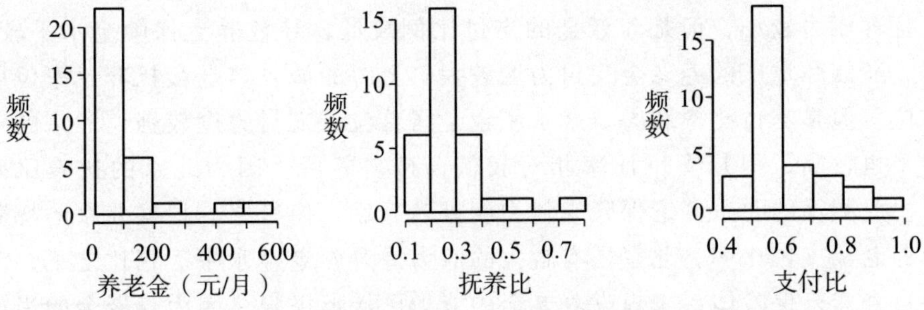

图3-13　2012年分地区城乡居民养老保险分析指标分布

从表3-16及图3-13可见，我国城乡居民养老保险水平呈现以下特征：

（1）城乡居民养老保险水平较低。我国城乡居民养老保险从无到有，参保人数约4.8亿人，领取养老金人数约为1.3亿人。但是，当前保险金仍然处于较低水平，全国人均每月73元。70%地区人均低于100元。人均水平较高的地区集中在直辖市。上海、北京和重庆依次位居城乡居民养老金水平前三名。甘肃、云南和河北依次位居后三名。不同地区城乡居民养老保险金水平分布参见图3－13。

（2）约70%省份城乡居民养老保险抚养比率低于30%。抚养比率反映了养老保险体系的支付压力。抚养比率一方面受养老保险参保人数的影响，另一方面受养老保险领取人数影响。当前我国城乡居民养老保险体系的支付压力不高。约70%省份养老保险抚养比率低于30%，大约三个缴款居民供养一个老年居民。北京的养老保险抚养比率最低，大约七个缴款居民供养一个老年居民。这与北京参保覆盖范围较高，当前领取养老保险人数相对较低有关。相比之下，天津和上海的养老保险抚养比较高。不足两人供养一个老年居民。抚养比率与支付比例具有显著的正向相关性。两者的肯戴尔（kendall）秩序相关系数约为0.39，在1%的显著水平下拒绝两者不相关的原假设。

（3）城乡养老保险当期缴款中约有一半用来支付当期养老金。大多数地区的养老金支付比率介于50%～60%之间，表明约有一半左右养老金缴款用来支付当期的养老金。养老金支付比例最高的三个地区依次为：上海、浙江和贵州。三地的养老金支付比率超过了80%。上海达到了96%，即当期缴款几乎全部用来支付当期养老金。随着我国老龄化步伐加快，过高的养老金支付比例对养老基金的安全提出挑战。相比之下，养老金支付比例最低的三个地区依次为：天津、黑龙江和甘肃，支付比例约为46%。

（4）养老金支付力度较低地区主要集中在中西部地区。根据前面构建的养老金支付力度指标测算，我国西部地区养老金支付力度相对较低，支付力度排名位于后三位地区依次为：甘肃、山西和云南。这些地区的养老保险抚养比较低，抚养压力较小，但是养老金的支付比例较低，导致养老保险金水平较低。上海、浙江和重庆的养老金支付力度较大。上海的城乡养老金抚养比率位居全国首位，但是支付比率和养老金水平也是居首位，支付力度较强。北京的养老金水平也较高，但是支付比率相对较低，排名靠后。因为北京的抚养比率较低，由此测算的北京养老保险支付力度排名靠后。换言之，根据北京的抚养比率和养老金支付比率，北京还有较大的潜力提升养老金水平。相比之下，上海依靠自身养老保险体系来提高养老金的能力已接近极限，因为养老金的当期支付比例已经达到了96%。

三、养老金指标的国际比较

（一）养老金储备占 GDP 比重

社会保险福利收入是流量指标，而社会保险资产（也被称为养老金储备）属于存量指标。前者反映了一定时期居民获得的再分配收入数额，而后者反映了可供再分配资源的多寡。养老金资产占据社会保险资产绝大部分份额，养老金资产余额占 GDP 比重反映了一个国家养老金体系的健康状况，涉及一个国家这一代人与下一代人代际问题，会影响到未来的收入再分配。

那么养老金资产占 GDP 比重为多少是合适的？这一问题没有唯一固定的答案。以下对不同国家和地区养老金资产占 GDP 比重进行分析比较，作为参考和借鉴。OECD 和非 OECD 国家养老金储备占 GDP 比重分别如图 3－14 和图 3－15 所示。

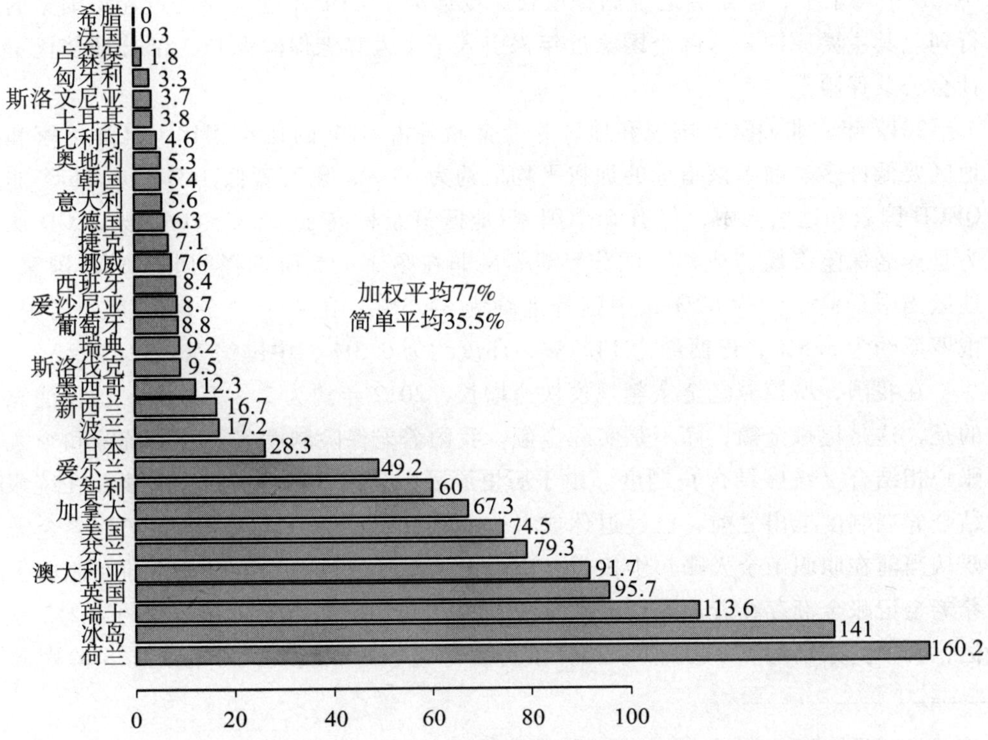

图 3－14　2012 年 OECD 国家养老金储备占 GDP 比重

资料来源：Pension Markets in Focus 2013.

OECD 国家和地区养老金储备占 GDP 比重的加权平均值为 77%。有三个国家养老金储备超过了本国 GDP 总额，分别是：荷兰、冰岛和瑞士。其中荷兰的比重最高，从 2001 年 102.6% 上升到 2012 年 160.2%。除了这三个国家，英国、澳大利亚和芬兰的指标值也高于加权平均值。在过去 10 年中，养老金储备占 GDP 比重增长最快的国家是荷兰，位居第二的是芬兰，从 2001 年 84.0% 增长到 2012 年 141.0%。但是，也有一些国家出现了显著的下降，匈牙利的养老金储备比重从 2010 年最高值 14.9%，下降到 2012 年 3.3%。其中的主要原因是匈牙利政府 2010 年取消了原先强制实施的私营养老金体系①。

养老金储备增长率与 GDP 增长率的差额是反映一个国家养老保险体系发展的指标。也是衡量一国养老金待遇增长潜力以及养老覆盖面提升潜力的重要指标。OECD 国家在 2001 ~ 2012 年间，养老金储备增长率与 GDP 增长率的差额的加权平均值约为 2%。以此均值作为比较基准，澳大利亚、芬兰、冰岛、荷兰和英国超过了这一平均值，走在了其他 OECD 国家前列。这几个国家的共同特点是：均建立了较长时间的强制或者准强制的私营养老体系（相对于公共养老体系而言）。相比之下，捷克斯洛伐克等以及墨西哥的养老金储备占 GDP 比率低于 OECD 平均水平，但是养老金储备增长速度远高于 GDP 增速，位居赶超型国家的行列。其主要原因是这两个国家近年来引入了个人养老保险账户，部分地替代了社会公共保险②。

2012 年，非 OECD 国家和地区养老金储备占 GDP 的比重相比 OECD 国家和地区要低许多。前者该指标的加权平均值约为 33%，比后者低 44%。在 36 个非 OECD 国家和地区当中，仅有 6 个国家/地区该指标高于 20%。20% 被 OECD 认为是养老保险市场“成熟”的分界线。南非在图 3 - 15 所选择的非 OECD 国家/地区当中最高，约为 82%，中国香港约为 34.3%。在 4 个“金砖国家”当中，俄罗斯约为 3.5%，巴西约为 14.7%，印度约为 0.3%，中国约为 0.9%。

在我国，城镇养老金余额规模快速增长，2012 年约为 2.4 万亿元。值得注意的是，这是记账金额，而不是实际金额。我国养老保险制度实行社会统筹和个人账户相结合（统账结合）制度。由于历史原因，我国养老金的积累很少，在统账结合养老制度推出之前，已经退休或者个人账户积累很少就退休职工的养老金需要从当前在职职工个人账户中拨付，实际上是现收现付制。因此，当前在职职工养老金记账金额存在着规模巨大的空账。2011 年，养老金储备记账额约为 2.2 万亿，其中空账额约 1.8 万亿③。当年实际养老金余额仅为约 4 千亿元。剔除财政

①② OECD. Pension Markets in Focus [R]. 2013.

③ 郑秉文：《中国养老金发展报告 2012》，百度文库，http://wenku.baidu.com/view/228a4cd5d5bbfd0a79567366。

补贴和非正常缴费之后几乎等于零。这说明我国养老保险制度的财务可续性存在巨大的风险。以 2011 年为例，当期结余高达 4 000 多亿元，但是剔除高达 2 200 亿财政补贴，再剔除补缴 1 500 亿元，当年收支余额仅为 300 亿元。如果再剔除预缴的以及历史债务，2011 年结余几乎是零（郑秉文，2012）。

各国养老金储备占 GDP 比重存在较大差异，主要源于各国的经济发展水平以及文化背景不同。历史上东方国家子女养老一直是养老体系的重要支柱，各国建立现代化养老体系的进程差异较大。美国 1935 年颁布了世界第一部现代化的保险法案，而我国《社会保险法》在 2010 年才颁布实施。总的来看，近年来，我国社会保险制度取得了巨大进步，举世有目共睹，但是，养老保险体系存在的潜在风险也不容忽视，建立一个健康、可持续发展的社会保障体系还需要继续深化改革。

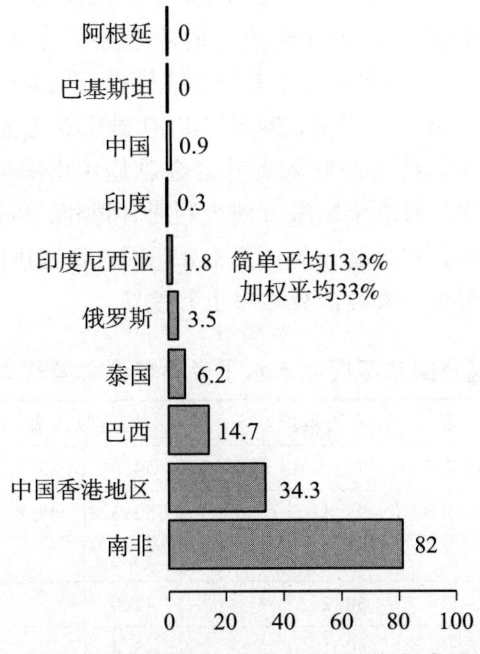

图 3－15　2012 年部分非 OECD 国家或地区养老金资产占 GDP 比重

资料来源：Pension Markets in Focus 2013.

（二）分收入水平养老金总替代比率

前面的指标定义中已指出，养老金替代比率计算有四种不同统计口径。OECD 对养老金替代比率的定义为退休金与退休前收入的比值，而养老金总替代率是指职工退休后总收入与退休前总收入的比率（OECD，2013）。养老金水平受经济增长、实际收入增长、通货膨胀等因素影响。为了在比较时不同国家之间养老金替代比率不受以上经济变量的影响，OECD 对相关变量做了如下假设：每年通货膨胀率为 2.5%；收入实际增长率为 2%，这意味着工资的名义增长率为 4.5%；假设个人收入在收入分布中的位置保持稳定；假设养老金收益率为 3.5%；死亡率设定来自联合国数据库（OECD，2013）。在以上假设条件下，OECD 以及非 OECD 主要经济体养老金替代比率如表 3-17 所示。

2012 年，在 34 个 OECD 国家当中，退休前收入处于平均水平的职工养老金平均总替代率为 54%。在大多数国家，为了减少老年贫困，养老金总替代比率与退休者退休以前收入水平呈现反向变化，即低收入者养老金替代比率高于高收入者，这体现了养老金的收入再分配职能。例如：对于收入只达到均值水平的一半的职工来说，养老金平均总替代率约为 71%，而平均收入者为 54%。但是，也有一些国家低收入者和均值水平收入者的养老金总替代比率相同，这些国家分别为：奥地利、德国、匈牙利、意大利和西班牙。在替代率分布的上端，丹麦和以色列为低收入者支付高于其工作时收入的养老金，总替代率分别为 121% 和 104%。对于低收入者，德国和波兰养老金总替代率分别为 42% 和 49%。在高收入者（收入为均值 1.5 倍者）当中，34 个 OECD 国家养老金总替代比率为 48%。不同国家之间差距较大，荷兰高收入者养老金总替代比率为 89%，而英国仅为 25%。在 OECD 国家中，有五个国家（澳大利亚、智利、以色列和瑞士）女性与男性养老金总替代比率存在显著差异。其主要原因是这些国家女性领取养老金年龄低于男性，此外，男性与女性的死亡率也有差异。

表 3-17　　部分国家不同收入水平者养老金总替代率

	中等收入者		收入为均值 0.5 倍者		均值收入者		收入为均值 1.5 倍者	
OECD34 国	57.9	(57.2)	71.0	(70.3)	54.4	(53.7)	48.4	(47.7)
澳大利亚	60.2	(55.8)	91.1	(86.6)	52.3	(47.8)	39.4	(34.9)
奥地利	76.6		76.6		76.6		74.0	
比利时	41.4		58.2		41.0		30.2	
加拿大	51.0		80.1		45.4		30.2	
智利	45.5	(36.6)	57.3	(48.3)	41.9	(33)	37.3	(27.9)
捷克共和国	59.9		85.2		52.2		41.2	
丹麦	83.7		120.7		78.5		64.4	
爱沙尼亚	55.3		65.2		52.2		47.9	
芬兰	54.8		64.1		54.8		54.8	
法国	59.1		64.8		58.8		47.5	

续表

	中等收入者		收入为均值0.5倍者		均值收入者		收入为均值1.5倍者	
德国	42.0		42.0		42.0		42.0	
希腊	64.0		75.4		53.9		46.7	
匈牙利	73.6		73.6		73.6		73.6	
冰岛	73.8		91.7		72.3		70.1	
爱尔兰	44.2		73.4		36.7		24.5	
以色列	86.7	(76.8)	103.7	(93.9)	73.4	(64.8)	48.9	(43.2)
意大利	71.2		71.2		71.2		71.2	
日本	37.5		49.8		35.6		30.8	
韩国	43.9		59.2		39.6		29.2	
卢森堡	59.3		77.7		56.4		53.0	
墨西哥	44.7		55.5		28.5	(27.7)	27.2	(25.1)
荷兰	91.4		94.4		90.7		89.4	
新西兰	50.1		81.1		40.6		27.0	
挪威	52.3		63.4		52.5		41.6	
波兰	48.8		49.3		48.8		48.8	
葡萄牙	55.0		67.5		54.7		54.1	
斯洛伐克	67.9		74.2		65.9		63.4	
斯洛文尼亚	40.6		62.0		39.2		36.7	
西班牙	73.9		73.9		73.9		73.9	
瑞典	55.6		70.2		55.6		67.9	
瑞士	58.4	(57.6)	64.3	(63.7)	55.2	(54.3)	36.8	(36.2)
土耳其	66.8		73.5		64.5		64.5	
英国	37.9		55.8		32.6		22.5	
美国	41.0		49.5		38.3		33.4	
其他主要经济体								
阿根廷	96.2	(88.9)	115.2	(107.9)	90.4	(83.1)	82.1	(74.8)
巴西	57.5	(52.3)	55.4	(50.3)	57.5	(52.3)	61.7	(56.1)
中国	82.5	(65.1)	97.9	(78.5)	77.9	(61)	71.2	(55.2)
印度	60.4	(56.3)	75.6	(71.2)	55.8	(51.8)	49.2	(45.3)
印度尼西亚	14.1	(13)	14.1	(13)	14.1	(13)	14.1	(13)

续表

	中等收入者		收入为均值 0.5 倍者		均值收入者		收入为均值 1.5 倍者	
俄罗斯	63.0	(56.4)	72.4	(65.8)	60.2	(53.6)	56.1	(49.5)
沙特阿拉伯	100.0	(87.5)	100.0	(87.5)	100.0	(87.5)	100.0	(87.5)
南非	11.8		19.1		9.6		6.4	
欧盟 27 国	60.0	(59.7)	69.6	(69.3)	58.0	(57.7)	53.3	(53.1)

资料来源：OECD pension models. OECD (2013); Pensions at a Glance 2013: Retirement - Income Systems in OECD and G20 Countries. 括号内数值表示女性养老金替代率，其与男性养老金替代率不同。

OECD 的测算结果显示，我国中等收入者养老金总替代比率为 77.9%，其中女性为 61%，女性养老金总替代比率显著低于男性。低收入和高收入者替代比率分别为 97.9% 和 71.2%。低收入者养老金总替代比率显著高于高收入者。总的来看，我国养老金总替代比率高于 OECD 国家平均水平。但是，值得注意的是，OECD 测算的是我国城镇职工基本养老保险的替代比率。

第三节　转移性收入指标群

一、转移性收入的界定

（一）《中国统计年鉴》对转移收入的界定

根据《中国统计年鉴》的定义，"经常转移"是一个机构单位向另一个机构单位提供货物、服务或资产，而未从后一机构单位获得任何货物、服务或资产作为回报的一种交易。经常转移包括扣除资本转移外的所有转移。其形式有收入税、社会保险缴款、社会保险福利、社会补助和其他经常转移[①]。对于居民部门，转移性收入主要包括：政府支付的离退休金、失业救济金和赔偿等；单位支付的辞退金、保险索赔和住房公积金等；家庭之间的赠送和赡养等。一般来说，政府

① 《中国统计年鉴（2014）》"人民生活"一节当中的主要统计指标解释。

支付的养老金或离退休金占主导地位。因此，在某种程度上，转移性收入反映一个国家或地区的社会保障水平①。

对于农村住户，转移性收入是指无须付出任何对应物而获得的货物、服务、资金或者资产所有权，但是，不包括无偿提供的用于固定资本形成的资金。

（二）中国住户调查对转移性收入的界定

由于国家统计局对城镇和农村的住户调查是分开进行的，在统计口径上有所差异，因此，以下，分别对城镇和农村居民的转移性收入进行分析。

1. 城镇居民

对于城镇居民，转移性收入指国家、单位、社会团体对居民家庭的各种转移支付和居民家庭间的收入转移。包括离退休金、失业救济金、赔偿辞退金、保险索赔、住房公积金、家庭间的赠送和赡养等。养老金或离退休金指根据国家有关规定，离开生产或工作岗位，正式办理了离休、退休手续并享受离退休待遇的人员，领取的养老金或离退休金。包括退休人员的养老金或退休金、离休人员的离休金、生活补贴、保姆津贴，因工致伤离退休人员的护理费，离退休人员异地安家补助费、取暖补贴、医疗费、旅游补贴、书报费、困难补助以及在原工作单位所得的各种其他收入。实行医疗制度改革的单位直接支付给个人或单位报销的医疗费、用医疗基金（医保卡）支付的医疗保健费用、相当于现金的购物卡等也都包括在内。但是，不包括发给的实物和指定购买物品的票证（应记入非现金收入）。

社会救济收入指国家、机关企事业单位、社会团体和个人对各类特殊家庭、人员提供的特别津贴。包括国家对享受城镇居民最低生活保障待遇家庭发放的最低生活保障金、国家和社会对特殊困难家庭给予的困难补助、受灾救济款、国家对伤残军人的抚恤金等。但是，只计算得到的现金收入，不包括赠送的实物（赠送的实物记入非现金收入）。

最低生活保障收入指调查户由于享受城镇居民最低生活保障待遇从政府部门得到的货币收入。如果得到的是实物，应记入城镇居民家庭非现金收入。

辞退金指职工被解除劳动合同时，单位或雇主支付的补偿费，包括一次性工龄买断收入。

赔偿收入指国家、单位、个人支付给受到财产损失、人身伤害家庭的各种赔偿，但是不包括保险赔偿收入。

保险收入指参加保险的住户得到的保险收入，包括从保险公司得到的保险理

① 《中国统计年鉴（2014）》：2012年四季度起，国家统计局对城乡住户调查实施了一体化改革。

赔款以及其他责任赔款。如：人身意外事故赔偿、财产损失赔偿和住院医疗赔偿等。但是，不包括人寿保险返回的年金。

失业保险金指按照国家《失业保险条例》规定，失业保险经办机构对符合条件的失业人员，进行失业登记，并定期发放的失业救济金。

赡养收入指亲友因赡养和抚养义务给家庭成员的现金。包括未计算为家庭人口的家庭人员到外地工作，带回、寄回给家庭的收入。

捐赠收入指家庭得到的亲友赠送收入，包括遗产收入。其与赡养收入的区别是，赠送是对本家庭成员无赡养义务的亲友给家庭成员的现金。家庭成员内部间的赠送收入和赠送支出均不属于捐赠收入。

住房公积金指参加住房公积金制度的职工，通过一定的手续提取的住房公积金。包括个人交纳的公积金和单位交纳的公积金。也包括单位给未达到住房面积标准的职工和离退休人员发放的住房补贴。记账补贴指调查户因承担记账工作从统计部门、工作单位和其他途径所得到的现金，但不包括实物部分。

其他转移性收入指家庭从除上述各项收入以外得到的其他转移性收入。如亲友搭伙费、单位发放的抚恤金、军人的转业费、复员费、各种有奖彩票的中奖收入等。打牌、捡拾所得等也记入此项。

2. 农村住户

对于农村住户，转移性收入指农村住户成员无需付出任何对应物而获得的货物、服务、资金或资产所有权等，不包括无偿提供的用于固定资本形成的资金。一般情况下，是指农村住户在二次分配中的所有收入。包括在外人口寄回或带回收入、农村外部亲友赠送、救济金、保险赔偿收入、退休金、土地征用补偿收入等①。

二、转移性收入指标群构建及其说明

转移性收入指标群如表 3 - 18 所示。

表 3 - 18　　　　转移性收入指标群

编号	指标名称	指标定义	备注
3 - 24	居民人均转移性收入水平	居民人均一年获得的转移收入金额。	转移收入的内容参照《中国住户调查年鉴》的界定。

① 国家统计局：《中国住户调查年鉴（2011）》，中国统计出版社 2011 年版，第 389 页。

续表

编号	指标名称	指标定义	备注
3-25	居民转移性收入占家庭收入比重	$=\frac{人均转移性收入}{家庭人均收入}$	分析对象：按地区分；按家庭收入分组；按城镇和农村居民分组
3-26	转移性收入构成项目占转移收入比重	$=\frac{转移性收入项目}{人均转移性收入总额}$	转移性收入项目包括养老金等10项收入
3-27	转移性收入集中系数	按居民收入总额排序计算的转移性收入基尼系数	分析对象：城镇、农村居民；城镇分地区
3-28	转移性收入对总收入差距贡献率	$I_{转移} = C_{转移} \times S_{转移}/G \times 100\%$	分析对象：城镇、农村居民；城镇分地区
3-29	转移性收入对总收入差距相对边际效应	$E_{转移} = I_{转移} - S_{转移}$	分析对象：城镇、农村居民；城镇分地区
3-30	转移性收入对基尼系数变化影响度	参见下文	

（一）居民人均转移性收入水平及比重指标说明

城镇居民人均转移性收入水平指标数据来源于中国住户调查，2013年以前，中国住户调查划分为城镇调查和农村调查，2013年之后两个调查进行了合并。城镇调查对象在2001年以前为全国非农业住户，2002年以后改为全国城市市区和县城关镇区住户。农村居民与城镇居民按照住地划分，而非户籍划分。城镇住户调查采用分层随机抽样的方法确定，截至2012年底，参加全国汇总的调查样本量为6.6万户[①]。

农村居民转移性收入数据来源于国家统计局农村社会经济调查司的农村住户抽样调查。农村住户调查是以各省（区、直辖市）为总体，直接抽选调查村，在抽中村中抽选调查户。综合运用多种抽样方法确定住户调查网点。农村住户调查网点分布在全国7 100多个村，共抽取了7.4万个农户样本。

根据数据来源的特点，居民转移性收入占家庭收入比重也分城镇和农村居民。城镇居民转移性收入比重是指转移性收入占家庭总收入，而非占可支配收入比重。而农村居民转移性收入比重是指转移性收入占家庭纯收入比重。

① 引自《中国统计年鉴（2014）》人民生活一节的简要说明。

（二）转移性收入集中系数指标说明

收入集中系数与基尼系数均以洛伦茨曲线（Lorenz，1905）为基础，利用人口比例和收入比例的关系来衡量收入分配的不平等程度。具体做法是，按居民收入从低到高排序，分别计算人口累计百分比和收入累计百分比，并绘制两者关系的散点图，然后用一条平滑的曲线将这些点连接起来，就得到洛伦茨曲线。通过前面给出的公式（2-36），接着就可以测算出城镇和农村居民收入的基尼系数。

集中系数的计算方法与基尼系数相似，唯一的区别在于，集中系数的计算是按总收入大小排序，而基尼系数的计算是按待测项目自身大小进行排序。

（三）转移性收入对总收入差距的贡献率说明

基尼系数作为衡量收入不平等的指标，取值在0~1之间。基尼系数越大，收入分配越不平等，基尼系数越小，收入分配越平等。卡瓦尼（Kakwani，1977）经过推导①，将基尼系数表示为各分项收入集中系数的加权平均。即：

$$G(Y) = \sum_{i=1}^{k} C(Y_i) S_i \tag{3-4}$$

公式（3-4）中，$C(Y_i)$ 表示第 i 项收入的集中系数，S_i 表示第 i 项收入占总收入的比重。集中系数反映了分项收入按总收入排序的不平等程度。当分项收入集中系数大于总收入基尼系数时，说明该分项收入扩大收入差距；当分项收入小于总收入基尼系数时，说明该分项收入缩小收入差距。

本书用 $Y_{总}$ 表示人均总收入，$Y_{初次}$ 表示人均初次分配收入，$Y_{转移}$ 表示人均转移性收入，则

$$Y_{总} = Y_{初次} + Y_{转移} \tag{3-5}$$

居民总收入基尼系数可以分解为

$$G = C_{初次} \times S_{初次} + C_{转移} \times S_{转移} \tag{3-6}$$

公式（3-6）中，$C_{初次}$ 表示初次分配收入的集中系数，反映了初次分配收入按总收入排序的不平等程度，$S_{初次}$ 表示初次分配收入占总收入的比重。$C_{转移}$ 表示转移性收入的集中系数，反映了转移性收入按总收入排序的不平等程度，$S_{转移}$ 表示转移性收入占总收入的比重。当 $C_{转移} > G$，说明转移性收入扩大了收入差距，当 $C_{转移} < G$，说明转移性收入缩小了收入差距。

转移性收入对总收入差距的贡献率可以表示为：

① 推导过程参见 Kakwani，Nanak，“Applications of Lorenz Curves in Economic Analysis”，*Econometrica*，1977，45（3），pp. 719-727。

$$I_{转移} = C_{转移} \times S_{转移} / G \times 100\% \tag{3-7}$$

从公式（3-7）可以看出，转移性收入对总收入差距的贡献率取决于转移性收入集中系数的大小及其占总收入的比重。

（四）转移性收入的相对边际效应指标说明

在按收入来源分解基尼系数的基础上，莱尔曼和伊达沙基（Lerman and Yitzhaki，1985）提出了分项收入对总收入不平等的边际效应①，即分项收入增加的百分比对总收入不平等的影响，用公式表示为：

$$E_i = S_i \times C_i / G - S_i \tag{3-8}$$

从公式（3-8）可以看出，分项收入对总收入差距的相对边际效应取决于分项收入的贡献率及其占总收入的比重。E_i 为正，表示增加 Y_i 将扩大总收入差距，E_i 越大，扩大总收入差距的作用越明显；E_i 为负，表示增加 Y_i 将缩小总收入差距，E_i 绝对值越大，缩小总收入差距的作用越明显。

本书将总收入分解为初次分配收入和转移性收入，转移性收入的相对边际效应为：

$$E_{转移} = S_{转移} \times (C_{转移} / G - 1) = I_{转移} - S_{转移} \tag{3-9}$$

$E_{转移}$表示转移性收入每增加百分之一，对总收入不平等的影响。$E_{转移}$为正，说明转移性收入起到了扩大收入差距的作用，$E_{转移}$为负，说明转移性收入起到了缩小收入差距的作用。

（五）转移性收入对基尼系数变化的影响测度

通过对基尼系数变化进行分解，可以发现收入不平等变化的原因。基尼系数随时间的变化可以表示为：

$$\Delta G = G_{t+1} - G_t \tag{3-10}$$

万广华（1998）经过推导，将基尼系数的变化分解为：

$$\Delta G = \sum_{i=1}^{k} \Delta C_i \times S_t + \sum_{i=1}^{k} \Delta S_i \times C_t + \sum_{i=1}^{k} \Delta C_i \times \Delta S_i \tag{3-11}$$

公式（3-11）中，$\sum_{i=1}^{k} \Delta C_i \times S_t$ 表示由收入集中系数变化导致的收入差距变化，即收入集中效应；$\sum_{i=1}^{k} \Delta S_i \times C_t$ 表示由收入比重变化导致的收入差距变化，即

① 推导过程参见 Robert I. I. Lerman，Shlomo Yitzhaki，“Income inequality effects by income source：A New Approach and Applications to the United States”，*The Review of Ecomomics and Statistic*，1985，67：pp. 151-156.

结构效应；$\sum_{i=1}^{k}\Delta C_i \times \Delta S_i$ 表示收入的集中系数和收入比重共同变化导致的收入差距变化，即综合效应。

本书将总收入分解为初次分配收入和转移性收入，因此，基尼系数的变化可以分解为：

$$\begin{aligned}\Delta G &= G_{t+1} - G_t \\ &= (C_{t+1\text{初次}} \times S_{t+1\text{初次}} + C_{t+1\text{转移}} \times S_{t+1\text{初次}}) \\ &\quad - (C_{t\text{初次}} \times S_{t\text{初次}} + C_{t\text{转移}} \times S_{t\text{转移}}) \\ &= (C_{t\text{初次}} + \Delta C_{\text{初次}}) \times (S_{t\text{初次}} + \Delta S_{\text{初次}}) + (C_{t\text{转移}} + \Delta C_{\text{转移}}) \\ &\quad \times (S_{t\text{转移}} + \Delta S_{\text{转移}}) - (C_{t\text{初次}} \times S_{t\text{初次}} + C_{t\text{转移}} \times S_{t\text{转移}}) \\ &= \Delta C_{\text{初次}} \times S_{t\text{初次}} + \Delta C_{\text{转移}} \times S_{t\text{转移}} + C_{t\text{初次}} \times \Delta S_{\text{初次}} \\ &\quad + C_{t\text{转移}} \times \Delta S_{\text{转移}} + \Delta C_{\text{初次}} \times \Delta S_{\text{初次}} + \Delta C_{\text{转移}} \times \Delta S_{\text{转移}} \qquad (3-12)\end{aligned}$$

其中，$\Delta C_{\text{转移}} \times S_{t\text{转移}}$是转移性收入的集中系数变化引起的基尼系数的变化，即转移性收入的集中效应，$C_{t\text{转移}} \times \Delta S_{\text{转移}}$是转移性收入比重变化引起的基尼系数的变化，即转移性收入的结构效应，$\Delta C_{\text{转移}} \times \Delta S_{\text{转移}}$是转移性收入集中系数和转移性收入比重同时变化引起的基尼系数变化，即转移性收入的综合效应。

三、城镇居民转移性收入指标测算分析

在劳动报酬、财产收入、经营性收入和转移性收入当中，转移性收入是城镇居民的第二大收入来源。以下使用前面构建的转移性收入指标，对我国城镇居民、农村居民、不同地区居民、不同收入水平家庭的转移性收入展开实证分析。

（一）全国城镇居民转移性收入水平

使用《中国统计年鉴（1996～2014）》数据测算，1985～2013 年城镇居民转移性收入水平及其占家庭总收入比重如表 3－19 以及图 3－16 所示。

表 3－19　　1985～2013 年城镇居民人均转移性收入及比重

年份	人均年总收入（元）	人均总收入年均增速（%）	人均转移性收入（元）	人均转移性收入增速（%）	转移性收入比重（%）
1985	748.92	—	65.88	—	8.80
1990	1 522.79	15.25	250.01	30.57	16.42
1993	2 583.16	19.26	325.75	9.22	12.61

续表

年份	人均年总收入（元）	人均总收入年均增速（%）	人均转移性收入（元）	人均转移性收入增速（%）	转移性收入比重（%）
1994	3 502.31	35.58	474.34	45.61	13.54
1995	4 288.09	22.44	587.61	23.88	13.70
1996	4 844.78	12.98	660.42	12.39	13.63
1997	5 188.54	7.10	756.86	14.60	14.59
1998	5 458.34	5.20	878.99	16.14	16.10
1999	5 888.77	7.89	1 257.17	43.02	21.35
2000	6 295.91	6.91	1 440.78	14.61	22.88
2001	6 868.88	9.10	1 630.36	13.16	23.74
2002	8 177.40	19.05	2 003.16	22.87	24.50
2003	9 061.22	10.81	2 112.20	5.44	23.31
2004	10 128.51	11.78	2 320.73	9.87	22.91
2005	11 320.77	11.77	2 650.70	14.22	23.41
2006	12 719.19	12.35	2 898.66	9.35	22.79
2007	14 908.61	17.21	3 384.60	16.76	22.70
2008	17 067.78	14.48	3 928.23	16.06	23.02
2009	18 858.09	10.49	4 515.45	14.95	23.94
2010	21 033.42	11.54	5 091.90	12.77	24.21
2011	23 979.20	14.01	5 708.58	12.11	23.81
2012	26 958.99	12.43	6 368.12	11.55	23.62
2013	29 547.10	9.60	7 010.30	10.08	23.73

资料来源：1996～2014 年《中国统计年鉴》。

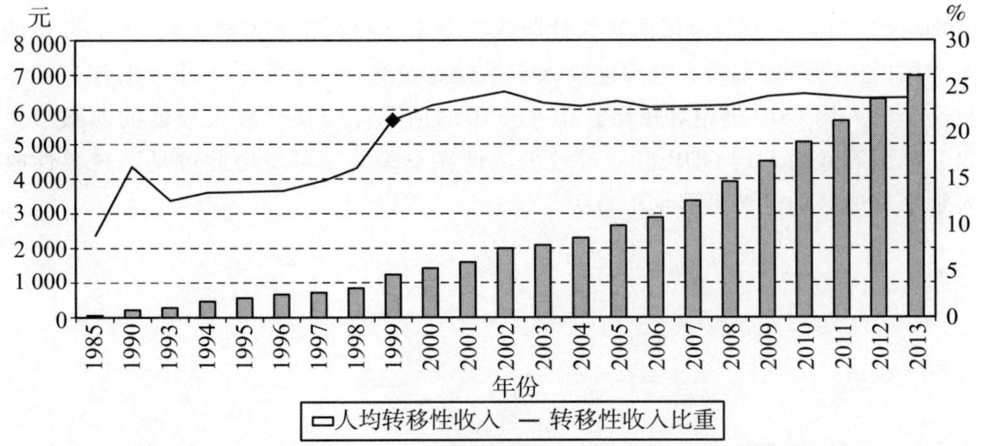

图 3－16　1985～2013 年城镇居民人均转移性收入及比重

资料来源：根据 1996～2014 年《中国统计年鉴》数据测算。

1985～1999 年，城镇居民人均转移性收入从 65.88 元增长到 1 257.17 元，增长了 18.1 倍，年平均增长率为 23.4%，剔除价格因素影响后①，增长了 5.4 倍，年平均增长率约为 12.8%。同一时期，城镇居民人均总收入从 748.92 元增长到 5 888.77 元，剔除价格因素影响后，年平均增长率为 5.9%，比转移性收入低。转移性收入占总收入的比重从 1985 年的 8.8% 上升到 1990 年的 16.4%，之后该比重先下降后回升，1999 年达到 21.3%。

进入 21 世纪，城镇居民转移性收入的增长速度放缓，与总收入的增速基本保持一致，占总收入的比重也比较稳定。2000 年城镇居民人均转移性收入约为 1 440.78元，2013 年进而达到 7 010.30 元，增长了 3.9 倍，年平均增长率约为 12.9%，剔除价格因素影响后②，年平均增长率为 10.4%，比总收入的年平均增长率高 0.3 个百分点。2000～2013 年，城镇居民人均转移性收入占人均总收入的比重平均为约 23.5%，且各年的比重比较平稳。

（二）不同地区居民转移性收入水平与比重

使用《中国统计年鉴》数据测算，我国 31 个地区城镇居民与农村住户转移性收入水平如图 3－17 所示。图中各地区按照 2013 年转移性收入水平升序排列。

2013 年，全国城镇居民年人均转移性收入约为 7 010.26 元。对比全国 31 个省市的城镇居民人均转移性收入，北京、上海、天津、浙江、江苏、辽宁和重庆这 7 个省市的转移性收入水平高于全国平均水平。利用 K 均值聚类法，将 31 个省市按人均转移性收入水平分为五组，分类结果如表 3－20 所示。最高组包括北京和上海，人均转移性收入大于 12 529 元；较高组包括天津、浙江、江苏和辽宁，人均转移性收入在 8 000 元以上；最低组只有西藏，人均转移性收入仅为 1 820 元。可见，不同地区的转移性收入绝对水平存在较大差异。从 31 个省市的人均国内生产总值来看，转移性收入水平较高的北京、上海、天津、浙江、江苏和辽宁的人均 GDP 也相对较高，排在全国的前列。转移性收入较低的西藏、贵州、江西等地的人均 GDP 也相对较低，排在全国的尾部。由此可见，转移性收入水平与地区的经济发展水平有关。

---

① 根据《中国统计年鉴》中的城市居民消费价格指数进行调整，以 1985 年为基期。

② 根据《中国统计年鉴》中的城市居民消费价格指数进行调整，以 2000 年为基期。

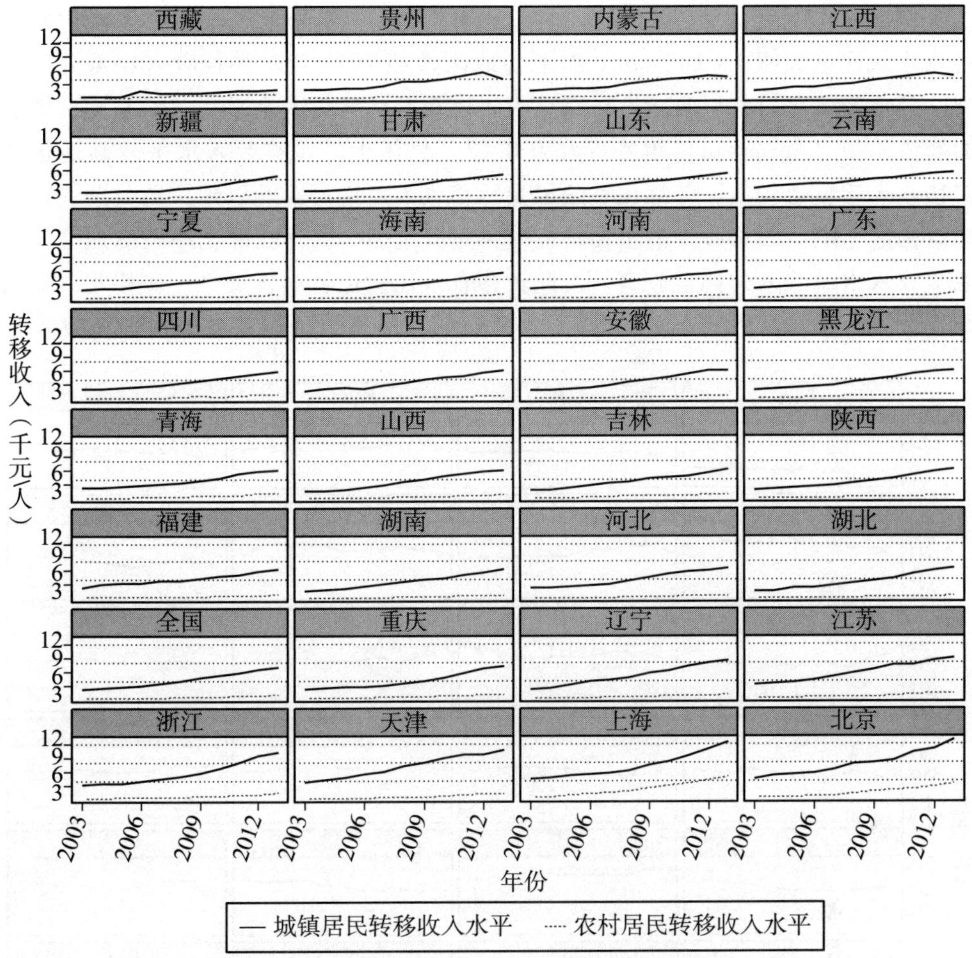

图 3-17　2003～2013 年分地区城镇居民转移收入水平

资料来源：相应年度《中国统计年鉴》。

表 3-20　　2013 年城镇居民人均转移性收入聚类结果

分组	范围（元）	省市
最高	[12 539，12 939]	北京、上海
较高	[8 339，10 580]	天津、浙江、江苏、辽宁
中等	[5 558，7 191]	重庆、湖北、河北、湖南、福建、陕西、吉林、山西、青海、黑龙江、安徽、广西、四川、广东、河南、海南、宁夏、云南
较低	[3 964，5 288]	山东、甘肃、新疆、江西、内蒙古、贵州
最低	1 820	西藏

资料来源：《中国统计年鉴（2014）》，用 Spss 软件进行分类得到。

使用《中国统计年鉴》数据测算，2003～2013 年分地区城镇居民转移收入占总收入比重如图 3－18 所示。图中各地区按照 2013 年转移性收入比重升序排列。各地区居民转移性收入占居民总收入比重与转移收入水平呈正向相关，两者的斯皮尔曼（Spearman）相关系数为 0.72。总体上，转移收入水平较高地区的转移收入比重也较高。转移比重除了受转移收入力度的影响以外，还受到人口年龄结构的影响。转移收入的主要构成项目是养老金，人口抚养比率较高地区的养老金收入占总收入的比重较高。由此转移收入比重也较高，反之，转移收入比重则较低。广东转移收入水平在地区当中位列第 20 位，而转移收入占居民收入比

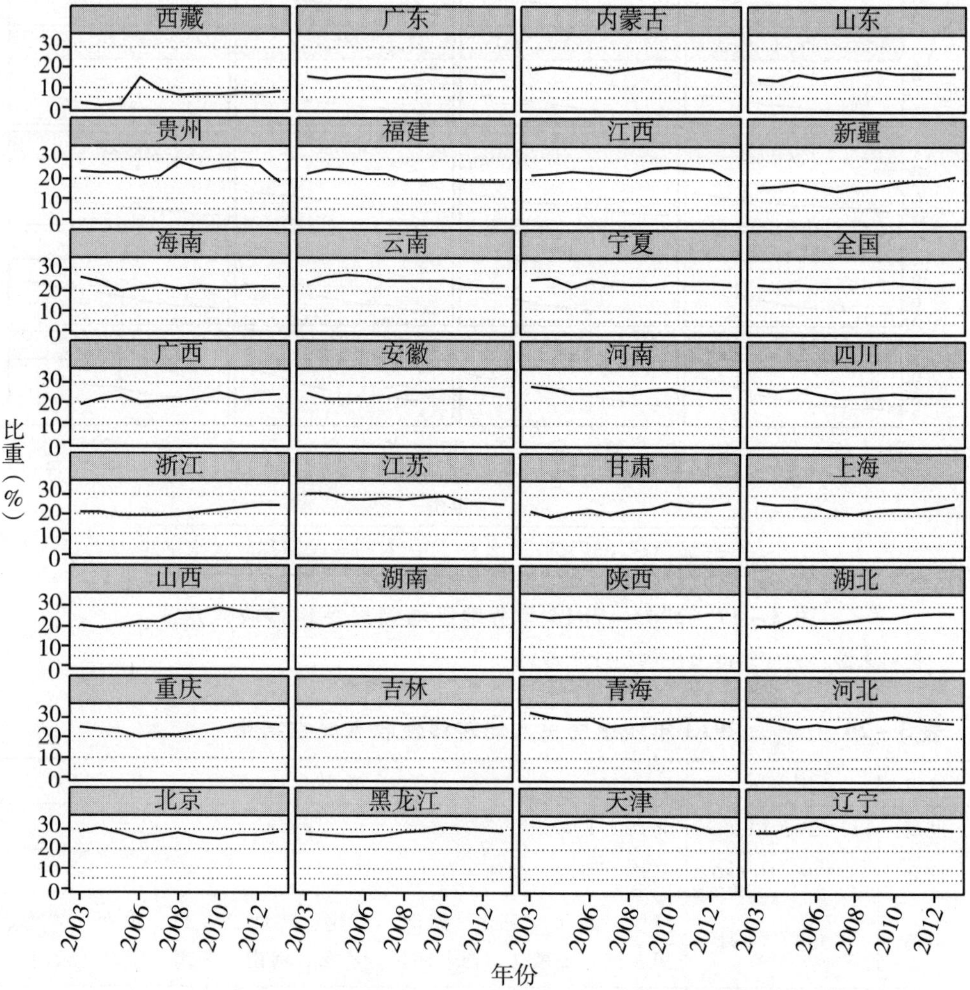

图 3－18　2003～2013 年分地区城镇居民转移收入占总收入比重

资料来源：相应年度《中国统计年鉴》。

重位于第30位，其中主要原因在于广东为劳动力流入地区，人口抚养比率较低，转移收入占居民收入比重也较低。

从变动趋势看，2003～2013年，各地区转移性收入比重变动幅度介于-5.9%～6.4%之间。比重上升位于前三位地区为湖北、西藏和新疆，分别上升6.4%、5.8%、5.4%。位列下降的前三位分别是贵州、江苏和青海，分别下降5.9%；5.2%；5.0%。其中江苏和青海是在居民转移收入比重较高背景下降低。贵州的转移性收入比重在2013年度下降幅度较大，其中的原因需要进一步探究。

2013年，全国城镇居民人均转移性收入占人均总收入比重为23.7%，其中有20个省市的转移性收入比重高于全国平均水平。利用K均值聚类法，将31个省市按转移性收入占总收入的比重分为五组，结果如表3-21所示。最高组包括辽宁、天津、黑龙江、北京、河北和青海省，它们的转移性收入占总收入比重大于27%。转移性收入比重最低的是西藏，仅为8.1%，明显低于其他省市。较低组和中等组的转移性收入比重均在15%以上，但均低于全国平均水平。

表3-21　　2013年城镇居民人均转移性收入比重聚类结果

分组	范围（%）	省市
最高	[27.7，29.9]	辽宁、天津、黑龙江、北京、河北、青海
较高	[24.2，26.8]	吉林、重庆、湖北、陕西、山西、湖南、上海、甘肃、江苏、浙江、四川、河南、安徽、广西
中等	[20.3，23.5]	宁夏、云南、海南、新疆、江西
较低	[15.9，19.0]	福建、贵州、山东、内蒙古、广东
最低	8.1	西藏

资料来源：根据《中国统计年鉴（2014）》测算，并用Spss软件进行分类得到。

（三）不同收入户居民转移性收入水平与比重

根据城镇居民住户调查结果，居民按家庭收入水平划分为七个分组，最低收入户和低收入户各占10%，中等偏收入下户、中等收入户、中等偏上收入户各占20%，高收入户和最高收入户各占10%。1995～2011年不同收入水平城镇居民人均转移性收入如表3-22以及图3-19所示。

表3-22　1995~2011年不同收入户城镇居民人均转移性收入　单位：元

年份	最低收入户	低收入户	中等偏下收入户	中等收入户	中等偏上收入户	高收入户	最高收入户	最高收入户/最低收入户
1995	450	520	550	600	770	1 010	1 810	4.0
2000	600	780	1 060	1 280	1 650	2 220	3 700	6.2
2001	670	910	1 140	1 450	1 840	2 510	4 480	6.7
2002	600	850	1 130	1 550	2 310	3 340	5 450	9.1
2003	650	930	1 280	1 670	2 450	3 620	5 560	8.6
2004	750	1 050	1 420	1 910	2 820	3 920	6 190	8.3
2005	870	1 240	1 660	2 270	3 330	4 670	6 720	7.7
2006	960	1 300	1 810	2 570	3 670	5 030	7 100	7.4
2007	1 060	1 520	2 180	3 000	4 300	5 770	8 110	7.7
2008	1 260	1 900	2 530	3 670	5 200	6 680	9 140	7.3
2009	1 390	2 230	2 880	4 220	5 850	7 740	10 970	7.9
2010	1 570	2 370	3 430	4 860	6 500	8 450	12 250	7.8
2011	1 900	2 580	3 880	5 390	7 510	9 790	12 860	6.8

资料来源：《中国城市（镇）生活与价格年鉴（2006~2012）》。

2011年，全国城镇居民人均转移性收入约为5 708元，最低收入户、中等收入户和最高收入户的人均转移性收入分别为1 900元、5 390元和12 860元。其中最高收入户是最低收入户的6.8倍，高收入户是低收入户的3.8倍。从1995~2011年的总体趋势看，收入等级越高，人均转移性收入绝对水平也越高。

1995~2011年不同收入水平城镇居民转移性收入占总收入比重如图3-20所示。

转移性收入比重变动呈现以下特征：

第一，2000年以前，转移性收入在不同收入水平家庭之间的比重分布呈现“U”型。以1995年为例，连接各条曲线的起点即可发现，从最低收入户到中等收入户，随着家庭收入等级提高，转移性收入占家庭总收入的比重逐步降低；从中等收入户到最高收入户，随着家庭收入等级提高，转移收入占家庭总收入的比重逐步提高；中等收入户的转移性收入比重最低。该时期，最低收入户的转移性收入主要来自各种困难补助，而高收入户的转移性收入主要来自离退休金，而中等收入户达不到领取困难补助的标准，同时从体制内获得退休金的比率低于高收入户，这是该时期中等收入户转移性收入比重较低的一个重要原因。

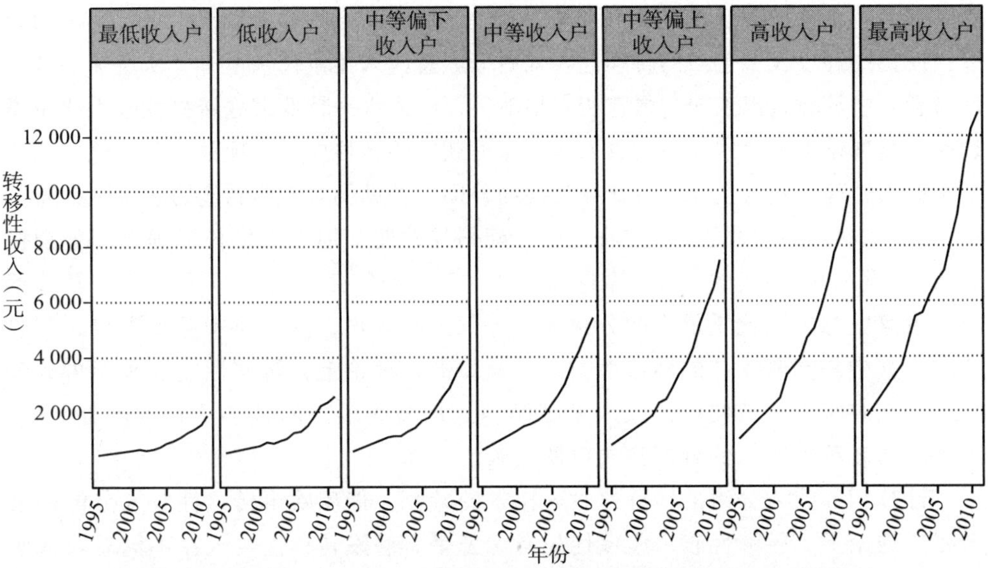

图 3-19　1995~2011 年不同收入户城镇居民人均转移性收入

资料来源：同表 3-22。

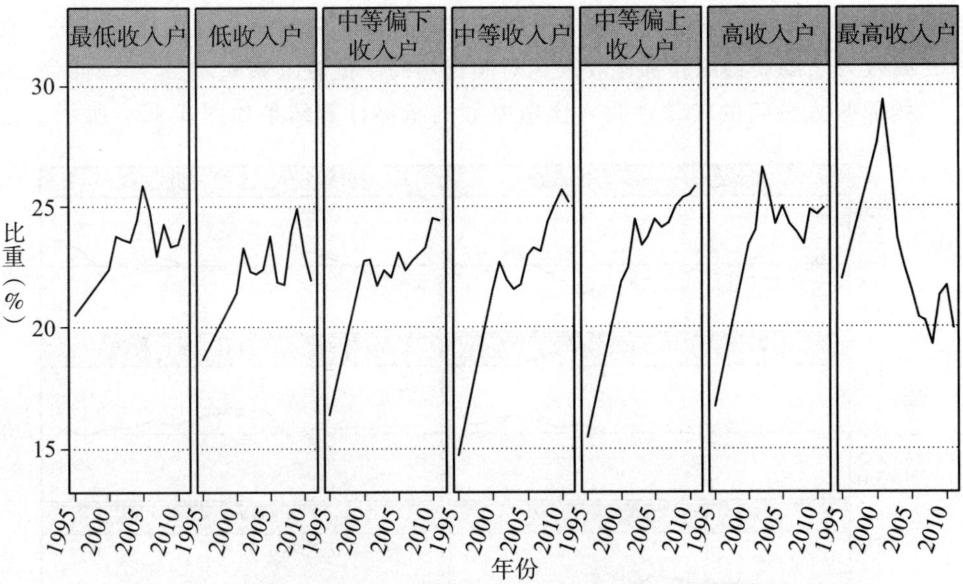

图 3-20　1995~2011 年不同收入户城镇居民转移性收入比重

资料来源：根据《中国城市（镇）生活与价格年鉴（2012）》测算得到。

第二，近年来，城镇各收入等级家庭的转移性收入均不同程度上升，只有最高收入户转移性收入占家庭总收入比重下降。其中，中等以及中等偏上收入户转移性收入比重上升速度较快。一方面，随着我国城乡居民养老保险制度推出，我国实现了养老保险体系的制度全覆盖。另一方面，近年来我国各地连续多年上调养老保险金水平，而且普遍采用低收入者上调幅度大，高收入者上调幅度小的政策，使得中等以及偏上户的转移性收入占家庭总收入比重较快上升。从增速的波动性来看，中等收入以上户的增速相对平滑，而收入水平较低家庭转移性收入比重增长速度呈现锯齿状。这与不同收入水平家庭获得的转移性收入项目有关。低收入水平家庭的转移性收入主要来自非经常性的补助，补助相对于养老金的波动性更强。

第三，城镇居民的转移性收入的分配格局改善，但公平度仍需提高。分配格局从20世纪90年代的“U”型逐步向倒“U”型转变。以2011年为例，转移性收入占家庭总收入比重最高的分组为中等偏上收入户，其次是中等收入户、高收入户。其中最高收入户的转移性收入比重最低。理论上，转移性收入属于再分配收入，在政策上应该向中低收入家庭倾斜。最高收入户的转移性收入比重下降，表明城镇转移性收入的分配格局有所改善。

计算相邻收入分组的转移性收入比重的差额，能反映出转移性收入分配的公平度。理论上，转移性收入应该优先考虑公平。假设转移性收入在不同总收入水平家庭之间平均分配，那么转移性收入占高收入家庭的比重低，而占低收入家庭的比重高。此时，相邻高收入户与低收入户的转移性收入比重差额指标为负值。当指标取值为零时，表明相邻收入分组的转移性收入占家庭总收入比重相等，此时，高收入家庭获得的转移性收入绝对额仍然高于低收入家庭。

相邻收入分组的转移性收入比重差额的指标计算结果如图3－21所示。近

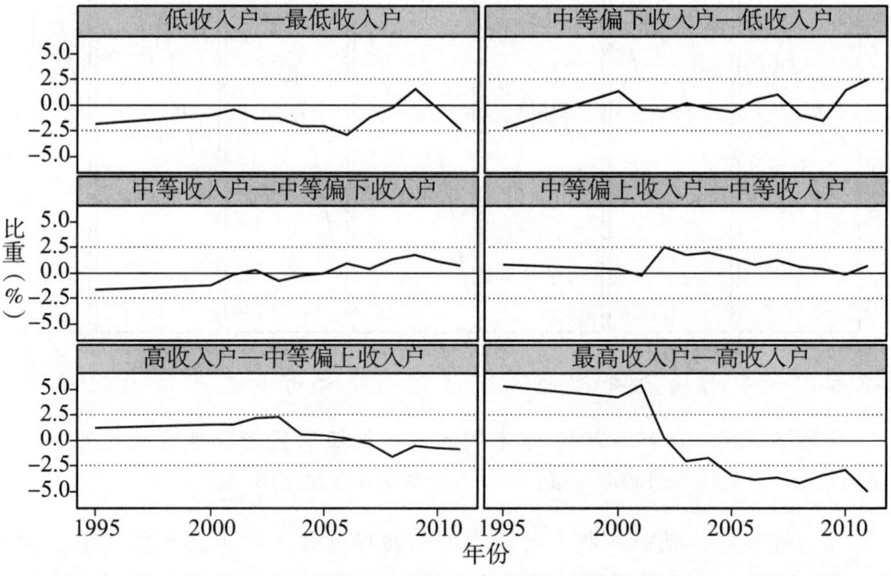

图3－21　1995～2011年不同收入户城镇居民转移性收入比重差

资料来源：根据《中国城市（镇）生活与价格年鉴（2006～2012）》测算得到。“低—最低”表示低收入户的转移性收入比重与最低收入户的转移性收入比重的差，其他依次类推。

年来，高收入的相邻组之间、低收入的相邻组之间转移性收入比重差额为负值，中等收入相邻组之间转移性收入比重差额为正值。这表明收入分配的两端，转移性收入的公平度相对较高，收入分布的中间部分，转移性收入的公平度相对较低。

（四）转移性收入来源构成测算分析

使用《中国城市（镇）生活与价格年鉴》数据测算，2006～2011 年城镇居民转移收入来源如表 3－23 所示。

表 3－23　　2006～2011 年城镇居民转移收入来源　　单位：元/人

年份	2006	2007	2008	2009	2010	2011
1. 养老金或离退休金	2 278	2 749	3 148	3 656	4 200	4 635
2. 社会救济收入	22	24	39	45	46	54
3. 辞退金	26	15	10	9	10	6
4. 赔偿收入	5	5	13	8	10	19
5. 保险收入	19	20	18	19	15	20
6. 赡养收入	120	130	174	181	186	230
7. 捐赠收入	262	265	311	343	351	441
8. 提取住房公积金	40	48	57	65	69	74
9. 记账补贴	56	63	90	114	131	140
10. 其他转移性收入	37	67	68	76	73	90
转移性收入合计	2 865	3 385	3 928	4 515	5 092	5 709

资料来源：相应年度《中国城市（镇）生活与价格年鉴》，统计范围仅包括现金转移收入，不包括实物转移收入。

在城镇居民转移性收入的十项收入来源当中，金额位居前三位的依次为养老金或离退休金、捐赠收入、赡养收入。这三项收入占城镇居民转移性收入的比重达到 90% 以上。各项收入性占居民转移性收入比重如图 3－22 所示。2006～2011 年，各项转移收入所占比重比较平稳。

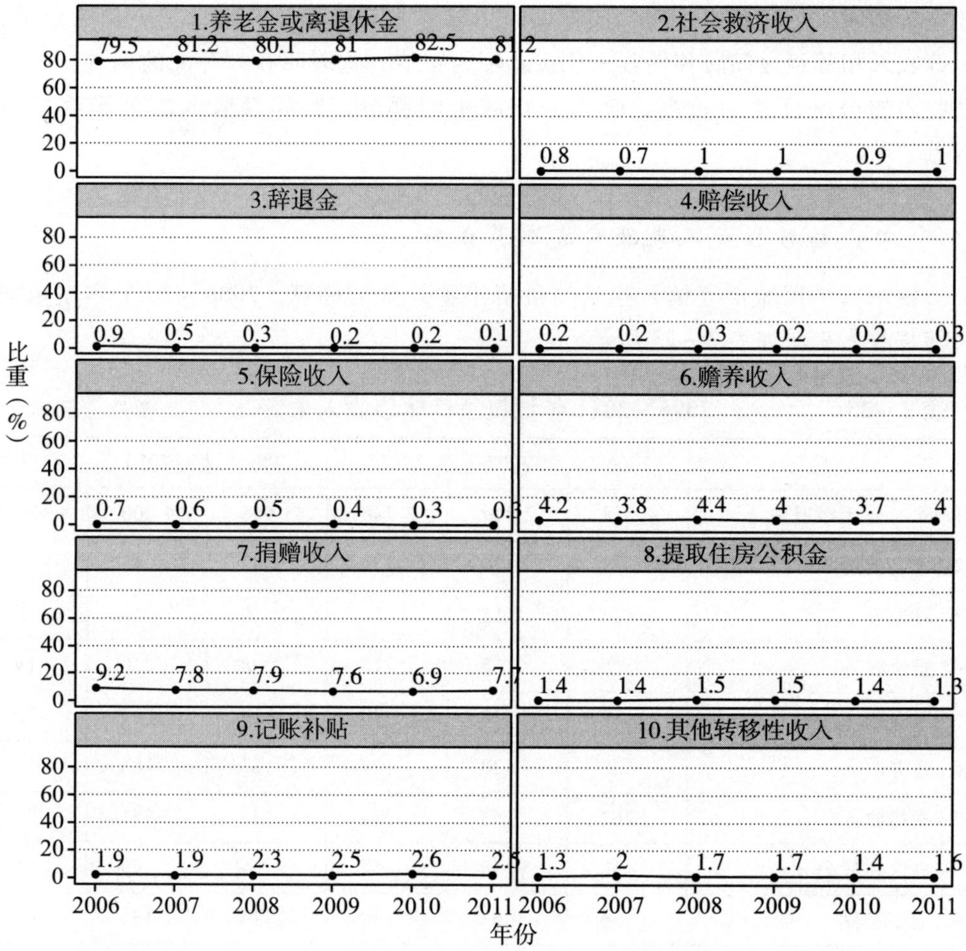

图 3 – 22　2006 ~ 2011 年城镇居民转移收入来源占转移总收入比重

四、农村居民转移性收入水平及其变动趋势

农村居民总收入主要来源于工资性收入和经营性收入①。转移性收入是农村居民总收入的第三来源，占其总收入的比重相对较低。随着政府加大对农村的转移支付力度，农村居民的转移性收入水平有了较大的提升。但是，不同地区及不同收入水平居民的转移性收入存在一定的差异。

① 农村居民总收入是指纯收入。

（一）全国农村居民转移性收入水平与比重测算

根据《中国统计年鉴》数据计算，1995～2013 年，农村居民人均转移性收入水平及其比重如表 3－24 所示。

表 3－24　1995～2013 年农村居民人均转移性收入水平及比重

年份	人均纯收入（元）	人均纯收入年均增速（%）	人均转移性收入（元）	转移性收入年均增速（%）	转移性收入比重（%）
1995	1 578	—	57	—	3.6
1996	1 926	22.1	70	22.6	3.6
1997	2 090	8.5	79	12.9	3.8
1998	2 162	3.4	92	16.1	4.3
1999	2 210	2.2	100	8.8	4.5
2000	2 253	1.9	79	－21.3	3.5
2001	2 366	5.0	88	11.5	3.7
2002	2 476	4.6	98	11.7	4.0
2003	2 622	5.9	97	－1.4	3.7
2004	2 936	12.0	116	19.3	3.9
2005	3 255	10.8	147	27.6	4.5
2006	3 587	10.2	181	22.7	5.0
2007	4 140	15.4	222	23.0	5.4
2008	4 761	15.0	323	45.4	6.8
2009	5 153	8.2	398	23.1	7.7
2010	5 919	14.9	453	13.8	7.7
2011	6 977	17.9	563	24.4	8.1
2012	7 917	13.5	687	21.9	8.7
2013	8 896	12.4	784	14.2	8.8

资料来源：1996～2014 年《中国统计年鉴》。

1995～2013 年，农村居民转移性收入增长较快，占农村居民总收入比重有了较大提升[①]，但比重依然较低。1995 年，农村居民年人均转移性收入仅为 57.27 元，约占人均总收入的 3.6%，经过 18 年的发展，2013 年，农村居民人均转移性收入达到 784.30 元，比 1995 年增长了 12.7 倍，剔除价格因素影响后，年平均增长率为约为 12.9%，比人均纯收入的增长率高 5.4 个百分点。总体来看，农村居民转移性收入的增长快于纯收入的增长（见图 3－23）。

① 根据《中国统计年鉴》，1995 年之前农村居民财产性收入和转移性收入是合并在一起公布的，因此从 1995 年开始分析。

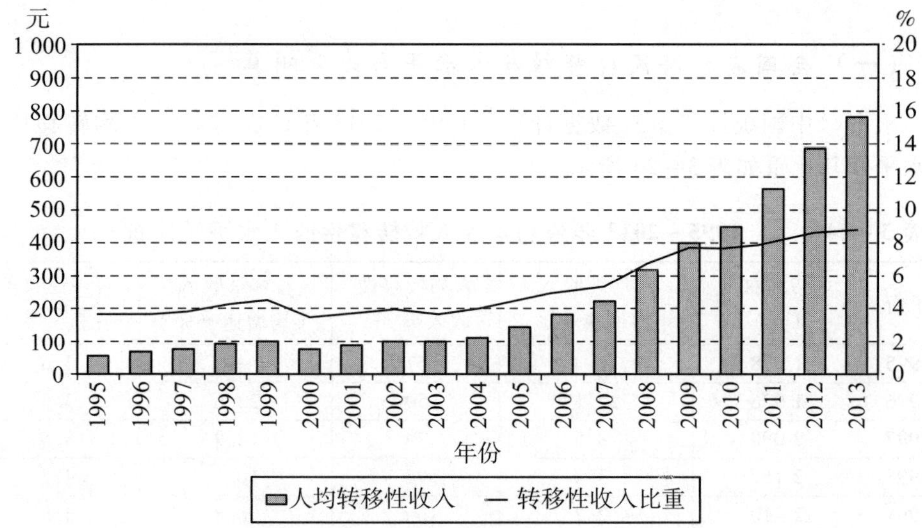

图 3-23　1995~2013 年农村居民人均转移性收入及其比重

注：根据《中国统计年鉴（1996~2014）》数据测算。

从人均转移性收入占人均纯收入的比重来看，1995~2013 年，农村居民转移性收入的比重均值约为 5.3%。该比重的变化趋势可以分为两个阶段：第一阶段，1995~2005 年，农村居民转移性收入占纯收入比重比较平稳，介于 3.5%~4.5% 之间。该时期农村社会保障体系落后，农村居民转移性收入增长缓慢。第二个阶段，2005~2013 年，随着"新农保"、种粮补贴等一系列提升农村居民社会保障和收入水平的政策措施出台，居民转移性收入占纯收入比重快速上升。从 4.5% 上升到 8.8%，转移性收入在农村居民收入当中的地位日益上升。

（二）不同地区农村居民转移性收入水平及其比重

使用《中国统计年鉴》数据测算，不同地区农村居民转移性收入水平及其比重分别如图 3-24 及表 3-28 所示。

总的来看，我国各地农村居民转移性收入水平比较低，但是，增长速度较快，2003~2013 年，全国农村居民转移性收入年均增速约为 23.3%，同期，全国城镇居民转移性收入年均增速约为 12.7%。但是，由于农村居民转移性收入基数很低，其与城镇居民转移收入差距仍然较大。具体来看，内蒙古、新疆和黑龙江等省、自治区农村居民转移性收入增速显著高于城镇居民，而福建、西藏和山东的农村居民转移性收入增速与城镇居民差距较小。

从移动性收入的水平看，2013 年全国农村居民人均转移性收入为约 784.30 元。对比 31 个省市农村居民转移性收入水平发现，北京和上海的农村居民转移性收入明显高于其他省市。利用K均值聚类法，将31个省市按人均转移性收入水平分成五组，结果如表3-25所示。上海农村居民人均转移性收入最高，为4 846.78元，其次为北京，为3 445.67元。浙江、内蒙古、江苏、青海、新疆和天津均高于全国平均水平。转移性收入最低的是贵州，为427.17元，与上海相差4 420元。其次是河南、河北和江西，人均转移性收入均低于500元。可见，大部分省市的农村居民转移性收入水平都较低。

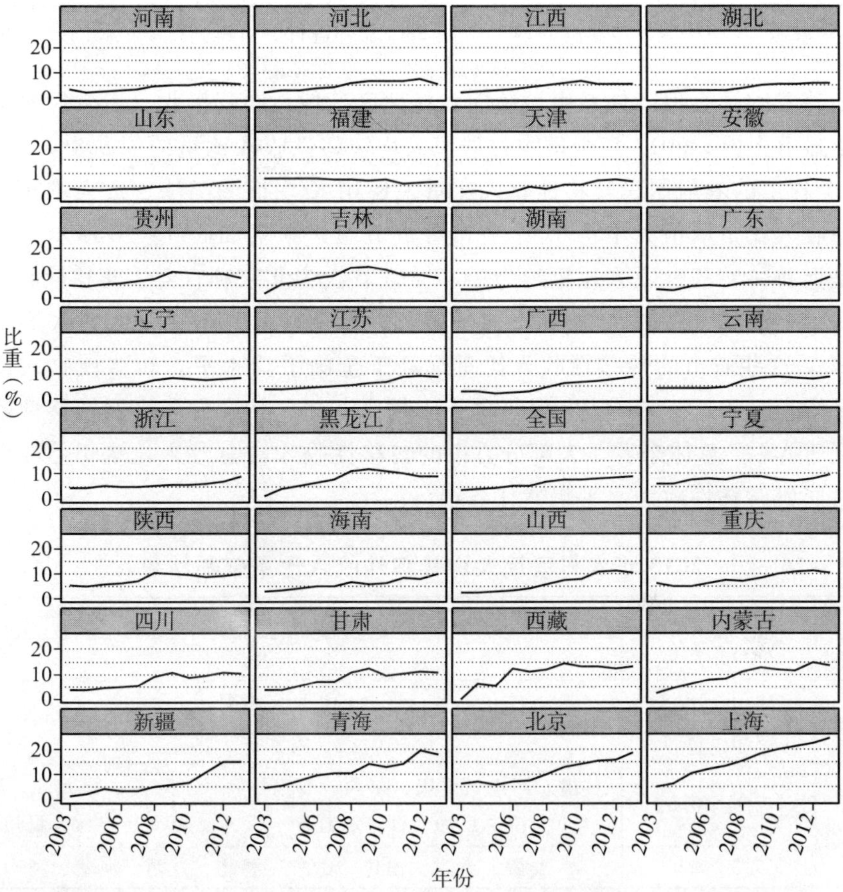

图3-24　2003~2013年分地区农村居民转移收入占纯收入比重

资料来源：相应年度《中国统计年鉴》。

表3-25　　2013年农村居民人均转移性收入聚类结果

分组	范围（元）	省市
最高	4 847	上海
较高	3 446	北京

续表

分组	范围（元）	省市
中等	[1 058，1 416]	浙江、内蒙古、江苏、青海、新疆、天津
较低	[740，960]	广东、重庆、辽宁、西藏、黑龙江、海南、四川、吉林、山西、福建
最低	[427，684]	山东、宁夏、湖南、陕西、广西、安徽、甘肃、云南、湖北、江西、河北、河南、贵州

资料来源：《中国统计年鉴（2014）》，用 Spss 软件进行分类得到。

随着我国社会保障体系由城镇向农村地区延伸，转移性收入占农村居民纯收入比重显著上升，2013 年全国农村居民人均转移性收入比重约为 8.8%。对比分析 31 个省市的农村居民转移性收入比重，使用 K 均值聚类法，按人均转移性收入占总收入比重取值大小将 31 个省市分成五组，结果如表 3－26 所示。其中最高组是上海，转移性收入比重约为 24.7%，其次为北京和青海，转移性收入比重分别为 18.8% 和 18.0%。新疆、内蒙古和西藏的转移性收入比重也较高，均大于 13%。这些省市的转移性收入比重远高于全国平均水平。转移性收入比重最低的是河南，为 5.3%，其次为河北、江西、湖北，其农村居民的转移性收入比重均低于 6%。总体来看，大部分省市的转移性收入占总收入比重仍然较低，提高农村居民转移性收入水平仍然任务艰巨。

表 3－26　　2013 年农村居民人均转移性收入比重聚类结果

分组	范围（%）	省市
最高	24.7	上海
较高	[18.0，18.8]	北京、青海
中等	[13.0，15.1]	新疆、内蒙古、西藏
较低	[7.9，10.6]	甘肃、四川、重庆、陕西、海南、陕西、宁夏、黑龙江、浙江、云南、广西、江苏、辽宁、广东、湖南、吉林、贵州
最低	[5.3，7.0]	安徽、天津、福建、山东、湖北、江西、河北、河南

资料来源：《中国统计年鉴（2014）》，用 Spss 软件进行分类得到。

（三）不同收入水平农村居民的转移性收入

在中国农村住户调查当中，按住户家庭收入水平划分为低收入户、中等偏下收入户、中等收入户、中等偏上收入户、高收入户五组，每组占调查样本的 20%。使用《中国统计年鉴》数据测算，2002～2012 年不同收入分组农村居民转移性收入水平如表 3－27、图 3－25 所示。

表 3 - 27　　2002 ~ 2012 年不同收入分组农村居民转移性收入水平

单位：元/年

年份	低收入户	中等偏下收入户	中等收入户	中等偏上收入户	高收入户	高收入户/低收入户
2002	24	45	64	101	297	12.5
2003	28	43	63	101	288	10.4
2004	42	65	84	120	307	7.3
2005	61	83	110	153	381	6.2
2006	78	110	135	192	448	5.8
2007	101	136	165	236	552	5.4
2008	159	214	266	355	718	4.5
2009	194	252	312	437	917	4.7
2010	211	288	365	503	1 047	5
2011	265	361	469	650	1 263	4.8
2012	332	453	577	786	1 514	4.6
年均增速（%）	30.0	26.0	24.6	22.8	17.7	—

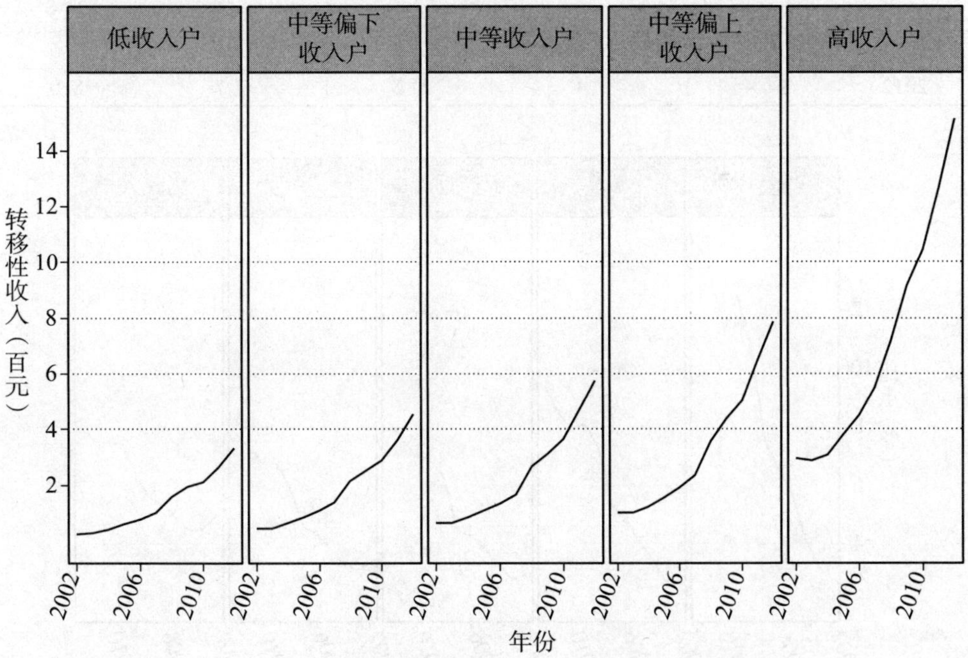

图 3 - 25　2002 ~ 2012 年不同收入水平农村居民转移性收入

资料来源：2003 ~ 2013 年《中国统计年鉴》。

从转移性收入的差距来看，农村居民转移性收入差距逐步缩小，不同收入分组农村居民转移性收入均快速上涨，而低收入组上升的幅度更大。2002～2012年，低收入户转移性收入年均名义增速约为30%，高收入户转移性收入年均名义增速约为17.7%。随着家庭总收入水平逐级上升，转移性收入增速逐级下降，这反映了转移性收入的公平度上升。增速的差异使得高收入户与低收入户转移性收入比值从2002年的12.5倍，下降到2012年的4.6倍。

不同收入分组农村居民转移性收入比重如表3-28以及图3-26所示。

表3-28　2002～2012年不同收入分组农村居民转移性收入比重　单位：%

年份	低收入户	中等偏下收入户	中等收入户	中等偏上收入户	高收入户
2002	2.8	2.9	3.0	3.3	5.0
2003	3.2	2.7	2.8	3.1	4.5
2004	4.2	3.5	3.3	3.3	4.4
2005	5.7	4.1	3.8	3.8	4.9
2006	6.6	4.9	4.3	4.3	5.3
2007	7.5	5.3	4.5	4.6	5.6
2008	10.6	7.3	6.3	6.0	6.4
2009	12.5	8.1	6.9	6.8	7.4
2010	11.3	8.0	7.0	6.8	7.5
2011	13.2	8.5	7.6	7.3	7.5
2012	14.4	9.4	8.2	7.7	8.0

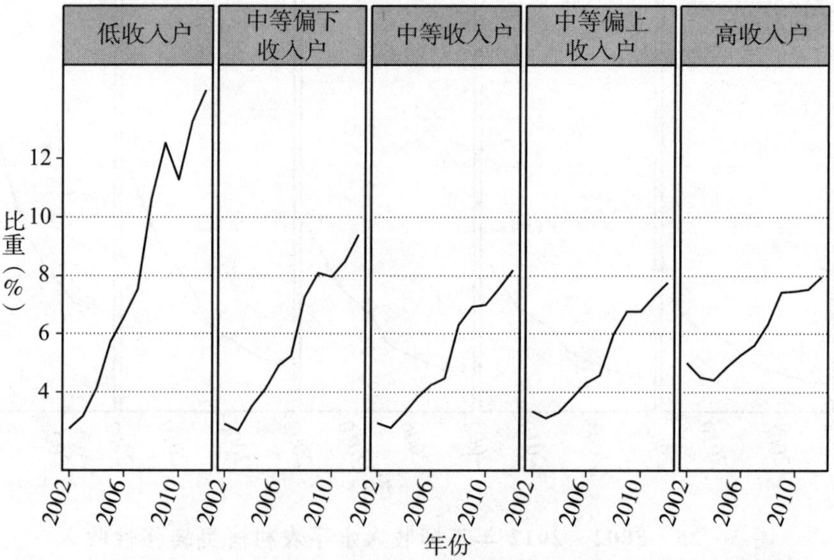

图3-26　2002～2012年不同收入水平农村居民转移性收入比重

资料来源：根据2003～2013年《中国统计年鉴》数据测算得到。

2012年，全国农村居民人均转移性收入占其总收入的比重约为8.7%。对比不同的收入分组发现，除了高收入户转移性收入比重高于中等偏上收入户以外，其他收入户随着收入等级的增加，转移性收入比重呈现下降的趋势。低收入户与中等偏下收入户的转移性收入比重差别最大，而其他收入户之间的差别较小。

观察不同收入户转移性收入比重随时间的变化趋势发现，低收入户的转移性收入比重增长最快，由2002年的2.8%上升到2012年的14.4%，增加了11.6个百分点。中等偏下收入户的转移性收入比重增长比低收入户慢，但高于其他收入户的增长速度。而中等收入户和中等偏上收入户的增长比较一致。对于高收入户，2002年转移性收入占的比重为5.0%，之后两年有所下降，2005年才逐步上升。从各年的增长幅度来看，2008年各收入户农村居民转移性收入比重明显高于2007年，说明2008年农村居民转移性收入比重总体上有较大的提升。

从以上分析可以看出，近年来政府提高了各种收入层次农村居民的转移性收入水平，尤其是加大了对低收入户的转移支付力度，这对于改善农村居民收入水平，调节农村居民收入差距，保障农村居民生活起到了积极的作用。

五、转移性收入的城乡差距

由于我国特有的城乡二元结构，城镇和农村居民转移性收入存在城乡分割的局面。城镇和农村居民在享受养老保险、医疗保险、失业保险、住房补贴等各种社会保障方面的权利存在较大差别。以下对全国和不同地区的转移性收入城乡差距进行分析。

（一）全国转移性收入的城乡差距

对比2000年以来城镇和农村居民人均转移性收入，发现无论是绝对水平还是相对水平，城镇居民人均转移性收入都明显高于农村。虽然农村转移性收入增长率高于城镇，转移性收入城乡差距在不断缩小，但差距依然较大。

2000~2013年，城镇与农村居民转移性收入水平与比重差距变化如图3-27所示。从绝对水平上看，2000年，城镇居民人均转移性收入是农村的18.3倍，2003年，差距进一步扩大，前者与后者的比值达到21.8。2003年之后，转移性收入的城乡差距逐渐缩小，2013年转移性收入城乡比降为8.9。

从相对水平上看，2000~2013年，城镇居民人均转移性收入占人均总收入的比重始终高于农村。转移性收入比重的城乡差距平均为17.7%。从趋势上看，2000年以来，城镇居民转移性收入比重基本稳定，而农村居民转移性收入比重有了较大的提高，因此，转移性收入相对水平的城乡差距逐年缩小。

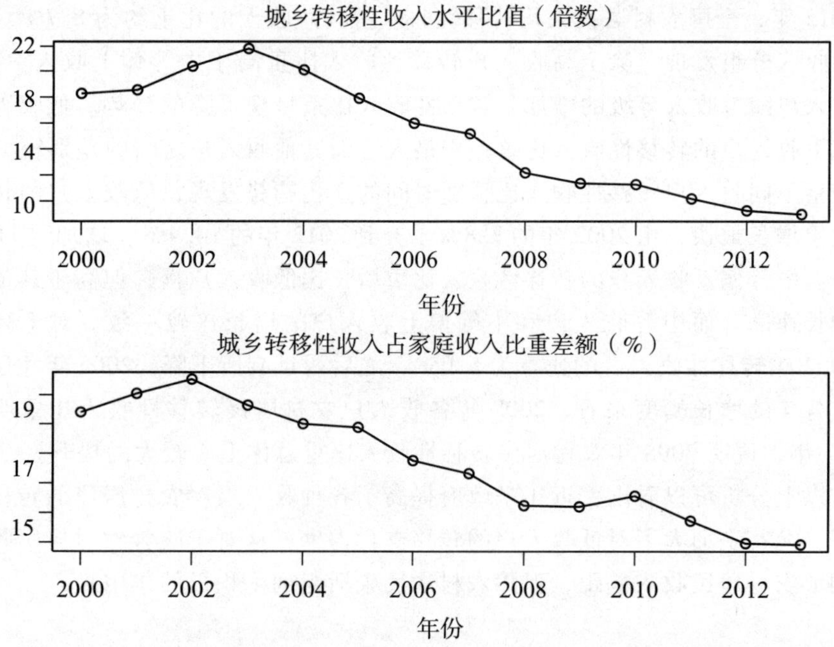

图 3-27　2000~2013 年城镇与农村居民转移性收入水平与比重差距

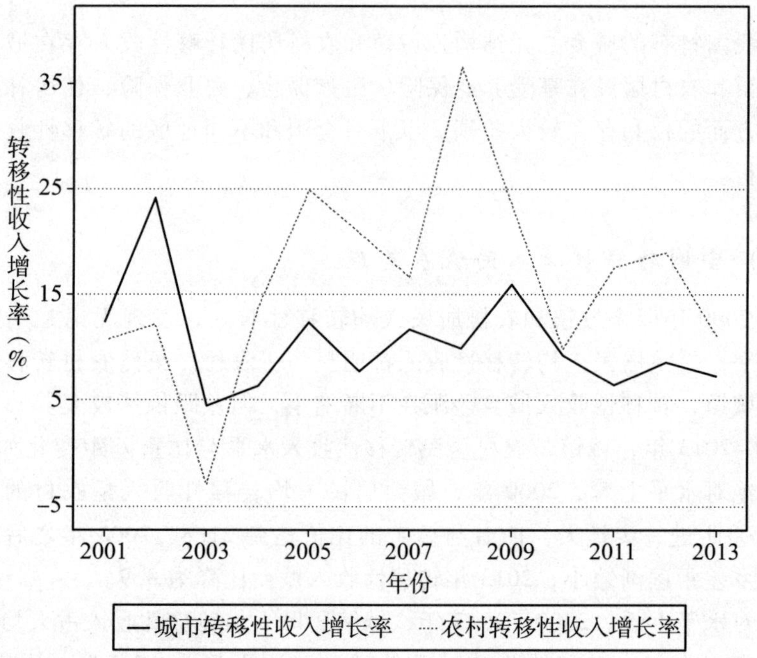

图 3-28　2001~2013 年城镇与农村居民转移性收入增长率

资料来源：根据 2001~2014 年《中国统计年鉴》数据测算得到。

转移性收入的城乡差距的缩小，反映了政府加大了对农村居民转移支付的力度。2004 年以来，随着农村最低生活保障制度的推行，政府对农村居民的转移支付规模扩大，农村居民转移性收入占总收入比重逐步上升，转移性收入城乡差距不断缩小。但是，我国目前仍然处于城乡二元结构体制下，城乡分割的社保制度没有发生根本性改变。城镇和农村的社会保障项目及保障水平依然存在较大差距。目前农村社会保障仅包括五保供养、特困户基本生活救助、优抚安置、低保等。合作医疗、养老保险等还未完全建立。住房保障、失业保险、工伤保险、生育保险等社会福利项目还不够完善。因此，要切实缩小城乡收入差距，实现城乡一体化改革的目标，需要政府继续加大对农村居民的转移支付力度。

（二）不同地区转移性收入的城乡差距

2013 年，31 个省市城镇和农村居民转移性收入及其占家庭总收入的比重如图 3－29、图 3－30 所示。图 3－29 中，横轴为城镇居民转移性收入水平，纵轴为农村居民转移性收入水平。图中地区所处位置距离对角线越远，反映城镇和农村居民转移性收入差距越大。城镇居民年人均转移收入主要集中在 4 000～8 000

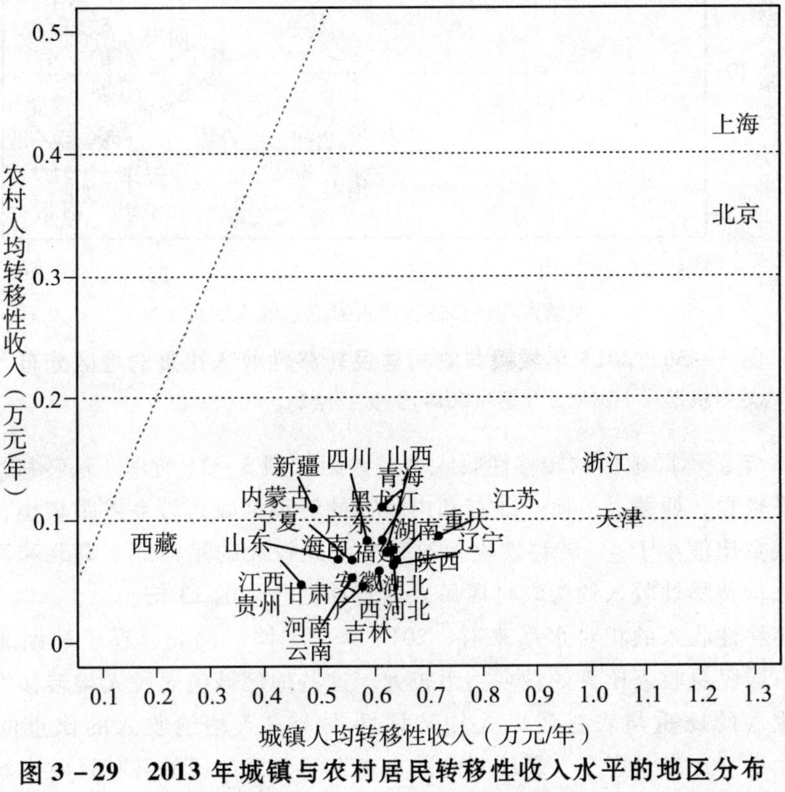

图 3－29　2013 年城镇与农村居民转移性收入水平的地区分布

资料来源：根据《中国统计年鉴（2014）》数据绘制。

元之间，而多数地区农村居民年人均转移收入在1 000元以下。总体来看，转移性收入的城乡差距与地区经济发展水平的关系并不显著。经济发展水平较高的天津、江苏、浙江等省市，转移性收入的城乡差距较大，而北京、上海的转移性收入城乡差距却较小。经济发展水平较低的云南、甘肃和贵州等地，转移性收入城乡差距较大，而西藏的转移性收入城乡差距较小。转移性收入城乡差距较大的省市，需要加大对农村居民的转移支付投入来缩小城乡收入差距。

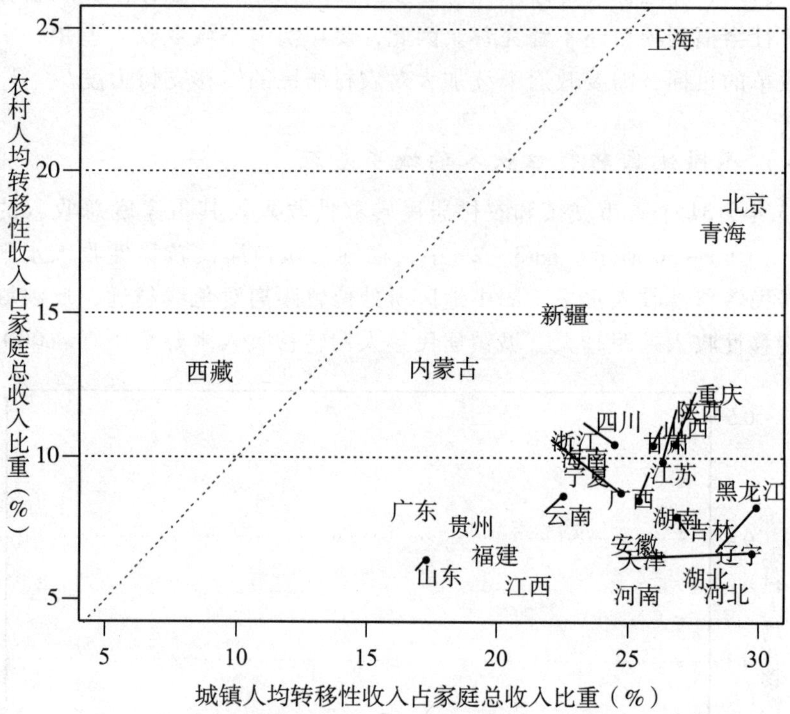

图3-30　2013年城镇与农村居民转移性收入比重的地区分布

资料来源：根据《中国统计年鉴（2014）》数据绘制。

2013年，不同地区的转移性收入城乡差距如图3-31所示。从转移性收入的绝对水平来看，西藏、上海、北京和内蒙古的转移性收入城乡差距较小，转移性收入的城乡比值小于4。转移性收入的城乡差距较大的是河北、湖北和河南，城镇居民人均转移性收入约为农村居民人均转移性收入的13倍。

从转移性收入的相对水平来看，2013年，天津、河北、辽宁和湖北的转移性收入占居民总收入比重的城乡差距较大，这些地区城镇居民人均转移性收入占人均总收入的比重与农村居民人均转移性收入占人均纯收入的比重的差超过20%。北京、青海、广东、新疆、内蒙古和上海地区居民的转移性收入城乡差距相对较小，转移性收入比重的城乡差距也均低于10%。其中上海的城镇和农村

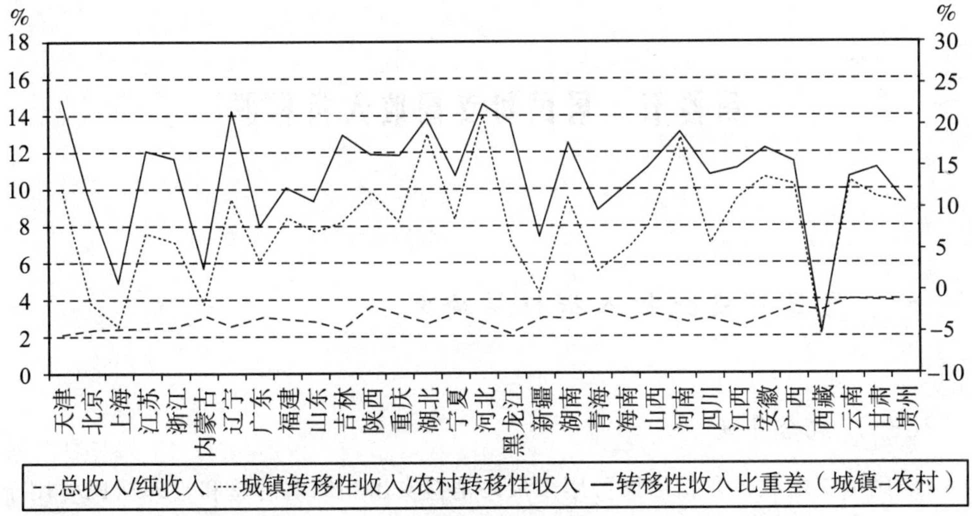

图 3-31　2013 年不同地区的转移性收入城乡差距

资料来源：根据《中国统计年鉴（2014）》数据测算。

居民转移性收入比重最为接近，分别为 25.7% 和 24.7%。总体来看，各省市城镇居民转移性收入比重高于农村。但西藏例外，其城镇和农村居民转移性收入的比重分别为 8.1% 和 13.0%。

（三）小结

2000～2013 年，全国城镇居民转移性收入增长与总收入增长保持同步，因而占总收入的比重比较稳定，平均约为 23.5%。需要注意的是，转移性收入的比重并不随着收入等级的增加而降低，高收入户的转移性收入比重甚至高于低收入户，这违背了政府转移支付应该向低收入居民倾斜的原则。因此，政府应该合理安排转移支付，使转移支付政策更有利于低收入居民。虽然农村居民转移性收入的增速比总收入快，转移性收入比重从 3.5% 上升到 8.8%。但是，大部分省市的农村居民转移性收入水平仍然较低，全面改善全国农村居民的转移性收入状况，任务仍然十分艰巨，还需要合理的统筹规划。随着农村居民转移性收入增速快于城镇，在城乡一体化改革过程中，政府加大了对农村的转移支付力度，转移性收入的城乡差距不断缩小。但是，城乡分割的局面并未得到根本解决，居民的转移性收入城乡差距依然较大。因此，进一步提高对农村居民的转移支付力度，提高农村居民的转移性收入，依然是未来政府工作的重点。

第四节　居民可支配收入指标群

一、居民可支配收入指标群构建

（一）概念界定

居民可支配收入是指居民可用于最终消费支出和储蓄的总和，即居民可用于自由支配的收入。其既包括现金收入，也包括实物收入。依据收入来源分类，可支配收入分为四类：工资性收入、经营性净收入、转移性净收入和财产性净收入①。

当可支配收入包含固定资本消耗时，其被称为可支配收入总额。扣除了固定资本消耗之后，称为可支配收入净额。通常，在概念上应优先选择净额口径，但由于固定资本消耗的测算非常困难，也有可能不得不按总额口径记录可支配收入，尽管固定资本消耗是生产成本而并非收入的一部分。

中国住户调查对可支配收入的定义为：可用于最终消费支出、其他非义务性支出以及储蓄的总和，即居民家庭可以用来自由支配的收入。它是家庭总收入扣除经营性支出、交纳的个人所得税、个人交纳的社会保障费以及调查户的记账补贴后的收入②。计算公式为：

可支配收入 = 家庭总收入 - 经营性支出 - 交纳的个人所得税
- 个人交纳的社会保障支出 - 记账补贴

家庭总收入指调查户中生活在一起的所有家庭成员在调查期得到的工资性收入、经营性收入、财产性收入、转移性收入的总和，但是不包括出售财物和借贷收入。收入的统计标准以实际发生的数额为准，无论收入是补发还是预发，只要是调查期得到的都如实计算，不作分摊。

农村居民家庭纯收入是指农村住户当年从各个来源得到的总收入，相应地扣除所发生的费用后的收入总和③。其计算方法如下：

① 国家统计局：《中国统计年鉴（2014）》，中国统计出版社 2014 年版。
② 国家统计局城市司：《中国城镇住户调查手册》，2006 年。
③ 国家统计局：《中国统计年鉴（2013）》，中国统计出版社 2013 年版。

农村居民家庭纯收入＝总收入－家庭经营费用支出－税费支出
－生产性固定资产折旧－赠送农村内部亲友支出

纯收入主要用于再生产投入和当年的生活消费支出，也可用于储蓄和各种非义务性支出。“农民人均纯收入”指标是按人口平均的纯收入水平，反映的是一个地区农村居民的平均收入水平。

（二）国民核算与经济学对可支配收入定义的区别

从国民核算理论上看，可支配收入是住户或者其他单位在不减少其实际资产净值的条件下可能实现的最大消费数额。但是，一个单位的实际资产净值既可以因资本转移所得或支付而变化，也可以因所拥有资产或负债的实际持有损益而发生变化，还可以因自然灾害等会改变资产物量的事件而发生变化。所以，资本转移、实际持有损益和自然灾害等事件所导致的资产物量的其他变化都均不属于可支配收入核算范围。可支配收入就可以狭义地解释为：核算期内住户或其他单位不必通过减少现金，处置其他金融资产或非金融资产，或增加负债等方式为自己的支出筹措资金，即能最大限度负担得起的货物或服务消费。①

前面对财产收入核算口径分析可知，国民经济核算与经济学对居民财产收入的核算口径不同，而财产收入净额是居民可支配收入的构成项目，因此，经济学口径与国民核算口径对可支配收入的统计范围存在差异。只有当期初资产净值没有因资本转移，而资产物量的其他变化或实际持有损益发生变化时，国民核算的财产收入才与经济学口径下财产收入等价。

（三）可支配收入指标群及其说明

可支配收入分析指标群如表 3－29 所示。

表 3－29　　可支配收入指标群

编号	指标名称	指标定义	备注
3－31	城镇居民人均可支配收入水平	可支配收入＝(家庭总收入－经营性支出－交纳个人所得税－个人交纳的社会保障支出－记账补贴)/家庭常住人口	分析内容：名义和实际收入
3－32	农村居民人均现金纯收入水平	农村居民家庭纯收入＝(总收入－家庭经营费用支出－税费支出－生产性固定资产折旧－赠送农村内部亲友)/家庭常住人口	分析内容：名义和实际收入

① “System of National Account－2008” 8.25.

续表

编号	指标名称	指标定义	备注
3－33	城镇居民人均实际可支配收入增速	使用消费者价格指数（CPI）平减之后城镇居民人均可支配收入的增长速度＝（报告期人均实际可支配收入－基期人均实际可支配收入）/基期人均实际可支配收入×100%	
3－34	农村居民人均实际现金纯收入增速	使用消费者价格指数（CPI）平减之后农村居民人均现金纯收入增速＝（报告期人均实际现金纯收入－基期人均实际现金纯收入）/基期人均实际现金纯收入×100%	
3－35	人均实际可支配收入增速与GDP增速差额	＝城镇居民人均实际可支配收入增速－人均GDP累计增速	
3－36	人均实际纯收入增速与GDP增速差额	＝农村居民人均实际现金纯收入增速－人均GDP累计增速	
3－37	人均可支配收入实际增速落后（超前）指数	＝城镇居民人均实际可支配收入累计增速－人均GDP累计增速	
3－38	人均纯收入实际增速落后（超前）指数	＝农村居民人均实际现金纯收入累计增速－人均GDP累计增速	
3－39	可支配收入占GDP比重	＝可支配收入总额/GDP	分析对象：居民、政府、企业
3－40	城镇居民可支配收入占家庭总收入比重	＝城镇居民人均可支配收入/城镇居民人均总收入	

1. 城镇居民可支配收入与农村居民纯收入指标说明

可支配收入指标适用于城镇居民，是指城镇居民家庭用于最终消费支出、其他非义务性支出，以及储蓄的收入总和。即城镇居民家庭在调查期内获得并可以用来自由支配的收入。纯收入指标适用于农村居民，它除现金收入外还包括实物收入，即农村居民自己种植、消费的粮食、蔬菜等自产自给产品，以及单位发放和他人赠送的实物。农民纯收入和城镇居民家庭可支配收入的区别在于：从指标的含义上看，城镇居民可支配收入是指城镇居民的实际收入中能用于安排日常生活的收入。它是用以衡量城市居民收入水平和生活水平的最重要和最常用的指标之一。而农民纯收入，则是指农民的总收入扣除相应的各项费用性支出后，归农民所有的收入。这个指标是用来观察农民实际收入水平和农民扩大再生产及改善生活的能力。

从形态构成上看，城镇居民可支配收入只有一种形态，即价值形态。它只是反映城镇居民的现金收入情况。而农民纯收入的实际形态有两种，一种是价值形态，另一种是实物形态。从可支配的内容看，城镇居民可支配收入是全部用于安排日常生活的收入。而农民纯收入除了用作生活消费，其中有相当一部分要留做追加的生产费基金，用于生产和扩大再生产。另外，从两者所反映的实际收入的角度看，农民纯收入基本上反映了农民收入的真实水平。而城镇居民可支配收入中没有包括城市居民在医疗、住房等方面间接得到的福利性收入部分。

因此，在运用上述两项指标进行城乡居民收入对比时，要充分考虑两者的区别，全面正确地加以分析。

人均可支配收入与平均工资之间也存在区别。首先，人均可支配收入由四个部分组成，除了工资性收入之外，还包括经营净收入、财产性收入和转移性收入（其中主要是养老金或者离退休金）。其次，平均工资是从业人员工资的平均水平，而人均可支配收入是对全体社会成员的平均，它是一个地区所有人的工资性收入、经营净收入、财产性收入和转移性收入的总和，除以该地区的常住人口总人数得到。其“分母”既包括有工作有收入的人员，也包括没有工作的离退休人员，还包括没有收入的失业人员、未成年人等，这些没有工作和收入的人员同样分摊数额相同的人均可支配收入①。

2. 指标数据获取方法说明

城镇居民可支配收入与农村居民纯收入数据通过抽样调查得到。受我国城乡二元经济结构的影响，我国的城乡住户调查一直分别进行，城镇和农村分别执行各自的调查制度及方法，分别公布各自的收入数据。因此，城乡数据的可比性受到影响。

其中，城镇住户调查采用分层随机抽样的方法确定，首先，按照城镇人口规模将全国所有省（区、市）的城镇划分为三层：大中城市（地级和地级以上的城市）、县级市和县城（镇）。其次，按各层人口占全省（区、市）人口的比例来分配每层的样本量。之后，按城镇就业者年人均工资从高到低排队，依次计算各城镇人口累计数。最后，根据样本量的大小随机等距抽取所需数量

① 国家统计局：《中国统计热点问题解读》，中国统计出版社 2011 年版，第 127 页。

的调查样本。

城镇住户调查的样本抽选工作分两步进行。第一步，进行一次性的大样本调查；第二步，从大样本调查中抽出一个小样本，作为经常性调查户，开展记账调查工作。

大样本调查每三年进行一次，其目的主要是为经常性调查提供抽样框并为经常性调查数据的评估提供基础资料。在大样本调查中，各调查市、县采取分层、二（多）阶段、与大小成比例（PPS 方法）的随机等距方法选取调查样本。即先按区分层，在层内按照 PPS 方法随机等距抽选调查社区/居委会，在抽中社区/居委会内随机等距抽选调查住户。

3. 可支配收入（纯收入）实际增速落后（超前）指数说明

根据居民可支配收入份额的定义可以推到出以下结论：在国民收入分配格局保持平稳的情况下，以人均 GDP 代表生产率水平，居民可支配收入（纯收入）增长速度应该与生产效率同步增长。推导公式如下：

$$\text{居民可支配收入份额} = \frac{\text{居民可支配收入总额}}{\text{GDP 总额}} = \frac{\text{人均可支配收入} \times \text{人口数}}{\text{人均 GDP} * \text{人口数}} = \frac{\text{人均可支配收入}}{\text{人均 GDP}} \tag{3-13}$$

$$\text{报告期可支配收入比重} = \frac{\text{报告期人均可支配收入}}{\text{报告期人均 GDP}} = \frac{\text{基期人均可支配收入} \times \text{人均可支配收入增长速度}}{\text{基期人均 GDP} \times \text{人均 GDP 增长速度}} \tag{3-14}$$

如果人均可支配收入增长速度与人均 GDP 增长速度相等，那么，

$$\text{基期可支配收入比重} = \frac{\text{基期人均可支配收入}}{\text{基期人均 GDP}} = \frac{\text{报告期人均可支配收入}}{\text{报告期人均 GDP}} = \text{报告期可支配收入比重} \tag{3-15}$$

通过以上三个公式的推导可知，人均可支配收入增长速度与人均 GDP 增长速度相等，是保持居民可支配收入占国民收入比重恒定的充分及必要条件。可支配收入（纯收入）实际增速落后（超前）指数正是基于该思想构建。当指数取值为正，居民收入增长速度超前，那么报告期居民可支配收入比重将高于基期居民可支配收入比重；当指数取值为零，居民可支配收入占国民收入格局将保持恒定；当指数取值为负数，居民收入增长速度落后，居民可支配收入占国民收入比重将下降。显示当中，计算可支配收入（纯收入）实际增速落后（超前）指数所需数据的滞后期较短，而直接计算居民可支配收入占国民收入比重所需数据的滞后期较长。因此，可支配收入（纯收入）实际增速落后（超前）指数可以成

为分析和监控居民收入分配格局的重要指标。

此外，由于近年来，我国人口的自然增长率较低，2013 年人口自然增长率低于千分之五。在不考虑人口规模变动情况下，人均 GDP 增速可近似用 GDP 增速代替。

4. 可支配收入占国民收入比重指标说明

从收入分配流程的角度看，初次分配收入总额加上经常转移净额等于可支配收入总额。从部门的角度看，经过部门之间收入的转移之后，形成了可支配收入的分配格局。如果不考虑国外向国内部门的转移净额①，企业、居民与政府三个部门的可支配收入总额占 GDP 比重合计约等于 100%。因此，各部门可支配收入占国民收入比重指标反映了国民收入分配的最终部门分配（再次分配）格局。在要素收入保持守恒的理论假设下，主体初次分配格局应该保持稳定，那么，再次分配格局将只受再分配力度的影响。在前面“转移性收入指标群”一节当中已对再分配力度指标及其影响展开了测算分析。可支配收入占国民收入比重指标可视作初次分配以及再分配的结果。此外，本节“城镇居民可支配收入占总收入比重”指标从另一个角度反映了针对城镇居民的再分配力度。

二、居民可支配收入指标群测算分析

（一）全国城镇居民可支配收入水平

使用《中国住户调查年鉴（2014）》数据测算，1980～2013 年城镇居民人均可支配收入名义以及实际水平如表 3－30 及图 3－32 所示。

表 3－30　1980～2013 年城镇居民人均可支配收入水平　单位：千元/年

年份	名义可支配收入	名义增速（%）	实际可支配收入	实际增速（%）	年份	名义可支配收入	名义增速（%）	实际可支配收入	实际增速（%）
1980	0.48	—	—	—	1985	0.74	13.34	—	—
1981	0.50	4.77	—	—	1986	0.90	21.89	—	—
1982	0.54	6.97	—	—	1987	1.00	11.00	—	—
1983	0.56	5.47	—	—	1988	1.18	18.00	—	—
1984	0.65	15.50	—	—	1989	1.37	16.10	—	—

① 国外部门经常性转移净额占我国 GDP 比重约为 1%。

续表

年份	名义可支配收入	名义增速（%）	实际可支配收入	实际增速（%）	年份	名义可支配收入	名义增速（%）	实际可支配收入	实际增速（%）
1990	1.51	10.22	—	—	2002	7.7	12.24	7.05	13.20
1991	1.70	12.58	—	—	2003	8.47	10.00	7.66	8.68
1992	2.03	19.41	—	—	2004	9.42	11.22	8.20	7.03
1993	2.58	27.09	—	—	2005	10.49	11.36	8.98	9.40
1994	3.50	35.66	—	—	2006	11.76	12.11	9.91	10.40
1995	4.28	22.29	4.28	—	2007	13.79	17.26	11.09	11.86
1996	4.84	13.08	4.47	0.04	2008	15.78	14.43	11.98	8.10
1997	5.16	6.20	4.63	3.61	2009	17.17	8.81	13.13	9.61
1998	5.43	5.23	4.91	5.97	2010	19.11	11.30	14.15	7.72
1999	5.85	7.73	5.38	9.45	2011	21.81	14.13	15.32	8.29
2000	6.28	7.35	5.74	6.83	2012	24.56	12.61	16.82	9.78
2001	6.86	9.24	6.23	8.48	2013	26.96	9.77	17.99	6.95

资料来源：《中国住户调查年鉴（2014）》，CPI 数据来源于《中国统计年鉴（2014）》；实际可支配收入水平按照 1995 年不变价格计算。

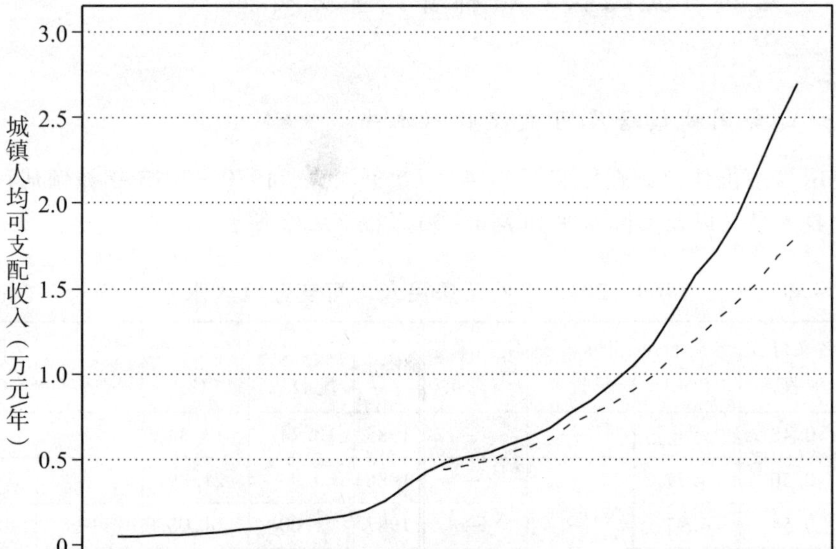

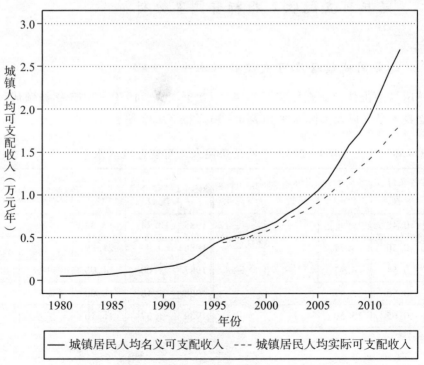

图 3－32　1980～2013 年城镇居民人均可支配收入水平

从表3－30可见，近年来，我国城镇居民名义以及实际可支配收入快速增长，名义人均可支配收入从1980年的约480元，2013年增长到约2.7万元，后者约为前者的56倍。从增长速度来看，名义增速较快时期主要为1984～1996年，年均增速达到18%；而在1997～2006年，年均增速约为9.6%；2007～2013年，年均增速约为11.8%。

剔除价格上涨因素，1995～2013年，实际人均可支配收入从约4 300元增长到约1.8万元，后者为前者的4倍。不同时期的增速有所差异，其中1995～2000年年均实际增速约为6.0%；2000～2005年均增速约为9.3%；2005～2013年均增速约为9.1%。

由于全国城镇居民平均劳动报酬指标提供的信息有限，以下使用《中国统计年鉴》各年度数据分别测算31个省市自治区城镇平均劳动报酬如图3－33所示。

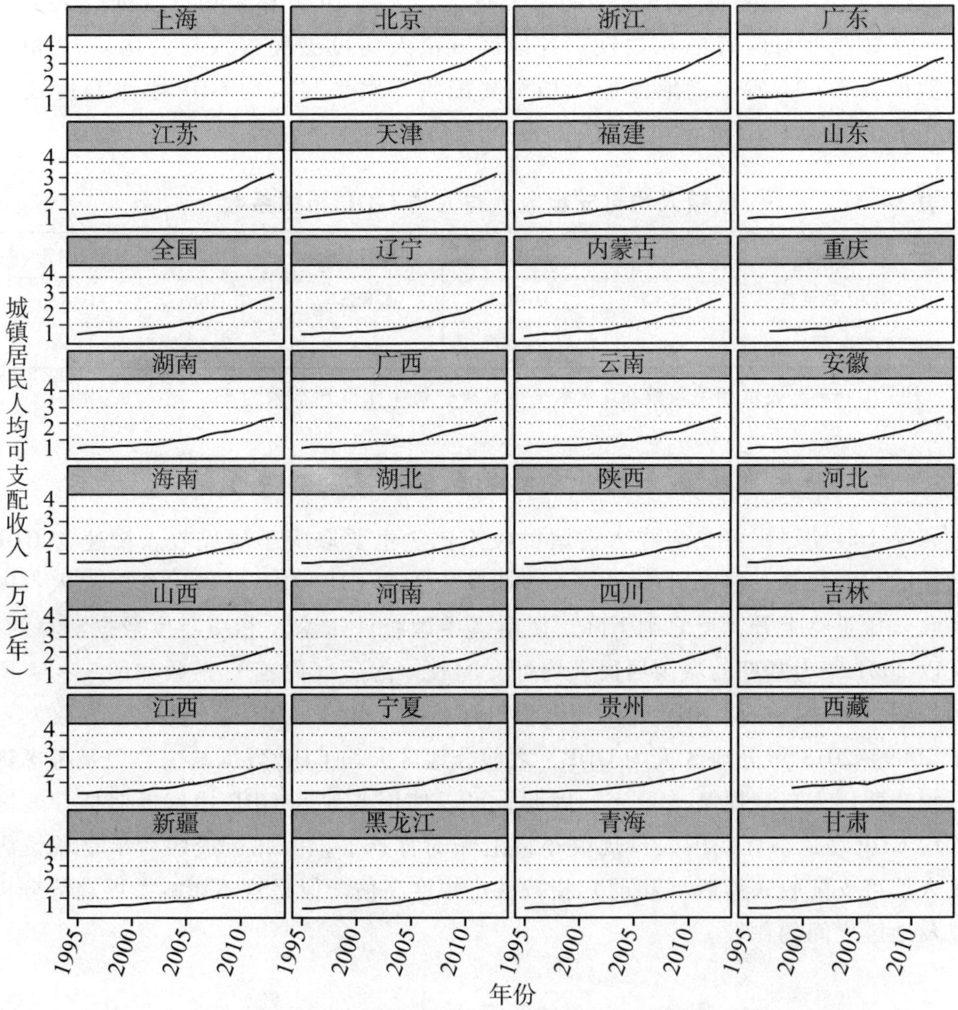

图3－33　1995～2013年分地区城镇居民人均可支配收入水平

图中各地区按2013年人均可支配收入降序排列。城镇居民人均可支配收入位于前三位的地区依次为上海、北京和浙江，分别为4.4万元、4.0万元、3.8万元。位于后三位地区依次为：甘肃、青海和黑龙江，分别为1.9万元、1.9万元、2.0万元。2013年，有8个地区人均可支配收入高于全国城镇平均水平，23个地区低于全国城镇平均水平。

我国城镇居民人均可支配收入较高地区主要分布在沿海地区，而西部和中部地区较低。其中人均可支配收入最高地区（上海）是最低地区（甘肃）的2.3倍。在我国东北地区，随着地理纬度升高，城镇居民人均可支配收入逐级降低。

究其原因，居民可支配收入水平的影响因素有多方面，其中生产效率是最主要的影响因素。由于地理以及历史原因，我国各地区的生产效率存在较大差异。人均DGP是衡量生产效率的重要指标，人均DGP和人均可支配收入的相关性系数能度量两者的相关性。各地区城镇人均可支配收入与人均GDP相关系数如表3-31所示。地区的人均可支配收入水平与人均GDP水平高度线性正相关，即人均GDP水平越高，居民可支配收入水平越高。

表3-31　　　城镇人均可支配收入与人均GDP相关系数

年份	2009	2010	2011	2012	2013
皮尔逊相关系数	0.915	0.908	0.885	0.868	0.870
显著水平	***	***	***	***	***

注："***"表示相关系数在1%水平下显著；每个年度样本数为31。

（二）分地区城镇居民可支配收入相对增速测算分析

一个时期居民可支配收入占国民收入比重主要取决于居民收入增速与GDP增速的相对关系。居民可支配收入增速高于人均GDP增速，居民部门收入占国民收入比重将上升，反之则下降。使用《中国统计年鉴》相应年度数据测算的，且以2001年为基期的城镇居民人均可支配收入落后（超前）指数如图3-34所示。图中各地区按照2013年的指数值升序排列。由于《中国统计年鉴》仅发布了2009~2013年分地区人均GDP，之前分地区人均GDP数据缺失，但是考虑到近年来我国人口规模基本稳定，因此，可以使用各地区GDP增速近似估计地区人均GDP增速。在我国人口规模小幅上涨的背景下，由此造成的后果是城镇居民人均可支配收入落后（超前）指数被小幅度高估。但是这不影响发展趋势分析以及地区之间的比较。

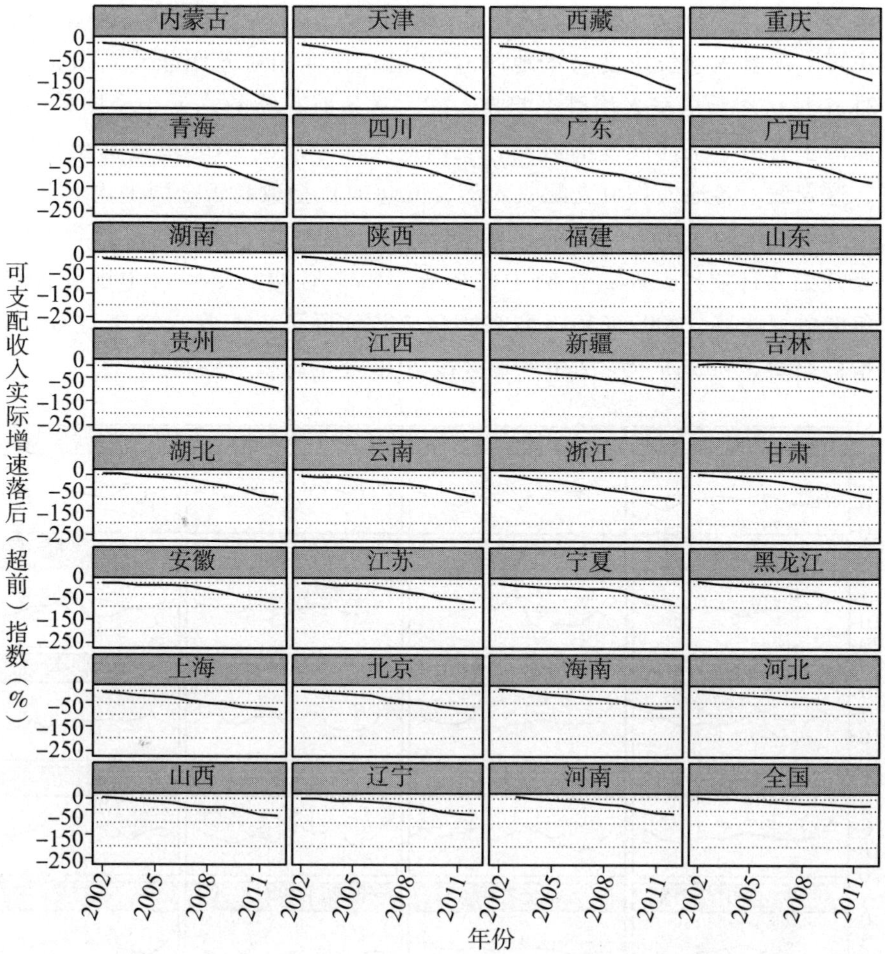

图 3-34　2002～2013 年人均可支配收入落后（超前）指数

注：以 2001 年为基期。

相对于 2001 年，2013 年 31 个地区城镇居民可支配收入增长速度均低于本地区 GDP 增长速度。其中内蒙古、天津和西藏人均可支配收入落后（超前）指数位于后三位。2013 年，指数分别为 -283.7%、-276.2%、-215.5%。以内蒙古为例，相对于 2001 年，2013 年内蒙古城镇居民人均可支配收入累计增加了约 2.4 倍，同期 GDP 累计增长了约 5.2 倍，两者相差约 283.7%。在 31 个地区当中，内蒙古在该时期 GDP 增长速度最快。但是，由于内蒙古居民可支配收入增速相对于 GDP 增长速度落后较多，假如不考虑各地区农村居民可支配收入增长速度，可以认为，在 2001～2013 年间，内蒙古居民部门可支配收入占国民收入比重下降幅度在 31 个地区当中最大。

人均可支配收入落后（超前）指数位于前三位的地区分别为河南、辽宁和山西，指数分别为 -75.2%、-76.1%、-82.4%。2001~2013 年，这三个地区城镇居民可支配收入增长速度与本地区 GDP 增长速度相对差距较小。值得注意的是，31 个地区城镇居民人均可支配收入落后（超前）指数均低于全国平均水平。其中原因主要由于统计误差的影响，我国绝大部分地区 GDP 增速高于全国平均水平，这导致了各地人均可支配收入落后（超前）指数高于全国平均水平。

人均可支配收入落后（超前）指数反映了一定时期，居民可支配收入增速与 GDP 增速的累计差额。那么差额主要形成于哪个时期？使用《中国统计年鉴》相应年度数据测算，2002~2013 年各地区人均实际可支配收入增速与 GDP 增速差额指标如图 3-35 所示。图中各地区按 2013 年的标值升序排列。

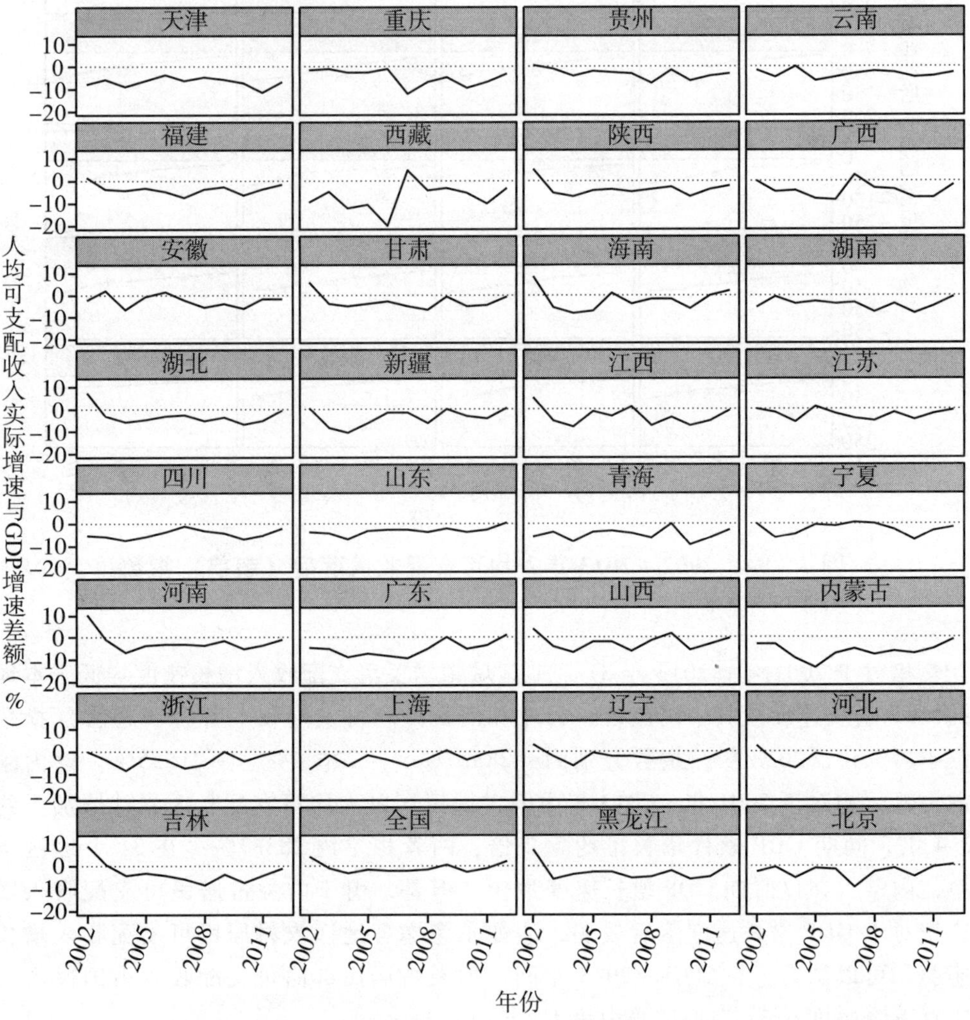

图 3-35　2002~2013 年分地区人均实际可支配收入增速与 GDP 增速差额

从图3－35可见，总体上，近年来各地区人均可支配收入与GDP增速差额逐步缩小，部分地区城镇居民人均可支配收入增速超越了GDP增速。结合图3－34发现，各地区城镇居民可支配收入的落后形成于不同时期。其中广东、浙江和内蒙古在2002～2006年居民可支配收入增长速度落后较为明显，近年来，居民可支配收入基本与GDP增速实现了同步增长。但是，天津近年来居民可支配收入增长速度仍较显著低于本地GDP增长速度。

（三）按收入分组城镇居民可支配收入测算分析

前面的人均可支配收入水平分析未能反映居民收入分布情况，以下使用《中国住户调查年鉴（2014）》数据测算，2000～2013年不同收入水平家庭可支配收入状况如表3－32及图3－36所示。

表3－32　2000～2013年按收入分组的城镇居民人均可支配收入

单位：万元/人

年份	平均	低收入户	中等偏下收入户	中等收入户	中等偏上收入户	高收入户	基尼系数
2000	0.63	0.31	0.46	0.59	0.75	1.13	0.238
2001	0.69	0.33	0.49	0.64	0.82	1.27	0.249
2002	0.77	0.30	0.49	0.67	0.89	1.55	0.297
2003	0.85	0.33	0.54	0.73	0.98	1.75	0.303
2004	0.94	0.36	0.60	0.82	1.11	2.01	0.311
2005	1.05	0.40	0.67	0.92	1.26	2.29	0.316
2006	1.18	0.46	0.76	1.03	1.40	2.54	0.310
2007	1.38	0.54	0.89	1.20	1.64	2.95	0.309
2008	1.58	0.61	1.02	1.40	1.93	3.47	0.315
2009	1.72	0.67	1.12	1.54	2.10	3.74	0.311
2010	1.91	0.76	1.27	1.72	2.32	4.12	0.305
2011	2.18	0.88	1.45	1.95	2.64	4.70	0.304
2012	2.46	1.04	1.68	2.24	2.98	5.15	0.291
2013	2.70	1.14	1.85	2.45	3.24	5.64	0.290

资料来源：《中国住户调查年鉴（2014）》；每一分组样本占20%；基尼系数使用张建华（2007）提出的简易方法计算。

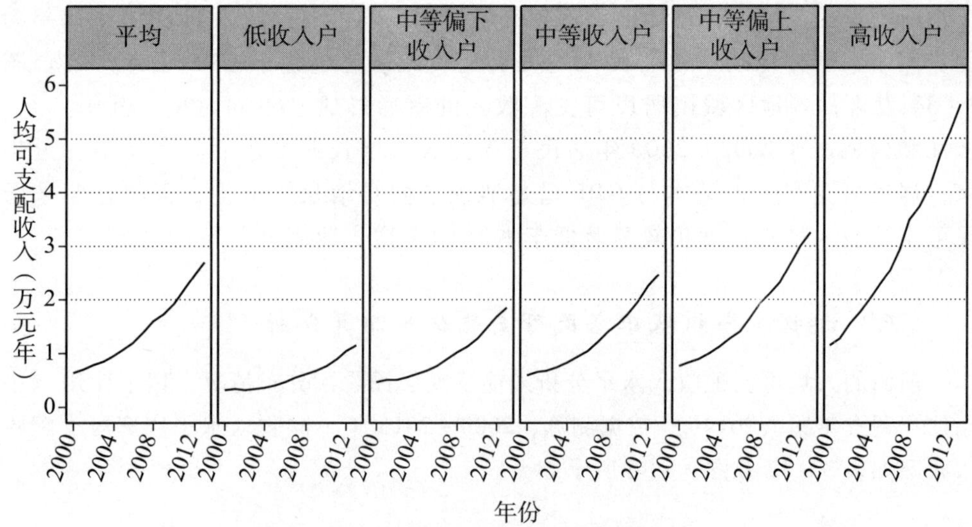

图 3 – 36　2000 ~ 2013 年按收入分组的城镇居民人均可支配收入

从图 3 – 36 可见，总体上，2000 ~ 2013 年，不同收入分组居民的可支配收入均呈现上升趋势。但是上升的速度差异较大，高收入户人均可支配收入曲线与时间轴的夹角高于低收入户，表明随着收入分组上升，人均可支配收入增长速度逐步提高。2001 ~ 2013 年，按收入分组的城镇居民人均可支配收入增速如图 3 – 37 所示。图中显示人均可支配收入平均增长速度主要介于 10% ~ 15% 之间。其中低收入户可支配收入增长速度在 2005 年以前显著落后于高收入户，之后逐步加快，2013 年增速已高于高收入户。而高收入户的可支配收入增长速度则呈现逐步下降趋势。这表明 2010 年以来，我国城镇居民收入分配格局向着改善的方向发展。

不同收入组增速差异直接导致了城镇居民可支配收入差距扩大。2000 年，高收入户人均可支配收入约为 5.64 万元，低收入户约为 0.31 万元，前者是后者的约 3.6 倍。2013 年，高收入户人均可支配收入约为 1.13 万元，低收入户约为 1.14 万元，前者为后者的 4.9 倍。低收入户 2013 年人均可支配收入水平与高收入户 2000 年人均水平相近，如果不考虑价格因素，相当于城镇低收入户的可支配收入水平比高收入户落后了 13 年。

从基尼系数来看，2000 年，城镇居民可支配收入基尼系数约为 0.238，2013 年约为 0.290，上升了 0.052。与基尼系数的国际警戒线 0.4 相比，我国城镇居民可支配收入的差距仍在合理的范围内。我国居民收入差距主要体现在城乡居民之间，城镇居民以及农村居民内部的收入差距相比不算大。此外，基尼系数上升的主要时期出现在 2005 年以前，近年来，城镇居民可支配收入差距呈现回落趋势。

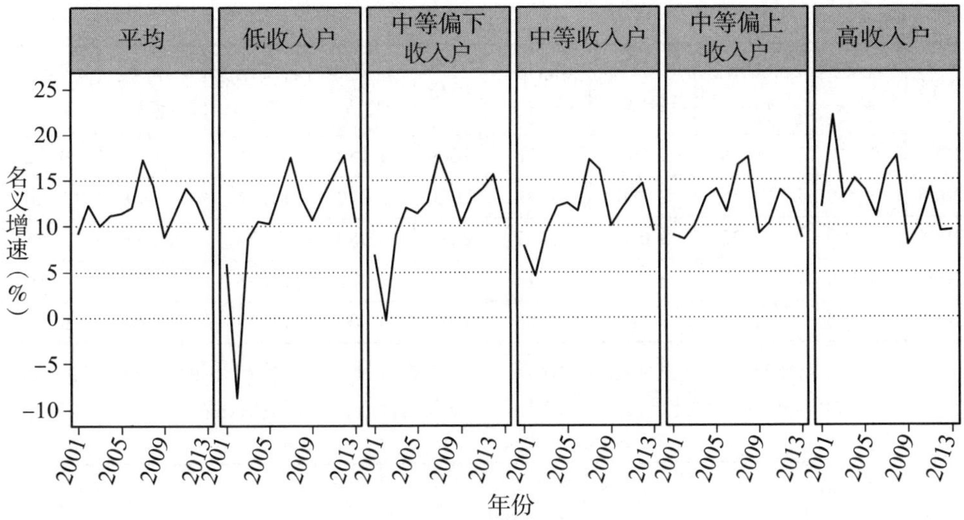

图 3-37　2001~2013 年按收入分组的城镇居民人均可支配收入增速

资料来源：《中国住户调查年鉴（2014）》。

（四）农村居民人均纯收入水平测算分析

使用《中国住户调查年鉴（2014）》数据测算，1980~2013 年农村居民人均纯收入水平如表 3-33 以及图 3-38 所示。

表 3-33　1980~2013 年农村居民人均纯收入水平　单位：元/年

年份	名义纯收入	名义增速（%）	实际纯收入	实际增速（%）	年份	名义纯收入	名义增速（%）	实际纯收入	实际增速（%）
1980	190		—	—	1992	780	10.64	—	—
1981	220	16.78	—	—	1993	920	17.55	—	—
1982	270	20.90	—	—	1994	1 220	32.49	—	—
1983	310	14.70	—	—	1995	1 580	29.21	1 580	—
1984	360	14.69	—	—	1996	1 930	22.08	1 780	12.71
1985	400	11.91	—	—	1997	2 090	8.51	1 880	5.57
1986	420	6.59	—	—	1998	2 160	3.44	1 960	4.27
1987	460	9.16	—	—	1999	2 210	2.23	2 030	3.70
1988	540	17.79	—	—	2000	2 250	1.95	2 060	1.53
1989	600	10.39	—	—	2001	2 370	5.01	2 150	4.29
1990	690	14.10	—	—	2002	2 480	4.61	2 270	5.46
1991	710	3.25	—	—	2003	2 620	5.92	2 370	4.67

续表

年份	名义纯收入	名义增速（%）	实际纯收入	实际增速（%）	年份	名义纯收入	名义增速（%）	实际纯收入	实际增速（%）
2004	2 940	11.98	2 560	7.78	2009	5 150	8.25	3 940	9.02
2005	3 250	10.85	2 780	8.89	2010	5 920	14.86	4 380	11.20
2006	3 590	10.20	3 020	8.57	2011	6 980	17.88	4 900	11.85
2007	4 140	15.43	3 330	10.14	2012	7 920	13.46	5 420	10.59
2008	4 760	14.98	3 610	8.58	2013	8 900	12.37	5 940	9.52

资料来源：《中国住户调查年鉴（2014）》，CPI 数据来源于《中国统计年鉴（2014）》；实际纯收入水平按照 1995 年不变价格计算；以上收入为现金收入，未包括农民获得的实物收入。

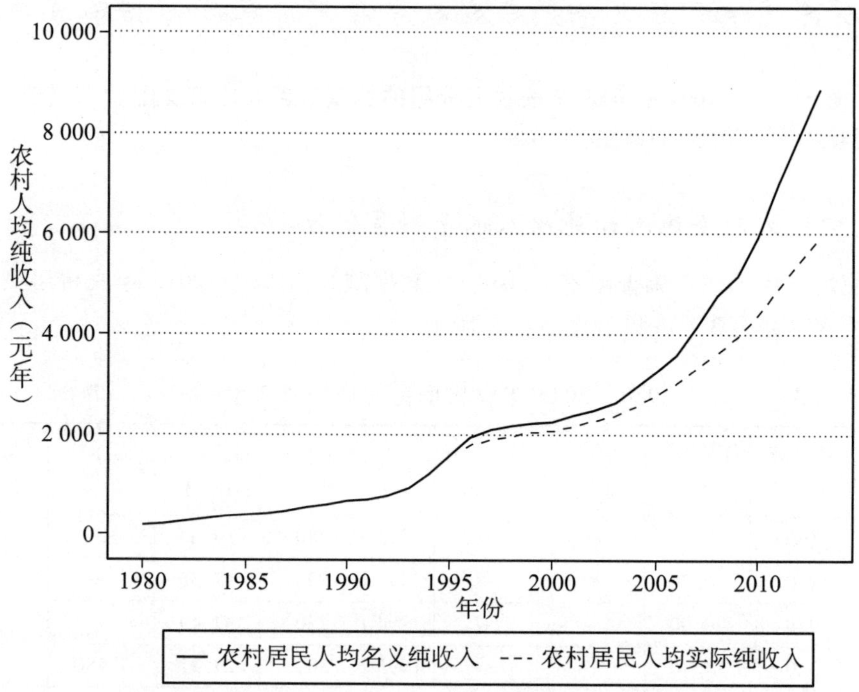

图 3-38　1980～2013 年农村居民人均纯收入

我国农村居民名义以及实际纯收入均增长较快。名义人均纯收入从 1980 年的约 190 元，2013 年增长到约 8 900 元，后者约为前者的 46.5 倍。从增长速度来看，名义收入增速较快时期主要在 1980～1996 年，年均增速达到 15.5%；1997～2003 年，年均增速约为 3.9%；2003～2013 年，年均增速约为 13.0%。

剔除价格上涨因素，1995～2013 年，实际人均纯收入从 1 580 元，增长到大约 5 940 元，后者大约为前者的 3.8 倍。其中 1995～2000 年均实际增速约为

5.5%；2000～2005 年均增速约为 6.2%；2005～2013 年均增速约为 10.0%。可见，农村居民纯收入的增长速度逐步上升。

具体到不同地区，使用《中国统计年鉴》相应年度数据测算，1995～2013 年我国 31 个地区农村居民现金纯收入水平如图 3－39 所示。图中各地区按 2013 年人均纯收入降序排列。位居人均纯收入前三名的地区分别为上海、北京和浙江。对比图 3－33 与图 3－39 发现，该排序与城镇居民可支配收入排序一致。人均纯收入位于后三位地区分别为甘肃、贵州和云南，人均纯收入分别为 5 100 元、5 400 元、6 100 元。由此可见，地区之间农民收入差距悬殊。甘肃 2013 年农村居民纯收入水平仅相当于上海市农村居民 2000 年纯收入水平，不考虑价格因素，前者相对于后者落后了约 13 年。

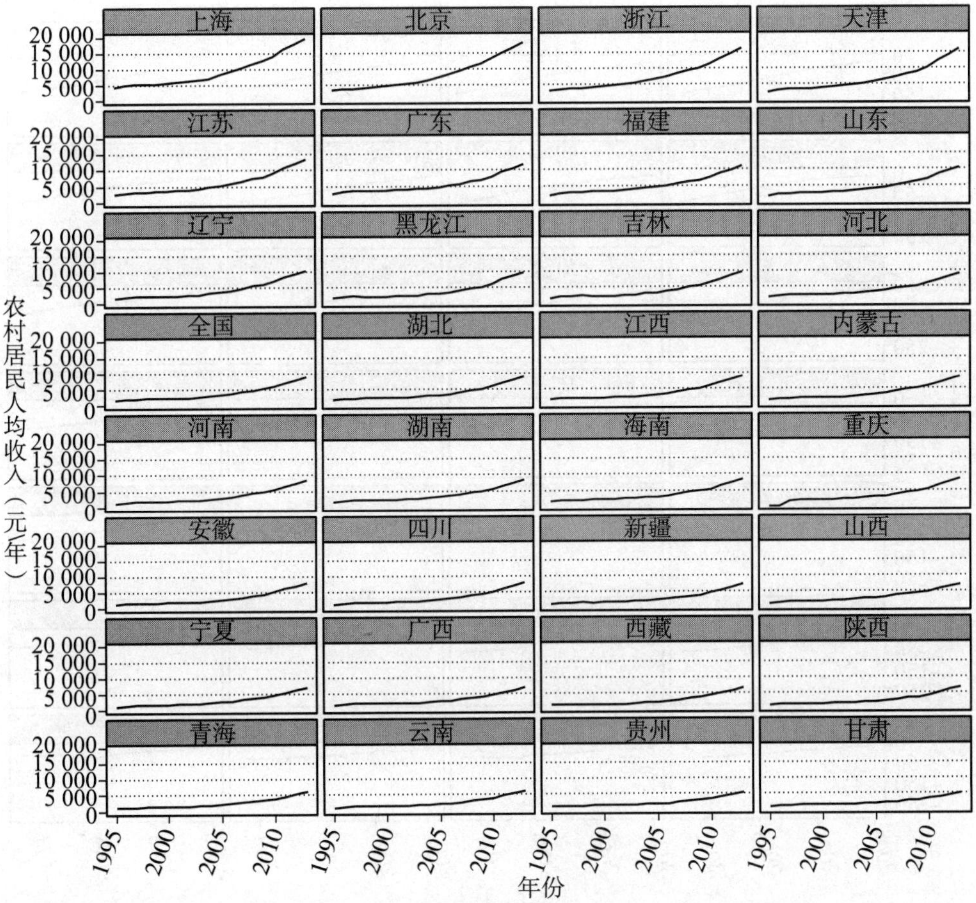

图 3－39　1995～2013 年分地区农村居民现金纯收入水平

值得注意的是，2013 年，黑龙江省城镇居民可支配收入在全国排名靠后，位居 29 位。但是其农村居民纯收入在全国各省排序当中处于中上水平，位居第 10 位，排序相差 19 位。具有类似情况的还有吉林省和江西省，两地农村居民与城镇居民收入位序相差分别为 12 位和 10 位。

各地农村居民纯收入增速相对于本地 GDP 增速差距如何？使用《中国统计年鉴》相应年度数据测算，2002～2013 年农村居民纯收入实际增速落后（超前）指数如图 3－40 所示。图中各地区按 2013 年指数值升序排列。相对于 2001 年，内蒙古、天津和福建农村居民纯收入实际累计增速与本地 GDP 累计增速的差距在 31 个地区中位居前三位。新疆、黑龙江和西藏农村居民人均纯收入增速与

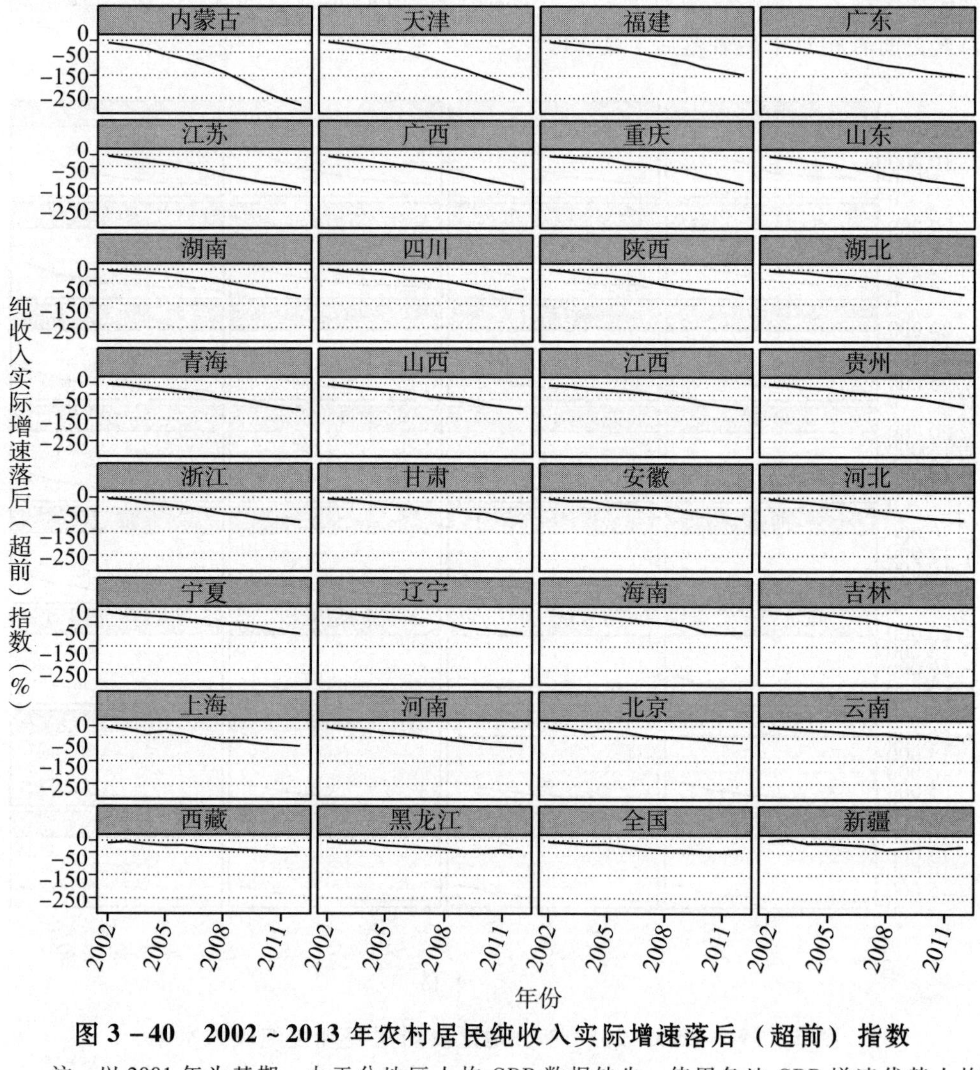

图 3－40　2002～2013 年农村居民纯收入实际增速落后（超前）指数

注：以 2001 年为基期，由于分地区人均 GDP 数据缺失，使用各地 GDP 增速代替人均 GDP 增速。

GDP 增速的差距相对较小。由此可以推断，内蒙古、天津和福建等地区农民纯收入增速落后于其 GDP 增速，相对于其他地区，它们对 2001 年以来居民收入占国民收入比重变动的影响较大。

各地农村居民纯收入增速落后于 GDP 增速主要形成于哪些时期？使用《中国统计年鉴》相应年度数据测算，2002～2013 年，分地区农村居民纯收入实际增速与 GDP 增速差额如图 3－41 所示。图中各地区按 2013 年增速差额指标值升序排列。

从图 3－41 可见，各地区农村居民纯收入落后主要出现于 2008 年以前，近年来，农村居民纯收入快速增长。2013 年有 10 个地区农村居民纯收入增速超过了本地 GDP 增速。

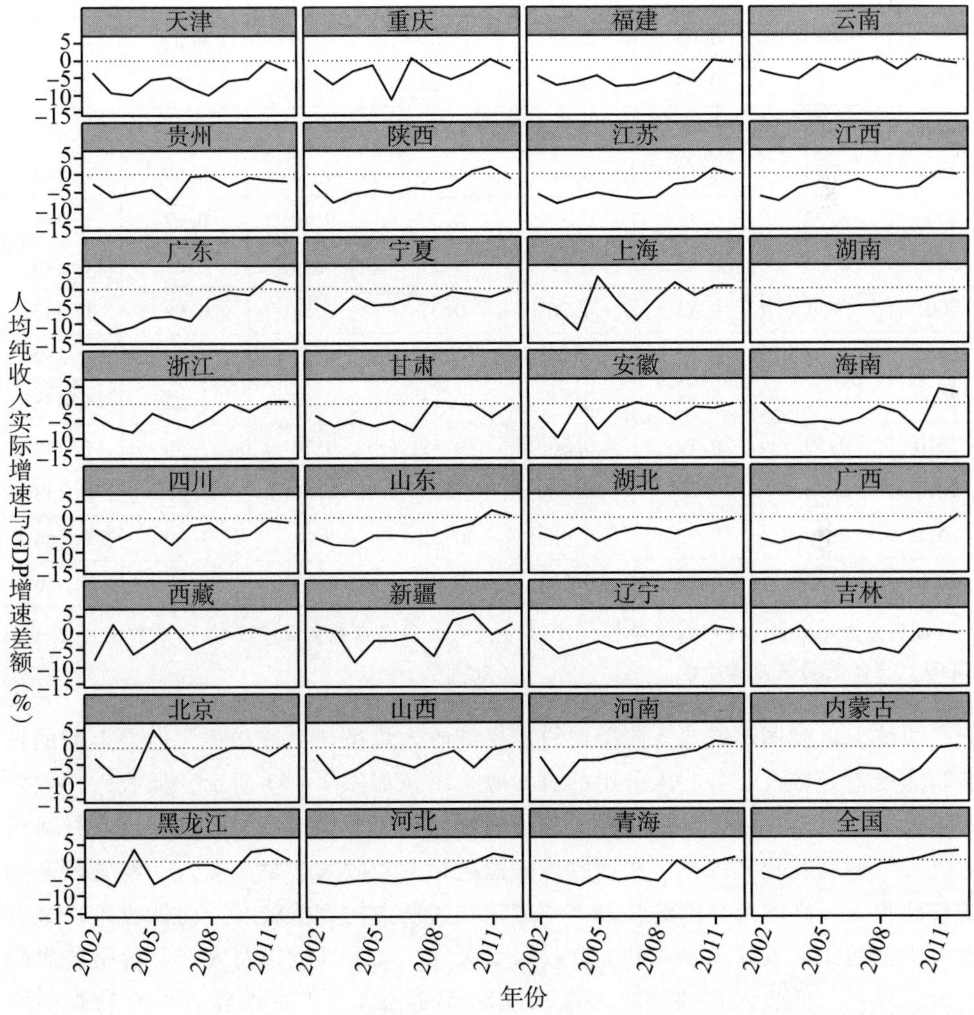

图 3－41　2002～2013 年分地区农村居民纯收入实际增速与 GDP 增速差额

（五）按收入分组农村居民纯收入测算分析

使用《中国住户调查年鉴（2014）》数据测算，2000～2013年按收入分组的农村居民人均纯收入水平如表3－34及图3－42所示。

表3－34　　2000～2013年按收入分组的农村居民人均纯收入水平

单位：万元/年

年份	平均	低收入户	中等偏下收入户	中等收入户	中等偏上收入户	高收入户	基尼系数
2000	0.23	0.08	0.14	0.20	0.28	0.52	0.334
2001	0.24	0.08	0.15	0.21	0.29	0.55	0.338
2002	0.25	0.09	0.15	0.22	0.30	0.59	0.341
2003	0.26	0.09	0.16	0.23	0.32	0.63	0.347
2004	0.29	0.10	0.18	0.26	0.36	0.69	0.342
2005	0.33	0.11	0.20	0.29	0.40	0.77	0.344
2006	0.36	0.12	0.22	0.31	0.44	0.85	0.346
2007	0.41	0.13	0.26	0.37	0.51	0.98	0.347
2008	0.48	0.15	0.29	0.42	0.59	1.13	0.350
2009	0.52	0.15	0.31	0.45	0.65	1.23	0.358
2010	0.59	0.19	0.36	0.52	0.74	1.40	0.349
2011	0.70	0.20	0.43	0.62	0.89	1.68	0.358
2012	0.79	0.23	0.48	0.70	1.01	1.90	0.358
2013	0.89	0.26	0.55	0.79	1.14	2.13	0.356

资料来源：《中国住户调查年鉴（2014）》；每组占样本数的20%；基尼系数使用张建华（2007）提出的简易方法计算。

总体上，我国不同收入阶层农村居民纯收入均呈现上涨趋势，但是上涨的幅度和速度差异较大。各收入分组的农村收入增速如图3－43所示，低收入户纯收入增长速度波动显著大于高收入户。从前面的分析可知，不同收入分组农村居民的收入结构具有较大差异，居民收入来源包括劳动收入、财产收入、经营收入和转移性收入。高收入户的纯收入当中劳动收入所占的比重较高，而低收入户经营收入所占的比重较高。农业的经营收入受天气、经济环境以及农产品价格的影响较大。因此，低收入户的纯收入增长波动幅度较大。工资性收入具有较强的刚性，其增长速度的波动相对较小。因此，高收入户纯收入增长速度波动相对较小。

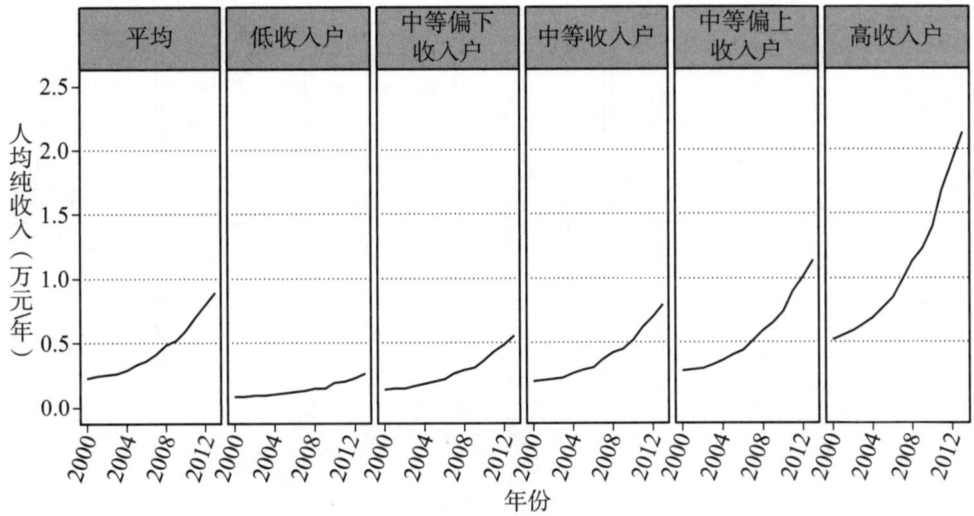

图 3-42　2000～2013 年按收入分组农村居民人均纯收入水平

从增速来看，2000～2013 年，在五个收入分组当中，中等偏上收入户的平均纯收入增长最快，年均增速约为 11.5%；低收入户的平均纯收入增长最慢，年均增速约为 9.4%。从收入差距来看，各收入分组收入增长速度不均衡，导致了分组之间收入差距扩大。2000 年，高收入户人均纯收入约为低收入户的 6.4 倍。2013 年，该比值扩大为 8.2 倍。低收入户 2013 年人均纯收入约为 2 600 元，与中等收入户 2004 年人均纯收入水平接近，且显著低于高收入户 2000 年纯收入水平，按照低收入户目前纯收入平均增长速度计算，到 2021 年，低收入户的人均纯收入水平才能达到高收入户 2000 年人均纯收入水平。不考虑价格因素情况下，低收入户的平均纯收入比高收入户落后大约 21 年。从基尼系数的角度看，2013 年，农村居民纯收入基尼系数约为 0.356，同期城镇居民可支配收入基尼系数约为 0.290，农村居民内部收入不平等程度显著高于城镇居民。而且，2010 年以来城镇居民可支配收入的不平等呈现下降趋势，而农村居民的这一趋势尚未显现。

根据《中国住户调查年鉴（2014）》数据测试结果，图 3-44 对比了 2000～2013 年按收入分组农村与城镇居民人均收入水平。2013 年相比 2001 年，城镇居民与农村居民收入差距在各个分位点上均不同程度扩大。不同收入分组城镇与农村居民收入比值如图 3-45 所示。除了低收入户，其他收入分组的比值曲线呈现倒“U”型，“U”形的顶点出现在 2008 年附近，表明城乡收入差距扩大主要出现在 2000～2008 年之间，2008 年之后，城乡收入差距逐步缩小。2000 年以来城乡收入差距的另一个特点是，收入分布底端的收入差距更大，随着收入分组水平提高，收入差距逐步缩小。值得注意的是，城镇与农村低收入户之间的收入差距在 2008 年之后仍未呈现缩小的趋势。

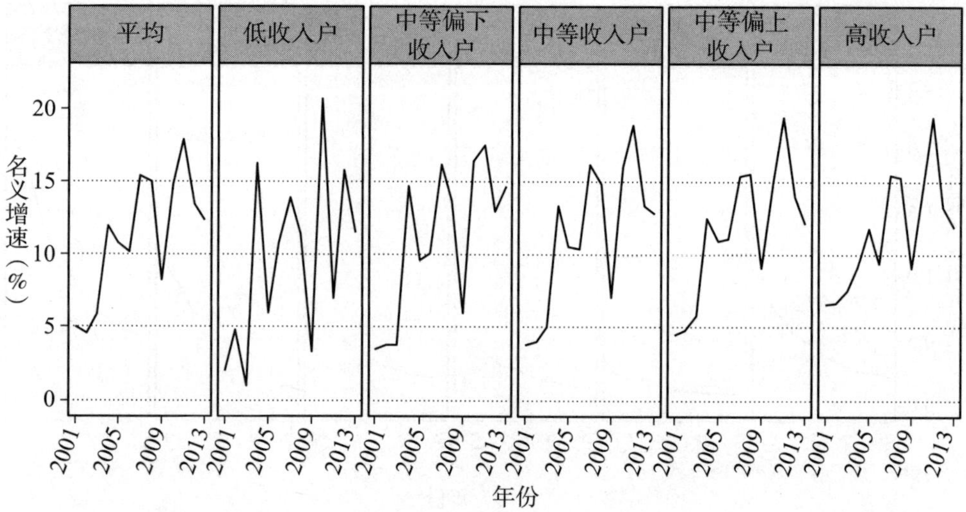

图3-43　2001~2013年按收入分组农村居民人均纯收入名义增速

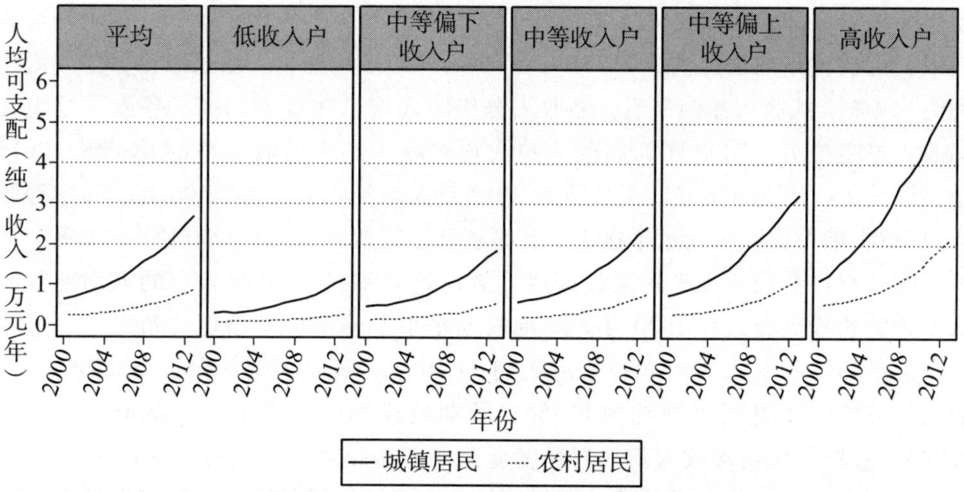

图3-44　2000~2013年按收入分组农村与城镇居民人均收入水平

根据《中国住户调查年鉴（2014）》数据的计算结果，2013年，城镇居民与农村居民收入水平的地区分布如图3-46所示。图中位于右上角的是高收入地区，位于左下角的为低收入地区。对于城镇居民，大部分地区的人均可支配收入水平集中在1.8万~2.5万元之间。对于农村居民，人均纯收入水平主要集中在0.5万~1万元之间。图中各地区围绕着对角线成线性排列，表明城镇居民可支配收入与农村居民纯收入呈线性正相关，城镇居民可支配收入高的地区，农村居民纯收入也较高。

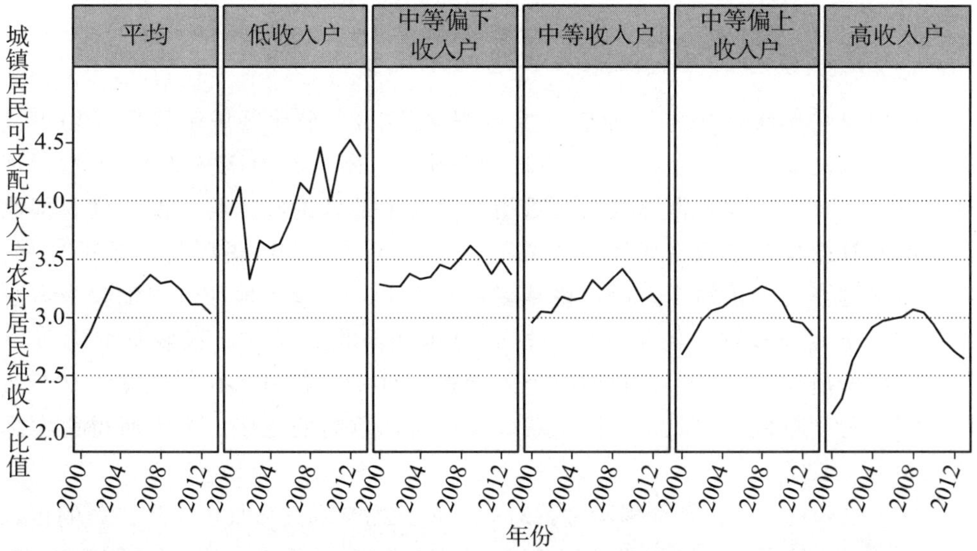

图 3-45　2000～2013 年按收入分组农村与城镇居民人均收入比值

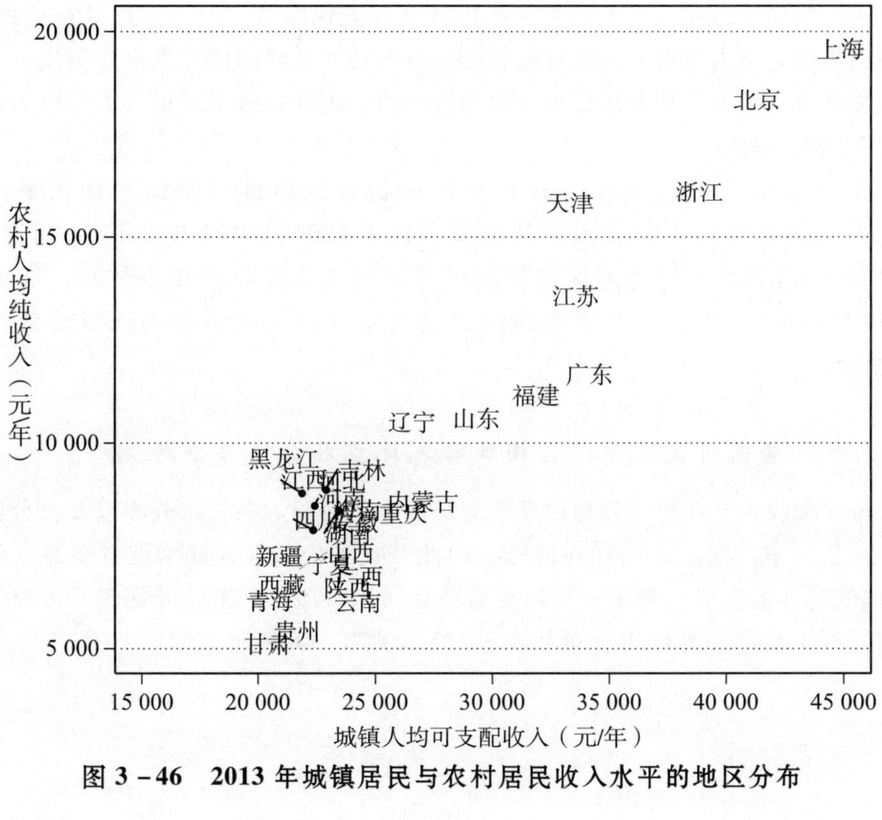

图 3-46　2013 年城镇居民与农村居民收入水平的地区分布

（六）城镇居民可支配收入占总收入比重

使用《中国统计年鉴》相应年度数据测算，31 个地区城镇居民人均可支配收入占人均总收入比重指标如图 3－47 所示。图中各地区按 2013 年指标值升序排列。可支配收入占总收入比重指标反映了地区的收入再分配力度，即收入税以及社会保险缴款占居民总收入的比重。我国个人所得税使用累进税率，收入水平越高，承担的个人所得税越多。理论上，高收入地区可支配收入占总收入的比重应该较低。但是，居民税收负担还与税收结构、税收征缴力度有关，前面的研究结论显示，我国的个人所得税重视工薪税，其他经营、财产等收入征缴力度较低。因此，居民工薪收入所占比重高的地区，个人所得税实际负担相对也较重。

除了收入税，居民社会保险缴款对居民可支配收入占总收入比重的影响也较大。图 3－47 显示，2001 年以前，居民可支配收入占总收入比重在 99% 左右，之后逐年下降。2013 年，指标取值约为 91.2%。2011 年 6 月，随着针对城镇非从业居民的《国务院关于开展城镇居民社会养老保险试点的指导意见》的提出，我国逐步建立个人缴费、政府补贴相结合的城镇非从业居民养老保险制度。社会保险缴款成为城镇非从业居民的一项刚性支出，由此导致了居民可支配收入占其总收入比重下降。

在全国 31 个地区当中，有 8 个地区指标取值低于全国平均水平。青海、西藏和新疆可支配收入占其总收入比重最低，2013 年分别为 88.1%、88.8%、88.8%。这些地区城镇居民劳动收入占总收入比重较高，我国个人所得税偏重工薪税，是这些地区居民可支配收入占总收入比重较低的原因之一。

（七）居民可支配收入占国民收入比重指标测算分析

可支配收入在居民、政府以及企业部门之间分配。在初次分配以及再分配的各个环节当中，部门之间存在博弈，因此，收入份额存在此增彼减关系。使用《中国统计年鉴》资金流量表实物交易数据测算，1992～2012 年居民、政府及企业部门可支配收入占 GDP 比重如表 3－35 及图 3－48 所示。

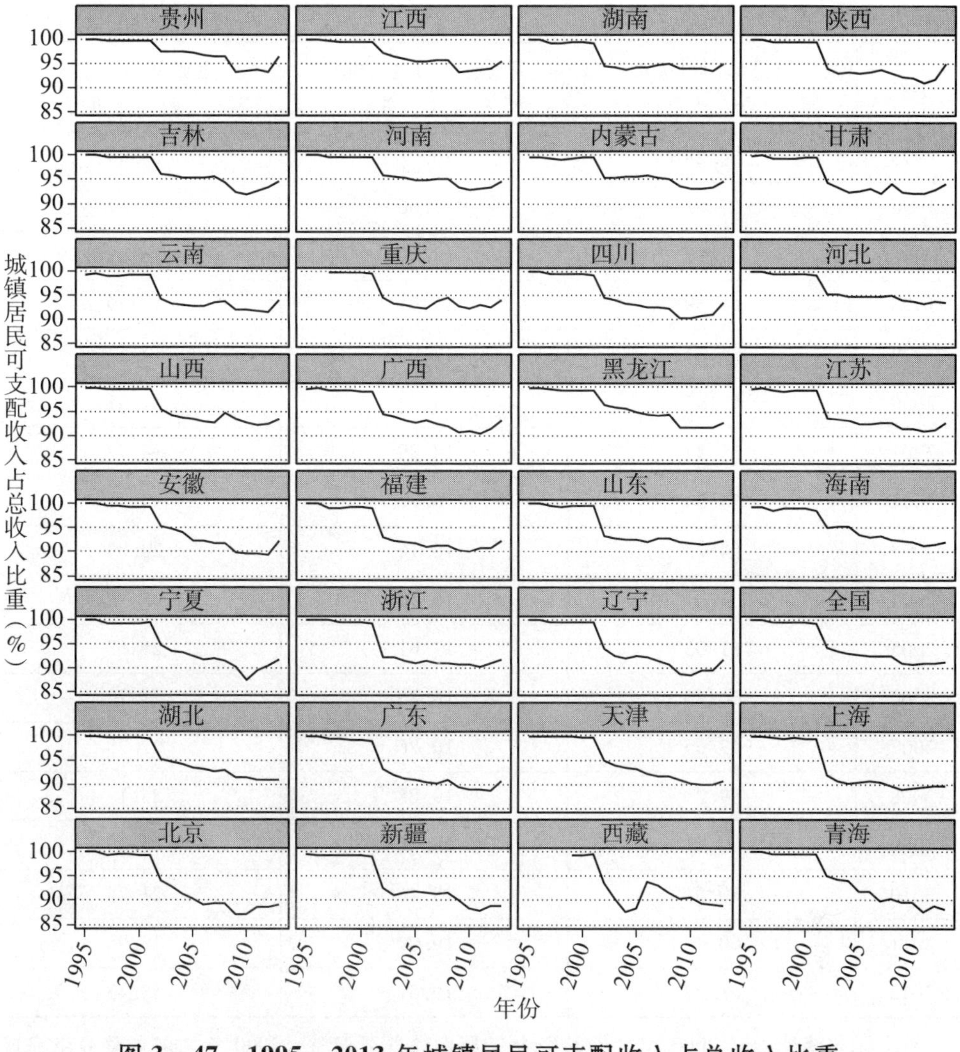

图 3-47　1995～2013 年城镇居民可支配收入占总收入比重

资料来源：相关各年《中国统计年鉴》。

表 3-35　1992～2012 年居民、政府及企业部门可支配收入占 GDP 比重

单位：%

年份	居民部门可支配收入比重	政府部门可支配收入比重	企业部门可支配收入比重
1992	68.54	20.02	11.73
1993	64.6	19.65	15.73
1994	67	18.52	14.53

续表

年份	居民部门可支配收入比重	政府部门可支配收入比重	企业部门可支配收入比重
1995	66.28	16.31	15.99
1996	67.61	17.66	13.52
1997	68.18	18.19	13.02
1998	67.59	17.91	13.29
1999	66.61	17.94	14.57
2000	67.07	14.43	17.81
2001	65.54	14.89	18.77
2002	64.34	16.21	19.31
2003	64.25	16.16	20.03
2004	61.61	16.59	22.72
2005	61.05	17.61	21.68
2006	60.76	18.36	21.72
2007	59.65	19.26	22.38
2008	59.2	19.28	23.1
2009	60.81	18.36	21.29
2010	60.55	18.46	21.24
2011	60.4	19.07	19.9
2012	61.87	19.5	18.43

注：国家统计局对2000年之后的资金流量表进行了调整，2000年之前调整尚未完成。2000年以前及之后数据应分开比较。

图3-48显示，1992~2012年，我国居民可支配收入占GDP比重介于59.2%~68.5%之间。其中，2000年以前，指标值介于64.6%~68.2%之间；2000年以后，指标值介于59.2%~67.1%之间；比重最低的年度出现在2008年。从趋势来看，2000年以后，居民可支配收入比重曲线呈现宽口的“U”型，“U”形的底部出现在2008年附近，表明居民收入份额先下降，后逐步回升。但是，2012年居民可支配收入份额仍比2000年低约5%。

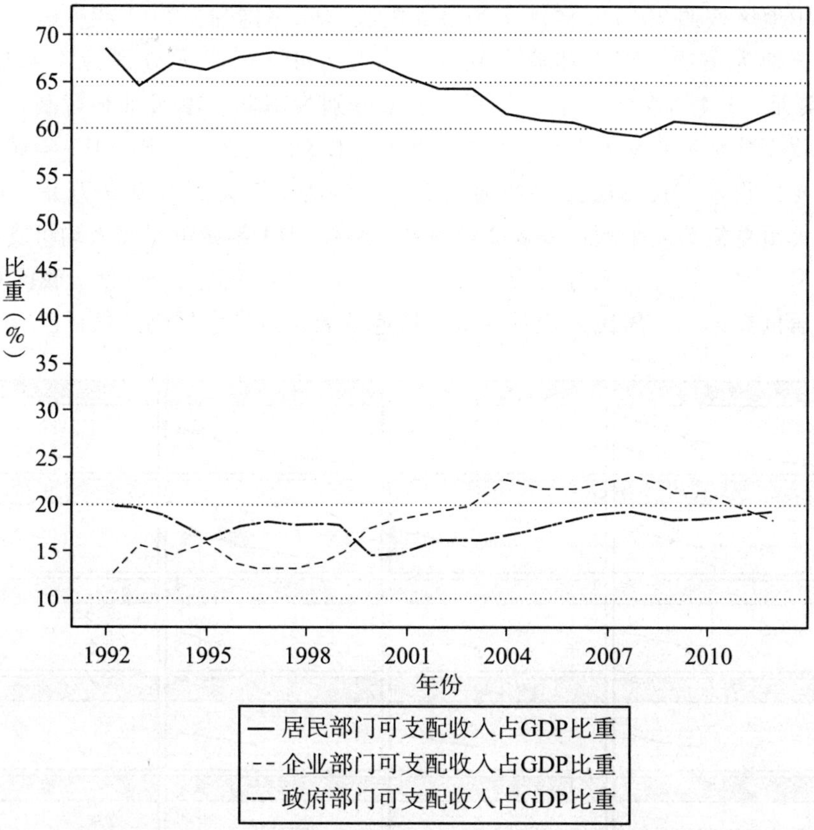

图 3-48　1992～2012 年居民、政府及企业部门可支配收入占 GDP 比重

再看政府和企业部门，2000 年以来，政府部门可支配收入占国民收入比重呈上升趋势。2012 年政府部门可支配收入占 GDP 比重约为 19.5%，相比 2000 年上升了约 5%。相同时期，企业部门可支配收入占 GDP 比重先升后降。上升时期主要在 2000～2004 年、2008 年之后，企业部门可支配收入占国民收入比重逐步下降，最终 2012 年相比 2000 年仅上升了 0.6%。从主体分配格局的角度看，2008 年以来居民部门可支配收入比重上升，主要来自企业部门收入份额下降。政府部门参与可支配收入分配的力度未减。

三、居民可支配收入的国际比较

（一）人均可支配收入水平比较

根据 OECD 数据，1970 年以来部分国家和地区人均可支配收入如图 3-49 所示。图中地区按照2013年居民人均可支配收入降序排列。2012年，位于前三位的国家分别为美国、瑞士和澳大利亚，其人均可支配收入分别为4.4万美元、3.5万美元、3.4万美元。位于后三位国家分别为南非、墨西哥和智利，其人均可支配收入分别为0.9万美元、1.4万美元、1.5万美元。我国2013年城镇居民人均可支配收入、农村居民人均纯收入分别约为2.7万元和0.9万元。按2013年度人民币兑换美元平均汇率6.2计算①，我国2013年城镇居民人均可支配收入以及农村居民人均纯收入分别为0.43万美元和0.14万美元。可见，我国GDP总额已位居世界第二，居民人均收入水平快速发展，但是水平仍然很低。

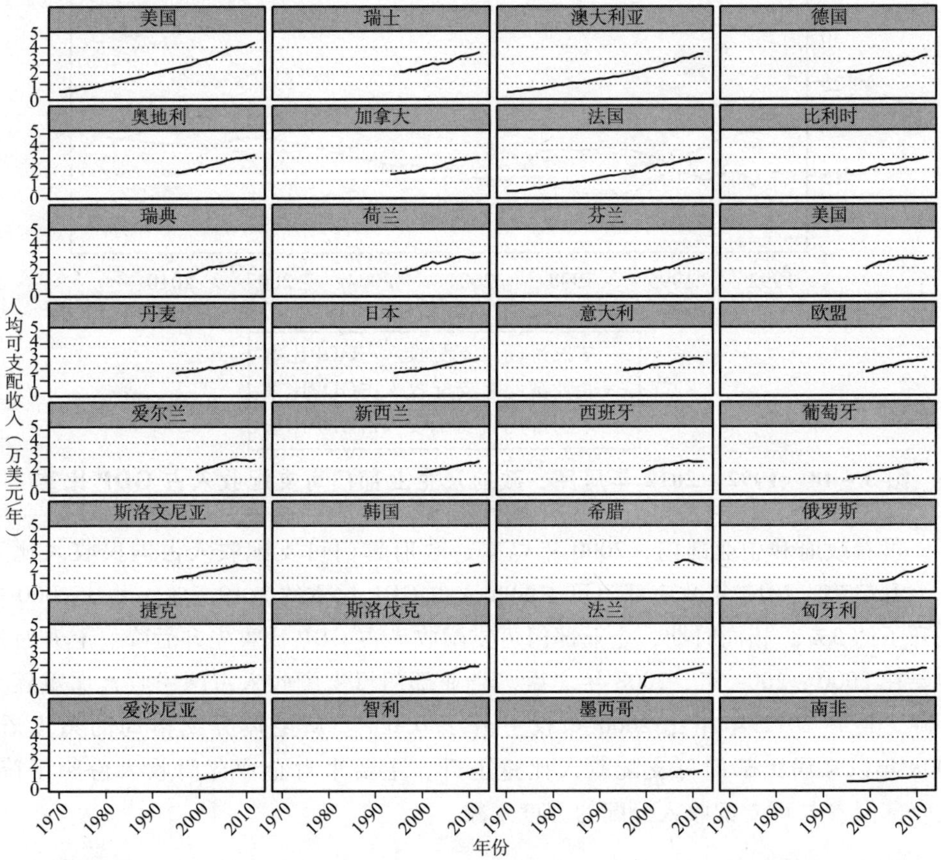

图3－49　1970～2013年部分国家和地区居民人均可支配收入

资料来源：OECD数据库，https：//data.oecd.org/hha/household-disposable-income.htm。

① 数据来源于世界银行数据库。

从发展趋势来看，图 3－49 中大多数国家居民可支配收入呈现增长趋势。但是，也有部分国家居民收入增长停滞甚至倒退。希腊人均可支配收入从 2009 年的 2.4 万美元下降到 2013 年的 1.9 万美元。希腊受“阿拉伯之春”影响而政局动荡，经济增长停滞，居民收入水平显著下降。近年来，英国和爱尔兰居民人均可支配收入水平也处于停滞不前状态。

（二）可支配收入增速与 GDP 增速比较

使用 OECD 数据测算，欧洲、美国、加拿大及日本 2001～2012 年 GDP 与居民人均可支配收入增速如图 3－50 所示。

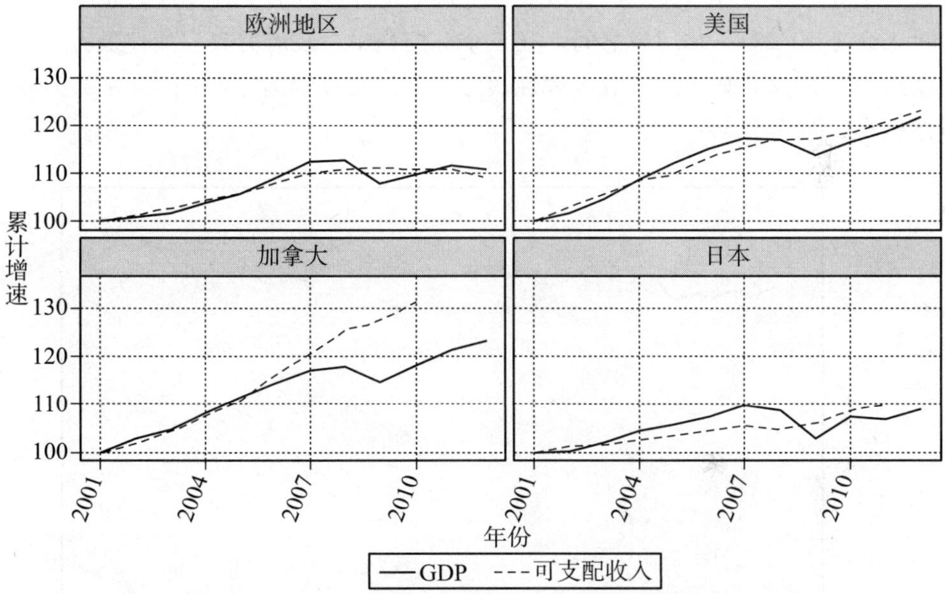

图 3－50　部分地区 2001～2012 年 GDP 与可支配收入增速

注：2001 年为 100。

资料来源：OECD，National Accounts at a glance 2014，P. 69，http：//dx. doi. org/10. 1787/888933001426。

从 GDP 的增长速度来看，加拿大和美国 GDP 增速较快，欧洲地区和日本 GDP 增速相对缓慢。2001～2012 年，加拿大和美国 GDP 分别累计增长了约 23% 和 22%。在该时期，欧洲地区累计增长了约 11%，日本累计增长了约 9%。

从居民人均可支配收入的角度看，2001～2010 年，加拿大人均可支配收入累计增长了约 31%，美国累计增长了约 18%，欧洲地区累计增长了约 11%，日本累计增长了约 9%。对比居民人均可支配收入累计增速与 GDP 累计增速可知，欧洲地区、美国及日本居民人均可支配收入与 GDP 基本保持同步增长。欧洲地区人均可支配收入增速小幅落后于 GDP 增速，而美国与日本人均可支配收入增速小幅高于 GDP 增速。2005 年之后，加拿大居民人均可支配收入增长速度显著高于 GDP 增长速度。由此可以推断，加拿大居民部门可支配收入占 GDP 比重呈现显著上升趋势。欧洲地区 2001 ~2007 年居民部门可支配收入占 GDP 比重基本稳定，之后出现小幅下降。日本 2001 ~2008 年居民部门可支配收入比重下降，而之后逐步上升。

（三）可支配收入占国民收入比重比较

根据美国经济分析局发布的数据测算，美国居民、企业和政府部门可支配收入分配格局如图 3 -51 所示。1960 ~2013 年，美国居民部门可支配总收入占 GDP 比重介于 68.2% ~76.1% 之间；政府部门收入介于 9.5% ~21.1% 之间；企业部门收入介于 10.2% ~15.7% 之间。在三个部门当中，政府的收入弹性最大，波动幅度约为 11.7%；居民部门收入弹性次之，波动幅度约为 7.9%；企业部门收入弹性较小，约为 5.5%。

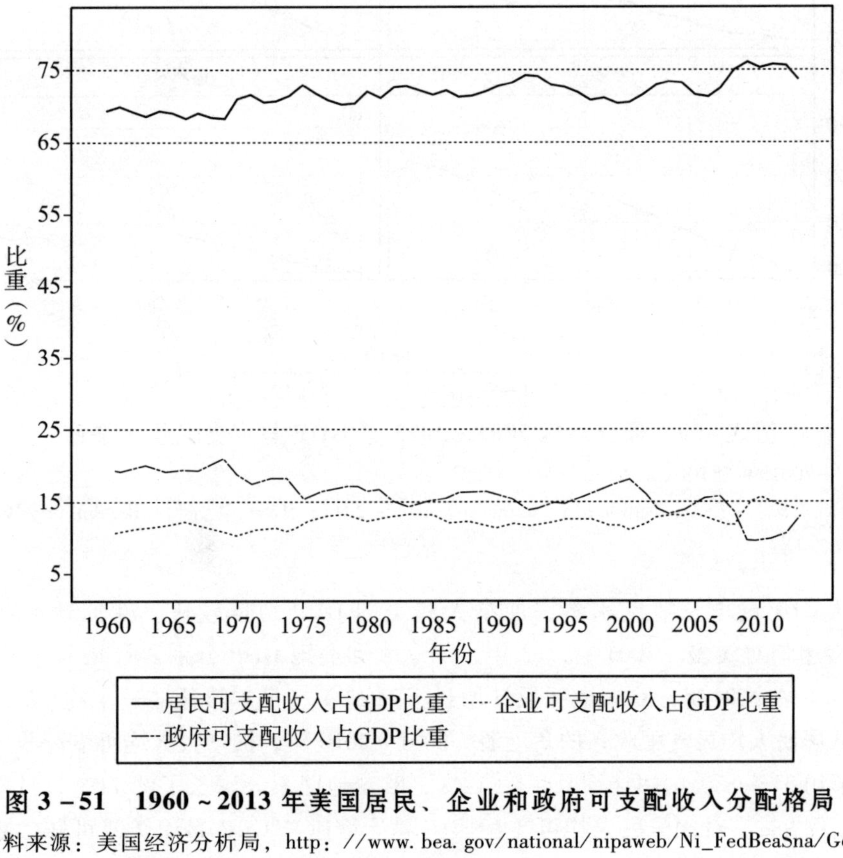

图 3 -51　1960 ~2013 年美国居民、企业和政府可支配收入分配格局

资料来源：美国经济分析局，http：//www.bea.gov/national/nipaweb/Ni_FedBeaSna/GetCSV.asp？GetWhat = SS_Data/Section1All_xls.zip&Section = 2。

从变动趋势来看，居民部门可支配收入占 GDP 比重呈现上升趋势，企业部门基本保持稳定，而政府部门可支配收入占 GDP 比重呈现下降趋势。在政府部门当中，地方政府可支配收入占 GDP 比重相对稳定，联邦政府收入份额波动幅度较大，且下降趋势明显。2009 年和 2010 年，美国联邦政府可支配收入净额为负值，而 2011 年和 2012 年，其可支配收入份额接近于 0。

根据德国统计局发布数据计算，德国居民、企业和政府可支配收入分配格局如图 3 - 52 所示。1991 ~ 2013 年，德国居民部门可支配收入占 GDP 比重介于 69% ~73% 之间。企业部门可支配收入占 GDP 比重介于 0.4% ~6.1% 之间。政府部门可支配收入占 GDP 比重介于 17.6% ~22.1% 之间。总体上，德国居民、政府以及企业可支配收入占国民收入比重比较稳定。

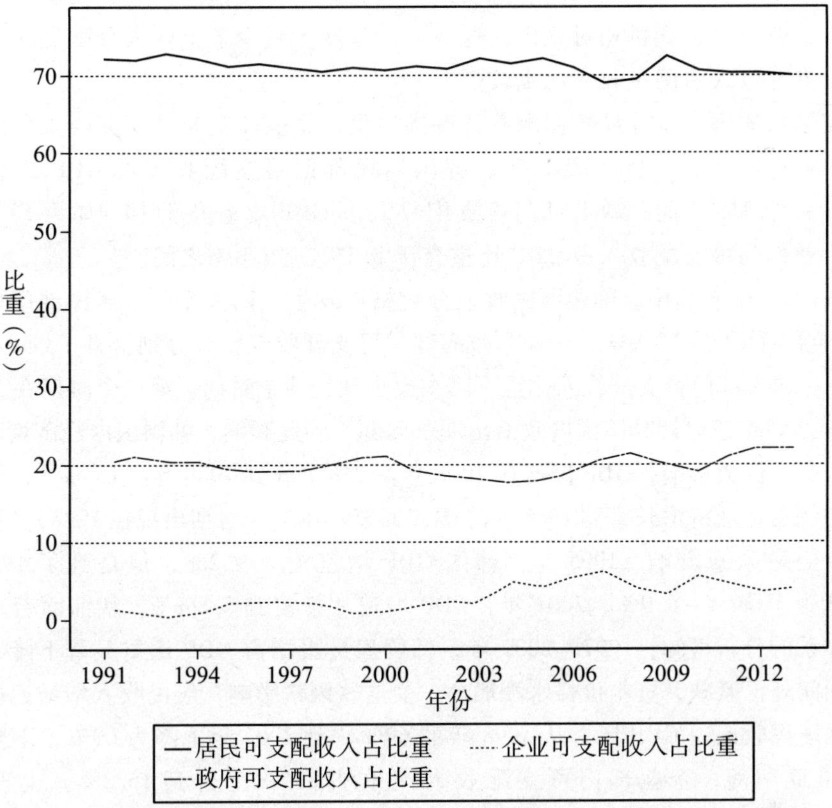

图 3 - 52　1991 ~ 2013 年德国居民、企业和政府可支配收入分配格局

资料来源：德国统计局，https：//www.destatis.de/DE/Publikationen/Thematisch/VolkswirtschaftlicheGesamtrechnungen/Nationaleinkommen/Sektorkonten.html；jsessionid = C0B6B49E5F0CC84C9AEA33ABF5E395E5.cae4。

德国企业部门可支配收入占 GDP 比重低于中国、美国、日本以及韩国。根据国民收入分配流程，企业部门可支配收入等于企业增加值，扣除支付的生产要素成本以及红利之后剩余的未分配利润。企业盈利水平、生产要素的价格、企业的利润分配动机对企业部门可支配收入水平及其份额具有重要影响。根据“剩余股利”理论[①]，在企业融资或者发行新股成本较高的情况下，公司的再投资倾向于优先使用内部资金。在满足所有投资后，如果内部资金还有剩余，则支付股利，如果没有剩余，则不支付股利。使用“剩余股利”理论就可以解释迅速成长的公司发放股利较少，而发展比较平缓的公司倾向于实施高股利政策。我国中小企业融资成本较高，企业发放股利的积极性受到影响。此外，我国市场经济体制建立的时间相对西方国家较短，众多企业处于成长期，对再投资资金需求较强。从而导致企业积累未分配利润意愿较高。相比之下，在德国，具有较多发展成熟的知名企业，股利支付相对稳定，这在一定程度上减少了企业未分配利润，企业部门可支配收入占国民收入比重较低。

使用韩国国家统计局数据测算，韩国居民、企业和政府可支配收入分配格局如图 3 – 53 所示。1975 ~ 2012 年，韩国居民部门可支配收入占 GDP 比重介于 57.4% ~77.1% 之间；政府部门可支配收入占 GDP 比重介于 14.4% ~25.3% 之间；企业部门可支配收入占 GDP 比重介于 8.1% ~19.8% 之间。

在过去 37 年当中，韩国国民收入分配格局发生了巨大变化。居民部门可支配收入比重下降了约 18.9%；企业和政府部门可支配收入比重分别上升了约 8.9% 和 10.7%。居民部门可支配收入比重下降主要出现在两个时期。第一个时期在 1975 ~ 1983 年之间。该时期韩国国内政治出现了问题，受此影响，韩国国内经济增长和居民收入受到巨大影响，GDP 增速从 1978 年 9.3% 下降到 1980 年 – 1.5%[②]，经济增长出现倒退，经济增长直到 1985 年才逐步回复。第二个时期出现在 1997 ~2002 年，受亚洲金融风暴影响。1995 年，韩国 GDP 增速约为 9.2%，但是到了 1998 年，GDP 增速下降为 – 6.9%，2002 年，GDP 增速才恢复到 2.8%[③]。从前面劳动收入指标体系的分析可知，1997 ~2000 年，韩国雇员报酬占 GDP 比重显著下降，韩国在此期间外汇紧缺，资本价格水涨船高。受这些因素影响，居民收入增长速度显著下降。居民收入占 GDP 比重从 1998 年的 69%，到 2002 年下降为 60%，下降了约 9%。在此期间，企业部门可支配收入比重从 8.9% 上升到 16.3%，上升了约 7.2%。其主要原因在于，资本价格上升使得企业分配股利的意愿降低，企业的未分配利润增加，最终导致企业部门可支配收入占 GDP 比重上升。

---

① 米勒（Miller，M. H.）和弗兰克·莫迪格利安尼（Modieliani，F.）在其论文“股利政策，增长和公司价值”提出该理论。

②③ 资料来源：世界银行数据库。

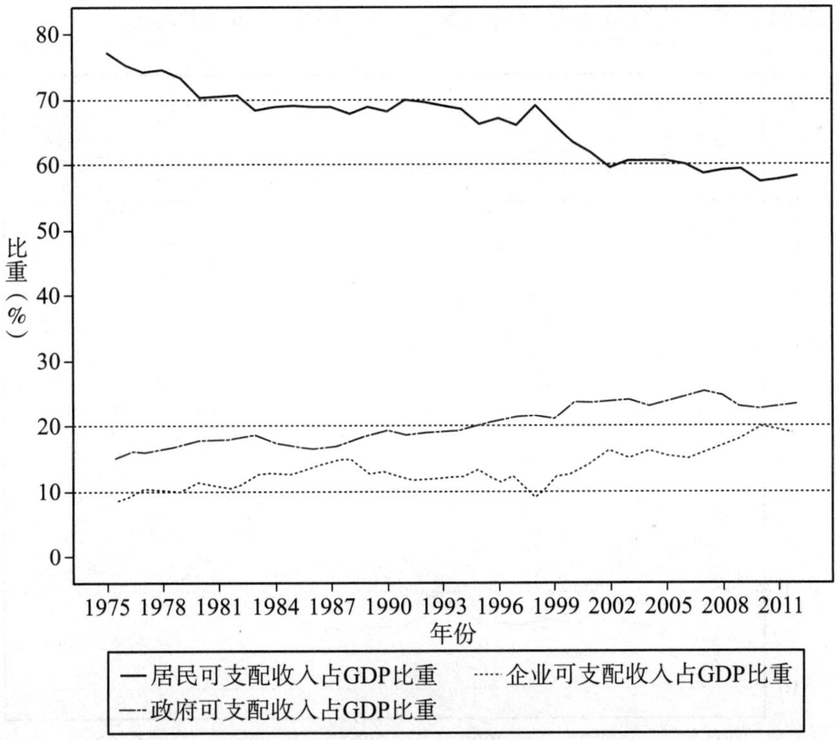

图 3－53　1975～2012 年韩国居民、企业和政府可支配收入分配格局

资料来源：韩国统计局，http：//kosis. kr/eng/statisticsList/statisticsList_01List. jsp？vwcd = MT_ETITLE&parmTabId = M_01_01。

使用日本国家统计局数据测算，日本居民、企业和政府可支配收入分配格局如图 3－54 所示。

从日本国家统计局可得的公开数据时间比较短。1994～2011 年，日本居民部门可支配收入占 GDP 比重介于 61.2%～65.7%之间；政府部门可支配收入占 GDP 比重介于 14.2%～18.8%之间；企业部门可支配收入占 GDP 比重介于 14.7%～22.6%之间。总体上，日本居民、政府和企业部门的可支配收入分配格局相对稳定。从变动趋势上看，政府部门可支配收入占 GDP 比重近年来呈现下降趋势，从 2008 年 18.6%下降到 2011 年约 15.0%。受 2008 年国际金融危机影响，日本政府税收收入大幅下降，2008 年，日本税收收入比上一年度下降了约 13.2%①。另外，日本政府针对金融危机对税收政策作出了调整，具体表现为个人所得税边际税率下降，允许中小企业的净亏损向以往年度结转（予以退税）②。

① 资料来源：新华网，http：//www. nbd. com. cn/articles/2009－07－02/223983. html。

② 《国际金融危机以来部分国家税收政策变化分析》，载于《经济日报》2011 年 5 月 21 日，第 8 版。

税收政策的调整，使得日本政府可支配收入占 GDP 比重下降。

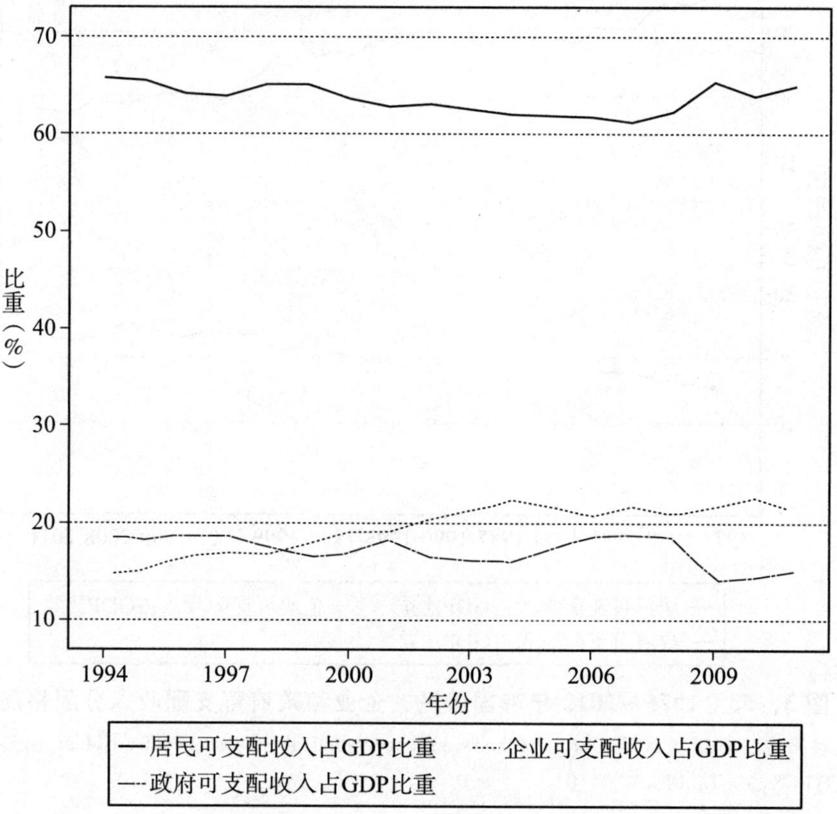

图 3-54　1994～2011 年日本居民、企业和政府可支配收入分配格局

资料来源：日本统计局，http：//www. esri. cao. go. jp/en/sna/data/kakuhou/files/sq/23sqannual_report_e. html。

第五节　政府财政再分配指标群

政府对教育、医疗卫生、社会保障等公共服务方面的民生支出具有显著的再分配功能。在短期内，民生投入降低居民在教育、医疗方面的刚性支出，减轻居民支出负担，变相增加了居民的可支配收入，从而有利于提高居民可支配收入占国民收入的比重。从长期动态来看，加大这类再分配性支出，可以增强居民的人力资本积累能力，改变居民的要素禀赋分布结构，最终促进居民收入的提高。

一、民生财政支出指标群构建与说明

民生财政支出指标群如表 3－36 所示。

表 3－36　　　　民生财政支出指标群

编号	指标名称	指标名称	备注
3－41	财政收入占 GDP 比重	＝政府预算收入/GDP	不包括未纳入一般预算管理的非税收入
3－42	社会保障支出占财政支出比重	＝社会保障支出/财政支出	
3－43	社会保障支出细项占财政支出比重	＝社会保障构成项目/财政支出	包括：社会保险基金的补助、行政事业单位离退休金、就业补助、城市居民最低生活保障、农村居民最低生活保障、自然灾害生活救助
3－44	财政性教育经费占 GDP 比重	＝财政性教育经费/GDP	分地区测算
3－45	公共财政预算教育经费占地区财政支出比重	＝公共财政预算教育经费/财政支出	分地区测算
3－46	政府医疗卫生支出占 GDP 比重	＝政府医疗卫生支出/GDP	分地区测算
3－47	政府医疗卫生支出占财政支出比重	＝政府医疗卫生支出/财政支出	
3－48	政府医疗卫生支出占卫生总费用比重	＝政府医疗卫生支出/医疗卫生总支出	
3－49	政府社会保障支出占 GDP 比重	＝政府社会保障支出/GDP	分地区测算
3－50	政府社会保障支出占财政支出比重	＝政府社会保障支出/财政支出	分地区测算
3－51	政府保障房支出占 GDP 比重	＝政府保障房支出/GDP	分地区测算
3－52	政府保障房支出占财政支出比重	＝政府保障房支出/财政支出	分地区测算

（一）财政收入占GDP比重指标说明

财政收入占GDP比重是指一般预算收入（包括税收收入和纳入一般预算管理的非税收入）占GDP的比重。财政收入占GDP比重指标的统计口径大于政府税收收入占GDP比重指标。税收是财政收入的主要来源，2008年，我国税收收入占财政收入的90%左右[①]。

政府非税收入（以下简称非税收入）是指除税收和政府债务收入以外的财政收入，是由各级政府、国家机关、事业单位、代行政府职能的社会团体及其他组织依法利用政府权力、政府信誉、国家资源、国有资产或提供特定公共服务和准公共服务取得的财政资金[②]。具体包括行政事业性收费、政府性基金等十类，但是，社会保险基金、住房公积金不纳入非税收入管理。

（1）行政事业性收费，是指国家机关、事业单位、代行政府职能的社会团体及其他组织根据法律、行政法规、地方性法规等有关规定，依照国务院规定程序批准，在向公民、法人提供特定服务的过程中，按照成本补偿和非营利原则向特定服务对象收取的费用。

（2）政府性基金，是指各级政府及其所属部门根据法律、行政法规和中共中央、国务院有关文件规定，为支持某项特定基础设施建设和社会公共事业发展，向公民、法人和其他组织无偿征收的具有专项用途的财政资金。

（3）国有资源有偿使用收入，包括土地出让收入，新增建设用地土地有偿使用费，海域使用金，探矿权和采矿权使用费及价款收入，场地和矿区使用费收入，出租汽车经营权、公共交通线路经营权、汽车号牌使用权等有偿出让取得的收入，政府举办的广播电视机构占用国家无线电频率资源取得的广告收入，以及利用其他国有资源取得的收入。

（4）国有资产有偿使用收入，包括国家机关、实行公务员管理的事业单位、代行政府职能的社会团体以及其他组织的固定资产和无形资产出租、出售、出让、转让等取得的收入，世界文化遗产保护范围内实行特许经营项目的有偿出让收入和世界文化遗产的门票收入，利用政府投资建设的城市道路和公共场地设置停车泊位取得的收入，以及利用其他国有资产取得的收入。

（5）国有资本经营收益，包括国有资本分享的企业税后利益，国有股股利、红利、股息，企业国有产权（股权）出售、拍卖、转让收益和依法由国有资本享

---

① 国家财政部网站，http：//www.mof.gov.cn/zhuantihuigu/zhongguocaizhengjibenqingkuang/caizheng-shouru/200905/t20090505_139499.html。

② 国家财政部网站，http：//www.mof.gov.cn/zhuantihuigu/zhongguocaizhengjibenqingkuang/caizheng-shouru/200905/t20090505_139498.html。

有的其他收益。

（6）彩票公益金，是指政府按彩票销售额的一定比例提取的专项用于支持社会公益事业发展的资金。2008年以前，彩票公益金纳入财政专户管理，从2008年起按政府性基金管理办法纳入预算，实行“收支两条线”管理，专款专用，结余结转下年继续使用。

（7）罚没收入，是指国家司法机关、依法具有行政处罚权的国家行政机关、法律法规授权的具有管理公共事务职能的组织等依据法律、法规和规章规定，对公民、法人或者其他组织实施处罚所取得的罚款、没收的违法所得、没收的非法财物及其变价收入等。

（8）以政府名义接受的捐赠收入，是指以各级政府、国家机关、实行公务员管理的事业单位、代行政府职能的社会团体以及其他组织名义接受的非定向捐赠货币收入，不包括定向捐赠货币收入、不代行政府职能的社会团体、企业、个人或者其他民间组织名义接受的捐赠收入。

（9）主管部门集中收入，主要指国家机关、实行公务员管理的事业单位、代行政府职能的社会团体及其他组织集中的所属事业单位收入。

（10）政府财政资金产生的利息收入，是指国库和财政专户中的财政资金，按照中国人民银行规定计息产生的利息收入。

近年来，各级财政部门全面清理取消不合法、不合理的收费、基金，规范和加强了非税收入管理。2008年，在全国统一停征了个体工商户管理费、集贸市场管理费等100项行政事业性收费；各省、自治区、直辖市取消和停征了1207项省级审批的行政事业性收费，降低了170项收费标准。大部分中央部门实施了非税收入收缴改革。地方财政部门在全面清理非税收入项目、取消执收部门和单位收入过渡账户、规范执收行为的基础上，普遍推行了“单位开票、银行代收、财政统管”的非税收入征管制度，大部分省份已建立起比较规范、有效的征管体系，实现了执收执罚行为与资金收缴相分离，增强了执收执罚行为的透明度①。从2011年1月1日起，预算外非税收入（不含教育收费，以下简称预算外收入）全部纳入预算管理②。

（二）财政支出分类说明

为了完整准确地反映政府收支活动，财政部制定了《政府收支分类改革方

① 财政部网站，http：//www.mof.gov.cn/zhuantihuigu/zhongguocaizhengjibenqingkuang/caizhengshouru/200905/t20090505_139498.html。

② 财政部网站，http：//www.mof.gov.cn/zhengwuxinxi/caizhengwengao/2010nianwengao/wgd5q/201007/t20100723_329410.html。

案》，全面实施政府收支分类改革。2007 年之后，财政支出项目口径变化较大，因此，2007 年之后公共财政收支及社会保障支出数据与以前年度数据不可比。

按照 2007 年 1 月 1 日正式实施的政府收支分类改革，我国现行支出分类采用了国际通行做法，即同时使用支出功能分类和支出经济分类两种方法对财政支出进行分类（以《2009 年政府收支分类科目》为例）[①]。

支出功能分类是指按政府主要职能活动对财政支出进行分类。我国政府支出功能分类设置一般公共服务、外交、国防等大类，类下再分款、项两级。主要支出功能科目包括一般公共服务、外交、国防、公共安全、教育、科学技术、文化体育与传媒、社会保障和就业、社会保险基金支出、医疗卫生、环境保护、城乡社区事务、农林水事务、交通运输、采掘电力信息等事务、粮油物资储备及金融监管等事务、国债事务、其他支出和转移性支出。

支出经济分类是按支出的经济性质和具体用途对财政支出进行分类。在支出功能分类明确反映政府职能活动的基础上，支出经济分类明确反映政府的钱究竟是怎么花出去的。支出经济分类与支出功能分类从不同侧面、以不同方式反映政府支出活动。我国支出经济分类科目设工资福利支出、商品和服务支出等 12 类，类下设款，具体包括工资福利支出、商品和服务支出、对个人和家庭的补助、对企事业单位的补贴、转移性支出、赠与、债务利息支出、债务还本支出、基本建设支出、其他资本性支出、贷款转贷及产权参股和其他支出。

（三）政府医疗卫生支出比重指标说明

政府医疗卫生支出是指各级政府用于医疗卫生服务、医疗保障补助、卫生和医疗保障行政管理、人口与计划生育事务性支出等各项事业经费[②]。政府医疗卫生支出相对应的是社会医疗卫生支出和个人医疗卫生支出。社会卫生支出是指政府支出外的社会各界对卫生事业的资金投入，包括社会医疗保障支出、商业健康保险费、社会办医支出、社会捐赠援助、行政事业性收入等。个人现金卫生支出是指城乡居民在接受各类医疗卫生服务时支付的现金，包括享受各种医疗保险制度的居民就医时自付的费用；可分为城镇居民、农村居民个人现金卫生支出。政府医疗卫生支出占 GDP 比重、占财政支出比重反映了政府对医疗卫生的投入程度。

---

① 财政部网站，http：//www. mof. gov. cn/zhuantihuigu/zhongguocaizhengjibenqingkuang/caizhengzhichu/200905/t20090505_139521. html。

② 国家卫生和计划生育委员会：《中国卫生和计划生育统计年鉴（2013）》，中国协和医科大学出版社 2014 年版。

（四）财政性教育经费占国民收入比重说明

全国教育经费来源包括国家财政性教育经费、民办学校举办者投入、社会捐赠经费、事业收入及其他教育经费[①]。

国家财政性教育经费包括公共财政预算教育经费，各级政府征收用于教育的税费，企业办学中的企业拨款，校办产业和社会服务收入用于教育的经费，其他属于国家财政性教育经费。

（1）公共财政预算教育经费，是指中央地方各级政府和上级主管部门在本年度内安排，并划拨到各级各类学校、教育行政单位、教育事业单位，列入国家预算支出科目的教育经费。具体包括：教育事业费拨款；科研拨款；基本建设拨款及其他拨款。

（2）各级政府征收用于教育的税费，是指中央和地方各级政府为发展教育事业而制定机关专门征收，并划拨给教育部门使用的实际数额。例如：教育费附加，地方教育附加，地方基金。

（3）企业办学中的企业拨款，是指中央和地方所属企业在企业营业外支经列支或企业自有资金列支，并实际拨付所属学校的办学经费。

（4）校办产业和社会服务收入用于教育的经费，是指企业举办的校办产业和各种经营取得的收益及投资收益中用于补充教育经费的部分。

（5）其他属于国家财政性教育经费，指高等学校从非本级财政或其他政府部门、公办科研机构取得的，未列入“科研拨款”的所有用于科学研究并源自财政拨款的经费；学校应承担农民工培训、复转军人培训、岗前培训等任务，而收到的非本级财政或其他政府部门的财政拨款；各级各类学校和教育事业单位以外的培训机构承办农民工培训、复转军人培训、岗前培训等继续教育培训任务所取得的财政拨款。

（五）社会保障支出比重指标说明

财政社会保障支出是指财政支出当中用于社会保障的支出，其核算范围随着我国经济发展以及社会保障制度的完善而变化。财政社会保障支出的口径变化可以划分为三个阶段（徐倩和李放，2012）。

第一阶段，从改革开放初期到 1997 年。财政社会保障支出主要是指抚恤和社会福利救济费。在此期间，我国的社会保障体系主要针对城镇居民，职工及其

① 教育部财务司、国家统计局社会科技和文化产业统计司：《中国教育经费统计年鉴（2012）》，中国统计出版社 2013 年版。

家属的医疗、住房、养老等保障主要依靠工作单位解决。农村居民的社会保障接近空白，农民的社会保障主要依靠家庭和亲属的帮助。直到1997年，行政事业单位的离退休费用才开始在财政支出中单独列出，之前一直从属于抚恤和社会福利救济费支出。

第二阶段，1998～2006年，随着我国经济发展和改革的深入，我国开始了保障体系社会化改革。1997年，国务院颁布《关于建立统一的企业职工基本养老保险制度的决定》；1998年，颁布《国务院关于建立城镇职工基本医疗保险制度的决定》；2003年，国务院提出《关于建立新型农村合作医疗制度的意见》。随着一系列政策法规的出台，国家财政对社会保障的投入逐步增加。从1998年开始，统计财政社会保障支出时，在抚恤和社会福利救济费、行政事业单位的离退休费的基础上又新增了“社会保障补助支出”一项。

第三阶段，2007年至今。我国对政府收支分类项目的设置情况进行了改革，调整之后，财政对社会保障的支出主要包括以下方面：对社会保险基金的补助、行政事业单位离退休金、就业补助、城市居民最低生活保障、农村居民最低生活保障、自然灾害生活救助支出六个方面。这六个方面的总支出占财政支出的比重是反映收入再分配力度的指标。

二、财政收入占GDP比重测算分析

财政收入是政府的主要收入来源，其占GDP比重反映了政府参与经济成果分配的程度。财政收入既有资源配置、调控经济功能，还有收入分配功能。从主体分配格局的角度看，新创造的价值主要在政府、居民和企业之间分配，财政收入占GDP的份额升高，居民和企业占GDP收入的份额就会降低。如果暂不讨论财政收入的用途，那么财政收入份额与居民收入份额是此消彼长的关系。测算财政收入占GDP份额有助于理解居民收入份额变动的趋势。

图3－55展示了1980年以来我国财政收入、税收收入以及政府可支配收入占GDP比重情况。其中，政府部门可支配收入占GDP比重等于政府部门增加值加上政府部门初次分配收入净额，再加上政府部门再分配收入净额。

我国财政体制的变迁大体上经历了集权模式—行政性分权模式—经济性分权模式的一条轨迹（贾康和赵全厚，2009）。总体上可划分为三个阶段。

第一阶段为高位相对平稳期，时间为1950～1978年。除去个别年度波动幅度较大之外，其他年度财政收入占GDP比重介于25%～30%之间。新中国成立初期，我国实行高度集中的计划经济体制，政府是社会资源的管理者和分配者，使得财政收入占GDP比重较高。

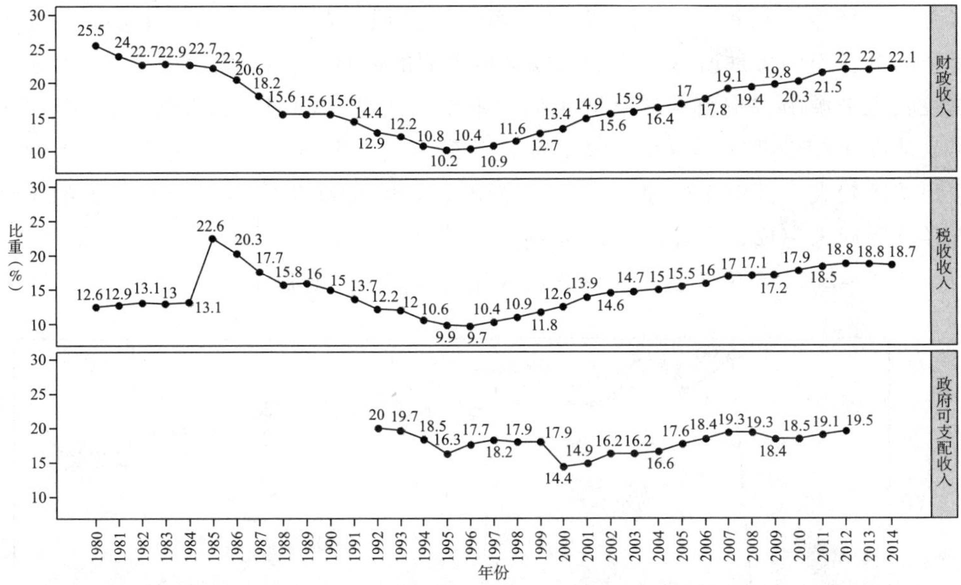

图 3-55　1980~2014 年财政、税收及政府支配收入占 GDP 比重

资料来源：财政收入、税收收入以及 GDP 数据来自国家统计局网站，政府部门可支配收入原始数据来自《中国统计年鉴》资金流量表（实物交易）。

第二阶段为改革开放初期至 20 世纪 90 年代中期。政府对国有企业的放权让利，同时推出对非国有中小企业的税收优惠政策。在这些改革中，国民收入分配结构发生了深刻变化，增强了企业自主发展能力，也提高了居民收入水平。在此期间，我国个体和私营经济迅猛发展，居民和企业收入的增速快于政府财政收入增长，财政收入占 GDP 的比重呈现下降趋势。

第三个阶段从 20 世纪 90 年代中期至 2014 年。财政收入占 GDP 比重从 10% 上升到 22% 左右。1994 年，为了规范政府与企业、中央政府与地方政府之间的收入分配制度，我国实行了分税制改革。推行此次改革的动机是：在全国范围内减少公共品供应水平省际不平衡，消除各省之间的外部性，实现有效的宏观经济管理（陈硕，2010）。分税制改革以前，中国的财政体制采用“包干制”，政府财政收入被分为三类：中央固定收入、地方固定收入和中央地方共享收入。分税制改革调整了 20 世纪 80 年代形成的中央地方关系，并重新回收重要领域的经济管理权。分税制改革之后，财政收入以年均 20% 左右的速度增长，远高于城镇居民人均可支配收入增速和农村居民现金收入增速，收入分配向政府部门倾斜。

税收是财政收入的主要来源，20 世纪 90 年代以来，我国的税收收入结构发生了很大变化，从原来主要依靠国有和集体企业，演变成为当前税收收入来源多元化格局。2007 年，全国税收收入的来源结构为“二八开”，“纯国有”和“准国有”经济单位的税收收入份额仅占20.8%。股份制企业、私营企业、外商投资企业等在内的多种所有制企业以及其他来源的缴纳，已占到了79.2%。我国的财政收入来源由“取自家之财”走向“取众人之财”（高培勇，2008）。

从图3-55可见，1992~1999年，政府可支配收入占GDP比重与其他两个序列差距较大，其中主要原因在于国家统计局对2000年之前资金流量表的统计口径调整尚未完成，因此，2000年前后的数据不可比。

1980~2014年税收收入占财政收入比重如图3-56所示。

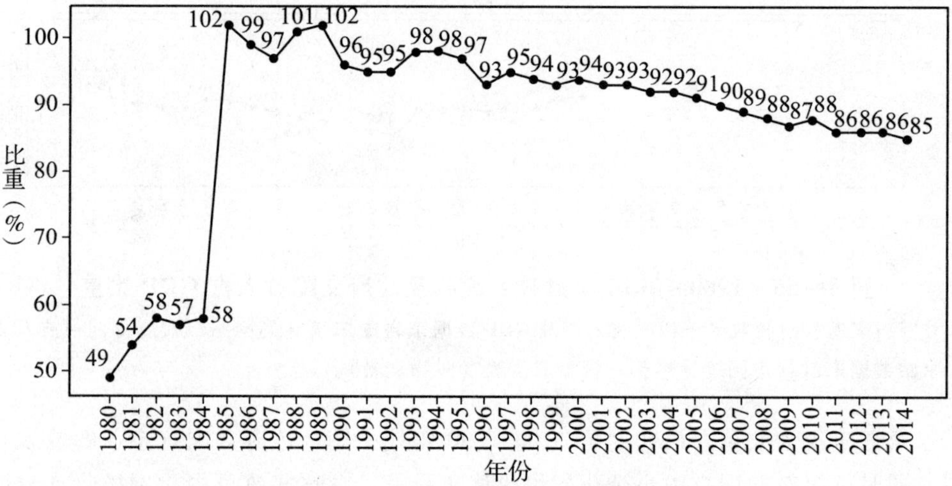

图3-56　1980~2014年税收收入占财政收入比重

资料来源：国家统计局网站，http：//data. stats. gov. cn/。

1980~1984年，税收收入占财政收入比重低于60%。在1985年、1988年及1989年三个年度，我国税收收入比重超越了财政收入比重。财政收入包括税收收入和非税收入两大部分，理论上财政收入占GDP比重应高于税收收入占GDP比重。从前面的财政收入占GDP比重指标说明可知，非税收入当中包括国有资本经营收益。以上三个年度企业亏损补贴金额较大，导致非税收入总计为负值，使得财政收入占GDP比重低于税收收入占GDP比重。

2000~2014年，税收收入占财政收入比重从94%下降到约85%。一方面，非税收入快速增长。21世纪初期，我国国有企业改革逐步完成，国有资本经营状况改善，收益增加。另一方面，我国部分地区土地出让金在2011年以后逐步纳入预算内管理，地方政府土地出让金快速增长，也使得财政收入当中非税收入快速增加，由此导致税收收入比重下降。

2011年以前，地方政府有大量的非税收入未纳入一般预算。2008年审计署的审计报告指出，我国大量土地出让金未纳入预算管理。审计署2008年抽查的

10个省级、23个市级和41个县，发现2007年有848.26亿元非税收入未纳入一般预算和基金预算管理。从结构看，上述应纳未纳入预算管理的非税收入主要是土地出让收入（626.42亿元）和已收缴的国有资本经营收益（44.56亿元），合计占上述848.26亿元的79.1%①。

2001～2014年，我国土地出让金收入规模及其比重如表3－37所示。

表3－37　　2001～2014年土地出让金及其比重

年份	土地出让金（万亿元）[1]	税收和土地出让金合计（万亿元）[2]	土地出让金占GDP比重（%）	税收和土地出让金合计占GDP比重（%）	土地财政和税收占GDP比重估计（%）[2]
2001	0.13	1.66	1.2	15.1	14.4
2002	—	—	—	—	—
2003	0.54	2.54	4.0	18.6	16.4
2004	0.59	3.01	3.7	18.7	16.7
2005	0.55	3.43	3.0	18.4	16.8
2006	0.77	4.25	3.5	19.5	17.6
2007	1.27	5.83	4.7	21.8	19.2
2008	1.04	6.46	3.3	20.4	18.6
2009	1.49	7.44	4.3	21.5	19.2
2010	3.01	10.33	7.4	25.3	21.2
2011	3.32	12.29	6.9	25.4	21.6
2012	2.85	12.91	5.3	24.2	21.2
2013	4.10	15.15	7.0	25.8	21.9
2014	4.26	16.18	6.7	25.4	21.7

资料来源：1. 土地出让金2008～2012年数据来自《地方财政研究》2013年第12期："2008～2012年全国各地区土地出让收入情况"；其他年度土地出让金数据来自国土资源部。2. 税收和GDP数据来自国家统计局网站。3. 土地财政和税收占GDP比重估计值是将土地出让金的45%加上税收收入合计，除以GDP。

从表3－37可见，2001～2014年，土地出让金从约1 300亿元增长到约4.3万亿元，增长了约33倍；土地出让金占GDP比重从1.2%增长到6.7%，增长了约5.6倍。土地出让金的快速增长带动了政府财政收入的快速增长。税收和土地

① 《审计署报告：大量土地出让金未纳入预算管理》，引自《现代快报》，http://dz.xdkb.net/old/html/2009－07/18/content_71120272.htm。

出让金合计占 GDP 比重在过去 13 年里上升了约 10%。

土地出让金收入的一部分需要用于支付征地费和拆迁补偿费。根据国家财政部公布的地方政府性基金支出决算数据，2013 年，征地和拆迁补偿支出占国有土地使用权出让金收入的比重约为 55%①。由此估计土地出让金当中约 45% 会转变为财政收入，据此估计，土地财政收入与税收合计占 GDP 的比重如表 3 - 37 最后一列所示。该列数据估计值与图 3 - 56 中财政收入占 GDP 比重序列数值十分接近。但是，两个数据序列的核算范围存在一定差异，前者比后者少了行政事业性收费、国有资本经营收益、罚没收入、捐赠收入等核算内容。由此可以推断，仍有部分地方政府的土地出让金收入游离在预算收入之外。财政部的测算结果也表明我国 2009 年前后存在大量非税收入没有计入政府财政收入，即没有纳入一般预算。财政部根据一般预算收入加上预算外收入（政府性基金收入、财政专户管理资金收入、社会保险基金收入和土地出让收入）大口径计算，2003 ~ 2007 年，我国政府财政收入从 32 605 亿元增长到 77 608 亿元，其占 GDP 比重从 24% 上升到约 30%。2008 年这一比重约为 30%②，而根据国家统计局以及《中国财政年鉴（2013）》数据计算，2008 年财政收入占 GDP 比重约为 19.4%，后者反映的是纳入一般预算的财政收入比重。

我国宪法规定，“城市的土地属于国家所有，农村和城市郊区的土地，除由法律规定属于国家所有的以外，属于集体所有”。土地使用权是一种无形资产，土地交易是土地资产和金融资产之间的交易，一方出让土地使用权，获得金融资产，另一方出让金融资产，获得土地使用权。土地使用权交易只是不同类型资产之间的交换，没有生产活动发生，从而也就没有增加值产生，对 GDP 没有贡献。所以，土地出让金不能计算到 GDP 中去（许宪春，2009）。

但是，土地交易行为具有显著的收入分配效应，土地交易是对存量财富而不是对增量财富的再分配，是将无形资产转换为流动资产的过程。已有研究较多关注增量价值的分配，对存量价值的收入分配关注不够。存量价值的再分配以相对价格变动为前提条件，以交易行为作为实现手段。假设甲和乙是某一经济当中的两个主体，甲拥有两辆相同的汽车，乙拥有两座相同的房子。在第一个经济时期，一辆汽车能交换一座房子，此时甲和乙拥有相同的财富。在第二个经济时期，假设房子价格上涨，两辆汽车才能换得一座房子，甲对房子有刚性需求，必须以汽车交换房子。那么，在第二个经济时期，乙的财富是甲的两倍。由于商品价格的变化和交易的出现，存量财富实现了再次分配。

① 人民网，http：//www.chinanews.com/house/2015/03 - 09/7113907.shtml。

② 财政部网站，http：//www.mof.gov.cn/zhuantihuigu/zhongguocaizhengjibenqingkuang/caizhengshouru/200905/t20090505_139487.html。

我国政府土地交易的再分配分为两个阶段。第一个阶段是政府和土地原有使用者之间的收入分配。政府土地交易的主要成本是征地和拆迁补偿金，政府和土地原有使用者之间围绕征地和拆迁补偿展开博弈，而后者在博弈过程中往往处于弱势。第二个阶段是政府和土地最终消费者之间的收入分配。政府向开发企业出售土地之后，开发企业在土地之上盖楼出售或修路收费，其销售或者服务价格必然包含了土地转让成本。因此，开发商向政府缴纳的土地出让金最终由土地的消费者承担。近年来，我国土地出让价格快速上涨，“地王”不断刷新历史纪录，土地出让价格增长速度显著高于大部分商品价格的平均增速，即土地相对价格上升，其他商品相对价格下降。在这种背景下，土地的消费者（例如，购房者）的部分存量财富通过开发商向政府转移。

需要说明的是，财富向政府转移并不一定是负面的，相对于西欧国家，我国政府部门的财政收入占 GDP 的份额并不高。问题的关键是政府如何使用财政收入，做到取之于民，用之于民。因此，需要对政府的财政支出结构、效率及其透明度等方面进行重点关注。

三、我国民生财政支出指标测算分析

我国的财政收入快速增长，为财政支出提供了坚实保障。财政收入取自“众人之财”，因此，财政支出应受公众监督。

（一）社会保障支比重指标测算分析

使用相应年度《中国财政年鉴》数据计算，我国 2007 ~ 2012 年社会保障支出及其主要项目占财政支出的比重如图 3 – 57 所示。

总体上，近年来我国社会保障支出与财政支出增长速度保持了同步。社会保障支出占财政支出的比重在 10% 左右，且 2007 年以来基本保持平稳，变动幅度在 1% 上下。在图 3 – 57 中各分项支出当中，财政对社会保险基金的补助所占的份额较大，约占整个财政支出的 3% 左右。2012 年补助金额达到 3 833 亿元，该比率自 2009 年以来呈现上升趋势，年均增速约为 24.6%，比财政支出年均涨幅高约 4%。另外，社会保险基金补助快速增长。一方面是因为我国居民的整体福利水平和覆盖范围提高。我国养老保险体系由原来只覆盖城镇职工，到目前制度已覆盖城镇无业居民和农村居民。而且，新农合医疗体制的推出，使得我国农民群体也被纳入医疗保险覆盖的范围之内。社会保险覆盖面的提高，使得财政支出当中社会保险基金支出比率增大。另一方面，我国人口老龄化加快，养老金体系支付压力凸显。此外，近年来企业退休人员工资多次上调，其资金主要来源于财政补贴。这都使得财政在社会保险基金补助项目的支出增速较快。

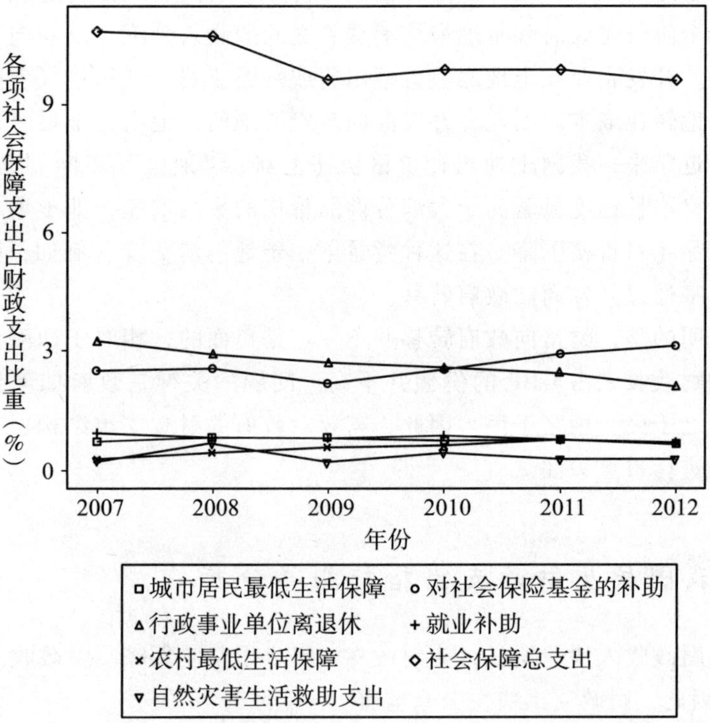

图 3－57　社会保障支出及其主要项目占财政支出比重

财政对行政事业单位离退休补助支出份额居第二位。2012 年支出约 2 821 亿元，占财政支出的份额约为 2.2%，但是，年均增速约为 12.5%，在六项社会保障支出当中增长速度最低。近年来，行政事业单位离退休补助支出份额呈现下降趋势。由于历史原因，我国的养老金制度实行双轨制，企业退休职工与行政事业单位退休职工的养老金存在差别。企业退休职工的养老金实行统账结合的养老保险制度，即个人缴款与社会统筹相结合的养老保险制度；而行政事业单位离退休职工养老金主要依赖于财政拨付。近年来，行政事业单位离退休养老金增速低于企业职工退休金增长速度，这一方面使得财政对行政事业单位离退休的补助支出增速下降，另一方面也为我国双轨制的社会养老保险制度并轨逐步奠定基础。

财政对农村最低生活保障的补助力度逐年上升。2007 年，农村最低生活保障的补助约 109 亿元，2012 年这一数字上升到 694 亿元，年均增速约 44.8%。而补助金额由 2007 年仅有城市居民补助水平的 1/3，到 2012 年略超城镇居民补助水平。这反映了我国政府对农村居民的帮扶力度在增大。

2007～2012 年分地区社会保障支出占 GDP 及财政支出比重如图 3－58 所示。

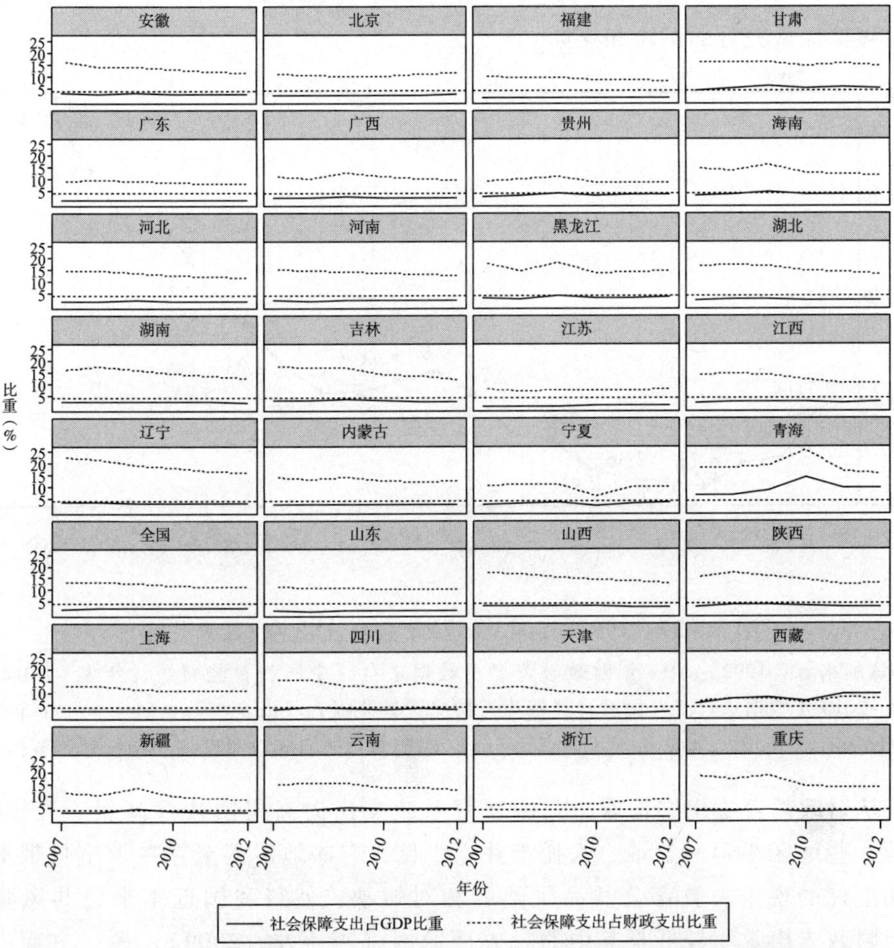

图 3－58　2007～2012 年分地区社会保障支出占 GDP 及财政支出比重

（二）财政教育支出比重指标测算分析

1. 全国财政教育支出比重测算分析

图 3－59 展现了我国 1992～2013 年财政教育支出占 GDP 比重。

从图 3－59 可见，财政对教育支出占 GDP 的比重近年来呈现上升趋势，政府对教育的投入增强。2013 年教育支出占 GDP 比重约为 4.18%，相对于 1992 年上升了约 1.5%。20 世纪 80 年代，我国初中教育的毛入学率只有 70% 左右，高中阶段和高等教育的毛入学率分别为25%和5%左右（马志远，2011）。目前，我国已经全面普及了免费义务教育，高中阶段毛入学率2013年达到了86%，高等教育毛入学率达到了34.5%①。教育普及程度和教育总规模有了极大的发展，相比之下，2013年我国财政性教育经费占GDP比重升幅较小，显然难以为各级教育事业提供充分的保障和支撑。

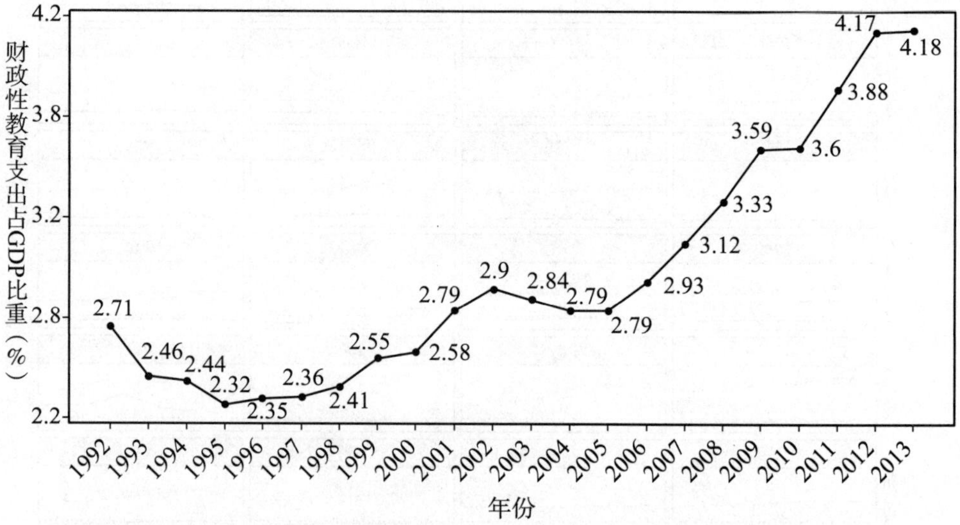

图3-59　1992~2013年财政教育支出占GDP比重

资料来源：1992~2011年财政教育经费数据来自《中国教育经费统计年鉴（2012）》，2012~2013年数据来自《全国教育经费执行情况统计公报》：http：//www.moe.gov.cn/publicfiles/business/htmlfiles/moe/moe_83/index.html。GDP数据来自相应年度《中国统计年鉴》。

从财政教育支出结构看，我国教育财政支出向高层次教育倾斜。近年来，我国一些地区小学入学难、入托难并不少见，有些地区甚至存在学生自带桌椅板凳上课的现象。教育公共品供给的相对短缺，使得我国近年来公共风险上升。财政支出效率较低是其中的一方面原因（李永友，2009）。另一方面，教育财政支出的地区差距、结构差异，也是一些地区教育公共品供给相对短缺的重要原因。以2009年为例，我国财政资金对不同层次教育支付金额及其结构如表3-38所示。

① 数据来自《2013年全国教育事业发展统计公报》。

表 3-38　　2009 年我国财政对不同层次教育支出结构

指标	教育基本建设投资（亿元）	比重（%）	财政教育经费支出（亿元）	比重（%）	在校人数（万人）	比重（%）	生均财政教育经费（万元）
普通高校	759.9	34.8	2 327.4	20.9	3 374.8	13.1	0.7
普通中学	835.2	38.3	3 834.4	34.4	7 706.7	29.8	0.5
职业中学	1.5	0.1	814.2	7.3	1 816.4	7.0	0.4
小学	515.8	23.6	3 973.0	35.6	9 940.7	38.4	0.4
幼儿园	16.8	0.8	166.3	1.5	2 976.7	11.5	0.1
特殊教育学校	53.8	2.5	45.5	0.4	42.6	0.2	1.1
合计	2 183.0	100.0	11 160.7	100.0	25 857.9	100.0	—

资料来源：根据《中国教育年鉴（2010）》相关数据计算。

从教育基本建设投资的角度看，财政对各类学校的支出当中，普通高校 2009 年投资份额约占 34.8%，比小学高 11.2%。该年度财政向幼儿园的基本建设投资金额仅为 16.8 亿元，占全国教育基本建设投资的份额不到 1%。从在校生人数的角度看，2009 年我国各种层次教育在校生总人数约 2.6 亿人。其中小学生在校人数最多，约占在校生总数的 38.4%；普通高校（包括硕士和博士）在校生人数约为 3 400 万人，相当于小学生在校人数的 1/3。但是从生均财政教育经费的角度看，普通高校学生的年生均财政支出大约 7 000 元，而小学生的年生均财政支出约为 4 000 元，前者大约是后者的两倍。而幼儿园的生均经费支出仅为 1 000 元。已有研究表明，教育财政支出向低层次教育倾斜更加有利于社会的公平，能间接地减缓居民可支配收入的下降。

首先，低层次教育面向的人群更加广泛。高等教育在校生人数仅占全部在校生人数的 13.1% 左右，大部分在校生来自中等和初等教育，因此，低层次教育涉及的居民家庭远多于高等教育。

其次，侧重低层次教育更加有利于居民起点公平，促进社会的稳定。我国当前免费义务教育仅包括小学和初中，幼儿园和高中教育需要缴纳学费。教育层次越低，越应该作为一项福利，因为居民享有平等的低层次教育机会有利于提升全民素质。

最后，高等院校具有一定的"造血"能力，而低层次学校的自我"造血"能力较弱。高等教育学生基本是 18 岁以上成年人，教师的平均学历层次高于初等和中等教育，而且师生具有一定的专业方向和专业知识，具有为社会创造价值、筹集资金的能力。因此，除了基础学科以外，其他学科应积极转化科研成果、增强与社会及企业合作来筹集办学所需经费。从美国的经验来看，教育财政主要投向初等和中等教育，高等教育经费主要依靠社会力量来筹集，而不是国家财政投入。

我国义务教育经费主要来源于地方财政，而高等教育经费来源主要于中央财政。因为我国实行的是“分级办学，分级管理”的教育体制（金双华，2003），这使得义务教育投入的主要责任落在了县、区、乡、村基层，而其财政能力与其所承担的教育投入责任不匹配。由此造成财政能力强的基层政府其教育投入多，而财政能力弱的基层政府，特别是部分农村对义务教育投入不足，欠账较多，使这些地区的义务教育发展滞后，甚至造成财政收入富足地区学生配备苹果电脑，而财政收入缺乏地区学生需要自带课桌椅上学的现象。因此，为了促进教育的起点公平，需要强化中央和省级财政对义务教育的投入力度，提高教育支出的财政管理层次，义务教育和基础教育应由县、区、乡财政支付转到省级或完全纳入中央财政统筹，以利于缩小地区之间、城乡之间教育投入的差距。

2. 不同收入水平家庭教育支出及其结构

2005~2011 年，按收入分组城镇居民的教育支出水平如表 3-39 所示，教育支出及其占家庭收入比重如图 3-60、图 3-61 所示。

表 3-39　2005~2011 年城镇居民按收入分组教育支出水平　单位：元/年

年份	总平均	困难户	最低收入户	低收入户	中等偏下收入户	中等收入户	中等偏上收入户	高收入户	最高收入户
2005	571	230	283	375	460	577	674	747	1 075
2006	612	256	305	399	490	588	731	798	1 200
2007	638	279	335	433	523	614	715	845	1 245
2008	622	285	303	372	498	598	722	871	1 322
2009	646	275	314	407	534	625	758	869	1 326
2010	661	275	322	428	530	632	776	924	1 357
2011	750	347	402	504	590	733	832	1 061	1 546

资料来源：根据历年《中国城市（镇）生活与价格年鉴》整理。

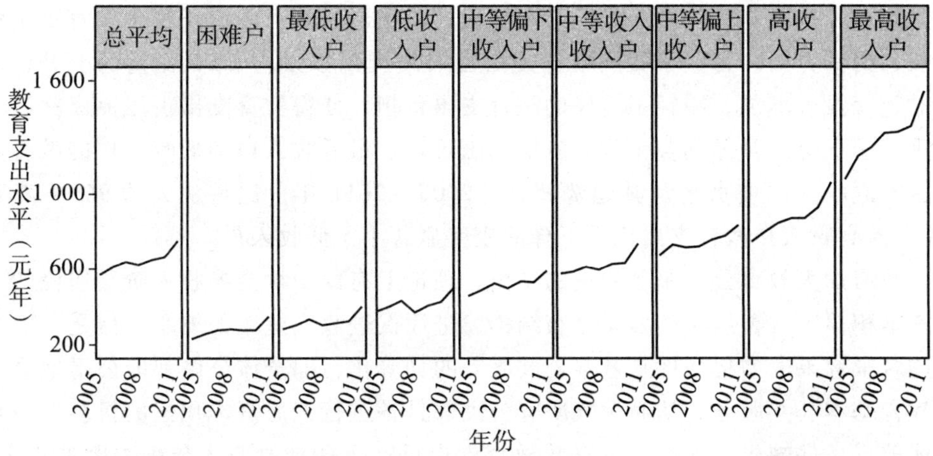

图 3-60　2005~2011 年城镇居民按收入分组教育支出水平

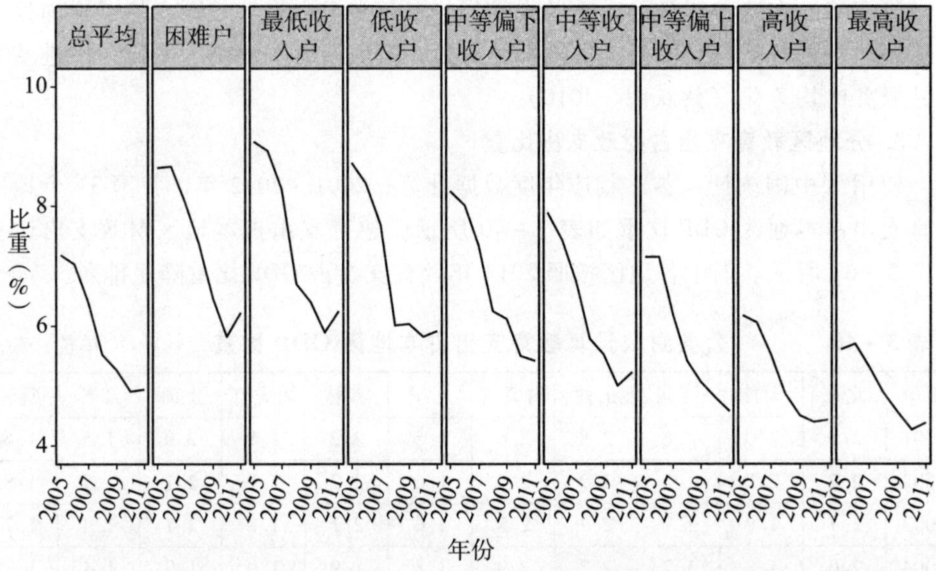

图 3-61　2005~2011 年城镇居民按收入分组教育支出占家庭收入比重

表 3-39 显示，我国各收入阶层城镇居民的教育支出呈现上升趋势。同时，居民之间教育支出差距较大，最高收入户的教育支出水平大约是困难户的 4.6 倍。图 3-60 中各收入分组的教育支出水平曲线首位接近重合，表明如果不考虑价格因素，相邻的两个收入等级之间教育支出差距大约为 6 年，即最低收入户 2011 年才达到低收入户 2005 年的教育支出水平，而低收入户 2011 年才达到中等收入户 2005 年的教育支出水平，如此类推。

从教育支出占家庭收入比重的角度看，各收入阶层城镇居民教育支出占家庭收入比重呈现下降趋势。一方面，表明我国城镇居民收入的增长快于教育支出的增长；另一方面，得益于我国教育支出占财政支出以及占 GDP 比重的上升，政府对教育投入增加，减轻了居民的教育支出负担，使得教育支出占居民家庭收入比重普遍下降。具体到各个收入阶层，困难户、最低收入户和低收入户的教育支出占家庭收入比重水平及其趋势相似，2005～2011 年，比重从大约 9% 下降到 6%；而高收入户教育支出比重下降的幅度显著小于低收入户。

政府加大教育公共服务领域的支出，理论上有助于社会各收入阶层居民的人力资本积累，改善居民的要素分布结构，进而促进收入差距的缩小。但是，取得上述政策效果的前提条件是基本公共服务的均等化，即全体公民都能公平地享受到教育基本公共服务，从而保障所有公民都具备进行人力资本积累的机会。一旦上述前提条件缺失，那么加大财政教育支出反而可能加剧收入分配差距的扩大。当前，我国教育基本公共服务仍存在显著的城乡差距和地区差距，公平的公共服务尚不完善。在这种背景下，通过改善公共服务来缩小收入差距，除了增加投入外，还要完善包括公共服务提供机制在内的各项现行财政性制度安排，推进基本公共服务的均等化（蔡跃洲，2010）。

3. 分地区教育支出占财政支出比重

使用《中国统计年鉴》相应年度数据计算，2001～2012 年，我国 31 个地区教育支出占本地区 GDP 比重如表 3－40 所示。教育支出占本地区财政支出比重如图 3－62 所示。图中各地区按照 2012 年教育支出占 GDP 比重降序排列。

表 3－40　　公共财政预算教育支出占本地区 GDP 比重　　单位：%

年份	北京	天津	河北	山西	内蒙古	辽宁	吉林	黑龙江	上海	江苏	浙江
2001	2.5	2.0	1.6	2.8	2.6	1.5	2.2	1.8	2.0	1.5	1.6
2002	2.7	2.0	1.8	2.9	2.8	1.6	2.2	2.0	2.1	1.5	1.8
2003	2.7	1.9	1.7	2.7	2.5	1.6	2.1	1.8	2.1	1.4	1.7
2004	2.0	1.8	1.7	2.2	2.2	1.8	1.9	1.9	1.9	1.4	1.7
2005	2.1	1.8	1.7	2.4	2.0	1.8	2.0	1.9	2.0	1.4	1.7
2006	2.2	1.9	1.6	2.5	2.0	1.8	2.1	2.2	2.0	1.4	1.7
2007	2.8	2.2	2.1	3.2	2.5	2.3	2.7	2.8	2.3	1.9	2.0
2008	3.0	2.2	2.3	3.4	2.7	2.3	2.9	3.1	2.4	2.0	2.1
2009	3.0	2.3	2.5	3.8	2.5	2.3	3.0	3.1	2.3	2.0	2.3
2010	3.2	2.5	2.5	3.6	2.8	2.2	2.9	2.9	2.4	2.1	2.2
2011	3.2	2.7	2.7	3.8	2.7	2.4	3.0	3.0	2.9	2.2	2.3
2012	3.5	2.9	3.3	4.6	2.8	2.9	3.8	4.0	3.2	2.5	2.5

续表

年份	安徽	福建	江西	山东	河南	湖北	湖南	广东	广西	海南	重庆
2001	2.0	1.7	2.2	1.5	1.7	1.5	1.6	1.7	2.8	2.0	1.9
2002	2.2	1.7	2.4	1.5	2.0	1.7	1.9	2.0	2.9	2.3	2.0
2003	2.1	1.8	2.3	1.4	1.9	1.6	1.9	1.9	2.9	2.2	1.9
2004	2.2	1.8	2.1	1.4	1.8	1.9	1.8	1.5	2.6	2.2	1.8
2005	2.2	1.7	2.2	1.3	1.8	1.8	1.9	1.5	2.6	2.7	2.0
2006	2.5	1.8	2.2	1.3	1.9	1.9	1.9	1.5	2.8	2.6	2.3
2007	2.9	2.0	3.2	1.7	2.4	2.4	2.5	1.9	3.2	3.3	2.9
2008	3.2	2.2	3.2	1.8	2.4	2.5	2.8	2.0	3.5	3.8	3.0
2009	3.2	2.3	3.3	1.8	2.7	2.4	2.7	2.0	3.8	4.5	2.9
2010	3.1	2.2	3.1	2.0	2.6	2.3	2.5	2.0	3.8	4.8	3.0
2011	3.7	2.3	4.1	2.3	3.2	2.5	2.7	2.3	3.9	5.0	3.2
2012	4.2	2.9	4.8	2.6	3.7	3.3	3.6	2.6	4.5	5.6	4.1

年份	四川	贵州	云南	西藏	陕西	甘肃	青海	宁夏	新疆	全国
2001	1.9	4.1	3.7	6.5	2.8	3.4	3.4	3.6	2.9	1.9
2002	2.1	4.6	3.9	7.4	3.0	3.6	3.4	3.9	3.1	2.1
2003	2.0	4.4	3.8	7.1	2.8	3.6	3.2	3.6	2.8	2.0
2004	1.9	4.4	3.6	6.9	2.3	3.2	3.3	3.0	2.8	1.9
2005	1.9	4.7	3.5	8.1	2.7	3.5	3.7	3.2	2.8	1.9
2006	2.1	4.9	3.8	7.1	2.8	3.8	3.8	3.5	2.9	1.9
2007	2.8	6.1	4.0	9.8	3.4	4.6	4.4	5.3	4.1	2.4
2008	3.0	6.9	4.2	11.9	3.9	5.8	5.1	4.9	4.7	2.6
2009	3.2	6.6	5.0	13.8	3.8	6.1	5.7	4.7	5.6	2.7
2010	3.1	6.3	5.2	12.0	3.7	5.5	6.1	4.8	5.8	2.7
2011	3.3	6.6	5.4	12.8	4.2	5.7	7.8	4.9	6.0	3.0
2012	4.2	7.3	6.5	13.5	4.9	6.5	9.1	4.5	6.3	3.5

注：由于数据的可得性，以上教育支出仅包括公共财政预算教育支出，未包括各级政府征收用于教育的税费，企业办学中的企业拨款，校办产业和社会服务收入用于教育的经费。

教育支出占 GDP 比重指标反映了地区的新增收入当中有多大份额用于教育，而教育支出占本地财政支出比重指标反映了地方政府对教育的投入力度，两个指标的侧重点有所不同。当不存在中央政府与地方政府之间的转移支付时，两者的变动方向是一致的。但是，当存在中央政府与地方政府之间的转移支付时，教育支出占 GDP 比重高的地区其教育支出占财政支出比重未必较高。

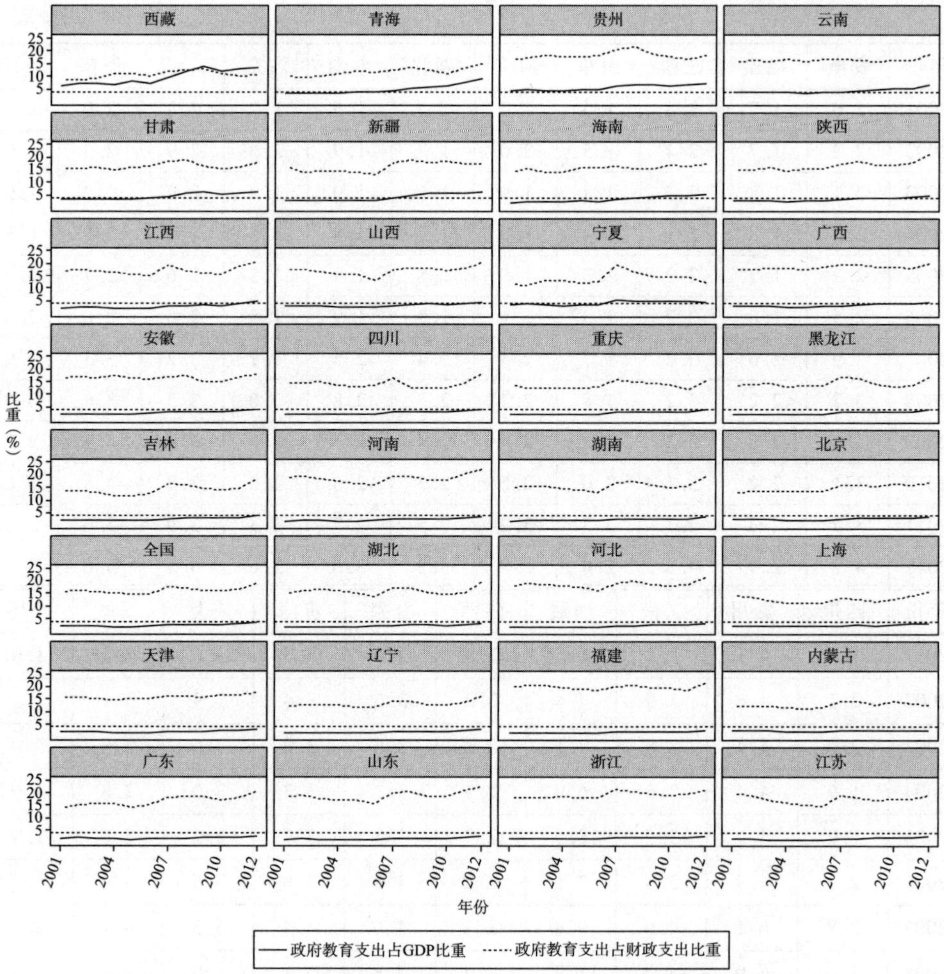

图3-62　2001~2012年分地区公共财政预算教育支出比重

2012年，各地教育支出占GDP比重介于2.5%~13.5%之间。比重位于前三位地区为西藏、青海和贵州，其教育支出占GDP比重分别为13.5%、9.1%、7.3%。比重位于后三位地区分别为江苏、浙江和山东，其教育支出占GDP比重分别为2.5%、2.5%、2.6%。中西部经济欠发达地区的教育支出比重较高，其中主要原因在于中央财政对这些地区地方财政补贴的力度很大，这使得这些地区的教育支出占本地区GDP比重较高。以西藏为例，2011年，西藏GDP约为605.8亿元，地方财政收入约为64.5亿元，而中央财政对西藏的财政补贴金额约为714.3亿元[①]，中央对西藏财政补贴总额超过了西藏地方GDP总额。西藏2011

① 数据来自《西藏统计年鉴（2012）》。

年用于教育的预算支出约为77.8亿元[①]，超过了西藏的地方财政收入。

2012年，各地教育支出占本地财政支出比重介于10.4%～22.2%之间。比重位于前三位的地区为山东、河南和福建。其教育支出占本地财政收入比重分别为22.2%、22.1%、21.6%。教育支出占本地财政支出比重位于后三位的地区分别为西藏、宁夏和内蒙古，其比重分别为10.4%、12.3%、12.8%。我国教育经费来源分为中央财政和地方财政两个来源，其中地方财政占主要部分，以2009年为例，中央财政对教育支出约占地方财政对教育支出总额的10%[②]。对比教育支出占GDP比重指标和教育支出占本地财政支出比重指标的测算结果发现，由于中央财政补贴的存在，地区的财政支出与本地区的财政收入以及GDP产出并不匹配。西藏就是典型的例子，其教育支出占GDP比重在31个地区当中最高，但是，其教育支出占本地财政支出比重在31个地区当中最低。由此可得到以下结论：西藏的教育投入相对于地方的经济产出较高，但是，西藏的教育投入相对于其财政收入（中央补贴加上地方收入）来说力度较弱。

（三）政府医疗卫生支出比重指标测算分析

1. 全国医疗卫生支出情况

根据《中国卫生和计划生育统计年鉴》数据，1990～2013年政府卫生支出水平及其比重如表3－41以及图3－63所示。

表3－41　1990～2013年公共财政对医疗卫生支出水平及其比重

年份	政府卫生支出（亿元）	占财政支出比重（%）	占卫生总费用比重（%）	占GDP比重（%）
1990	187.28	6.07	25.06	1.00
1991	204.05	6.03	22.84	0.94
1992	228.61	6.11	20.84	0.85
1993	272.06	5.86	19.75	0.77
1994	342.28	5.91	19.43	0.71
1995	387.34	5.68	17.97	0.64
1996	461.61	5.82	17.04	0.65
1997	523.56	5.67	16.38	0.66

① 数据来自《中国统计年鉴（2012）》。
② 根据《中国教育年鉴（2010）》第626页数据计算。

续表

年份	政府卫生支出（亿元）	占财政支出比重（%）	占卫生总费用比重（%）	占 GDP 比重（%）
1998	590.06	5.46	16.04	0.7
1999	640.96	4.86	15.84	0.71
2000	709.52	4.47	15.47	0.72
2001	800.61	4.24	15.93	0.73
2002	908.51	4.12	15.69	0.75
2003	1 116.94	4.53	16.96	0.82
2004	1 293.58	4.54	17.04	0.81
2005	1 552.53	4.58	17.93	0.84
2006	1 778.86	4.4	18.07	0.82
2007	2 581.58	5.19	22.31	0.97
2008	3 593.94	5.74	24.73	1.14
2009	4 816.26	6.31	27.46	1.41
2010	5 732.49	6.38	28.69	1.43
2011	7 464.18	6.83	30.66	1.58
2012	8 431.98	6.69	29.99	1.62
2013	9 545.81	6.83	30.14	1.68

注：1. 数据来源于国家卫生和计划生育委员会：《中国卫生和计划生育统计年鉴（2014）》，中国协和医科大学出版社 2015 年版；2. 本表按当年价格计算；3. 2013 年为初步测算数；4. 2001 年起卫生支出不含高等医学教育经费；5. 2006 年起包括城乡医疗救助费。

1990 年以来，我国政府对医疗卫生的支出迅速增长。根据图 3－63 可知，我国政府对医疗卫生的投入可划分为两个阶段。

第一个阶段为 1990～2000 年，政府对医疗卫生支出绝对数在增长，但是增长幅度落后于 GDP 增速，导致该时期医疗卫生支出占 GDP 比重下降。同时，政府医疗卫生支出占卫生总费用（政府支出、社会和个人支出合计）的比重显著下降，比重从 25% 下降到 15.4%。城乡居民在该时期承担的医疗卫生费用迅速增长，居民看病难、看病贵的问题比较突出。

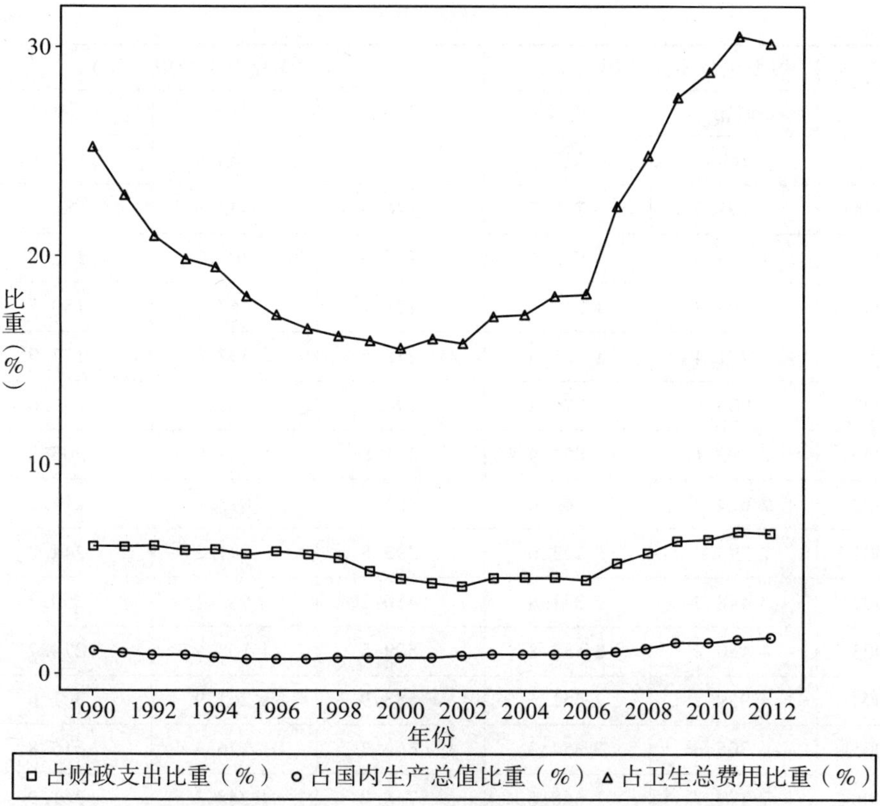

图 3－63　1990～2012 年政府医疗卫生支出比重

资料来源：国家卫生和计划生育委员会：《中国卫生和计划生育统计年鉴（2013）》，中国协和医科大学出版社 2014 年版。

第二个阶段为 2000～2013 年，随着我国新农村合作医疗保险以及城乡居民医疗保险的推出，我国城乡居民医疗卫生负担显著减轻。政府医疗卫生支出的增速超过了居民对医疗卫生支出的增长速度（见表 3－42）。该时期，政府医疗卫生支出占 GDP 比重从 0.7% 增长到 1.7%，而政府医疗卫生支出占医疗卫生总费用的比重从 15.5% 上升到 30.1%。2013 年，政府医疗卫生支出占其财政总支出的比重约为 6.8%。

表 3－42　1990～2013 年城乡居民医疗卫生支出

年份	城乡医疗卫生费用（亿元）		人均医疗卫生费用（元）		
	城市	农村	合计	城市	农村
1990	396.0	351.4	65.4	158.8	38.8
1991	482.6	410.9	77.1	187.6	45.1
1992	597.3	499.6	93.6	222.0	54.7

续表

年份	城乡医疗卫生费用（亿元）		人均医疗卫生费用（元）		
	城市	农村	合计	城市	农村
1993	760.3	617.5	116.3	268.6	67.6
1994	991.5	769.7	146.9	332.6	86.3
1995	1 239.5	915.6	177.9	401.3	112.9
1996	1 494.9	1 214.5	221.4	467.4	150.7
1997	1 771.4	1 425.3	258.6	537.8	177.9
1998	1 906.9	1 771.8	294.9	625.9	194.6
1999	2 193.1	1 854.4	321.8	702.0	203.2
2000	2 624.2	1 962.4	361.9	813.7	214.7
2001	2 793.0	2 233.0	393.8	841.2	244.8
2002	3 448.2	2 341.8	450.7	987.1	259.3
2003	4 150.3	2 433.8	509.5	1 108.9	274.7
2004	4 939.2	2 651.1	583.9	1 261.9	301.6
2005	6 305.6	2 354.3	662.3	1 126.4	315.8
2006	7 174.7	2 668.6	748.8	1 248.3	361.9
2007	8 968.7	2 605.3	876.0	1 516.3	358.1
2008	11 251.9	3 283.5	1 094.5	1 861.8	455.2
2009	13 535.6	4 006.3	1 314.3	2 176.6	562.0
2010	15 508.6	4 471.8	1 490.1	2 315.5	666.3
2011	18 571.9	5 774.0	1 807.0	2 697.5	879.4
2012	21 065.7	6 781.2	2 056.6	2 969.0	1 055.9
2013	23 645.0	8 024.0	2 327.4	3 234.1	1 274.4

注：同表 3-41；医疗费用包括政府、社会和个人支出。

根据医疗卫生经费的用途，医疗卫生支出可划分为以下四类：医疗卫生服务支出；医疗保障支出；行政管理事务支出；人口与计划生育事务支出。其中医疗卫生服务支出主要包括医药费、医疗服务费用、疾病防控费用等支出。医疗保障费用支出主要包括政府向城乡居民医保账户定期拨付和报销的费用。人口与计划生育事务支出指国家卫生计生委本级及所属人口与计划生育单位保障机构正常运转、开展人口和计划生育工作所发生的基本和项目支出[①]。表 3-43 显示了我国 1990~2013 年政府卫生支出结构。政府医疗卫生支出结构呈现以下特征：

第一，医疗保障支出占政府医疗卫生支出的比重快速上升。随着我国"新农保"和"城乡居民医疗保险制度"的建立和完善，我国实现了居民医疗保险制度全覆盖。1990~2013 年，医疗保障支出占政府医疗卫生支出的比重从 23.7% 增长到 46.4%，在四大类医疗卫生支出当中比重最高。以北京市为例，2012 年医保支出约占北京市卫生总支出的一半[②]。

第二，政府对医疗管理的行政成本上升。1990~2013 年，行政管理事务支出占政府卫生总支出比重从 2.4% 上升到 3.9%，在 2008 年达到 5.4% 之后，近年来呈现了下降的趋势。行政管理支出包括行政管理人员的工资、运行费及三公经费支出。行政管理事务支出所占的比重反映了医疗管理体系的效率，理论上比重与管理效率成反比。

第三，政府对医疗卫生服务支出比重下降。1989 年，卫生部、财政部、国家物价局联合发文，提出全面实施医疗机构承包制，医疗机构实行自主管理、自主经营、自主支配财务；允许医疗卫生人员和医疗机构从事各种有偿服务[③]。医疗机构的经费来源包括三个：地方财政拨款、医疗服务收入以及药品差价收入。地方财政拨款取决于地方政府的财政能力，而非医院的实际预算。基层集体所有制医疗单位，则由所在乡镇筹款和县财政拨款资助。乡镇卫生院属于差额拨款单位，县财政只负责一半工资，另一半需要卫生院自己创收。前面政府医疗卫生支出占 GDP 比重指标显示，1990~1997 年，政府医疗卫生支出占 GDP 比重从 1% 下降了 0.66%。同时，政府医疗卫生支出当中医疗服务支出比重下降，基层医疗组机构政府经费来源压力加大，以药养医问题日益突出。

表 3-43　　1990~2013 年政府卫生支出结构　　单位：%

年份	医疗卫生服务支出	医疗保障支出	行政管理事务支出	人口与计划生育事务支出
1990	65.6	23.7	2.4	8.3
1991	64.9	24.7	2.5	7.9
1992	63.3	25.4	2.8	8.5
1993	60.6	28.1	3.0	8.4
1994	62.2	26.9	3.2	7.7

① 国家卫生和计划生育委员会，http://www.moh.gov.cn/zwgkzt/bmys/201312/2063202b163c4e2097a54720b70255b2.shtml。

② 《去年卫生总费用医保支出占一半》，载于《北京青年报》2013 年 11 月 8 日。

③ 卫生部：《关于扩大医疗卫生服务有关问题的意见》，http://china.findlaw.cn/fagui/p_1/363745.html。

续表

年份	医疗卫生服务支出	医疗保障支出	行政管理事务支出	人口与计划生育事务支出
1995	59.4	29.0	3.4	8.2
1996	59.0	29.5	3.4	8.2
1997	57.8	30.5	3.3	8.4
1998	58.1	30.0	3.4	8.5
1999	57.5	29.8	3.6	9.1
2000	57.4	29.7	3.8	9.1
2001	56.2	29.4	4.1	10.2
2002	54.8	27.7	4.9	12.6
2003	54.0	28.7	4.6	12.7
2004	52.5	28.7	4.7	14.0
2005	51.9	29.2	4.7	14.2
2006	46.9	33.9	4.8	14.4
2007	44.7	37.1	4.8	13.5
2008	38.9	43.9	5.4	11.8
2009	43.2	41.6	4.5	10.7
2010	44.8	40.7	4.3	10.3
2011	41.9	45.0	3.8	9.3
2012	37.1	44.9	3.8	9.6
2013	36.7	46.4	3.9	9.5

注：1. 本表按当年价格计算；2. 2013 年为初步测算数；3. 政府卫生支出是指各级政府用于医疗卫生服务、医疗保障补助、卫生和医疗保险行政管理事务、人口与计划生育事务支出等各项事业的经费。

2. 分地区医疗卫生支出情况

使用相应年度《中国统计年鉴》数据计算，我国 31 个地区政府医疗卫生支出占本地财政支出比重如表 3 – 44 所示。2001 年和 2012 年政府卫生支出占财政支出比重分布密度如图 3 – 64 所示，占 GDP 比重如图 3 – 65 所示。中国医疗卫生支出占本地 GDP 比重如图 3 – 66 所示，图 3 – 66 中各地区按 2012 年医疗卫生支出占本地财政支出比重降序排列。

表 3 - 44　　政府医疗卫生支出占本地区财政支出比重　　单位：%

年份	北京	天津	河北	山西	内蒙古	辽宁	吉林	黑龙江	上海	江苏	浙江
2001	5.9	4.3	4.2	4.6	3.5	2.8	3.4	3.4	4.9	5.1	5.5
2002	6.0	4.4	4.3	4.5	3.2	2.9	3.5	3.3	3.5	4.9	5.0
2003	6.8	4.9	5.4	4.9	3.8	3.2	3.9	4.1	3.3	5.3	5.1
2004	6.0	4.9	4.5	4.3	3.1	2.7	3.4	3.4	3.3	4.8	5.0
2005	6.2	4.3	4.6	4.2	3.1	2.9	3.3	3.6	3.2	4.5	5.1
2006	6.7	4.4	4.3	3.9	3.5	3.1	3.7	3.8	3.4	4.4	5.7
2007	7.2	4.9	5.2	5.0	4.1	3.8	4.8	4.8	4.1	4.5	6.2
2008	7.4	4.8	6.4	5.4	4.1	3.9	5.0	4.6	4.7	4.6	6.5
2009	7.2	4.8	7.4	6.5	5.3	6.1	7.3	7.2	4.4	4.9	6.7
2010	6.9	5.1	8.4	5.9	5.3	4.7	6.2	6.0	4.8	5.1	7.0
2011	6.9	5.0	8.6	6.8	5.5	4.7	6.5	6.1	4.9	5.6	7.3
2012	6.9	4.9	7.9	6.5	5.2	4.4	6.5	5.5	4.7	6.0	7.4
年份	安徽	福建	江西	山东	河南	湖北	湖南	广东	广西	海南	重庆
2001	3.2	4.5	4.1	4.1	3.8	4.4	3.1	4.1	4.4	3.7	3.7
2002	3.1	4.6	3.8	3.9	3.5	4.4	2.8	4.2	4.3	3.7	3.1
2003	3.4	4.6	3.9	3.9	4.2	4.5	2.9	4.3	4.7	4.4	3.2
2004	3.7	4.5	3.9	3.8	3.8	4.1	2.7	3.9	4.3	4.3	3.0
2005	3.5	4.4	3.9	3.7	3.7	4.0	2.8	3.6	4.3	4.3	3.1
2006	3.7	4.7	4.1	4.0	4.3	4.3	3.3	4.1	4.6	4.4	3.3
2007	5.3	5.7	6.4	4.4	5.3	5.2	4.4	4.5	5.1	5.1	4.4
2008	6.3	6.5	6.4	5.2	6.4	5.8	5.0	5.3	6.1	5.2	5.1
2009	7.7	6.6	7.7	5.8	7.7	6.7	7.2	5.8	7.2	6.2	5.9
2010	7.1	6.9	7.8	6.1	7.9	7.2	6.7	5.6	8.2	6.0	5.6
2011	8.4	7.2	7.7	7.2	8.5	7.7	7.3	6.5	9.1	6.5	5.6
2012	8.1	7.1	7.3	7.2	8.5	7.1	7.1	6.8	8.5	6.6	5.5

续表

年份	四川	贵州	云南	西藏	陕西	甘肃	青海	宁夏	新疆	全国
2001	4.2	4.9	5.1	3.7	3.3	4.2	4.1	4.2	5.2	4.2
2002	3.6	4.9	5.5	3.5	3.6	3.9	3.7	3.3	4.4	4.0
2003	4.3	5.2	5.6	3.6	4.0	3.9	4.3	4.2	4.9	4.4
2004	3.8	4.7	5.5	4.8	3.5	3.8	4.6	3.5	4.6	4.0
2005	4.6	5.0	5.8	3.8	3.4	4.2	5.2	3.4	5.0	4.0
2006	4.3	4.9	6.4	4.0	3.5	4.4	5.4	3.6	4.4	4.3
2007	5.6	6.1	6.8	6.2	4.7	6.1	6.9	4.7	5.8	5.1
2008	4.9	6.4	7.1	4.3	5.5	6.0	6.8	5.3	5.5	5.5
2009	6.1	7.5	7.7	4.7	6.8	7.1	6.7	5.3	6.3	6.4
2010	6.2	7.8	8.0	5.8	7.1	6.8	5.2	6.1	6.1	6.4
2011	8.0	7.7	8.1	4.7	6.7	8.0	4.9	5.8	5.8	6.9
2012	7.8	7.3	7.5	4.0	6.7	7.2	5.2	5.3	5.4	6.7

近年来，我国地方政府对医疗卫生投入呈现以下特征：第一，地方政府对医疗卫生投入的力度普遍提高。从图 3－64 可见，2012 年相对于 2001 年，密度分布曲线向右移动，表明密度分布的均值上升。2001 年，政府医疗卫生占财政支出比重密度最大的区域在 6% 附近，而 2012 年密度最高区域移动到 7.8% 附近。

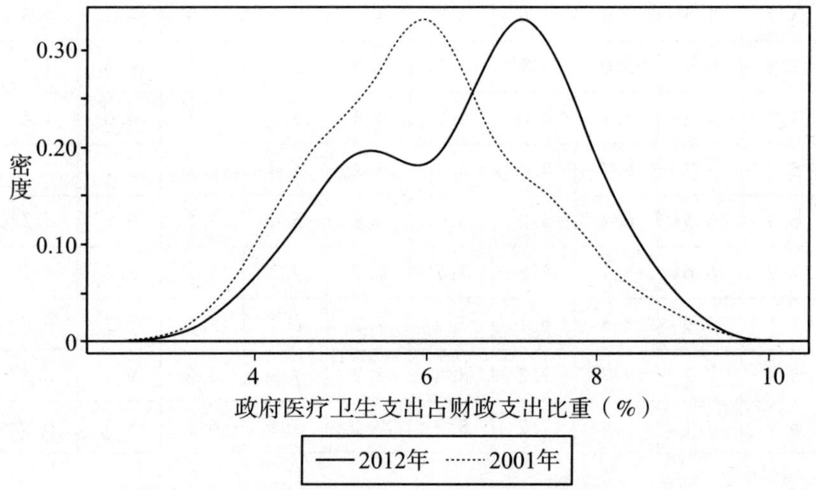

图 3－64　2001 年和 2012 年政府医疗卫生支出占财政支出比重分布密度

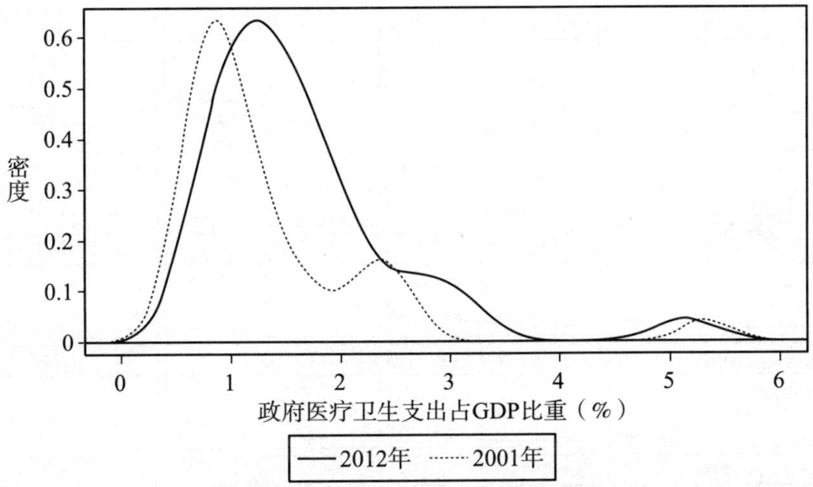

图 3-65 2001 年和 2012 年政府医疗卫生支出占 GDP 比重分布密度

第二，地区之间对医疗卫生的投入力度呈现两极分化趋势。2012 年密度曲线有两个分布密集区域，分别在 5% 和 7% 附近，密度曲线呈现双峰态势。部分地区政府医疗卫生支出比重上升幅度较大，还有一些地区变动很小，甚至出现了小幅下降。以上海市为例，2012 年相比 2001 年，政府医疗卫生支出占财政支出比重下降了 0.2%。

第三，政府对医疗卫生投入力度与经济发展水平负向相关，但是相关性逐步减弱。2009～2012 年，地区人均 GDP 与政府医疗卫生投入占财政支出比重指标的皮尔逊相关系数分别为 -0.51、-0.48、-0.45、-0.35，表明人均 GDP 高的地区，政府医疗卫生投入占财政支出比重反而低。这从另一个角度表明，经济欠发达地区政府的医疗卫生支出负担相对较重。

第四，我国地方政府医疗卫生支出占本地 GDP 比重相对较低。由图 3-66 可见，2012 年，大部分地区该指标集中在 1.5% 附近。2012 年指标密度分布曲线相对于 2001 年更宽，表明地区之间的政府医疗卫生投入占本地 GDP 比重指标差距扩大。2012 年，政府医疗卫生支出占 GDP 比重最高的三个地区分别为西藏、青海和贵州，指标值分别为 5.2%、3.2%、2.9%。与教育投入占 GDP 比重指标相类似，这些地区医疗卫生支出占 GDP 比重较高的主要原因是：中央政府对这些地区存在力度较大的财政补贴，财政补贴直接用于本地区的医疗卫生支出，使得政府医疗卫生支出占本地 GDP 比重较高。2012 年，政府医疗卫生支出占 GDP 比重最低的三个地区分别为江苏、辽宁和天津，指标值分别为 0.77%、0.81%、0.82%。

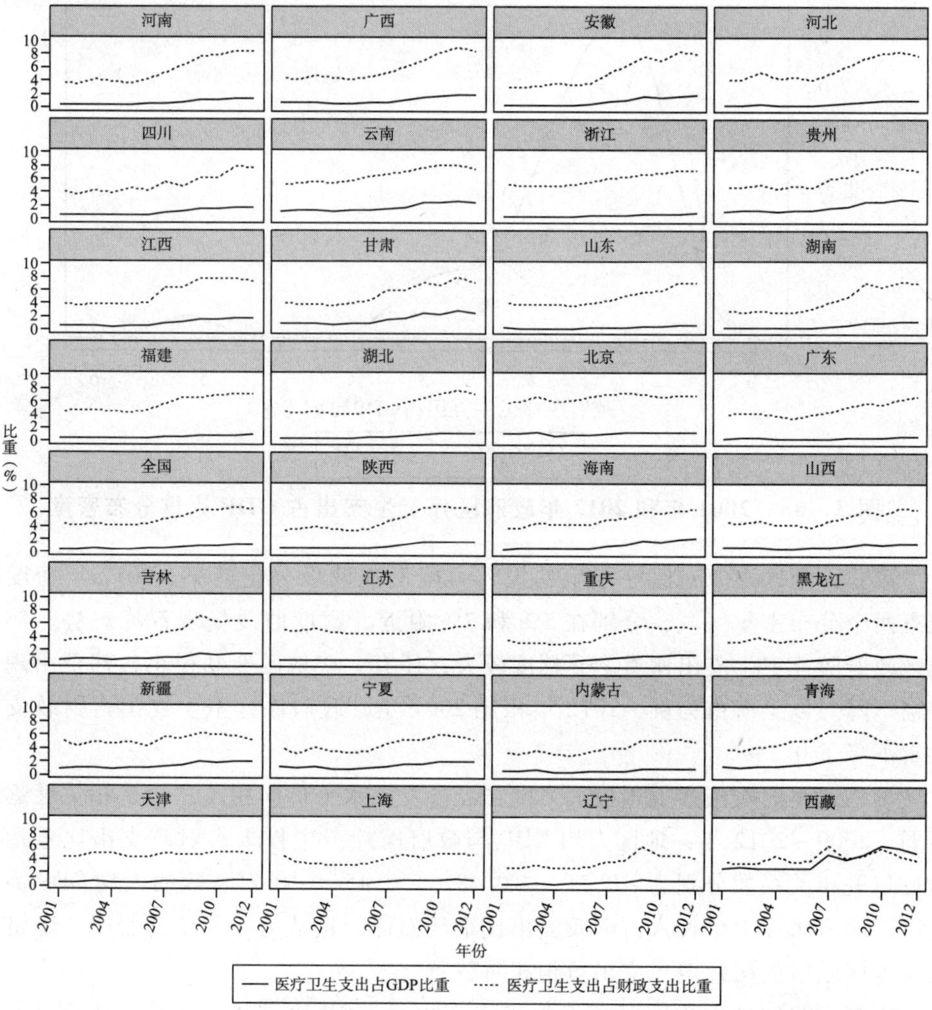

图 3-66 2001～2012 年分地区政府卫生支出占 GDP 及财政支出比重

注：以上医疗卫生支出仅包括政府支出，未包括社会及个人支出。

（四）政府保障房支出比重指标测算分析

使用相应年度《中国统计年鉴》数据测算，我国 31 个地区 2010～2012 年分地区政府保障房支出占 GDP 及财政支出比重如图 3-67 所示。图中各地区按照 2012 年政府保障房支出占财政支出比重降序排列。

由于保障房制度在我国建立的时间较短，政府应该投入多大比例财政收入来建设保障房，以何种形式建设保障房？尚处于探索阶段。以北京为例，保障房包括：经济适用房、限价房、廉租房、公共租赁住房四种形式。从各地区保障房支出占财政支出比重指标来看，各地区对保障房支出的力度相差悬殊。2012 年，各地区保障房支出占财政支出比重介于0.4% ~7.3%之间。指标值最高的三个地区分别为新疆、青海和黑龙江，指标值分别为7.3%、7.3%、6.9%。指标值最低的三个地区分别为天津、北京和浙江，指标值分别为0.4%、1.2%、1.6%。保障房支出占财政支出比重高的地区主要集中在我国经济欠发达地区，而经济发达地区保障房支出占财政支出比重较低。经济欠发达地区对住房条件改善的需求更加迫切，其保障房建设投资主要依靠中央政府的转移支付。以西藏为例，保障房支出占GDP比重曲线在其保障房占财政支出曲线上方，表明2011年和2012年，西藏的GDP小于政府财政支出。

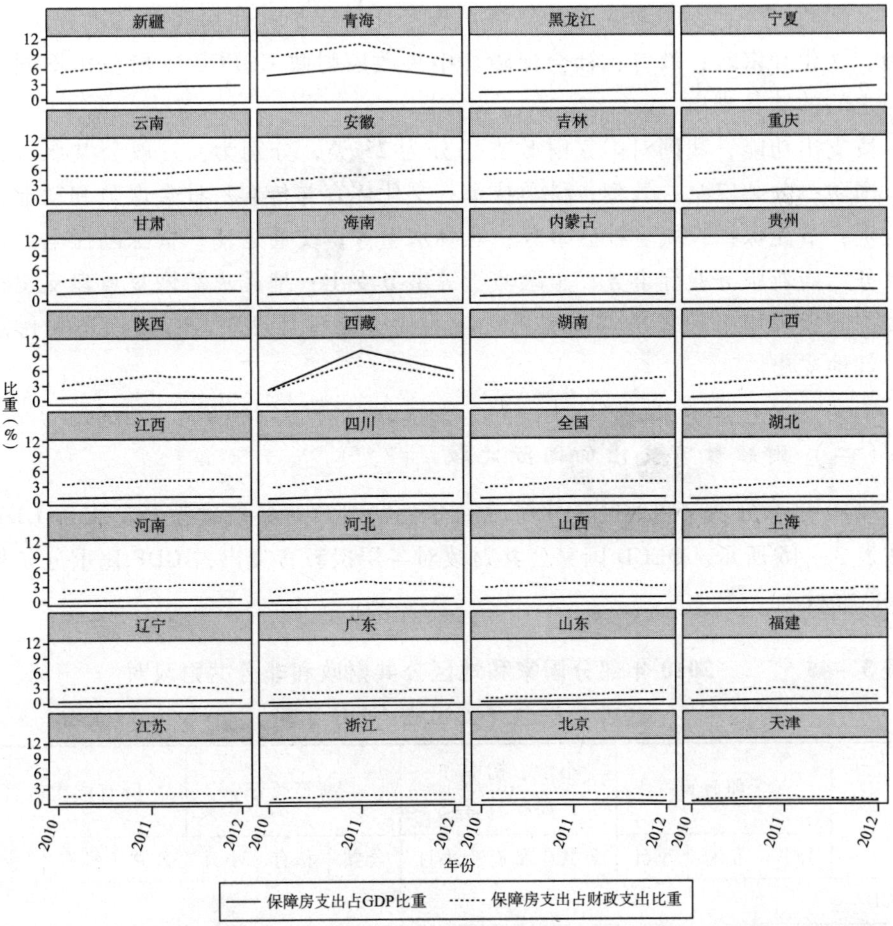

图3-67　2010~2012年分地区政府保障房支出占GDP及财政支出比重

四、政府民生财政支出的国际比较

（一）我国财政支出功能分类与国际分类的差异

OECD 国家政府财政支出的功能建立在 SNA 账户的基础上，因此，OECD 国家之间政府支出结构比例具有可比性。按照政府功能（Classification of Functions of Government，COFOG）的划分规则，COFOG 支出划分为 10 个功能：一般公共服务；国防；公共秩序和安全；经济事务；环境保护；住房和社区事务；卫生；休闲、文化和宗教；教育；社会保障。中央政府财政 COFOG 支出包括不同层级政府之间的转移支出。

按支出功能，我国对国家财政支出分为 23 类，分别为：一般公共服务；外交；国防；公共安全；教育；科学技术；文化体育与传媒；社会保障和就业；医疗卫生；节能保护；城乡社区事务；农林水事务；交通运输；资源勘探电力信息等事务；商业服务业等事务；金融监管等事务支出；地震灾后恢复重建支出；国土资源气象等事务；住房保障支出；粮油物资储备管理事务；国债还本付息支出；其他支出。

（二）财政教育支出的国际比较

2010 年部分国家和地区公共财政和非公共财政对各层次教育支出占 GDP 比重如表 3－45 所示。OECD 国家公共财政对各层次教育支出占 GDP 比重分布如图 3－68 所示。

表 3－45　2010 年部分国家和地区公共财政和非公共财政对各层次教育支出占 GDP 比重

	学前教育			小学、初中和高中教育			高等教育			所有层次教育		
	公共	私有	小计	公共	私有	小计	公共	私有	小计	公共	私有	合计
OECD												
澳大利亚	0.06	0.05	0.11	3.7	0.6	4.3	0.8	0.9	1.6	4.6	1.5	6.1
奥地利	0.60	n.	0.61	3.5	0.1	3.6	1.5	0.1	1.5	5.6	0.2	5.8
比利时	0.62	0.02	0.64	4.3	0.1	4.4	1.4	0.1	1.4	6.4	0.2	6.6
加拿大	m	m	m	3.4	0.4	3.9	1.5	1.2	2.7	5.0	1.6	6.6

续表

	学前教育			小学、初中和高中教育			高等教育			所有层次教育		
	公共	私有	小计	公共	私有	小计	公共	私有	小计	公共	私有	合计
智利	0.53	0.11	0.64	2.7	0.7	3.4	0.7	1.7	2.4	3.9	2.5	6.4
捷克	0.47	0.04	0.51	2.6	0.3	2.8	1.0	0.2	1.2	4.1	0.6	4.7
丹麦	0.93	0.14	1.08	4.7	0.1	4.8	1.8	0.1	1.9	7.6	0.4	8.0
爱沙尼亚	0.45	0.01	0.45	3.9	0.1	3.9	1.3	0.3	1.6	5.6	0.4	6.0
芬兰	0.40	0.04	0.44	4.1	n	4.1	1.9	0.1	1.9	6.4	0.1	6.5
法国	0.68	0.05	0.72	3.8	0.3	4.1	1.3	0.2	1.5	5.8	0.5	6.3
匈牙利	0.70	m	m	2.8	m	m	0.8	m	m	4.6	m	m
冰岛	0.73	0.23	0.96	4.7	0.2	4.9	1.1	0.1	1.2	7.0	0.7	7.7
爱尔兰	m	m	m	4.6	0.2	4.8	1.3	0.3	1.6	6.0	0.5	6.4
以色列	0.66	0.18	0.84	4.0	0.3	4.3	1.0	0.7	1.7	5.9	1.5	7.4
意大利	0.44	0.04	0.47	3.1	0.1	3.2	0.8	0.2	1.0	4.3	0.4	4.7
日本	0.10	0.12	0.22	2.8	0.2	3.0	0.5	1.0	1.5	3.6	1.5	5.1
韩国	0.15	0.12	0.27	3.4	0.9	4.2	0.7	1.9	2.6	4.8	2.8	7.6
卢森堡	0.75	0.01	0.76	3.4	0.1	3.5	m	m	m	m	m	m
墨西哥	0.54	0.10	0.64	3.4	0.6	4.0	1.0	0.4	1.4	5.1	1.1	6.2
荷兰	0.41	0.01	0.42	3.7	0.4	4.1	1.3	0.5	1.7	5.4	0.9	6.3
新西兰	0.53	0.09	0.62	4.4	0.6	5.1	1.0	0.5	1.6	6.0	1.3	7.3
挪威	0.43	0.08	0.51	5.1	m	m	1.6	0.1	1.7	7.5	m	m
波兰	0.52	0.14	0.66	3.4	0.2	3.7	1.0	0.4	1.5	5.0	0.8	5.8
葡萄牙	0.41	n	0.41	3.9	n	3.9	1.0	0.4	1.5	5.4	0.4	5.8
斯洛伐克	0.40	0.08	0.48	2.8	0.3	3.1	0.7	0.3	0.9	4.0	0.6	4.6
斯洛文尼亚	0.58	0.15	0.74	3.6	0.3	3.9	1.1	0.2	1.3	5.2	0.7	5.9
西班牙	0.69	0.25	0.94	3.0	0.3	3.3	1.1	0.3	1.3	4.8	0.8	5.6
瑞典	0.71	n	0.71	4.0	n	4.0	1.6	0.2	1.8	6.3	0.2	6.5
瑞士	0.19	m	m	3.6	0.5	4.0	1.3	m	m	5.2	m	m
土耳其	0.04	m	m	2.5	m	m	m	m	m	m	m	m
英国	0.32	n	0.32	4.8	n	4.8	0.7	0.6	1.4	5.9	0.6	6.5

续表

	学前教育			小学、初中和高中教育			高等教育			所有层次教育		
	公共	私有	小计	公共	私有	小计	公共	私有	小计	公共	私有	合计
美国	0.36	0.15	0.50	3.7	0.3	4.0	1.0	1.8	2.8	5.1	2.2	7.3
OECD平均	0.47	0.08	0.58	3.7	0.3	4.0	1.1	0.5	1.7	5.4	0.9	6.3
OECD总计	0.37	0.11	0.49	3.5	0.3	3.9	1.0	1.1	2.1	5.0	1.5	6.5
EU21平均	0.56	0.06	0.61	3.7	0.2	3.9	1.2	0.3	1.5	5.5	0.5	6.0
其他国家												
阿根廷	0.43	0.19	0.62	4.2	0.5	4.7	1.1	0.3	1.5	5.8	1.0	6.8
巴西	0.44	m	m	4.3	m	m	0.9	m	m	5.6	m	m
俄罗斯	0.71	0.10	0.81	2.0	0.1	2.1	1.0	0.6	1.6	4.1	0.8	4.9

注：1. 包括政府对居民的教育补贴和来自国际教育机构的直接支出；2. 加拿大数据的参照年度为2009年；3. 智利的数据参照年度为2011年；4. “m” 表示数据缺失；5. “n” 表示无该项支出。6. 数据来自 OECD Education at a Glance，表 B2.3，http：//dx. doi. org/10. 1787/888932849616。

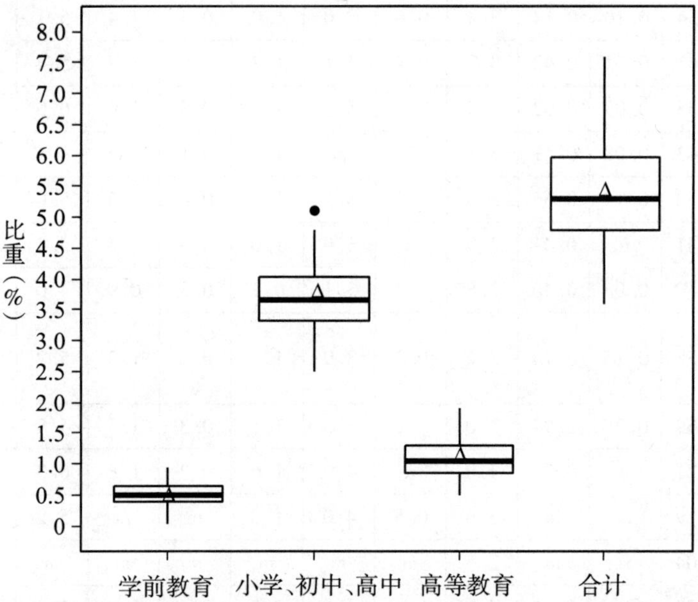

图 3－68　OECD 国家公共财政对各层次教育支出占 GDP 比重分布

注：根据表 3－45OECD 国家数据绘制，“Δ” 表示均值。

OECD 国家财政对教育的支出呈现以下特征：

第一，公共财政对教育支出的力度比较大。剔除了缺失数据，30 个国家公共财政教育支出占 GDP 比重的均值为 5.4%，中位数为 5.3%，约半数国家指标值介于 4.8% ~6% 之间。相比之下。我国 2010 年公共财政支出占 GDP 比重约为 3.6%。但是，近年来我国财政对教育的支出力度加大，2013 年财政教育支出占 GDP 比重已达到了 4.3%。我国公共财政对教育的投入与 OECD 国家之间的差距在缩小。

第二，公共财政教育投入在不同层次教育之间的分布成橄榄型。小学、初中和高中教育占公共财政教育总支出的比重最高，高等教育次之，学前教育最小。30 个国家对小学、初中和高中教育公共财政支出占 GDP 的比重均值为 3.7%，有半数国家指标值介于 3.3% ~4.0% 之间。挪威公共财政支出当中，小学、初中和高中教育支出占 GDP 比重在所有 OECD 国家当中最高，达到 5.1%。公共财政对高等教育支出占 GDP 比重介于 0.5% ~1.9% 之间，均值约为 1.1%，有大约 1/4 的国家指标值低于 0.85%。公共财政学前教育支出占 GDP 比重介于 0.04% ~0.93% 之间，30 个国家的均值约为 0.48%。

第三，OECD 国家之间公共财政教育支出占 GDP 比重差距较大。丹麦最高，其公共财政教育支出占 GDP 比重约为 7.6%，日本最低，约为 3.6%。从不同层次教育的角度看，各国公共财政学前教育支出占 GDP 比重的方差相对较小。

OECD 国家 2010 年公共财政和非公共财政对不同层次教育的支出结构如图 3-69 所示。图中各国按照公共财政支出比重降序排列。OECD 国家不同层次教育经费结构呈现以下特征：

第一，学前教育总支出当中，OECD 绝大部分国家公共财政承担了一半以上费用。2010 年，OECD 公共财政教育支出占学前教育总支出比重约为 82.1%，居民部门和私有部门支出合计约为 17.9%。瑞典、卢森堡和爱沙尼亚公共财政教育支出占学前教育总支出比重最高，分别为 100%、98.8%、98.5%。日本、韩国和澳大利亚公共财政教育支出占学前教育总支出比重最低，分别为 45.3%、52.5%、55.8%。

第二，在学前教育、高等教育、非高等教育三种教育层次中，各国公共财政教育支出主要投向了非高等教育。OECD 国家公共财政教育支出占非高等教育总支出比重均值约为 91.6%，约有 1/4 的国家该比值大于 96.3%。葡萄牙、瑞士和芬兰三个国家公共财政教育支出对非高等教育费用支付率接近 100%。

第三，OECD 各国高等教育经费投入结构差距较大。挪威公共财政教育支出占高等教育总经费的比重最高，2010 年约为 96.0%。智利该比值仅为 22.0%，英国约为 25.2%，韩国约为 27.3%，美国约为 36.3%。剔除缺失数据，31 个国家公共财政教育支出占高等教育总经费的比重中位数为70.6%，均值为68.5%。

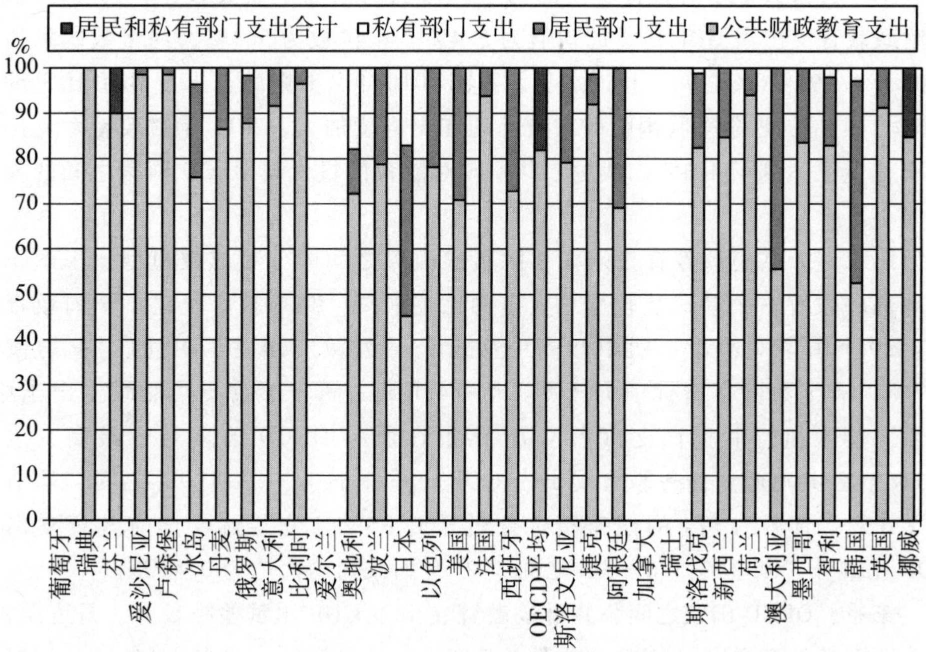

学前教育

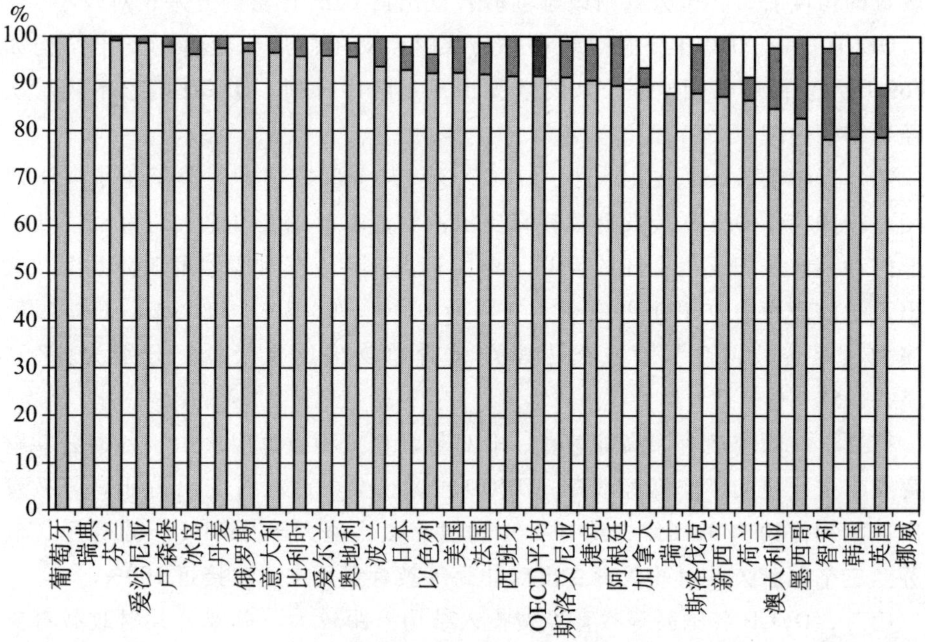

小学、初中和高中教育（非高等教育）

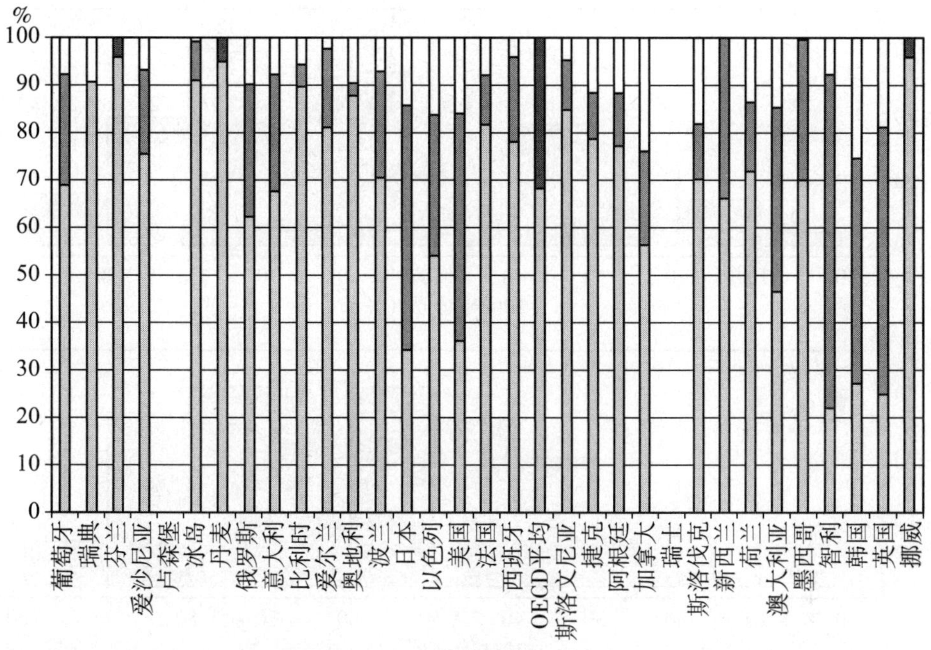

图 3-69　OECD 国家 2010 年公共财政和非公共财政对不同层次教育的支出结构

资料来源：OECD Education at a Glance，FigureB3.2，http：//dx.doi.org/10.1787/888932846975。

（三）财政医疗卫生支出国际比较

1. 财政医疗卫生支出占本国医疗卫生总费用比重

使用《中国卫生与计划生育年鉴（2013）》附录中世界各国卫生支出数据测算，2000 年及 2011 年世界各国政府医疗卫生支出占医疗卫生总费用比重分布如图 3-70 所示。剔除缺失数据，统计样本数达到 189 个，涵盖了世界大部分国家。各国政府对医疗总费用的承担情况如下：

第一，各国财政医疗卫生支出占医疗卫生总费用比重相差悬殊，比重介于 1.1% ~99.8% 之间，极差达到 98.7%。2000 年，比重最低的为伊拉克，最高的为位于南太平洋上的一个岛国——图瓦卢。2011 年，各国财政医疗卫生支出占医疗卫生总费用比重差距比 2000 年缩小，极差缩小为 86.9%，缅甸最低，约为 11%。

第二，相比 2000 年，2011 年世界各国政府财政对医疗卫生费用投入份额加大。2011 年，财政医疗卫生支出占医疗卫生总费用比重中位数为 60.8%，比 2000 年上升了约 3.2%；均值上升了约 2.8%。我国 2000 年在 189 个国家当中位

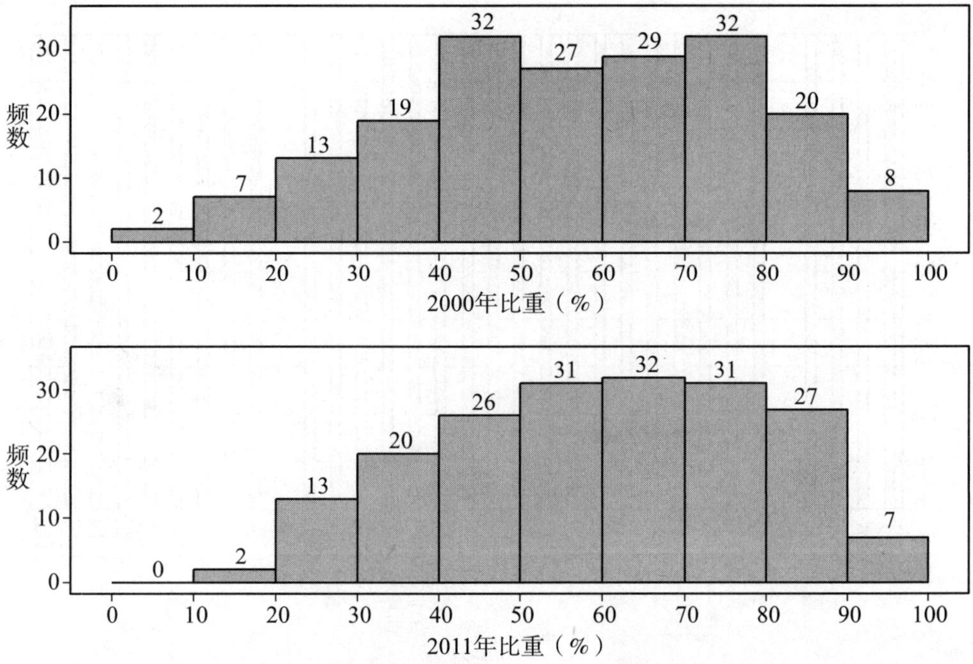

图 3-70　世界各国政府医疗卫生支出占医疗卫生总费用比重分布

资料来源：《中国卫生与计划生育年鉴（2013）》。

居第 154 位，2011 年位居第 113 位，上升了 41 位。我国财政对医疗卫生投入有所加大，但是仍然处于分布的中等偏下位置。

第三，2011 年，约 67.7% 的国家的财政医疗卫生支出承担了总医疗费用的一半及以上，2011 年比 2000 年增加了 12 个国家。公共财政承担医疗总费用 80% 以上的国家，2000 年有 28 个，2011 年有 34 个。

2. 政府医疗卫生支出占 GDP 比重

《中国卫生与计划生育年鉴（2013）》公布了世界各国卫生总费用占本国 GDP 比重、政府医疗卫生支出占本国卫生总费用比重数据，将两个指标相乘，可得到世界各国政府医疗卫生支出占本国 GDP 比重指标（见图 3-71）。世界各国财政支出占 GDP 比重呈现以下特征：

第一，财政医疗卫生支出占 GDP 比重分布呈现右偏态，占比较低的国家占了多数。2000 年，约 81.5% 的国家财政医疗卫生支出占 GDP 比重介于 1% ~6% 之间；2011 年，处于该区间国家的比重下降为 74.1%。2000 年，189 个国家财政医疗卫生支出占 GDP 比重中位数为 3.2%，均值为 3.6%；2011 年，中位数为 3.5%，均值为 4.3%。

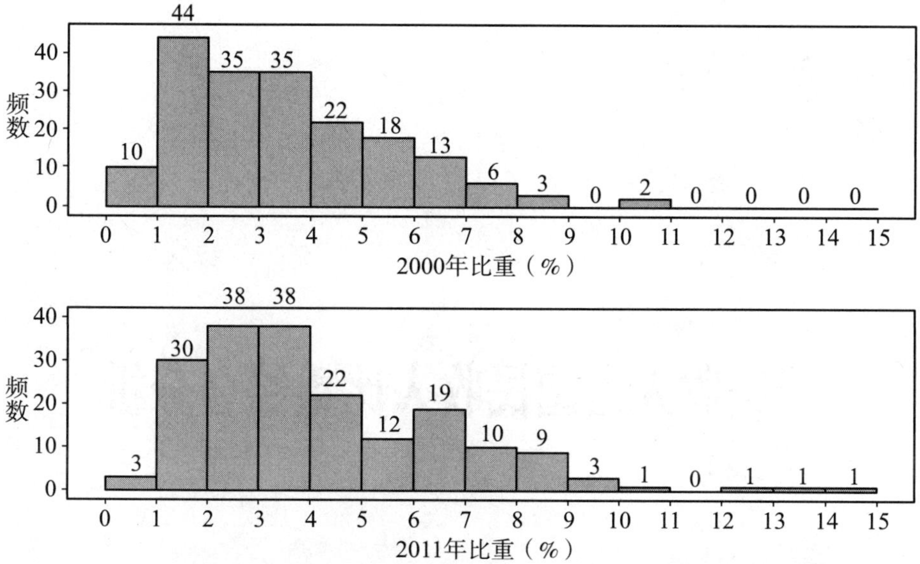

图 3-71　政府医疗卫生支出占 GDP 比重分布

资料来源：国家卫生和计划生育委员会：《中国卫生与计划生育年鉴（2013）》，中国协和医科大学出版社 2014 年版。

第二，近年来，世界各国财政医疗卫生支出比重普遍上升。2000～2011 年，189 个国家当中有 142 个国家财政医疗卫生支出比重上升，约占 75.1%；其中有 61 个国家上升幅度超过 1%。财政医疗卫生支出比重小于 1% 的国家显著减少，从 2000 年的 10 个国家，2011 年下降为 3 个国家。

第三，我国财政支出占 GDP 比重较低，但是比重上升较快。2000 年，我国财政支出占 GDP 比重在 189 个国家当中位居第 149 位，而到了 2011 年位居第 121 位，上升了 28 位。

第四章

居民收入占国民收入比重综合分析

2000年以来，我国居民收入占国民收入比重出现了显著的下降趋势。本章从三个角度对居民收入占国民收入比重变动进行分析。第一，从居民收入和支出的视角分析居民可支配收入比重的变动；第二，从要素分配格局的角度分析劳动收入比重变动对工资增长的影响；第三，从国际比较的角度分析我国居民收入比重下降的原因。

第一节　基于本统计指标体系的居民收入比重变动分析

一、居民收入比重影响指标的构建与说明

在居民可支配收入比重指标群当中，居民可支配收入比重定义为：

$$\text{居民可支配收入占 GDP 比重} = \frac{\text{居民可支配收入}}{\text{GDP}}$$

居民可支配收入是指所有权、使用权以及处置权属于居民的收入。居民收入比重由居民增加值比重、居民初次分配收入比重、居民再分配收入比重三部分构成，每一部分又可以细分为不同的收支项目。国民收入分配过程中居民部门经历的分配阶段以及主要收支项目如表4－1所示。

表 4-1　不同阶段居民的收入与支出项目

分配阶段	收入	支出
居民增加值（VA）	农林牧渔业中农户生产活动形式的增加值；城乡个体经营户增加值；居民自有住房增加值	
初次分配（PD）	雇员报酬（l）；包括利息（i）；地租（r）；红利收入（s）；其他（q）	生产税（T）；向其他部门支付的利息（I）；租金（R）；其他（Q）
再分配（SD）	社会保险福利（w）；社会补助（h）；来自其他部门的经常转移（f）	收入税（X）；社会保险缴款（W）；向其他部门的经常转移（F）

居民初次分配收入净额等于初次分配阶段各项收入的和减去各项支出的和，如公式（4-1）所示。

$$PD = l + i + r + s + q - T - I - R - Q \tag{4-1}$$

居民再分配收入净额等于再分配阶段各项目之和减去各项支出之和，如公式（4-2）所示。

$$SD = w + h + f - X - W - F \tag{4-2}$$

居民可支配收入等于居民部门增加值加上初次分配净额、居民再分配收入净额，如公式（4-3）所示。

$$PDI = VA + PD + SD \tag{4-3}$$

公式（4-4）两端同时除以所在 t 年度的 GDP，得到年度 t 居民可支配收入（PDI）占国民收入比重与各分配阶段收入占国民收入的比重之间的关系，如公式（4-4）所示。

$$\frac{PDI_t}{GDP_t} = \frac{VA_t}{GDP_t} + \frac{PD_t}{GDP_t} + \frac{SD_t}{GDP_t} \tag{4-4}$$

其中，t 表示年度，年度 k 与年度 t 之间居民可支配收入比重变动如公式（4-5）所示。其中 $k \neq t$。

$$\begin{aligned}\frac{PDI_t}{GDP_t} - \frac{PDI_k}{GDP_k} &= \left(\frac{VA_t}{GDP_t} + \frac{PD_t}{GDP_t} + \frac{SD_t}{GDP_t}\right) - \left(\frac{VA_k}{GDP_k} + \frac{PD_k}{GDP_k} + \frac{SD_k}{GDP_k}\right) \\ &= \left(\frac{VA_t}{GDP_t} - \frac{VA_k}{GDP_k}\right) + \left(\frac{PD_t}{GDP_t} - \frac{PD_k}{GDP_k}\right) + \left(\frac{SD_t}{GDP_t} - \frac{SD_k}{GDP_k}\right)\end{aligned} \tag{4-5}$$

公式（4-6）反映了居民可支配收入比重变动等于各分配项目比重变动之和。根据公式（4-1）、（4-2），PD_t 与 SD_t 可以进一步进行分解为表 4-1 中各子项目。如公式（4-6）所示。

$$\begin{aligned}\Delta S_{PDI_{t,k}} &= \Delta S_{VA_{t,k}} + \Delta S_{PD_{t,k}} + \Delta S_{SD_{t,k}} \\ &= \Delta S_{VA_{t,k}} + (\Delta S_{l_{t,k}} + \Delta S_{i_{t,k}} + \Delta S_{r_{t,k}} + \Delta S_{s_{t,k}} \\ &\quad + \Delta S_{q_{t,k}} - \Delta S_{T_{t,k}} - \Delta S_{R_{t,k}} - \Delta S_{Q_{t,k}}) \\ &\quad + (\Delta S_{w_{t,k}} + \Delta S_{h_{t,k}} + \Delta S_{f_{t,k}} - \Delta S_{X_{t,k}} - \Delta S_{W_{t,k}} - \Delta S_{F_{t,k}})\end{aligned} \tag{4-6}$$

其中，ΔS 表示比重的变动，等于 k 年度的比重减去 t 年度的比重，$k>t$。公式（4－6）右端第一个括号内容为初次分配项目，第二个括号内容为再分配项目。根据公式（4－6），可以测算表4－1中各分配项目对居民可支配收入比重变动的贡献，测算如公式（4－7）所示。

$$C_Z = \frac{\Delta S_{Z_{t,k}}}{\Delta S_{PDI_{t,k}}} \tag{4-7}$$

其中，z 表示公式（4－6）第二个等号右边的各项，C_Z 是反映各分配项目对居民收入比重影响程度的指标，本书将其称为“DPI比重变动贡献比率指标”，指标取值的大小直接反映了分配环节或分配项目对居民可支配收入变动影响的程度。在极端的情况下，当 $\Delta S_{PDI_{t,k}}=0$ 时，定义 $\Delta S_{PDI_{t,k}}=1$。此时如果所有的 $\Delta S_{Z_{t,k}}=0$，那么分配阶段和分配项目的贡献率均为0；如果存在 $\Delta S_{Z_{t,k}}\neq 0$ 时，根据公式（4－6），变动率不为0的分配项目必定成对出现，此时分配项目的贡献率等于分配项目占GDP比重的实际变动。在实践中，由于GDP以及PDI的数额巨大，通常以亿元为单位，只要提高数据的精度，总能使得 $\Delta S_{PDI_{t,k}}$ 不为0。

此外，由于各个分配项目比重变动幅度可能大于居民可支配收入比重变动的幅度，即 $|\Delta S_{Z_{t,k}}| > |\Delta S_{PDI_{t,k}}|$，此时贡献率大于100%，这表示分配项目变动的幅度大于居民可支配收入变动的幅度。增加值、初次分配以及再分配这三个分配环节的贡献率合计为100%，分配环节包含的分配项目的贡献率合计等于该分配环节的贡献率。

指标 C_Z 的取值可能为正数也可能为负数。当指标取值为负数时，表示分配项目比重的变动方向与DPI比重的变动方向相反，此时分配项目对DPI比重变动具有负向效应（或称为反向效应）：在DPI比重变动为负值（下降）时，负向效应使得DPI比重的下降减缓；在DPI比重变动为正值（上升）时，负向效应会加重DPI比重的下降。同理，当指标取值为正数时，表示分配项目比重的变动方向与DPI比重的变动方向相同，此时分配项目对DPI比重变动具有正向效应，在DPI比重变动为负值（下降）时，正向效应会加重DPI比重的下降，在DPI比重上升时作用反之。

由于不同年度GDP的规模不同，不同年度各分配项目比重变动幅度即使相同，对居民收入影响的金额也存在差异。C_Z 指标是相对指标，如果需要进一步研究在不同 GDP 以及人口规模下指标的实际影响，测算方法如公式（4－8）所示。

$$C_A = \frac{GDP_k \times \Delta S_{PDI_{t,k}}}{P_k} \times |C_Z| \quad (4-8)$$

其中，C_A 反映了各分配项目比重变动对 k 年度居民人均可支配收入影响的金额，本书将其称为“人均 DPI 变动贡献金额指标”。P_k 为 k 年度人口规模。$\Delta S_{PDI_{t,k}}$的定义如公式（4－6），C_Z 的定义如公式（4－7）。

二、收支项目变动对居民收入比重变动的影响

以下应用前面所构建的分配项目对居民收入比重影响程度指标测算 1992～2012 年间各个分配环节对居民可支配收入比重变动的影响。测算数据来源于两个方面：1992～1999 年的数据来自《中国资金流量表历史资料（1992～2004）》，2000～2012 年数据来自《中国统计年鉴》，当前可得到的最新数据为 2012 年。

测算的主要步骤如下：

（1）选择分析的时间区间。对 20 世纪 90 年代、2000～2008 年、2008～2012 年等几个区间居民可支配收入比重变动进行分析；

（2）计算分析区间开始年度以及结束年度居民可支配收入以及各分配项目占 GDP 的比重，然后计算结束年度相对于开始年度比重的变动，即公式（4－6）第二个等号右端的各项；

（3）根据公式（4－7）计算各分配项目的“贡献比率指标”；

（4）根据公式（4－8）计算各分配项目的“贡献金额指标”。

（一）收支项目对收入比重变动的贡献率

前面居民可支配收入指标群的测算结果表明，1992～2012 年，居民可支配收入占国民收入比重变动可划分为三个阶段：1992～2000 年为总体平稳期，比重在 67% 附近小幅波动；2000～2008 年为快速下降期，居民可支配收入占国民收入比重下降了约 7.9%；2008～2012 年为逐步回升期，居民可支配收入占国民收入比重上升了约 2.7%。通过以上构建的收支项目对居民可支配收入比重影响分解模型，对以上时期居民收入格局变动的因素的影响力度进行分解，结果如表 4－2 所示。居民部门增加值、初次分配、再分配三个环节“贡献比率指标”的合计为 100%，初次分配所包含收支项目贡献率的合计等于初次分配贡献率。再分配所包含的收支项目贡献率合计等于再分配贡献率。从“贡献比率指标”的取值可以得到以下结论。

表 4-2　各分配项目变动对居民可支配收入比重变动的贡献（和）

指标	年份					
	1992~2000	2000~2008	2008~2012	2000~2012	1992~2012	1992~2012（影响金额：元）
可支配收入比重变动（%）	-1.5	-7.9	2.7	-5.2	-6.7	2 570
居民增加值贡献率	-148.6	70.8	52.6	80.2	29.6	761
雇员报酬（l）	-6.2	36.5	32.1	38.7	28.2	725
利息收入（i）	102.9	-2.9	30.8	-20.2	7.0	180
租金（r）	0.0	0.0	0.0	0.0	0.0	0
红利（s）	-8.1	-1.3	3.6	-3.9	-4.8	-123
其他收入（q）	-4.2	-4.2	0.5	-6.6	-6.1	-157
生产税（T）	-26.8	-6.5	10.3	-15.1	-17.7	-455
利息支出（I）	73.4	0.7	-37.4	20.3	30.0	771
租金支出（R）	0.9	0.1	-0.1	0.1	2.8	72
其他支出（Q）	4.5	-0.2	0.0	-0.3	0.0	0
初次分配贡献率（额）	132.6	22.0	39.8	12.9	39.4	1 013
社会保险福利（w）	-82.1	-9.6	54.2	-42.4	-51.2	-1 316
社会补助（h）	46.3	-8.3	1.3	-13.2	-0.1	-3
经常转移收入（f）	98.2	-8.0	-7.2	-8.4	15.2	391
收入税（X）	44.0	6.6	0.0	10.0	17.5	450
社会保险缴款（W）	66.6	19.4	-36.0	47.8	52.0	1 337
经常转移支出（F）	-57.0	7.1	-4.6	13.1	-2.4	-62
再分配贡献率（额）	116.0	7.2	7.6	6.9	31.0	797

资料来源：各年度《中国统计年鉴》资金流量表，2012 年我国 GDP 总额为 51.95 万亿元，人口为 13.54 亿人。

1. 劳动收入是影响居民收入比重变动的主要环节

从表 4-2 的计算结果可见，居民增加值、雇员报酬、社会保险福利、社会保险缴款、利息收入和利息支出贡献率的绝对值在一些时期超过了 30%，表明这些收入和支出项目对居民可支配收入占国民收入比重的变动具有重要影响。相比之下，红利收入、租金以及经常转移支出对此期间居民收入比重下降影响较小。我国农村居民从事农林牧渔业的收入当中的劳动收入部分、城镇居民从事个体经营混合收入当中的劳动收入部分作为居民部门增加值核算，前面将这一类劳动收入定义为自雇佣者的劳动收入。中国统计年鉴资金流量表劳动报酬核算项目的“运用方”金额可作为自雇佣者的劳动收入的近似估计值，而“来源方”与“运用方”差额是居民从企业或者政府部门获得的雇员报酬。根据《中国统计年鉴（2014）》资金流量表数据计算，2012 年，自雇佣者劳动收入占居民部门增加值的比重约为 64%。由于居民部门增加值和雇员报酬均对居民可支配收入变动具有重要影响，可见劳动收入是影响居民收入比重变动的主要环节。

2. 20 世纪 90 年代居民收入比重未大幅下降主要得益于居民增加值的提升

1992～2000 年，居民可支配收入比重下降了约 1.5%。居民增加值、初次分配和再分配的贡献率分别为 -148.6%、132.6%、116.0%。增加值的贡献率为负值，说明了居民增加值的变动方向与居民可支配收入比重的变动方向相反，该时期居民部门增加值占 GDP 比重上升了约 2%。居民部门增加值的上升显著地抑制了居民部门可支配收入比重的降幅，否则居民部门可支配收入占 GDP 比重将会显著下降。在当前国民统计核算中，居民部门增加值包括：居民农林牧渔业中农户生产活动形式的增加值；城乡个体经营增加值；居民自有住房增加值三个部分①。由于缺乏公开的分项数据，无法测算各项收入比重变动对居民可支配收入比重的影响。1992 年邓小平南方谈话，明确了我国市场经济改革方向，城乡居民思想得以进一步解放，个体经济快速发展，使得居民部门增加值占国民收入比重提高。

1992～2000 年，居民收入比重下降的压力主要来自初次分配阶段，其中财产收入份额变动是主因。利率水平的变动导致居民利息收入大幅下降，1992 年 1 年期存款利率水平达到 7.5%，而 1999 年一年期储蓄年利率下降到 2%～4% 之间。居民部门利息收入占 GDP 比重从 4.4% 下降到 2.9%，而利息支出占 GDP 比重从 0.02% 上升到 1.1%。相比初次分配，该时期再分配环节对居民可支配收入比重变动相对小一些。再分配阶段对居民可支配收入份额的影响主要来自转移性收入，养老保险福利未能跟上经济发展的步伐。转移性收入主要由离退休金构成，该时期我国养老保险仅限于城镇职工，农民和城镇无业居民尚未被养老保险体系覆盖，该时期经济快速发展，而养老保险体系发展缓慢，转移性收入占 GDP 比重从 2% 下降到 0.5%。

3. 2000～2008 年居民可支配收入比重下降主要源于收入形成及初次分配阶段

2000～2008 年居民可支配收入占国民收入比重大幅下降了 7.9%，其中收入形成（增加值）以及初次分配阶段解释了该时期降幅的 92.8%，再分配阶段仅解释了 7.2%。从上面自雇佣者劳动报酬占国民收入比重指标的测算分析可知，

① 此处的居民自有住房增加值不是指由于房屋价格上涨产生的房产价格增值，而是居民自有住房服务增加值，核算方法参考居民部门增加值比重指标群的说明。

农村居民农林牧渔收入、经营与劳动收入、城镇个体户混合收入在居民部门增加值当中核算，该时期农村居民和城镇个体户的劳动报酬增速显著落后于GDP增速，导致了增加值占GDP比重从32.2%下降到26.6%。初次分配对该时期居民可支配收入比重降幅的解释比例为22%。初次分配的影响主要来自于雇员报酬比重下降，雇员报酬占GDP比重从33.4%下降到30.5%。相比之下，该时期居民的财产收入比重有所上升，居民部门缴纳的生产税比重下降，这在一定程度上减缓了该时期居民可支配收入比重的下降。

4. 各个环节联合发力推动了2008~2012年居民可支配收入比重上升

2008~2012年，居民部门增加值、初次分配以及再分配，均在不同程度上推动了居民可支配收入占GDP比重的上升，三者的贡献率分别为52.6%、39.8%、7.6%。居民部门增加值占国民收入比重从26.6%上升到28.0%。近年来，我国政府出台了一系列有利于增加农民收入的政策。2006年1月1日起废止了《农业税条例》，具有两千多年历史的农业税全面取消。政府对粮食补贴力度也不断加大，农村居民收入增长较快。上文对居民可支配收入指标群的测算结果显示，除了2009年农村居民纯收入与城镇居民可支配收入实际增长速度基本持平之外，2008以来农村居民的纯收入增速均高于城镇居民。

在初次收入分配环节，推动居民可支配收入比重上涨的主要力量来自劳动收入，雇员报酬占GDP比重止跌回升。李稻葵等（2009）学者提出了劳动报酬占国民收入比重“U”型规律，劳动报酬占国民收入比重随着人均GDP的增长先下降后上升，2011年劳动报酬占GDP比重达到了2000年以来局部低点，2012年出现了较显著的上升。劳动报酬份额上涨推动了居民可支配收入比重的上升。

在再分配环节，针对农村居民和城镇无业居民的城乡社会养老保险体系逐步建立。农村和城镇无业参保居民在达到退休年龄之后，均能拿到不同的一定数量的退休金。社会保险占GDP比重从3.2%上升到4.6%。

从支出的角度看，居民部门利息支出以及社会保险缴款支出占GDP的比重均显著上升，居民在这两方面的负担加重，不同程度减缓了居民可支配收入占国民收入比重的回升。

5. 再分配对居民可支配收入比重变动的影响较小

2000年以来，无论是居民可支配收入占GDP比重上升还是下降，再分配对比重变动的贡献率均小于10%，表明再分配对居民可支配收入分配格局影响的力度有限。2008年，居民部门从再分配阶段获得的收入净额占居民可支配收入比重仅为0.3%，居民获得的社会保险福利小于社会保险缴款，社会保险相当于居民部门的一项税负。

（二）收支项目贡献率对应的影响金额

“贡献比率指标”反映了各个分配环节对居民可支配收入比重变动的相对影响。“贡献金额指标”从绝对数的角度对“贡献比率指标”进行了补充，给出具体人均影响金额。表4－2最后一列报告了1992～2012年居民可支配收入变动额（－6.7%）对应的“贡献金额指标”取值。根据“贡献金额指标”取值与2012年居民在各项目上的实际收入与支出，可以计算假设国民收入分配格局与1992年相同时（居民各项收入和支出占国民收入的比重与1992年相同），2012年居民的收入和支出将是多少。这种假设的收入或支出也被称作“反事实收入/支出”。居民2012年相对于1992年的反事实收入和支出如图4－1和图4－2所示。

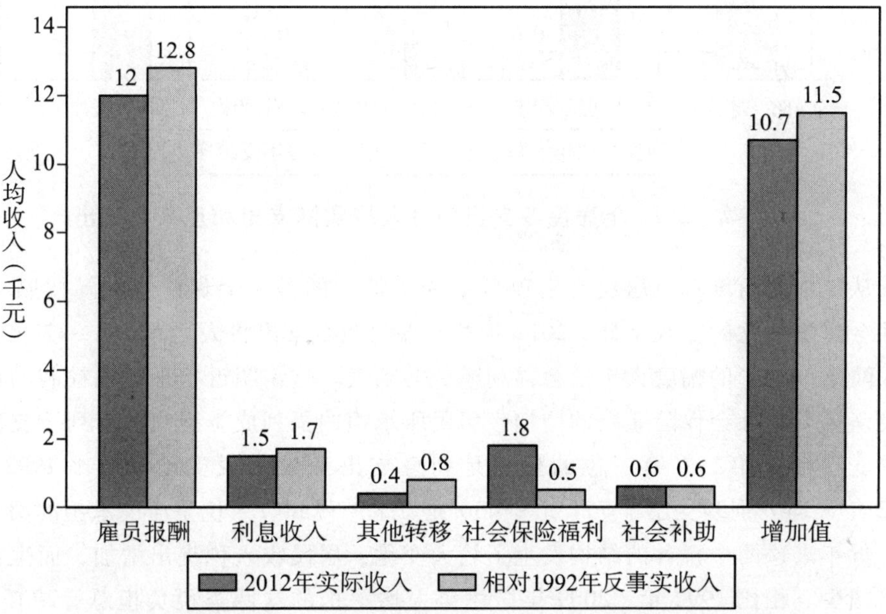

图4－1　2012年居民各收入项目人均实际收入和反事实收入

根据表4－2的计算结果，相比1992年，如果2009年居民收入比重没有下降，居民年人均可支配收入会增加2 570元。2 570元分解到各个分配阶段上：居民将从增加值中多收入了761元；从初次分配多获得1 013元；从再分配中多获得797元。

从收入的角度看，如果按照1992年国民收入分配格局，2012年居民收入增加最多的将依次是雇员报酬、经常转移收入和利息收入，分别增加725元、391元和180元。值得注意的是，居民年人均社会保险福利收入减少1 316元，这表示如果按照1992年的福利支付格局，我国人均福利收入将倒退1 316元。

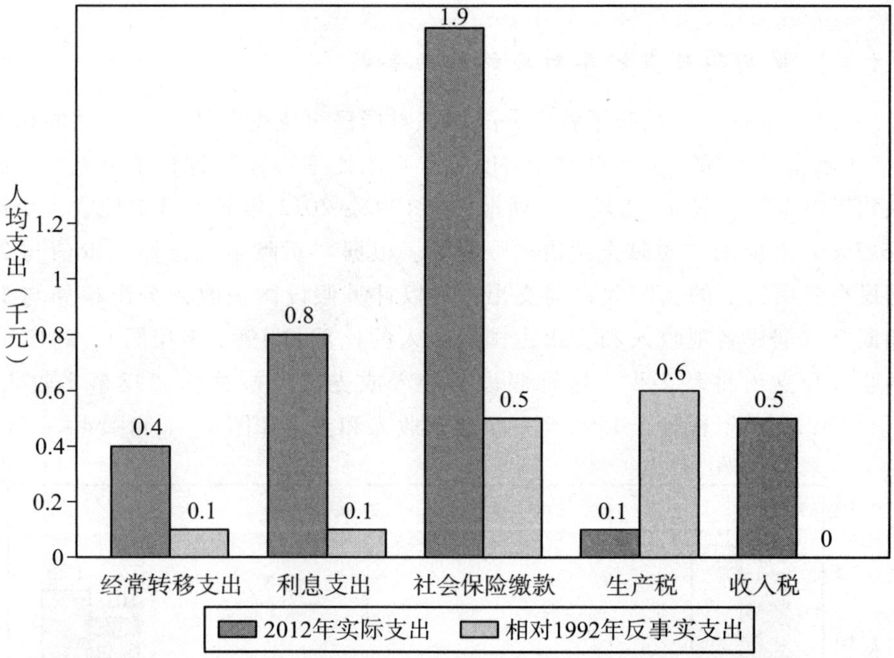

图 4－2　2012 年居民各支出项目人均实际支出和反事实支出

从支出的角度看，居民支出项目中变动最大的是社会保险缴款。按照 1992 年社会保险缴款的征收格局，2012 年社会保险缴款支出将人均减少 1 337 元，社会保险支出减少的幅度大于社会福利减少的幅度。这说明近年来居民福利的增加主要来自居民社会保险缴款的增加，居民所承担的福利成本提高了。列于支出项目的变动幅度第二、第三位的分别是利息支出和收入税支出，相比 1992 年，2012 年人均分别多支出了 771 元和 450 元。生产税和收入税是居民承担的两大税赋，近年来这两个税种的结构发生了较大变化，居民收入税支出增加，而生产税支出减少。相比 1992 年，2009 年居民年人均承担的这两类税负担总计减轻了 5 元（－455＋450），变化不显著。

从以上实证结果的分析可见，“贡献金额指标”直观地反映了 1992～2012 年居民可支配收入比重下降既受到居民收入项目比重降低的影响，也受到居民支出项目比重增加的影响，同时还受到收支结构变动的影响，居民收入比重下降是多种因素合力的结果。

通过推导国民收入分配过程中各分配项目比重变动与居民可支配收入比重变动的关系，以此为基础构建了测量居民可支配收入比重变动的“贡献比率指标”和“贡献金额指标”。使用这两个指标测算了各分配阶段和项目对我国居民可支配收入比重下降的贡献率，以及对人均可支配收入变动的影响金额。假设分配格局没有随时间变动的情况下，测算了居民的人均可支配收入将如何变动，即得到分配过程和分配项目的反事实分布。通过这两个指标评价国民收入分配阶段以及收支项目对居民可支配收入比重变动所产生的影响。

实证测算了“贡献比率指标”和“贡献金额指标”在1992～2012年内若干个时期的指标值。结果发现，不同阶段居民可支配收入比重下降的主要影响因素存在较大差别。20世纪90年代，造成居民可支配收入比重下降的主要因素一方面在于利息收入比重降低，另一方面在于养老保险体系滞后于经济的发展，居民转移性收入份额下降。2000～2008年居民可支配收入比重下降幅度较大，导致居民收入比重下降的主要来源有两方面，一是居民增加值比重下降，二是劳动收入比重下降，劳动收入包括农民和个体户混合收入当中归于劳动的部分，也包括雇员报酬，这两方面劳动收入增速均落后于GDP的增速。2008年居民可支配收入占国民收入比重达到了1992年以来的局部底点，之后小幅度回升，居民部门增加值、初次分配以及再分配，均在不同程度上推动了居民可支配收入占GDP比重的上升。

总的来看，近20年来影响中国居民可支配收入比重下降的原因是多方面的，不仅仅是因为劳动收入比重下降，利息收入比重的下降以及利息支出的上升对居民可支配收入比重下降的影响也较大，再分配环节对居民可支配收入比重变动也具有一定影响。

第二节 要素分配格局变动对工资增长的影响分析

一、劳动生产率的度量

劳动生产率是度量劳动效率的指标，它不仅仅反映劳动投入与劳动产出的比率关系，还反映了一个经济体的竞争能力以及居民的生活水平。劳动生产率指标有多种计算方法，可以用以下公式统一表示（OECD，2001）：

$$劳动生产率 = 产出量/劳动投入量 \tag{4-9}$$

其中，产出量反映的是产品和服务的产出，通常使用国内生产总值（GDP）或总增加值（Gross Value Add，GVA）来计算。劳动投入量反映的是劳动时间、精力与劳动技能的投入，通常使用全体劳动者劳动时间或者劳动者人数来计算。使用劳动时间作为分母与使用劳动者人数作为分母计算的劳动生产率存在较大差异。两种计算方法各有优缺点，以时间衡量劳动投入更加精确，而以劳动者人数来衡量劳动投入掩盖了平均劳动时间的变化，例如，加班、兼职、节假日变化等因素对平均劳动时间都会产生影响。但是劳动时间的准确度量比较困难，而且劳动时间对应的生产和服务质量也难以估计。相比而言，劳动者人数比劳动时间更加容易统计。因此，本书采用劳动者人数作为劳动的投入量。

二、劳动报酬比重、劳动生产率、工资增速三者关系

劳动生产率与工资密切相关是经济学领域的一个典型事实。根据克拉克提出的边际生产力工资理论，工资等于劳动力的边际产出时厂商实现利润的最大化均衡。当单位劳动生产率高于给定的工资时，扩大生产会增加厂商的利润，这种微观机制成为了工资设定的一个准则。工资增长率不超过劳动生产率的增长率会对就业产生促进作用，同时，保持工资与劳动生产率的协调增长，有助于促进新增产出的消费，使得产出增长保持良性循环（Nigel，2011）。

尽管理论上工资应跟随劳动生产率的增长而增长，但许多针对世界经济合作与发展组织（OECD）成员国的研究中，有越来越多的证据表明，近30多年来工资的增长速度低于劳动生产率的增长速度且近年来这种差距呈扩大趋势。蜜雪和谢尔霍兹（Mishel and Shierholz，2011）研究发现，劳动生产率与工资增长率的差距在扩大，私营部门工资增长率显著低于公共部门，而且公共部门中拥有大学学历群体的工资增长十分缓慢。哈里森（Harrison，2009）对美国和加拿大的研究得到了近似的结论，即两个增长率之间的差距在扩大。哈里森将差距扩大的原因归结为两个方面：一是收入不平等的扩大，高收入阶层工资的增长是以低收入阶层工资的停滞不前或者在别处收入份额的下降为代价的。另一方面是度量方法的影响，例如，新技术的使用使得固定资产加速折旧，这也推低了劳动收入的份额。弗莱克等（Fleck et al.，2011）使用OECD国家1985～2007年的宏观面板数据研究发现，对于工作固定的员工，工资的增长率超过了劳动生产率的增长率，而对于临时员工正好相反，主要原因在于临时员工的议价能力较弱。由于各国国内临时员工占总体雇员份额的比例存在较大的差异，那么从这个角度就可以解释为什么各国的工资增长率与劳动生产率差距存在较大的差异。

我国劳动生产率增长率与工资增长率关系如图4－3所示。

我国劳动生产率增长率与工资增长率是紧密联系的，但是在某些年份，两者之间也存在一定的差距。那么工资增长率与劳动生产率增长率存在何种内在联系？本节将借鉴安德鲁（Andrew，2008）的研究思路，以柯布—道格拉斯生产函数作为社会化生产的分析框架。通过柯布—道格拉斯生产函数推导工资增长率与

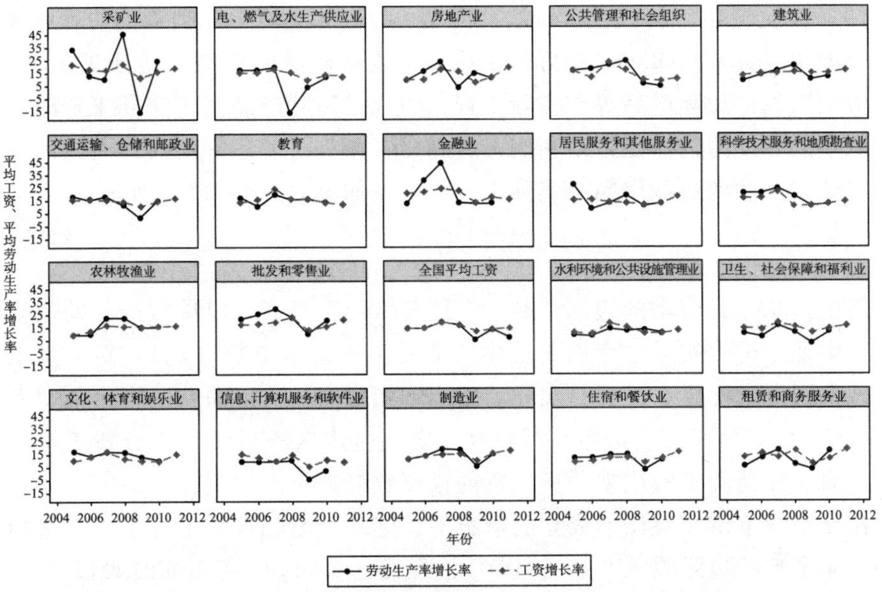

图 4-3 劳动生产率增长率与工资增长率关系

注：劳动力生产率根据公式（4-9）计算，产出量数据来源于 2004 年和 2010 年《中国统计年鉴》，劳动投入量数据来源于《中国劳动统计年鉴（2010）》。

劳动生产率增长率的关系，进而分析劳动生产率增长对工资增长的贡献。根据柯布—道格拉斯生产函数，企业通过组织资本和劳动力进行生产，生产函数的形式如等式（4-10）所示：

$$y = AK^{\alpha}L^{1-\alpha} \tag{4-10}$$

其中，y 为实际产出；A 为技术；K 为资本；L 为劳动，鉴于计算的简便性和数据的可得性，在此使用劳动人数来表示劳动的投入量；α 是产出归属于资本的份额；$1-\alpha$ 是产出归属于劳动力的份额，$(1-\alpha)>0$。柯布—道格拉斯生产函数基于以下假设：

（1）技术（A）变化是外生的。即技术的变化不由模型决定，资本和劳动的投入量对技术变化没有影响。

（2）生产的规模报酬不变。即资本和劳动按固定的比例增加时，产出也按照固定的比例增长。

（3）要素的边际产出递减。即在其他要素投入不变的情况下，增加另一种要素的投入，所增加要素的边际产出递减。等式（4-10）两边分别对 L 取导数，结果如等式（4-11）。由于 $(1-\alpha)>0$，等式（4-11）右端的分子大于 0，增加分母（劳动投入）会使得边际产出减小。

$$\frac{\partial y}{\partial L} = \frac{AK^{\alpha}(1-\alpha)}{L^{\alpha}} \tag{4-11}$$

（4）完全竞争市场假设。资本和劳动可以自由地竞争，要素的边际收入产品（Marginal Revenue Product，边际产品乘以该边际产品的价格）等于要素的报酬。对于劳动来说，边际产品等于实际工资，因为当边际产品高于实际工资时，企业雇佣更多的劳动力仍然能带来利润，直到两者相等时才达到利润最大化的均衡状态，据此，劳动的边际产品与实际工资的联系如公式（4-12）所示：

$$\frac{\partial y}{\partial L}=MP_L=w \tag{4-12}$$

其中，MP_L 是劳动的边际产品；w 是实际生产工资，以单位产品的数量来度量。在实证分析中实际生产工资使用工业品出产价格指数（PPI）对名义工资进行平减得到，实际生产工资与实际消费工资相对应，实际消费工资由消费者价格指数（CPI）对名义工资进行平减得到。实际生产工资通常用于分析工资的成本效应，而实际消费工资用来分析工资的福利效应。

在完全竞争市场假设不成立的情况下，劳动力的收入并不等于它的边际劳动产品，而是它的边际收入产品（MRP），公式（4-11）两边同时乘以 P_Y，得到劳动的边际收入产品如公式（4-13）所示：

$$\frac{\partial Y}{\partial L}=\frac{P_YAK^{\alpha}(1-\alpha)}{L^{\alpha}}=MRP_L=P_Yw=W \tag{4-13}$$

其中，P_Y 为边际产品的价格；$Y=P_Yy$ 是以当前价格计算的名义产出；W 是名义工资。根据公式（4-9）的定义，劳动生产率是劳动力的平均实际产出，如公式（4-14）所示：

$$劳动生产率=\frac{y}{L} \tag{4-14}$$

其中，y 为实际产出；L 为劳动者数量。将柯布—道格拉斯生产函数代入公式（4-14）可得：

$$劳动生产率=A\left(\frac{K}{L}\right)^{\alpha} \tag{4-15}$$

在生产的规模报酬不变假设下，劳动力的平均实际产出与边际劳动产品相等。结合公式（4-12）、（4-14）和（4-15）可得：

$$w=A\left(\frac{K}{L}\right)^{\alpha} \tag{4-16}$$

一个经济体的总劳动报酬（Y_L）等于人均名义劳动报酬（W）乘以总劳动人数（L），即：

$$Y_L=W\times L \tag{4-17}$$

劳动报酬份额是总名义劳动报酬与名义总产出的比，用公式表示为：

$$劳动报酬比重=\frac{Y_L}{Y}=1-\alpha \tag{4-18}$$

结合公式（4-13）、（4-17）、（4-18），可得：

$$劳动报酬比重 = \frac{Y_L}{Y} = \frac{W \times L}{Y} = \frac{P_Y w \times L}{Y} = \frac{w}{y/L} = \frac{实际生产工资}{劳动生产率} \quad (4-19)$$

即：

$$实际生产工资 = 劳动报酬比重 \times 劳动生产率 \quad (4-20)$$

公式（4-20）直观地表达了实际生产工资、劳动报酬比重以及劳动生产率之间的联系。公式（4-20）两边取对数然后再对时间求导，得公式（4-21）：

$$\Delta 实际生产工资 = \Delta 劳动报酬比重 + \Delta 劳动生产率 \quad (4-21)$$

Δ表示百分比增长率。由此可见，实际生产工资变动率等于劳动报酬比重变动率与劳动生产率变动率之和。

三、劳动报酬比重变动对工资增长的贡献

根据公式（4-21），只要有劳动报酬比重的增长率数据，就可以根据已知的实际生产工资的增长率计算出我国劳动生产率的增长率，进而计算劳动报酬比重变动以及劳动生产率变动对实际生产工资变动的影响程度。

劳动报酬比重指国民收入分配中劳动收入占国内生产总值（GDP）的比例。劳动报酬比重变动问题是当前收入分配研究领域的一个热点问题，我国众多学者对我国近20年来劳动报酬比重的变动展开研究。研究的争论主要集中在劳动报酬的度量口径、变动规律方面，研究结果中得到比较一致认同的结论是：近年来我国的劳动报酬比重呈下降趋势。白重恩（2009）利用省际收入法对国民收入分配数据进行了核算，发现我国国民收入中的劳动收入份额1995年以来下降了约10个百分点。李稻葵等（2009）认为，在世界各国的经济发展过程中，在初次分配中劳动份额的变化趋势呈现"U"型规律，即劳动份额先下降后上升，转折点人均GDP约为6 000美元（2000年购买力平价）。总的来说，根据国家统计局发布的资金流量计算的劳动报酬比重较具代表性。

根据前面劳动收入指标群的测算结果，1992～2008年间，我国居民劳动报酬占GDP的比重呈现下降趋势，2008年比1992年劳动报酬比重约下降了6.7%。从各个时期来看，"八五"计划至"十五"计划期间劳动报酬比重虽然也在下降，但是下降的幅度较少。2000年以来，我国劳动报酬比重出现了明显下降。我国劳动报酬比重下降的原因是多方面的，其中包括：技术进步使得人均资本投入增加进而导致资本收入占比的增加；产业结构调整；政府和企业部门挤占了劳动收入，等等。劳动报酬比重的下降意味着新创造的财富中分配给劳动者的比例在下降，工资是劳动报酬的重要组成部分，因此，劳动报酬比重对工资增长的影响是显而易见的。

在计算得到我国劳动报酬比重的变动率以后，根据公式（4-21），结合实

际生产工资变动率，便可以计算出我国在此期间劳动生产率的变动率，如公式（4-22）所示。

劳动生产率的变动率 = 实际生产工资变动率 - 劳动报酬比重的变动率 (4-22)

劳动报酬比重变动对工资增长的相对贡献率等于劳动报酬比重变动率与生产工资变动率的比，劳动生产率变动对工资增长的相对贡献率等于劳动生产率变动率与生产工资变动率的比。两者对工资增长的相对贡献以及中间计算结果如表4-3所示。

表4-3 劳动生产率以及劳动报酬比重变动对生产工资变动的贡献

年份	名义工资（万元）	生产工资（万元）	生产工资变动率（%）	劳动报酬占GDP比重	劳动报酬比重变动（%）	劳动生产率变动率（%）	劳动报酬比重变动贡献（%）	劳动生产率变动贡献（%）
	A	B = A/PPI	C	D	E	E = C - E	F = E/C	G = E/C
1995	0.53	0.53	—	52.8	0.5	—	—	—
1996	0.60	0.58	8.7	52.1	-0.7	9.4	-8.1	108.1
1997	0.64	0.63	8.1	53.0	0.9	7.2	11.1	88.9
1998	0.74	0.76	20.5	52.5	-0.5	21.0	-2.4	102.4
1999	0.83	0.87	14.5	52.6	0.1	14.4	0.7	99.3
2000	0.93	0.95	9.1	52.7	0.1	9.0	1.1	98.9
2001	1.08	1.11	17.6	52.5	-0.2	17.8	-1.1	101.1
2002	1.24	1.30	16.8	53.6	1.1	15.7	6.6	93.4
2003	1.40	1.43	10.4	52.8	-0.8	11.2	-7.7	107.7
2004	1.59	1.54	7.4	50.6	-2.2	9.6	-29.7	129.7
2005	1.82	1.68	9.0	50.4	-0.2	9.2	-2.2	102.2
2006	2.09	1.87	11.3	49.2	-1.2	12.5	-10.7	110.7
2007	2.47	2.15	15.0	48.1	-1.1	16.1	-7.3	107.3
2008	2.89	2.35	9.4	47.9	-0.2	9.6	-2.1	102.1
2009	3.22	2.77	17.9	49.0	1.1	16.8	6.1	93.9
2010	3.65	2.97	7.4	47.5	-1.5	8.9	-20.2	120.2
2011	4.18	3.21	7.9	47.0	-0.5	8.4	-6.3	106.3
2012	4.68	3.65	13.8	49.4	2.4	11.4	17.4	82.6

注：名义工资为我国城镇单位就业人员的平均工资，数据来源于《中国统计年鉴（2014）》；生产工资为名义工资除以年度工业品出产价格指数（PPI），PPI数据来源于国家统计局网站；生产工资变动率根据公式：$C = (B - L.B)/L.B$ 计算，其中L为滞后运算符，表示上一年度的变量值；劳动报酬比重变动是指劳动报酬占GDP比重相对于上一年度的变动幅度，根据相应年度《中国统计年鉴》资金流量表计算；劳动生产率变动率根据公式（4-21）计算；"—"表示相关数据不可得。

由表4-3可见，1998~2003年间实际生产工资水平略高于名义工资水平，2004年以后出现了反转，实际生产工资略低于名义工资。反映了1998~2004年间我国工业品出产价格指数总体呈下降趋势，2005年以后才由降转升。

从劳动生产率变动率（E列）的计算结果看，除了个别年份以外，我国劳动生产率的增长趋势相对平稳，年均增长率为12.2。根据表4-3的C列、F列和G列可见，在近十多年来，我国实际生产工资水平保持了较快的增长，多数年份的增长率都在两位数以上，这反映了我国居民收入在持续提高，同时反映了我国劳动力成本保持较快速的上升。从宏观的角度看，根据公式（4-21）的分解，我国生产工资的增长来源于劳动生产率的增长以及劳动报酬比重的变动。劳动生产率的增长意味着单位劳动创造了更多的价值，所生产出的更多资源以劳动报酬的形式分配给劳动者，这是工资增长的基石。同时，工资的增长还与分配政策或者分配制度有关，劳动报酬比重体现了新创造的价值有多大的比例归劳动者所有。表4-3的F列反映了收入分配在多数年份对工资的增长的贡献都为负数。2004年贡献为正数且较大，是因为受到了国家统计部门对该年度个体经营者的劳动收入进行重新界定以及该年度工资的增长率较低的双重影响。我国政府已经意识到劳动收入占比下降的问题，中国共产党的十七届五中全会指出，努力提高居民收入在国民收入分配中的比重和劳动报酬在初次分配中的比重。表4-3的G列反映了我国劳动生产率的增长对工资增长的贡献在大多数年份都超过了百分之百。由此可见，劳动生产率的增长是我国近年来各类群体工资增长的重要源泉与动力。

第三节　从国际视角看我国居民收入比重的下降

前面居民收入占国民收入比重指标的测算结果显示，我国居民收入比重主要下降时期为2000~2008年。2008~2012年，该下降趋势逐步扭转。本节将从国际比较的视角，分析我国与美国等国家在居民主要收支项目占国民收入比重上的差异。

一、数据来源及居民收入比重差异比较方法

（一）数据来源说明

中国1992~2003年数据来自国家统计局国民经济核算司、中国人民银行调

查统计司联合出版的《中国资金流量表历史资料：1992～2004》，2004～2008年数据来自《中国统计年鉴（2010）》。美国1960～2008年数据来自美国商务部经济分析局对外公布的报表：S. 1. A～S. 9. A[①]。韩国、墨西哥、法国和德国的数据来源于国际劳工组织[②]。在数据层面，以上国家的国民经济核算同属于SNA（System of National Account）体系，居民的收入分配格局和收入构成具有可比性。

（二）居民收入比重及其测算方法

根据国民收入主体分配理论，新创造的价值在居民部门、企业部门、政府部门与国外部门之间分配。居民收入比重是指居民收入与国民收入的比值，主要包括反映初次分配的居民原始收入占国民总收入的比重、反映再分配的居民可支配收入占国民总收入的比重。

居民的收入来源主要包括四个方面：在生产过程中以劳动投入获得劳动报酬；从资产投入中获得利息、租金等财产性收入；以个体经营、合营等形式组织生产，生产的新增产值扣除了中间投入成本（包括劳动报酬、生产和进口税等）之后的部分，构成了居民的营业盈余收入；居民还从政府、企业等部门获得社保金、退休金和社会补助等社会福利和转移收入。前三个方面的收入构成了居民的初次分配收入，社会福利和转移收入属于社会再分配收入。居民初次分配收入可以用公式（4－23）表示。

$$\text{居民初次分配收入} = \text{劳动者报酬} + \text{财产收入} + \text{营业盈余} \tag{4-23}$$

居民的可支配收入使用公式（4－24）表示：

$$\begin{aligned}\text{居民可支配收入} = {} & \text{居民初次分配收入} + \text{社会福利和转移收入} \\ & - \text{社会缴款和转移支出} - \text{所得税}\end{aligned} \tag{4-24}$$

居民部门营业盈余、财产收入、社会福利和转移收入、社会缴款和转移支出的计算方法如公式（4－25）～（4－28）所示。

$$\begin{aligned}\text{营业盈余} = {} & \text{居民增加值} - \text{运用方的劳动者报酬} \\ & - \text{运用方的生产税净额}\end{aligned} \tag{4-25}$$

$$\text{财产收入} = \text{来源方的财产收入} - \text{运用方的财产收入} \tag{4-26}$$

$$\begin{aligned}\text{社会福利和转移收入} = {} & \text{社会保险福利收入} + \text{社会补助} \\ & + \text{其他经常转移收入}\end{aligned} \tag{4-27}$$

$$\text{社会缴款和转移支出} = \text{社会保险缴款支出} + \text{其他经常转移支出} \tag{4-28}$$

---

① 下载地址：http：//www.bea.gov/national/nipaweb/Ni_FedBeaSna/Index.asp。

② 下载地址：http：//laborsta.ilo.org/，选择居民收入与支出（Household Income and Expenditure）统计。

居民劳动报酬和所得税分别根据资金流量表相应核算项目的来源方和运用方计算。公式（4-23）~（4-28）等号左边各项与国内生产总值（GDP）的比值表示居民各阶段收入或者收支项目占国民收入比重。与居民收入比重相对应的是企业部门、政府部门以及国外部门收入占国民收入比重。由于国外部门所占的比重很小，通常小于百分之一，可以忽略不计。以居民可支配收入为例，居民部门、企业部门、政府部门以及国外部门的可支配收入比重合计为1。因此，居民收入比重与企业部门、政府部门收入比重是此消彼长的关系。

美国居民各收入项目的计算方法与中国相近，在再分配环节，美国不仅征收个人所得税，还征收财产税等税目，计算时将这些税目进行合并。各个收支项目的比重均以当年价格计算。

二、中美居民收入比重差异及分析

中美两国居民初次分配和再分配收入、各项收支项目占国民收入比重的测算结果如表4-4以及表4-5所示。根据两国居民收入比重和收入构成的计算结果，结合其他经济环境变量，可以得到以下主要结论。

（一）中美两国居民收入分配格局测算

表4-4　中国居民收入占国民收入比重　单位：%

年份	1992	1995	2000	2005	2008
居民初次分配收入总比重	66.10	64.19	62.62	59.65	57.63
营业盈余比重	7.11	6.55	9.09	7.34	7.34
劳动收入比重	54.59	52.78	50.42	50.37	47.93
财产收入比重	4.40	4.86	3.11	1.94	2.36
可支配收入比重	68.54	66.28	63.75	60.15	58.09
所得税比重	-0.02	-0.22	-0.67	-1.13	-1.19
社会福利和转移收入	4.90	4.50	4.55	5.70	6.30
社会缴款和转移支出	-2.44	-2.20	-2.75	-4.06	-4.65
人均GDP（美元）	363	604	949	1 731	3 414

注：负值表示该项目为居民的支出项目；人均GDP数据来源于世界银行，按当年价格计算。

表 4-5　　美国居民收入占国民收入比重　　单位：%

年份	1960	1970	1980	1992	2000	2008
居民初次分配收入总比重	76.36	78.39	79.89	80.66	80.76	81.26
营业盈余比重	4.76	4.35	4.93	5.87	6.32	6.94
劳动收入比重	56.20	59.84	60.07	58.27	57.40	56.45
财产收入比重	15.40	14.19	14.89	16.53	17.05	17.87
可支配收入比重	69.23	70.89	72.88	74.90	71.45	76.38
所得税等比重	-8.74	-10.00	-10.90	-9.80	-12.22	-10.04
社会福利和转移收入	4.87	7.23	10.19	11.97	10.74	13.15
社会缴款和转移支出	-3.26	-4.74	-6.30	-7.93	-7.83	-7.99
人均 GDP（美元）	2 919	5 030	12 045	24 260	35 715	46 945

注：同表 4-4。

（二）我国居民收入比重下降影响因素分析

1. 相比美国，中国居民收入占国民收入比重出现了较明显的下降趋势

影响居民最终储蓄和消费决策的是可支配收入。中国居民的可支配收入份额从 1992 年的 68.5% 下降到 2008 年的 58.1%，下降幅度超过 10 个百分点。从收入构成的角度看，居民可支配收入比重的下降主要来源于劳动报酬收入比例下降，劳动报酬比重在 16 年内下降了约 6.7%，解释了居民可支配收入比重下降幅度的约 2/3。在此期间，居民财产收入比重下降了约 2%，个人所得税比重上升了约 1%，这两项比重的变动解释了居民可支配收入比重下降幅度的约 1/3。中国居民部门的营业盈余收入、社会福利和转移收入净额占国民收入的比重相对稳定，他们对居民可支配收入比重变动的影响较小。

从理论上看，居民劳动报酬的增长速度受到多方面因素的影响。宏观上，劳动报酬受到 GDP 增速、资本和劳动分配比例、社会劳动生产率、劳动力市场供求状况、物价水平、政府的工资政策等方面影响。微观上，劳动报酬受到单位的经济效益、工资的分配形式、劳动的边际生产力、劳动者与雇佣者之间博弈力量对比等因素影响。20 世纪 90 年代以来，中国大量农村剩余劳动力从农村向城镇迁移，劳动力总体上供大于求使得工资增长的动力不足，特别是竞争行业，工资增速相对较慢。中国城镇单位名义工资增速在大部分时间落后于 GDP 名义增速，这直接造成了居民劳动报酬收入占国民收入比重下降。1992 年邓小平南行之后，中国市场经济快速发展。投资对象日益多元化，居民获得财产收入的渠道和机会增加。但是，储蓄仍然是居民最常见的投资渠道，利率水平是其他投资回报率的参照系。中国20世纪90年代的利率水平较高，1992～1996年，1年期存款利率介于7%～11%之间，后续年度利率水平逐步回落。2000年之后，大多数年份1年期存款利率都在3%以下，仅2007年超过了4%。利率水平的下降是导致了居民财产收入比重下降的原因之一。

2. 财政收入和企业利润在一定程度上挤占了中国居民的收入份额

针对中国居民收入比重下降的现实情况，白重恩等（2009a）曾经提出"谁在挤占居民的收入"的疑问。由于新增产值主要在居民、企业和政府之间分配，居民收入比重的下降必然存在企业或者政府部门收入比重的上升。

图4－4绘制了中国1993～2008年财政收入增长率、工业企业利润增长率和GDP增长率曲线，以工业企业利润增长率代表中国企业部门的利润增长率，增长率均按当年价格计算。

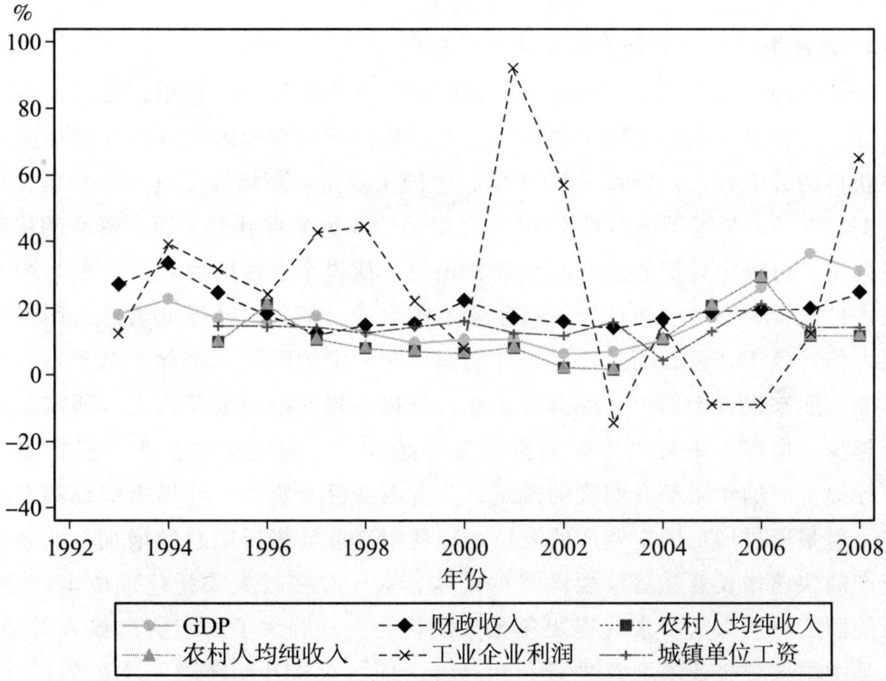

图4－4　中国不同类型收入的名义增长速度

注：以上增速按当年价格计算。工业企业利润数据来源于《中国工业经济统计年鉴(2011)》，城镇单位平均工资1990～2002年数据来源于《中国劳动统计年鉴（2005）》，2003～2009年数据来源于《中国人口和就业统计年鉴（2010）》，其他数据来源于WIND数据库。

中国财政收入增长速度在多数年份高于GDP增长速度。1992～2008年，中国GDP年平均名义增速约为16.6%，而财政收入的年平均名义增速约为19.6%，比GDP增速高约3个百分点，这种增速造成的收入差距逐年累积，最终对居民收入比重的影响是不容忽视的。虽然一部分增加的财政收入在再分配阶段会以各种转移支付的形式向居民部门返还。但是，由于中国政府在初次分配阶段通过间接税参与国民收入分配，在中国税收以间接税为主的情况下，财政收入的过快增长会对居民的初次分配收入比重产生影响。相比之下，美国 1990 ~ 2008 年名义 GDP 年平均增长速度约为 5.2%[①]，在此期间，联邦政府的财政收入名义年平均增速约为 5.1%，低于 GDP 的增长速度，这也是美国政府财政赤字较高的原因之一。

中国工业企业利润增速在不同年度存在较大波动，但是平均增速较高。1992 ~ 2008 年工业企业利润年均名义增速约为 24.0%，比 1994 ~ 2008 年农村居民人均纯收入和城镇单位平均工资增速分别高 12.4% 和 9.9%，比 GDP 的年均增速高约 7.3%。企业利润在某种程度上侵蚀了居民的收入。美国 1990 ~ 2008 年企业利润年均名义增速约为 7.0%，比其 GDP 年均增速高约 1.8%[①]。可见，中国企业利润增速与 GDP 增速差距幅度明显大于美国。

3. 累计折旧成为了企业利润流出的后门

累计折旧是企业对生产过程中耗费的固定资产所计提的费用，是生产成本的一部分，计算企业利润之前需要扣除。累计折旧可以看作固定资产在社会生产过程中获得的分配收入。1992 ~ 2008 年，中国工业企业新增固定资产年均名义增速约为 19.2%[②]，超过了该时期 GDP 名义增速约 2.8 个百分点。固定资产的快速增长使得生产过程中计提的折旧相应较快增加，使得企业在国民收入分配当中获得的收入份额增速减缓。累计折旧属于资本收入的一部分，计提的累计折旧资金支配权力仍然属于企业，而且不受企业利润分配约定的限制。因此，对于不太注重成本的企业来说，例如，一些国有企业，计提的累计折旧金额越大，所需缴纳的税金越少，留存下来可供支配的折旧资金越大。中国税法对企业计提折旧的方法、计提折旧的年限都有明确的规定，企业改变已有资产的计提折旧总额有较大困难，但是通过增加固定资产的方法可以使得企业计提折旧总额增加。此外，固定资产的快速增长意味着需要大量的采购，对于存在较大委托代理成本的企业，大量的固定资产采购带来获得灰色收入的机会，这刺激了固定资产投入的增加。这也是中国部分企业不愿意进行利润分红，而愿意将利润转增资本的原因之一。在公有部门，资产的闲置和效益较低在一定程度上存在，累计折旧以“无形的手”在参与国民收入的分配。

4. 税收制度差异是造成中国居民初次分配收入比重低于美国的原因之一

1992 年，中国居民的初次分配收入比重低于美国约 14.6%，2008 年低于美

① Statistical Abstract of the United States，www. census. gov/compendia/statab/，2010。

② 根据《中国工业经济统计年鉴（2011）》数据计算。

国23.6%。从表4-4和表4-5的比较可以看出，中国居民部门营业盈余收入所占比重与美国相当，但是劳动收入比重和财产收入比重与美国相差较大，这直接造成了中国居民初次分配收入比重较低。但是，有一点得注意，中美两国税收结构差异影响到两国居民初次收入比重差异。间接税是中国税收的主要组成部分①。而美国以直接税为主，间接税在其税收总额中的比重相对较小。表4-5中美国个人所得税、财产税合计占国民收入比重在10%上下，相比之下，中国的个人所得税比重约为1%。

间接税是在产品的生产、销售等环节征收，而直接税是在收入的归属权确定之后才征收。也就是说，美国政府参与社会化生产成果的分配主要在再分配阶段，而不是初次分配阶段。经过再分配之后，美国居民的可支配收入相比初次分配收入比重下降，而中国居民的可支配收入比重高于初次分配收入比重。中国政府在初次分配阶段参与了国民收入分配，收入主要来自初次分配，这是中国居民初次分配收入比重明显低于美国的原因之一。

5. 福利制度和经济发展水平差异使中美两国居民福利和转移收入存在较大差异

近30年来，美国居民部门获得的社会福利和转移收入占国民收入的比重超过了10%，2008年中国居民这一比重约为6.3%，中国居民获得的福利及转移收入的比重明显低于美国。居民的社会福利和转移收入一方面来自居民自身社会保险缴款的返还，另一方面来自政府的转移支付。

中国居民的社会缴款和转移支出占国民收入的比重近年来才达到约4.7%，低于美国约8%的水平。20世纪90年代，中国的最低生活保障、养老金等社会保障制度主要针对城镇居民，占中国人口大多数的农村居民没有这些福利。美国居民拥有全国统一的社会保险账户，福利体系覆盖全体居民。这种福利制度上的差异使得中国居民的社会保险缴付比重以及社会保险福利收入比重都相对较低。近年来，随着中国社会保障制度逐步完善，保障体系逐步覆盖农村居民。

居民社会福利、转移收入与社会缴款、转移支出的差额是政府使用财政收入向居民支付的部分。2008年，居民从中国财政收入获得的净收入比重约为1.7%（见表4-4，6.30-4.65），低于美国同期5.2%的水平。这与中国所处的经济发展水平有关。改革开放以来，中国的经济规模与美国的差距不断缩小，但是两国人均GDP仍然有较大的差距。中国2008年人均GDP约为3 414美元，相当于美国20世纪60年代中期水平。由于经济发展水平相对美国滞后，中国财政收入一部分分流到交通等基础设施建设，政府财政收入向居民转移支付的份额受到影响。从表4-5可以看出，1960年美国居民从政府财政收入中获得的收入净额约

① 刘怡、聂海峰：《间接税负担对收入分配的影响分析》，载于《经济研究》2004年第5期。

为1.6%（4.87－3.26），与中国2005年、2008年水平接近。随着中国经济的发展和基础设施的完善，政府的财政收入有条件，也有必要更多地投向居民的福利。

三、居民收入构成的国际差异

居民收入比重主要从国民收入主体分配格局的角度来看待居民的收入，而居民收入构成是基于居民收入来源的视角。

（一）我国居民收入构成测算

世界劳工组织没有发布关于中国居民收入构成的数据。以下参考世界劳工组织公布的居民收入构成项目，使用资金流量表数据对中国居民收入构成进行测算。居民初次分配收入的核算内容如公式（4－23）所示。其中居民的营业盈余主要来源于个体经营收入和非企业形式合营收入，由于数据的可得性原因，将居民部门的营业盈余作为居民的个体经营收入。对于居民的再分配收入，将资金流量表中居民的社会保险福利收入、其他经常转移收入、社会补助核算项目的来源方进行了加总，作为居民转移总收入（再分配收入总额）。将资金流量表“经常转移”项目的来源方和使用方的净额作为居民转移净收入（再分配收入净额）。将居民初次分配收入总额与居民转移总收入之和作为居民总收入，进而计算居民每一项收入构成占居民总收入的比重。

（二）不同国家居民收入构成差异分析

世界劳工组织对部分国家居民收入构成的微观调查结果以及本文对中国居民收入构成的计算结果如表4－6所示。

表4－6　部分国家居民收入构成　单位：%

国家	收入类别	劳动收入	个体收入	财产收入	转移收入				其他收入	调查年度
					社会保险福利	国外汇寄	其他转移	转移总收入		
韩国	总体	62.6	23.0	2.2	2.2		4.7	7.0	5.2	2004
韩国	P10	33.5	15.7	5.8	13.5		21.3	34.8	10.2	2004
韩国	P50	62.7	25.1	1.7	2.7		4.3	7.0	3.5	2004
韩国	P90	65.7	24.0	1.9	1.0		3.8	4.8	3.6	2004

续表

国家	收入类别	劳动收入	个体收入	财产收入	转移收入				其他收入	调查年度
					社会保险福利	国外汇寄	其他转移	转移总收入		
墨西哥	总体	51.2	8.6	23.1	4.5	1.4	2.0	7.9	9.2	2002
墨西哥	P10	27.8	16.7	16.7	11.1	5.6	5.6	22.2	16.7	2002
墨西哥	P50	54.1	11.5	14.8	3.3	3.3	1.6	8.2	11.5	2002
墨西哥	P90	54.9	7.3	21.3	4.9	1.2	1.8	7.9	8.5	2002
法国	总体	53.1	4.5	2.6	39.7	0.1		39.8		2001
法国	P10	23.5	2.8	2.0	71.7	0.0		71.7		2001
法国	P50	51.3	2.9	2.0	43.7	0.1		43.8		2001
法国	P90	73.3	5.4	2.6	18.5	0.2		18.7		2001
德国	总体	42.1	4.8	9.0	20.5		4.1	24.6	19.5	2003
德国	1.3 ~ 1.5	36.9	1.4	4.8	34.5		5.1	39.6	17.2	2003
德国	2.0 ~ 2.6	37.3	2.6	7.9	29.1		3.5	32.6	19.7	2003
德国	3.6 ~ 5.0	48.4	4.1	10.4	15.1		3.4	18.5	18.6	2003
中国	总体	78.1	10.2	6.3				5.5（3.6）		1992
中国	总体	77.5	9.6	7.1				5.7（3.1）		1995
中国	总体	75.3	13.6	4.7				6.4（1.8）		2000
中国	总体	77.4	11.3	3.0				8.3（0.8）		2005
中国	总体	75.3	11.5	3.7				9.4（0.8）		2008

注：中国的原始数据来源同表 4－4；其他国家数据来源于国际劳工组织；收入类别 P10、P50、P90 分别表示收入的 10 分位数、50 分位数、90 分位数；中国转移总收入中括号内数字表示居民转移收入净额占居民总收入的比重，居民转移收入净额等于居民保险福利收入加上其他转移收入，减去保险缴款和其他转移支出，再减去个人所得税；中国的个体收入根据居民部门的营业盈余计算；德国收入类别划分区间的单位为千欧元。

发达国家居民的劳动收入占家庭总收入的比重低于发展中国家。从总体来看，法国居民劳动收入占其家庭收入比重约为 53.1%，德国居民劳动收入占其家庭总收入的比例不到一半。相比之下，韩国居民劳动收入约占家庭总收入的 2/3，而中国居民劳动收入占家庭总收入的比重超过了 3/4。中国居民劳动收入占国民收入比重下降，但是居民劳动收入占家庭总收入的比重比较稳定，从 1992 年的 78.1% 下降到 2008 年的 75.3%，变动的幅度不大。

个体经营收入在西方居民收入中所占的比重很小。法国和德国居民当中，个体经营收入占居民总收入的比重在5%以下。西方国家的市场经济体系相对成熟，城镇居民所占的比例很高，大部分城镇居民受雇于企业或者单位，从事个体经营的居民比例不高。相比之下，韩国、墨西哥和中国居民个体经营收入占居民总收入的比重较高。

法国和德国居民的再分配收入比重明显高于发展中国家。西方发达国家人口自然增长率很低，社会老龄化程度高于发展中国家，领取社会养老保险的人口比例较高，这是西方社会转移收入占居民收入比重较高的原因之一。相比之下，转移收入占中国居民总收入的比重低于10%，比重呈现逐年上升的趋势，反映了中国社会保障体系在逐步完善，社会再分配力度增强。但是，中国居民转移收入净额占居民总收入的比重逐年下降，2008年仅占0.8%，这反映了居民转移收入主要来源于居民的社会保险缴款和个人所得税。也就是说，中国居民转移收入比重占居民总收入比重的增加主要是由于居民内部收入分配力度的增强，中国政府在初次分配获得的收入直接向居民收入转移的力度有限。

社会转移收入是西方国家居民重要的收入来源，福利体制差异是造成各国居民收入结构差异的重要原因之一。社会转移收入在德国和法国居民收入中所占的比重较高，法国居民家庭收入当中超过1/3来自政府和社会的转移收入。艾斯平-安德森（Esping-Andersen）根据福利津贴的全民覆盖程度和居民社会权（包括社会救助、医疗、教育、住房等福利）的去商品化（Decommodification）指数，将西方的福利体制主要分为三大类：自由福利体制，以美国和英国为代表；保守社团福利体制，以德国为代表；社会民主福利体制，典型代表是瑞典①，三种福利制度的福利水平由低到高排列。德国属于保守社团福利体制，德国居民的转移收入比重在西方国家中处于中等水平。东亚国家（主要指中国、韩国、日本等）的福利体制与西方国家差异较大。从历史的角度看，东亚国家早期的福利体制被称为儒家福利体制，儒家文化是形成这种福利体制的关键②。东亚国家的家庭和亲戚关系紧密，社会上的弱者主要通过家庭网络获得帮助。儒家福利体制在某种程度上也是居民没有其他的选择③。随着经济的发展和社会家庭结构的变化，东亚国家的福利制度逐步完善。以中国为例，福利体系从无到有、覆盖面从小到大，但是总体上福利水平仍然较低。有学者将中国、韩国的福利体制称为发展国

---

① Arts, W., "Three Worlds of Welfare Capitalism or More? A state-of-the-art report", *Journal of European Social Policy*, Vol. 12, No. 2, 2002, pp. 137 – 158.

② Jones C, "The Pacific Challenge: Confucian Welfare States", *New perspectives on the welfare state in Europe*, in Catherine Jones (eds), London: Routledge, 1993, pp. 198 – 217.

③ Jacob, D, "Low Public Expenditures on Social Welfare: Do East Asian Countries Have a Secret?", *International Journalof Social Welfare*, Vol. 9, No. 1, 2000, pp. 2 – 16.

家福利体制[①]或者生产主义（Productivist）福利体制[②]。在生产主义福利体制当中，社会政策依附于经济政策，社会福利方案是为经济和生产目标服务的，福利方案与就业紧密相连[③]。

高福利国家社会再分配具有“劫富济贫”特征。从收入类别的分位数可以看出，随着居民收入的提高，家庭收入构成当中转移收入所占的比重减少。这种特征在高福利国家表现得最为明显，以法国为例，将家庭收入由低到高排序，对于收入排名第十位的低收入家庭，转移总收入占其家庭总收入约71.7%，对于收入排名第九十位的高收入家庭，转移总收入占其家庭总收入约18.7%。由此可见，转移收入的重点是面向社会的低收入阶层。随着家庭收入水平的提高，劳动收入在家庭总收入当中的比重增大。

（三）小结

通过中美两国居民收入比重和收入构成的测算，对中国和美国居民收入比重和收入构成进行了全面比较。中国居民的可支配收入占国民收入比重出现了较大幅度的下降，而美国居民的这一比重在过去的近50年里逐步上升。通过中美两国GDP增长速度、企业利润增长速度以及财政收入增长速度的对比发现，中国的财政收入和企业利润在不同程度上挤占了居民的收入份额。此外，1992年以来，中国工业企业新增固定资产投资的年均增速超过了GDP的年均增速。公有部门冗余的固定资产以折旧的形式参与国民收入分配。

中美两国税收结构差异对两国居民初次分配收入比重差异有较大的影响。中国个人所得税、财产税占国民收入的比重比美国低较多，税收对中国居民收入分配调节的力度较小。随着中国个人信用体系的逐步完善，直接税比间接税更有利于调节居民的收入差距。

2008年，中国的人均GDP水平以及社会再分配力度与美国20世纪60年代接近。相比德国、法国等西方发达国家，中国、韩国等发展中国家的再分配收入占居民总收入的比重较低。东亚国家与西方发达国家福利制度、经济发展水平差异，是导致这些国家之间居民收入构成差异的重要原因。随着中国经济发展水平的提高以及社会保障体系的逐步完善，再分配收入在中国居民收入中的比重逐步增加。

---

① Lee, H. K, “Globalization and the Emerging Welfare State: the Experience of South Korea”, *International Journal of Social Welfare*, Vol. 9, No. 1, 1999, pp. 23 - 37.

② Holliday, I, “Productivist Welfare Capitalism: Social Policy in East Asia”, *Political Studies*, Vol. 48, No. 4, 2000, pp. 706 - 723.

③ Aspalter C, “The East Asian Welfare Model”, *International Journal of Social Welfare*, Vol. 15, No. 4, 2006, pp. 290 - 301.

第五章

提高居民收入占国民收入比重政策研究

为了提高居民收入占国民收入比重相关政策的时效性，需要降低居民收入占国民收入比重指标发布的滞后期。本章首先对居民收入比重指标的预测方法进行研究；其次，对当前转移性收入的再分配效应进行研究，模拟构建了多种转移性收入分配方案，测算各种方案的再分配效应；再次，提出了给定基尼系数条件下，如何生成分配方案的方法；最后，针对我国居民收入占国民收入比重存在的问题，提出了政策建议。

第一节　基于收入增速的居民收入占国民收入比重预测研究

《中国统计年鉴》资金流量表通常有两年左右的滞后期，所以居民收入占国民收入比重指标计算也因此滞后。为了提高指标的时效性，本节将对居民可支配收入占国民收入比重指标的预测方法进行研究。

一、变量构建和说明

第一步，根据年度消费者价格同比指数序列计算以 1995 年为固定基期的价格指数序列（消费者价格指数，CPI）。

第二步，使用固定基期的 CPI 对城镇居民可支配收入（$U_{n,t}$）、农村居民现金纯收入序列（$R_{n,t}$）进行平减，得到剔除了价格因素之后的城镇居民实际可支配收入 $U_{r,t}$、农村居民实际现金纯收入序列 $R_{r,t}$。其中，U 代表城市；R 代表农村；n 表示名义增速；t 表示数据对应的年度。

第三步，计算以 1995 年为固定基期的城镇居民实际可支配收入累计增长幅度序列 $U_{i,t}$、农村居民实际现金纯收入累计增长幅度序列 $R_{i,t}$。计算公式如下：

$$U_{i,t} = (U_{r,t} - U_{r,1995})/U_{r,1995} \tag{5-1}$$

$$R_{i,t} = (R_{r,t} - R_{r,1995})/R_{r,1995} \tag{5-2}$$

其中，i 表示增速；t 表示年度；$t=1996$，…，n。

第四步，计算以 1995 年为固定基期的 GDP 累计增长幅度序列 $G_{i,t}$。公式如下：

$$G_{i,t} = \prod_{t=1996}^{T}(1 + G_{p,t}) - 1 \tag{5-3}$$

其中，$G_{p,t}$为 t 年度的 GDP 增速；$T = 1996$，…，n，表示年度；$\prod$ 表示连乘。

第五步，计算城镇居民实际可支配收入增速超前（落后）指数 $U_{x,t}$，农村居民实际现金纯收入增速超前（落后）指数 $R_{x,t}$。其中 x 表示超前（落后）指数。计算公式如下：

$$U_{x,t} = U_{i,t} - G_{i,t} \tag{5-4}$$

$$R_{x,t} = R_{i,t} - G_{i,t} \tag{5-5}$$

第六步，计算居民部门可支配总收入占 GDP 比重序列 $D_{s,t}$。其中 s 表示比重。计算公式如下：

居民部门可支配总收入占 GDP 比重 =（居民部门增加 + 初次分配收入 + 再分配收入净额）/GDP

第七步，计算居民部门可支配总收入占 GDP 比重相对变动幅度序列 $D_{i,t}$。

$$D_{i,t} = (D_{s,t} - D_{s,1995})/D_{s,1995} \tag{5-6}$$

二、模型构建和说明

居民收入增长速度落后于 GDP 增长速度，直接导致居民部门可支配收入占 GDP 比重下降。根据这一判断，以下通过对三个模型（模型 1 对应公式 5－7；模型 2 对应公式 5－8；模型 3 对应公式 5－9）对城镇居民人均可支配收入、农村居民人均纯收入以及居民部门可支配收入占 GDP 比重三者的数量关系进行探讨。

$$D_{i,t}=\alpha+\beta U_{x,t}+\gamma R_{x,t}+\varepsilon_i \quad (5-7)$$

$$D_{i,t}=\alpha+\beta U_{x,t}+\gamma R_{x,t}+\lambda R_{x,t}^2+\varepsilon_i \quad (5-8)$$

$$D_{i,t}=\alpha+\gamma R_{x,t}+\lambda R_{x,t}^2+\varepsilon_i \quad (5-9)$$

$D_{i,t}$，$U_{x,t}$，$R_{x,t}$的定义分别如公式公式（5－4）、公式（5－5）和公式（5－6）所示。其中，α，β，γ，λ 为待估计参数；ε 为服从正态分布的随机误差项，ε_i 满足以下基本假设：

$$\begin{cases} E(\varepsilon_i)=0,\ i=1,\ 2,\ \cdots,\ n \\ Var(\varepsilon_i,\ \varepsilon_j)=\begin{cases}\sigma^2,\ 当\ i=j\ 时\\ 0,\ 当\ i\neq j\ 时\end{cases} i,\ j=1,\ 2,\ \cdots,\ n \end{cases} \quad (5-10)$$

以下将公式（5－7）～公式（5－9）定义的模型分别称为：模型1、模型2、模型3。

三、变量计算

使用《中国住户调查年鉴（2014）》以及《中国统计年鉴》数据，根据公式（5－1）～公式（5－6）测算的自变量和因变量值如表5－1及表5－2所示。

表5－1　　1995～2013年居民人均收入及累计增长幅度

年份	城镇居民人均名义可支配收入（元）	农村居民人均名义现金纯收入（元）	按1995年为基期价格指数	城镇人均实际可支配收入（元）	农村居民人均实际现金纯收入（元）	城镇人均可支配收入累计增长（%）	农村人均纯收入累计增长（%）
	$U_{n,t}$	$R_{n,t}$	CPI	$U_{r,t}$	$R_{r,t}$	$U_{i,t}$	$R_{i,t}$
1995	4 283	1 578	100.0	4 283.0	1 577.7		
1996	4 839	1 926	108.3	4 467.5	1 778.2	4.3	12.7
1997	5 160	2 090	111.3	4 634.8	1 877.3	8.2	19.0
1998	5 425	2 162	110.5	4 911.5	1 957.3	14.7	24.1
1999	5 854	2 210	108.9	5 375.9	2 029.8	25.5	28.7
2000	6 280	2 253	109.3	5 743.2	2 060.8	34.1	30.6
2001	6 860	2 366	110.1	6 230.1	2 149.3	45.5	36.2
2002	7 703	2 476	109.2	7 052.5	2 266.6	64.7	43.7
2003	8 472	2 622	110.5	7 665.0	2 372.4	79.0	50.4

续表

年份	城镇居民人均名义可支配收入（元）	农村居民人均名义现金纯收入（元）	按 1995 年为基期价格指数	城镇人均实际可支配收入（元）	农村居民人均实际现金纯收入（元）	城镇人均可支配收入累计增长（%）	农村人均纯收入累计增长（%）
	$U_{n,t}$	$R_{n,t}$	CPI	$U_{r,t}$	$R_{r,t}$	$U_{i,t}$	$R_{i,t}$
2004	9 422	2 936	114.8	8 204.1	2 556.9	91.6	62.1
2005	10 493	3 255	116.9	8 975.6	2 784.2	109.6	76.5
2006	11 760	3 587	118.7	9 909.4	3 022.7	131.4	91.6
2007	13 786	4 140	124.4	11 085.1	3 329.3	158.8	111.0
2008	15 781	4 761	131.7	11 982.8	3 614.9	179.8	129.1
2009	17 175	5 153	130.8	13 134.2	3 940.9	206.7	149.8
2010	19 109	5 919	135.1	14 147.6	4 382.1	230.3	177.8
2011	21 810	6 977	142.4	15 320.9	4 901.4	257.7	210.7
2012	24 565	7 917	146.1	16 818.6	5 420.2	292.7	243.6
2013	26 955	8 896	149.9	17 986.7	5 936.1	320.0	276.2

注：城镇居民人均名义可支配收入、农村居民人均名义现金纯收入数据来自《中国住户调查年鉴（2014）》；CPI 按 1995 年为基期价格指数将 1995 年 CPI 设定为 100，数据来自《中国统计年鉴（2014）》；城镇人均实际可支配收入、农村居民人均实际现金纯收分别等于各自的名义收入除以 CPI，然后乘以 100。

表 5－2　1996～2013 年居民可支配收入比重变动幅度与收入增速超前（落后）指数

单位：%

年份	居民可支配收入占 GDP 比重	居民可支配收入比重相对变动幅度	GDP 增速	GDP 累计增长	城镇可支配收入增速超前（落后）指数	农村纯收入增速超前（落后）指数
	$D_{s,t}$	$D_{i,t}$	$G_{p,t}$	$G_{i,t}$	$U_{x,t}$	$R_{x,t}$
1995	66.3		10.9			
1996	67.6	2.0	10.0	10.0	－5.7	2.7
1997	68.2	2.9	9.3	20.2	－12.0	－1.2
1998	67.6	2.0	7.8	29.7	－15.0	－5.6
1999	66.6	0.5	7.6	39.5	－14.0	－10.9
2000	67.1	1.2	8.4	51.3	－17.2	－20.7

续表

年份	居民可支配收入占 GDP 比重	居民可支配收入比重相对变动幅度	GDP 增速	GDP 累计增长	城镇可支配收入增速超前（落后）指数	农村纯收入增速超前（落后）指数
	$D_{s,t}$	$D_{i,t}$	$G_{p,t}$	$G_{i,t}$	$U_{x,t}$	$R_{x,t}$
2001	65.5	-1.1	8.3	63.9	-18.4	-27.6
2002	64.3	-2.9	9.1	78.7	-14.1	-35.1
2003	64.3	-3.1	10.0	96.7	-17.7	-46.3
2004	61.6	-7.0	10.1	116.5	-24.9	-54.4
2005	61.1	-7.9	11.3	141.0	-31.4	-64.5
2006	60.8	-8.3	12.7	171.5	-40.2	-79.9
2007	59.7	-10.0	14.2	210.0	-51.2	-99.0
2008	59.2	-10.7	9.6	239.8	-60.1	-110.7
2009	60.8	-8.2	9.2	271.2	-64.5	-121.4
2010	60.6	-8.6	10.4	309.9	-79.6	-132.2
2011	60.4	-8.9	9.3	348.1	-90.3	-137.4
2012	61.9	-6.6	7.7	382.3	-89.7	-138.8
2013			7.7	419.3	-99.4	-143.1

注：居民可支配收入占 GDP 比重根据相应年度《中国统计年鉴》资金流量表实物交易数据计算。

四、模型估计

使用最小二乘法，模型 1 ~ 模型 3 估计结果如表 5 - 3 所示。

表 5 - 3　　1995 ~ 2012 年居民可支配收入比重与居民收入增速关系模型估计

模型	模型 1	模型 2	模型 3
自变量	居民可支配收入比重相对变动幅度 $D_{i,t}$		
截距项	0.18	2.7(.)	3.26(***)
	(0.31)	(1.96)	(5.11)
城镇可支配收入增速超前（落后）指数 $U_{x,t}$	-0.24(***)	-0.05	

续表

模型	模型 1	模型 2	模型 3
	(-4.9)	(-0.46)	
农村纯收入增速超前（落后）指数 $R_{x,t}$	0.21(***)	0.23(***)	0.22(***)
	(7.8)	(8.79)	(9.08)
农村纯收入增速超前（落后）指数平方 $R^2_{x,t}$		0.001(.)	0.001(***)
		(1.98)	(5.88)
D - W 统计量	1.79	1.67	1.57
Breusch-Pagan 检验	7.09 (**)	0.98	0.20
F - 统计量	82.96(***)	68.11(***)	108.20(***)
调整 R 方	0.91	0.93	0.93
样本数	17	17	17

注：***、**、*、. 分别表示统计量在 0.1%，1%，5% 和 10% 水平下显著。

表 5 - 3 当中，D - W 统计量检验模型残差项是否存在一阶自相关，统计量取值介于 0 ~ 4 之间，取值为 0 表示存在正自相关（一阶），取值为 4 表示存在负自相关，取值为 2 表示不存在自相关。表 5 - 3 中三个模型的 D - W 统计量介于 1.5 ~ 2 之间，表明模型残差项不存在一阶自相关。布伦斯 - 帕甘（Breusch-Pagan）检验残差是否存在异方差，模型 1 在 5% 显著水平下拒绝了不存在异方差的假设，即认为存在异方差。模型 2 和模型 3 在 10% 显著水平下无法拒绝原假设，没有证据认为残差存在异方差。

从模型的拟合程度看，F - 统计量在 1% 水平下拒绝了模型参数均为 0 的原假设，表明解释变量对自变量存在影响。从模型的拟合程度看，3 个模型的调整 R 方均超过了 0.9，表明模型总体拟合效果较好。

对比三个模型，模型 3 的调整 R 方、F 统计量、估计参数的显著水平均高于模型 1 和模型 2。且模型 3 的残差不存在异方差以及一阶自相关。因此，模型 3 较好地拟合了居民可支配收入比重与居民收入增速的关系。模型 3 的拟合情况如图 5 - 1 所示。左上角的拟合值与残差散点图显示，残差随机地分布在水平轴两侧，不存在显著的扩大和缩小的趋势，表明模型满足随机误差项数学期望为 0 的假设条件。左下角标准化残差与拟合值散点图也显示，残差随机分布，没有确定性的趋势。右上角的正态 QQ 图显示，残差基本服从正态分布。右下角的 Cook's 距离图显示，第 8 和第 17 个样本点对回归模型具有相对重要影响。

再看模型1和模型2，由于1996～2012年城镇居民可支配收入平均增速显著高于农村居民，城镇居民可支配收入增速相对于GDP增速的差距不大，因此，模型2中城镇居民可支配收入增速超前（落后）指数对居民可支配收入比重相对变动幅度的影响并不显著。而在模型1当中加入了城镇可支配收入增速超前（落后）指数之后，模型出现了异方差。模型3相对于另外两个模型，更好地拟合了1996～2012年居民平均收入与居民收入占国民收入比重之间的数量关系。但是，从理论上看，城镇居民可支配收入变动同样是居民部门收入占国民收入比重变动的重要影响因素。因此，模型2的前提假设条件是城镇居民平均收入增长速度相对于GDP增速保持稳定，即城镇居民人均可支配收入超前（落后）指数保持当前的发展速度。此时，居民收入占国民收入比重将主要由农村居民收入增长速度与GDP增速的配比关系决定。

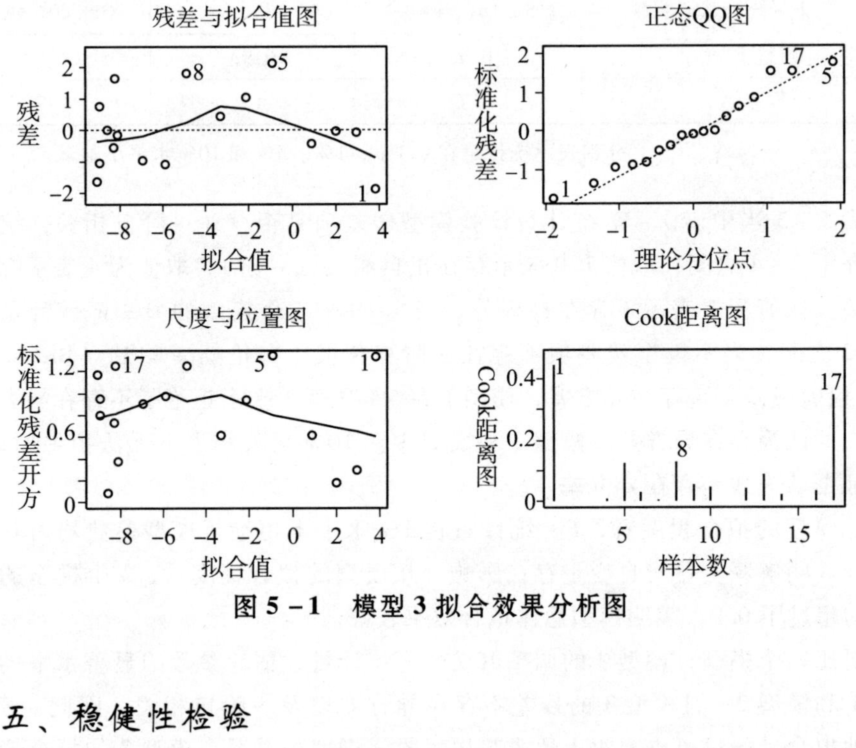

图5－1　模型3拟合效果分析图

五、稳健性检验

以上三个模型使用居民收入增速超前（落后）指数对居民可支配收入占国民收入比重相对变动进行拟合，比重变动的参照系为1995年。如果参照系发生变化，居民收入增速超前（落后）指数是否仍然能够解释居民收入占国民收入比重的变动？即以上模型是否具有稳健性。以下使用2000年居民可支配收入占国民收入比重作为参照系，考察以上模型的稳健性。

根据公式（5-1）~公式（5-6）计算，表5-4列出了以上三个模型所涉及变量的计算结果。表5-3与表5-4的不同之处在于，前者相关指标以1995年为基期计算，后者以2000年为基期。

表5-4　1996~2013年居民可支配收入比重变动幅度与收入增速超前（落后）指数

单位：%

年份	消费者价格指数	城镇人均实际可支配收入（元）	农村居民人均实际现金纯收入（元）	GDP累计增幅（%）	城镇居民可支配收入超前（落后）指数（%）	农村居民纯收入超前（落后）指数（%）	居民可支配收入占GDP比重相对变动（%）
	CPI	$U_{i,t}$	$R_{r,t}$	$G_{i,t}$	$U_{x,t}$	$R_{x,t}$	$D_{i,t}$
2000	100.0	6 280.0	2 253.4				
2001	100.7	6 811.9	2 350.0	8.3	0.2	-4.0	-2.3
2002	99.9	7 710.9	2 478.2	18.1	4.6	-8.2	-4.1
2003	101.1	8 380.6	2 593.8	30.0	3.5	-14.9	-4.2
2004	105.0	8 969.9	2 795.6	43.1	-0.3	-19.0	-8.1
2005	106.9	9 813.3	3 044.1	59.3	-3.0	-24.2	-9.0
2006	108.5	10 835.2	3 305.1	79.5	-6.9	-32.8	-9.4
2007	113.7	12 120.5	3 640.2	104.9	-11.9	-43.3	-11.1
2008	120.5	13 101.5	3 952.3	124.6	-16.0	-49.2	-11.7
2009	119.6	14 359.2	4 308.4	145.3	-16.7	-54.1	-9.3
2010	123.6	15 466.4	4 790.6	170.9	-24.7	-58.3	-9.7
2011	130.2	16 747.6	5 357.8	196.1	-29.5	-58.4	-9.9
2012	133.6	18 385.1	5 925.1	218.8	-26.0	-55.9	-7.7
2013	137.1	19 662.9	6 489.3	243.3	-30.2	-55.3	

注：设2000年CPI为100；GDP累计增幅、城镇居民可支配收入超前（落后）指数、农村居民纯收入超前（落后）指数、居民可支配收入占GDP比重相对变动均以2000年为基期。

根据表5-4数据，模型1~模型3的估计结果如表5-5所示。模型3对可支配收入比重与居民收入增速关系的拟合效果较好，调整R^2为0.85，优于模型1和模型2。D-W统计量和Breusch-Pagan检验表明，模型残差不存在一阶序列相关以及异方差。农村纯收入增速超前（落后）指数对居民可支配收入比重变动具有显著的正向影响。农村居民纯收入增速落后于GDP增速越多，居民部门可支配收入比重下降的幅度越大。2000～2012年，城镇居民可支配收入增速超前（落后）指数对居民部门收入比重下降的影响在5%水平下并不显著。

使用不同样本、不同的指标基期数据计算结果表明，模型3仍然较好地拟合了居民可支配收入比重与居民收入增速的关系，可见模型3具有稳健性。

表5-5　　2000～2012年居民可支配收入比重与居民收入增速关系模型估计

模型	模型1	模型2	模型3
自变量	居民可支配收入比重相对变动幅度 $D_{i,t}$		
截距项	-1.39	-0.14	-0.07
	(-0.88)	(-0.11)	(-0.07)
城镇可支配收入增速超前（落后）指数 $U_{x,t}$	-0.29(.)	0.03	
	(-2.16)	(0.23)	
农村纯收入增速超前（落后）指数 $R_{x,t}$	0.28(**)	0.49(***)	0.49(***)
	(3.48)	(5.29)	(5.64)
农村纯收入增速超前（落后）指数平方 $R_{x,t}^2$		0.006(*)	0.006(**)
		(2.96)	(4.42)
D-W统计量	1.73	2.21	2.30
Breusch-Pagan检验	3.78 (**)	0.25	0.14
F-统计量	13.15(***)	19.28(***)	32.29(***)
调整 R^2	0.69	0.83	0.85
样本数	12	12	12

注：***、**、*、. 分别表示统计量在0.1%，1%，5%和10%水平下显著；括号中数字为 t 值。

六、居民可支配收入比重变动预测

前面的实证分析表明，农村居民纯收入增速超前（落后）指数对居民部门可支配收入占国民收入比重的相对变动具有较好的拟合效果。我国居民收入占国民收入比重指标测算主要依靠《中国统计年鉴》的资金流量表（实物交易）数据，而资金流量表发布的滞后期较长，2012年以前，滞后期一般为3年，之后缩短为两年。而《中国住户调查年鉴》以及国家统计局网站发布的城镇居民人均可支配收入、农村居民人均纯收入数据的滞后期较短。因此，使用居民人均收入数据预测我国居民部门可支配收入占国民收入比重，将能弥补发布滞后期较长的不足。

使用表5-2当中1996~2012年居民可支配收入比重变动序列、农村居民纯收入增速超前（落后）指数数据，代入前面构建的模型3，即公式（5-11）。农村居民纯收入增速超前（落后）指数对居民可支配收入比重变动序列的拟合结果如图5-2所示。虚线为置信度95%情况下拟合值的区间估计值。

$$D_{i,t}=3.26+0.22R_{x,t}+0.001R_{x,t}^{2} \qquad (5-11)$$

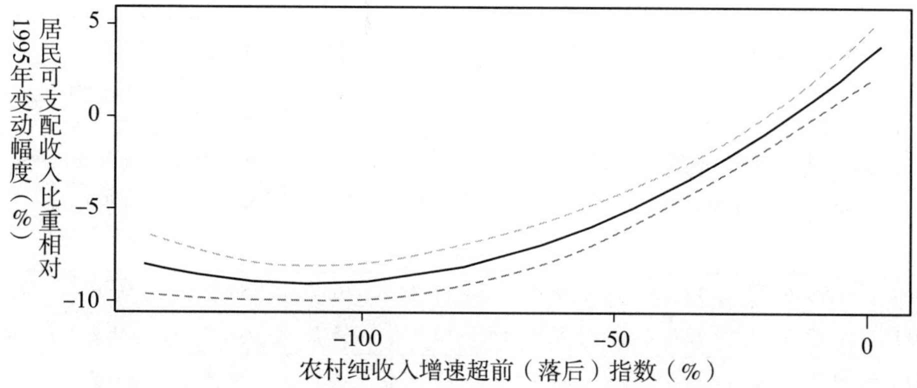

图5-2　农村居民纯收入增速超前（落后）指数对居民部门收入比重拟合图

从图5-2中可见，随着农村居民纯收入累计增速落后于GDP增速的差距增大，居民收入占国民收入比重逐步降低，但是下降的幅度逐步减缓。令方程（5-11）左端等于0，可以求解出$R_{x,t}$约等于-16%。这表示在其他条件不变情况下，农村居民纯收入增速超前（落后）指数低于-16%时[①]，是居民收入占国民收入比重开始下降的临界点。

使用模型2和模型3对居民可支配收入占国民收入比重进行预测步骤如下。

（1）使用1996到t年度数据拟合模型2和模型3。

（2）将下一年度城镇居民可支配收入增速超前（落后）指数、农村居民纯收入增速超前（落后）指数代入拟合后的模型，计算居民可支配收入比重相对变动幅度预测值和置信区间。

（3）根据居民可支配收入比重相对变动幅度预测值计算居民可支配收入占国民收入比重，居民可支配收入占国民收入比重=1995年居民可支配收入占国民收入比重×居民可支配收入比重相对变动幅度预测值+1995年居民可支配收入

① 以1995年为基期。

占国民收入比重。

（4）计算预测误差，预测误差 = 居民可支配收入占国民收入比重预测值 - 居民可支配收入占国民收入比重公布值。

（5）将样本向前推进1年，重复步骤（1）~步骤（4）。

根据以上预测步骤，2010~2013年我国居民可支配收入占国民收入比重的预测结果以及预测误差如表5-6所示。

表5-6　农村居民纯收入增速超前（落后）指数对居民可支配收入比重预测结果

年份	城镇居民可支配收入增速超前（落后）指数（%）[1]	农村居民纯收入增速超前（落后）指数（%）[1]	居民可支配收入比重相对变动幅度（%；预测值）	95%置信下限	95%置信上限	居民可支配收入占国民收入比重（%；预测）[2]	居民可支配收入占国民收入比重（%；公布）	预测误差[3]
模型2								
2010	-79.6	-132.2	-9.9	-13.0	-6.7	59.7	60.6	-0.9
2011	-90.3	-137.4	-8.9	-12.1	-5.8	60.4	60.4	0.0
2012	-89.7	-138.8	-8.9	-10.8	-7.0	60.4	61.9	-1.5
2013	-99.4	-143.1	-7.7	-10.0	-5.3	61.2	—	—
模型3								
2010		-132.2	-9.9	-12.6	-7.1	59.8	60.6	-0.8
2011		-137.4	-9.1	-11.3	-6.9	60.3	60.4	-0.1
2012		-138.8	-9.0	-10.6	-7.3	60.4	61.9	-1.5
2013		-143.1	-8.0	-9.7	-6.3	61.0	—	—

注：1. 城镇居民可支配收入增速超前（落后）指数、农村居民纯收入增速超前（落后）指数、居民可支配收入比重相对变动幅度均已1995年为固定基期。2. "—"表示2013年居民可支配收入占国民收入比重实际值尚未发布。

将预测结果与《中国统计年鉴》资金流量公布的表数据测算结果对比，预测结果显示，2010~2012年预测误差不超过1.5%，表明模型的预测效果较好。模型2对2013年居民部门可支配收入占国民收入比重的预测值为61.2%，预测值以95%的概率落入59.7%~62.8%的区间内。模型3对2013年居民部门可支配收入占国民收入比重的预测值为61.0%，预测值以95%的概率落入59.9%~62.1%的区间内。从趋势上看，2013年居民部门可支配收入占国民收入比重仍将保持小幅上升。

第二节 转移收入的再分配效应研究

一、城镇居民转移性收入的再分配效应

本节利用2006～2012年《中国城市（镇）生活与价格年鉴》（下文简称《价格年鉴》），以及2013年各省市统计年鉴的收入分组资料，对城镇居民转移性收入的再分配效应进行测算。

（一）城镇居民收入的洛伦茨曲线

根据价格年鉴的收入分组资料，通过计算人口累计百分比和总收入累计百分比，绘制的总收入洛伦茨曲线如图5－3所示。从洛伦茨曲线的变化趋势来看，

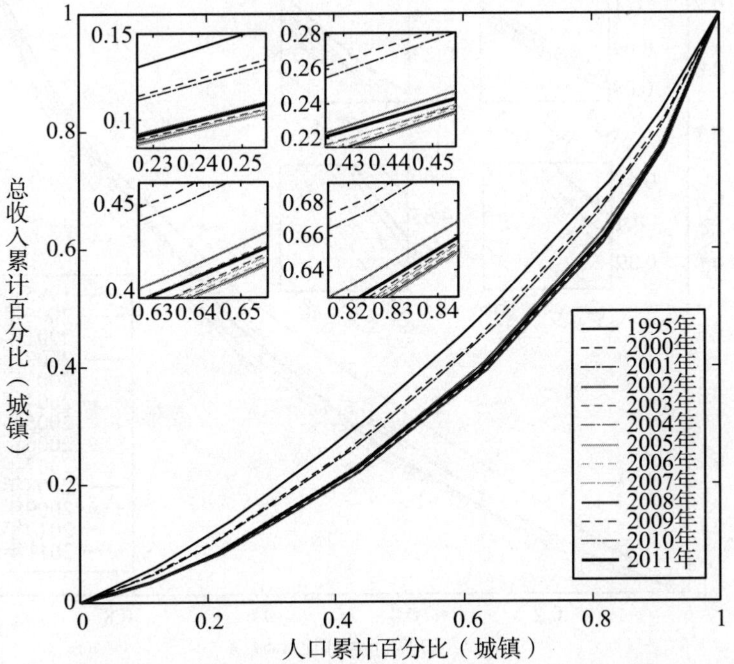

图5－3 1995～2011年城镇居民总收入洛伦茨曲线

注：由于统计年鉴的不同收入户是按家庭人均可支配收入大小进行排序后分组，按总收入排序的分组资料未公布，因此这里的洛伦茨曲线是近似的，也被称作收入集中度曲线。

资料来源：根据《中国城市（镇）生活与价格年鉴（2006～2012）》数据测算得到。

2000 年城镇居民总收入差距明显大于 1995 年，而 2002 年总收入差距也明显大于 2001 年。2002 年以后，洛伦茨曲线基本重合在一起，表明总体收入差距变化不大。2011 年洛伦茨曲线在 2004 ~2009 年上方，表明 2011 年收入差距相对较小，收入分配不平等的状况有所改善。

以上是城镇居民总收入的差距，下面再看转移性收入的差距如何变动。根据价格年鉴的收入分组资料，计算人口累计百分比和转移性收入累计百分比，绘制两者关系的散点图，并用曲线连接起来，得到转移性收入的集中度曲线如图 5 -4 所示。2000 年转移性收入集中曲线在 1995 年右下方，转移性收入的不平等程度加大。2002 年转移性收入集中曲线在最下方，表明 2002 年转移性收入差距在所考察度最大。2002 ~2008 年，集中曲线向左上方移动，转移性收入平等性增加。从集中曲线的密集程度来看，转移性收入向左上方移动，集中在人口累计百分比为 0.6 ~0.8 区间，这说明转移性收入增强主要出现在中高收入阶层。而在人口累计百分比为 0.2 ~0.4 区间，转移性收入的分配状况并没有得到明显的改善。

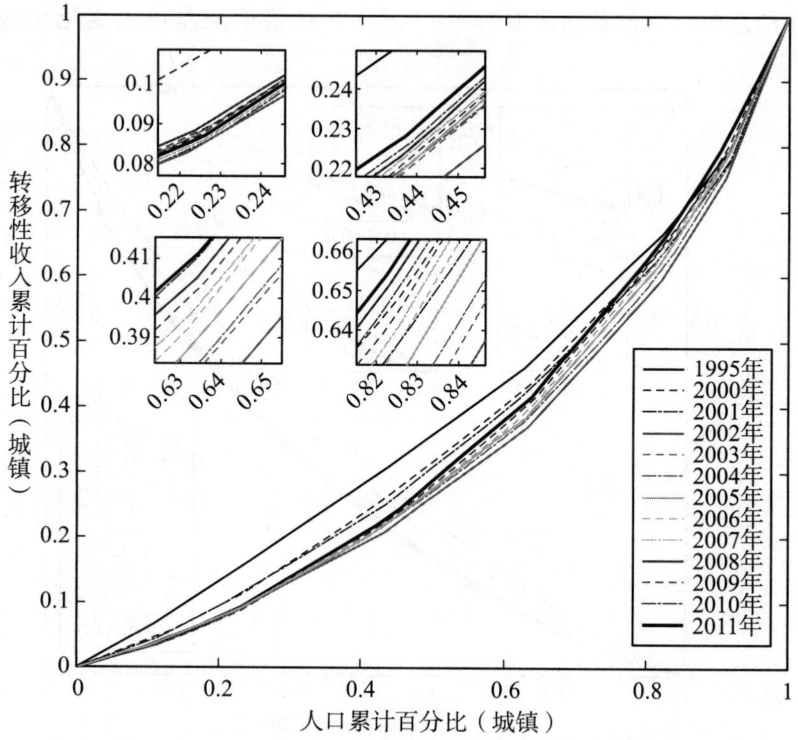

图 5 -4　1995 ~2011 年城镇居民转移性收入集中曲线

注：不同收入户按可支配收入大小进行排序，反映了转移性收入按可支配收入排序后的不平等程度。集中系数根据该曲线的面积法近似得到。

资料来源：根据《中国城市（镇）生活与价格年鉴（2006 ~2012)》数据测算得到。

（二）城镇居民转移性收入对总收入差距的调节作用

使用价格年鉴的收入分组资料，根据公式（3-4）计算城镇居民总收入基尼系数、初次分配收入集中系数和转移性收入集中系数、然后，根据公式（3-6）对基尼系数进行分解，并根据公式（3-7）计算转移性收入对基尼系数的贡献率，最后，根据公式（3-9）测算转移性收入的相对边际效应，最终测算结果如表5-7所示。

表5-7　　1995~2011年城镇基尼系数分解

年份	总收入	转移性收入				初次分配收入			
	$G_{总}$	$C_{转移}$	$S_{转移}$(%)	$I_{转移}$(%)	$E_{转移}$(%)	$C_{初次}$	$S_{初次}$(%)	$I_{初次}$(%)	$E_{初次}$(%)
1995	0.2038	0.2201	17.21	18.58	0.0137	0.2005	82.79	81.42	-0.0137
2000	0.2448	0.2762	23.21	26.18	0.0298	0.2353	76.79	73.82	-0.0298
2001	0.2553	0.2887	24.19	27.36	0.0317	0.2446	75.81	72.64	-0.0317
2002	0.309	0.3490	24.38	27.54	0.0316	0.2961	75.62	72.46	-0.0316
2003	0.3175	0.3350	23.28	24.56	0.0128	0.3122	76.72	75.44	-0.0128
2004	0.3261	0.3321	22.92	23.34	0.0042	0.3243	77.08	76.66	-0.0042
2005	0.3321	0.3231	23.41	22.78	-0.0063	0.3348	76.59	77.22	0.0063
2006	0.3285	0.3183	22.79	22.08	-0.0071	0.3315	77.21	77.92	0.0071
2007	0.3244	0.3152	22.72	22.07	-0.0064	0.3271	77.28	77.93	0.0064
2008	0.3303	0.3045	22.98	21.19	-0.0180	0.3380	77.02	78.81	0.0180
2009	0.3235	0.3123	23.93	23.10	-0.0083	0.327	76.07	76.90	0.0083
2010	0.3179	0.3065	24.20	23.33	-0.0087	0.3215	75.80	76.67	0.0087
2011	0.3175	0.2993	23.77	22.41	-0.0136	0.3231	76.23	77.59	0.0136

注：表中数据根据《中国城市（镇）生活与价格年鉴（2006~2012）》测算得到。其中，$G_{总}$表示城镇居民总收入基尼系数，$C_{转移}$和$C_{初次}$分别表示城镇居民转移性收入集中系数和初次分配收入集中系数。$S_{转移}$和$S_{初次}$分别表示转移性收入占总收入比重和初次分配收入占总收入比重。$I_{转移}$和$I_{初次}$分别表示转移性收入对总收入差距的贡献率和初次分配收入对总收入差距的贡献率。$E_{转移}$和$E_{初次}$分别表示转移性收入的相对边际效应和初次分配收入的相对边际效应。

1995~2011年转移性收入的集中系数、初次分配收入集中系数和总收入基尼系数的大小如图5-5所示。当转移性收入集中系数大于总收入基尼系数时，说明转移性收入扩大了收入差距，反之则缩小收入差距。具体来看，城镇居民总收入基尼系数在1995~2005年逐步增大，而2005~2011年有所下降，2011年下降为0.3175，说明近几年城镇居民总收入差距有所改善。初次分配收入集中系数的变动趋势和总收入基尼系数的变动趋势基本一致。再看转移性收入，1995~2004年，转移性收入集中系数大于总收入基尼系数，说明转移性收入扩大了收入差距，2002~2004年，随着转移性收入集中系数的减小，转移性收入扩大总收入差距的作用在减弱。

2005~2011年，随着转移性收入集中系数小于总收入基尼系数，转移性收入起到了缩小居民总收入差距的作用。但从初次分配收入集中系数和总收入基尼系数的大小来看，转移性收入缩小总收入差距的作用并不明显。

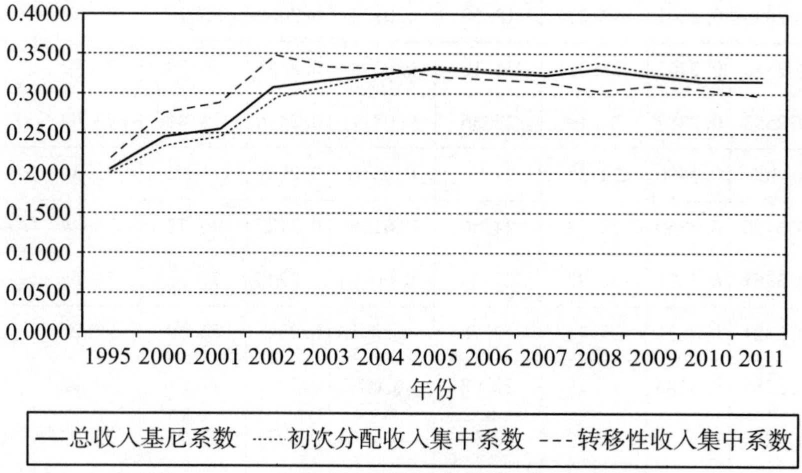

图5-5 1995~2011年城镇居民初次分配收入和转移性收入集中系数

资料来源：根据《中国城市（镇）生活与价格年鉴（2012）》数据测算得到。

图5-5展现了转移性收入对总收入差距的影响，以下对这些影响程度进一步量化。1995~2011年，转移性收入对总收入不平等的贡献率平均为23.4%。从图5-6可以看出，转移性收入的贡献率先增加后减小。1995年最低，为18.6%，2002年贡献率上升到27.5%，贡献率上升的主要原因是转移性收入集中系数和转移性收入占总收入比重同时扩大。2003~2008年，随着转移性收入集中系数不断减小，转移性收入对总收入不平等的贡献也逐步下降。2009~2011年，虽然转移性收入的不平等程度低于2007年，但由于转移性收入的比重比2007年更高，贡献率也高于2007年。可见，转移性收入对不平等的贡献率受转移性收入集中系数大小和占总收入的比重两个因素共同决定。

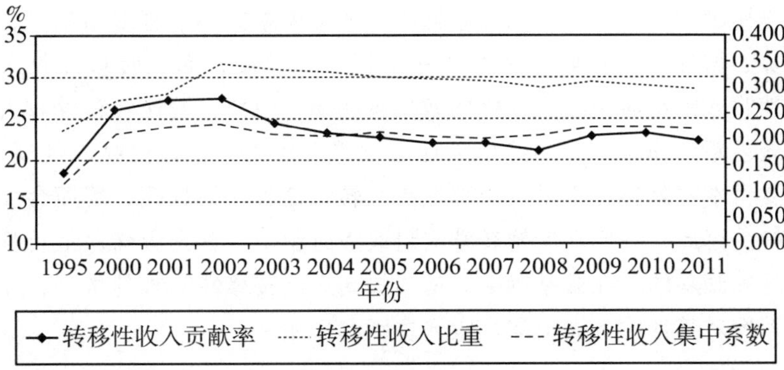

图 5－6　1995～2011 年城镇居民转移性收入对总收入差距贡献率

资料来源：根据《中国城市（镇）生活与价格年鉴（2006～2012）》数据测算得到。

图 5－7 显示，1995～2004 年，转移性收入的相对边际效应为正，说明转移性收入扩大了居民收入差距，相对边际效应的绝对值先增大后减小，说明转移性收入扩大收入差距的作用先增大后减小。2005～2011 年，转移性收入的相对边际效应为负，说明转移性收入缩小了居民收入差距。相对边际效应的绝对值越大，转移性收入缩小总收入差距的作用越强。尤其是 2008 年，转移性收入缩小收入差距的作用最大。究其根源，2008 年，初次分配收入集中系数明显增大，而转移性收入集中系数明显减小，在转移性收入占总收入比重进一步提高的背景下，其调节收入差距的作用显著增强。

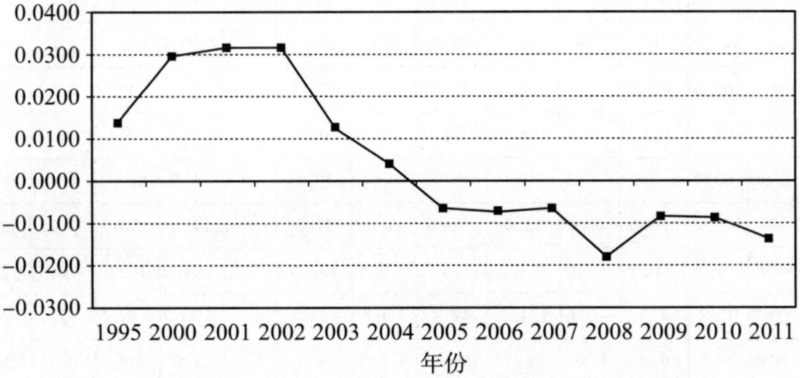

图 5－7　1995～2011 年城镇居民转移性收入的相对边际效应

资料来源：根据《中国城市（镇）生活与价格年鉴（2006～2012）》测算得到。

转移性收入相对边际效应的符号取决于转移性收入集中系数与总收入基尼系数的大小。当转移性收入集中系数大于基尼系数时，相对边际效应为正，此时，增加转移性收入将会扩大收入差距，而且转移性收入占总收入比重越大，扩大收入差距的作用越明显。反之，当转移性收入的集中系数小于基尼系数时，相对边际效应为负，增加转移性收入将会缩小居民收入差距，而且转移性收入比重越高，转移性收入缩小居民收入差距的效果越明显。因此，要使转移性收入起到调节居民收入差距的作用，并不能单纯地通过扩大居民的转移性收入规模来实现。如果转移支付本身就存在不平等，那么扩大转移性收入的规模，反而会加剧总收入的不平等。因此，政府在实施转移支付政策过程中，首先应该保证转移支付是向低收入居民倾斜的，在此基础上，适当提高居民转移性收入的水平，才能够真正有效地发挥转移性收入调节居民收入差距的作用。

（三）基尼系数变动分解

根据价格年鉴的收入分组资料，利用公式（3-12）对基尼系数的变化进行分解，结果如表5-8所示。

表5-8　2000~2011年城镇基尼系数变动分解

年份	基尼系数变化	合计（%）			初次分配收入（%）					转移性收入（%）				
		集中	结构	综合	集中	结构	综合	总	方向	集中	结构	综合	总	方向
(1)	(2)	(3)	(4)	(5)	(6)	(7)	(8)	(9)	(10)	(11)	(12)	(13)	(14)	(15)
2000	0.0409	94.0	2.9	3.1	70.4	-29.4	-5.1	36.0	+	23.6	32.2	8.2	64.0	+
2001	0.0105	95.9	3.8	0.3	68.2	-22.1	-0.9	45.3	+	27.7	25.9	1.2	54.7	+
2002	0.0537	99.8	0.2	0.0	72.7	-0.9	-0.2	71.6	+	27.2	1.0	0.2	28.4	+
2003	0.0085	102.9	-6.8	3.9	143.1	38.3	2.1	183.4	+	-40.1	-45.1	1.8	-83.4	-
2004	0.0086	100.3	-0.9	0.6	108.0	12.9	0.5	121.5	+	-7.7	-13.9	0.1	-21.5	-
2005	0.0060	101.0	0.6	-1.6	135.5	-26.7	-0.9	107.9	+	-34.6	27.4	-0.7	-7.9	-
2006	-0.0036	102.3	-2.0	-0.3	70.7	-58.2	0.6	13.1	-	31.6	56.2	-0.8	86.9	-
2007	-0.0041	100.2	-0.2	0.0	83.0	-5.9	0.1	77.3	-	17.2	5.6	-0.1	22.8	-
2008	0.0059	101.5	-0.5	-1.0	142.7	-14.7	-0.5	127.5	+	-41.2	14.2	-0.5	-27.5	-
2009	-0.0068	97.9	4.7	-2.6	124.2	47.2	-1.5	169.8	-	-26.2	-42.5	-1.1	-69.8	+
2010	-0.0056	99.3	0.7	0.0	74.7	15.6	-0.3	90.1	-	24.6	-14.9	0.3	9.9	-
2011	-0.0004	123.4	-14.7	-8.7	-282.5	-314.7	-1.6	-598.8	+	405.9	300.0	-7.1	698.8	-

注：表中2000年基尼系数的变化是指2000年与1995年基尼系数的差值。2001~2011年基尼系数的变化均指相对于上一年基尼系数发生的变化。第3列的集中效应是第6列和第11列的和，第4列结构效应是第7列和第12列的和，第5列综合效应是第8列和第13列的和，第9列是第6、第7、第8列的和，第14列是第11、第12、第13列的和。

资料来源：根据《中国城市（镇）生活与价格年鉴（2006~2012）》测算得到。

表5－8中第15列方向“＋”，表示促进基尼系数的增加或抑制基尼系数的减小；方向“－”表示抑制基尼系数的增加或促进基尼系数的减小。先看基尼系数逐年变动趋势，2000～2005年，基尼系数变化为正；2006～2011年，除了2008年以外，其他年份基尼系数变化为负。再看表5－8第3列的集中效应，无论基尼系数如何变化，收入的集中效应始终为正，而且绝对值接近100，说明基尼系数的变化主要是各项收入的集中系数变化导致。收入结构效应相对较小，而且有正有负，结构效应绝对值最大时也仅为14.7%。总体来看，居民收入差距变化主要是各项收入的集中系数变化所致，即集中效应起到了主导作用，由于收入结构变动导致的收入差距变化非常小。

从收入集中效应来看，初次分配收入和转移性收入存在不同的组合方式。除了2011年以外，初次分配收入集中效应均为正数，而且绝对值也较大。转移性收入的集中效应在2000～2002年、2006～2007年以及2010年为正，与初次分配收入的集中效应叠加。在2003～2005年以及2008～2009年，转移性收入的集中效应为负，与初次分配收入的集中效应相抵。

从结构效应来看，转移性收入与初次分配收入存在此消彼长的关系。对比发现，2000～2005年，转移性收入的结构效应绝对值大于初次分配收入结构效应的绝对值，因此，两者相抵后转移性收入的结构效应超过了初次分配收入的结构效应，而2006～2011年正好相反。

从总效应来看，初次分配收入和转移性收入的总效应都与各自的集中效应的符号保持一致。2000～2005年、2008年和2011年，初次分配收入增大了总收入差距，而2006～2007年和2009～2010年，初次分配收入缩小了收入差距。相比之下，2000～2002年和2009年，转移性收入增大了总收入差距，而2003～2008年和2010～2011年，转移性收入缩小了总收入差距。

（四）城镇居民转移性收入来源分析

现以2011年为例，进一步对转移性收入进行分解，为了进一步分析转移性收入的各项来源对城镇居民总收入差距的调节作用。从图5－8可以看出，转移性收入主要来源于政府支付的养老金和离退休金。2011年，政府支付的养老金和离退休金约占转移性收入的81.1%，其次是家庭之间的捐赠收入和赡养收入，分别占了7.8%和4.0%，住房公积金和社会救济收入分别占了1.3%和0.9%。

根据价格年鉴的收入分组资料，分别利用公式（3－4）、公式（3－7）和公式（3－9）计算2002年和2011年转移性收入各项来源的集中系数、对总收入差距的贡献率和相对边际效应，计算结果如表5－9所示。计算结果表明，养老金和离退休金的贡献率相对较大，2002年和2011年分别为21.0%和17.9%。其中，2002年，养老金和离退休金扩大了总收入差距，而2011年则缩小总收入差距。相比之下，社会救济收入和保险收入在2002年和2011年都起到了缩小收入差距的作用。相反，赔偿收入、辞退金、住房公积金和捐赠收入在2002年和2011年都起到了扩大总收入差距的作用。值得注意的是，2011年住房公积金和捐赠收入扩大收入差距的作用大于2002年，分析发现，住房公积金占总收入的比重在减小，但是集中系数从2002年的0.3536增加到2011年的0.8127，明显比初次分配收入的集中系数更大，说明住房公积金的支付倾向与政府的再分配职能相背离。因此，政府有必要采取合理的措施，调整住房公积金的支付条件，改善住房公积金收入不平等。

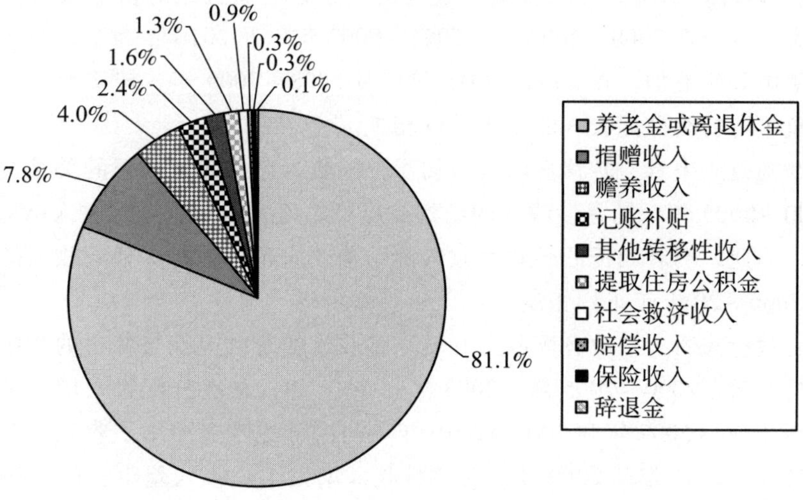

图5-8　2011年城镇居民转移性收入的来源

资料来源：根据《中国城市（镇）生活与价格年鉴（2012）》数据测算得到。

表5-9　2002年和2011年城镇居民转移性收入各项来源的再分配效应

项目	S（%）		C		I（%）		E（%）	
	2011年	2002年	2011年	2002年	2011年	2002年	2011年	2002年
转移性收入	23.77	24.38	0.2993	0.3490	22.41	27.54	-0.0136	0.0316
养老金和离退休金	19.29	18.79	0.2940	0.3446	17.86	20.95	-0.0143	0.0217
社会救济收入	0.22	0.16	-0.5790	-0.4921	-0.40	-0.25	-0.0062	-0.0041
赔偿收入	0.08	0.46	0.7481	0.7052	0.19	1.05	0.0011	0.0059

续表

项目	S (%)		C		I (%)		E (%)	
	2011 年	2002 年	2011 年	2002 年	2011 年	2002 年	2011 年	2002 年
辞退金	0.03	0.02	0.4256	0.5293	0.04	0.04	0.0001	0.0002
保险收入	0.08	0.26	0.1431	0.0472	0.04	0.04	-0.0004	-0.0022
提取住房公积金	0.32	1.02	0.8127	0.3536	0.82	1.17	0.0050	0.0015
赡养收入	0.96	2.19	0.2383	0.3991	0.72	2.83	-0.0024	0.0064
捐赠收入	1.85	0.23	0.4289	0.7601	2.50	0.57	0.0065	0.0034
记账补贴	0.58	0.46	0.1414	0.1606	0.26	0.24	-0.0032	-0.0022
其他转移性收入	0.38	0.38	0.3335	0.3362	0.39	0.41	0.0002	0.0003
亲友搭伙费	—	0.41	—	0.3700	—	0.49	—	0.0008

注：表中 S 表示各项收入占总收入比重，C 表示各项收入的集中系数，I 表示各项收入的贡献率，E 表示各项收入的相对边际效应。

资料来源：表中数据根据 2003 年和 2012 年《中国城市（镇）生活与价格年鉴》测算得到。

根据价格年鉴的收入分组资料，计算各组收入户的人口占所有收入户人口的百分比（下文称人口百分比）、各组收入户的初次分配收入占所有收入户的初次分配收入百分比（下文称初次分配收入百分比）、各组收入户的转移性收入占所有收入户的转移性收入百分比（下文称转移性收入百分比）。通过对比各组收入户的收入百分比与人口百分比的大小，可以分析转移性收入对居民总收入差距的影响。方法如下：

对比初次分配收入百分比与人口百分比的大小，如果各组收入户的初次分配收入百分比与人口百分比相等，说明初次分配是绝对平等的，即平均分配。否则，如果两者的差距越大，说明初次分配的公平性也低。具体测算结果如图 5－9 所示，2011 年，最低收入户的人口百分比为 11.4%，其初次分配收入百分比为 3.6%，这就意味着占社会总人口 11.4% 的最低收入户获得了社会上所有初次分配收入的 3.6%。而最高收入户的人口百分比为 8.7%，其初次分配收入百分比为 24.2%，说明占总人口 8.7% 的最高收入户获得了全社会 24.2% 的初次分配收入。依次观察各收入户的人口百分比与初次分配收入百分比，发现中等收入户及以下居民的初次分配收入百分比均低于人口百分比，中等偏上收入户及以上居民的初次分配收入百分比高于人口百分比。总的来看，占社会总人口 63.5% 的较低收入人群获得了所有初次分配收入的 39.8%，而占社会总人口 36.5% 的较高收入人群获得了所有初次分配收入的 60.2%。

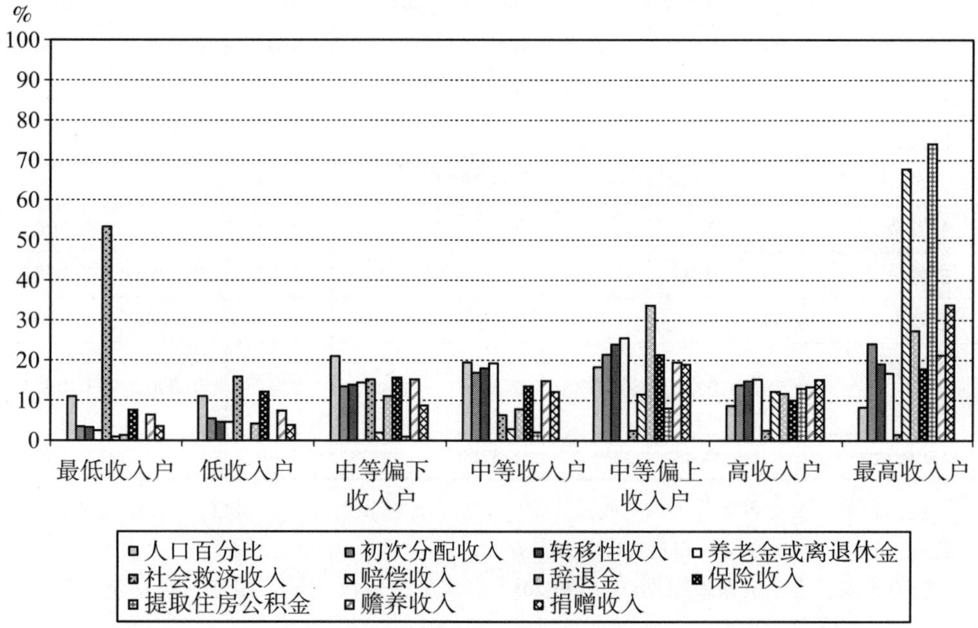

图 5-9　2011 年不同收入户居民转移性收入各项来源的百分比

资料来源：根据《中国城市（镇）生活与价格年鉴（2012）》数据测算得到。

参照以上方法，对比转移性收入百分比与初次分配收入百分比大小，如果各组收入户的初次分配收入百分比与转移性收入的百分比相同，那么转移性收入的调节作用为 0，如果转移性收入的百分比大于初次分配收入百分比，说明转移性收入向该收入等级的居民倾斜，转移性收入将改善该层次收入户的收入状况。例如，假设收入在甲和乙之间进行分配。甲和乙的初次分配收入分别为 3 000 元和 7 000 元，那么甲的初次分配收入百分比为 30%，乙的初次分配收入百分比为 70%。如果甲和乙的转移性收入分别为 300 元和 700 元，那么甲的转移性收入百分比为 30%，与初次分配收入百分比相同。最终甲的总收入为 3 300 元，乙的总收入为 7 700 元。甲的总收入百分比为 30%，乙的总收入百分比为 70%。甲和乙的收入分配状况没有因为转移性收入而改变。如果甲和乙的转移性收入分别为 400 元和 600 元，那么甲的转移性收入百分比为 40%，大于初次分配收入百分比。甲的总收入为 3 400 元，乙的总收入为 7 600 元。甲的总收入百分比为 31%，乙的总收入百分比为 69%，即转移性收入向甲倾斜，最终改善了甲的收入状况，而乙虽然从 7 000 元增加到 7 600 元，但是其总收入的百分比却低于初次分配收入百分比，因此，乙的收入优势相对来说是弱化了。

图5-9显示，最低收入户的初次分配收入百分比为3.6%，转移性收入百分比为3.7%，因此，转移性收入改善了最低收入户的初次分配收入状况。而需要注意的是，低收入户的转移性收入百分比反而低于初次分配收入百分比，需要引起重视。

2011年，转移性收入的各项来源对总收入差距的影响如下：

1. 养老金和离退休金

养老金和离退休金缩小了收入差距，中等偏上收入户获益最多。中等偏下收入户、中等收入户、中高偏上收入户和高收入户的养老金和离退休金百分比高于初次分配收入百分比，收入状况得到改善，尤其是中等偏上收入户的居民获益最大。最低收入户、低收入户和最高收入户的养老金和离退休金百分比低于初次分配收入百分比，总收入的差距状况恶化了。因此，在养老金水平上调时，政府应优先考虑提高最低收入居民的养老金水平，这有助于改善最低收入户和低收入户的总收入状况。

2. 社会救济收入

社会救济收入缩小了总收入差距。其中最低收入户获益最大，最低收入户的社会救济收入百分比为53.4%，随着收入等级的增加，社会救济收入的百分比也逐渐降低，说明社会救济收入确实是向低收入者倾斜。但由于社会救济收入占总收入的比重仅为0.2%，因此，社会救济对总收入差距的调节作用比较微弱。

3. 赔偿收入

赔偿收入扩大了总收入差距。最高收入户的赔偿收入百分比为67.9%，高于初次分配收入百分比。而其他收入户的赔偿收入百分比均低于其初次分配收入百分比，说明赔偿收入向最高收入户倾斜。

4. 辞退金

辞退金扩大了总收入差距。中高收入户和最高收入户的辞退金百分比大于其初次分配收入的百分比，因此中高收入户和最高收入户的总收入状况得到改善。而其他收入户的辞退金百分比低于初次分配收入百分比。

5. 保险收入

保险收入缩小了总收入差距。最低收入户、低收入户和中等偏下收入户居民的保险收入百分比高于其初次分配收入百分比，而其他收入户保险收入百分比低于初次分配收入百分比，表明保险收入向中低收入群体倾斜，改善了中低收入群体的总收入状况。

6. 住房公积金

住房公积金扩大了总收入差距。占社会总人口9%的最高收入户领取了总住房公积金的74.5%，远远高于其初次分配收入百分比。而其他收入户的住房公积金百分比低于初次分配收入百分比。占社会总人口63%的中低收入人群获得了所有住房公积金的3.6%。虽然住房公积金占总收入的比重非常小，对总收入差距的贡献率也较小，但是随着住房公积金规模扩大，如果仍然是购房者才能领取住房公积金，而租房者不能领取，那么住房公积金对居民收入差距的影响将会增大。

7. 赡养收入

赡养收入缩小了总收入差距。中等偏下收入户及以下居民的赡养收入百分比高于其初次分配收入百分比，说明赡养收入向中低收入群体倾斜。

8. 捐赠收入

捐赠收入扩大了总收入差距。高收入户和最高收入户的捐赠收入百分比高于其初次分配收入百分比，而其他收入户捐赠收入百分比低于其初次分配收入百分比，说明捐赠收入向高收入人群倾斜，加剧了总收入的不平等。

（五）不同地区的城镇居民转移性收入的再分配效应

以上分析的是转移性收入对全国居民总收入的再分配效应。以下对我国不同地区转移性收入的再分配效应进行研究。由于不同省市的统计年鉴发布内容存在差异，31个省市中只有19个省市公布了收入分组资料，受制于数据不可得，以下仅对19个省市进行分析。利用公式（3-4）、（3-7）、（3-9）分别计算各省市的城镇居民收入基尼系数、初次分配收入和转移性收入的集中系数、转移性收入的贡献率和相对边际效应，结果如表5-10所示。

表5-10　　2012年19个省市转移性收入的再分配效应

区域	省市	$Y_{总}$（元）	$G_{总}$	$C_{初次}$	$C_{转移}$	$S_{转移}$（%）	$I_{转移}$（%）	$E_{转移}$（%）
西部	甘肃	18 498	0.2731	0.2522	0.3356	25.07	30.81	0.0574
东北	黑龙江	19 368	0.2916	0.2887	0.2986	29.62	30.32	0.007
西部	西藏	20 224	0.3464	0.3651	0.1069	7.27	2.24	-0.0502
中部	江西	21 150	0.2597	0.2716	0.2245	25.15	21.74	-0.0341
中部	河南	21 897	0.2648	0.2538	0.2986	24.5	27.63	0.0313
西部	宁夏	21 902	0.3491	0.3123	0.4617	24.59	32.52	0.0794
西部	四川	22 328	0.2712	0.2876	0.2198	24.18	19.6	-0.0458
西部	陕西	22 606	0.2288	0.223	0.2452	26.03	27.9	0.0187
东部	海南	22 810	0.3149	0.3286	0.2659	21.97	18.55	-0.0342
西部	广西	23 209	0.2735	0.3025	0.1803	23.74	15.65	-0.0809
中部	安徽	23 525	0.2422	0.2477	0.226	25.42	23.72	-0.017
西部	内蒙古	24 791	0.2883	0.2652	0.384	19.42	25.87	0.0645
西部	重庆	24 811	0.2271	0.241	0.1887	26.69	22.18	-0.0451
东北	辽宁	25 916	0.2811	0.2973	0.2441	30.56	26.54	-0.0402
东部	福建	30 878	0.3341	0.3534	0.2466	18.05	13.32	-0.0472

续表

区域	省市	$Y_{总}$(元)	$G_{总}$	$C_{初次}$	$C_{转移}$	$S_{转移}$(%)	$I_{转移}$(%)	$E_{转移}$(%)
东部	广东	34 044	0.3088	0.3226	0.235	15.7	11.95	-0.0375
东部	浙江	37 995	0.2925	0.292	0.2941	24.85	24.99	0.0014
东部	北京	41 103	0.2509	0.2726	0.1927	27.08	20.79	-0.0628
东部	上海	44 755	0.2683	0.3263	0.1064	26.35	10.44	-0.159

注：2011 年经济区域划分标准将 31 个省市分为东部（10 个）、中部（6 个）、西部（12 个）和东北部（3 个）四个区域。省市的出现顺序是根据人均总收入从高到低排列。$Y_{总}$ 表示人均总收入，$G_{总}$ 表示总收入基尼系数，$C_{初次}$ 表示初次分配收入集中系数，$C_{转移}$ 表示转移性收入集中系数，$S_{转移}$ 表示转移性收入占总收入比重，$I_{转移}$ 表示转移性收入的贡献率，$E_{转移}$ 表示转移性收入的相对边际效应。

资料来源：根据这 19 个省市 2013 年的统计年鉴数据测算得到。

19 个省市中，宁夏、内蒙古、甘肃、河南、陕西、黑龙江和浙江的城镇居民转移性收入集中系数大于初次分配收入集中系数，因此，转移性收入扩大了收入差距，而其他 12 个省市的城镇居民转移性收入起到了缩小收入差距作用，如图 5-10 所示。利用 K 均值聚类法，按初次分配收入不平等程度大小将 19 个省市可聚类成三组。

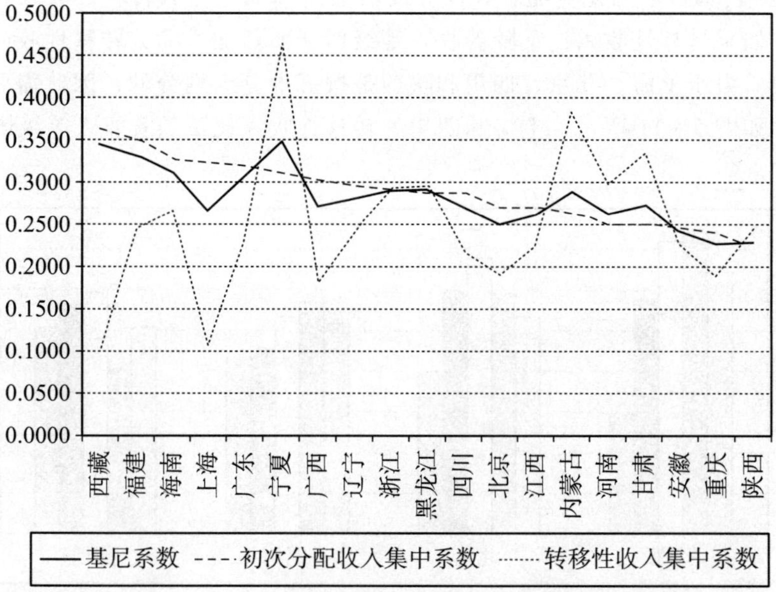

图 5-10　2012 年 19 个省市城镇居民收入的基尼系数和集中系数

资料来源：根据 19 个省市 2013 年的统计年鉴数据测算得到。

第一组包括西藏、福建、海南、上海和广东，其初次分配收入集中系数较大，介入0.3226～0.3651之间。其中，上海的转移性收入缩小总收入差距的作用显著；而西藏、福建、海南和广东缩小总收入差距的作用较弱。

第二组包括宁夏、广西、辽宁、浙江、黑龙江、四川、北京和江西等，其初次分配收入集中系数介于0.2716～0.3123之间。其中，宁夏的转移性收入扩大总收入差距的作用较明显，而浙江和黑龙江的转移性收入集中系数略大于初次分配收入，扩大总收入差距的作用较弱；相比之下，广西、辽宁、四川、北京和江西的转移性收入缩小了总收入差距，尤其是广西和北京，缩小总收入差距的作用较明显。

第三组包括内蒙古、河南、甘肃、安徽、重庆和陕西等，初次分配收入集中系数介于0.2230～0.2652之间。其中，安徽和重庆的转移性收入进一步缩小了总收入差距；而内蒙古、河南、甘肃和陕西的转移性收入集中系数大于初次分配收入，在不同程度上扩大了总收入差距，尤其是内蒙古和甘肃，扩大收入差距的作用较显著。

通过对19个省市不同收入户的转移性收入占总收入比重进行分析，可以进一步考察不同地区转移性收入对总收入差距的影响。判断思路是：如果不同收入户居民的转移性收入占总收入的比重相等，那么转移性收入调节收入差距的作用为0；如果转移性收入比重随着收入等级增加而降低，那么转移性收入将缩小收入差距；如果转移性收入比重随着收入等级增加而增加，那么转移性收入将扩大收入差距。由于上海、北京、四川和陕西是按五等分组划分的，因此需要单独进行分析。如图5－11所示，上海和四川的转移性收入比重随着收入等级增加而下

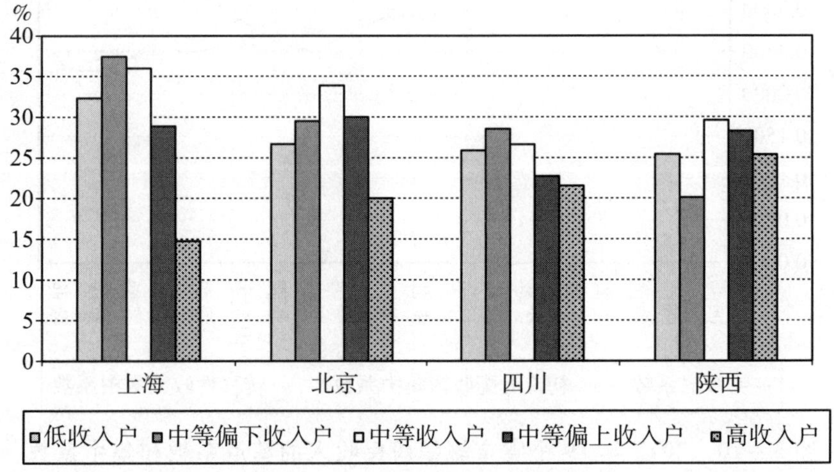

图5－11　2012年各省市不同收入户的转移性收入比重（1）

资料来源：根据这4个省市2013年的统计年鉴测算得到。

降，两地居民的转移性收入起到了缩小收入差距的作用。而北京中等收入户的转移性收入比重最高，呈现中间高，两端低的形态。最高收入户的转移性收入比重最低，因此，在一定程度上缩小了总收入差距。再看陕西，其中等偏下收入户的转移性收入占总收入比重最低，甚至低于高收入户，虽然中等收入户以上居民随着收入等级升高，转移性收入占总收入比重逐渐降低，但仍然可能扩大总收入差距。

再看如图 5-12，图中显示了广西等 9 个地区不同收入户的转移性收入比重。其中广西转移性收入调节居民收入差距的作用相对较明显。西藏虽然转移性收入比重随着收入等级的增加而递减，但由于转移性收入的整体比重较低，所以转移性收入对居民总收入差距的调节作用有限。福建省和广东省的转移性收入比重随着收入等级的增加而逐渐递减，起到了缩小总收入差距的作用。

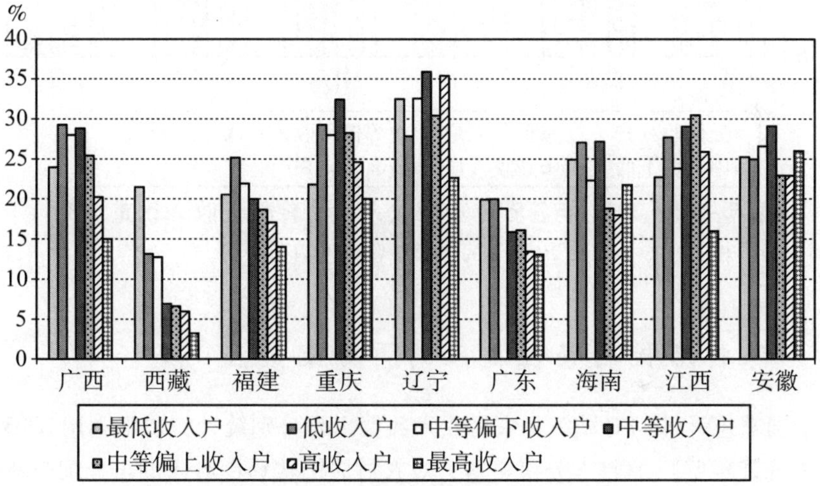

图 5-12　2012 年各省市不同收入户的转移性收入比重（2）

资料来源：根据这 9 个省市 2013 年的统计年鉴测算得到。

图 5-13 显示了浙江等 6 个地区不同收入户的转移性收入比重。以下对这 6 个地区逐个展开分析。浙江中等收入户及以上居民随着收入等级增加，转移性收入比重降低，但最高收入户的转移性收入比重与中等偏下收入户大致相等，结合表 5-10 的测算结果判断，总体上浙江的转移性收入扩大了总收入差距。黑龙江的最低收入户的转移性收入比重最高，但低收入户到高收入之间，随着收入等级增加，转移性收入比重增加，最高收入户的转移性收入比重与低收入户大致相等，因此，黑龙江的转移性收入也扩大了其总收入差距。河南和甘肃的高收入户转移性收入比重最高，而低收入户的转移性收入比重最低，总体上转移性收入扩大了其总收入差距。内蒙古转移性收入比重整体上随着收入等级的增加

而增加，最高收入户的转移性收入比重比高收入户略低，但高于其他收入户，因此，转移性收入扩大了总收入差距。宁夏最低收入户的转移性收入比重高于低收入户和中等偏下收入户，但低于其他收入户，低收入户以上居民的转移性收入随着收入等级的增加而增加，也明显扩大了收入差距。

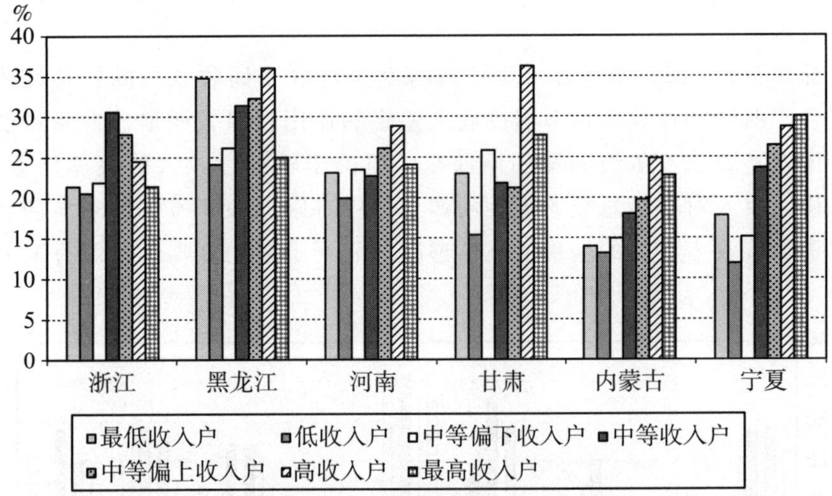

图 5-13　2012 年各省市不同收入户的转移性收入比重（3）

资料来源：根据这 6 个省市 2013 年的统计年鉴数据测算得到。

二、农村居民转移性收入的再分配效应

由于国家统计部门对城镇和农村收入数据也是分别统计，以下利用 2003～2013 年《中国统计年鉴》的收入分组资料，对农村居民转移性收入的再分配效应进行测算，并根据 2013 年《吉林统计年鉴》对农村居民转移性收入的来源进行分析。

（一）农村居民收入洛伦茨曲线

根据《中国统计年鉴》的收入分组资料绘制的农村居民纯收入洛伦茨曲线如图 5-14 所示。2002～2012 年，农村居民纯收入差距增加，但变化的幅度较小。从洛伦茨曲线的密集程度来看，居民收入差距扩大主要在人口累计百分比为 20%～60% 之间，在人口累计百分比 80% 以上区间的变化不显著。

根据《中国统计年鉴》的收入分组资料绘制的农村居民转移性收入集中曲线如图 5-15 所示。2002～2012 年，转移性收入的集中曲线逐步地向左上方移动。尤其是在 2004 年和 2008 年，转移性收入的不平等程度显著缩小。2008 年之后，集中曲线反而向右下方移动，说明转移性收入不平等程度又有所增加。

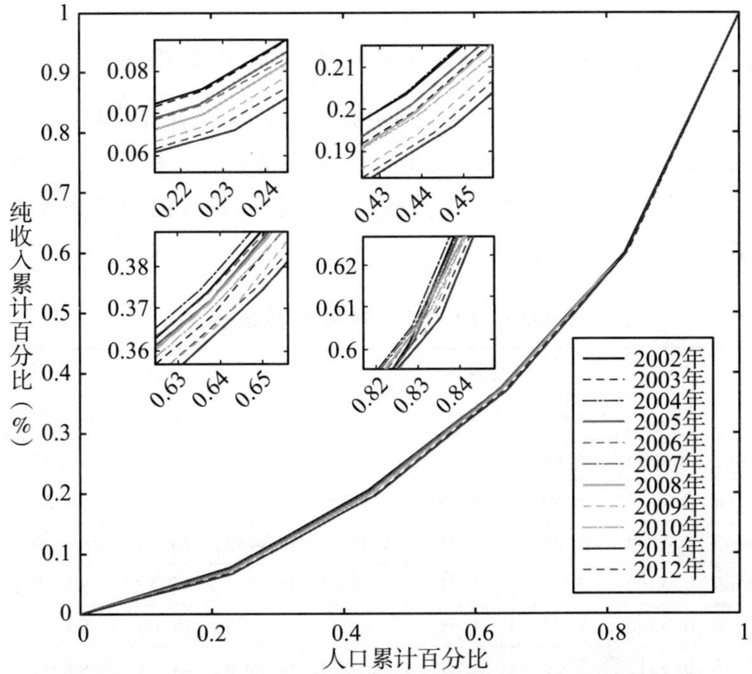

图 5-14　2002～2012 年农村居民纯收入洛伦茨曲线

资料来源：根据《中国统计年鉴（2003～2013）》数据测算得到。

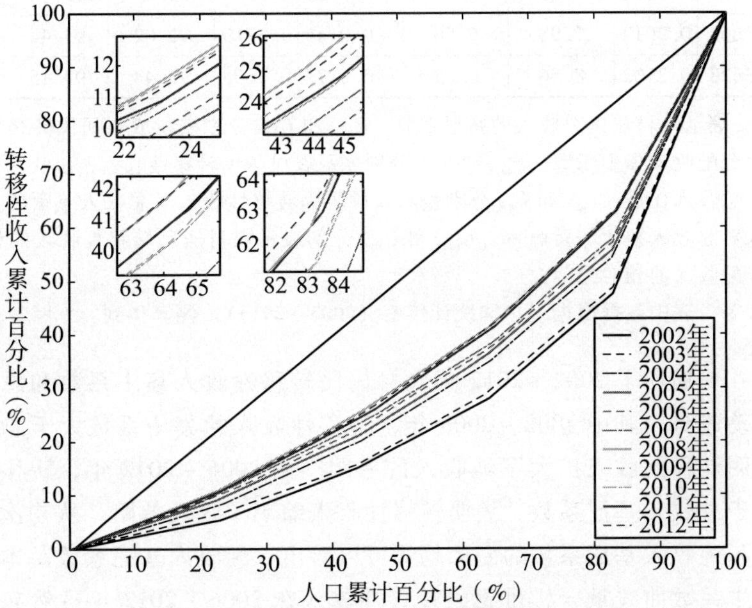

图 5-15　2002～2012 年农村居民转移性收入集中曲线

资料来源：根据《中国统计年鉴（2003～2013）》数据测算得到。

（二）农村居民转移性收入对收入差距的调节作用

根据统计年鉴的收入分组资料，利用公式（3-4）计算农村居民总收入基尼系数、初次分配收入集中系数和转移性收入集中系数，并根据公式（3-7）和公式（3-9）计算转移性收入和初次分配收入对基尼系数的贡献率及相对边际效应，测算结果如表5-11所示。

表5-11　　2002~2012年农村基尼系数分解

年份	总收入	转移性收入				初次分配收入			
	$G_{总}$	$C_{转移}$	$S_{转移}$(%)	$I_{转移}$(%)	$E_{转移}$(%)	$C_{初次}$	$S_{初次}$(%)	$I_{初次}$(%)	$E_{初次}$(%)
2002	0.3467	0.4585	3.85	5.10	0.0124	0.3422	96.15	94.90	-0.0124
2003	0.3548	0.4438	3.59	4.49	0.0090	0.3515	96.41	95.51	-0.0090
2004	0.3443	0.3778	3.84	4.21	0.0037	0.3430	96.16	95.79	-0.0037
2005	0.3506	0.3565	4.43	4.51	0.0007	0.3503	95.57	95.49	-0.0007
2006	0.3500	0.3395	4.94	4.79	-0.0015	0.3506	95.06	95.21	0.0015
2007	0.3496	0.3311	5.29	5.01	-0.0028	0.3506	94.71	94.99	0.0028
2008	0.3528	0.2895	6.68	5.48	-0.0120	0.3573	93.32	94.52	0.0120
2009	0.3605	0.3036	7.61	6.41	-0.0120	0.3652	92.39	93.59	0.0120
2010	0.3547	0.3086	7.55	6.56	-0.0098	0.3585	92.45	93.44	0.0098
2011	0.3662	0.3012	7.98	6.56	-0.0142	0.3719	92.02	93.44	0.0142
2012	0.3628	0.2902	8.56	6.85	-0.0171	0.3696	91.44	93.15	0.0171

注：$G_{总}$表示农村居民总收入的基尼系数，$C_{转移}$和$C_{初次}$分别表示农村居民转移性收入集中系数，初次分配收入集中系数。$S_{转移}$和$S_{初次}$分别表示农村居民转移性收入占总收入比重，初次分配收入占总收入比重。$I_{转移}$和$I_{初次}$分别表示农村居民转移性收入对总收入差距的贡献率，初次分配收入对总收入差距的贡献率。$E_{转移}$和$E_{初次}$分别表示农村居民转移性收入的相对边际效应，初次分配收入的相对边际效应。

资料来源：表中数据根据《中国统计年鉴（2003~2013）》测算得到。

图5-16描绘了2002~2012年农村居民转移性收入集中系数和总收入基尼系数的变动趋势。其中2002~2005年，转移性收入的集中系数大于总收入基尼系数，表明转移性收入扩大了纯收入的差距。而2006~2012年，转移性收入集中系数小于总收入基尼系数，表明转移性收入缩小了收入差距。从初次分配收入集中系数和纯收入基尼系数的变动趋势可以看出，纯收入基尼系数基本与初次分配收入集中系数曲线重合，可见，转移性收入在2006~2012年虽然起到了缩小收入差距的作用，但是作用非常微弱。

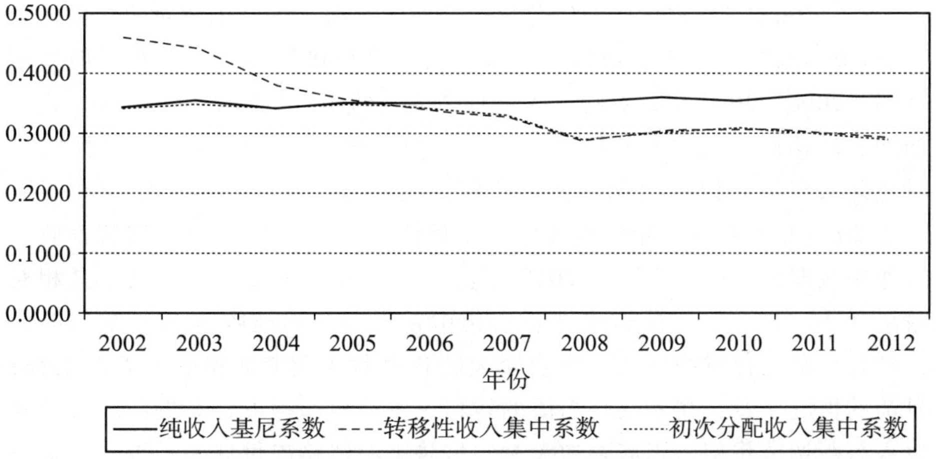

图 5-16　2002~2012 年农村居民初次分配收入和转移性收入集中系数

资料来源：根据《中国统计年鉴（2003~2013）》数据测算得到。

图 5-17 显示，2002~2004 年，农村居民转移性收入对纯收入差距的贡献率随着转移性收入集中系数的下降而下降。2004~2008 年，随着转移性收入比重的增加，农村居民转移性收入对纯收入差距的贡献率由 4.2% 提升到 5.5%。2009~2012 年，随着转移性收入比重的进一步提高，农村居民转移性收入的贡献率增加到 6.9%。虽然农村居民转移性收入对其纯收入差距的贡献率逐年增加，但远远低于城镇居民转移性收入对其总收入差距的贡献率。

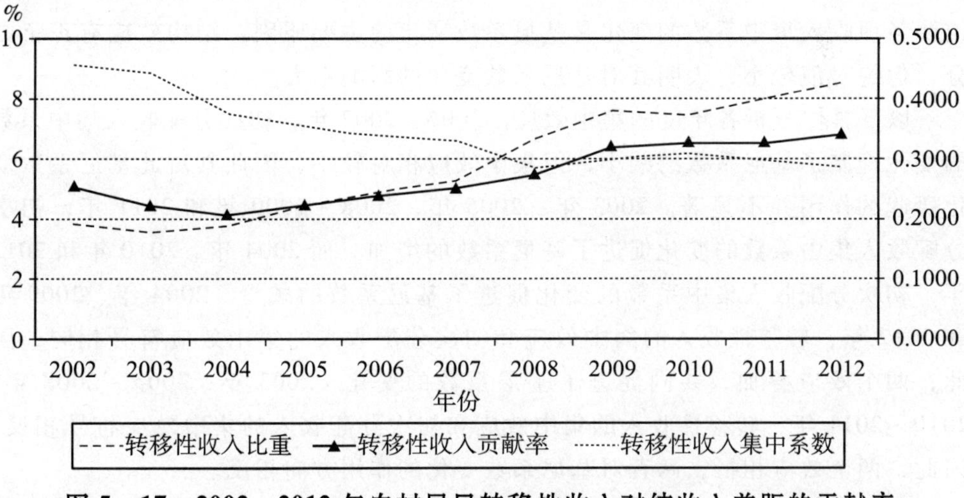

图 5-17　2002~2012 年农村居民转移性收入对纯收入差距的贡献率

资料来源：根据《中国统计年鉴（2003~2013）》测算得到。

2002～2005年，农村居民转移性收入对其纯收入差距的相对边际效应大于0，绝对值不断减小，说明转移性收入扩大了农村居民纯收入差距，但作用逐年减弱。2006～2012年，农村居民转移性收入的相对边际效应小于0，说明在此期间，转移性收入缩小了居民纯收入差距。2006～2012年，转移性收入的相对边际效应绝对值在增大，表明转移性收入调节收入差距的作用在不断增强，但2010年其收入差距的调节作用相对较弱。分析其2010年转移性收入的调节作用减弱的原因，主要是2010年转移性收入的比重降低导致了其相对边际效应减小。在农村居民转移性收入集中系数小于其纯收入基尼系数的前提下，转移性收入比重的增加，将会增大转移性收入调节居民收入差距的作用。从目前的情况来看，在不改变当前的转移支付结构前提下，要提高转移性收入的收入差距调节作用，则需要加大对农村居民的转移支付规模，进一步提高农村居民转移性收入水平。

（三）基尼系数变动分解

利用公式（3－12）对基尼系数的变动进行分解的结果如表5－12所示。表5－12中第15列的取值含义是：方向“＋”表示促进基尼系数的增加或抑制基尼系数的减小；方向“－”表示抑制基尼系数的增加或促进基尼系数的减小。从基尼系数的变动率来看，农村居民纯收入基尼系数分别在2004年、2006年、2007年、2010年和2012年较上年有所减少，其他年份较上年有所增加。再看表5－12第3列，收入的集中效应都是正值，而且绝对值接近100，说明各项收入集中系数的变化是基尼系数变化的主要原因。结构效应有正负之分，但绝对值较小，表明其对基尼系数变化的影响不大。

以下具体分析各年度的集中效应。2006～2007年，初次分配收入集中系数的变化抑制了基尼系数的减小，但集中效应相对较小，因此其对此基尼系数变化所起的作用并不显著。2003年、2005年、2008～2009年和2011年，初次分配收入集中系数的变化促进了基尼系数的增加。而2004年、2010年和2012年，初次分配收入集中系数的变化促进了基尼系数的减少。2004年、2009年和2012年，转移性收入的集中效应和初次分配收入的集中效应符号相同，因此，两个效应叠加，共同促进了基尼系数的变化。2003年、2005～2008年、2010～2011年，转移性收入的集中效应和初次分配收入的集中效应符号相反，因此，两个效应相抵，两者对基尼系数变化的作用方向相反。

然后再看各年度的结构效应，初次分配收入结构效应和转移性收入结构效应符号始终相反。2003～2006年，转移性收入的结构效应绝对值大于初次分配收

表 5 - 12　　2003 ~ 2012 年农村基尼系数变动分解

年份 (1)	基尼系数变化 (2)	合计（%）			初次分配收入（%）					转移性收入（%）				
		集中 (3)	结构 (4)	综合 (5)	集中 (6)	结构 (7)	综合 (8)	总 (9)	方向 (10)	集中 (11)	结构 (12)	综合 (13)	总 (14)	方向 (15)
2003	0.0081	103.01	-3.79	0.78	109.94	11.15	0.30	121.39	+	-6.93	-14.93	0.48	-21.39	-
2004	-0.0105	100.82	-2.19	1.36	78.28	8.32	-0.20	86.39	-	22.55	-10.50	1.56	13.61	-
2005	0.0063	99.42	3.28	-2.70	112.40	-32.33	-0.69	79.38	+	-12.98	35.61	-2.01	20.62	+
2006	-0.0006	89.72	-5.74	16.02	-47.04	324.86	0.25	278.07	-	136.76	-330.60	15.77	-178.07	+
2007	-0.0004	84.47	8.81	6.72	-10.45	278.53	0.04	268.12	-	94.92	-269.72	6.68	-168.12	+
2008	0.0032	129.55	-8.51	-21.04	198.31	-152.66	-2.92	42.74	+	-68.77	144.15	-18.12	57.26	+
2009	0.0077	107.43	-8.19	0.75	95.20	-43.11	-0.95	51.14	+	12.24	34.93	1.70	48.86	+
2010	-0.0058	100.57	-0.70	0.13	107.11	-4.13	0.08	103.05	-	-6.55	3.44	0.06	-3.05	+
2011	0.0115	102.66	-1.88	-0.78	107.48	-13.52	-0.50	93.45	+	-4.81	11.64	-0.28	6.55	+
2012	-0.0034	86.57	11.95	1.48	60.83	62.86	-0.38	123.31	-	25.74	-50.92	1.87	-23.31	+

注：表中 2003 ~ 2012 年基尼系数的变化均指相对于上一年基尼系数发生的变化。第 3 列的集中效应是第 6 列和第 11 列的和，第 4 列结构效应是第 7 列和第 12 列的和，第 5 列综合效应是第 8 列和第 13 列之和，第 9 列是第 6、第 7、第 8 列之和，第 14 列是第 11、第 12、第 13 列之和。

资料来源：根据《中国统计年鉴（2003 ~ 2013）》测算得到。

入，因此转移性收入比重变化产生的影响大于初次分配收入比重变化产生的影响。2007～2012年，转移性收入的结构效应绝对值小于初次分配收入，因此，初次分配收入比重变化带来的影响大于转移性收入比重变化所产生的影响。

最后，看各年度的总效应，初次分配收入对基尼系数变化的总效应为正。2003～2004年及2012年，初次分配收入的集中效应和结构效应影响方向相同，效应叠加，而其他年份效应相抵。其中2003年，转移性收入的集中效应和结构效应都为负，共同抑制了基尼系数的增加；2009年，转移性收入集中效应和结构效应都为正，共同促进了基尼系数的增加；总体来看，2003年和2004年，转移性收入缩小了农村居民纯收入的差距，2005～2012年，转移性收入扩大了农村居民纯收入差距。

（四）农村居民转移性收入来源分析

农村居民转移性收入占纯收入的比重相对较低，因而对纯收入差距的贡献率也较小，调节纯收入差距的作用十分微弱。由于《中国统计年鉴》没有发布农村居民转移性收入来源的详细资料，以下根据2013年的《吉林统计年鉴》资料，对农村居民转移性收入来源进行分析，这有助于人们了解农村居民转移性收入的来源结构。2012年吉林省农村居民转移性收入来源结构如图5－18所示，其人均转移性现金收入为937.10元。其中各项补贴收入的比重相对最高，占转移性收入的65.8%，其次为农村亲友赠送，占16.4%，离退休金及养老金占7.6%。虽然农村居民转移性收入来源较多，但是每一项收入都很少。

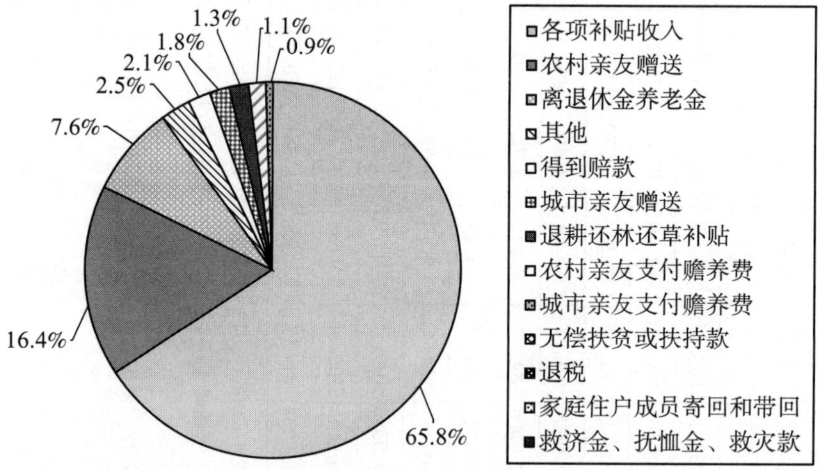

图5－18　2012年吉林省农村居民转移性收入来源结构

资料来源：《吉林统计年鉴（2013）》。

各项补贴收入是吉林省农村居民转移性收入的主要来源，以下进一步分析各项补贴收入的结构。2012 年，吉林省农村居民各项补贴收入构成如图 5 – 19 所示，人均各项补贴的收入为 616.37 元。其中粮食直接补贴所占比重最大，为 48.4%，其次为购买生产资料综合补贴，占 35.2%，良种补贴收入占 5.4%，新型养老保险和最低生活保障费各占 3.8% 和 3.2%。从农村居民的转移性收入来源可以看出，农村居民在享受各项社会保障的水平与城镇相比存在较大差距。近年来，农村居民的医疗、养老保障从无到有，迅速普及，但农村的养老保险和生活保障水平依然较低。

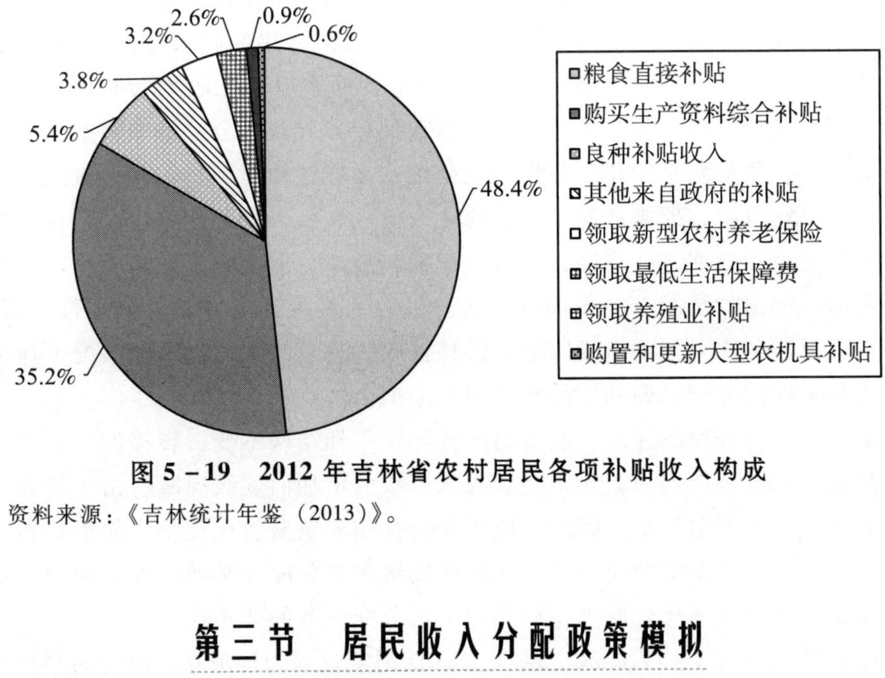

图 5 – 19　2012 年吉林省农村居民各项补贴收入构成

资料来源：《吉林统计年鉴（2013）》。

第三节　居民收入分配政策模拟

一、不同转移收入支付力度对居民收入公平度的影响

（一）不同转移收入支付力度对城镇居民收入公平度影响

根据 2012 年《中国城市（镇）生活与价格年鉴》收入分组资料，2011 年参与调查的城镇家庭人口总数为 18.78 万人，总收入为 45.84 亿元，其中，初次分配收入为 34.94 亿元，转移性收入为 10.90 亿元。转移性收入占总收入比重为

23.8%。假设不改变转移性收入占总收入比重，以下模拟在四种转移支付力度情形下，城镇居民总收入、初次分配收入以及转移性收入公平度的变化。收入公平度使用前面定义的收入集中系数来度量。四种转移支付力度情形假设分别如下：

情景一，绝对平均。假设不同收入户居民人均初次分配收入和转移性收入都相等。这是极端情况，通过该情形假设可以得到城镇居民总收入、初次分配收入和转移收入的平均水平。这是平均主义分配政策，将以牺牲效率为代价。此时，平均收入等于被调查者的各项收入合计除以被调查家庭总人数。

情景二，再分配收入为初次分配收入的比例。假设各收入户的居民转移性收入占初次分配收入的比重相等。此时的再分配政策为按比例分配，转移性收入的计算基数为初次分配收入。按比例分配是我国当前常用的收入分配政策。例如，分配绩效工资、年终奖励、第13个月工资等，通常以个人收入为基数，乘以固定的比例来发放。按比例分配由于计算基数的差异导致了分配结果的差距。

情景三，再分配平均化。假设初次分配水平和结构不变，转移性收入在不同收入户间平均分配，即再分配收入平均化政策。在收入分配理论中，强调分配政策需要在公平和效率之间均衡，初次分配强调效率，再次分配强调公平。在初次分配由市场决定的情况下，平均分配转移性收入最大程度体现了公平性，因此，情形三可视作初次分配由市场决定、转移性收入占总收入比重不变情况下所能实现最大公平度的分配，即基尼系数实现最小值。

情景四，再分配率递减。假设初次分配水平和结构不变，转移性收入等于初次分配收入乘以一定比率，比率随着收入等级的增加而逐级递减。由于转移性收入大部分来源于离退休金，因此，该比率可视作养老金替代比率，简单来看，可视作退休金占在岗工资的比率。替代比率逐级递减分配方案即体现了初次分配由市场决定，重视效率优先原则，也兼顾了再分配环节的公平性。

根据第三章表3-17显示，34个OECD国家收入为均值0.5倍者的平均养老金替代比率约为71%，中等收入者平均养老金替代比率约为58%，收入为均值1.5倍者平均养老金替代比率约为48%。参考OECD国家不同收入者的养老金替代比率水平，结合我国当前转移收入占总收入比重较低的实际情况，设定最低收入户到最高收入的转移收入替代比率（R_i）分别为：60%、55%、50%、45%、40%、30%、20%，逐级递减。在给定各收入阶层人口数 N_i、初次分配收入 P_i、初次分配总收入 P、转移总收入 T，各收入阶层人均转移性收入均值 T_i 计算步骤如下。

（1）计算各收入阶层初次分配收入占初次分配总收入比重 P_{si}：

$$P_{si} = \frac{P_i \times N_i}{P} \qquad (5-12)$$

其中，$i \in [1, \cdots, 7]$ 为分组下标。

（2）以各收入阶层初次分配收入占总收入比重作为基数，计算转移各阶层转移收入比率 T_{si}，然后对 T_{si} 标准化为 T_{st}，使其和等于1。

$$T_{si} = P_{si} \times R_i \tag{5-13}$$

$$T_{st} = T_{si} / \sum_{i=1}^{7} T_{si} \tag{5-14}$$

其中，$\sum T_{st} = 1$。

（3）计算各收入阶层转移收入总额 T_{sum}：

$$T_{sum} = T \times T_{st} \tag{5-15}$$

（4）计算各收入阶层平均转移性收入：

$$T_i = T_{sum} / N_i \tag{5-16}$$

在四种情形下，2011年城镇不同收入水平居民转移性收入水平及基尼系数的反事实模拟结果如表5-13所示。其中基尼系数按照前面介绍的非等距分组数据基尼系数计算方法测算，计算程序参见附录。

城镇住户调查结果显示，2011年我国城镇居民最低收入户的人均总收入为7 819元，最高收入户人均总收入约为6.4万元。人均总收入、初次分配收入、转移性收入基尼系数分别为0.3980、0.4056、0.3727。初次分配收入的基尼系数大于转移性收入。情景一当中，居民2011年理论均收入水平约为2.4万元。现实当中，中等偏上收入户的实际收入高于此理论平均收入水平。

在情景二当中，初次分配与转移性收入的基尼系数相等，而总收入基尼系数上升，这表明按比例再分配政策将会导致居民总收入差距大于现实的收入差距。按比例再分配政策没有体现再分配兼顾公平的原则，因此不适合作为再分配政策。

情景三当中，再分配使用平均主义政策，人均转移性收入约为0.58万元。此时，城镇居民总收入差距达到假设条件下的最小值，基尼系数约为0.3172，基尼系数比现实分配政策下（0.3980）缩小了0.08。

情景四当中，初次分配分配由市场决定，再分配使用替代比率逐级递减政策。可供再分配的资源（转移性收入）给定的情况下，提升低收入户的转移性收入，只能以降低高收入户的转移性收入为代价。使用前面给定的替代比率计算，最低收入户到中等收入户的转移性收入均比实际收入水平上升，上升的幅度随着收入层级提高而降低。中等偏上收入户到最高收入户的转移收入低于实际收入水平。转移性收入的基尼系数约为0.1974，转移性收入公平度的提升，居民总收入差距比实际下降，城镇居民总收入基尼系数从实际0.3980下降到0.3597。

表 5-13　　2011 年城镇居民转移性收入反事实模拟

项目		最低收入户	低收入户	中等偏下收入户	中等收入户	中等偏上收入户	高收入户	最高收入户	基尼系数
2011年实际情况	人口（人）	21 467	21 011	39 642	37 162	35 183	16 890	16 415	
	人均总收入（元）	7 819	11 751	15 881	21 440	29 059	39 215	64 461	0.3980
	人均初次分配收入（元）	5 921	9 173	11 999	16 050	21 548	29 421	51 604	0.4056
	人均转移性收入（元）	1 899	2 578	3 882	5 390	7 511	9 794	12 857	0.3727
情景一	人均总收入（元）	24 412	24 412	24 412	24 412	24 412	24 412	24 412	0.0000
	人均初次分配收入（元）	18 608	18 608	18 608	18 608	18 608	18 608	18 608	0.0000
	人均转移性收入（元）	5 804	5 804	5 804	5 804	5 804	5 804	5 804	0.0000
情景二	人均总收入（元）	7 768	12 034	15 742	21 056	28 269	38 598	67 699	0.4056
	人均初次分配收入（元）	5 921	9 173	11 999	16 050	21 548	29 421	51 604	0.4056
	人均转移性收入（元）	1 847	2 861	3 742	5 006	6 721	9 176	16 095	0.4056
情景三	人均总收入（元）	11 725	14 977	17 803	21 854	27 352	35 225	57 408	0.3172
	人均初次分配收入（元）	5 921	9 173	11 999	16 050	21 548	29 421	51 604	0.4056
	人均转移性收入（元）	5 804	5 804	5 804	5 804	5 804	5 804	5 804	0.0000
情景四	人均总收入（元）	8 876	13 370	16 990	22 058	28 718	36 764	60 190	0.3597
	人均初次分配收入（元）	5 921	9 173	11 999	16 050	21 548	29 421	51 604	0.4056
	人均转移性收入（元）	2 955	4 197	4 991	6 008	7 170	7 343	8 586	0.1974

资料来源：根据 2012 年《中国城市（镇）生活与价格年鉴》模拟测算得到。

初次分配收入由市场决定，转移性收入比重不变情况下，转移性收入分别使用按比例分配、平均分配和再分配比率逐级递减三种分配方式的测算结果表明，平均分配能使城镇居民总收入差距达到最低理论值，按比例分配则比现实扩大了居民总收入分配差距，而再分配比率递减分配政策则较好地兼顾了公平与效率。

（二）不同转移收入力度对农村居民收入公平度影响

根据统计年鉴收入分组资料，2012 年参与调查的农村家庭人口总数为 28.62 万人，总收入为 22.99 亿元，其中初次分配收入为 21.03 亿元，转移性收入为 1.97 亿元，转移性收入占总收入比重为 8.6%。由于农村居民转移性收入占总收入比重相对较低，与城镇相比还存在较大差距，因此，考虑改变转移性收入的分配倾向和提高转移性收入比重两种情况进行政策模拟，每种情况又划分为多种情景。

第一种情况，假设总收入的规模和结构不变，只改变转移性收入的分配倾向。四种情景的划分与前面城镇居民的情景一到情景四类似。在情景四当中，设定低收入到高收入户的转移收入替代比率（R_i）分别为 80%、60%、50%、40%、30%。

第二种情况，假设总收入规模不变，各项收入的分配倾向也不变，只提高转移性收入比重。分配倾向依据 2012 年各阶层相应类型收入合计占该类收入总计比重来设定，以低收入户为例，2012 年其初次分配收入合计占初次分配收入总计的比重约为 6.1%，当初次分配收入总计改变时，分配力度保持不变意味着低收入户所占的比重仍保持 6.1%。根据转移性收入提高的幅度不同，第二种情况设置了五个情景。

情景五假设转移性收入额在 2012 年基础上提升 10%，总收入保持不变，初次分配收入相应下降，下降幅度等于转移性收入上升的金额。情景六～情景八与情景五的规则类似，不同之处在于假定转移性收入提升的幅度分别为 15%、20%、25%。情景九，假设初次分配收入倾向与 2012 年相同，但转移性收入在居民之间平均分配，同时将转移性收入总额比 2012 年提高 25%。两种情况共九种情景的反事实模拟结果如表 5－14 所示。

表 5－14　2012 年农村居民转移性收入反事实模拟

项目		低收入户	中等偏下收入户	中等收入户	中等偏上收入户	高收入户	基尼系数
2012 年	人口（人）	64 900	61 950	59 000	53 100	47 200	
	人均总收入（元）	2 316	4 808	7 041	10 142	19 009	0.3576
	人均转移性收入（元）	332	453	577	786	1 514	0.2946
	人均初次分配收入（元）	1 984	4 355	6 464	9 356	17 495	0.3634

续表

项目		低收入户	中等偏下收入户	中等收入户	中等偏上收入户	高收入户	基尼系数
情景一	人均总收入（元）	8 035	8 035	8 035	8 035	8 035	0.0000
	人均转移性收入（元）	688	688	688	688	688	0.0000
	人均初次分配收入（元）	7 348	7 348	7 348	7 348	7 348	0.0000
情景二	人均总收入（元）	2 170	4 762	7 069	10 232	19 133	0.3634
	人均转移性收入（元）	186	408	605	876	1 638	0.3633
	人均初次分配收入（元）	1 984	4 355	6 464	9 356	17 495	0.3634
情景三	人均总收入（元）	2 672	5 043	7 152	10 044	18 183	0.3344
	人均转移性收入（元）	688	688	688	688	688	0.0000
	人均初次分配收入（元）	1 984	4 355	6 464	9 356	17 495	0.3634
情景四	人均总收入（元）	2 330	4 925	7 169	10 173	18 640	0.3503
	人均转移性收入（元）	346	570	705	817	1 145	0.2060
	人均初次分配收入（元）	1 984	4 355	6 464	9 356	17 495	0.3634
情景五	人均总收入（元）	2 331	4 813	7 038	10 133	18 997	0.3570
	人均转移性收入（元）	365	498	635	865	1 665	0.2946
	人均初次分配收入（元）	1 965	4 314	6 403	9 268	17 331	0.3634
情景六	人均总收入（元）	2 389	4 831	7 027	10 097	18 947	0.3546
	人均转移性收入（元）	498	680	866	1 179	2 271	0.2945
	人均初次分配收入（元）	1 891	4 151	6 161	8 918	16 676	0.3634
情景七	人均总收入（元）	2 462	4 853	7 013	10 052	18 885	0.3517
	人均转移性收入（元）	664	906	1 154	1 572	3 028	0.2946
	人均初次分配收入（元）	1 798	3 947	5 859	8 480	15 857	0.3634
情景八	人均总收入（元）	2 535	4 876	6 999	10 007	18 823	0.3488
	人均转移性收入（元）	830	1 133	1 443	1 965	3 785	0.2945
	人均初次分配收入（元）	1 705	3 743	5 556	8 042	15 038	0.3634
情景九	人均总收入（元）	3 425	5 463	7 276	9 762	16 758	0.2902
	人均转移性收入（元）	1 720	1 720	1 720	1 720	1 720	0.0000
	人均初次分配收入（元）	1 705	3 743	5 556	8 042	15 038	0.3634

资料来源：根据《中国统计年鉴（2013）》数据模拟测算得到。每类收入户所占样本比例为 20%。

从实际情况看，2012 年，低收入户到高收入户人均转移性收入介于 332 ~ 1 514 元之间，转移性收入实际值与情景一对比显示，五个分组当中，中等偏上收入户和高收入户人均转移性收入高于总平均水平。假定转移性收入在全体农村居民之间平均分配，人均约为 688 元。

在情景二当中，转移性收入的分配力度与初次分配相同，各分组转移性收入占转移性总收入比重，等于该分组初次分配收入占初次分配收入总收入比重。该分配方案导致低收入户和中等偏下收入户人均转移性收入水平下降。其他分组人均转移性收入水平上升。该分配方案导致基尼系数高于实际情况，因此，参照初次分配比例分配转移性收入不可取。

在情景三当中，转移性收入平均化分配。此时，基尼系数达到初次分配由市场决定情况下的理论最小值 0. 3344，比实际情况下降约 0. 02。

在情景四当中，转移性收入使用前面设定的替代比率进行分配，替代比率依次递减。结果显示，低收入户和中等偏下收入户人均转移性收入上升，而其他分组人均转移性收入不同程度下降。转移性收入的不平等程度显著下降，转移性收入的基尼系数比实际情况下降了 0. 09。但是由于转移性收入占总收入比重较小，因此，转移性收入分配公平度的改善对总收入公平平度改善的贡献度较小。

在情景五 ~ 情景八当中，转移性收入和初次分配收入的分配倾向均与实际情况相同，而转移性收入占总收入比重逐步提升。由于分配倾向保持不变，转移性收入与初次分配收入的基尼系数与实际情况保持一致不变。由于转移性收入分配的公平度高于初次分配收入，因此，随着转移性收入占总收入比重的提高，总收入的公平度逐步改善，具体表现为基尼系数逐步下降。基尼系数从 0. 3576 下降到 0. 3488。在情景九当中，假定转移性收入总额上升 25% 且平均分配，其他条件不变，此时基尼系数所能达到理论最低值为 0. 2902。

以上基于给定的初次分配收入总额、转移性收入总额以及按总收入水平等距分组人数，构建了两类情况下共 9 种转移性收入分配情景。移性收入分别采用绝对平均、再分配收入为初次分配收入的固定比例、再分配平均化、再分配率递减四种分配方案，模拟考察了农村居民收入水平和收入公平性的变化。研究表明，在农村居民转移性收入占总收入比重较低的情况下，不同转移性收入分配方案的切换对居民总体收入差距变动的影响较小；对比四种分配方案，绝对平均分配方案将会带来效率的损失、按比例分配将导致收入差距显著扩大而不可取，相对较优的方案是再分配率递减方案；在各类收入分配倾向保持不变的情况下，由于转移性收入的公平性较高，提高转移性收入占总收入比重能够缩小居民总收入差距。

二、基于不同公平度的收入分配政策选择研究

在收入分配当中，经常会遇到可供分配的金额已经确定，参与分配的人数或者分组也给定，需要确定每人或者每组分配金额的问题，即确定收入分配的政策或者方案。收入来源的性质是影响收入方案制定的重要因素。如果收入来源与参与分配者的贡献度之间能够确立较明确的对应关系，那么需要着重考虑按贡献分配，体现多劳多得，例如，各种奖金的分配。反之，如果收入来源与参与分配者贡献度之间的关系难以确定，或者参与分配者的贡献没有显著差异，那么需要重点考虑分配的公平度，例如，住房补贴的分配。以下讨论给定分配公平度情况下，确定每人或者每组分配金额的方法。

（一）洛伦茨曲线的选择

根据洛伦茨曲线的定义可知，洛伦茨曲线是一条通过原点和点［1，1］的曲线，假定参与分配者的最低分配收入为0，洛伦茨曲线的一阶导数不小于0，即累计收入比例是累计人口比例的增函数。由于洛伦茨曲线的绘制按照收入由低到高排序，所以洛伦茨曲线不会高于绝对公平线。洛伦茨曲线的数学性质可以使用公式进行总结（Kwang，2002），如公式（5－17）所示，其中二阶导数大于0要求洛伦茨曲线是凹函数，即在［0，1］区间内要求 $y<x$。

$$\begin{cases} L(0)=0 \\ L(1)=1 \\ L'(p)\geqslant 0 \\ L''(p)>0 \end{cases} \tag{5-17}$$

根据洛伦茨曲线的数学性质，存在多种类型函数满足洛伦茨曲线的性质。以下对几个常见函数的洛伦茨曲线拟合性质展开讨论。

（1）一元二次方程：

$$\begin{cases} y=ax^2+bx \\ \text{s. t. } a+b=1 \\ y'\geqslant 0 \\ 0\leqslant y<x\leqslant 1 \end{cases} \tag{5-18}$$

其中，x 表示累计人口比例；y 表示累计收入比例；a 和 b 表示方程的系数；s. t. 表示方程满足的限制条件。根据基尼系数的定义，方程（5－18）和基尼系数存在以下关系。令：

$$M = \int_0^1 (ax^2 + bx)\mathrm{d}x$$

$$\text{基尼系数} = 1 - 2M \tag{5-19}$$

将 $a + b = 1$ 这一限制条件加入 M，可得：

$$M = \frac{a}{3} + \frac{b}{2} = \frac{1}{2} - \frac{a}{6} \tag{5-20}$$

根据基尼系数与 M 的关系可知，当 M 取最小值时，基尼系数达到最大值。根据方程的限定条件可推导出 $0 \leqslant a \leqslant 1$，因此，当 $a = 1$ 时，M 达到最小值 $\frac{1}{3}$，此时基尼系数达到最大值 0.3333。当 a 等于 0 时，根据限定条件，$b = 1$，此时函数与绝对公平线重合，基尼系数达到最小值 0。可见，$y = ax^2 + bx$ 适合拟合基尼系数介于 0 到 0.3333 之间的洛伦茨曲线。对于给定基尼系数 g，$g \in [0, 0.333]$，a 和 b 的计算公式如下：

$$\begin{cases} a = 3g \\ b = 1 - a \end{cases} \tag{5-21}$$

（2）一元三次方程：

$$\begin{cases} y = ax^3 + cx \\ \text{s. t. } a + c = 1 \\ y' \geqslant 0 \\ 0 \leqslant y \leqslant x \leqslant 1 \end{cases} \tag{5-22}$$

令 $M = \int_0^1 (ax^3 + cx)\mathrm{d}x = \frac{a}{4} + \frac{c}{2}$，根据 $a + c = 1$ 可得：$M = \frac{1}{2} - \frac{a}{4}$。根据 $0 \leqslant y \leqslant x \leqslant 1$ 条件，有：

$$x - ax^3 - cx \geqslant 0 \tag{5-23}$$

代入 $a + c = 1$ 条件，可得 $a(1 - x^2) \geqslant 0$，由于 $x \leqslant 1$，可得 $(1 - x^2) \geqslant 0$，由此，$a \geqslant 0$。根据 $y' > 0$，可得 $3ax^2 + (1 - a) \geqslant 0$，由于 $x \in [0, 1]$，可得 $a \leqslant 1$。由此可得出 $0 \leqslant a \leqslant 1$。

当 $a = 1$ 时，M 取得极小值 0.25，根据前面对基尼系数的定义，使用 $y = ax^3 + cx$ 拟合洛伦茨曲线，基尼系数能达到的最大值为 0.5。当 $a = 0$ 时，$c = 1$，$y = ax^3 + cx$ 与绝对公平线重合，基尼系数达到最小值 0。由此，$y = ax^3 + cx$ 可以拟合基尼系数介于 0 到 0.5 之间的洛伦茨曲线。对于给定的基尼系数 g，$g \in [0, 0.5]$，有：

$$\begin{cases} a = 2g \\ c = 1 - a \end{cases} \tag{5-24}$$

（3）一元四次方程及以上：

$$\begin{cases} y = ax^4 + cx \\ \text{s. t. } a + c = 1 \\ y' \geqslant 0 \\ 0 \leqslant y \leqslant x \leqslant 1 \end{cases} \tag{5-25}$$

令 $M = \int_0^1 (ax^4 + cx)\mathrm{d}x = \frac{a}{5} + \frac{c}{2}$，根据 $a + c = 1$ 可得：$M = \frac{1}{2} - \frac{3a}{10}$。与一元三次方程类似，根据三个限定条件，可以得出 $0 \leqslant a \leqslant 1$。当 $a = 1$ 时，M 取得极小值 0.2，此时基尼系数能够到达的最大值为 0.6。当 $a = 0$ 时，基尼系数达到最小值 0。由此可见，方程 $y = ax^4 + cx$ 能够拟合基尼系数介于 0 到 0.6 的洛伦茨曲线。对于给定的基尼系数 g，$g \in [0, 0.6]$，有：

$$\begin{cases} a = \frac{5}{3}g \\ c = 1 - a \end{cases} \tag{5-26}$$

为了拟合对应更大基尼系数的洛伦茨曲线，需要提高方程的次数。随着方程次数的提高，基尼系数增加的速度逐步放缓。当方程次数增加到 99 次时，即 $y = ax^{99} + cx$，基尼系数最大值能达到 0.98。但是在现实当中，基尼系数达到这么高的概率极小。国际上通常将 0.4 作为基尼系数的警戒线，大多数情况下，基尼系数小于 0.6，也就是说一元四次方程已经满足拟合现实当中的大部分洛伦茨曲线的需要。表 5-15 给出了高于四次方的部分方程及其所能达到拟合的基尼系数最大值。

表 5-15　部分高次方程拟合洛伦茨曲线对应的基尼系数区间

方程	拟合基尼系数区间	系数计算	限定条件
$y = ax^5 + cx$	[0, 0.6667]	$\begin{cases} a = \frac{3}{2}g \\ c = 1 - a \end{cases}$	
$y = ax^6 + cx$	[0, 0.6667]	$\begin{cases} a = \frac{7}{5}g \\ c = 1 - a \end{cases}$	
$y = ax^7 + cx$	[0, 0.75]	$\begin{cases} a = \frac{4}{3}g \\ c = 1 - a \end{cases}$	$a + c = 1$ $y' \geqslant 0$ $0 \leqslant y \leqslant x \leqslant 1$
$y = ax^8 + cx$	[0, 0.7778]	$\begin{cases} a = \frac{9}{7}g \\ c = 1 - a \end{cases}$	
$y = ax^9 + cx$	[0, 0.8]	$\begin{cases} a = \frac{5}{4}g \\ c = 1 - a \end{cases}$	

注：g 表示基尼系数。

（二）总体公平度与局部公平度

从以上方程对洛伦茨曲线的拟合情况可见，相同的基尼系数存在多种洛伦茨曲线与之相对应。也就是说，在相同的公平度下存在多种分配方案。图 5－20 展现了基尼系数等于 0.4 情况下，使用三次、四次和五次方程拟合洛伦茨曲线的结果，方程的具体形式分别为：$y = 0.8x^3 + 0.2x$；$y = 0.6667x^4 + 0.3333x$；$y = 0.6x^5 + 0.4x$。三条洛伦茨曲线并不重合，但是其分别与绝对不公平线以及横轴所围闭合区域的面积相等，由此基尼系数也相等。

以下将全体参与分配者的收入公平度定义为总体公平度，将全体参与分配者子集的公平度定义为局部公平度。公平度使用基尼系数来度量。已有研究关注的主要是总体的公平度，对局部公平度关注不够。以上三条不重合的洛伦茨曲线表明，在总体公平度一致的情况下，局部公平不存在不同程度的差异。在（0，1）区间内，三条洛伦茨曲线相交于 0.6 附近。人口按收入递增排序，将位于收入底端 60% 人口作为一个低收入子集，将位于收入顶端的 40% 人口作为高收入子集。从图 5－20 可见，对于低收入子集，高次方程构造的洛伦茨曲线在低次方程的上方，即高次方程构造的洛伦茨曲线更接近于绝对公平线。对于高收入子集，低次方程构造的洛伦茨曲线更接近于绝对公平线。可见，在相同的总体公平度下，以高次方程构造的洛伦兹曲线作为分配方案，更加有利于低收入者之间的公平。反之，以低次方程构造的洛伦兹曲线作为分配方案，更加有利于高收入者之间的公平。

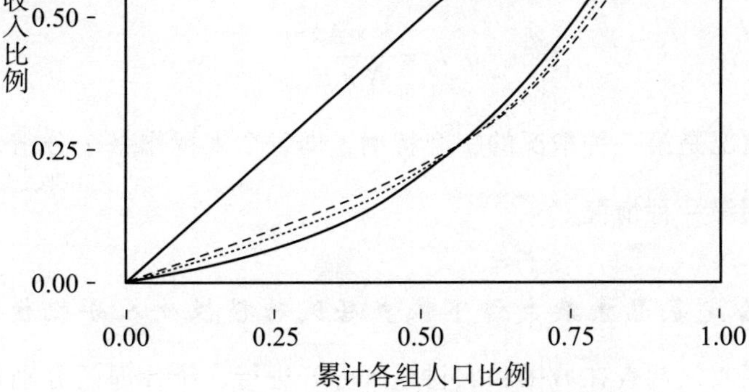

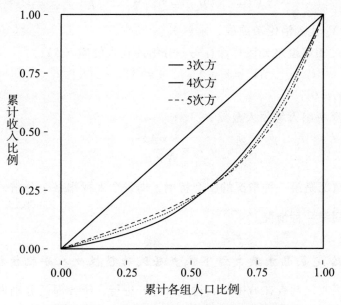

图 5－20　总体公平与局部公平示意图

（三）将洛伦茨曲线转化为具体的分配方案

根据前面对城镇居民住户调查数据的测算结果可知，2011 年城镇居民总收入的基尼系数约为 0.398。假如政策目标要实现城镇居民总收入的基尼系数下降为 0.350，那么应该如何分解该政策目标？即不同收入分组的平均收入应该是多少的问题。这就涉及将特定的洛伦兹曲线转化为具体的分配方案。对于整个社会而言，给定总体的收入公平度之后，低收入者之间的公平比高收入者之间的公平更加重要。因此，在前面给出的高次方程所能达到的基尼系数计算范围内，应优先选择高次方程来构建给定公平度（基尼系数）的洛伦兹曲线。

将洛伦茨曲线转化为具体的分配方案分两种情况：一是给出分组信息，求解每一分组的平均收入（I_n）；二是对参与分配者不进行分组，求解每一位参与分配者的收入（I_i）。两种情况均需要知道分配总金额（S）和参与分配总人数（N）。对于第一种情况，还需要给出每一分组人数所占总人数的比例 P_n，$n=[1, 2, \cdots, K]$ 表示分组编号，分组可以等距也可以不等距。对于第一种情况，每一分组的平均收入求解步骤如下：

（1）根据每一分组人口比例 P_n，建立起人口与收入水平的对应关系。以城镇住户调查收入分组为例，最低收入户占总调查户的 10%（P_1），低收入户占 10%（P_2），中等偏下收入户占 20%（P_3），…如此类推。

（2）对 P_n 进行向上计算累计人口比例 X_n。

$$X_n = \sum P_n n = [1, 2, \cdots, K]$$

（3）将 X_n 代入洛伦茨曲线，求解 Y_n。

（4）通过相邻组差分运算计算每一分组的收入份额（ΔY_n）：

$$\Delta Y_n = Y_n - Y_{n-1} \quad n \in [1, \cdots, K]$$

其中，$Y_0 = 0$。

（5）计算每组人均收入金额 I_n：

$$I_n = \frac{S \times \Delta Y_n}{N \times P_n}$$

第二种情况是第一种情况的一个特例，即每个人视作一个分组，$P_n = \frac{1}{N}$，余下计算步骤同第一种情况。

（四）给定基尼系数条件下城乡居民转移性收入分配模拟

虽然我国收入调查在城镇和农村地区分开进行，统计部门分别发布城镇和农村的调查结果。但是，城乡社会保障和福利水平逐步趋同是未来的发展趋势，如果将城乡转移性收入合计作为社会再分配总额，将全体城镇和农村居民作为参与分配对象，在限定收入差距范围情况下，应如何分配福利资源？以下使用前面给出的将洛伦茨曲线转化为具体分配方案的方法，对转移性收入分配方案展开讨论。

根据2012年《中国城市（镇）生活与价格年鉴》收入分组资料，2011年参与调查的城镇家庭人口总数为18.78万人，转移性收入为10.90亿元。根据《中国统计年鉴》收入分组资料，2012年参与调查的农村家庭人口总数为28.62万人，转移性收入为1.97亿元。由于数据的可得性原因，忽略两个调查年度存在一年的差别。城镇和农村转移性收入合计为12.87亿元，参与分配的人口合计为47.4万人。参考城镇居民住户调查做法，将收入划分为7个等级，每个等级所占人口比例如下：最低收入户（10%）、低收入户（10%）、中等偏下收入户（20%）、中等收入户（20%）、中等偏上收入户（20%）、高收入户（10%）、最高收入户（10%）。给定基尼系数条件下城乡居民人均转移性收入分配方案如表5-16所示。

表5-16　给定基尼系数条件下城乡居民人均转移性收入分配方案

基尼系数	最低收入户（元）	低收入户（元）	中等偏下收入户（元）	中等收入户（元）	中等偏上收入户（元）	高收入户（元）	最高收入户（元）	标准差④	收入底端标准差⑤	收入顶端标准差⑥
0.2①	1 640	1 705	1 933	2 455	3 237	3 986	4 572	1 166	154	670
0.2②	1 811	1 824	1 919	2 281	3 077	4 041	4 923	1 231	59	923
0.2③	1 901	1 903	1 941	2 176	2 919	4 041	5 236	1 303	23	1 159
0.25①	1 371	1 453	1 738	2 389	3 367	4 304	5 037	1 457	192	837
0.25②	1 585	1 601	1 720	2 172	3 168	4 373	5 475	1 539	74	1 154
0.25③	1 697	1 700	1 747	2 041	2 969	4 373	5 867	1 629	28	1 449
0.3①	1 102	1 200	1 542	2 324	3 497	4 621	5 501	1 748	231	1 004
0.3②	1 359	1 378	1 521	2 064	3 258	4 704	6 026	1 846	88	1 385
0.3③	1 493	1 497	1 554	1 906	3 020	4 704	6 497	1 955	34	1 739
0.35①	834	948	1 347	2 259	3 627	4 939	5 965	2 040	269	1 172
0.35②	1 133	1 155	1 321	1 955	3 349	5 036	6 578	2 154	103	1 615
0.35③	1 290	1 294	1 360	1 771	3 071	5 036	7 127	2 281	40	2 028

注：g表示基尼系数；①表示使用 $y=2gx^3+(1-2g)x$ 拟合洛伦茨曲线；②表示使用 $y=\frac{5}{3}gx^4+\left(1-\frac{5}{3}g\right)x$ 拟合洛伦茨曲线；③表示使用 $y=\frac{3}{2}gx^5+\left(1-\frac{3}{2}g\right)x$ 拟合洛伦茨曲线；④标准差根据7个分组计算；⑤根据最低收入户、低收入户、中等偏下收入户平均收入计算；⑥根据中等偏上收入户、高收入户、最高收入户平均收入计算。

将表 5 - 16 与表 5 - 13、表 5 - 14 相比较，可以得出以下结论：

第一，如果将城乡居民作为研究总体，我国居民转移性收入差距幅度将大幅扩大。由于我国城乡调查分开进行，城镇和农村居民的各项收入差距只能分别计算。2011 年城镇居民和 2012 年农村居民转移性收入基尼系数分别约为 0.3727、0.2946。表 5 - 16 显示，基尼系数为 0.35 时，最高收入户与最低收入户平均转移性收入的极差小于 6 000 元。而表 5 - 13 与表 5 - 14 当中，城镇居民最高收入户与农村居民低收入户的转移收入极差大于 1.2 万元。由此可以推断，城乡居民转移性收入的基尼系数显著高于 0.35。

第二，在相同的总体公平度下，应优先选择兼顾局部公平的分配方案。使用不同的洛伦茨拟合曲线产生的分配方案差别主要体现在局部公平差异。分别对比相同基尼系数下的三个方案收入底端标准差和收入顶端标准差可见，随着拟合方程次数的上升，收入底端标准差逐步降低，而收入顶端标准差逐步上升。表明高次方程的洛伦茨拟合曲线底端的收入公平度较高，而顶端的收入公平度较低，低次方程的洛伦茨拟合曲线则反之。因此，在确定总体公平度政策目标之后，为了兼顾顶端和底端的公平，次数适中方程拟合的洛伦茨曲线应成为优先的选择。

第三，政策调控的目标主要集中在城镇高收入户和最高收入户。假定转移性收入总体公平度以基尼系数等于 0.35 为政策目标，以四次方程拟合的洛伦茨曲线作为分配方案。对比模拟分配结果与实际的分配结果（见表 5 - 13 与表 5 - 14）可知，城镇高收入户和最高收入户的平均转移性收入超出了政策模拟的收入范围，成为实现政策目标需要调控的对象。但是，收入变动具有向下刚性，增长容易而下降困难，因此，政策路径应该一方面调减城镇高收入户的转移性收入增速，逐步提升农村居民转移性收入增长速度；另一方面应逐步提升再分配的力度，提高转移性收入占居民总收入比重。

（五）给定基尼系数条件下企业高管薪酬区间模拟

近年来，我国企业高级管理人员（企业高管）的薪酬水平迅速上涨，成为社会关注的热点之一。人力资源和社会保障部发布的《2011 年中国薪酬发展报告》显示，我国部分国企高管年薪已达上千万。

2002 年以后，国有企业管理层实行了年薪制，企业高管在自身薪酬水平的决策上具有较大的影响力，企业高管既充当“运动员”，又充当“裁判员”。一些企业参照国外同类企业高管的薪酬水平来制定本企业高管的薪酬水平，而普通员工的薪酬却参照国内劳动力的薪酬水平发放，以国外同类企业高管薪酬国企高管薪酬标准来设定难免受到质疑。首先，参照西方国家同行高管薪酬水平，但是我国尚未建成与西方国家类似的收入差距调节环境。西方国家收入税、遗产税等收入差距调节政策法规比我国更加完善，巨大的初次分配收入差距在再分配阶段大幅缩小。其次，许多西方国家国有企业高管薪酬并不是完全由市场决定。在美国，国企高管执行联邦公务员的薪酬，企业内部的工资差距也受到限制，通常为4～10倍。在法国，国企高管的薪酬由财政部决定，国有企业在亏损年度不允许加薪。

目前，我国国企高管薪酬的制定缺乏理论指导和监督机制，缺乏成熟的理论来回答国企高管薪酬到底处于怎样水平才是合理的。企业作为重要的社会经济组织，其收入分配的公平度直接影响到社会收入分配的公平性。另外，企业高管承担着企业生存和发展的责任和压力，通常具有较强的工作能力和工作经验，根据亚当·斯密的补偿性工资理论，责任强度与人力资本均需要补偿。因此，企业高管薪酬水平应该处于企业薪酬分布的顶端。

基于以上理论，以下将企业平均薪酬水平作为参照系，将企业薪酬分布顶端1%作为企业高管薪酬的估计区间。假设企业薪酬分配总体差距限定在某一范围内，然后求解企业高管薪酬的范围。具体步骤如下。

(1) 设定企业全体职工平均薪酬水平，年度薪酬分别为20万、10万、5万元。

(2) 设定企业人数。假定企业人数为1 000人，将每个人分为1组，共1 000组。企业人数乘以企业平均薪酬得到待分配薪酬总额。

(3) 设定企业薪酬分配基尼系数g，分别为0.3、0.4、0.5。使用三次方程($y=2gx^3+(1-2g)x$)、四次方程$\left(y=\frac{5}{3}gx^4+\left(1-\frac{5}{3}g\right)x\right)$、五次方程$\left(y=\frac{3}{2}gx^5+\left(1-\frac{3}{2}g\right)x\right)$分别拟合基尼系数对应的洛伦茨曲线，根据前面介绍的将洛伦茨曲线转化为具体分配方案方法，得到1 000个员工的薪酬水平。

(4) 将薪酬分布99%分位点至100%分位点作为高管薪酬的估计区间。该区间的潜在假定是企业高管薪酬高于其他职工，高管人数占企业总人数1%。

需要说明的是，由于假定了企业的平均薪酬水平，企业待分配薪酬总额与企业人数等比例变化，因此，每一种基尼系数与拟合方程组合所确定的分配结果与企业人数无关。此外，由于每种估计方案得出的99%分位点至100%分位点不相同，从稳健的角度考虑，在每一种基尼系数设定下，将三种估计结果的并集作为高管薪酬的参考范围。测算结果如表5－17所示。

表 5－17　给定分配公平度和平均年薪条件下企业工资分位点　单位：万元

分配方案 洛伦茨曲线拟合方式	分位点 20%	40%	60%	80%	99%	100%	基尼系数	企业平均年薪	高管薪酬范围
三次方程	9.4	13.8	21.0	31.0	43.2	44.0	0.3	20	
四次方程	10.3	12.6	18.6	30.5	48.8	49.9	0.3	20	[43.2，55.9]
五次方程	11.1	12.2	16.8	29.4	54.1	55.9	0.3	20	
三次方程	5.9	11.7	21.3	34.7	51.0	52.0	0.4	20	
四次方程	7.1	10.1	18.2	33.9	58.3	59.9	0.4	20	[51.0，67.9]
五次方程	8.1	9.5	15.8	32.5	65.5	67.9	0.4	20	
三次方程	2.4	9.6	21.6	38.4	58.7	59.9	0.5	20	
四次方程	3.9	7.6	17.7	37.4	67.9	69.9	0.5	20	[58.7，79.9]
五次方程	5.1	6.9	14.7	35.7	76.9	79.9	0.5	20	
三次方程	4.7	6.9	10.5	15.5	21.6	22.0	0.3	10	
四次方程	5.2	6.3	9.3	15.2	24.4	25.0	0.3	10	[21.6，28.0]
五次方程	5.5	6.1	8.4	14.7	27.1	28.0	0.3	10	
三次方程	3.0	5.8	10.6	17.3	25.5	26.0	0.4	10	
四次方程	3.5	5.0	9.1	17.0	29.2	30.0	0.4	10	[25.5，33.9]
五次方程	4.0	4.8	7.9	16.3	32.8	33.9	0.4	10	
三次方程	1.2	4.8	10.8	19.2	29.4	30.0	0.5	10	
四次方程	1.9	3.8	8.9	18.7	34.0	35.0	0.5	10	[29.4，39.9]
五次方程	2.6	3.5	7.4	17.8	38.5	39.9	0.5	10	
三次方程	2.4	3.4	5.2	7.8	10.8	11.0	0.3	5	
四次方程	2.6	3.1	4.7	7.6	12.2	12.5	0.3	5	[10.8，14.0]
五次方程	2.8	3.0	4.2	7.4	13.5	14.0	0.3	5	
三次方程	1.5	2.9	5.3	8.7	12.7	13.0	0.4	5	
四次方程	1.8	2.5	4.5	8.5	14.6	15.0	0.4	5	12.7，17.0]
五次方程	2.0	2.4	3.9	8.1	16.4	17.0	0.4	5	

续表

分配方案	分位点						基尼系数	企业平均年薪	高管薪酬范围
洛伦茨曲线拟合方式	20%	40%	60%	80%	99%	100%			
三次方程	0.6	2.4	5.4	9.6	14.7	15.0	0.5	5	[14.7, 20.0]
四次方程	1.0	1.9	4.4	9.4	17.0	17.5	0.5	5	
五次方程	1.3	1.7	3.7	8.9	19.2	20.0	0.5	5	

注：假定高管人数占企业总人数的1%，99% ~100%分位点薪酬为高管薪酬区间。

模拟结果显示，高管薪酬的估计范围主要与两方面因素有关：一是企业的平均薪酬水平，企业平均薪酬与企业的经营业绩紧密正向相关，同时反映了企业的劳动生产效率。平均薪酬较高企业高管的薪酬水平也相对较高。二是企业高管的薪酬水平与企业薪酬分配的公平度负向相关，企业薪酬分配的公平度越低，高管的薪酬水平越高，反之亦然。

对于职工平均年薪20万元的企业，在企业薪酬分配基尼系数为0.3的假设条件下，高管薪酬的参考区间为43.2万~55.9万元。当基尼系数上升到0.5时，高管薪酬的参考区间为58.7万~79.9万元，区间上限约为企业平均工资的4倍，这显著低于现实水平。已有研究表明，国企经理人与普通职工平均工资差异达到9~10倍（柏培文，2008）。虽然初次分配注重效率，但是基尼系数为0.5，收入差距已经较大，因此，基于更高的基尼系数假设的分配模拟已经意义不大。

每一种基尼系数对应的三种收入分配方案的薪酬水平及其分布如图5-21和图5-22所示。三种收入分配方案具有以下区别：

首先，使用高次方程模拟洛伦茨曲线得到的高管薪酬估计上限更大。以企业员工平均年薪20万元，基尼系数0.3为例，三次方程拟合洛伦茨曲线得到的分配方案中，高管薪酬估计范围介于43.2万~44万元之间。而使用四次方程以及五次方程拟合，得到高管薪酬估计范围分别为48.8万~49.9万元、54.1万~55.9万元。估计范围的上限随着拟合方程次数的提高而逐步上升，其中主要原因在于不同次数方程在不同位置的斜率（弯曲程度）不一样。

其次，高管薪酬的上升将以中等收入群体减少以及低收入群体增加为代价。从图5-21以及图5-22可见，在给定的企业员工平均薪酬以及收入分配总体公平度条件下，随着高管薪酬的上升，密度曲线逐步向左移动，曲线中间部位逐步塌陷，表明低收入者增加，中等收入者减少。频数分布图显示，假定员工人数为1 000人，三次方程拟合洛伦茨曲线对应的分配方案中，年薪小于5万元的职工人数为354人，而五次方程拟合洛伦茨曲线对应的分配方案中，年薪小于5万元的职工人数为427人，后者显著高于前者。

最后，高次方程拟合洛伦茨曲线对应的薪酬分配方案中，低收入者的薪酬差距相对较小，而低次方程对应的收入方案则反之。以企业员工平均年薪10万元，基尼系数0.4为例，三次方程拟合洛伦茨曲线得到的分配方案中，40%与20%分位点薪酬相差2.8万元，而四次方程以及五次方程对应的分配方案中，以上分位点的薪酬分别相差1.5万元和0.8万元。高次方程对应的低收入者之间薪酬收入更加公平，这种薪酬结构主要适用于企业中层管理或者业务骨干层人员比重较少，普通员工人力资本与劳动生产率比较接近，企业管理扁平化的治理结构。不足之处主要在于薪酬的层次相对较少，员工涨薪的机会也相对较少。低次方程拟合洛伦茨曲线得到的分配方案中，低收入者薪酬差距相对较大，但是，薪酬层次相对丰富，企业员工薪酬上涨的概率较大。

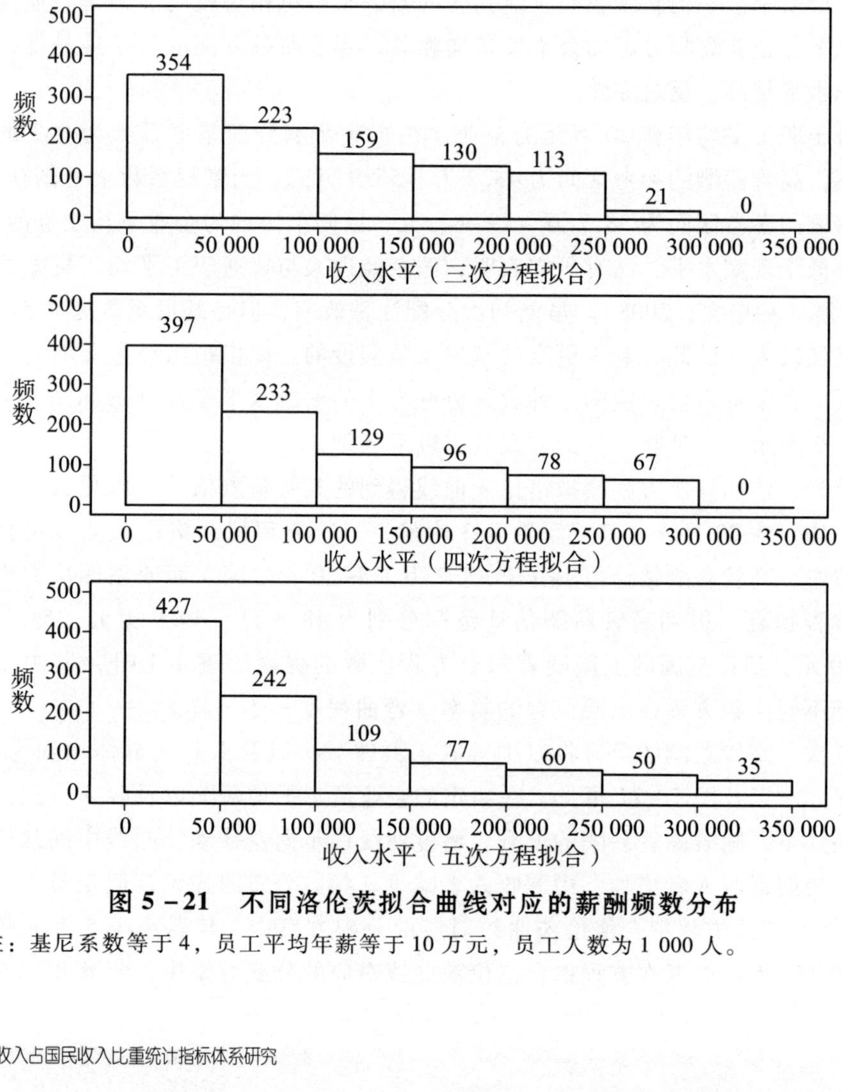

图5-21 不同洛伦茨拟合曲线对应的薪酬频数分布

注：基尼系数等于4，员工平均年薪等于10万元，员工人数为1 000人。

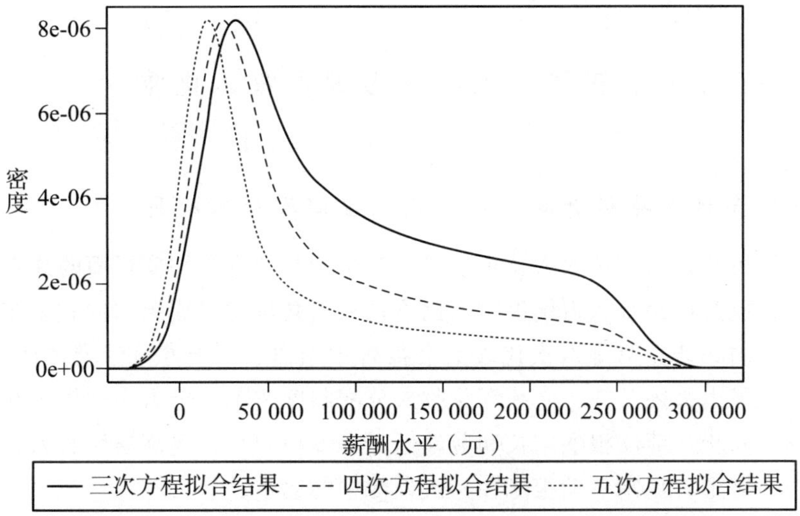

图 5－22　不同洛伦茨曲线对应的薪酬分布核密度估计

注：基尼系数等于 4，员工平均年薪等于 10 万元；密度曲线由 1 000 个样本估计得到，估计使用“高斯核”。

第四节　提高居民收入占国民收入比重的政策建议

居民收入占国民收入比重是一个简洁而高度宏观的指标，它是居民各种类型收入合计与 GDP 的比值。而提高居民收入占国民收入比重是一个系统性的工程。首先，需要认清提高居民收入占国民收入比重的关键着力点在哪里，即重点提高居民哪些收入项目占国民收入的比重；其次，需要识别居民收入比重在怎样的经济和政策环境下才能够提高；再次，需要定位哪些居民群体的收入增长落后于 GDP 的增长，即通过本指标体系当中各个分指标提供的信息，精准定位哪些群体的收入增速导致了我国居民收入占国民收入比重的下降，或者哪些群体的收入增速阻碍了我国居民收入占国民收入比重的上升。此外，提高居民收入占国民收入比重不能成为单一政策目标，需要综合考虑居民部门收入比重对收入差距、经济发展等经济变量的影响。根据本指标体系的测算结果和研究结论，对居民收入占国民收入比重问题提出以下政策建议。

一、正确认识我国居民收入占国民收入比重

（一）为什么要提升我国居民收入占国民收入比重

提升居民收入占国民收入比重已经成为中国共产党和国家层面的共识。

首先，提升居民收入占国民收入比重是人民共享发展成果的内在要求。胡锦涛同志在中国共产党第十八次代表大会报告中指出，“千方百计增加居民收入，实现发展成果由人民共享，必须深化收入分配制度改革，努力实现居民收入增长和经济发展同步、劳动报酬增长和劳动生产率提高同步，提高居民收入在国民收入分配中的比重，提高劳动报酬在初次分配中的比重。”

其次，提升居民收入占国民收入比重是推动我国经济结构转型的内在要求。长期以来，我国经济增长依赖于投资和出口，受产能过剩、人民币汇率上涨等因素影响，依赖投资和出口驱动的经济增长模式不可持续，居民消费对经济增长的驱动力日益重要。而居民消费的增长主要依赖于三方面因素：居民的收入水平；对未来消费的信心；产品升级换代以及服务的创新。其中居民收入水平提高是推动居民消费增长的重要前提条件。

最后，提升居民收入占国民收入比重是改善我国宏观及微观分配结构的内在要求。从宏观的角度看，近年来，我国居民收入占国民收入比重较低，而且呈现下降趋势，打破了宏观收入分配格局的平衡，有失公平。从微观的角度看，收入具有较强的向下刚性，上涨容易而下降困难。提升低收入群体收入水平是提升居民收入占国民收入比重政策的重要组成部分，提升居民收入占国民收入比重将为我国缩小当前的收入差距创造机遇。

（二）正确认识我国居民收入占国民收入比重的特征

居民收入占国民收入比重的特征包括以下几个方面。

第一，我国当前居民收入占国民收入比重大幅下降的趋势已基本得到遏制，但是居民收入份额相比 2000 年仍有较大差距。根据本书对可支配收入指标群的测算结果，1992 ~ 2012 年，我国居民可支配收入占国民收入比重变化可以划分为三个阶段。第一个阶段是 1992 ~ 2000 年，可支配收入占国民收入比重相对平稳，在 67% 附近小幅波动。第二个阶段是 2000 ~ 2008 年，居民可支配收入占国民收入比重下降了约 7.8%，下降幅度显著。中国共产党十七届五中全会在这一背景下提出了“提高居民收入在国民收入分配中的比重”的决策。第三个阶段是

2008～2012年，居民可支配收入占国民收入比重上升了约2.7%。

第二，居民收入占国民收入比重并不守恒，比重随着经济环境以及收入分配政策的变化而在一定范围内波动属于正常现象。本书对包括我国在内的多个国家居民收入占国民收入比重的测算结果证明了这一点，1992～2012年，我国居民可支配收入占GDP比重介于59.2%～68.5%之间；1960～2013年，美国居民部门可支配总收入占其GDP比重介于68.2%～76.1%之间；1991～2013年，德国居民部门可支配收入占GDP比重介于69%～73%之间；1975～2012年，韩国居民部门可支配收入占其GDP比重介于57.4%～77.1%之间；1994～2011年，日本居民部门可支配收入占其GDP比重介于61.2%～65.7%之间。近年来，各国居民部门可支配收入占国民收入比重有升有降。

第三，居民收入占国民收入比重变动是多方面因素综合作用的结果，看待居民收入占国民收入比重变动应从主要影响因素着眼。从“基于本统计指标体系的居民收入比重变动分析”一节研究结论可知，居民部门增加值、雇员报酬是影响我国居民收入占国民收入比重变动的主要项目。而利息收入之外的其他类型财产收入（红利、地租等）对居民收入占国民收入比重影响微弱。此外，不同时期居民收入比重变动的主要影响因素并不相同。居民的支出项目，例如，利息支出、生产税以及收入税同样会影响居民部门可支配收入占国民收入比重，但是总的来说力度较弱。

第四，从收入分配的角度看，2000年以来，我国居民收入占国民收入比重下降，主要根源于具有某些特征群体收入增长长期落后，而这部分群体占我国居民总人数比例较高。低收入群体收入增长长时间落后于GDP增速，一方面导致了收入差距扩大；另一方面导致了居民部门收入占国民收入比重下降。本指标体系当中劳动收入指标群的测算结果表明，2013年底，我国乡村就业人数约为3.9亿人，约占全国就业人口的50%。近18年，农村住户劳动报酬增速有13个年度落后于GDP增速。此外，我国城镇其他单位（不包括国有和集体单位）劳动者就业人数众多，近年来其平均劳动报酬增速也较大幅度落后于GDP增速。相比之下，国有和集体的机关、事业单位、企业、股份有限公司平均劳动报酬增速显著高于GDP增速。

（三）从哪些方面提升居民收入占国民收入比重

居民收入可以划分为四个方面：劳动报酬、财产收入、转移性收入和经营性收入。这四个方面总收入扣除税收和社保缴款等再分配支出之后，其净额占GDP比重的综合变动，最终决定了居民可支配收入占国民收入比重。因此，提升居民收入占国民收入比重，应从四大类收入和两大类支出着手。四类收入在居民收入中的地位并不对等，政策的重点应放在居民主要的收入来源上。2013 年我国城镇和农村居民的四大类收入结构如图 5－23 及图 5－24 所示。

在四个方面收入当中，劳动收入是我国居民最重要的收入来源。对于城镇居民，2013 年劳动报酬占家庭总收入比重约为 64%，对于农村居民，2013 年劳动报酬占家庭纯收入比重约为 45%。可见提升居民部门收入占国民收入比重的政策重心应该定位在劳动收入方面。

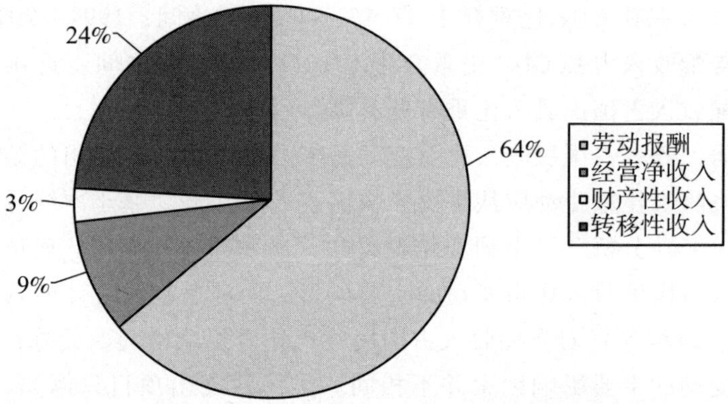

图 5－23　2013 年城镇居民收入结构

资料来源：《中国统计年鉴（2014）》，中国统计出版社 2015 年版。

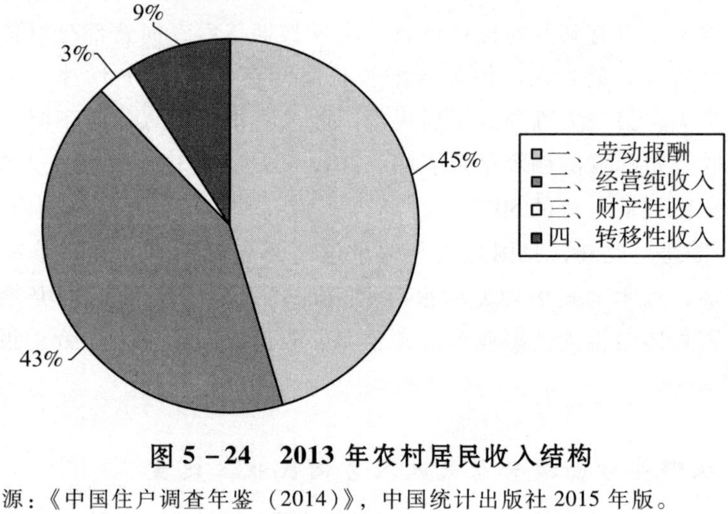

图 5－24　2013 年农村居民收入结构

资料来源：《中国住户调查年鉴（2014）》，中国统计出版社 2015 年版。

除了劳动收入之外，其他收入来源的地位也不容忽视。经营性收入是我国农民和城镇个体户的重要收入来源，这两类群体涉及的居民人数众多。经营性收入是农村居民的第二大收来源，2013 年，经营性收入占农村居民纯收入比重约为

43%。但是，随着我国城镇化的推进以及市场经济的发展，农民将加速向城镇分流，同时个体户将向雇员身份转变，居民部门经营性收入在收入结构中的地位将会下降。随着我国金融市场日益发展和活跃，近年来劳动收入占城镇居民总收入的比重下降，而财产收入比重上升。另外，随着我国人口老龄化步伐加快以及社会保障体系的完善，以养老金作为主要收入来源的居民比例逐步上升，转移性收入在居民收入结构中的地位将日益重要。2013 年，转移性收入是城镇居民的第二大收入来源，占居民总收入的比重约为 24%。

从以上四项收入来源的结构分析可知，在当前情况下，提高居民收入占国民收入比重应重点从劳动报酬入手，其次是经营性收入，然后是转移性收入，最后是财产性收入。未来的政策方向是将转移性收入的优先顺序置于经营性收入之前。因为继续完善农村居民养老保障体系，推动居民个体经营向企业法人经营转变是未来的努力方向。

二、努力提高劳动收入占居民收入比重

（一）密切关注劳动收入份额的变动趋势，帮扶劳动报酬增速持续落后的群体

根据本指标体系相关指标所提供的信息，密切关注居民劳动收入份额的变动趋势，定位劳动收入增长长期滞后的群体。将劳动收入占 GDP 比重变动纳入最低工资标准调整时机、调整幅度决策当中，同时，将劳动收入占 GDP 比重变动纳入个人所得税免征起点、累进税率等决策当中。

（二）权衡技术进步模式，转变经济发展方式，重视发展以现代服务业为代表的劳动密集型产业

一般来讲，一国采用本国比较优势发展经济，那么该国在国际市场中就具有竞争优势，从而带动国民经济又好又快地发展。对于我国来讲，劳动具有比较优势。但我们研究发现，我国劳动比较优势并没有完全发挥。一方面，与我国技术进步模式的选择有关。前期研究表明，我国技术进步具有资本增强型特质，也就是说我国属于劳动节约型技术进步。而劳动节约型技术进步显然与我国劳动比较优势是相悖的，过度强调劳动节约型技术进步抑制了我国劳动参与生产的程度，无利于我国劳动收入份额的改善。另一方面，与我国产业格局严重偏向于资本相对密集型行业有关。虽然斯托尔珀和塞缪尔森（Stolper – Samuelson）定理在我国

劳动密集型行业依然有效，但它与我国总体劳动收份额的变动趋势出现严重背离。低收入者（包括农业中的剩余劳动力）难以靠出卖劳动力获得较为可观的工资收入，而高收入者、企业和政府则通过资本的快速积累实现了收入的快速增长。基于现实，应该大力促进以现代服务业为代表的劳动密集型产业以及资本密集型产业中劳动相对密集生产活动的发展，鼓励资本节约型技术进步，创造更多劳动就业机会，特别是加大吸收农业剩余劳动力，让更多普通劳动者共享经济发展的成果。另外，考虑到我国目前处于产业结构调整的关键时期，应该努力提高劳动服务型的第三产业比重来弥补农业比重下降所带来的我国劳动收入份额的相对降低。

（三）鼓励、支持和引导非公有制经济的发展，推动个体户向雇员转化

改革开放以来，我国个体、私营等非公有制经济不断发展壮大，已经成为社会主义市场经济的重要组成部分和促进社会生产力发展的重要力量。结合我们的研究表明，非公有制性质的中小企业是我国剩余劳动力的吸收大户，具有很强的劳动比较优势，也具有较高的生产效率，能够使普通劳动者获得更多的工资性收入。但是，在资源占有和配置、行业准入、金融服务和税收政策等方面，非公有制经济与公有制经济并未实现公平待遇，这严重限制了非公有制经济特别是中小企业的发展，既减少了我国实际就业机会，又拖累了我国城乡二元结构的消除，很大程度上压低了我国劳动收入份额。另外，非公有制经济中劳动要素价格扭曲、利润侵蚀工资等现象比较严重，影响了“资本”与“劳动”的公平博弈，制约了非公有制经济的健康发展。因此，建议做好以下几个方面的工作：首先，放宽非公有制经济市场准入，允许非公有资本进入垄断行业和领域；其次，加大对非公有制经济的财税金融支持（包括财税支持、信贷支持、拓展融资渠道、金融服务创新、健全信用担保体系等等）；再次，完善对非公有制经济的社会服务，切实维护非公有制企业和职工的合法权益；另外，改进政府对非公有制企业的监管，加强对发展非公有制经济的指导和政策协调；最后，千方百计加强对中小企业科技创新活动的支持力度，引导和鼓励中小企业创造就业岗位和科技创新。

（四）完善社会主义市场经济体制，减少行政垄断，纠正我国要素市场存在的扭曲

研究表明，我国初次分配过程中的公平性有待提高。资源型垄断行业收入显著高于其他行业、劳动要素价格扭曲、利润侵蚀工资等现象时有发生。这些现象

表明我国社会主义市场经济体制还有待完善，统一、开放、竞争有序的市场经济体系还未形成，计划经济时代所遗留的行政垄断还未完全消除。行政垄断极易诱发“设租”和“寻租”行为，不完善的市场机制与畸形的户籍制度难以实现劳动、资本、技术和管理等生产要素的自由流动与等价交换，导致要素价格的扭曲，最终难以实现公平分配。因此，完善社会主义市场经济体制，深化收入分配制度改革，消除不必要的行政垄断和权力寻租，加快户籍制度改革步伐，有利于实现要素充分自由流动以及统一定价，促进初次分配的公平和效率，维护普通劳动者的自身利益。

（五）切实提高劳动者的人力资本水平

人力资本水平是影响劳动者收入水平高低的重要因素，对劳动收入份额的提高也具有正向作用。许多学者研究也表明，发展教育既能促进经济增长又能改善收入分配，具有“双赢”效果。因此，全面促进各项教育事业的发展，切实提高劳动者的人力资本水平，是既能促进经济增长，又能促进劳动收入份额提高的有效途径之一。对于我国，在有序推进保障教育经费投入和义务教育制度实施情况下，重点关注和提高非熟练劳动者的自身素质和就业能力尤为重要。我国属于典型二元经济国家，熟练劳动力稀缺而非熟练劳动力较为丰富，农村剩余劳动力不断地流向城市中的第二、三产业。但是只有素质高、具有较强学习和再学习能力的劳动者才能适应职业的转化以及技术和产品的发展。因此，政府应该加大教育经费向广大低收入群体特别是农村倾斜的力度，充分保证低收入群体享受教育的机会和权利。在此基础上，加强对非熟练劳动力的职业技术教育或技能培训，针对农村劳动力输出大省或重点区域，有针对性地开展对农民工的教育和培训课程，切实加强我国非熟练劳动力的技能培训，帮助缓解其就业压力，逐步增强我国劳动力的综合素质，增加他们的劳动收入。

（六）完善劳动保护机制，保障劳动者权益

扭转劳动收入份额持续走低的局面，切实提高劳动者的薪酬待遇，实现劳动者的体面就业，除了政策层面的宏观调控外，还必须从制度入手，从严格执法入手，完善现行法律法规，进一步规范劳动者的权利，提高劳动者的地位，保障劳动者的权益。完善劳动保护机制需要重点做好以下几个方面工作：

首先，完善最低工资制度，逐步建立企业职工工资稳定增长机制和支付保障机制。虽然我国最低工资制度的实施较好地保障了低收入群体的基本生活需要，但是由于政策滞后效应的影响，最低工资标准影响滞后因此，提高劳动报酬应该重点完善最低工资制度，使其根据地区经济发展水平、物价水平等变动而及时变

动。同时，并加强对企业执行情况的监督力度，实现最低工资制度的最大效力。另外，在促进经济增长的同时，还应该建立企业职工工资同步增长机制和支付保障机制，只有保证企业职工工资增幅水平跑赢 GDP 增幅，才能逐步扭转我国劳动收入份额偏低的现状。

其次，以工会组织为核心，积极推进工资集体协商机制。虽然我国自从 1995 年就引入了工资集体协商机制，但是由于"劳动让位于资本"以及我国工会组织不健全等问题，导致我国工资集体协商机制并未真正实现，工会组织处于"虚设"甚至"空置"状态。发达国家的发展经验表明，健全的工会组织是工资集体协商机制的基础。因此，我国应该切实保证工会组织的独立经济地位，保证其具有独立的话语权和发言权，这样才能实现工会对劳动者利益的真实代表。通过工会建立工资定价的制衡机制，切实提高工会组织的议价能力，增强劳动者在劳资谈判中的维权力量，从而纠正劳动要素价格的扭曲，纠正收入分配过度向资本倾斜。

最后，进一步加强劳动保障法制建设。虽然我国逐步建立和发展了以《中华人民共和国劳动法》为核心的一系列劳动保障法律制度，但是我国无法可依的现象仍然比较严重，劳动法的实施效果还不理想。近年来劳动违法行为仍然大量存在，劳动保障监察力量薄弱，劳动争议案件增加。这就需要政府加快劳动保障立法的步伐，建立完备可行的劳动保障法律体系。另外，强化劳动保障法律监督检查，完善劳动监察执法制度，完善劳动争议处理制度，形成公正而有效的劳动纠纷处理机制。还要加强劳动保障法律的宣传和教育，提高全社会的劳动保障法律意识。只有这样，才能规范劳动关系，保护劳动者的合法权益，减少非法因素对劳动报酬增长的影响。

（七）完善社会保障体系，切实保障社会弱势群体的基本生活

在促进经济发展时，需要关注社会中的弱势群体，比如丧失工作能力的人、因病因灾需要救助的人、因社会转型或制度改革利益严重受损以致需要帮扶的人等等。这些社会弱势群体作为我们社会的一分子，应该共享我国经济发展的成果，如果忽视他们生活水平的提高，会影响我国收入分配的公平与效率。因此，对于社会弱势群体应该构建和谐有效的社会安全网，在完善社会弱势群体监测系统的基础上，进一步完善社会保障体系。通过最低生活保障制度、失业保险制度、社会救济制度的创新和完善，切实保障社会弱势群体也能从经济增长中获得相应的收入。

三、拓宽和完善居民财产收入渠道

清晰的产权和完善的信用体系是居民财产收入高度依赖的政治和经济环境。产权和信用体系建设是增加居民财产收入工作的核心。在这两方面工作做好的前提下，市场的力量就会创造出新的居民财产收入渠道。围绕这两方面工作，拓宽和完善居民财产收入的具体建议如下。

（一）鼓励、支持和引导发展普惠金融，为普通居民提供增加收入渠道

根据联合国的定义，普惠金融是一个能有效地为社会所有阶层和群体提供服务的金融体系，其原则是以可负担的成本，为所有社会主体特别是传统金融长期以来忽视的欠发达地区和低收入人群提供相对平等的金融服务。中国共产党十八届三中全会提出："发展并规范债券市场，提高直接融资比重，发展普惠金融。鼓励金融创新，丰富金融市场层次和产品。"普惠金融体系既能帮助普通民众和小微企业提供借款和融资服务，也能为各阶层居民带来更高的财产收入。

互联网金融是发展普惠金融的重要渠道和工具。互联网金融用先进的互联网技术手段降低金融服务成本，提高服务效率，扩大金融服务的覆盖面和可获得性，使得人人都有享受同等金融服务的权利。目前各种网络理财产品，借助互联网技术手段将客户零散资金聚集起来开展理财活动，不仅满足了广大中低端人群对于小额、低风险、高流动性的理财需求，而且收益率明显高于银行存款，切实为普通居民提供了增加财产性收入的渠道。以下就普惠金融的发展提出几点政策建议：

（1）推进信用体系建设。普惠金融的基础是普惠信用，发达国家之所以对小微企业和普通居民的金融支持具有较高效率，主要原因在于其社会信用体系比较健全。我国可借鉴国外有益经验，根据《征信业管理条例》在全国加快建立推广信用档案制度，政府各有关部门应通力合作，加大政策支持力度，进一步完善个人与企业信用基础信息数据库，最大程度地减少金融机构和客户之间的信息不对称，奠定发展普惠金融的基础。

（2）放宽市场准入。小微型金融机构扎根于社区或村镇，开展普惠金融服务具有先天优势，可适度放宽市场准入、下放审批权限，支持社区银行、村镇银行、信用合作社、资金互助社、小额信贷、消费金融、融资租赁等各类"草根"金融机构发展；同时，鼓励大中型金融机构适当增设县乡社区的基层网点，引导

其发挥优势，积极参与发展普惠金融。

（3）鼓励金融创新，完善金融监管。互联网与金融的深度融合、传统金融与互联网金融的优势互补，可以最大限度地扩展金融服务的覆盖面和受益面，是发展普惠金融的必然趋势。一方面，鼓励互联网企业和金融机构利用互联网技术创新金融服务方式，满足社会各阶层消费者特别是弱势群体的各种金融需求，为创新提供资金支持。另一方面，也要完善金融监管。对同一类金融业务，无论网上网下，适用统一的监管标准。同时，通过健全法规、行业自律、普及公众教育等措施，引导互联网金融趋利避害，防范金融风险，特别是在技术安全、信息不对称及流动性管理等方面产生的新风险，切实保护投资者和消费者的利益。

（4）推进农村信息基础设施建设。发展普惠金融离不开信息技术的支持，当前我国农村地区的互联网设施建设相对滞后。以贵州省为例，截至 2012 年底，行政村通宽带比例约为 63.6%①，超过三分之一行政村仍未接入互联网。另外，农村地区电网设备相对陈旧，随着农村地区家庭电器设备普及，一些地区的供电网络出现超负荷运行，节假日和用电高峰期停电或者电压不达标情况时有发生。随着互联网经济的发展，用电保障和宽带接入成为了农村地区共享普惠金融服务和收益的必要条件。

（二）加快推进农村集体建设用地进入统一的市场，增加农民土地财产性收益

随着工业化、城镇化的发展，农村集体建设用地的资产价值已经充分地显现出来。农村集体建设用地是指农民从事二、三产业及其居住生活的空间承载地，包括农村居住用地、农村公共服务及基础设施用地、村办及乡镇企业用地等，土地产权为农民集体所有。现行法律严格限制了集体土地非农建设的使用范围，集体经济组织成员可以使用本集体经济组织的土地办企业或建住房，但不得出让、转让或出租集体土地使用权。

推动农村经营性集体建设用地在符合规划的前提下进入市场，与国有建设用地享有平等权益，有利于农村居民从农村集体建设用地的出让、租赁等经营活动中获得财产性收入。中国共产党十八届三中全会提出：“建立城乡统一的建设用地市场。在符合规划和用途管制前提下，允许农村集体经营性建设用地出让、租赁、入股，实行与国有土地同等入市、同权同价……建立兼顾国家、集体、个人的土地增值收益分配机制，合理提高个人收益”。同时，农村集体建设用地进入统一的建设用地市场，有利于逐步形成反映市场供求关系、资源稀缺程度、环境

① 数据来自贵州省通信管理局网站：http：//www. gzca. gov. cn/index. shtml。

损害成本的土地价格形成机制，建立与城镇地价体系相衔接的集体建设用地地价体系，充分发挥市场配置土地的基础性作用。针对这项改革，本书提出以下几点政策建议。

（1）从产权登记条件成熟的土地开始，稳步推进农村土地产权登记。清晰的产权是集体建设用地进入土地市场的前提条件。近年来，随着经济的发展，大量的农民进入城市谋生，老人、妇女和儿童留守农村，农村出现大量房屋闲置。由于房屋产权不明晰而难以处置，农村居民难以像城镇居民一样，从闲置住房当中获得财产性收入。因此，推动农村土地产权登记是扩大农村居民财产收入的基础。

土地产权登记是一项艰巨的工作，土地产权登记不宜一刀切，而应从登记条件成熟的地区开始。具有使用权证的土地能进入市场流转、抵押、租赁等交易，这能为使用权证所有者带来切实的财产收入而且，土地使用权证所有者的利益能够得到法律的保障。在利益的驱动之下，土地产权登记将由政府要求登记，转变为居民自身要求登记。本课题组成员在广东省农村调查发现，农村土地登记推进困难的原因有多方面，主要包括：一是居民当前使用或者承包的土地十分分散，有的家庭承包管理的土地多达数十处，每处面积很小，为每处土地进行使用权登记的执行难度较大；二是家庭成员之间对产权的划分未达成一致；三是由于土地地理位置、周边环境等原因，土地归集体所有，没有明确的使用人和承包者，无法将产权主体落实到个人；四是土地当前有明确的使用人或者承包者，但使用或者承包期限尚未到期。面对各种复杂的情况，土地登记首先应从登记难度较低，没有产权争议的入手。在各类农村集体建设用地当中，农村宅基地的产权和使用权相对明确，因此应该成为优先登记的对象。对于居民当前使用或者承包的土地（非宅基地）分散的情况，建议农村土地使用权登记从整块面积达到一定规模以上（例如，1 亩）的开始，土地使用权证带来的现实利益将推动达不到登记条件居民之间零散土地使用权的交换，推动零散土地的合并，从而降低土地使用权登记执行难度。

（2）努力建设形成统一、开放、竞争、有序的城乡建设用地市场体系，推进土地交易、土地使用的相关法律法规建设。党十八届三中全会明确提出，“对依法取得的农村集体经营性建设用地，必须通过统一有形的土地市场、以公开规范的方式转让土地使用权”①。根据相关法律规定，村集体拥有农村居民所经营的土地的所有权。由于村集体是一个群体概念，并不特指某个人，所以这一规定实

① 《中共中央关于全面深化改革若干重大问题的决定》，人民网，http://politics.people.com.cn/GB/8198/371536/。

际上并没有明确农村土地的具体所有者。另外，法律又规定了所有权的行使主体为村集体经济组织或村民委员会，这种模糊所有权、强化行使权的做法导致集体所有的土地实际上变成了无人所有或由乡、村干部小团体所有。模糊不清的集体土地所有权必将导致责任与利益的不对称，农村居民通过土地获得财产性收入必将受阻。以公开规范的方式转让农村集体建设用地的使用权，可以防止以权力扭曲集体土地的流转价格，从而减少农村居民财产性收入流失。

（3）修改和完善土地征用补偿费的计算规则。为了满足公共利益，政府可以征用农村集体土地，前提是支付一定的费用，也就是征地补偿。但是征地补偿往往低于土地的真实价格，甚至不能满足农村居民的基本生活需要。因此，农村居民的实际土地权益无法全部实现，以土地权益为基础的财产性收入也就无法实现。

我国农村集体土地的征地补偿标准虽然几经调整，但有些地区仍然偏低。以河南省为例，征地补偿按照被征土地原用途产值的倍数计算，最高不得超过所占耕地前3年平均产值的30倍。另外，根据有关资料，目前征用土地补偿，农民仅能分配得到5%～10%，另外的部分则由地方政府、企业、村级组织瓜分[①]（张丹丹，2014）。过低的补偿标准和不合理的补偿比例，导致农民无法从土地上获得相应的财产性收入。

鉴于此，应将征地补偿费与土地出让金纳入统一平台管理，根据土地的市场价格而不是原有用途产值来计算征地补偿费，同时设置土地补偿费相对于土地出让金的最低比例。由于征地补偿在前，土地出让金收入在后，可以根据第三方按照相似地段的土地市场价格预估土地价值，据此计算基本的征地补偿费用，当土地在公开的市场挂牌交易成功之后，再根据实际交易价格进行二次补偿。最终得征地补偿费和土地出让金应该公开、透明。

四、建立安全和可持续发展的社会养老、医疗保障体系

从前面分析可知，转移性收入是城镇居民第二大收入来源，其占农村居民纯收入比重呈上涨趋势。转移收入的主要构成是养老金，建立安全和可持续发展的社会养老体系，对提升居民收入占国民收入比重具有重要意义。针对这一政策目标，课题组提出以下几点建议。

① 张丹丹：《农村居民财产性收入相关问题研究》，载于《人民论坛》2014年第16期。

（一）提高养老金贮备占 GDP 比重

近年来，我国的养老保障体系取得了举世瞩目的成就，养老保险体系实现了城乡居民制度全覆盖。但是，随着我国老龄化的加速，养老保险体系发展的可持续性、养老基金支付压力面临较严峻的挑战。应对老龄化需要未雨绸缪，因此，需要逐步提高养老金储备占 GDP 的比重，以防范未来可能出现的养老金违约兑付风险。

养老金资产余额占 GDP 比重反映了一个国家养老金体系的健康状况，涉及一个国家这一代人与下一代人代际问题，会影响到未来的收入再分配。本指标体系的测算结果以及国际比较表明，我国养老金储备占 GDP 比重很低，2012 年，我国养老金储备占 GDP 比重约为 0.9%。OECD 认为 20% 是养老保险市场“成熟”的分界线。OECD 国家和地区养老金储备占 GDP 比重的加权平均值为 77%。在金砖国家当中，俄罗斯的养老金储备占 GDP 比重约为 3.5%，巴西约为 14.7%，印度约为 0.3%。提高养老金储备占 GDP 比重需要从以下几个方面努力：

首先，继续提升参加社会养老保险人数，实现养老保险体系从制度全覆盖到人群全覆盖转变。我国目前养老保险体系实现的是制度全覆盖。制度全覆盖是指在制度上，以“城镇职工社会基本养老保险”、“城镇居民社会养老保险”和“新型农村社会养老保险”构成的养老保险体系，使得每一个中国公民在养老保险方面都有一个有针对性、可及性的养老保险制度与之相对应。但是，制度全覆盖距离实际人群全覆盖还有一定的差距，还有一定比例人群并没有参加任何一种养老保险体系。让未参加任何养老保险居民了解养老保险、加入养老保险，有利于参保人自身，也有利于增加我国养老保险体系的规模和养老保险缴款收入，增加养老金结余，从而促进养老金贮备占 GDP 比重的提高。

其次，每年从土地出让金中拨付一定比例充实社会养老保险金。土地出让金属于非经常性的预算外收入，许多地方政府未将土地出让金纳入一般经常性预算项目当中，因此，土地出让金的用途相对灵活。另外，近年来土地出让金占我国 GDP 比重逐步上升，2014 年达到 6.7%，约为 4.26 万亿元。扣除征地和拆迁补偿费用，仍有大量结余。如果建立制度，将其中的一定比例拨付到社会养老基金当中，既可以增强土地出让金使用的规范性，也能增加养老金储备。

最后，每年从国有企业上缴利润中拨付一定比例充实社会养老保险金。国有企业上缴利润是我国政府非税收入的另外一个重要来源，国有企业是全民的共有财产，其收益应为全民共享。因此，应该建立国有企业利润按一定比例充实社会养老保险金的制度。

（二）确保社会保险基金的运营安全，提高投资收益

经过多年的发展，我国目前社会保险基金规模巨大。2012 年，社会保险基金规模达到了 3.5 万亿元人民币。但是，社会保险基金管理分散，运营效率不高，保值增值的压力很大。如何管理好这笔基金，保证资金的安全，提高资金的收益受到广泛关注。

首先，实现社会保险基金全国统筹，探索集中化的管理模式。建立专门基金管理委员会，聘请全职的投资专家对基金进行集中的运营管理。同时，对社会保险基金当中统筹基金和个人账户实行严格的分账管理。集中管理能够提升管理的透明度，也有利于加强监管。分账管理是为了体现这两类资金的性质和功能定位的区别。

其次，放松对社会保险基金投资渠道的限制。按照以前的规定，社保基金只能存在银行和买国债，存在回报率低于通货膨胀率的现象。在建立投资规范的基础上，应该允许一定比例的社保基金进入股市及企业债券市场，从而拓宽社保基金投资渠道，分散风险，提高社会保险基金收益的回报率。

最后，考虑建立社保基金投资招标制度。允许一定比例的社保基金进行定向投资。例如，以一定数额的社保基金作为标的，向国内达到一定资质的商业银行或者企业进行公开投资招标，根据投标者所提供的固定收益或者固定加浮动收益情况，结合投标者的投资计划确定中标者。推动养老金管理的专业化、市场化，同时确保管理的透明度以及运作的规范性。

（三）逐步建立全国统一的养老保险体系

由于历史原因，我国分别为不同的社会群体设立了不同的养老保险体制，城镇居民社会养老保险、新农保、城镇职工基本养老保险分别针对城镇无业居民、农村居民和城镇职工。2015 年以前，行政事业单位社会养老保险当中行政和事业单位也不完全一样。另外，地区之间的养老保险体系存在分割，各地统筹本地区的养老保险收支。随着各地区人口老龄化进程的差异以及人口在地区之间流动，现有养老保险模式的弊病日益明显。建立全国统一的养老保险体系是未来的建设目标，针对这一目标，以下两项工作要重点关注：

首先，养老金收入需要在全国范围内再平衡。我国各地区城镇养老保险抚养比率介于 0.2 ~ 0.5 之间。抚养比率下降地区主要是劳动力流入地区，主要集中在北京、上海、广东、江苏、浙江、福建等经济较发达地区。而抚养比上升地区主要是劳动力流出地区，主要集中在内蒙古、宁夏、湖北、河北、广西、甘肃、吉林、黑龙江等东北、中西部地区。

对于城镇职工基本养老保险，职工在工作地缴纳养老保险，劳动力流入相当于保险费流入。而养老保险支出对象的流动性很弱，基本停留在当地。在当前养老保险金实际上是现收现付的情况下，劳动力流入地区养老金结余额增加，劳动力流出地区养老金的支付压力显著增加，部分地区养老金支付风险凸显。值得关注的是，任何地区养老保险出现违约风险，对其他地区造成的负面影响不容忽视。

其次，不同类型养老保险制度的福利差距需要逐步平衡。我国农村居民和城镇无业居民的社会保险从无到有，是我国福利体制的巨大进步。但是，目前城乡居民养老金与城镇职工养老金的水平差距巨大，2012 年前者每月养老金水平仅为 73 元。缩小两者养老保险福利差距是建立全国统一社会保险体系的必要条件。如何缩小该差距？一方面，需要继续推动我国的城镇化进程，推动农村居民到城镇就业；另一方面，推动农业企业化经营，实现个体经营向企业经营转变，农民转变为雇员。此外，丰富农民的社会保险缴款层次，高缴费对应高养老金，同时加大政府统筹的力度，这需要国家层面的顶层设计。

五、改革和完善我国税制结构及征缴方式

税收是政府部门的主要收入来源，同时税收还肩负着经济调控、居民收入分配调节的职能。中国共产党十八届三中全会提出了“改革税制、稳定税负”，确定了未来几年我国税收领域改革的方向。如何沿着十八大提出的改革方向推进我国的税收改革，课题组提出以下几点政策建议：

（一）改革以间接税为主的税制结构，逐步向直接税为主过渡

我国现行税收制度是 1994 年税制改革时建立的。现行税收制度对促进财政收入稳定增长、对我国的社会稳定和经济发展发挥着积极而重要的作用。自 1994 年分税制改革以来，虽然已经经历了 20 年，但我国的税收结构并没有大的变化。目前我国间接税（增值税、营业税、消费税、关税等，统称为生产税）占税收总收入的比重超过 50%，而以企业所得税和个人所得税为代表的直接税占税收总收入比重较低。我国的税制结构应逐步从以间接税为主，过渡到以直接税为主。

居民收入和财富的增长及积累，为我国从间接税向直接税转型创造了经济条件。在不同的发展阶段、不同的政治和经济发展环境下，税制优化调整的侧重点有所不同。本书对生产税和收入税的国际比较发现，OECD 国家当中，生产税占税收总收入比重在发展中国家较高，在发达国家相对较低。发展中国家人均收入和财富积累水平较低，个人和财产收入难以提供足够的税源来支撑国家的税收，

因此，国家的税收需要从生产、流通及服务环节征收，导致生产税在税收总收入当中的占比较高，收入和财产税比重较低。随着我国经济的快速发展，居民收入和财富快速增长，为我国提升直接税比重创造了条件。逐步调整我国直接税和间接税的比例结构，是我国建立现代化税收结构，顺应国际税收发展方向和趋势的举措。

直接税更有利于收入分配的公平。间接税的优点是课税对象广泛、稳基宽、税源稳定、税收收入随生产、经济的发展而增加。由于间接税税负可以转嫁到商品和服务价格当中，负担人的负税感不强，征收阻力较小，征收成本较低。但是，从收入分配和社会公平的角度来看，间接税具有较显著的缺陷：一是间接税具有累退性，即低收入者承担的税负占其收入比重高于高收入者承担的税负占其收入比重，低收入者税收负担相对更重，不符合公平原则。二是企业在保证预期利润的情况下，生产税的刚性存在倒逼企业降低劳动要素的价格，从而影响居民的劳动收入水平。相比之下，直接税通常采用累进税率，高收入者的税收负担高于低收入者，更有利于社会公平。因此，在保证宏观税负稳定的情况下，逐步降低间接税占税收总收入比重，同时提高直接税的比重，有利于改善我国的收入分配结构，提升收入分配公平度。

为了达到稳定税负的目标，税制结构由间接税向直接税转变，一方面需要逐步削减间接税的税率，另一方面需要开拓新的税源。例如，择机开征房产税，因为开征房地产税的条件已经基本成熟①（冯俏彬，2015）：一是社会共识已经总体成形，各方面对于房地产税的心理准备已相对充分；二是征收的基础条件已经初步具备，有关不动产登记的法规、机构、人员已经到位；三是税务部门的技术准备已经到位；四是房地产税对于我国房地产市场健康发展的效应已初步显现。因此，正式开征房地产税，可以说“万事俱备、只欠立法之东风”。鉴于房地产税在公平收入、促进房地产市场健康发展、推动地方政府职能转型等方面的重要作用，要积极推动相关立法工作，尽快开征房产税。

（二）调整和优化生产税主体税种的内部结构

首先，降低营业税占生产税收入比重。营业税是针对营业总额征税，而不是增加值征税。这意味着产品或者服务涉及的产业链条越长，税负越重。在现代化生产中，分工越来越细，营业税的计算特点不利于现代化分工的细化，为了避税，企业倾向于自己生产本可以从第三方购买的产品和服务，这不利于企业专注

① 冯俏彬：《以直接税为重点，将税制改革进行到底》，载于《中国经济导报》，http：//www.ceh.com.cn/xwpd/2015/07/865424.shtml。

于自己的核心业务，最终影响我国企业竞争力的提升。营业税除了对产业分工方面存在负面影响之外，对我国农村和城镇个体户的收入也具有显著的负向效应。

我国低收入群体就业密集的行业主要缴纳营业税。通过本指标体系的测算发现，我国居民收入占国民收入比重下降的一个重要原因是居民部门增加值占 GDP 比重下降。居民部门增加值主要来自农村居民和城镇个体户（自雇佣者），这两类居民人数众多，收入增速落后。从就业行业的角度看，除了农、林、牧、渔业就业之外，农村居民和城镇个体户在交通运输业、居民服务业、住宿餐饮业就业的比例较高。这三个行业主要缴纳的税种是营业税，2012 年，营业税占交通运输业、居民服务业、住宿餐饮业税收总额的比重分别为 46%、64% 和 40.9%①。营业税的税率虽然不高，主要介于 3% ~5% 之间，但是营业税的税基大，因此税额较高。对于一般个体营业者来说，成本高而利润微薄，将营业税转嫁到商品价格当中的能力较弱，因此，营业税直接挤占了个体经营者的混合收入（劳动收入和经营利润）。

鉴于营业税在收入分配以及产业分工方面的缺点，我国 2012 年启动了营业税改增值税改革试点（“营改增”）工作。目前“营改增”尚未在全国范围内完成，政府需要加快推进该项工作在全国范围内完成，最终降低营业税在生产税当中的比重。

其次，按需适时推行结构性减税和结构性增税。

对特定低收入群体的生产、经营推行结构性减税。结构性减税有别于全面的减税，是针对特定税种、基于特定目的而实行的税负水平消减。其所牵涉的税种是有选择的，并非不加区分地针对所有税种的税负水平“平均使力”或“一刀切”式削减。结构性减税还有别于大规模的减税，所实行的是小幅度、小剂量的税负水平消减，意在从量上削减税负水平，因此是“有限度”的减税。此外，结构性减税也有别于税负水平维持不变的有增有减结构性调整。尽管在税收政策上同样会有增有减，但结构性减税追求的目标是纳税人实质税负水平的下降。全面取消农业税、营业税改增值税、出口退税调整等，均属于结构性减税。与结构性减税相对应的是结构性增税，为了实现十八大提出的“稳定税负”目标，结构性减税需要与结构性增税相配合。

针对我国农村居民和个体经营户收入平均收入水平较低的状况，需要采取灵活的税收支持政策。前期的税收优惠政策根据需要延期或者调整。例如，对持就业失业登记证人员、残疾人、城镇低保家庭等从事个体经营的，在一定时期内或者长期给予税收优惠政策；针对特定群体上调增值税和营业税起征点等；针对高

① 根据《中国税务年鉴（2013）》分行业分税种数据计算。

污染、高能耗行业则需提高税率，或者开征新的税种，以促使这些行业节能减排或者逐步转型。

（三）完善个人所得税的征缴方式，由代扣代缴为主向个人申报为主过渡

作为社会公平调节器，我国个人所得税在缩小收入差距的功能上仍有巨大提升空间，未来个人所得税改革主要在完善自身税制设计上。

（1）逐步建立综合征收的个人所得税征收模式。个人所得税的征缴模式主要分为三类：分类计征、综合计征和混合计征（综合与分类相结合）模式。分类计征按照所得类型不同，分别使用不同的计征方式，如不同的扣除额或税率。综合计征即将全部所得看作一个整体，按照统一方式（如统一的扣除额、统一的税率）计征所得税。我国目前个人所得税实行分类计征模式。从各国实践经验来看，实行综合税制的国家占绝大多数。综合征收模式比分类征收模式更能体现税收公平，可以减少分类征收中不同来源相同收入税负不同的税收扭曲，减少收入来源多元化下高收入者在分类分项征收中的逃税、避税。综合征收适用于连续性、劳务性的所得，按年计算，按月预缴，年终汇算多退少补；分类征收仅限于偶然性、资本性所得，按次或按期计算，源泉扣缴，年终不再汇算。

（2）从地区试点开始，逐步推行以家庭为单位计征所得税。家庭是社会的基本单位，居民的收入和支出往往以家庭形式表现，比如住房、教育、赡养老人等开支具有明显的家庭行为，按家庭征收比按个人征收更能体现依照纳税能力确定税收负担的纵向公平原则。从个人征收调整为按家庭征收，主要涉及税法的费用扣除标准的设定，因此，费用扣除要细化，要充分考虑每一个纳税主体是否已婚、夫妻双方是否都有收入、是否赡养老人和孩子等个体情况。在设定基本的费用扣除基础上，建立个人所得税免征额根据生活成本的变化而动态调节机制，例如，实施与物价指数挂钩的税费扣除标准。另外，设计个人的宽免额、家庭免税和减税等细则。由于以家庭为单位征收个人所得税涉及的细节较多、对税收收入的冲击和影响具有不确定性，建议从地区试点开始，为更大范围推广积累经验。

（3）推动个人所得税从代扣代缴为主向个人申报为主过渡。我国的个人所得税制是以代扣代缴为主、自行申报为辅。所谓代扣代缴，就是由扣缴义务人代纳税人向税务机关申报缴纳税款。所谓自行申报，就是纳税义务人以自己的名义向税务机关申报缴纳税款。个人所得分为工资薪金所得、个体工商户生产经营所得、承包承租经营所得、劳务报酬所得、稿酬所得、特许权使用费所得、利息股息红利所得、财产租赁所得、财产转让所得、偶然所得和其他所得等11个征税项目。根据本指标体系的测算结果，2012年，工资薪金所得占个人所得税的比

例约为61.7%。个人所得税变成了主要针对工薪收入的税收，纳税对象主要为中等收入群体，而大部分富人工薪收入占个人总收入的比重不高，利息股息红利所得、财产租赁所得、财产转让所得合计占其总收入的比重较高，而这部分收入均难以通过代扣代缴的方式收取。这部分税收的流失难以监控，个人所得税的收入公平性调节功能受到了很大的限制。解决这一问题的关键是转变我国个人所得税的征缴模式，推动我国个人所得税制向以自行申报为主、代扣代缴为辅转变。

实现个人所得税综合征收以及征缴方式的转变，需要重点建设两方面软件环境：一是建设个人信用体系；二是建设非现金交易环境。

个人信用体系是整个经济运行的根基。目前我国针对个人金融领域的征信系统已经建立，下一步需要推动建立个人、企业以及地方政府的全面信用系统。建立全方位个人信用体系，建立信用违规登记标准，记录个人在经济领域、法律领域、职业领域的信用情况。建立分领域、分权限、分时期的多层次信用查询体系。提高不讲信用或者违法的成本，同时为守法守信的个人建立起一笔无形的财富。在个人所得税方面，将个人逃税污点记入征信系统。

非现金交易是指以现金以外其他支付手段进行付款的交易方式，非现金支付手段包括票据、信用卡、电子结算等。非现金付款一方面安全、便利，另一方面，支付和收入均在电子系统当中留下记录。非现金交易对于预防犯罪、预防腐败、减少逃税方面均具有正向影响。非现金交易具有的独特优势，将使其成为未来结算的发展方向。非现金交易方面，丹麦走在了世界前列。2014 年，丹麦中央银行决定停止印刷纸币，丹麦将成全球首个“无现金”国家。丹麦国会通过法令，2016 年 1 月开始，丹麦服装店、餐馆以及加油站等商户就可以拒绝接受现金。我国也应该努力建设有利于非现金交易的环境，鼓励和支持非现金交易，支持各种电子支付技术的研发。

六、关注弱势群体、缩小收入差距

本指标体系的测算结果显示，收入增速显著低于 GDP 增速的居民主要分布在特定行业、特定地区、农村居民、城镇非国有单位就业的居民当中，低收入者具有一定的群体特征。这些居民收入增长缓慢，收入差距扩大，是我国居民收入占国民收入比重下降的重要原因之一。我们需要关注弱势群体，让人民共享经济发展成果。课题组建议从以下几个方面建设有利于弱势群体学习、就业和流动环境，着力缩小居民收入差距。

1. 平衡教育资源的分配

课题组研究表明，劳动者受教育程度对群体之间工资差异有较强的解释能力，受教育程度差异是造成群体之间工资差异的重要原因。农村居民与城镇居民的平均受教育程度存在显著差异，这反映了我国城乡教育资源分布的不平衡。因此，缩小农民工与城镇居民的工资差距应从缩小我国教育资源分布不平衡开始。

首先，调整三种教育层次的财政投入结构。近年来，我国财政资金对初等、中等以及高等教育的生均教育经费呈现倒金字塔结构，基础教育的生均财政资金投入明显低于中等及高等教育，这与发达国家的教育投资结构正好相反。发达国家的财政拨款主要流向了初等和中等教育，而高等教育的资金相当大的比例来自私人投资和社会捐助。在我国农村人口仍占大多数的情况下，基础教育广泛分布在农村地区。基础教育投入不足使得农村地区的教学设施、教学水平和质量受到影响，这影响到农村学生接受高等教育的机会。加大财政资金向初等及中等教育投入的比重能更好保证居民教育的起点公平。

其次，加大中央政府以及省级政府对基础教育的投入。根据国务院发展研究中心的调查，我国义务教育的经费80%以上由乡、镇及县一级财政负担。中央政府和省一级政府负担的比重不足20%。基础教育过度依靠地方财政，而地区之间县一级财政能力相差较大，这种投入格局使得地区之间义务教育条件相差较大。某些地区学生还需自带课桌上学的现象也就不足为奇了。义务教育的公平是整个社会公平的基石，中央及省一级政府应加大基础教育的投入比重。

2. 创造有利于社会流动的环境

社会流动是指社会成员或群体从一个社会阶层到另一个社会阶层、从一种社会地位向另一种社会地位、从一种职业向另一种职业转变的过程。群体社会流动的顺畅程度会影响到社会的和谐与稳定。已有研究表明，自由、平等的社会流动制度会给人以希望和动力，减少居民对再分配的诉求，提高社会再分配的效率，弱势群体面对收入差距时也将更加坦然。

社会水平流动包括职业的变换、工作地点变动等等。社会水平流动的顺畅有利于社会成员根据自己的兴趣和特点找到合适的位置，达到人力资源的优化配置，同时满足个人的价值需求。社会的垂直流动包括工作职位和地位的变动。社会垂直流动的顺畅让人看到希望，容易认可当前的制度而较少与之抗衡。

社会流动顺畅是使得工资收入较低群体可以通过自身努力来缩小工资差距的必要条件之一。因此，我国不利于社会流动的一些制度和政策应该逐步改革。

（1）继续推进户籍制度的改革。由于户籍制度的限制，农民工无法享受到其长期工作所在地的城镇居民相同的住房、医疗等待遇。农民工子女通常留守家中而无法接受更好的教育，农民工及其下一代的社会垂直流动受到户籍的阻碍。当前提出的异地高考政策是消除户籍限制的正确方向，应继续推进。

（2）完善各项社会保障制度，为群体顺畅地流动创造条件。当前我国的社会保险体系存在地区分割，劳动力难以跨地区转移缴纳的养老、医疗和失业保险。逐步建立全国统一的社会保障体系将有助于减少群体的社会流动障碍。

(3) 构建唯才是用的社会正气。在当前社会中还存在一些依靠家庭出身和关系网络才能实现社会流动的现象。管理者、领导岗位以及农民工群体等代际传承有增强的趋势。依靠自身的天赋、才能和个人努力来实现社会垂直流动的难度增大。政府和社会有责任在宣传上和行动上弘扬唯才是用的社会正气。

3. 推进国有企业改革

本书研究发现，国有单位在考虑了人力资本优势之外仍然存在较大的工资溢价。通过进一步分析溢价的来源发现，溢价主要因为国有单位中高层的工资过高，国有单位中高层的工资与社会平均工资的差距在扩大。人力资源和社会保障部发布的《2011 年中国薪酬发展报告》显示，我国部分国企高管年薪已达上千万。国有企业的经营业绩在多大程度上来自经营者的管理，在多大程度上来自垄断难以量化。因此，将国有企业领导层的工资与企业的利润完全挂钩难免引起社会的质疑，有必要对国有企业，特别是垄断行业的国有企业的工资分配机制进行改革。

(1) 建立针对国企管理层的薪酬规范。由于国有企业经营管理的是国家的公共资产，因此，国企的工资应接受政府和社会的监督。在美国，国企高管执行联邦公务员的薪酬，企业内部的工资差距也受到限制，通常为 4 ~ 10 倍。在法国，国企高管的薪酬由财政部决定，亏损国企不许加薪。2002 年我国国企高管薪酬制度改革以后，国有资产管理委员会对国企工资实行总额包干制，国企高管在制定自己的薪酬方面有很大的自由度，缺乏有效的制度规范。因此，需要建立必要的制度对国企高管的薪酬进行规范和监督。

(2) 在垄断行业和领域引入竞争机制。国有单位工资溢价的一个重要来源是金融、电力、石化等行业国企的工资水平过高。垄断行业为国家财政贡献了大量的税收，其正面作用应该肯定。但是由于市场竞争的缺乏，垄断企业的资源配置、生产成本及效率难以达到最优化。因此，垄断企业向社会提供产品的质量和价格难以与完全竞争的市场环境下相比拟，广大消费者所得到的效用价格比率达不到最高，垄断企业存在市场外部不经济（Externality）。在垄断行业引入竞争有利于整个社会资源的优化配置，可以使居民福利最大化，同时也可以降低垄断行业不合理的工资溢价。

4. 营造有利于私营经济发展的环境

近年来，国有企业和集体企业就业人口占我国就业总人口的比重逐年下降。私营经济（民营、三资企业和个体经济）成为了我国就业比重最大的经济部门，其发展影响到大部分劳动者的就业机会和工资增长。因此，应努力建设有利于民营经济发展的社会环境和经济环境。

（1）加强对产权的保护。产权制度是市场经济的基石。在明晰的产权界定之下，财产所有者才会释放出最高的积极性来维护财产的存在，并使之发挥最大价值。对于民营企业主来说，企业产权能得到保证的情况下，急功近利的行为会相对减少，对企业长远发展战略规划会相应增加。对于科技人员和文化艺术创作者，只有他（她）们成果的产权能得到保护，才能保证他（她）们倾注全力来发明和创作。2007 年 10 月 1 日开始实施的《物权法》，完善了我国的产权保护制度。2013 年中央 1 号文件明确提出了改革农村集体产权制度，有效保障农民财产权利。社会应加强对《物权法》的宣传和认识，深刻理解中央保护产权的指导思想，加强对产权的保护，创造有利于民营经济发展的社会环境。

（2）大力发展金融市场，为中小企业和创新企业提供支持。企业的发展离不开资金的支持。当前金融市场针对中小企业的金融业务还不完善，中小企业有技术、有想法却很难找到资金的支持。另外，国有银行的客户群主要面对大型企业，中小民营企业难以从国有银行获得资金支持，只能以较高的资金成本向社会融资。这使得中小民营企业在市场竞争中处于劣势。因此，社会需要建立和健全面向中小企业的社会信用体系，解决中小企业融资过程中信息的不对称。另外，加强对无形资产、知识产权评估机构的建设。此外，放低金融机构的准入“门槛”，让民营资本进入金融领域，从而活跃和完善中小企业的融资环境，逐步解决融资困难。总之，中小企业的发展对我国经济的发展和居民工资的增长、收入差距的缩小有积极的正向推动作用。

第六章

专题研究一：居民收入占国民收入比重微观分析

近年来，我国居民劳动收入占国民收入比重下降，成为社会和研究者关注的一个热点。目前对这一问题的研究共有三个数据来源：一是地区收入法 GDP 核算数据；二是投入产出表数据；三是资金流量表数据（张车伟，2012）。围绕这三个数据所得到的居民劳动收入比重测算结果不乏争论。这三个数据均为宏观数据，中观以及微观数据的可得性和收集的复杂性，在某种程度上成为了对该问题进一步研究的“瓶颈”。本章试图使用我国上市公司微观数据，分析资本、劳动、管理和技术从公司的经营中获得收入的数量以及比例关系。

第一节　上市公司分配格局指标构建

一、使用上市公司年报计算收入分配格局的可行性

资本、劳动、管理和技术是构成现代化生产和经营活动的基本要素，这些要素消耗的比例构成了一个公司的要素投入格局。政府、企业法人和员工（自然人）从不同的方面为企业的运转做出贡献，从中获得收入，三者获得收入份额构成了企业的主体分配格局。企业是社会化生产的重要组成部分，而上市公司是企

业的典型代表。当前我国 A 股上市公司达到 2 400 多家[①]，行业分布涵盖 13 个行业大类，行业细分超过 150 个子类[②]，就业人数超过 1 000 万人。因此，上市公司的要素收入分配格局和主体分配格局，能从特定角度反映我国的收入分配格局。

上市公司年度报表数据有较高的准确性和可信度。《上市公司信息披露管理办法》规定，上市公司需定期披露主要会计数据和财务指标等基本信息。据此，上市公司定期发布其“资产负债表”、“利润表”以及“现金流量表”（以下简称三大报表），三大报表经过注册会计师审计，数据的质量相对较高。年度报表当中包含了计算企业要素分配格局和主体分配格局的必要数据，例如，企业职工人数、职工薪酬、利润总额、税费、累计折旧等数据。此外，这些数据项的呈现具有一定格式和规律性，这为数据的自动提取创造了条件。

二、要素分配格局测算方法

要素分配格局指标主要反映劳动、资本、公共服务和管理这三个要素获得收入的水平以及每个要素收入占这四项收入合计的比重。从企业层面设计的要素分配格局指标及其构建方法如下。

（一）人均劳动报酬指标

人均劳动报酬 = 企业年度支付劳动报酬总额/企业员工人数　　(6 – 1)

企业年度支付劳动报酬总额主要包括 6 项，如公式（6 – 2）所示。

企业年度支付劳动报酬总额 = 工资、奖金、津贴和补贴 + 职工福利费 + 社会保险费
+ 住房公积金 + 工会经费和职工教育经费
+ 因解除劳动关系给予的补偿　　(6 – 2)

企业职工人数是指在职员工人数，不包括由企业负担的离退休职工人数。《企业会计准则》规定，离退休职工工资作为管理费用核算，而不作为职工薪酬核算。企业职工人数数据来自年度报表对员工情况的说明。企业年度支付劳动报酬总额数据来自年度报表“应付职工薪酬”会计科目的本期发生额，而非期末余额，该科目本期发生额核算内容与公式（6 – 2）右端一致。

（二）企业创造价值总额指标

收入的界定受到统计目的的影响。在国民核算当中，国民收入是全部生产要

① 数据来源于渤海证券交易软件。
② 根据《上市公司行业分类指引（2001）》分类。

素的收入，国内生产总值是所有商品和服务的产出价值，国民支出是每个国民所消费的商品和服务的总和。在没有折旧、间接税或补贴的情况下，三者是相等的[①]。在存在折旧和间接税的情况下，按收入法计算的国民总收入（或国内生产总值，GDP）等于劳动者报酬、生产税净额、固定资产折旧以及营业盈余这四项之和。参照国民收入核算中收入法计算 GDP 的方法，企业在一个年度创造的 GDP 总额可以通过公式（6－3）近似计算。

$$\text{企业创造新增价值总额}=\text{企业年度支付劳动报酬总额}+\text{支付各项税费总额}+\text{利润净额}+\text{资本折旧总额} \quad (6-3)$$

其中，企业年度支付劳动报酬总额的定义和取值同公式（6－2）定义；支付各项税费总额核算的内容如公式（6－4）所示。

$$\text{支付各项税费总额}=\text{增值税}+\text{营业税}+\text{企业所得税}+\text{印花税}+\text{城建税}+\text{教育费附加}+\text{河道基金}+\text{消费税}+\text{契税}+\text{房产税}+\text{土地增值税} \quad (6-4)$$

公式（6－4）当中不包括代扣代缴的个人所得税。支付各项税费总额的数据来源为年度报告的“支付的各项税费”条目，该条目是“现金流量表”固定列示条目，列示企业在会计年度使用现金和银行存款向政府交纳的各项税费，核算范围同公式（6－4），实际值根据企业缴纳情况加总。企业利润净额为企业利润总额扣除所得税之后的金额。对于编制合并会计报表的企业，企业利润净额数据来自合并利润表，对于不编制合并报表的企业，数据则来自利润表。

资本的表现形式是多样的，可以划分为固定资产和无形资产。固定资产又可以进一步细分为房屋和建筑物、机器设备、运输工具等；无形资产可以细分为土地使用权、专利权、商标权等等。根据我国的会计制度和会计准则，固定资产根据规定的使用年限和一定的折旧方法计提累计折旧费用。“累计折旧”会计科目的贷方发生额核算固定资产的折旧金额，表示企业在会计期间为生产产品或提供服务所耗费的固定资产数额。

随着我国资本市场的逐步完善，无形资产参与社会化生产日益活跃，无形资产获得收入逐步增加。无形资产的形成需要前期研发、广告或者购买等投入。累计摊销会计科目根据无形资产的使用寿命核算当期无形资产消耗，该消耗体现了无形资产这一生产要素所获得的收入。根据无形资产形式的不同，无形资产收入的受益主体可能不同。例如，土地使用权是企业的一项重要无形资产，我国实行土地国有制，因此，从主体分配格局的角度看，土地使用权这一无形资产的收入属于政府部门的收入。对于专利权，它的所有者可能为个人或企业，因此，专利权的收入主体

① 《新帕尔格雷夫经济学大辞典》，经济科学出版社 1996 年版，第 807 页。

可能属于个人或企业。无形资产的摊销额来自“累计摊销”会计科目贷方发生额。

（三）劳动收入份额指标

劳动收入份额指标如公式（6-5）所示。

劳动收入份额=企业年度支付劳动报酬总额/企业创造新增价值总额　　(6-5)

其中，企业年度支付劳动报酬总额的定义如公式（6-2）所示，企业创造新增价值总额的定义如公式（6-3）所示。劳动收入份额越高，表示劳动要素获得的收入比例越高。从公式（6-5）的定义可以看出，不同行业企业的劳动收入份额一方面受到企业劳动资本结构的影响，其他条件不变的情况下，劳动密集型企业的劳动收入份额较高，而资本密集型企业指标取值较低。另一方面，不同行业企业劳动收入份额受到行业税负的影响，例如，我国农、林、牧、渔业企业的平均税负较轻，而房地产业的平均税负较高。对于同行业企业，企业之间资本结构、税负比例相近，企业之间劳动报酬差异将主要取决于企业收入分配政策差异以及员工劳动生产率差异。现代企业员工工资在不同程度上受工资租金共享理论（Rent-sharing Theory）的影响（David，1996），即员工的劳动报酬并不是劳动合同所确定的固定数值，而是根据企业的盈利状况在基本工资的基础上浮动，企业的盈利在员工和企业之间共享。因此，对于相同行业企业，劳动收入份额较大程度上取决于企业的盈利状况和利润（租金）共享政策。

（四）资本收入份额指标

资本收入份额指标包括折旧收入份额和利润份额两个指标，折旧收入份额指标如公式（6-6）所示。

折旧收入份额=资本折旧总额/企业创造新增价值总额　　(6-6)

其中资本折旧总额、企业创造新增价值总额的定义同公式（6-3）。这里的资本界定为固定资产和无形资产两个方面，不包括现金和银行存款。从要素收入分配的角度看，“累计折旧”是固定资产这一生产要素所获得的收入（或者视作补偿），这与工资是劳动这一生产要素消耗的收入或者补偿类似。从主体分配格局（企业、居民与政府的分配格局）的角度看，“累计折旧”在计算利润总额之前已经扣除，相当于购买固定资产所支付的成本得到了部分回收，回收后资本的所有权和支配权属于资本的所有者，企业法人是股东权益的集中代表，因此，累计折旧当期借方发生额是企业法人当期的一项收入。折旧收入份额反映了企业或行业资本密集度。对于同一企业或者行业，折旧收入份额的上升意味着企业或者行业对资本依赖程度增加。折旧收入份额增加的原因可能有多种：机器替代劳动力的比例增加；资本价格涨幅高于劳动力价格涨幅，新增资本的折旧增速高于新增劳动力劳动报酬的增速；由于产权不明晰或者委托代理成本的存在，导致冗余资产增加，进而使折旧份额上升，等等。

利润份额指标如公式（6-7）所示。

$$利润份额 = 利润净额/企业创造新增价值总额 \quad (6-7)$$

其中企业创造新增价值总额的定义同公式（6-3）。利润份额一方面取决于企业或行业的盈利能力；另一方面受到企业薪酬比重、企业所得税税率的影响。资本收入份额等于折旧收入份额与利润份额的合计，如公式（6-8）所示。

$$资本收入份额 = (资本折旧总额 + 利润净额)/企业创造新增价值总额 \quad (6-8)$$

（五）政府收入份额指标

政府在公共设施、公共安全、基础教育等方面提供了服务，各项税费可以看作政府提供这些服务的收入。公共服务和管理收入份额指标如公式（6-9）所示。

$$政府收入份额(税收收入份额) = 支付各项税费总额/企业创造新增价值总额 \quad (6-9)$$

其中，企业创造新增价值总额、支付各项税费总额的定义分别如公式（6-3）、公式（6-4）所示。税收是支持和引导产业发展的重要手段，因此，不同行业税负存在较大差异，通常具有战略意义或者需要扶持的行业税负较低，而利润率高或者夕阳行业则较高。

以上指标分析对象包括三类：所有上市公司、分行业上市公司①、单个公司，分别反映我国上市公司、不同行业以及企业的微观分配格局。劳动收入份额、资本收入份额、公共服务和管理收入份额三个指标值合计为1（或100%），反映了要素收入份额之间此消彼长的博弈关系。

（六）主体分配格局指标

从企业的角度看，企业法人、员工以及政府参与了企业新创造价值的分配。企业法人提供的生产要素有资本、管理和技术，这些要素投入通过折旧、摊销以及净利润进行补偿。因此，企业法人收入份额指标可以通过公式（6-8）计算。员工提供的生产要素是劳动，员工从企业获得劳动报酬。我国上市公司员工主要由中国居民构成，居民劳动收入份额通过公式（6-5）计算。政府提供的生产要素是公共设施、环境建设及维护，政府通过收税参与企业新创造价值的分配，政府收入份额指标可以通过公式（6-9）计算。通过公式（6-5）和公式（6-9）计算的居民、政府分配格局属于初次收入分配格局。对于企业而言，公式（6-8）计算的分配格局扣减了企业所得税，但未计算政府的税费返还，因此，对企业最终获得的收

---

① 根据《上市公司行业分类指引（2001）》分类。

入份额存在一定程度的低估。

第二节　上市公司要素收入分配格局指标测算

公式（6－1）～公式（6－9）对上市公司收入分配格局进行了定义，接下来对近年来我国上市公司收入分配格局指标进行测算。

一、数据来源

当前上市公司的数据比较丰富，一些知名的数据库供应商对上市公司报表数据进行了收录。但是，这些数据库收入的数据主要面向投资者，收录的数据主要是针对公司的经营状况和财务状况，并不适合以上指标的计算。以“应付职工薪酬”数据为例，数据库收录的是期初余额与期末余额，而没有收录该会计科目本期增加额，“应付职工薪酬”科目的余额反映企业的负债情况，属于时点数据（或被称为存量数据），科目本期增加额记录的是本期实际应该支付给职工的薪酬合计，属于时期数据（或被称为流量数据）。在广泛调查多个数据库（CCER 数据库、WIND 数据库，等等）后发现，其他计算指标所需数据项也存在类似的情况，这些数据库的数据不适合计算以上指标。因此，只能通过收集上市公司报表，从中提取所需数据。上市公司年度报表从上海证交所、深圳证交所以及新浪财经频道下载，数据格式为 PDF 文本。

二、基于文本挖掘的数据采集方法

上市公司年报当中，除了三大报表之外，还有公司基本情况、董事会报告、公司治理等其他信息，通常接近 10 万字。以 2012 年为例，2 400 多家上市公司报表文本总大小到达 6 千兆字节（Gb），多年的数据汇集起来，规模接近大数据。使用普通的数据收集方法将需要耗费大量的人力，因此，使用基于文本挖掘的方法来采集数据。主要用到的技术有语义树（Semantic Tree）、正则表达式（Regular Expression），等等。数据采集具体步骤如下：

（1）从报表总体中随机抽取 100 个样本作为训练集，对每一数据项使用正则表达式对数据项关键词进行搜索和数据提取，对正确提取的和错误提取的样本进行划分；

（2）针对正确提取的样本，对数据项出现位置上下文若干行（以下简称为：上下文区域）词汇频率进行统计排序，构建数据项的正确语义环境树，针对错误提取样本当中数据项定位错误的，根据错误位置上下文词汇，构建数据项错误语义环境树；

（3）针对新样本，使用正则表达式对数据项关键词进行搜索，读取搜索位置的上下文区域，使用构建的正确的语义环境树与错误的语义树，计算数据项上下文区域的概率得分，选取得分最高的位置作为数据项的提取位置；

（4）根据确定的数据提取位置，按照一定搜索优先级，使用正则表达式进行数据提取；

（5）对提取的数据进行逻辑检查和数据合理性检查，对没有通过检查的数据进行标记，对有标记的数据进行人工检查。

以下通过员工人数的采集过程，说明数据项的采集过程。企业年度报告的内容相对固定，有专门的章节对董事、监事和人员情况进行介绍，员工数目通常在该章节出现。通过步骤（1）和步骤（2）构建的员工人数正确语义环境树和员工人数错误语义环境树分别如图 6－1 和图 6－2 所示。

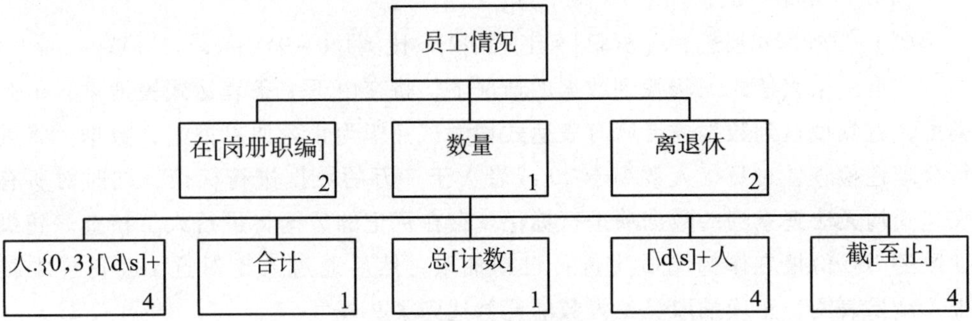

图 6－1　员工人数正确语义环境树

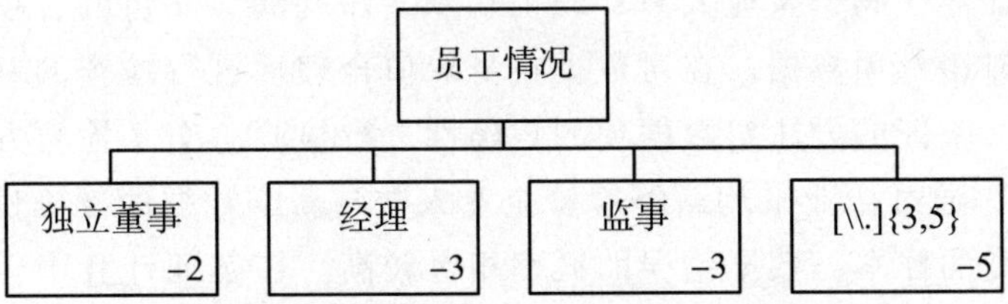

图 6－2　员工人数错误语义环境树

图 6－1 中的文字为正则表达式表述的词条，右下角数据表示该词条的正向权重，权重越高，表示该词条对标识职工人数上下文区域的影响越大。例如，“员工情况……截至 2012 年 12 月 30 日，公司在职员工人数为 2 350 人……”。语

义环境树当中“[\d\s]+人”将会匹配“2 350 人”，此时该上下文区域将被赋予与词条权重相同的分数，即4分。同时，该上下文区域还出现“截止”（用正则表达式“截[至止]”匹配），该上下文区域将再累加4分。如果上下文区域还出现图6-1中其他词条，得分将按照词条权重进行累计。

由于一份年报当中会在多处出现“员工情况”关键字，每处上下文区域均可能出现图6-1语义环境树所列的词条，而仅有一个上下文区域会提到员工人数，图6-2描绘了“员工情况”上下文区域当中不太可能出现员工人数的词条，这些词条被赋予负向权重。上下文区域出现这些词条时将赋予负分数，最后将上下文区域的正向得分和负向得分进行累计得到总得分，将总得分最高的上下文区域作为数据提取区域。

对于确定的数据提取区域，使用正则表达式，按照一定的优先次序提取员工人数。优先级位于前列的正则表达式有以下几个。

（1）“在[职岗册编]+[员职]+工.{0,10}合计”；

（2）“在[职岗册编]+[员职]+工.{0,10}总[数计]+”；

（3）“[员职]工[总共合数]{1,}.{0,6}[0-9\\-,,\\s]{1,}人”

（4）“[员职]+工.{0,10}数[为]+”；

（5）“在[职岗册编]+[员职]+工.{0,2}[^比例][0-9\\-,,]{1,}\\s*”

在上一个表达式无法找到数据的情况下，将交由下一条表达式去搜索，由此类推，直到搜索到数据或者所有表达式均尝试完毕为止。如果搜索到数据，将进行合理性检查，对员工人数小于30或者大于2万的数据进行标记，同时对所有表达式均无法搜索到的数据项进行标记。存在标记的数据将进行人工核查。随机抽取的100份报表作为测试集进行自动抽取，然后通过人工对这100份样本核查，结果表明，正确抽取员工人数的比例达到了91%。

根据以上文本挖掘算法，通过编写JAVA程序，从每份年度报告中提取了企业名称、证券代码、企业人数、职工薪酬、净利润、支付的各项税费、累计折旧、累计摊销八项数据。在对数据自身取值合理性进行检查的基础上，还通过数据项交叉验证的方法对数据项的正确性进行检验。交叉检验方法主要有以下几项。（1）通过企业平均薪酬检验企业人数与薪酬数据的准确性。平均薪酬较低或者较高的样本，数据错误的概率相对较高。在实证计算中，根据平均工资对样本进行上下各5%截尾。（2）通过公式（6-5）、公式（6-6）、公式（6-8）和公式（6-9）的计算结果检查提高数据项的准确性。某项要素收入比重过高，该数据项错误的概率也较高。实证中剔除了要素收入份额超过95%的数据。（3）除了利润之外，企业员工人数、累计折旧提取金额以及支付的各项税费金额变动幅度过大，数据项错误的概率也较高。因此，实证中对于存在上一年度数据的样本，以上数据项增长幅度超过两倍的样本被剔除。基于 JAVA 技术开发的数据采集系统界面如图 6－3～图 6－7 所示。

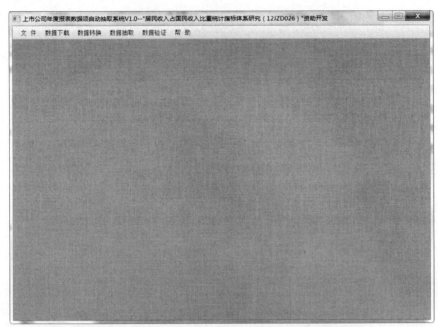

图 6－3　上市公司年报数据采集系统主界面

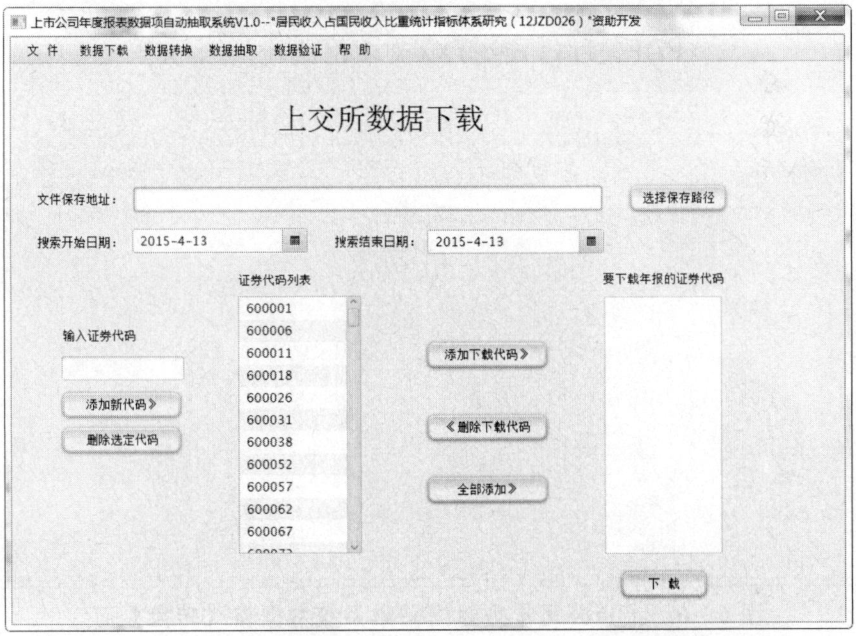

图 6－4　上市公司年报数据采集系统上海交易所数据下载界面

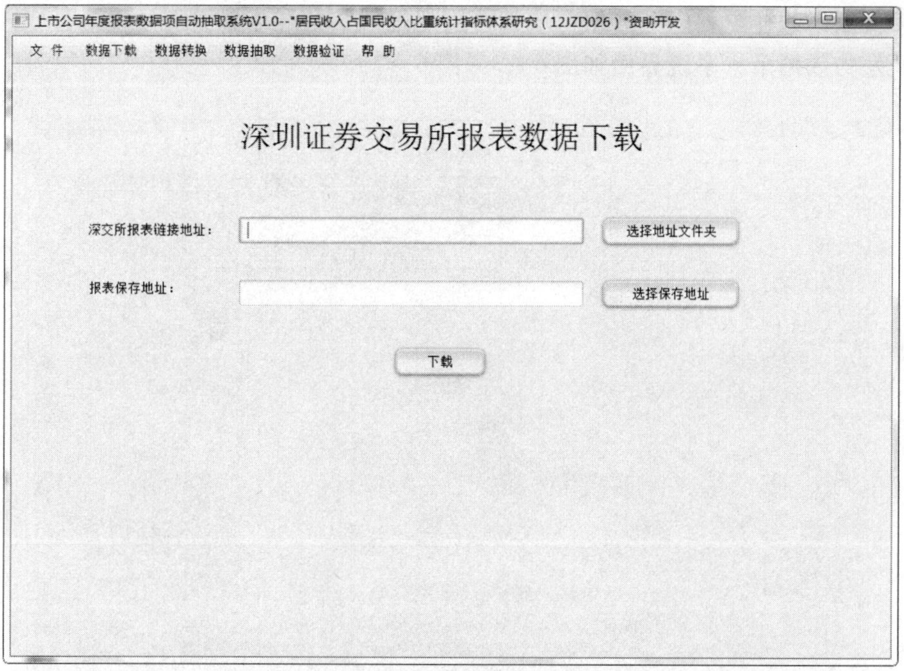

图 6-5　上市公司年报数据采集系统深圳交易所数据下载界面

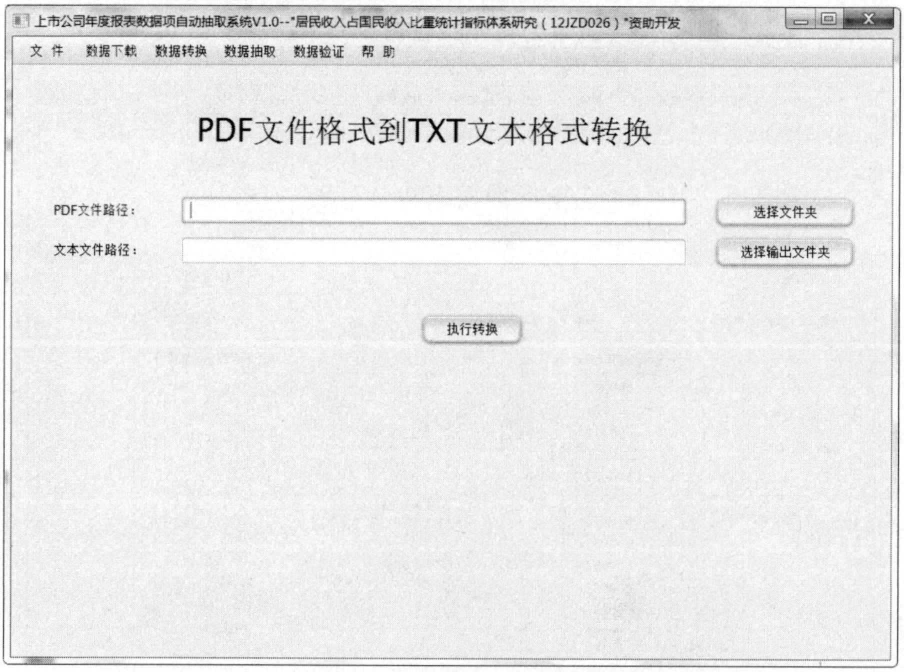

图 6-6　上市公司年报数据采集系统数据格式转换界面

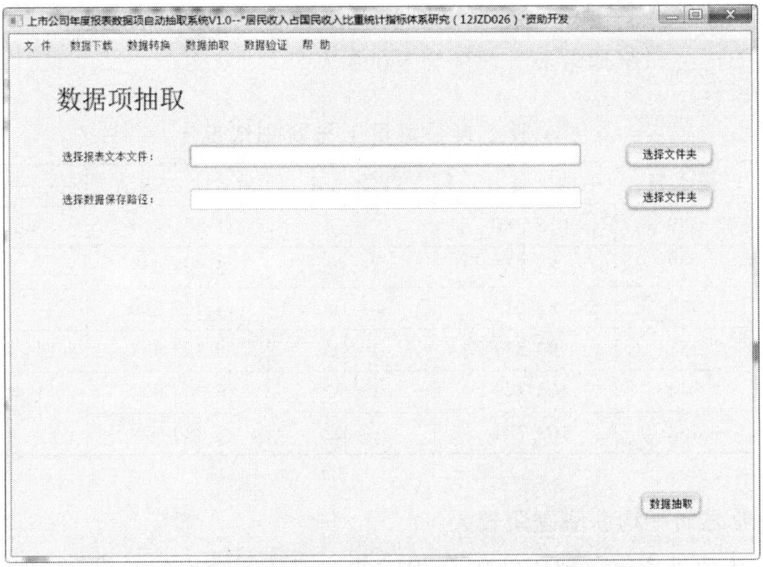

图 6-7　上市公司年报数据采集系统数据项抽取界面

第三节　上市公司要素收入分配格局研究

一、员工薪酬水平分析

使用经过校验检查后的样本集计算，2007～2012 年上市公司员工人数与薪酬情况如表 6-1 所示。我国上市企业数量逐年递增，6 个年度样本总数为 6 576。以 2012 年为例，有效样本数为 1 853 个，约占该年度上市公司总数的 77%，就业人数接近 9 000 万人。总体上，上市公司薪酬具有以下几个特点：

1. 上市公司平均薪酬显著高于全国城镇单位

我国城镇单位平均劳动报酬在 2011 年、2012 年分别为 4.18 万元①和 4.68 万元②，上市公司的平均薪酬分别是该时期全国城镇单位平均劳动报酬的 2.48 倍和 2.21 倍，这与上市公司的自身特点有关。我国在注册资本、盈利条件等方面对企业上市设定了较高的起点要求，上市公司多数是我国先进生产力的代表，盈利

① 国家统计局：《中国人口和就业统计年鉴（2012）》，中国统计出版社 2013 年版。

② 国家统计局：《中国经济景气月报》，2013 年第 5 期。

能力较强。另外，上市公司在规模上具有经营优势，大型以及中型企业较多。2012 年，上市公司平均就业人数约为 5 000 人。

表 6－1　A 股上市公司员工与薪酬情况

年份	样本数	平均工资（元）	工资增速	就业人数（人）	人/平均每公司
2007	389	58 380	—	1 541 214	3 962
2008	747	82 877	41.96	3 798 952	5 086
2009	987	82 012	－1.04	4 727 399	4 790
2010	1 257	93 537	14.05	5 353 457	4 259
2011	1 344	103 749	10.92	6 367 879	4 738
2012	1 852	103 774	0.02	8 889 028	4 800

2. 企业之间平均薪酬差距较大

图 6－8 通过洛伦茨曲线刻画了 2012 年企业之间平均薪酬差距状况。图 6－8 显示，平均薪酬较低的 20% 劳动者占有的薪酬累计约为 7%。当累计就业人数上升至 80% 时，薪酬累计仅上升至 60%，表明高收入的 20% 劳动人口，占据了约 40% 的劳动收入。企业之间薪酬差距主要表现为行业之间薪酬差距。以 2012 年为例，金融业平均薪酬约 23.1 万元，而农、林、牧、渔业仅 3.8 万元，前者约为后者 6 倍。

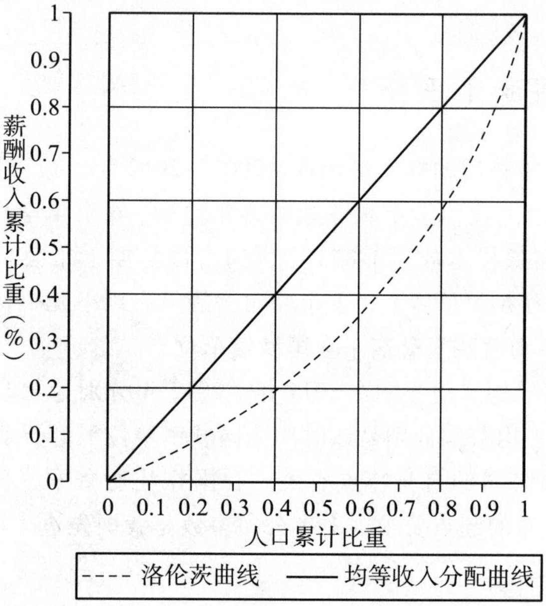

图 6－8　2012 年度企业平均工资的差距

3. 上市公司薪酬增长速度存在较大波动

上市公司经营状况是我国经济的晴雨表。从我国经济增长速度来看，2007年GDP增速约为14.2%，2009年下降到9.2%，2010年回升到10.4%，之后又出现下降。2012年GDP增速约为7.8%[①]，是近年来的低谷。

根据马丁·魏茨曼（1984）提出的分享工资理论，工资随利润增减而变动，即：薪酬增速与企业的经营状况紧密联系。从表6-1可见，上市公司在不同年度薪酬的增长速度存在较大差异，差距幅度达到43个百分点。薪酬增速与我国GDP的变动步调比较一致，2009年、2012年平均薪酬分别出现了负增长和零增长。

二、要素收入格局分析

根据公式（6-5）、公式（6-6）、公式（6-7）、公式（6-9）计算劳动收入份额、利润份额、折旧收入份额、税收收入份额，结果如表6-2所示。近年来，上市公司的收入分配格局呈现以下趋势和特点。

表6-2　不同年度A股上市公司要素收入占新创造价值比重　单位：%

年份	样本数	薪酬占比	利润占比	折旧占比	税收占比
2007	389	24.63	32.32	16.56	26.49
2008	747	26.04	30.57	16.53	26.86
2009	987	27.12	32.60	15.30	24.97
2010	1 257	26.99	37.22	13.30	22.49
2011	1 344	27.76	37.32	11.45	23.46
2012	1 852	29.69	32.56	12.47	25.27

1. 劳动收入比重总体上升

在企业新创造价值的分配当中，劳动收入比重在各年度均低于资本收入比重。但是，劳动收入比重呈现上升趋势。2012年，劳动报酬比重相比2007年上升了约5个百分点。这进一步印证了方军雄（2011）的发现，上市公司劳动收入比重不但没有下降，反而上升。相比之下，固定资产和无形资产折旧比重下降了约4个百分点。

2010~2012年，企业薪酬比重分布的核密度如图6-9所示。三个年度企业

① 资料来源：世界银行数据库，http://data.worldbank.org.cn/。

薪酬比重的分布接近于正态，但是均存在向右的拖尾，呈现右偏态。表明存在部分薪酬比重较高的企业，拉高了整体企业薪酬比重的平均值。以 2012 年为例，曲线的峰值出现在 0.35 附近，表明薪酬比重在 35% 左右的企业数目最多，随着薪酬比重的提高，企业数目逐步减少。比较三年核密度曲线的形态变化发现，2011 年和 2012 年的核密度曲线均有不同程度的向右移动和扁平化，反映企业薪酬比重有提高和离散化趋势，企业之间薪酬比重的差异化程度加大。

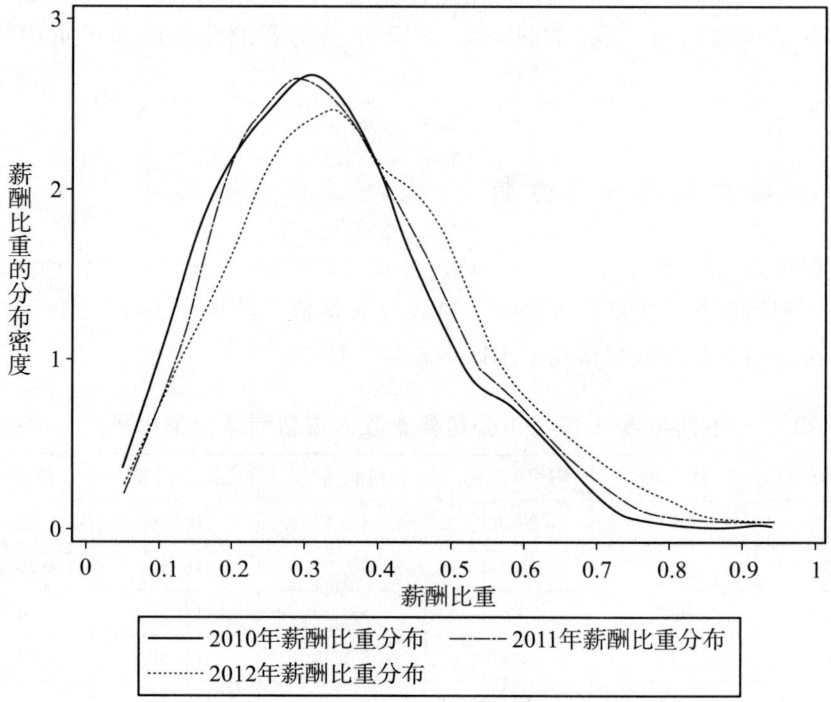

图 6-9　企业薪酬比重分布核密度

劳动收入比重变动的影响因素来自多个方面：

首先，薪酬存在向下刚性，即企业收入下降时职工的薪酬没有下降，或者薪酬下降的幅度显著小于企业收入下降的幅度。企业的薪酬增长机制可以划分为四类：奖勤、罚懒、劳而不获、不劳而获（陈冬华，2010），如图 6-10 所示。向下刚性表明企业业绩出现负增长的情况下，工资仍有不同程度的上涨。相对于向下的弹性，向上的弹性对企业业绩的提高产生更积极的影响（陈冬华等，2010）。表 6-1 和表 6-2 也支持工资向下刚性的结论，2008 年，受到金融危机的影响，企业利润额增速普遍下降，企业平均薪酬仍有较大幅度的增长。表 6-2 显示，2008 年和 2012 年劳动收入份额比重增长超过 1 个百分点。薪酬向下刚性的存在，使得劳动收入份额相对于企业利润份额上升。

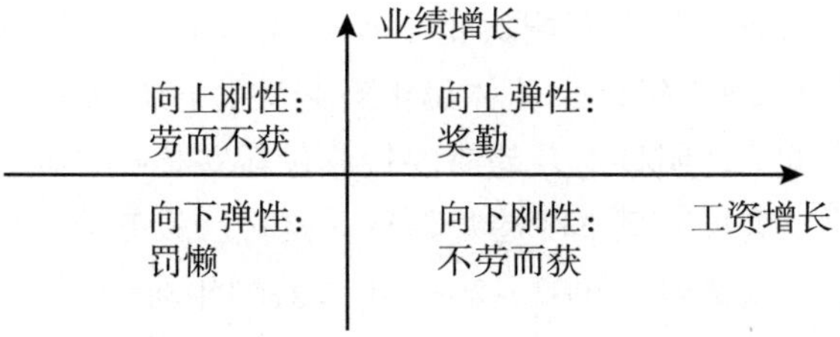

图 6-10　工资增长与业绩增长关系

注：摘自陈冬华等（2010）。

其次，企业经营者激励工资的强化，拉高了企业薪酬份额。随着现代企业治理结构的演变，企业经营者的薪酬契约与企业经营业绩联系更加紧密。上市企业的所有权与经营权分离，企业经理层是企业的事实控制者，企业所有者尽可能激励经理层付出更大的努力，但是有些努力对于经理自身而言存在私人成本，如果这些成本无法得到有效补偿，经理的积极性很可能受到影响。因此，在企业所有者无法完全观测和约束经理层行为的情况下，将经理层的工资与企业业绩挂钩，是降低委托代理成本的最优选择。同时有助于增强经理层对企业的忠诚感，激励其更努力地工作。1985 年第二次工资改革之后，国有企业员工不再适用国家人事行政部门统一制定的工资表。国家允许经营效益好的企业提高工资水平，可以对那些为企业效益做出重要贡献的员工支付较高的工资作为奖励。在国有企业开始实行浮动工资制度的初期，国家规定国有企业的浮动工资部分不得超过企业工资总额的 5%，后来这个限额被逐渐取消。[①] 国有企业被赋予根据经营效益来调整工资水平权利。有研究表明，随着近年了市场化取向改革的推进，薪酬对企业业绩的敏感性增强（辛清泉和谭伟强，2009）。

最后，企业管理层具有提高普通员工薪酬的动机和能力，普通员工薪酬向上弹性的增加，推高了薪酬在上市公司收入分配中的比重。近年来，企业高管薪酬与普通员工的薪酬差距成为了社会质疑的热点之一，特别是国有控股企业领导薪酬更是社会舆论攻击的对象。企业高管为了实现自身薪酬的最大化，有动机和能力提高普通员工的薪酬水平（方军雄，2011）。动机一方面是缓解来自本企业内部员工由于收入差距形成的压力；另一方面是应对社会对其薪酬水平的质疑。

2. 不同行业薪酬比重变动的主要影响因素并不相同

根据《上市公司行业分类指引（2001）》，图 6-11 显示了 2007 ~ 2012 年各

① Meng X, J Zhang, "The Two - Tier Labor Market in Urban China Occupational Segregation and Wage Differentials between Urban Residents and Rural Migrants in Shanghai", *Journal of Comparative Economics*, Vol. 29, No. 3, 2001, pp. 485 - 504.

行业薪酬比重变动趋势，其中薪酬比重根据公式（6-5）计算。表6-2显示，上市公司薪酬比重自2007年以来总体呈上升趋势，这是各行业薪酬比重综合变动的结果。薪酬比重呈现明显上升趋势的行业包括农林牧渔业、住宿餐饮业、制造业和运输仓储业；呈现明显下降趋势的行业是科研服务业。但是，农林牧渔业平均薪酬水平上涨幅度微弱，2007~2012年，薪酬年均增速约为1%，薪酬水平上升对该行业劳动收入比重的影响很小。农林牧渔业薪酬比重上升主要来源于分配结构的变化。一方面，企业利润占比显著下降；另一方面，我国加大了农林牧渔产业优惠政策。2007年9月，国家税务总局颁布了《关于调整核定征收企业所得税应税所得率的通知》，原先农林牧渔业企业所得税率为10%~30%，调整后变为3%~10%。2008年1月开始实施的新企业所得税法，对农林牧渔业企业部分项目经营所得免交企业所得税①。国家出台的一系列扶持农林牧渔业的税收政策，使得税收比重在农林牧渔业当中显著下降，分配格局的变动是农林牧渔业企业薪酬占比上升的主要原因。住宿餐饮业薪酬比重上升主要源于企业利润比重下降，其他因素对其薪酬比重变动的影响较小。制造业薪酬比重上升主要源于制造业薪酬水平的上升，制造业平均薪酬2007年约为5.1万元，2012年约为7.6万元，年均增速约8%。由此可见，不同行业薪酬比重变动的主要影响因素并不相同。

3. 劳动收入比重与生产要素投入结构关系显著

从薪酬比重看，不同行业之间差别较大，产业结构的调整对劳动收入比重的影响显著。从图6-11可见，薪酬收入比重在20%以下的行业主要有：房地产业、水电燃气业、信息技术行业；薪酬收入比重在40%以上的行业主要有：住宿餐饮业、科研服务业、农林牧渔业；其他行业的薪酬收入比重大约介于20%~40%之间。表6-3显示了各行业人均固定资产与平均薪酬比重的测算结果。人均固定资产与平均薪酬比重呈现负相关，皮尔逊相关系数为-0.47，相关系数在5%水平下显著。表明行业人均固定资产水平与行业平均薪酬比重的变动方向相反，随着行业人均固定资产水平上升，行业平均薪酬比重下降。

薪酬收入比重较低的行业主要是资本密集型行业，而薪酬收入比重较高的行业主要是劳动密集型行业。在社会化生产过程中，参与生产的每种要素最终需要得到补偿，投入量大的生产要素得到的补偿较多资本密集型行业的一个重要特征是资本与劳动力人数的比值较高，而劳动密集型行业反之。从表6-3可见，房地产业的薪酬比重约为21.0%，水电燃气薪酬比重约为26.2%，明显低于住宿餐饮业、批发零售业以及文化、体育和娱乐业。从这个角度看，当资本密集型行

① http://www.chinatax.gov.cn/n8136506/n8136593/n8137537/n8138502/8312662.html.

业的发展速度总体上超越劳动密集型行业时，将会导致劳动收入占比下降。近10多年来，我国在房地产、水电燃气基础设施的投资较大，这些行业在GDP当中的份额增加。以2013年为例，房地产开发投资约8.6万亿元，占GDP比重超过15%[①]。通过表6-3所反映的各行业薪酬比重，结合以上分析，可以推断经济结构因素是导致我国2000年之后劳动收入份额下降的原因之一。

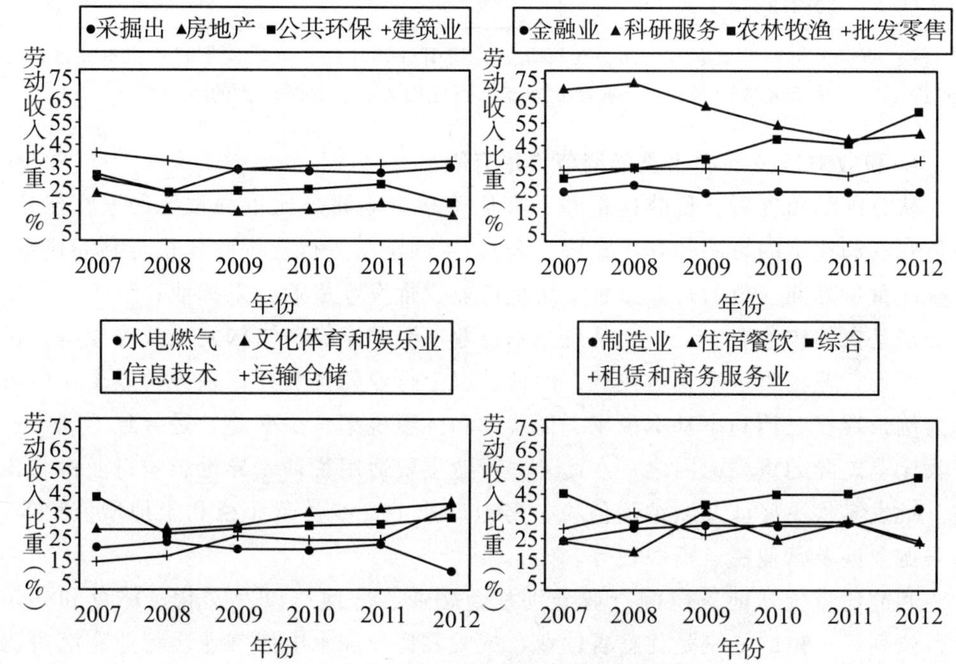

图6-11　分行业薪酬收入比重趋势

表6-3　　　　分行业人均固定资产水平与薪酬比重

行业	人均固定资产（万元）	平均薪酬比重（%）	行业	人均固定资产（万元）	平均薪酬比重（%）
采掘业	35.5	32.2	卫生	6.5	50.9
房地产	33.4	21.0	文化、体育和娱乐业	18.3	35.3
公共环保	44.3	30.7	信息技术	16.6	43.1
建筑业	32.5	35.2	运输仓储	319.7	28.6
金融业	27.5	30.9	制造业	33.3	35.9
科研服务	17.1	45.5	住宿餐饮	23.1	45.7

① 于光远：《中国难以承受房价下降之重》，载于《南方都市报》2014年3月21日，AA31版。

续表

行业	人均固定资产（万元）	平均薪酬比重（%）	行业	人均固定资产（万元）	平均薪酬比重（%）
农林牧渔	38.6	38.8	综合	49.0	33.6
批发零售	40.2	35.5	租赁和商务服务业	90.7	34.1
水电燃气	283.8	26.2			

注：行业分类标准根据《上市公司行业分类指引（2001）》；人均固定资产根据企业固定资产净额除以员工人数计算；平均薪酬比重是指行业内各企业薪酬占比的平均值。

4. 税收对行业利润比重的调节作用有限

从分配的角度看，税收比重和利润比重是影响薪酬比重的重要因素，但是，税负对利润比重的影响却并不显著。表6-4列示了各行业税收比重与利润比重。税收比重位列前三位的行业分别是房地产业、批发零售业、采掘业；位于后三位的分别是农林牧渔业、卫生、信息技术行业。受国家经济结构发展战略影响，优先发展的行业税负水平相对较低，因此，以上行业的税负存在差异。以企业所得税为例，存在三档利率基本税率、低税率和优惠税率。税率差异是导致不同行业税收比重差异的重要原因之一。此外，行业主要适用税种差异也影响行业税收比重。批发零售主要涉及缴纳增值税，房地产业主要涉及营业税和土地增值税等，而采掘业涉及营业税、资源税等。

利润比重位列前三位的行业分别是金融业、房地产以及文化、体育和娱乐业；位列后三位的分别是住宿餐饮业、批发零售业和水电燃气业。行业利润占比主要受企业盈利能力的影响。在A股上市的金融企业和房地产企业多数是大型国有控股企业，企业的垄断程度和市场占有份额较高，利润率也较高。而住宿餐饮业、批发零售业的市场准入"门槛"较低，企业之间竞争激烈，在接近完全竞争市场的条件下，企业的利润水平收敛于社会平均利润，因此，这些行业企业的利润比重较低。水电燃气企业所面临的市场竞争虽然不像住宿餐饮行业，但是近年来我国经济增速放缓，使得能源的需求增速放缓，对这些行业的整体盈利能力下降。

从税收比重与利润比重测算结果的对比可以发现，行业税负与行业利润之间相关关系微弱。两者的皮尔逊相关系数仅为-0.15，表明两者的相关性很低。我国的行业税负政策主要偏向产业扶持，企业所得税对企业利润的调节作用有限。以金融行业为例，利润比重约为42.6%，远高于税负比重和薪酬比重。在高利润行业引入竞争机制、降低不合理的行业准入"门槛"，将有助于金融行业回归合理的利润水平，从而改善该行业的收入分配格局。

表 6 – 4　　分行业利润比重与税收比重

行业	税收比重（%）	利润比重（%）	行业	税收比重（%）	利润比重（%）
采掘业	27.5	25.8	卫生	11.9	28.7
房地产	36.3	35.4	文化、体育和娱乐业	19.2	35.0
公共环保	21.7	29.1	信息技术	16.2	31.9
建筑业	26.7	26.6	运输仓储	17.7	32.8
金融业	23.2	42.6	制造业	22.5	25.3
科研服务	19.4	27.4	住宿餐饮	22.4	15.7
农林牧渔	7.9	33.7	综合	26.4	27.1
批发零售	29.4	23.6	租赁和商务服务业	24.5	31.4
水电燃气	24.2	20.7			

注：利润比重和税收比重分别根据公式（6 – 7）、公式（6 – 9）计算。

三、薪酬比重影响因素分析模型

前面使用描述统计方法分析了薪酬比重变动的影响因素，以下使用统计模型量化分析各影响因素的作用。薪酬比重受到企业垄断程度、工资刚性、生产要素投入结构、企业规模、企业利润、工资水平、宏观经济环境等因素的影响。

前面使用文本挖掘探究方法收集的上市公司报表数据构成了非平衡面板数据。根据数据的特点，使用面板回归模型相比普通 OLS 回归模型更适合分析薪酬比重变动的影响因素。面板数据模型能控制企业之间难以观测或度量的、不随时间变化的异质性，如企业负责人的特征、企业背景等等。假定非平衡面板中缺失数据是随机的（MCAR 假设），应用平衡面板数据参数估计方法来估计非平衡面版的参数，估计结果是无偏、一致和有效的。薪酬比重影响因素模型设定如下：

$$\ln\frac{y_{it}}{1-y_{it}}=\alpha+\beta_1\ln x_{it}+\beta_2 z_{it}+\beta_3\ln s_{it}+\beta_4\ln k_{it}+\beta_5\ln m_{it}+\beta_6\ln g_{it}+\mu_{it} \quad (6-10)$$

其中，

$$\mu_{it}=\mu_i+\upsilon_{it} \quad (6-11)$$

模型（6 – 10）中变量的说明和描述性统计如表 6 – 5 所示。由于薪酬比重取值介于0~1之间，属于受限因变量①，因此，在回归模型中需要对薪酬比重取值进行罗杰斯蒂（logit）转换。μ_{it}由两部分构成，v_{it}是通常意义下的随机误差项，μ_i是与截面有关的误差项。如果$\mu_i=0$，模型变为混合回归模型，如果μ_i不等于0，则根据μ_i是否与回归元相关，模型分为固定效应模型与随机效应模型。

表6-5　　　　变量说明及描述性统计

变量	数据名称	说明	数据来源	均值	标准差
y_{it}	薪酬比重	薪酬占企业新创造价值的比重，根据公式8.5计算	企业年报	0.34	0.15
s_{it}	垄断程度	企业年度净利润除以全部上市公司净利润总额	企业年报	0.00094	0.0078
m_{it}	薪酬水平	企业薪酬总额除以企业人数	企业年报	79 963.9	61 767.1
k_{it}	企业利润	企业年度净利润额	企业年报	3.78e+08	3.39e+09
z_{it}	企业规模	$z_{it}=\begin{cases}1，员工\leq 300人\\2\ 300人<员工\leq 1\ 000人\\3，员工>1\ 000人\end{cases}$	企业年报	2.6	0.6
x_{it}	人均资本	企业固定资产净额除以企业人数	企业年报	379 173.3	549 898.9
g_{it}	GDP	年度国内生产总值	世界银行	10.08	2.19

注：企业规模的划分参照《企业规模划分标准（2011）》。

根据公式（6-10），以下分别估计了混合回归模型、固定效应模型和随机效应模型，然后通过统计检验进行模型筛选。首先，使用B-P检验（Breusch and Pagan，1980）来判断模型是随机效应还是混合回归模型，B-P检验的原假设为：公式（6-11）中μ_i的方差为0。表6-6列出了B-P检验的结果，检验统计量在1%水平下拒绝了原假设，即拒绝混合回归模型。然后，使用豪斯曼检验（Hausman，1978）来判断模型应该是随机效应模型还是固定效应模型。豪斯曼检验的原假设为：随机效应模型与固定效应模型的系数不存在系统性差异。豪斯曼检验检验统计量在1%显著水平下拒绝原假设。因此，排除了随机效应模型，选择固定效应模型会更有效。最后，选择固定效应模型作为分析薪酬比重影响因素模型。模型（6-10）的估计和相关统计量结果如表6-6所示。

① Badi H. Baltagi. Econometrics [M]. *Springer*, 2008, P. 323.

表 6－6　　基于面板数据模型的薪酬比重影响因素分析

因变量：$\ln\frac{y_{it}}{1-y_{it}}$	模型 1	模型 2	模型 3
解释变量	固定效应	随机效应	混合回归
$\ln s_{it}$	−0.14*** (0.02)	−0.10*** (0.01)	−0.06*** (0.02)
$\ln m_{it}$	0.41*** (0.02)	0.46*** (0.01)	0.51*** (0.01)
$\ln k_{it}$	−0.10*** (0.02)	−0.15*** (0.02)	−0.23*** (0.02)
z_{it}	0.26*** (0.02)	0.47*** (0.01)	0.64*** (0.01)
$\ln x_{it}$	−0.09*** (0.01)	−0.17*** (0.01)	−0.23*** (0.01)
$\ln g_{it}$	−0.21*** (0.04)	−0.17*** (0.04)	−0.08 (0.07)
截距项（α）	−3.81*** (0.45)	−2.82*** (0.45)	−1.29* (0.74)
样本数	5 810	5 810	5 810
组内 R 方	0.477	0.455	0.538
豪斯曼检验	536.88 [0.000]		
B－P 检验			493.19 [0.000]
rho	0.813	0.711	
F	559.60 [0.000]		1 125.22 [0.000]

注："（）"中的数值为标准误差；"[]"中的数值为统计量对应的概率值；"***"、"**"和"*"分别表示估计量在 1%、5% 和 10% 的显著性水平下显著。

表 6－6 的估计结果显示，模型 1 的解释能力较好，组内 R 方接近 50%。$\ln s_{it}$的系数为负且在 1% 水平下显著，表明企业的垄断程度对企业的薪酬比重具有显著的负向影响，企业的垄断程度提高会使得企业薪酬比重下降。这与白重恩等（2008）、方军雄（2011）的发现一致。垄断对薪酬比重的影响主要有两方面：一方面，资本谈判能力的提高恶化了劳动分享份额（方军雄，2011）；另一方面，随着企业垄断程度的提高，企业因竞争而破产的风险减小，员工职业稳定性高而流动性低，希望能进入垄断度高企业的劳动力多，从而导致企业选择的余地大，这在不同程度上影响了劳动收入份额的上升。

企业平均薪酬对薪酬比重的影响显著为正，这与理论预期一致。薪酬水平直接影响薪酬比重。李韬葵等（2009）认为，员工的谈判能力与员工的工资水平相关，人均工资水平比较高，代表工人的整体素质比较高，谈判能力相对高。因此，人均工资水平可以作为衡量员工谈判能力的代理变量。

企业利润水平对薪酬比重的影响显著为负。利润是属于资本的收入，资本收入份额与劳动收入份额是此消彼长的关系，随着企业利润水平的上升，企业薪酬比重下降。和资本相比，劳动者对利润分配的影响力有限。边际理论认为，在完全竞争市场条件下，员工的薪酬水平由劳动力的边际生产力决定。但是现实当中，企业为了激励员工，分享工资理论认为利润会与员工分享，实证结果表明，利润的分享也存在边际递减效应，随着企业利润水平的上升，企业与员工共享的利润将递减。当员工的平均薪酬到达一定水平之后，薪酬水平就难以追随利润的上升而上涨，甚至不再追随企业利润上涨。这是利润水平高的企业薪酬比重较低的原因之一。此外，企业的平均薪酬水平受社会平均劳动力价格的制约，薪酬水平的变动具有刚性或者粘性，而利润变动不具有这些特点，利润的变动具有较高的波动弹性。这也是造成利润水平较高企业薪酬比重较低的另一个原因。

企业规模对薪酬份额有显著的正向影响。企业薪酬总额一方面取决于薪酬水平，另一方面受领取薪酬人数影响。在其他条件不变的情况下，随着企业员工规模增大，薪酬总额增加，薪酬比重上升。企业员工人数的多少，不但反映了企业的规模，还反映了企业劳动密集程度。劳动密集程度对薪酬比重具有正向影响。$\ln x_{it}$的系数显著为负，表明人均资本越高，企业薪酬份额越低。由此推知，随着产业结构的升级、行业发展的演进，初次分配当中的劳动份额将随着要素投入结构而变化。

$\ln g_{it}$的系数显著为负数，表明我国 GDP 增速与薪酬比重之间具有显著的负向关系。其中的原因一方面由于工资刚性或粘性的存在，而产出的变动受到多种因素的影响，比工资的波动幅度大。从短期来看，企业新增价值相当于企业创造的 GDP，在 GDP 增速较高时期，企业增值税、所得税等与产出额相关的税种在当期就参与了分配。由于产出具有波动性和不确定性，薪酬向下刚性会对企业业绩产生更消极的影响（陈冬华，2010），即薪酬下降比薪酬不上涨的影响更加消极，因此，通常企业增加的产出没有立即按比例分配到劳动这一生产要素之中，劳动要素参与新增利润的分配具有一定滞后性。但是从长期看，薪酬应该与劳动生产率同步增长，如果薪酬增速长期落后于劳动生产率的增速，会影响劳动者对新增产出品的消费能力，最终影响经济的平衡。

四、薪酬比重变动影响因素分解模型

前面对薪酬比重变动的影响因素进行了分析。那么这些因素对近年来薪酬比重变动起多大的作用，以下使用 FFL 分解法（Firpo et al.，2009），分析 2008 ~ 2012 年薪酬比重的不同分位点上的变动，量化这些因素的影响程度。

1. FFL 分解方法

FFL 方法是由菲尔波（2009）提出来，用于不同群体工资差异分解的方法。以下将其用来分解两个年度薪酬比重的差异。每个年度视作一个群体，薪酬比重作为因变量，而薪酬水平、企业的利润水平、规模以及人均资本密集程度等因素作为解释变量，对薪酬比重处于高、中、低三个层次的企业的薪酬比重变动进行分解。

FFL 分解是以 RIF 回归作为基础的差异分解方法。因变量经过再居中影响函数（Recentered Influence Function，RIF）转换，转换之后因变量分布统计量的数学期望与原先因变量分布统计量的数学期望相等。经过了 RIF 函数转换，便可以使用传统的瓦哈卡－布林德（Oaxaca－Blinder，1973）差异分解方法将两个时期的薪酬比重变动分解为结构效应和构成效应，继而将上述两个效应进一步细分到每个协变量上。FFL 方法的主要贡献是将两个群体（或者两个时期）的工资差距从均值拓展到其他统计量上。例如，分位数统计量。当分解的统计量为分位数时，为了区别以往的条件分位数回归，菲尔波等把这种 RIF 回归称为无条件分位数回归。

薪酬比重分位数差异的分解首先需要对因变量进行 RIF 函数转换，转换方法如公式（6－12）所示。

$$RIF(y;\ q_\tau) = q_\tau + IF(y;\ q_\tau) = q_\tau + (\tau - I\{y \leqslant q_\tau\})/f_Y(q_\tau) \qquad (6-12)$$

其中，$IF(y;\ q_\tau)$ 如公式（6－13）所示，

$$IF(y;\ q_\tau) = \frac{\tau - I\{y \leqslant q_\tau\}}{f_Y(q_\tau)} \qquad (6-13)$$

其中，y 表示因变量，在本章的实证分析中使用薪酬比重代替；τ 表示分位点，q_τ 为 τ 分位点对应的取值；$f_Y(q_\tau)$ 为因变量的密度函数在 q_τ 位置的取值，在实证分析时，因变量的密度函数通过非参数核密度方法估计；$I(\cdot)$ 为指示函数，当 $y \leqslant q_\tau$ 时 $I(\cdot)$ 取 0，否则取 1。$RIF(y;\ q_\tau)$ 的期望等于 q_τ。经过 RIF 函数转换后，下一步是使用传统的瓦哈卡－布林德分解方法对薪酬比重差异进行分解。

2. 2008～2012 年薪酬比重分位数差异测算与分解

以下使用薪酬比重分布的 10 分位数、50 分位数以及 90 分位数表示薪酬比重低、中、高水平，实证分析步骤如下：

（1）分别计算 2008 年以及 2012 年薪酬比重在三个分位数上的水平和差异；

（2）使用菲尔波等（2009）提出的 FFL 分解方法，分别以上述三个分位数 2008 年和 2012 年薪酬比重为中心，将薪酬比重进行再居中影响函数转换（RIF），由此得到转换后的薪酬比重；

（3）计算转换后 2008 年和 2012 年薪酬比重在上述三个分位数上的差异，以此作为估计的分位数薪酬比重差异，将计算结果与直接计算的分位数薪酬比重差异进行对比；

（4）分别以三个分位数上 RIF 转换后的薪酬比重作为因变量，将平均薪酬水平、企业的利润水平、规模、人均资本密集程度、行业分类作为解释变量，使用瓦哈卡－布林德分解程序对 2008 年和 2012 年在三个分位数上的工资差异进行分

解，分解出能被以上因素解释的差异以及无法解释的差异。

分解结果如表 6－7 所示。经过 RIF 函数转换之后，2008 年与 2012 年薪酬比重在低、中、高三个水平上的差距，与使用描述统计方法测算的差距十分接近，表明 RIF 函数转换保留了数据原来的结构。分解结果显示，FFL 方法对于薪酬比重分布底端的分解效果较好，标准误差较小。相比之下，50 分位数和 90 分位数的分解标准误高于 10 分位数。从分解结果可以得到以下几个结论。

表 6－7　2008 年与 2012 年薪酬比重分位数差异及 FFL 分解

参照组：2012 年	10 分位数	50 分位数	90 分位数
面板 A：原始数据薪酬比重差异			
2008 年薪酬比重	0.1419	0.3187	0.5548
2012 年薪酬比重	0.1797	0.3578	0.5850
2008 年与 2012 年薪酬比重差异	0.0379	0.0392	0.0302
面板 B：2008 年与 2012 年薪酬比重差异的 FFL 分解			
2008 年薪酬比重（RIF 转换后）	0.138（0.007）	0.303（0.564）	0.523（0.213）
2012 年薪酬比重（RIF 转换后）	0.177（0.006）	0.350（0.483）	0.566（0.162）
2008 年与 2012 年薪酬比重差异	－0.039（0.009）	－0.047（0.084）	－0.044（0.065）
由构成效应解释的差异：平均薪酬	－0.033（0.009）	－0.050（0.091）	－0.026（0.040）
由构成效应解释的差异：企业利润	0.010（0.005）	0.017（0.036）	0.013（0.024）
由构成效应解释的差异：企业规模	0.006（0.004）	0.008（0.023）	0.005（0.013）
由构成效应解释的差异：资本密集度	0.003（0.003）	0.006（0.022）	0.004（0.011）
由构成效应解释的差异：行业分类	－0.004（0.005）	－0.002（0.012）	－0.006（0.018）
总构成效应	－0.019（0.009）	－0.021（0.049）	－0.009（0.034）
由构成效应解释的差异：平均薪酬	－0.323（0.252）	－0.252（1.105）	－1.120（2.596）
由构成效应解释的差异：企业利润	0.310（0.160）	0.286（0.748）	0.534（1.646）
由构成效应解释的差异：企业规模	－0.217（0.048）	－0.072（0.202）	－0.137（0.432）
由构成效应解释的差异：资本密集度	－0.049（0.159）	－0.145（0.723）	0.192（1.148）
由构成效应解释的差异：行业分类	－0.125（0.116）	－0.041（0.398）	－0.068（0.394）
截距项	0.386（0.325）	0.206（0.870）	0.571（1.500）
总结构效应	－0.017（0.009）	－0.018（0.040）	－0.028（0.065）

注：括号中的数值为标准误，通过 Bootstrap 方法重复 100 次得到。

首先，薪酬水平变动是 2012 年薪酬比重变动的主要影响因素。

在薪酬比重分布的 10 分位数上，薪酬比重从 2008 年约 13.8% 上升至 2012

年 17.7%，相差约 3.9%。总体上，这一差距中可解释部分约为 1.9%，即总构成效应为 1.9%，总结构效应为 1.7%。表明平均薪酬、企业利润、规模、人均资本密集度和行业分类五个方面因素解释了差异变动的一半以上。其中，平均薪酬水平解释了这一差距的 84.6%（=0.033 ÷0.039）。对于薪酬比重较低的企业，平均薪酬水平上升，是导致 2012 年企业薪酬比重高于 2008 年的主要原因。企业利润、规模和人均资本密集度对两个年度薪酬比重变动的影响相对较小。但是，这三项分解系数的符号与薪酬比重变动的符号相反，表明这三项变动对薪酬比重的影响是反向的。如果不是企业利润上升、规模扩大以及人均资本密集度增加，2012 年企业薪酬比重上升会大于当前的幅度。

其次，随着薪酬比重的提升，构成效应对薪酬比重变动的解释力度下降。

2008～2012 年，薪酬比重变动幅度较大的是薪酬比重处于中等水平的企业，薪酬比重分布底部和顶部企业的变动幅度相对较小。根据表 6－7，构成效应与薪酬比重变动额的比值在 10 分位数、50 分位数和 90 分位数分别为 48.7%、44.7%、18.4%，表明随着分位数的提高，构成效应所占的比例下降。对于企业薪酬比重较高的企业，2012 年薪酬比重相对 2008 年的升幅，难以用企业利润、规模和人均资本密集程度等企业特征的综合变动来解释。但具体到每个因素，薪酬水平和企业利润水平变动对薪酬比重变动仍有较大影响相对 2008 年，2012 年企业平均薪酬提高了大约 15.7%，而企业的平均利润提高了约 4.5%，两者对薪酬比重影响的方向相反，因此，在一定程度上相互抵消，这是导致构成效应在薪酬比重分布顶端较低的原因之一。

五、小结

使用上市公司数据研究发现，与我国劳动收入占国民收入比重下降这一整体趋势不同，上市公司劳动报酬占企业增加值的比重逐年上升，2007～2009 年，从 24.6% 上升至 29.7%。同是上市企业，不同行业之间劳动收入份额相差较大。2007 年以来，薪酬呈现明显上升趋势的行业包括：农林牧渔业、住宿餐饮业、制造业和运输仓储业；呈现明显下降趋势的行业是科研服务业。劳动收入比重与生产要素投入结构关系显著。在上市公司所处的 13 个行业当中，薪酬收入比重在 20% 以下的行业主要有房地产业、水电燃气业、信息技术行业；薪酬收入比重在 40% 以上的行业主要有住宿餐饮业、科研服务业、农林牧渔业；其他行业的薪酬收入比重大约介于 20%～40% 之间。这些结论给我们两方面启示。一是劳动收入份额下降并不是发生在所有群体当中，而是特定的群体当中；二是促进劳动收入份额提升的政策措施不能一刀切，而应该有针对性。

第七章

专题研究二：居民收入占国民收入比重指标季度分解方法研究

受制于数据的可得性，本指标体系构建的指标为年度指标，如果能够将指标的测算频率从年度提高到季度，将能够提升指标的时效性以及信息含量。本章对低频指标高频分解方法进行研究，使用时间序列分解模型（Temporal Disaggregation）对我国年度 GDP、居民可支配收入占国民收入比重指标进行了季度分解。本章所构建的分解方法同样适用于其他年度经济指标的季度或者月度分解。

时间序列分解模型（Temporal Disaggregation）是将低频率时间序列分解为高频率序列的一类统计方法。该方法通过限制条件的设定，在保持序列原有特性的前提下，实现序列的内部扩增。同时分解过程结合具体问题的理论背景，分解结果具有较好的解释力和合理性。时间序列分解模型的产生来源于观察，其在许多领域有着重要的应用价值和丰富的研究成果。

在经济学实证研究领域，利用时间序列建立计量模型是经济和金融分析的主要手段。经济学理论关注各种经济变量之间的函数关系，计量经济学恰恰通过等式来描述这些关系。计量模型为经济学理论提供验证和支持，同时也具有发现规律，拓展理论的作用。此外，计量模型能够实现通过历史数据对未来经济走势进行短期和中长期的预测。随着现代经济活动日益复杂多变，为了通过模型进行更加准确的短期分析，对高时间频率经济数据的需求愈发凸显。

但是，经济序列现有时间频率与计量模型要求之间的矛盾突出，表现在两个方面：

第一，建模时往往遇到某些序列的时间频率过低而不能满足模型要求。例如，在多变量时间序列分析中，只有某一个变量是年度时间序列，而其他变量均为季度序列。如果因为某一个序列时间频率不足而将余下其他季度序列整合为年度序列进行建模，显然会造成大量信息的损失，可能会造成所得模型的拟合和预测效果欠佳，甚至得出错误的结论。这种现象在进行不同经济体间的国际比较研究时会遇到，使用聚合的年度数据建模会可能导致研究结论同质化而难以显现独特性。

第二，进行计量经济建模时经常可能会添加变量的滞后项，但是，如果在序列本身时间频率低、时间范围窄的情况下进行参数估计，滞后项的添加将导致参与模型参数估计的数据减少，以至于模型对真实经济情况的解释力大幅下降，甚至可能得出与真实经济状况背道而驰的结论。

进行宏观经济统计分析时，由于宏观数据本身的特点限制，往往会出现数据时间频率不能满足实证需求的情况，实证研究对数据时间频率的要求常常得不到满足。以国内生产总值（GDP）为例，GDP 是衡量一个国家或地区经济状况和发展水平的重要指标，也是国民经济核算的核心指标。我国国家统计局发布的年度 GDP 数据经历了初步核算、初步核实和最终核实三个过程。国家统计局一般于年后 20 天公布年度 GDP 的初步核算数，然后根据进一步获得的更加完整、可靠的基础数据不断对 GDP 进行修订，依次发布年度 GDP 初步核实数和最终核实数。

为了提高核算频率，国家统计局从 1992 年第一季度开始进行季度 GDP 的核算。季度 GDP 核算的资料来源主要包括由国家统计部门调查获得的各种统计资料以及行政管理部门的行政记录资料。国家统计局尚未对月度 GDP 进行核算，原因在于目前尚不具备获取月度核算所需调查统计资料的条件。宏观统计模型变量中通常包含 GDP 作为一个反映经济发展状况的宏观经济指标，现有的季度数据可能不符合模型对该变量时间频率的要求，因此，通过季度序列的时间分解得到月度 GDP 的估计值，成为解决这一问题的主要方法。

时间序列分解模型在国外众多政府统计中被广泛应用，并且发挥着重要作用。与我国对季度 GDP 进行直接统计的方式不同，在法国、意大利等欧洲国家，GDP 的季度数据正是使用时间序列分解模型估计得到的。当前我国经济处在高速发展时期，对应的宏观经济统计技术相对滞后。现有统计数据时间频率较低，所包含的信息不足以满足政策制定的需求。学习借鉴国外政府部门统计技术，充分利用现有资源优化我国政府统计效率，提高政府统计数据频率，有利于为重大政策制定提供数据支持。因此，对时间序列分解模型进行系统研究，有利于填补国内研究空白，丰富政府部门统计手段，具有重要的理论意义和应用价值。

时间序列分解模型研究是本书的研究子课题之一。为实现党和政府提出的“逐步提高居民收入在国民收入分配中的比重”的目标，首先要通过一套完整的统计指标体系测算居民收入在经济运行的各阶段、各环节占国民收入比重及其变化，掌握居民收入占国民收入比重的现状、变动及影响因素。时间序列分解模型的价值在于，解决国民经济账户统计数据时间频率过低的问题，通过模型估计出对应的季度指标，为构建居民收入占国民收入统计指标体系所需数据提供支持。同时发掘国民经济账户和国民收入分配过程的季度特征，完善收入分配理论。

第一节 概念界定及分解框架

时间序列分解模型（Temporal Disaggregation），是将低频率的时间序列进行扩增、分解为时间频率更高的时间序列的一类统计方法。通过时间序列分解条件的限定，分解结果既保持原序列的特性，同时实现时间频率的提高。

虽然在之前的国内相关文献中也有“时间序列分解分析”的提法，但与本书所指的时间序列分解在定义上有明显的区别，二者具有完全不同的分解目标、分解思想以及分解方法。传统意义的“时间序列分解”，是指将某一时间序列分解为长期趋势、季节变动、周期变动、不规则变动等影响因素，常用的有加法模型和乘法模型。

在国外文献中关于“时间序列分解”的方法有多种，缺乏一致性，容易造成混淆或误读。由于待分解目标序列本身的性质和分解类型决定了分解方法具体的表达形式，因此，需要将不同分解思路对分解方法进行归纳总结，将其纳入统一的框架下，在统一的框架下进行系统的比较分析。

假设 $\{Y_t\}(t=1, 2, \cdots, n)$ 是待分解的目标序列，要将其分解为时间频率更高的序列 $\{y_t\}(t=1, 2, \cdots, s\times n)$。分别记 $Y=(Y_1Y_2, \cdots, Y_n)'$，$y=(y_1y_2, \cdots, y_{sn})'$。此处 s 表示分解类型，$s=4, 12, 3$ 分别表示将年度目标序列分解为季度序列、年度目标序列分解为月度序列、季度目标序列分解为月度序列。需要注意的是，序列 y 的个数必须是 Y 个数的整数倍，即 s 倍，不允许出现与此不符的情形，例如，将月度序列按周进行分解。为不失一般性，本节仅以年度序列分解为季度序列为例，探讨时间序列分解问题，即 $s=4$，从而 $y=(y_1y_2, \cdots, y_{4n})'$。此外，我们还使用一些与目标序列相关且时间频率符合分解要求的季度变量作为辅助信息进行分解，这些辅助分解的变量称作指示变量（Indicator）。用一个 $4n\times k$（k 是指示变量个数）的矩阵 R 表示指示变量数据集：$R=(x_1, \cdots, x_k)$，其中 $x_i=(x_{i1}, x_{i2}, \cdots, x_{i,4n})'$，$i=1, \cdots, k$。

根据目标序列性质的不同，时间序列分解分为“内插”、“分配”和“平均”三种形式。“内插”（Interpolation）是针对目标序列是存量数据而言的，例如，广义货币（M2）余额，要求分解后得到的新序列 $\{y_t\}(t=1, 2, \cdots, s\times n)$ 取值在原低频序列观测的每个时间点上与原序列取值保持相同，即要求 $y_{st}=Y_t$，$t=1, 2, \cdots, n$ 成立。“分配”（Distribution）解决流量数据的分解问题，例如，GDP 序列，要求分解所得高频序列每年 4 个季度取值之和等于当年对应的年度观测值，即要求 $y_{s(t-1)+1}+y_{s(t-1)+2}+\cdots+y_{st}=Y_t$，$t=1, 2, \cdots, n$ 成立。“平均”（Average）针对指数型数据，要求季度序列在当年的四个取值的平均值恰好等于当年年度序列取值，即要求 $\frac{1}{s}(y_{s(t-1)+1}+y_{s(t-1)+2}+\cdots+y_{st})=Y_t$，$t=1, 2, \cdots, n$ 成立。

以 $s=4$ 为例，上述 Y 与 y 的约束关系可以进一步表示为 $Y=Cy$，$C=I_n\otimes c'$，$c=(w_1, \cdots, w_4)'$，这里 c 是一个四维列向量，$\otimes$ 表示克罗内克（Kronecker）乘积。由于存量数据和流量数据性质上的不同，c 的表达形式各异。对于流量数据，$c=(1111)'$，$Y_t=(1+D+D^2+D^3)y_{4t}$，$t=1, \cdots, n$，这里 D 表示滞后算子；对于存量数据，根据 $\{Y_t\}$ 观测时间是在年初或年末的区别，$c=(1000)'$，$Y_t=y_{4\times(t-1)+1}$，$t=1, \cdots, n$，或 $c=(0001)'$，$Y_t=y_{4t}$，$t=1, \cdots, n$。图 7-1 给出了时间序列分解模型研究的统一框架。

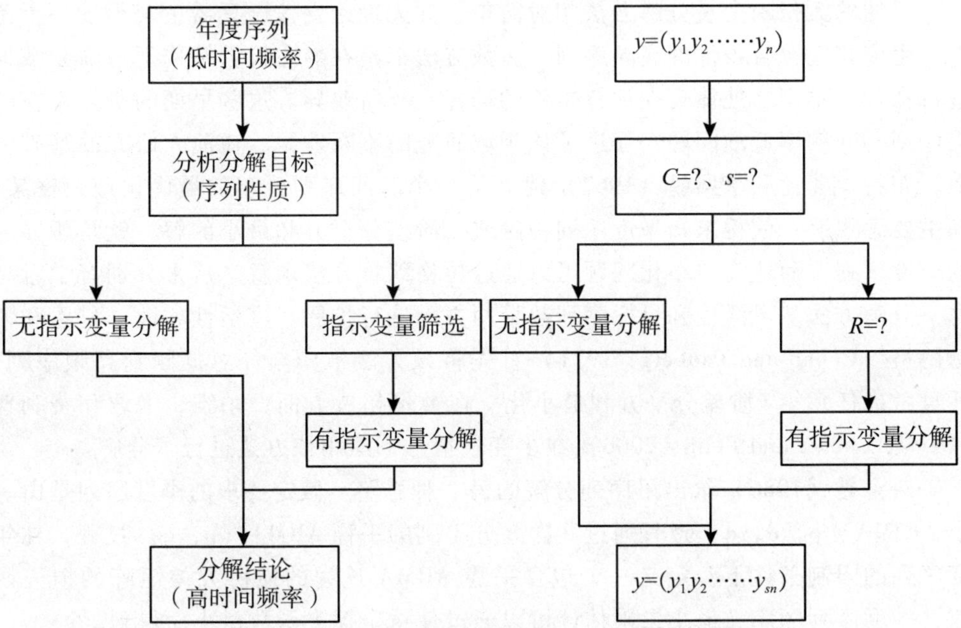

图 7-1　时间序列分解模型理论框架（左）及对应符号表达（右）

第二节　时间序列分解模型

在统一的分解框架下，本节对已有的典型时间序列分解方法进行系统分类和比较分析。按照是否有无指示变量，将所有分解方法归为两类，并分别进行类间比较和类内比较分析。本节所讨论的方法也是本章第四节实证部分主要使用的时间序列分解方法。

一、无指示变量时间序列分解方法

在无相关的指示变量辅助分解的情形下，凭借目标序列本身的信息进行分解，称为无指示变量分析法。这些方法大多是在时间序列分解问题的早期研究中提出的，其中具有代表性的是布特、菲比和李斯曼（Boot, Feibes and Lisman, 1967）和斯雷曼（Stramand, 1986）的方法。

早期的无指示变量分解方法相对简单，并无理论支撑，只需主观预设一个条件，生成相应符合条件的高频序列。多数方法都是在静态权重结构下对高频数据进行估计，不同之处体现在加权矩阵的选择上有所差异。这些早期的研究旨在解决序列时间频率低的问题，促进了该领域研究的不断发展。在前人研究的基础之上，布特、菲比和李斯曼（1967）建立了一个时间序列分解的最优化理论框架，其主要思想是：使得未知季度序列一阶或二阶差分平方和最小的解，就是所要求的季度序列。而这类最小化问题可以通过拉格朗日方法求解。后来分别有学者将这一分解方法从灵活性和目标序列数量两方面进行扩展。灵活性方面，科恩和帕德博格（Cohen and Padberg, 1971）首先将该方法推广至任意低频到高频序列，并且考虑任意第 i 阶差分平方和最小化。在数量拓展方面，帕维、卡波和费利普（Pavía, Cabrer and Felip, 2000）在多变量情形下运用该方法进行了分解。

斯雷曼（1986）给出了序列分解的另一种思路。假定要求的季度序列是由一个 ARIMA（p, d, q）过程通过 d 次差分得到的平稳 ARMA（p, q）过程，在年度序列的限制条件下，定义一个包含平稳 ARMA 过程的逆协方差矩阵的损失函数，季度序列的广义最小二乘估计可以通过使这个损失函数最小而得到。

（一）BFL（布特、菲比、李斯曼）方法

BFL 方法的本质是在满足一定的限制条件下，实现一阶差分或二阶差分平方

和的最小化。以 $s=4$ 流量数据的季度分解为例，通过 BFL 方法分解得到的季度序列满足如下性质：

（1）每一年的季度数据之和等于当年的年度数据，且在包含首末两年在内的所有年份均有季度数据的估计值；

（2）对称性：将三年年度数据反转后分解得到的季度数据也将反转，即如果 $\{Y_1, Y_2, Y_3\}$ 分解得到 $\{y_1, y_2, \cdots, y_{11}, y_{12}\}$，则由 $\{Y_3, Y_2, Y_1\}$ 分解必然得到 $\{y_{12}, y_{11}, \cdots, y_2, y_1\}$；

（3）趋势性：如果三年年度序列依此递增且增量一致（$Y_2 - Y_1 = Y_3 - Y_2$），则分解结果中第二年数据也应按 $\frac{Y_2 - Y_1}{16}$ 等额递增；

（4）周期性：如果三年年度数据满足 $Y_2 - Y_1 = Y_3 - Y_2$（如 80、100、80），则第二年分解数据符合正弦曲线波动。

下面给出 BFL 方法的两种分解思路：

1. 一阶差分平方和最小化

对于流量数据，分解目标是：

$$\min \sum_{i=2}^{sn} (y_i - y_{i-1})^2$$

在限制条件 $\sum_{i=s(t-1)+1}^{st} y_i = Y_t,\ t = 1, 2, \cdots, n$ 下，求解这一条件极值问题的一般思路是拉格朗日方法，即构造：

$$L = \sum_{i=2}^{st} (y_i - y_{i-1})^2 - \sum_{t=1}^{n} \lambda_t \left(\sum_{i=s(t-1)+1}^{st} y_i - Y_t \right).$$

将 L 对 y_i 和 λ_t 求偏导数，并令其等于 0，则有 $4n+n$ 个等式，用矩阵表示即得：

$$\begin{bmatrix} B & -J' \\ J & 0 \end{bmatrix} \begin{bmatrix} y \\ \Lambda \end{bmatrix} = \begin{bmatrix} 0 \\ Y_t \end{bmatrix}.$$

其中，B 是 $4n \times 4n$ 矩阵：

$$B = \begin{bmatrix} 2 & -2 & & & & & \\ -2 & 4 & -2 & & & & \\ & -2 & 4 & -2 & & & \\ & & \cdots & \cdots & \cdots & & \\ & & & -2 & 4 & -2 & \\ & & & & -2 & 4 & -2 \\ & & & & & -2 & 2 \end{bmatrix}.$$

J 是 $n \times 4n$ 矩阵，第 i 行的第 $(i-1)s+1 \sim is$ 列元素为 1，其他为 0。以

$n=3$ 为例：

$$J=\begin{bmatrix}1 & 1 & \cdots & 1 & 1 & 0 & 0 & 0 & 0 & 0 & 0 & 0 & 0\\ 0 & 0 & 0 & 0 & 0 & 1 & 1 & \cdots & 1 & 1 & 0 & 0 & 0 & 0\\ 0 & 0 & 0 & 0 & 0 & 0 & 0 & 0 & 0 & 1 & 1 & \cdots & 1 & 1\end{bmatrix}.$$

求解上述线性方程组即可得 y 的估计值。

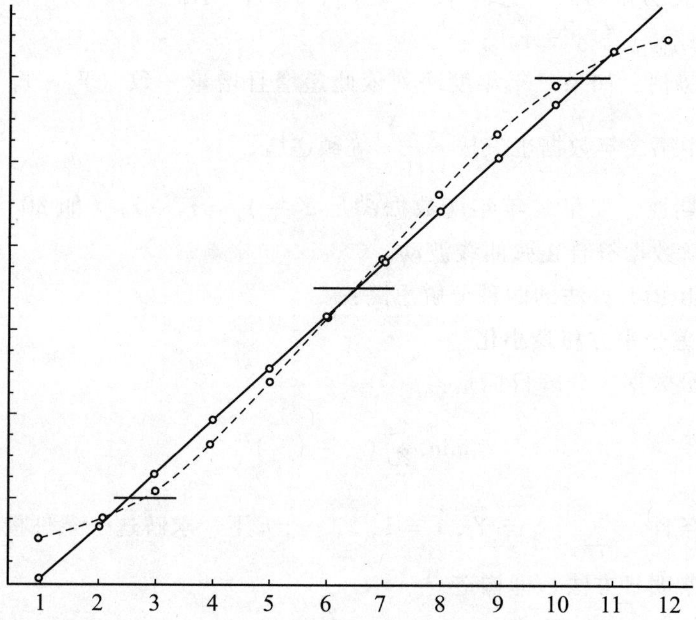

图 7－2　直线序列的一阶方差最小化分解结果

注："s" 型虚线部分。

2. 二阶差分平方和最小化

一阶差分平方和最小化的分解方法对于存在趋势性时间序列的分解可能失真，因为一个连续上升的年度序列分解以后不是一条直线，而是一条斜率先增大后减小的 s 型曲线，如图 7－2 所示。运用二阶差分平方和最小化可以解决这一问题，实现趋势性的分解。

对于流量数据，分解目标是：

$$\min \sum_{i=2}^{sn} (\Delta y_i - \Delta y_{i-1})^2$$

其中，Δ 是差分算子，即 $\Delta y_i = y_{i+1} - y_i$，在限制条件 $\sum_{i=s(t-1)+1}^{st} y_i = Y_t$，$t=1, 2, \cdots, n$ 下。同样可以使用拉格朗日方法求解，构造：

$$L = \sum_{i=2}^{st} (\Delta y_i - \Delta y_{i-1})^2 - \sum_{t=1}^{n} \lambda_t \left(\sum_{i=s(t-1)+1}^{st} y_i - Y_t \right)$$

求 L 对 y_i 和 λ_t 偏导数，并令其等于 0，得：

$$\begin{bmatrix} B_1 & -J' \\ J & 0 \end{bmatrix}\begin{bmatrix} y \\ \Lambda \end{bmatrix} = \begin{bmatrix} 0 \\ Y_t \end{bmatrix}$$

这里仅矩阵 B_1 与 B 不同：

$$B_1 = \begin{bmatrix} 2 & -4 & 2 & & & & & & \\ -4 & 10 & -8 & 2 & & & & & \\ 2 & -8 & 12 & -8 & 2 & & & & \\ & 2 & -8 & 12 & -8 & 2 & & & \\ & & \cdots & \cdots & \cdots & \cdots & & & \\ & & 2 & -8 & 12 & -8 & 2 & & \\ & & & 2 & -8 & 12 & -8 & 2 & \\ & & & & 2 & -8 & 10 & -4 & \\ & & & & & 2 & 4 & -2 & \end{bmatrix}.$$

（二）SW（斯雷曼）方法

SW 方法使用广义最小二乘思想进行时间序列分解。记 D 为滞后算子，即 $Dy_i = y_{i-1}$。假设 y 是一个 ARIMA 过程，经过 d 阶差分后得到 $w_i = (1-D)^d y_i$ 是一个平稳高斯过程。对于流量数据的“分配”分解，可表示为：

$$Y_t = \sum_{i=s(t-1)+1}^{st} y_t = (1 + D + \cdots + D^{s-1}) y_{st}$$

$u_t = (1-D)^d Y_t$ 也是一个平稳高斯过程。实际中仅知道 $\{Y_t\}(t=1, 2, \cdots, n)$ 的值，而想要对 $\{y_t\}(t=1, 2, \cdots, s\times n)$ 进行估计。解决这一问题的广义最小二乘法为：

$$\min_y w' V_w^{-1} w$$

其中，$w = (w_{d+1}, \cdots, w_{sn})'$，限制条件为 $\sum_{i=s(t-1)+1}^{st} y_i = Y_t$，$t = 1, 2, \cdots, n$。这里 V_w 是 w 的 $(sn-d)\times(sn-d)$ 协方差矩阵。

记 $u = (u_{d+1}, u_{d+2}, \cdots, u_n)'$，则有 $w = \Delta_{sn}^d x$ 和 $u = \Delta_n^d y$，这里：

$$\Delta_l^d = \begin{bmatrix} \delta_0 & \delta_1 & \cdots & \delta_d & 0 & \cdots & & 0 \\ 0 & \delta_0 & \delta_1 & \cdots & \delta_d & 0 & \cdots & 0 \\ & & & \vdots & & & & \\ 0 & \cdots & & 0 & 0 & \delta_0 & \delta_1 \cdots & \delta_d \end{bmatrix}$$

是一个 $(l-d)\times l$ 矩阵，其中的元素 δ_i 是 $(D-1)^d$ 中 D^i 的系数。

估计 y 的思路是，根据 Y 与 u 的关系，先通过 u 计算 w，再基于 w 计算 y。

可以证明，$u_t=(1+D+\cdots+D^{s-1})^{d+1}w_{st}$。将此关系式写成矩阵形式为：

$$u=C^d w$$

这里 $C^d=\begin{bmatrix} c' & 0 & \cdots & & 0 \\ 0_s & c' & 0 & \cdots & 0 \\ 0_{2s} & & c' & \cdots & 0 \\ \vdots & & \vdots & & \vdots \\ 0_{(n-d-1)s} & & & & c' \end{bmatrix}$ 是一个 $(n-d)\times(mn-d)$ 矩阵，其中 0_l 是 $1\times l$ 零向量，$c'=(c_0, c_1, \cdots, c_{(d+1)(m-1)})$，$c_i$ 是多项式 $(1+D+\cdots+D^{m-1})^{d+1}$ 中 D^i 的系数。例如，$n=4$、$d=1$、$s=2$ 时，有 $C^1=\begin{bmatrix} 1 & 2 & 1 & 0 & 0 & 0 & 0 \\ 0 & 0 & 1 & 2 & 1 & 0 & 0 \\ 0 & 0 & 0 & 0 & 1 & 2 & 1 \end{bmatrix}$。

如果 w 的协方差矩阵为 V_w，则向量 w 与向量 u 的联合协方差矩阵为：

$$\operatorname{cov}(w, u)=\begin{bmatrix} V_w & V_w(C^d)' \\ (C^d)V_w & V_u \end{bmatrix}$$

因此，如果 w_t 是零均值的高斯过程，则 u 给定时 w 的条件期望值为：

$$\hat{w}=V_w(C^d)'V_u\Delta_n^d y$$

如果记 $Y^*=(Y_{n-d+1}, \cdots, Y_n)'$，则有：

$$\begin{bmatrix} w \\ Y^* \end{bmatrix}=\left[\frac{\Delta_{sn}^d}{0\mid I_d\otimes J_m}\right]y$$

其中，J_m 是 $1\times m$ 全 1 向量。综合上述两式估计 y，得：

$$\hat{y}=\left[\frac{\Delta_{sn}^d}{0\mid I_d\otimes J_m}\right]^{-1}\begin{bmatrix} \hat{w} \\ Y^* \end{bmatrix}$$

进而得：

$$\hat{y}=\left[\frac{\Delta_{sn}^d}{0\mid I_d\otimes J_m}\right]^{-1}\left[\frac{V_m(C^d)'V_u^{-1}\Delta_n^d}{0\mid I_d}\right]Y$$

根据上述过程求得的 y 的估计，满足序列性质约束条件的限制，同时也是条件极值问题的解。

二、有指示变量时间序列分解方法

使用指示变量辅助分解是使用广泛的时间序列分解方法，因此这类方法数量较多。与无指示变量的分解方法相比，有指示变量分解方法主要的优势在于，其充分利用了各种经济以及统计变量的信息，并且赋予分解过程经济学意义，使分解结果更有说服力。其主要缺点在于分解结果较强地依赖于指示变量的选择，指示变量的选择既需要考虑经济学背景，又需要用统计方法进行判定。因此，如何恰当地选择指示变量是一个需要深入研究的问题。

（一）基准调整方法

基准调整（Benchmarking）技术首先给出季度序列的一个初始估计，然后使用某个罚函数调整取值，以满足年度序列的约束。国外政府统计部门通常通过年度国民经济核算账户和其他季度指标的辅助信息，完成季度国民经济核算账户的估计。例如，某指标的统计有两个来源，分别是季度数据和年度数据。统计部门认为，按年度统计的数据比季度数据更加全面，因此，更接近真实，假定年度数据不存在统计误差并以此为基准对季度数据进行调整。这便是构造基准调整方法的初衷。使用基准调整方法进行时间序列分解是一个两阶段的过程。首先，根据目标变量与指示变量之间的关系得到目标序列季度分解的一个初始估计，然后运用基准调整技术，以年度目标序列为基准进行调整，从而保证了目标序列分解前后的一致性。

丹顿（Denton，1971）奠定了基准调整方法的基础，该方法的思想是在年度序列条件限制下最小化一个二次形式的损失函数。而这个损失函数定义为待调整序列与目标序列同阶差分之差的平方和。

基准调整（Benchmarking）的主要思想是：对某指标的两个不同的统计来源，假定某组数据不存在统计误差并以此为基准对另一组数据进行调整，使之具有时间趋势和逻辑上的一致性。

假定某指标时间频率为每年 s 个，共有 m 年，则该序列共包含 $n=sm$ 个数据值，将其表示为 $z=(z_1\quad z_2\quad\cdots\quad z_n)'$，而其另一来源的数据为 $y=(y_1\quad y_2\quad\cdots\quad y_m)'$。调整目标是获得新的一组 $x=(x_1\quad x_2\quad\cdots\quad x_n)'$，使之与原始序列偏差最小，同时满足新序列每年 s 个数值之和等于当年年度数据的值。为此，建立一个罚函数 $p(x, z)$，选择 x 使得罚函数 $p(x, z)$ 最小，同时满足限制条件要求。考虑二次形式的罚函数 $p(x, z)=(x-z)'A(x-z)$，其中 A 是一个 $n\times n$ 非奇异对称阵。类似地构造拉格朗日表达式：

$$L=p(x, z)-2\lambda(y-B'x)=(x-z)'A(x-z)-2\lambda(y-B'x)$$

这里 $\lambda=(\lambda_1\quad\lambda_2\quad\cdots\quad\lambda_m)$，同时 $B=\begin{bmatrix} j & o & \cdots & o \\ o & j & \cdots & o \\ \vdots & \vdots & \vdots & \vdots \\ o & o & \cdots & j \end{bmatrix}$，其中 j 是 k 维全

一列向量，o 为 k 维零向量，即 B 为一 $n\times m$ 矩阵。对 L 求偏导数并使之为0，可得该调整问题的解。

借助基准调整方法的思想进行时间序列分解，要首先利用指示变量 $R=(x_1,\ \cdots x_k)$ 得到 $\{z_t\}$。以 $s=4$ 为例，假定指示变量与目标变量之间满足一个线性回归关系：$y=R\beta+u$，这里 β 是 k 维参数向量，u 满足 $E(u)=0$，$Var(u)=\sum_u$。将季度指示变量序列整合为年度序列，得到 β 的最小二乘估计为 $\hat{\beta}=(R'C'\sum_U^{-1}CR)^{-1}R'C'\sum_U^{-1}Y$，其中 $\sum_U=C\sum_u C'$。若记 $z=(z_1\cdots z_{4n})'$，则 $z=R\hat{\beta}$。第一阶段得到 $\{z_t\}$ 作为季度序列的初始估计以后，第二阶段根据上述基准调整办法，以年度数据为基准，对 $\{z_t\}$ 进行调整，最终得到满足序列性质条件约束的季度序列 y。

（二）最优化方法

以CL（邹－林）方法为代表的一类时间序列分解方法，属于最优化方法。最优化方法构造目标序列与指示变量的相关关系，在低频率序列的限制条件下，联合估计参数和高频率的目标序列。

以邹－林（1971）为代表的一类时间序列分解方法假定目标序列和指示变量之间具有线性关系，将年度序列的限制条件与估计过程结合起来，同时得到参数与季度序列的最佳线性无偏估计（BLUE），因此得名最优化方法。

邹－林做出了开创性的工作，后续的发展都是以此为基础的。邹－林方法首先假设目标季度序列与指示变量之间存在一个多元线性回归关系，在随机扰动项的协方差矩阵已知的情况下，可以通过广义最小二乘方法（GLS）得到回归参数的最小二乘估计，进而得到目标变量的最佳线性无偏估计（BLUE）。邹－林假定随机扰动项来自一个AR(1)过程，据此估计出随机扰动项的协差阵，从而得到最终的低频序列的估计。

后人对邹－林方法的改进主要从两个方面进行：一是对随机扰动项服从AR(1)过程的假定提出质疑并提出新的假定；二是将目标序列与指示变量之间的静态线性回归关系进行动态推广。

费尔南德斯（Fernandez，1981）假定随机扰动项来自一个随机游走过程。这一假定的主要优势在于随机扰动项协方差矩阵估计的简洁性，但该假定是对扰动项结构的一个很强的限制条件。李特曼（Litterman，1983）试图对此作出改进，其建议是假定随机扰动项来自一个有一个单位根的AR(2)过程进而对协差阵进行估计。

与上述几种方法不同，格雷罗（Guerrero，1990）提出的方法在估计协差阵时考虑了已有观测数据的信息。该方法假定可以找到一个初始估计使之与高频目标序列来自同一个 ARIMA 过程，这个初始估计可以看作是回归过程中的非随机部分。因此，通过普通最小二乘方获得了这样一个初始估计之后，就可以用传统的 Box - Jenkins 方法得到斜差阵，进而得到回归参数的可行广义最小二乘估计和高频目标序列的最佳线性估计。

席尔瓦和卡多苏（Silva and Cardoso，2001）从另一个角度对邹 - 林方法进行了改进。这一改进的主要思想是，在回归式中加入因变量的滞后项，将原来的静态模型推广为动态线性模型。在这一动态模型下，也可获得分解的最佳线性无偏估计。

普罗耶蒂（Proietti，2006）考虑利用 ADL(1，1）的动态回归模型进行时间序列分解。这一推广可以看作是邹 - 林（1971）、费尔南德斯（1981）、李特曼（1983）方法的更一般情形。更重要的是，普罗耶蒂（Proietti，2006）给出了时间序列分解问题的状态空间表达式，状态空间表达形式将时间序列分解问题归结为一个缺失值问题，从而可以通过增广卡尔曼滤波器算法进行求解。但需要注意的是，使用该方法进行时间序列分解时，指示变量的个数必须为 1，这也是该方法在应用上的缺陷。

与 CL 方法近似的这类方法的分解思想是假定目标序列和指示变量之间存在某种线性关系，将低时间频率序列的限制条件与估计过程结合起来，同时得到参数及高频率序列的最佳线性无偏估计（BLUE）。CL 系列方法是有指示变量时间序列分解方法中最主要的分支，受到了广泛的应用以及在深度和广度上的改进及拓展。本节剩余部分将在前面建立的统一框架下，系统概括 CL 系列方法的发展过程，对比不同改进方法的优缺点，分析该类方法的比较优势和适用范围，为实证分析提供必要的理论基础和工具支撑。

1. CL（邹 - 林）方法

指示变量的选择除了要满足时间频率的要求，还要与待分解的目标变量有一定的相关性。CL 方法假定指示变量 R 与 y 之间存在多元线性关系：

$$y = R\beta + u$$

其中，u 是均值为 0 协方差矩阵为 $\sigma^2\Omega$ 的随机扰动项，其中 σ^2 为常数。又因 $Y = Cy$，则有：

$$Y = Cy = CR\beta + Cu$$

那么 Cu 就是协方差阵为 $\sigma^2 C\Omega C'$ 的随机扰动项，根据此式可以得到 β 的最佳线性估计。先假定 Ω 已知，并定义 $X = CR$，通过广义最小二乘方法（GLS）可以得到参数 β 的最小二乘估计为：

$$\hat{\beta} = [X'(C\Omega C')^{-1}X]^{-1}X'(C\Omega C')^{-1}Y$$

可以证明$\hat{\beta}$也是β的最佳线性估计。从而y的最佳线性无偏估计为：

$$\hat{y}=R\hat{\beta}+\Omega C'(C\Omega C')^{-1}(Y-X\hat{\beta})$$

上式表明y的估计值可以被分为两部分：第一部分是给出R以后y的条件期望，第二部分是通过结合观测值的随机部分与估计中的随机部分得到的扰动项的估计。估计值的组成结构揭示了一个重要性质，即估计值的年度累计恰为当年年度值，事实上也容易证明，$C\hat{y}=Y$成立（上式两边同时乘以矩阵C可得），可见低频率序列的估计值满足了待分解序列性质的限制条件。

至此，协方差矩阵Ω仍然未知，因此，CL方法剩余部分就是寻找Ω的一个合理估计。进一步假设u来自一个AR(1)过程，即$u_t=\rho u_{t-1}+\varepsilon_t$，这里$\varepsilon_t$是白噪声序列，并且$|\rho|<1$。这时如果假定$u_0=0$，则矩阵$\Omega$的任意元素$\omega_{ij}=\rho^{|i-j|}$。

纵观CL方法的分解过程，不难发现该方法的实现依靠两个重要的假设条件，即指示变量与目标变量存在多元线性回归关系以及随机扰动项u来自AR(1)过程。第一个假设用于在协方差矩阵已知条件下估计y，而第二个假设恰用于估计协方差矩阵Ω。实际应用中，CL方法的假设条件具有一定的合理性，且大多情况下都能满足，但是也存在一定弊端。以CL方法为基础，衍生出了多种最优化分解方法，它们都在遵循CL方法分解思路的前提下，对上述两个假设条件进行修改，从而得出具有不同性质的分解结果，当然，各类方法均有各自的适用情形。

2. F－CL（费尔南德斯）、L－CL（李特曼）方法

CL方法在假定随机扰动项u来自一个AR(1)过程的基础上对y进行估计，但是，实际应用中会发现，随机扰动项结构中的参数ρ不易确定，或者说ρ的确定主观性较大而缺乏一般性。其次，在改变目标序列分解频率时，CL方法中AR(1)的假设可能出现严重失真。例如，起初假定季度随机扰动项是1阶自回归过程进行季度分解，现由于指示变量时间频率可以提高至月度，决定对目标序列实行月度分解。这种情形下，不能进一步假设月度随机扰动项也是1阶自回归过程，因为这显然与季度随机扰动项的假设不一致，存在矛盾。针对这一问题，衍生出其他关于随机扰动项结构不同假设的多种方法。

F－CL方法假定u来自一个随机游走过程，即$u_t=u_{t-1}+\varepsilon_t$，其中$\varepsilon_t$是方差已知的白噪声过程。并假定初始条件$u_0=0$，此时$\Omega$的任意元素$\omega_{ij}=\min\{i,j\}$。这一方法的主要优势在于$\Omega$估计的简洁性，无须估计扰动项参数。同时已有许多研究表明，对多数经济序列而言，随机游走的假设不能被拒绝，因此该方法的假设条件有一定的合理性，但是$\rho=1$的假定仍然是对扰动项u结构的一个较强的限制条件。

L－CL 方法假定 u 来自一个有一个单位根的 AR(2) 过程，即 $u_t=(1+\alpha)u_{t-1}-\alpha u_{t-2}+\varepsilon_t$，然后假定 $u_0=u_1=0$，此时 Ω 的任意元素 $\omega_{ij}=\sum_{s=1}^{i}(\sum_{t=0}^{j-s}\alpha^t)(\sum_{t=0}^{i-s}\alpha^t)$。这里 α 的估计可以通过求解大样本下低频率目标序列一阶差分的一阶自相关系数与 α 的多项式方程得到。

由于对随机扰动项结构的不同假设，产生了 CL 系列分解方法的一条衍生分支。在实际使用中不同方法的选择上，应遵循一定的标准。首先，在开始进行分解之前必须研究序列的特性，具体地，如果序列是非平稳且序列相关的，可以对其进行差分处理，差分后序列平稳且不相关。通常的季节调整经济序列在一阶差分后往往都能满足这一性质。其次，如果类似差分的简单数据转换不能达到要求，则需要使用其他方式转换。数据转换的目标是将剩余随机项变为序列不相关且平稳的随机变量。从便捷性考虑，这种数据转换应该遵循简洁的原则。最后，完成数据转换之后，可以使用广义最小二乘法对参数进行估计，这样获得的估计是具有连续性的光滑估计，而不会出现阶梯式的断层。如果分解结果的随机扰动项序列不相关且方差为常数，则估计结果是最佳线性无偏估计。

3. DCL（动态邹－林）方法

CL 方法对目标序列与指示变量静态线性关系的假设，使参数估计可以直接借鉴多元线性回归的结果，但是这一假设在实际中可能不能满足。事实上，实证分析表明经济变量之间的非线性关系是普遍存在的，线性假定掩盖了变量间的非线性效应，导致指示变量的非线性变化难以在分解结果中体现出来。此外，静态回归模型的设定不能很好地拟合经济变量的短期变动与长期关系。为获得 Ω 的估计，F－CL 方法与 L－CL 方法都假定随机扰动项是非平稳过程，本质上都假定目标序列和指示变量之间不存在长期均衡关系。这样在面对平稳序列或协整序列时，使用上述方法就不能得到准确的分解结果。由于这些问题的存在，改进方法构成了 CL 系方法的另一主要分支。

从目标序列与指示变量关系假定的角度考虑，D－CL 方法的主要思想是，在回归式中加入因变量的滞后项，将原来的静态模型推广为动态线性模型。具体地，考虑动态模型：

$$y_t=\kappa y_{t-1}+Z_t\gamma+\varepsilon_t$$

其中，Z_t 是外生回归自变量向量，也可能包含指示变量的滞后项；ε_t 是白噪声，$|\kappa|<1$，如有必要可增加 y 的滞后阶数。该模型可以进一步表达为：

$$y_t=Z(\kappa)_t\gamma+\kappa^t\eta+v_t$$

其中，$Z(\kappa)_t=\sum_{i=0}^{t-1}\kappa^iZ_{t-i}$，$\eta=(\sum_{i=0}^{\infty}\kappa^iZ_{t-i})\gamma$，$v_t=\sum_{i=0}^{\infty}\kappa^iu_{t-i}=\kappa v_{t-1}+u_t$ 是参

数为 κ 的 AR(1) 过程。将等式右边的参数与变量整合，写成向量形式为：

$$y = x(\kappa)\beta + v$$

在这一动态模型下，也可获得 y 的最佳线性无偏估计。在使用 D－CL 方法进行时间序列分解时，一个难以避免的问题是动态模型结构中参数 κ 的估计。为此构造对数最大似然函数：

$$-\ln|C\Omega(\kappa)C'| - n\ln[(Y - Cx(\kappa)\hat{\beta}(\kappa))'(C\Omega(\kappa)C')^{-1}(Y - Cx(\kappa)\hat{\beta}(\kappa))]$$

其中，$\hat{\beta}(\kappa) = [x(\kappa)'C'(C\Omega(\kappa)C')^{-1}Cx(\kappa)]^{-1}x(\kappa)'C'(C\Omega(\kappa)C')^{-1}Y$，$\Omega(\kappa)$ 中的元素 $\omega_{ij} = \kappa^{|i-j|}$。将 $|\kappa| < 1$ 的范围细分为多个取值点，不断尝试各种 κ 的取值，直至某个取值使上述极大似然函数取到最值，即得 κ 的估计 $\hat{\kappa}$。至此，y 的估计可以写为：

$$\hat{y} = x(\hat{\kappa})\hat{\beta}(\hat{\kappa}) + \Omega(\hat{\kappa})C'(C\Omega(\hat{\kappa})C')^{-1}(Y - Cx(\hat{\kappa})\hat{\beta}(\hat{\kappa}))$$

实际问题中许多时间序列模型都是动态形式的，忽略这一事实而盲目假定为静态回归模型会造成多种形式的误设定。因此，使用动态模型进行时间序列分解，有时会对分解结果的准确性起到较大的提升作用。

第三节　GDP 序列分解实证研究

一、我国 GDP 数据的核算方法

国内生产总值（GDP）是一个国家或地区所有常住单位在一定时期内生产活动的最终成果。GDP 是国民经济核算的核心指标，也是衡量一个国家或地区经济状况和发展水平的重要指标。

GDP 核算有三种方法，即生产法、收入法和支出法，三种方法从不同的角度反映国民经济生产活动成果。生产法是从生产的角度衡量常住单位在核算期内新创造价值的一种方法，即从国民经济各个部门在核算期内生产的总产品价值中，扣除生产过程中投入的中间产品价值，得到增加值。计算公式为：

增加值 = 总产出 － 中间投入

收入法是从生产过程创造收入的角度，根据生产要素在生产过程中应得的收入份额反映最终成果的一种核算方法。按照这种核算方法，增加值由劳动者报酬、生产税净额、固定资产折旧和营业盈余四部分相加得到。支出法是从最终使

用的角度衡量核算期内产品和服务的最终去向，包括最终消费支出、资本形成总额和货物与服务净出口三个部分。

我国从1992年1季度开始核算季度GDP。目前，季度核算采取累计核算方式，即分别计算各年1季度、1～2季度、1～3季度和1～4季度的GDP数据。从2011年1季度开始，国家统计局正式对外发布各季GDP环比增长速度。在季度GDP核算时，将所有可以在核算时获得的、适用的经济统计调查数据都用于GDP核算。资料来源主要包括两部分：一是国家统计调查资料（如农林牧渔业、工业、建筑业、批发和零售业、住宿和餐饮业、房地产业等统计调查资料、服务业抽样调查资料、人口与劳动工资统计资料、价格统计资料等）；二是行政管理部门的行政记录资料（主要包括财政部、中国人民银行、国家税务总局、保监会、证监会等行政管理部门的相关数据）。

季度GDP的核算方法包括现价增加值核算方法、不变价增加值核算方法两类。其中，季度现价增加值核算根据资料来源情况，主要采用增加值率法、相关价值量指标推算法、利用不变价推算现价等方法；不变价增加值是把按当期价格计算的增加值换算成按某个固定期（基期）价格计算的价值，从而剔除价格变化因素的影响，以使不同时期的价值可以比较。季度不变价增加值核算主要采用价格指数缩减法和相关物量指数外推法。

《国家统计局关于我国季度国内生产总值核算和数据发布程序规定》以及《关于我国GDP核算和数据发布制度的改革》规定，中国季度GDP核算分为初步核算、初步核实和最终核实三个步骤。季度GDP初步核算对时效性要求很强，一般在季后15天左右公布，而此时GDP核算所需要的基础资料还不能全部获得，因此，季度GDP初步核算利用专业统计进度资料和相关指标推算得到。之后，随着可以获得的基础资料不断增加和完善，再利用更加完整的基础资料对GDP数据进行修订，使其更加准确地反映经济发展实际情况。GDP数据根据更加完整、可靠的基础数据不断修订，这是GDP核算的国际惯例。例如，美国年度GDP数据在次年5月份发布估算数后要修订5次；加拿大年度GDP在次年3月初第一次公布后要修订3次；德国年度GDP在次年1月份公布后要修订4次。

二、GDP季度分解及其效果检验

可以看到，目前我国季度GDP的核算体系复杂，工作量大，且时效性较低。事实上，有的国外统计部门在进行季度国民经济账户构造时，采取时间序列分解方法，而非直接核算。本节运用时间序列分解方法对年度GDP序列进行季度分解，并与我国政府部门发布的核算数据比较，论证我国GDP季度数据通过年度数据分解获得的可行性。在使用多种时间序列分解方法进行分解时，将得到不同结果，可以对不同方法的分解效果进行比较。

我国季度 GDP 核算数据的可获得时期从 1992 年第一季度开始，数据来源为国家统计局数据库。在进行有指示变量时间序列分解时，备选指示变量包括工业总产值、社会消费品零售总额、进出口商品总额、发电量产量、货运量总计、铁路货运量、金融机构境内中长期贷款（本外币）月末数。

工业总产值是指以货币表现的一个国家在一定时期内所生产提供的全部最终产品和服务的市场价值的总和，同时也反映了工业企业部门对国内生产总值的贡献。由于在我国工业生产总值占国内生产总值比例达 45% 以上，工业总产值对当期 GDP 水平具有较大的决定力。而且工业生产总值的月度频率可以满足作为指示变量的要求。

进出口商品总额充分反映了一个国家或地区参与世界经济融合的程度，而对外开放程度也是一国经济水平的影响因素之一。相应地，一个开放国家进出口总额的变动对其 GDP 增长有着显著的影响作用。因此，将这一指标作为指示变量的备选指标。

社会消费品零售总额是指各种经济类型的批发零售贸易业、餐饮业、制造业和其他行业（含农民对非农业居民零售额）对城乡居民和社会集团消费品零售的总和。社会消费品零售总额与 GDP 之间存在着深刻的内在联系，GDP 的增长带动社会消费品总额的增长，而社会消费零售品总额的增长会助推经济的发展。国家统计局数据库定期发布社会消费品零售总额数据。

发电量产量、铁路货运量、金融机构境内中长期贷款（本外币）三个指标都是“克强指数”构成部分。2007 年，时任辽宁省委书记李克强通过三个指标来追踪辽宁的经济动向：全省铁路货运量、用电量和银行已放贷款量，以挤掉统计数字的水分。2010 年末，英国《经济学人》将上述三项指标予以综合，创造出了一个崭新的“克强指数”，受到包括花旗银行在内的众多国际机构认可。该指数更加能精确地反映经济现状，经济的高速增长要消耗大量能源，电力作为一种清洁能源在国家能源结构中占有重要地位，经济增长和电力产量需求之间有着密切的依存关系，经济发展需要电力产量同步增长以作为对经济发展所需能源的支持，因而“耗电量”的多少，可以准确反映我国工业生产的活跃度、以及工厂的开工率；铁路作为承担我国货运的最大载体，因而“铁路货运量”的多少，既能反映经济运行现状，又可反映经济运行效率；而我国间接融资占社会融资总量比例高达 84%，且银行贷款又占到我国间接融资的最大比例，因而“贷款发放量”的多少，既可反映市场对当前经济的信心，又可判断未来经济的风险度。“克强指数”反映经济现状，不仅体现在上述三个指标更切合我国经济特征，还体现在具体数据的易于核实上。与 GDP 的统计相比，由于耗电量、铁路货运量和银行贷款发放量三个指标涉及电网、铁路、银行的具体业绩核算，与地方政府的 GDP 崇拜无关，几乎没有作假的空间和动机，因而所取得的具体数据也更为真实，同时也更真实反映经济的走势。

利用指示变量进行时间序列分解时，一个关键的问题是指示变量的选取。所选用的指示变量是否恰当，直接关系到分解结果的可靠性。指示变量除了要满足时间频率的要求外，还需与目标变量具有一定的关联性。本章实证分析中的指示变量筛选参照多元回归中的变量选择原理。在多元回归中进行变量选择时，若该变量的添加使 BIC 值增大，则不允许该变量进入回归模型。类似地，在确定某变量是否作为分解的指示变量之前，考虑两个回归模型，一个包含该变量，另一个不包含该变量。利用 CL 系列方法估计出参数以后，计算各自的 BIC 值，比较两个模型的 BIC 值以确定是否将该变量定为指示变量。

表 7 - 1 概括了各备选指示变量的数据统计特征。根据数据可获得的时间区间，进行两次有指示变量时间序列分解。分别为：1993 ~ 2011 年季度 GDP 分解；2003 ~ 2013 年季度 GDP 分解。进行上述划分是由于数据可获时间区间不同的客观因素导致的，两次分解也可以检验时间跨度对分解结果的影响是否显著。在进行 GDP 的季度分解时，将所有指示变量的时间频率整合为季度。同时，将所有变量做一阶差分处理，可以反映指示变量的增量对 GDP 增量的拉动效应。图 7 - 3 和图 7 - 4 分别给出了季度 GDP 核算数据季度增量及其年度增量的变动情况。图 7 - 5 ~ 图 7 - 10 给出了所有备选指示变量季度增量的变动情况。本章采用的分解算法均通过 MATLAB 软件实现。

表 7 - 1　　GDP 及分解备选指示变量说明

变量	指标名称	统计单位	数据可获时间区间	时间频率	数据来源
GDP	国内生产总值	亿元	1992 年一季度至今	季度	国家统计局数据库
X_1	工业总产值	亿元	截至 2012 年 5 月	月度	国家统计局数据库
X_2	进出口商品总额	亿美元	早于 1992 年至今	月度	Wind 资讯
X_3	社会消费品零售总额	千万元	早于 1992 年至今	月度	国家统计局数据库
X_4	发电量产量	百万千瓦时	早于 1992 年至今	月度	中经网统计数据库
X_5	铁路货运量	千吨	早于 1992 年至今	月度	中经网统计数据库
X_6	中长期贷款月末数	亿元	2002 年 12 月至今	月度	中经网统计数据库
X_7	货运量总计	亿吨	早于 1992 年至今	月度	中经网统计数据库

注释：为避免进行参数估计时协方差矩阵不可逆，将各变量的单位作调整使之处于同等数量级。

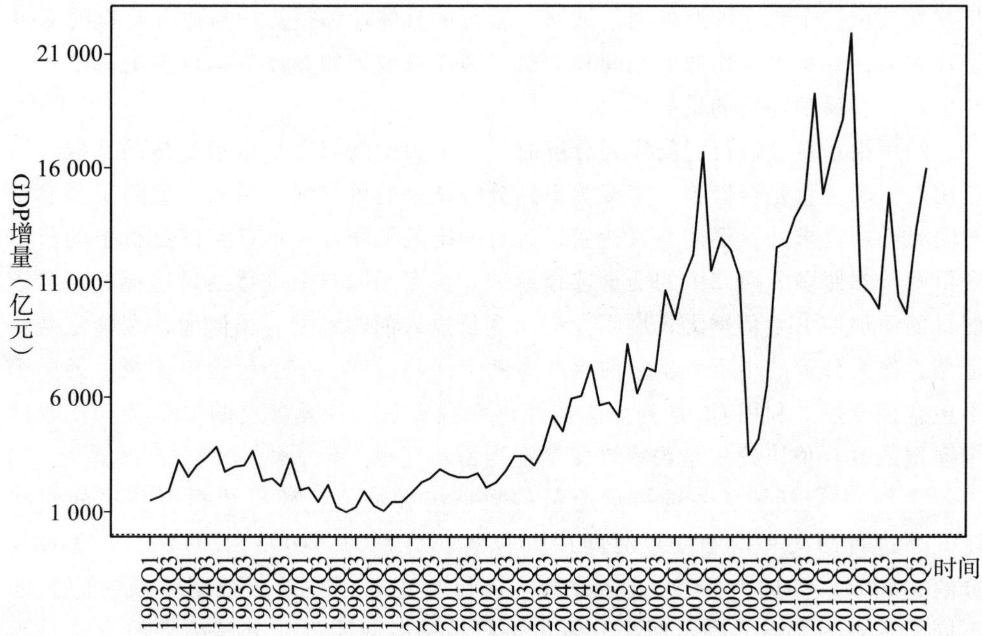

图 7-3　1993~2013 年季度 GDP 核算增量序列

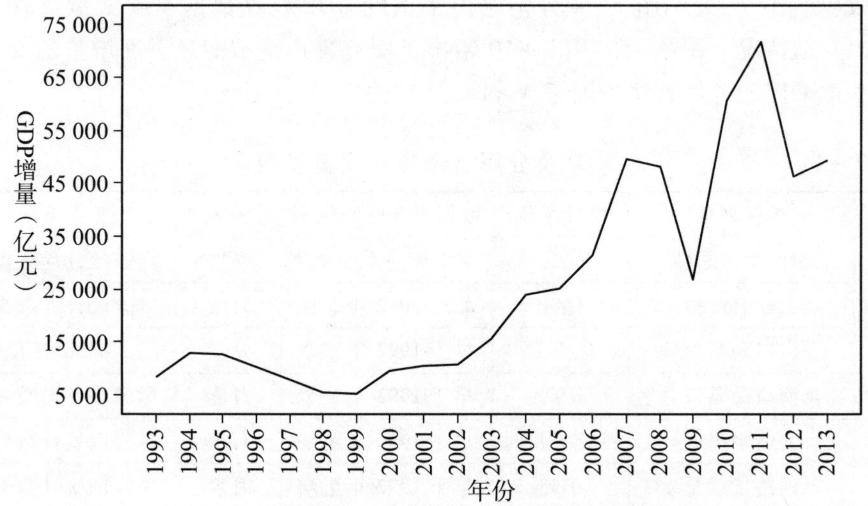

图 7-4　1993~2013 年度 GDP 增量序列

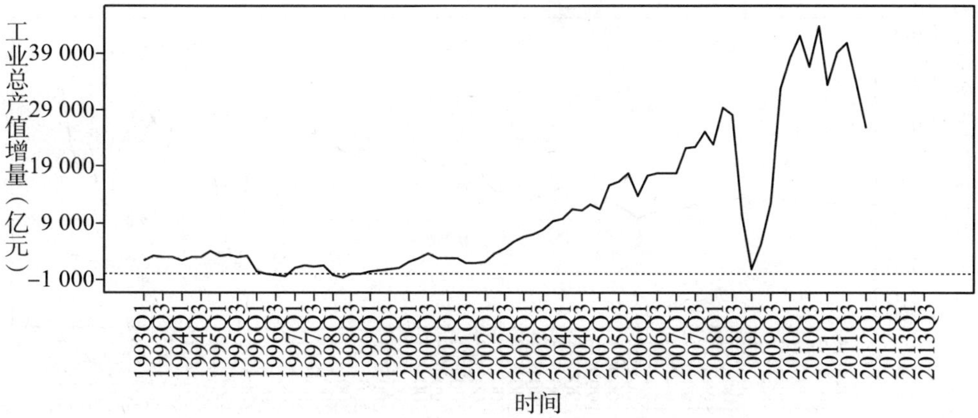

图 7-5　1993~2011 年季度工业总产值增量

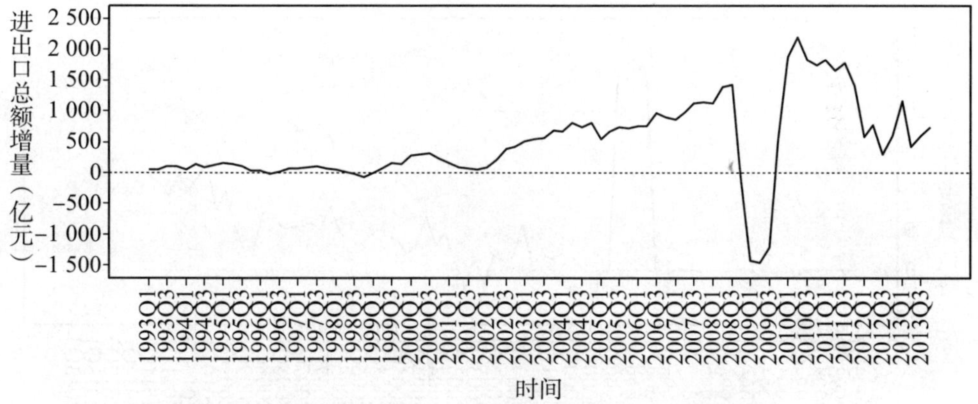

图 7-6　1993~2013 年季度进出口总额增量序列

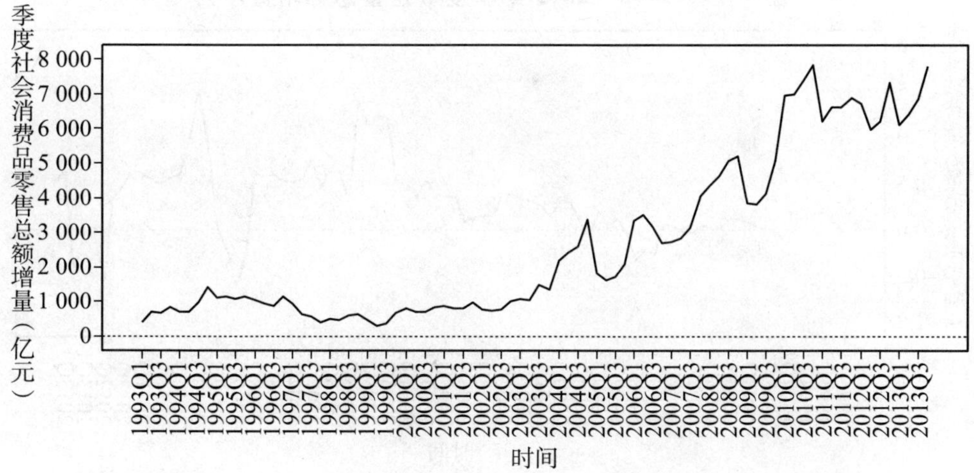

图 7-7　1993~2013 年季度社会消费品零售总额增量序列

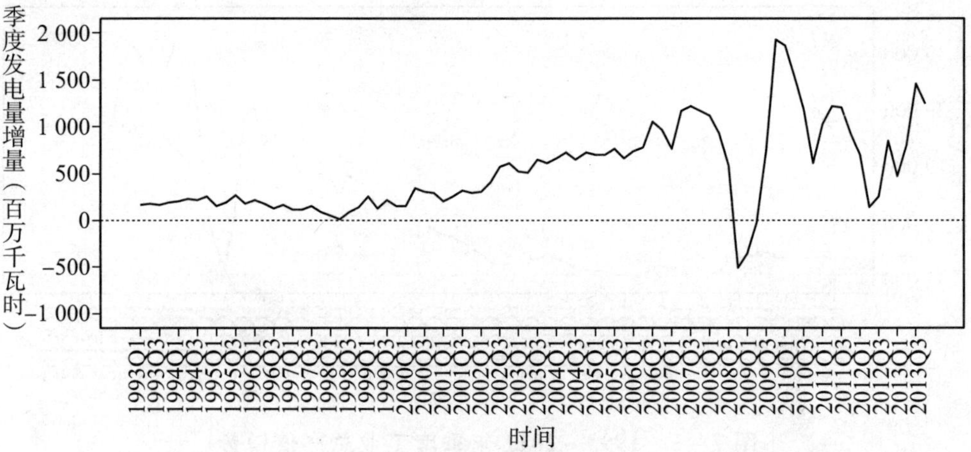

图 7-8　1993~2013 年季度发电量产量增量序列

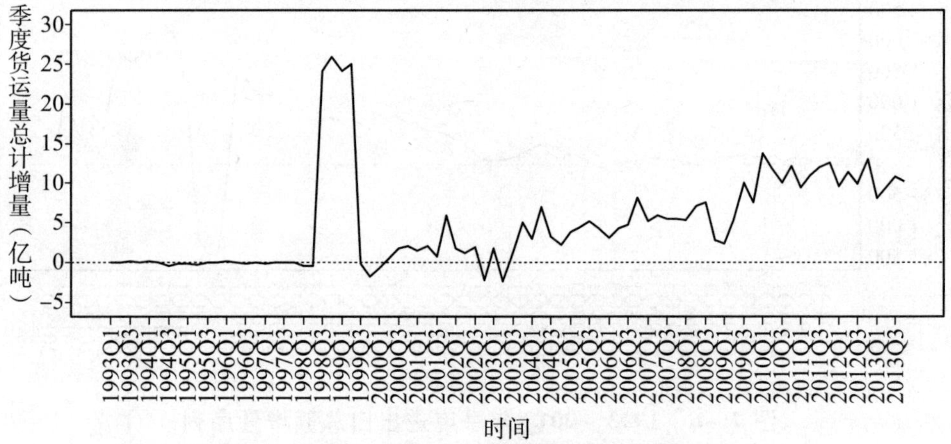

图 7-9　1993~2013 年季度货运量总计增量序列

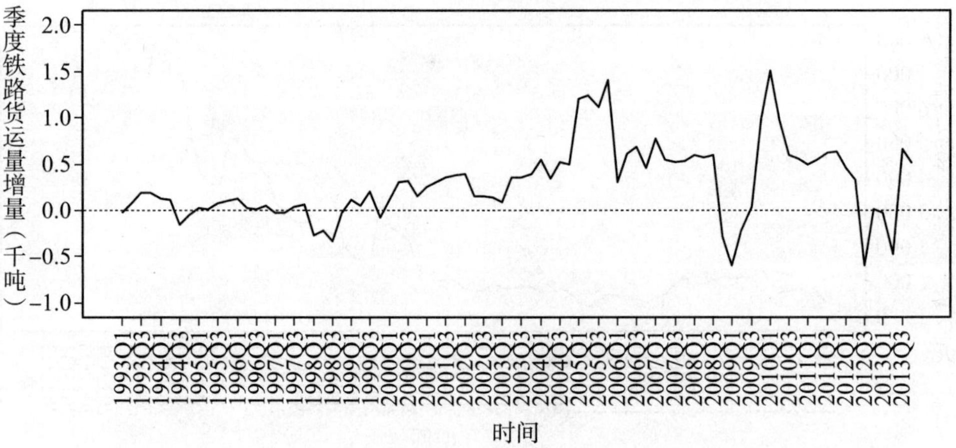

图 7-10　1993~2013 年季度铁路货运量增量序列

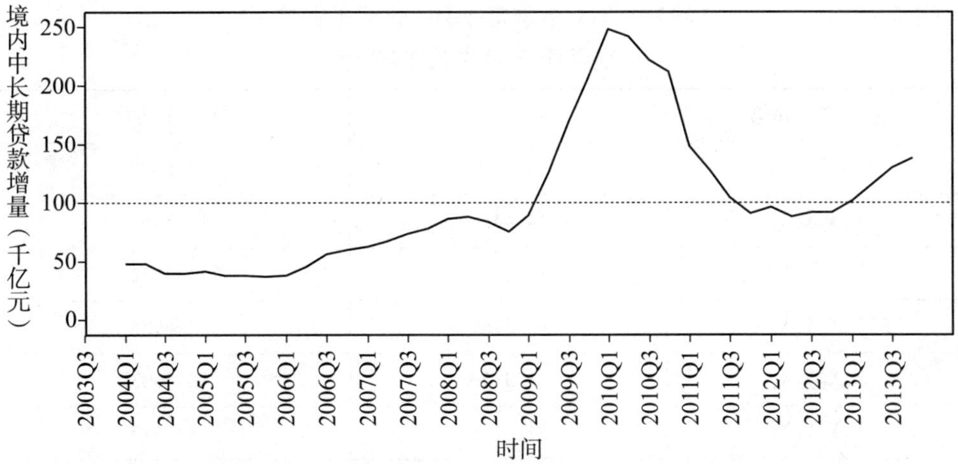

图 7-11　2004～2013 年季度金融机构境内中长期贷款增量序列

1. 1993～2011 年季度 GDP 分解

备选指示变量集为｛工业总产值、进出口商品总额、社会消费品零售总额、发电量产量、货运量总计、铁路货运量｝，时间跨度为 1993～2011 年（以下简称：分解一）。分解一分别选择 BFL 方法进行无指示变量的时间序列分解、CL 方法和 D-CL 方法进行有指示变量时间序列分解。分解结果如图 7-12所示。

在进行有指示变量分解时，由于备选指示变量“工业总产值”数据自 2012 年 5 月以后缺失，而季度 GDP 数据起始时间为 1992 年，所以将分解序列的时间跨度定为 1993～2011 年。又因为“中长期贷款”自 2002 年 12 月开始才可获得数据，因此，本次分解不将其列为备选指示变量。注意到备选指示变量中的“货运量总计”增量，在 1998 年第 3 季度发生突变，如图 7-9 所示，它与其余指示变量的变动趋势不符，因此，在分解之前直接将其剔除出备选指示变量集。

表 7-2 给出了此次分解中按照贝叶斯信息准则（BIC）准则筛选指示变量的部分结果。利用 BIC 值筛选指示变量的思路是，从集合中只包含一个指示变量开始，添加一个不同指示变量计算 BIC 值比较不同指示变量集对应的模型 BIC 值，选择 BIC 值较小的集合。如果变量的添加导致 BIC 值增大，则认为该新增变量不应作为指示变量参与分解。如果多个变量均使 BIC 值减小，则去 BIC 值较小的一个再次加入其他备选指示变量进行筛选，直至添加的变量都会导致 BIC 值增加为止。结果显示，使用 CL 方法进行分解时，最佳的指示变量集为｛工业总产值、发电量产量、铁路货运量｝；使用 D-CL 方法进行分解时，最佳的指示变量集为｛工业总产值、发电量产量、铁路货运量｝。

表 7-2　　1993~2011 年季度 GDP 分解不同指示变量组合对应的 BIC 值

指示变量集合	CL 方法	D-CL 方法
$X_1X_2X_3X_4X_5$	14.5507	13.6890
$X_1X_2X_3X_4$	14.4468	13.8452
$X_1X_2X_3X_5$	14.3268	14.4030
$X_1X_2X_4X_5$	14.3789	13.4985
$X_1X_3X_4X_5$	14.3359	13.4603
$X_2X_3X_4X_5$	14.5168	13.7519
$X_1X_2X_3$	14.2332	14.2132
$X_1X_4X_5$	14.1728	13.3449
$X_3X_4X_5$	14.7055	13.9516
$X_2X_4X_5$	14.2993	13.7301
X_4X_5	14.9972	13.7737

注释：$X_1 \sim X_5$ 分别代表工业总产值、进出口商品总额、社会消费品零售总额、发电量产量、铁路货运量。

图 7-12 显示，分解所得季度 GDP 序列与国家统计局通过核算方法得到的季度 GDP 序列的吻合程度较高，可见时间序列分解模型在进行年度 GDP 序列的季度分解时具有较好的应用效果和可行性。为了具体度量分解结果对核算序列的拟合程度，以便对不同方法的分解结果进行横向比较，表 7-3 进一步计算了三种方法的分解结果与实际核算序列的平均误差平方和①。结合表 7-3 与图 7-12 可见，无指示变量分解没有借助目标序列之外的任何信息，分解结果仅在序列本身的限制条件下，实现了年度总值的按趋势季度分配，分解结果与实际核算值存在相对大的偏差。CL 方法、D-CL 方法的分解利用指示变量的辅助信息，指示变量所包含的季度特征充分体现在分解结果中，分解结果更接近核算数值。

① 序列 $x=(x_1, x_2, \cdots, x_n)$ 与 $y=(y_1, y_2, \cdots, y_n)$ 的平均误差平方和定义为 $\frac{1}{n}\sum_{i=1}^{n}(x_i-y_i)^2$。

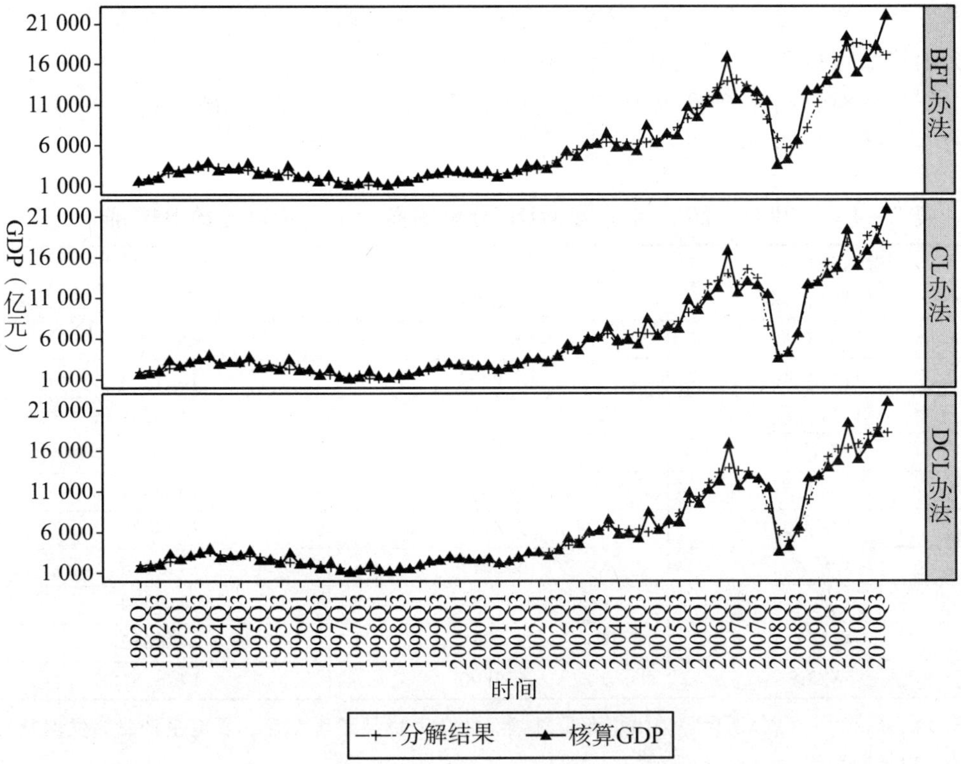

图 7－12　1993～2011 年季度分解结果与 GDP 实际核算值比较

注：BFL 为无指示变量分解；CL 和 D－CL 为有指示变量分解。

表 7－3　　1993～2011 年季度分解结果与实际核算 GDP 序列的平均误差平方和

方法	BFL	CL	D－CL
平均误差平方和	1 579 395.3	1 018 591.4	1 122 355.7

2. 2003～2013 年季度 GDP 分解

分解二：备选指示变量集为｛进出口商品总额、社会消费品零售总额、发电量产量、货运量总计、铁路货运量、中长期贷款月末数｝，时间跨度为 2003～2013 年（以下简称：分解二）。

分解二的时间跨度的选取同样考虑了指示变量的数据可获取性。本次分解的备选指示变量集中包含了构成"克强指数"的三大要素：发电量产量、铁路货运量、中长期贷款。筛选之前同样首先剔除"货运量总计"。由于数据缺失，"工业总产值"指标在本分解中被剔除出备选集合。分解二分别选择 BFL 方法进行无指示变量时间序列分解、运用 CL 方法和 D－CL 方法进行季度 GDP 序列有指示变量分解。通过 BIC 准则筛选，使用 CL 方法进行分解时，指示变量集为｛社会消费品零售总额、发电量产量、铁路货运量、中长期贷款｝；使用 D－CL 方法进行分解时，指示变量集为｛发电量产量、铁路货运量｝。部分指示变量集的 BIC 值在表 7－4 中给出。

表 7－4　2003～2013 年季度 GDP 分解不同指示变量对应的 BIC 值

指示变量集合	CL 方法	D－CL 方法
$X_2X_3X_4X_5X_6$	15.6992	15.1820
$X_2X_3X_4X_6$	15.3664	15.5288
$X_2X_3X_5X_6$	15.9564	15.8864
$X_2X_4X_5X_6$	15.4121	15.0596
$X_3X_4X_5X_6$	15.3555	15.1334
$X_2X_3X_4X_5$	15.7664	15.2071
$X_2X_3X_6$	15.5734	15.4779
$X_4X_5X_6$	16.2015	14.9978
$X_3X_4X_5$	16.0343	14.9419
$X_2X_4X_5$	15.4965	14.8062
X_4X_5	15.9890	14.6251

注释：$X_2 \sim X_6$ 分别代表进出口商品总额、社会消费品零售总额、发电量产量、铁路货运量、中长期贷款。

图 7－13 给出了 2003～2013 年季度 GDP 被三种分解方法分解的结果，表 7－5 给出了各分解结果与实际核算序列的平均误差平方和。无指示变量分解的 BFL 方法可以看作是实际核算 GDP 序列的平滑化处理，难以反映序列变化的大幅度波动。在有指示变量分解中，CL 方法的分解效果欠佳，其平均误差平方和甚至大于 BFL 方法。而 D－CL 方法分解结果与核算数据拟合程度较高，分解结果也体现出指示变量的季度特征，较好地反映了目标序列的大幅度突变，其平均误差平方和上，使用该方法所得的值在三种方法中最小。

比较 CL 和 D－CL 两种有指示变量时间序列分解方法的分解结果，二者的差异主要由两方面的原因造成。第一，指示变量集选取不同，在满足序列性质约束条件的前提下，指示变量的选取对分解结果其有显著的影响。这也反映出有指示变量分解结果对指示变量的选取有较强的依赖性，事实上，除 BIC 准则外还有其他指示变量筛选方法，如何恰当选取指示变量仍是一个有待进一步研究的问题。第二，两者对指示变量与目标变量之间关系的假定不同，如果假定能够充分反映变量间的相关关系，则分解效果相对较好。D－CL 方法假定目标变量与指示变量之间存在动态线性关系，这一假定准确地描述了 GDP 与发电量产量、铁路货运量的关系，因此，在分解结果中，其拟合程度较好，且平均误差平方和相对最小。

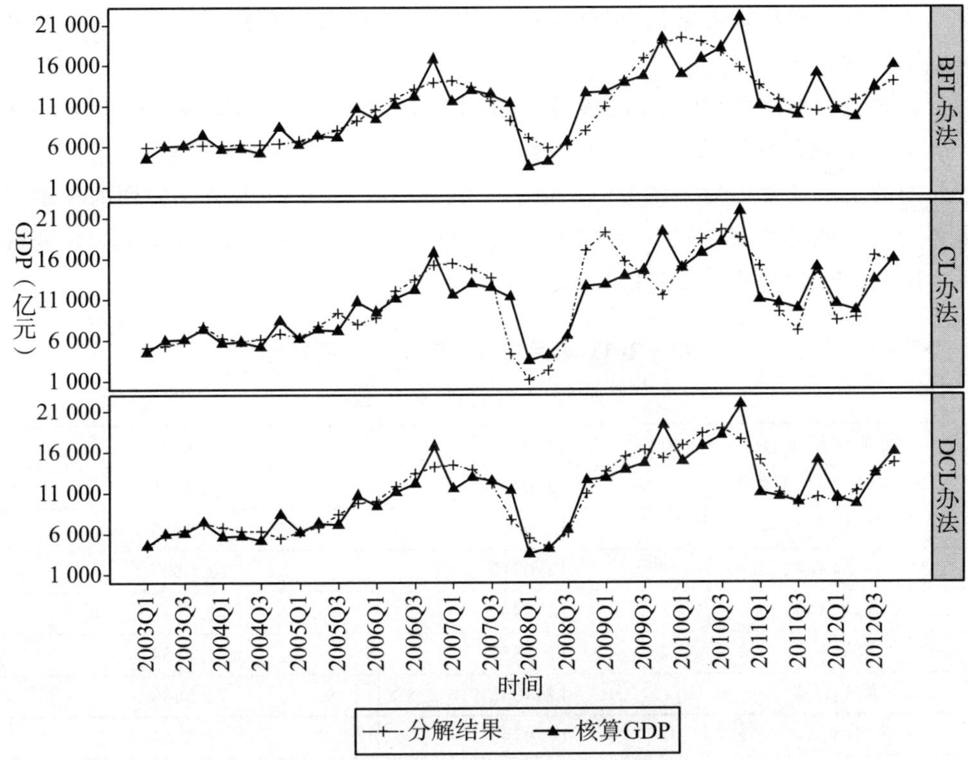

图 7－13　2003～2013 年季度 GDP 分解结果与实际核算季度 GDP

注：BFL 为无指示变量分解；CL 和 D－CL 为有指示变量分解。

表 7－5　2003～2013 年季度 GDP 分解结果与实际核算 GDP 平均误差平方和

方法	BFL	CL	D－CL
平均误差平方和	4 531 671	7 049 501	3 488 720

三、季度 GDP 数据的月度分解

目前我国国家统计部门仅发布季度 GDP 核算数据，尚未对月度 GDP 进行核算，原因在于目前尚不具备获取月度核算所需调查统计资料的条件。本节对季度 GDP 核算数据进行分解，将序列的时间频率提高至月度。由于数据可获时间区间不同，因此将月度分解划分为两次分解。

1. 1993～2011 年月度 GDP 分解

备选指示变量集为｛工业总产值、进出口商品总额、社会消费品零售总额、发电量产量、铁路货运量｝，时间跨度为1993～2011年。使用以上指示变量的分解以下简称分解三。

分解三分别采用BFL方法进行无指示变量时间序列分解、采用CL方法和D－CL方法进行有指示变量分解。分解之前经过BIC准则指示变量筛选，CL方法使用的指示变量集为｛工业总产值、发电量产量｝，D－CL方法使用的指示变量集为｛工业总产值、发电量产量、铁路货运量｝。表7－6给出了不同指示变量集对应的BIC值和指示变量的筛选过程。

表7－6　1993～2011年月度GDP分解不同指示变量组合对应的BIC值

指示变量集合	CL方法	D－CL方法
$X_1X_2X_3X_4X_5$	12.0367	12.4286
$X_1X_2X_3X_4$	11.9662	12.3715
$X_1X_2X_3X_5$	12.0210	12.3807
$X_1X_2X_4X_5$	12.0432	12.3948
$X_1X_3X_4X_5$	11.9855	12.4154
$X_2X_3X_4X_5$	12.3632	12.5440
$X_1X_4X_5$	11.9743	12.2361
$X_1X_3X_4$	11.9148	12.3666
$X_1X_2X_4$	11.9767	12.3310
X_1X_4	11.9088	12.2981

注释：X_1～X_5分别代表工业总产值、进出口商品总额、社会消费品零售总额、发电量产量、铁路货运量

运用上述三种方法的GDP月度分解结果如图7－14所示。结果表明，无指示变量分解由于没有借助其他信息辅助分解，结果相对平滑，只体现了序列整体趋势的走向，其与真实的月度指标变动情况可能存在一定偏差。有指示变量分解中，CL方法分解结果包含了指示变量集的月度信息，结果具有较大的波动性。相比之下，D－CL方法分解结果的波动幅度与无指示变量分解的BFL方法结果近似，较CL方法更平滑，这一特点在序列两端表现更为明显。

2. 2003～2013年月度GDP分解

备选指示变量集为｛进出口商品总额、社会消费品零售总额、发电量产量、铁路货运量、中长期贷款月末数｝，时间跨度为2003～2013年。使用以上指示变量的分解以下简称分解四。

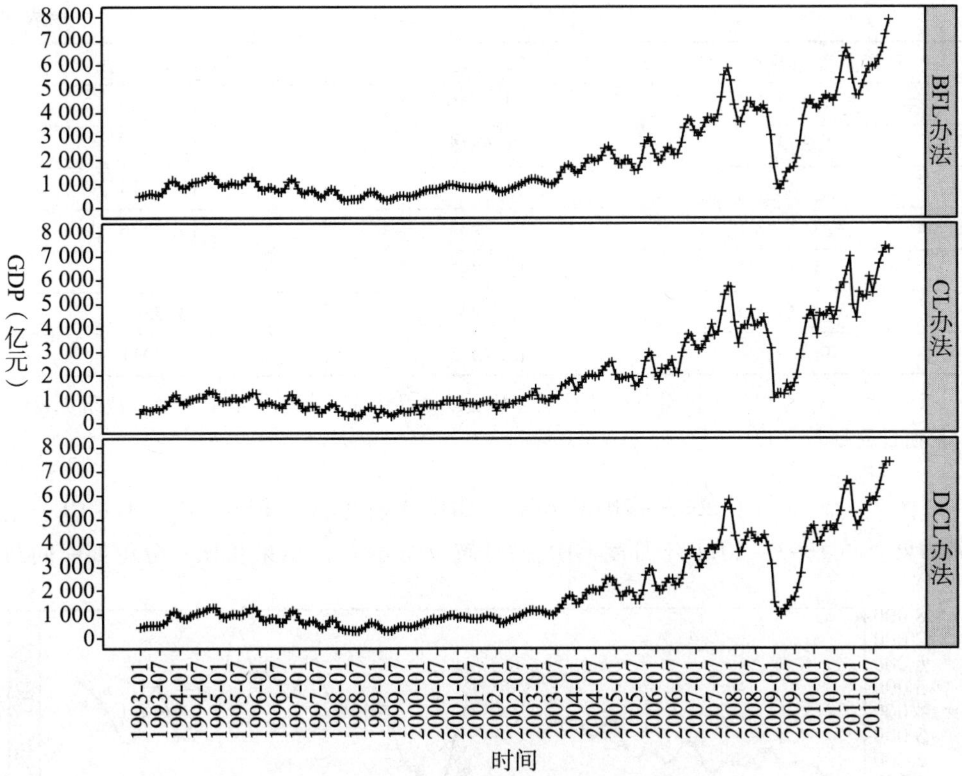

图 7－14　1993～2011 年月度 GDP 分解结果

分解四分别采用 BFL 方法进行无指示变量时间序列分解、采用 CL 方法和 D－CL 方法进行有指示变量分解。备选指示变量经过 BIC 准则筛选后，CL 方法使用的指示变量集为｛社会消费品零售总额、发电量产量、铁路货运量、中长期贷款月末数｝，D－CL 方法使用的指示变量集为｛社会消费品零售总额、铁路货运量、中长期贷款月末数｝。具体筛选过程和不同指示变量集对应的 BIC 值见表 7－7。注意到筛选以后保留的指示变量大多包含“克强指数”的构成元素，表明指示变量与 GDP 具有较高的相关性。

表 7－7　2003～2013 年月度 GDP 分解当中不同指示变量组合对应的 BIC 值

指示变量集合	CL 方法	D－CL 方法
$X_2X_3X_4X_5X_6$	13.6308	13.9365
$X_2X_3X_4X_6$	13.5875	13.8179
$X_2X_3X_5X_6$	13.5104	13.9134
$X_2X_4X_5X_6$	13.8640	13.8395

续表

指示变量集合	CL 方法	D－CL 方法
$X_3X_4X_5X_6$	13.3840	13.7439
$X_2X_3X_4X_5$	13.5618	13.7752
$X_3X_5X_6$	13.4738	13.7114
$X_4X_5X_6$	13.4264	13.7226
$X_3X_4X_5$	13.4787	13.7315
$X_2X_4X_5$	13.4744	13.7293
X_4X_5	13.4335	13.7911

注：$X_2 \sim X_6$ 分别代表进出口商品总额、社会消费品零售总额、发电量产量、铁路货运量、中长期贷款。

图 7－15 给出了 2003～2013 年月度 GDP 三种方法（BFL、CL、D－CL）分解结果。与 1993～2011 年月度 GDP 的分解（分解三）结果相比，分解四时间跨

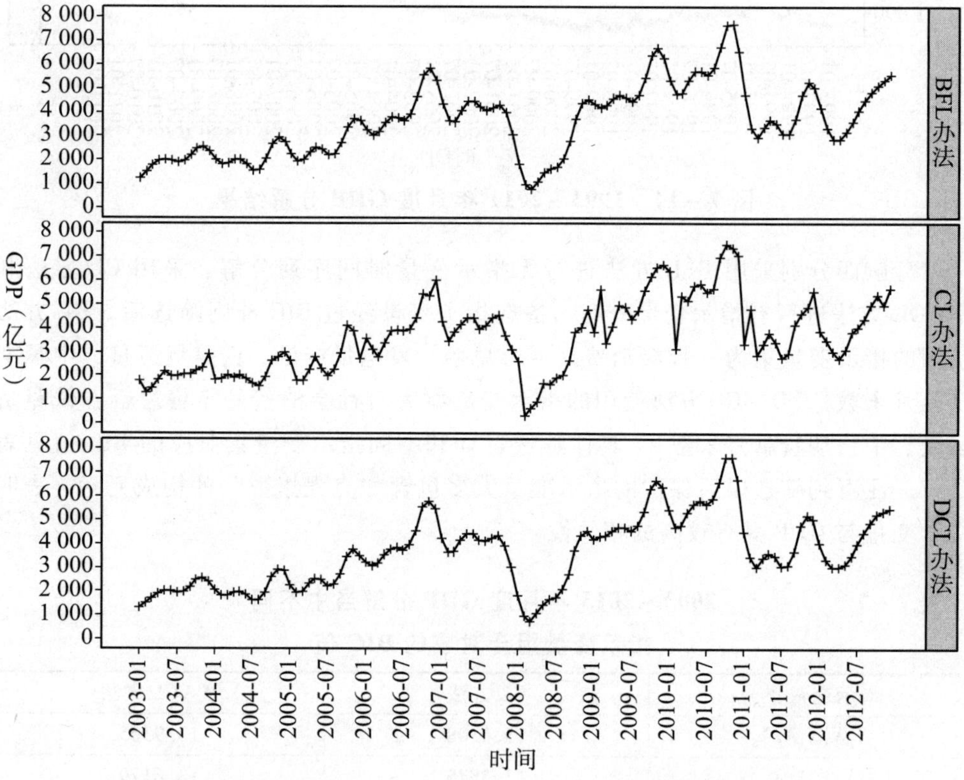

图 7－15　2003～2013 年月度 GDP 有指示变量分解结果

注：其中 BFL 无指示变量分解；CL 和 D－CL 方法为有指示变量分解。

度更狭窄，所包含的数据值较少。CL 静态方法由于使用了社会消费品零售总额这一指示变量，分其分解结果在 2011 年以后波动性更加突出。而 BFL 方法和 D－CL 方法的分解结果十分近似。虽然 CL 动态模型使用了指示变量辅助分解，但就分解结果而言，序列的变动趋势与无指示变量的 BFL 方法差异并不明显。这表明，在缺少合适的指示变量选择的情况下，使用无指示变量分解方法直接对目标序列进行分解也不失为一种可替代的估计方法。

第四节　居民收入比重季度分解

一、资金流量核算及其资金流量表分析概述

资金流量核算以全社会资金运动为核算对象，反映生产结束后的收入分配、再分配、消费、投资支出和资金融通过程，是国民经济核算体系的一个重要组成部分。其主要功能是描述国民经济各机构部门之间一定时期资金往来或交易的流向和流量，为经济分析、制定分配政策、财政政策和金融政策，加强宏观调控提供依据。资金流量核算将经济总体分为五大机构部门，分别是非金融企业部门、金融机构部门、居民部门（也称住户部门）、政府部门和国外部门。我国资金流量表采用标准式矩阵表，以机构部门为列，交易项目为行构成，每个机构部门之下都分别列出"使用"与"来源"两栏，类似于借贷双方。资金流量表采用复式记账原理，对每笔资金流量都作双重反映。

资金流量表分为实物交易和金融交易两大部分，全面地反映了资金在不同机构部门之间的流量与流向，以及资金的余缺情况。利用资金流量表进行分析，可以深入分析经济运行状况和问题，为制定和调整货币政策，实现宏观经济调控提供依据。

资金流量表（实物交易部分）分析的主要内容是考察国民总收入在不同部门之间的分配情况。居民部门一直是国民收入分配研究的主要对象，资金流量表统计数据显示，改革开放以来，随着经济快速发展和经济体制改革的不断深化，我国国民收入的主体分配格局发生了较大变化。居民可支配收入在国民可支配总收入中的比重下降。居民收入在国民收入中的比重下降，会引发一系列经济和社会问题。逐步提高居民收入在国民收入分配中的比重，是党和政府针对我国收入分配中存在的突出问题提出的。要解决这个问题，首先要掌握居民收入占国民收入

比重的现状、变动及影响因素。由于资金流量表每年发布一次，并且有一定滞后性，对居民部门收入占国民收入比重年度指标进行季度分解，可以得到居民收入占比的季度特征，分析季度收入占比的变动趋势，深入探讨居民收入占比下降的原因。

二、居民部门收入占国民收入比重分解

本节对资金流量表中居民部门可支配收入一项进行季度分解，分解结果与已有的季度 GDP 核算数据结合，从而得到居民收入占国民收入比重的季度数据。进行居民部门可支配收入季度分解时，使用城镇居民人均可支配收入和农村居民人均现金纯收入两个季度指标作为指示变量，指示变量的数据来源均为国家统计局网站。

指示变量季度数据可获取的起始时间为 2002 年，而资金流量表由于其发布通常有一定的滞后期，目前可获得的数据截至 2011 年。基于上述条件限制，本节时间序列分解选取的时间跨度为 2002 ~ 2011 年，共 10 年。对原始数据进行初步描述性统计，发现农村居民人均现金收入指标的季度特征比较明显，第二、四季度收入值明显高于第一、三季度，城镇居民人均可支配收入各季度取值相对比较平滑。就增长趋势而言，农村居民人均现金收入指标的增长速度更快，在 10 年内增长近五倍。

由于可选的指示变量较少，本节不进行指示变量的筛选而直接使用 CL 方法对居民部门可支配收入进行季度分解。事实上，所选的两个指示变量既满足时间频率的要求，又在经济学意义上与待分解的目标变量有很强的相关性，符合作为指示变量的标准要求。

将分解所得季度序列与季度 GDP 序列相除，即可得居民收入占国民收入比重的季度分解结果。为分析造成居民收入比重变动的季度因素，将每一季度的居民收入比重与年度比重进行比较，图 7 - 16 给出了四个季度居民收入比重与年度比重的比较结果。

由图 7 - 16 可见，居民收入比重年度变动可分为两个时期，分别是 2002 ~ 2008 年的持续下降期和 2009 年及其以后的缓慢上升期。综合比较图 7 - 16，第一季度的居民收入比重曲线位于年度居民收入比重曲线上方，而第二、四季度的居民收入比重曲线位于年度居民收入比重曲线下方，可见第一季度的居民收入推动了居民年度收入占 GDP 比重的上升，或者说第一季度的居民收入延缓了居民年度收入比重的下降。相比之下，第二和第四季度居民收入对居民年度收入占 GDP 比重的影响是负向的，加重了居民年度收入比重的下降，或者说延缓了居民

年度收入比重的上升。第三季居民收入比重的曲线与年度比重曲线的重合程度较高，由此可以判断第三季度居民收入对居民年度收入比重的影响较小。

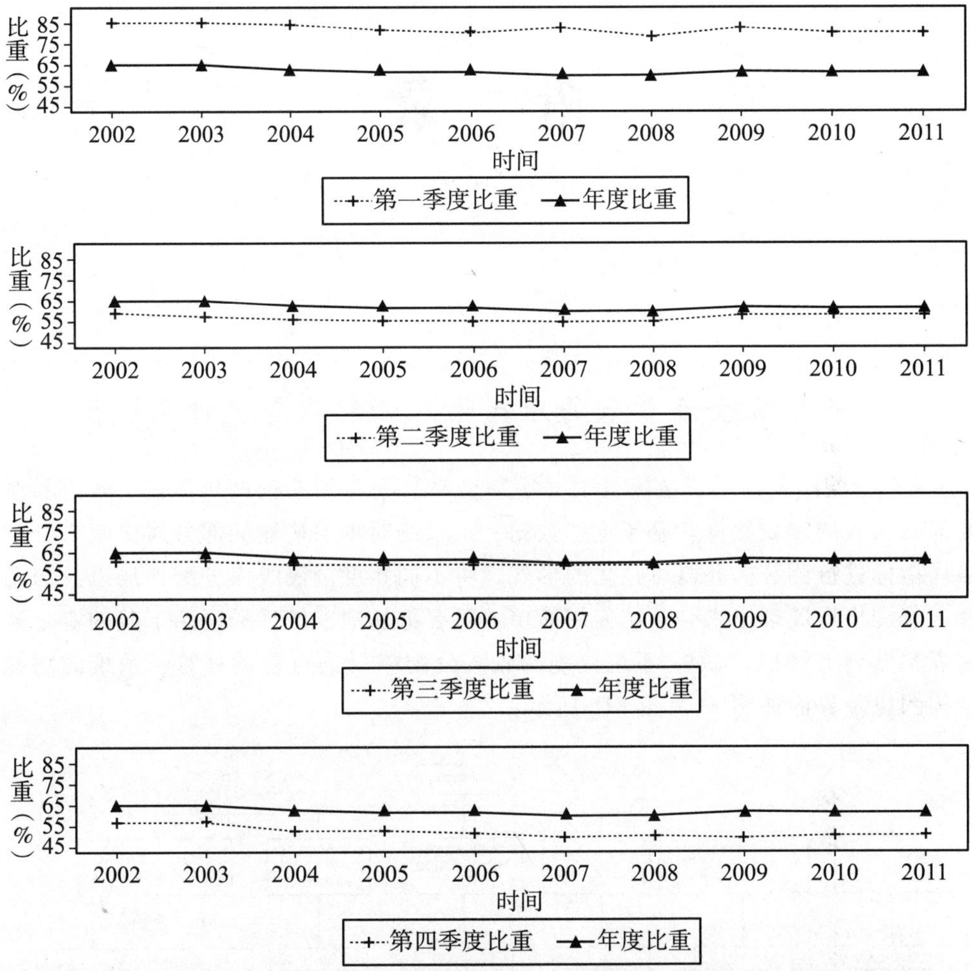

图 7-16　2002～2011 年季度居民可支配收入占 GDP 比重与年度比重对比

附　录

一、基于资金流量表的居民收入分配格局统计系统说明

《中国统计年鉴》资金流量表（实物交易）每年发布前两年居民、政府和企业部门收入的宏观数据。基于这些数据，本系统对本书构建的部分居民收入分配格局指标进行测算。并以可视化的形式，将不同年度国民收入分配格局以及居民收入分配格局展现出来。系统使用简单，只要把从国家统计局网站下载的资金流量表粘贴到EXCEL当中，系统便能对收入分配格局进行自动计算。系统的功能结构图以及界面如图F1~图F15所示。

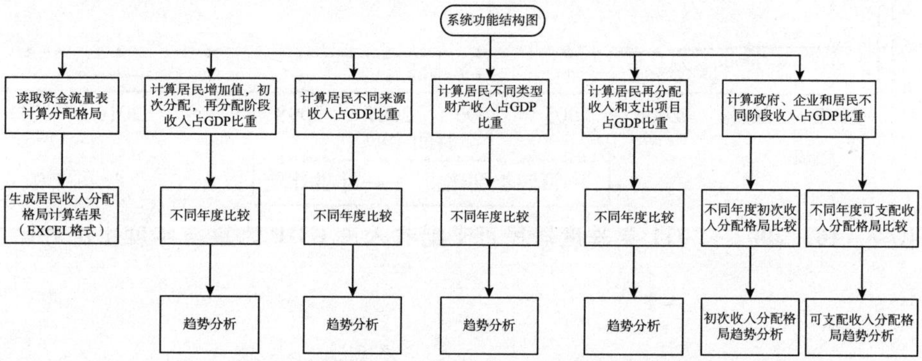

图F1　基于资金流量表的居民收入分配格局统计系统功能结构

图 F2　基于资金流量表的居民收入分配格局统计系统主界面

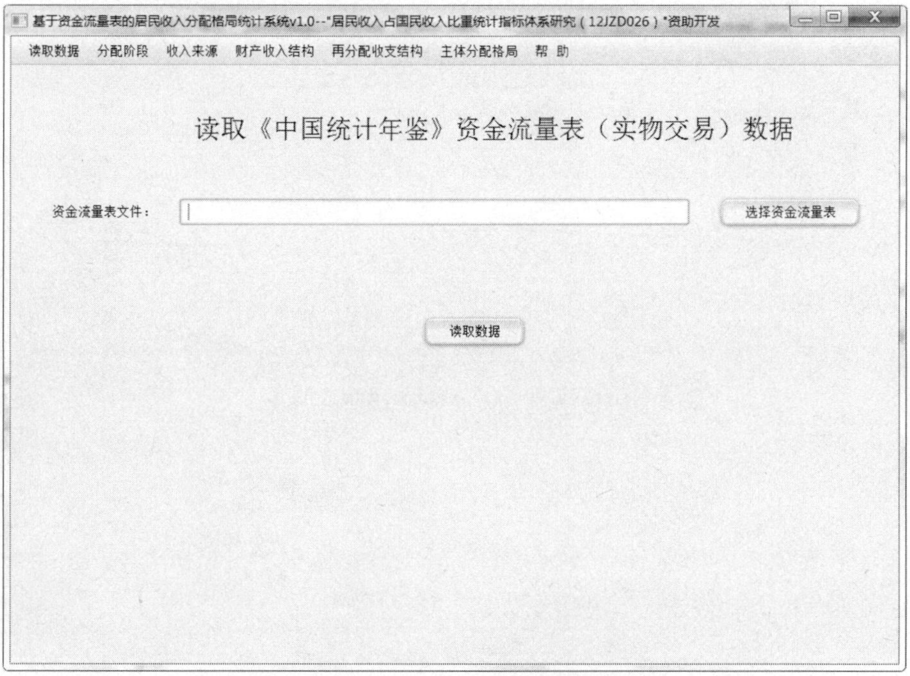

图 F3　读取资金流量表数据界面

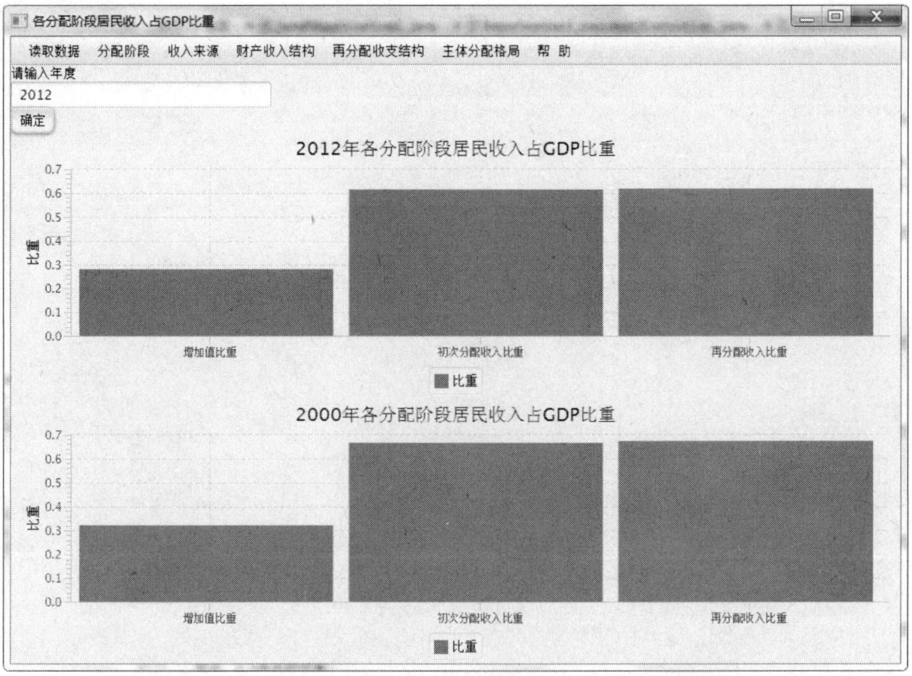

图 F4 各分配阶段居民收入占 GDP 比重比较

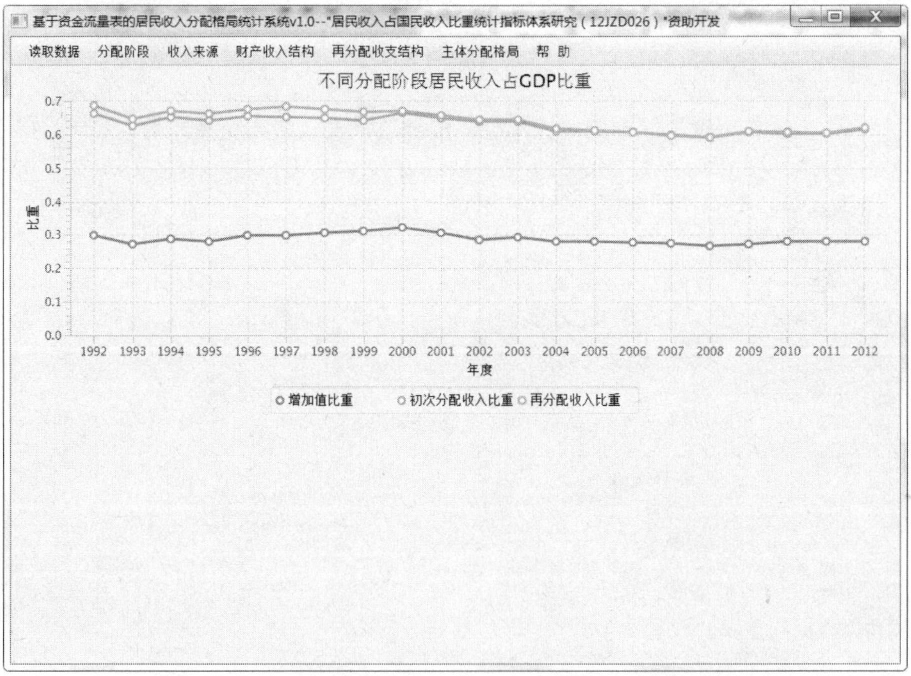

图 F5 不同分配阶段居民收入占 GDP 比重变动趋势

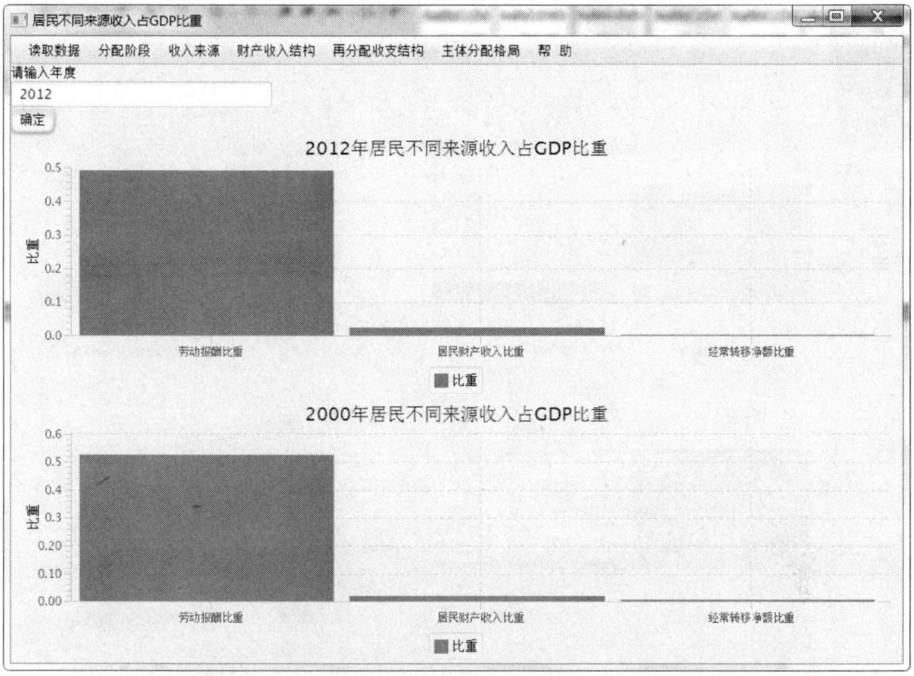

图 F6 居民不同来源收入占 GDP 比重比较

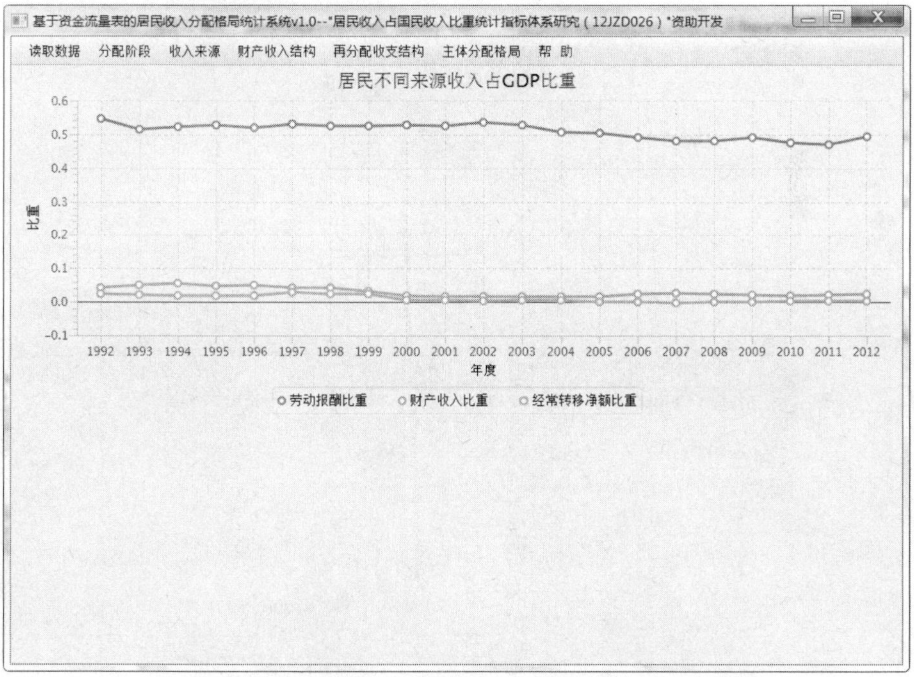

图 F7 居民不同来源收入占 GDP 比重变动趋势

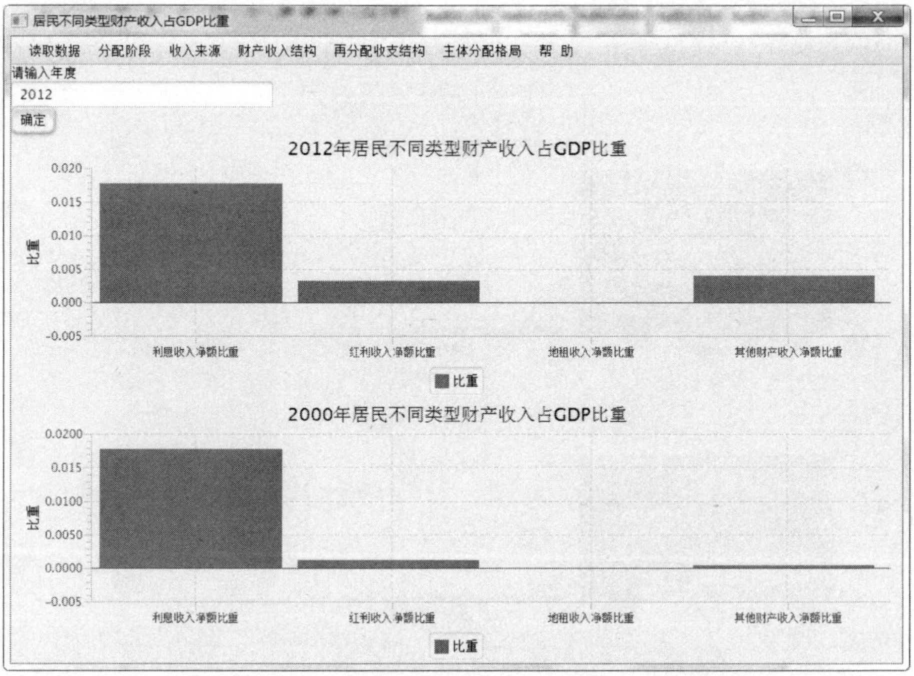

图 F8 居民不同类型财产收入占 GDP 比重比较

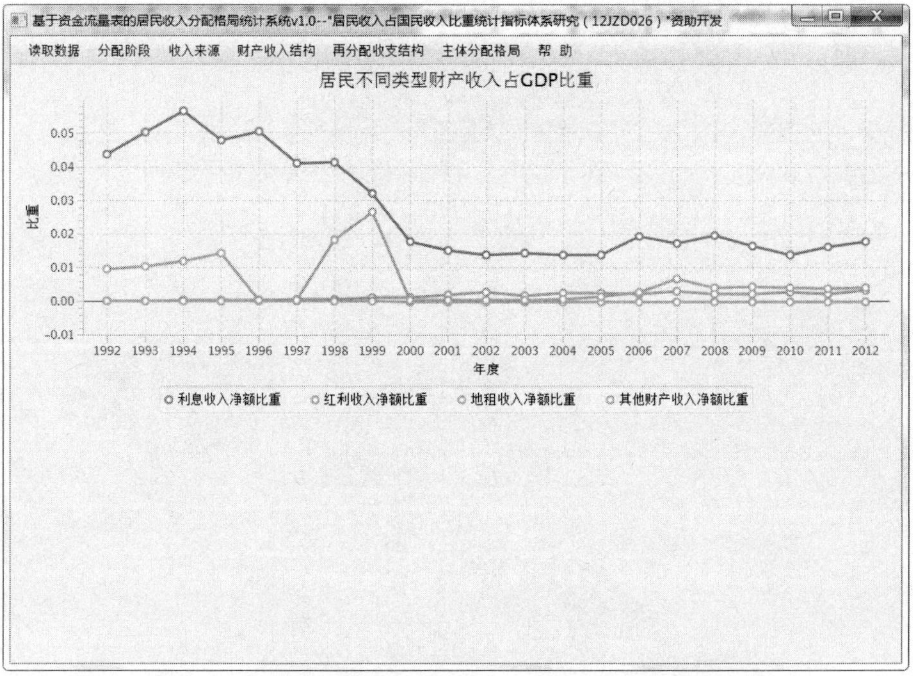

图 F9 居民不同类型财产收入占 GDP 比重变动趋势

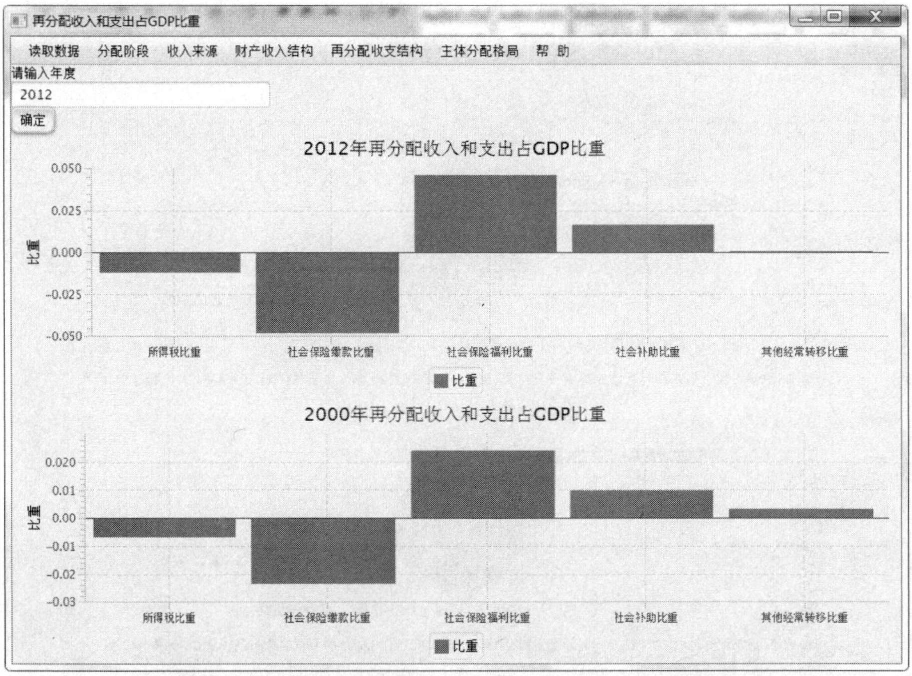

图 F10　居民再分配收入和支出占 GDP 比重比较

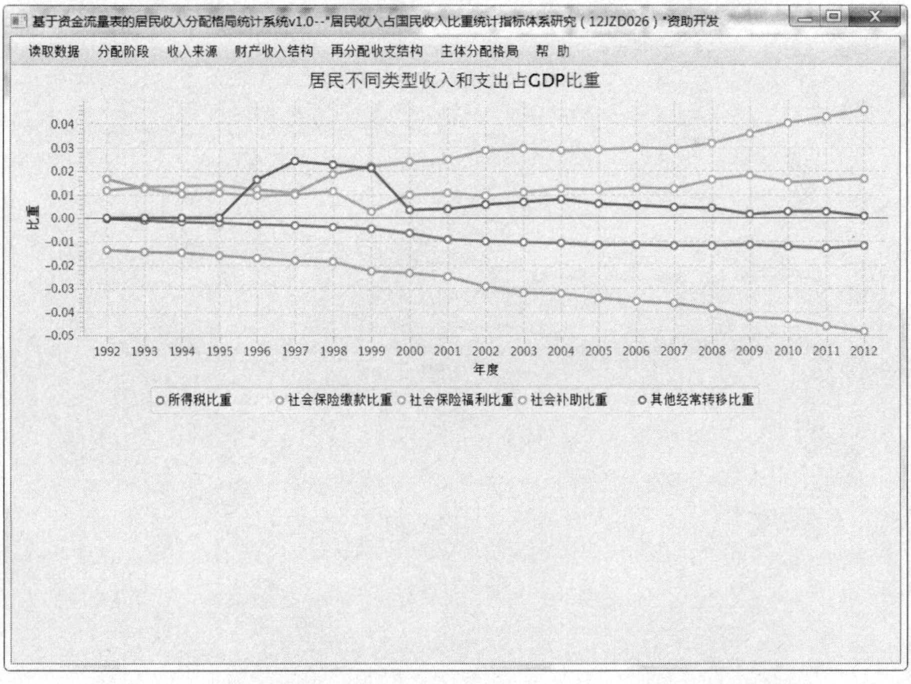

图 F11　居民再分配收入和支出占 GDP 比重的趋势分析

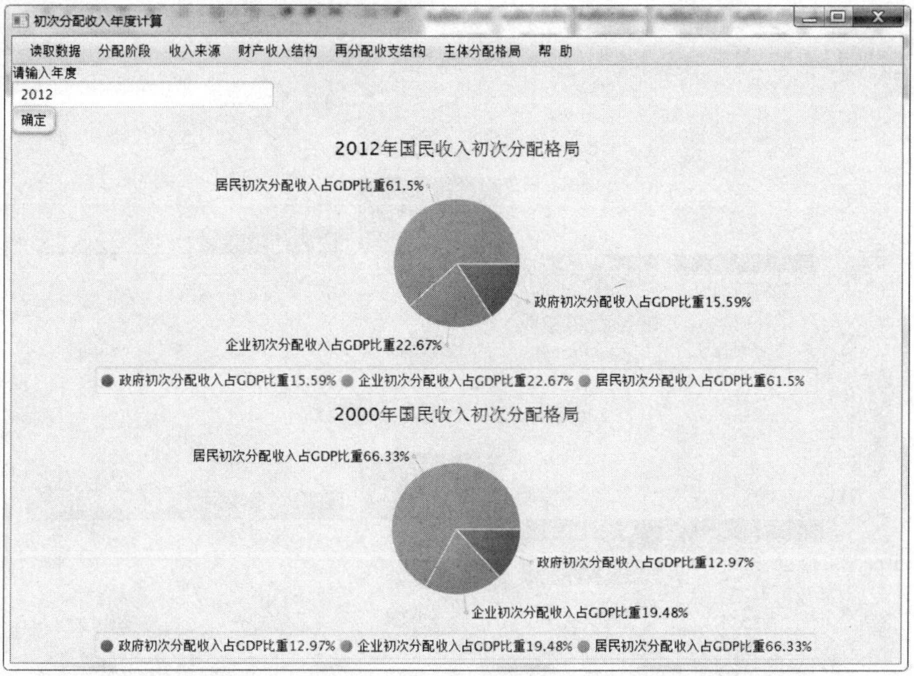

图 F12　政府、企业和居民初次分配收入占 GDP 比重比较

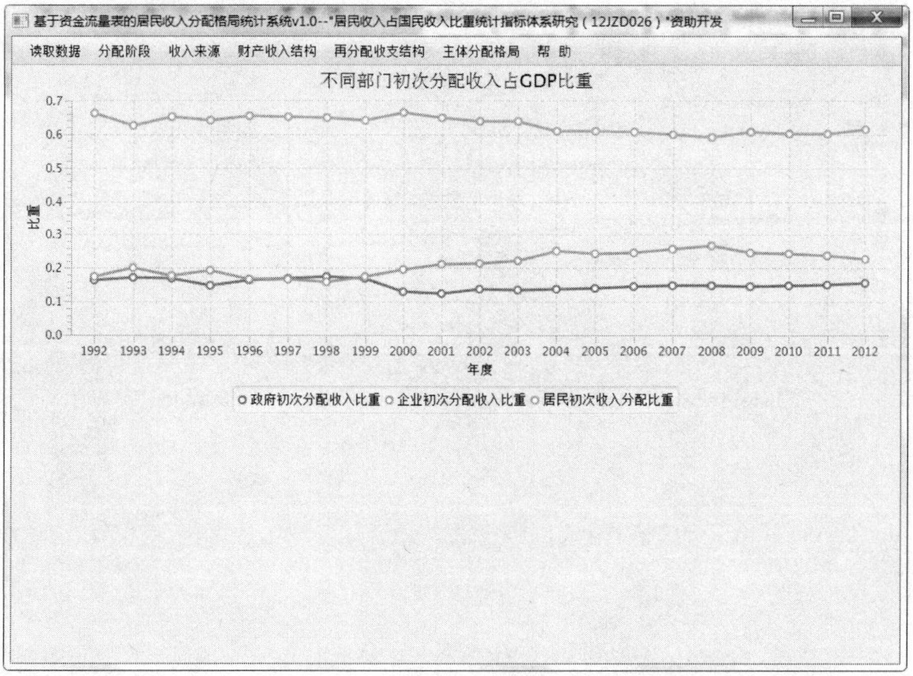

图 F13　政府、企业和居民初次分配收入占 GDP 比重变动趋势

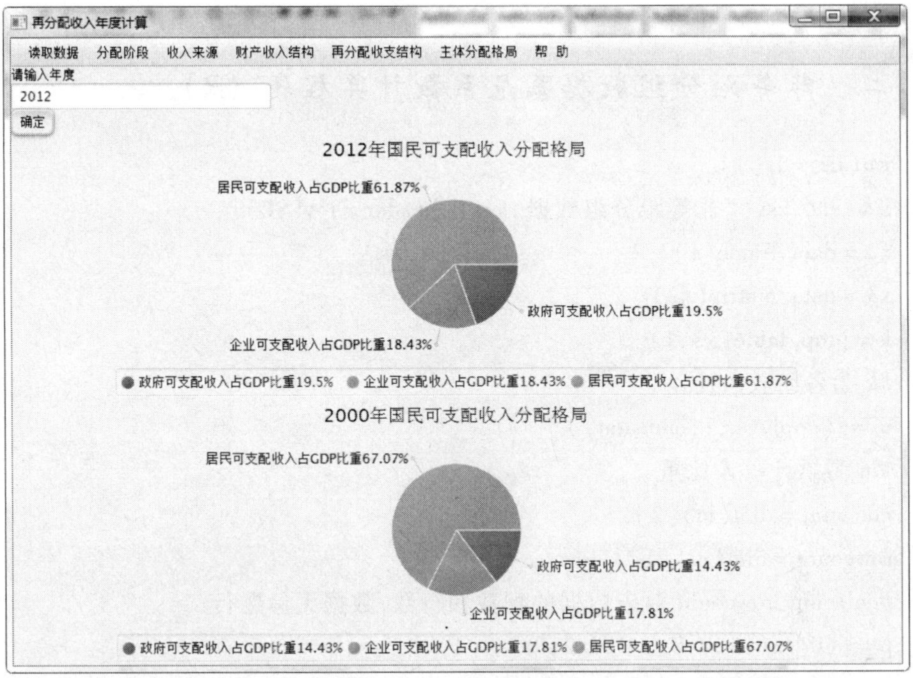

图 F14　政府、企业和居民可支配收入占 GDP 比重比较

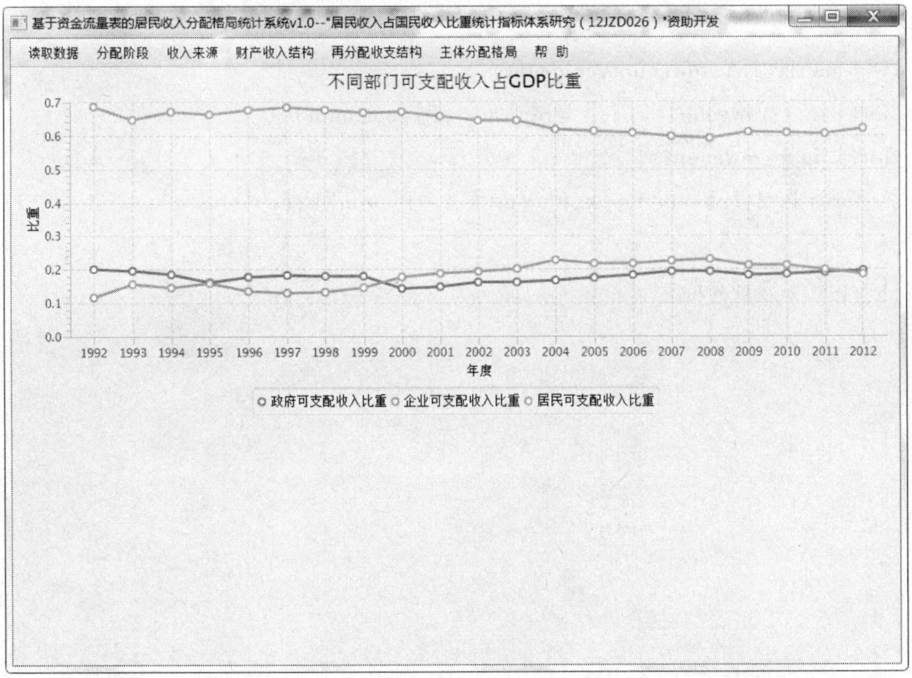

图 F15　政府、企业和居民可支配收入占 GDP 比重变动趋势

二、非等距分组数据基尼系数计算程序（R）

```
rm(list = ls())
x = read.csv("非等距分组数据.csv",header = FALSE)
x2 = data.frame(x)
x3 = data.matrix(x2)
k = prop.table(x3,1)
#k 为各组收入比重
m = t(apply(k,1,cumsum))
#m 为累计收入比重
colcount = dim(m)[2]
rowcount = dim(m)[1]
#colcount,rowcount 对应数据的列数和行数,数据无标题行
p = c(0.1,0.1,0.2,0.2,0.2,0.1,0.1)
#p 为人口分组比例,分别对应最低收入户 10%,低收入户 10%,中等偏下收入户 20%,中等收入户 20%,中等偏上收入户 20%,高收入户 10%,最高收入户 10%。
w = matrix(NA,rowcount,colcount)
for(j in 1:rowcount) w[j,] = rep(m[j,1],colcount)
for(k in 1:rowcount){
  for(i in 2:colcount) w[k,i] = m[k,i-1] + m[k,i]
}
1 - p%*%t(w)
```

参考文献

1. 安东尼·B·阿特金森、弗兰科伊斯·布吉尼翁主编，蔡继明等译：《收入分配经济学手册》，经济科学出版社 2009 年版。

2. 安建成、武俊丽：《基于语义树的概念语义相似度计算方法研究》，载于《微电子学与计算机》2011 年第 1 期。

3. 安体富、蒋震：《对调整我国国民收入分配格局提高居民分配份额的研究》，载于《经济研究参考》2009 年第 25 期。

4. 安体富、蒋震：《调整国民收入分配格局，提高居民收入所占比重》，载于《财贸经济》2009 年第 7 期。

5. 白重恩、钱震杰：《我国资本收入份额影响因素及变化原因分析——基于省际面板数据的研究》，载于《清华大学学报：哲学社会科学版》2009 年第 4 期。

6. 白重恩、钱震杰：《谁在挤占居民的收入：中国国民收入分配格局分析》，载于《中国社会科学》2009 年第 5 期。

7. 白重恩、钱震杰、武康平：《中国工业部门要素分配份额决定因素研究》，载于《经济研究》2008 年第 8 期。

8. 白重恩、钱震杰：《国民收入的要素分配：统计数据背后的故事》，载于《经济研究》2009 年第 3 期。

9. 白重恩、钱震杰：《劳动收入份额决定因素：来自中国省际面板数据的证据》，载于《世界经济》2010 年第 12 期。

10. 贝政新、韦伟、王世文：《A 股投资对居民财产性收入贡献不足及其解释》，载于《技术经济与管理研究》2011 年第 4 期。

11. 蔡跃洲：《财政再分配失灵与财政制度安排》，载于《财经研究》2010 年第 1 期。

12. 曾康华：《优化财政支出结构与推进民生财政》，载于《人民论坛》2011 年第 8 期。

13. 曾为群：《分配、金融制度与居民财产性收入增长明》，载于《湖南社会科学》2008 年第 2 期。

14. 常兴华、李伟：《我国国民收入分配格局的测算结果与调整对策》，载于《宏观经济研究》2009 年第 9 期。

15. 常兴华、卫金桂：《居民收入分配机制问卷调查分析》，载于《经济研究参考》2010 年第 9 期。

16. 陈冬华、范从来、沈永建等：《职工激励，工资刚性与企业绩效——基于国有非上市公司的经验证据》，载于《经济研究》2010 年第 7 期。

17. 陈硕：《分税制改革，地方财政自主权与公共品供给》，载于《经济学（季刊）》2010 年第 4 期。

18. 陈晓枫：《股市现金分红对居民财产性收入贡献不足及其对策》，载于《经济研究参考》2013 年第 53 期。

19. 宗胜、周云波：《再论改革与发展中的收入分配－中国发生两级分化了吗》，经济科学出版社 2002 年版。

20. 陈宗胜：《改革、发展与收入分配》，复旦大学出版社 1999 年版。

21. 程国栋：《我国农民的财产性收入问题研究》，福建师范大学博士论文，2005 年。

22. 程永宏：《二元经济中城乡混合基尼系数的计算与分解》，载于《经济研究》2006 年第 1 期。

23. 邓绪斌、朱扬勇：《ReDE：一个基于正则表达式的生物数据抽取方法》，载于《计算机研究与发展》2005 年第 12 期。

24. 范一飞：《国民收入流程及分配格局分析》，中国人民大学出版社 1993 年版。

25. 方军雄：《劳动收入比重，真的一致下降吗？——来自中国上市公司的发现》，载于《管理世界》2011 年第 7 期。

26. 高梦滔、姚洋：《农户收入差距的微观基础：物质资本还是人力资本》，载于《经济研究》2006 年第 12 期。

27. 高敏雪、王丹丹：《“群众”所拥有的财产性收入》，载于《中国统计》2008 年第 1 期。

28. 高培勇：《公共财政：概念界说与演变脉络——兼论中国财政改革 30 年的基本轨迹》，载于《经济研究》2008 年第 12 期。

29. 高培勇：《中国税费改革问题研究》，经济科学出版社 2004 年版。

30. 龚刚、杨光：《从功能性收入看中国收入分配的不平等》，载于《中国社会科学》2010 年第 2 期。

31. 郭树清、韩文秀：《中国 GNP 的分配和使用》，中国人民大学出版社

1991 年版。

32. 国家计委综合司：《各分配主体可支配收入的具体内容及其测算方法》，中国计划出版社 2002 年版。

33. 国家计委综合司课题组：《国民经济总体分配关系研究》，中国计划出版社 2002 年版。

34. 国家计委综合司课题组：《90 年代我国宏观收入分配的实证研究》，载于《经济研究》1999 年第 11 期。

35. 国家统计局、国务院第二次全国经济普查领导小组办公室：《第二次全国经济普查方案》，2008 年。

36. 国家统计局：《国家统计调查制度（2011）》，2011 年。

37. 国家统计局：《中国国民经济核算体系（2002）》，中国统计出版社 2003 年版。

38. 国家统计局国民经济核算司：《中国非经济普查年度国内生产总值核算方法》，中国统计出版社 2008 年版。

39. 国家统计局国民经济核算司：《中国国内生产总值核算历史资料（1952 ~ 2004）》，中国统计出版社 2007 年版。

40. 国家统计局国民经济核算司：《中国国内生产总值核算历史资料（1996 ~ 2002）》，中国统计出版社 2004 年版。

41. 国家统计局国民经济核算司：《中国经济普查年度资金流量表编制方法》，中国统计出版社 2007 年版。

42. 何磊、王宇鹏：《谁在抑制居民的消费需求？——基于国民收入分配格局的分析》，载于《当代经济科学》2010 年第 6 期。

43. 何新华、曹永福：《从资金流量表看中国的高储蓄率》，载于《国际经济评论》2005 年第 6 期。

44. 胡放之：《西方 200 年来工资决定理论概述》，载于《咸宁学院学报》2005 年第 8 期。

45. 胡海峰：《我国国民收入分配格局演变过程及其走势》，载于《人文杂志》1994 年第 2 期。

46. 黄范章：《推行“财产性收入”大众化深化收入分配体制改革》，载于《经济社会体制比较》2011 年第 2 期。

47. 黄先海、徐圣：《中国劳动收入比重下降成因分析——基于劳动节约型技术进步的视角》，载于《经济研究》2009 年第 7 期。

48. 纪宏、阮敬：《基于收入分布的亲贫困增长测度及其分解》，载于《经济与管理研究》2007 年第 8 期。

49. 贾康、梁季：《我国个人所得税改革问题研究》，载于《新华文摘》2010年第11期。

50. 贾康、赵全厚：《中国财政改革30年的路径与脉络》，载于《经济研究参考》2009年第2期。

51. 姜晶、姚荣东：《论增加个人财产性收入的意义》，载于《广西青年干部学院学报》2009年第1期。

52. 姜磊：《我国劳动分配比例的变动趋势与影响因素——基于中国省级面板数据的分析》，载于《当代经济科学》2008年第4期。

53. 金双华：《财政教育支出政策与收入分配》，载于《财贸经济》2003年第1期。

54. 李保瑜：《中国国民收入流量表研究》，载于《统计研究》2001年第6期。

55. 李春玲：《断裂与碎片：当代中国社会阶层分化实证分析》，社会科学文献出版社2005年版。

56. 李稻葵、刘霖林、王红领：《GDP中劳动份额演变的U型规律》，载于《经济研究》2009年第1期。

57. 李稻葵：《重视GDP中劳动收入比重的下降》，载于《新财富》2007年第9期。

58. 李济广：《居民财产收入的范围，统计及其对个人收入的影响》，载于《中国地质大学学报：社会科学版》2010年第6期。

59. 李实、赵人伟、张平：《中国经济改革中的收入分配变动》，载于《管理世界》1998年第1期。

60. 李实、赵人伟：《中国居民收入再分配研究》，载于《经济研究》1999年第4期。

61. 李实：《鼓励财产性收入将会加剧社会财富的集中》，载于《人民论坛》2007年第23期。

62. 李实：《中国居民收入再分配研究》，中国财政金融出版社1999年版。

63. 李扬、殷剑峰：《中国高储蓄率问题探究——1992～2003年中国资金流量表的分析》，载于《经济研究》2007年第6期。

64. 李扬：《收入功能分配的调整对国民收入分配向个人倾针现象的思考》，载于《经济研究》1992年第7期。

65. 李永友：《我国财政支出结构演进及其效率》，载于《经济学（季刊）》2009年第1期。

66. 梁东黎：《初次分配格局的形成和变化的基本规律》，载于《经济学家》

2008 年第 6 期。

67. Liang Feng and Gu Bin . The Path to Enlarge Household's Income Shares: Based on the Comparison of China's and the U. S.'s Income Structure [C], 2011 International Conference on Management Innovation, Information Technology and Economic Growth, Wuhan, China.

68. 林毅夫:《初次分配要实现公平与效率的统一》, 载于《人民日报》2007 年 4 月 28 日。

69. 刘国光:《提高消费率是扩大内需的必由之路》, 载于《中国经贸导刊》2002 年第 8 期。

70. 刘丽:《经济增长过程中工资分配的变动——基于中国经济数据的实证分析》, 载于《当代经济科学》2008 年第 4 期。

71. 刘巧绒:《增加农民土地财产性收入的土地产权障碍》, 载于《经济研究导刊》2008 年第 11 期。

72. 刘穷志:《收入不平等, 政策偏向与最优财政再分配政策》, 载于《中南财经政法大学学报》2011 年第 2 期。

73. 刘树杰、王蕴:《合理调整国民收入分配格局研究》, 载于《宏观经济研究》2009 年第 12 期。

74. 刘伟:《房租的"非财产性收入"属性及居民收入分类研究》, 载于《统计研究》2011 年第 6 期。

75. 刘扬、纪宏:《中国居民收入分配问题研究——以北京市为例的考察》, 首都经济贸易大学出版社 2007 年版。

76. 刘扬、梁峰:《居民收入比重和收入构成的国际比较分析》, 载于《马克思主义研究》2013 年第 7 期。

77. 刘扬、梁峰:《居民收入比重为何下降——基于收入和支出的双重视角》, 载于《经济学动态》2013 年第 5 期。

78. 刘扬、梁峰:《我国行业收入差距及其影响因素》, 载于《数理统计与管理》2014 年第 4 期。

79. 刘扬、刘泽琴、赵春雨:《民生感知的测度——理论模型与实证分析》, 载于《经济学动态》2010 年第 9 期。

80. 刘扬、王绍辉:《扩大居民财产性收入共享经济增长成果》, 载于《经济学动态》2009 年第 6 期。

81. 刘扬、赵春雨、邹伟:《我国城镇低收入群体问题研究》, 载于《经济学动态》2010 年第 1 期。

82. 刘扬、赵春雨:《我国城镇低收入群体动态变迁及微观致贫因素分析》,

载于《城市发展研究》2010 年第 8 期。

83. 刘扬、邹伟、王小梅：《以时间为基础的国民幸福核算的实证分析——以北京市为例》，载于《北京社会科学》2010 年第 4 期。

84. 刘扬：《现阶段我国国民收入分配格局实证分析》，载于《财贸经济》2002 年第 11 期。

85. 刘煜辉：《高储蓄、高投资症结在于分配垄断》，载于《新财经》2007 年第 5 期。

86. 刘佐：《中国个人所得税制度发展的回顾与展望——纪念〈中华人民共和国个人所得税法〉公布 30 周年》，载于《税务研究》2010 年第 9 期。

87. 陆磊：《居民的财产性收入、市场准入与宏观调控》，载于《金融观察》2007 年第 11 期。

88. 陆宇杰、许鑫、郭金龙：《文本挖掘在人文社会科学研究中的典型应用述评》，载于《图书情报工作》2012 年第 8 期。

89. 罗祥轩、安仲文、徐国荣：《对我国个人所得税调节功能的思考》，载于《税务研究》2006 年第 8 期。

90. 罗长远、张军：《经济发展中的劳动收入占比：基于中国产业数据的实证研究》，载于《中国社会科学》2009 年第 4 期。

91. 吕冰洋、禹奎：《我国税收负担的走势与国民收入分配格局的变动》，载于《财贸经济》2009 年第 3 期。

92. 马克思、恩格斯：《马克思恩格斯选集》第 2 卷，人民出版社 1972 年版。

93. 马克思：《资本论》第 1 卷，人民出版社 1975 年版。

94. 马克思：《资本论》第 3 卷，人民出版社 1975 年版。

95. 马志远：《中国财政性教育经费占 GDP 4% 的可行性分析》，载于《教育研究》2011 年第 3 期。

96. 石良平：《国民收入分配格局》，上海人民出版社 1993 年版。

97. 宋晶：《工资决定理论：古典经济学与现代经济学的比较》，载于《财经问题研究》2011 年第 3 期。

98. 宋友、梁士兴、黄璐：《通用文本处理方法的研究与设计》，*Computer Engineering*，2010 年第 6 期。

99. 宋玉军：《我国大众居民财产性收入的机会创造与政府作为》，载于《统计与决策》2008 年第 14 期。

100. 田卫民：《基于 1978 ~ 2006 年我国经济增长的最优居民收入份额研究》，载于《当代财经》2008 年第 6 期。

101. 田杨群：《关于“财产性收入”若干问题的思考》，载于《生产力研究》2009年第6期。

102. 童大焕：《畸轻畸重的国民收入分配结构》，载于《中国保险报》2007年12月17日。

103. 万莹：《个人所得税对收入分配的影响：由税收累进性和平均税率观察》，载于《改革》2011年第3期。

104. 汪同三：《改革收入分配体系解决投资消费失调》，载于《中国证券报》2007年10月29日。

105. 王诚：《劳动力供求“拐点”与中国二元经济转型》，载于《中国人口科学》2005年第6期。

106. 王海港：《中国居民家庭收入变动及其对长期平等的影响》，载于《经济研究》2005年第1期。

107. 王海港：《中国居民收入分配的格局——帕雷托分布方法》，载于《南方经济》2006年第5期。

108. 王小鲁、樊纲：《中国收入差距的走势和影响因素分析》，载于《经济研究》2005年第4期。

109. 闻潜：《合理调节初次分配是促进居民收入增长的中心环节》，载于《经济经纬》2007年第6期。

110. 武小欣：《我国宏观收入分配结构变化对宏观经济均衡的影响分析》，载于《中国社会科学院研究生院学报》2007年第5期。

111. 夏锋：《增加群众财产性收入是缩小贫富差距的重要举措》，载于《思想工作》2008年第3期。

112. 肖红华、刘吉良：《提高农民财产性收入的途径》，载于《湖南农业大学学报（社会科学版）》2008年第4期。

113. 肖红叶、郝枫：《中国收入初次分配结构及其国际比较》，载于《财贸经济》2009年第2期。

114. 辛清泉、谭伟强：《市场化改革，企业业绩与国有企业经理薪酬》，载于《经济研究》2009年第3期。

115. 新华网：http：//news3. xinhuanet. com/fortune/2007 – 04/28/content_6038867. htm。

116. 信卫平：《关于提高劳动收入的宏观思考来源》，载于《宏观经济管理》2007年第2期。

117. 徐建炜、马光荣、李实：《个人所得税改善中国收入分配了吗——基于对1997~2011年微观数据的动态评估》，载于《中国社会科学》2013年第6期。

118. 徐倩、李放：《我国财政社会保障支出的差异与结构：1998～2009 年》，载于《改革》2012 年第 2 期。

119. 徐现祥、王海港：《我国初次分配中的两极分化及成因》，载于《经济研究》2008 年第 2 期。

120. 许宪春：《财产收入与其他几种类型收入的区分问题》，载于《财贸经济》2013 年第 2 期。

121. 许宪春：《GDP：作用与局限》，载于《求是》2010 年第 9 期。

122. 许宪春：《关于与 GDP 核算有关的若干统计问题》，载于《财贸经济》2009 年第 4 期。

123. 许宪春：《客观评价 GDP》，载于《中国统计》2010 年第 4 期。

124. 许宪春：《如何全面准确理解和客观评价 GDP》，载于《国家行政学院学报》2011 年第 3 期。

125. 许宪春：《中国资金流量分析》，载于《金融研究》2002 年第 9 期。

126. 闫肃：《经济增长、储蓄结构与收入分配——我国国民收入分配格局问题研究》，载于《经济经纬》2011 年第 1 期。

127. 杨斌、胡学勤：《我国政府税外收费的实证分析》，载于《福建税务》1998 年第 8 期。

128. 杨卫华：《营业税改征增值税：问题与建议》，载于《税务研究》2013 年第 1 期。

129. 杨旭、郝翌、于戴圣：《收入差异对总体消费的影响——一个数值模拟研究》，载于《数量经济技术经济研究》2014 年第 3 期。

130. 杨宜勇：《加大再分配调节公平分配的力度》，载于《求是》2011 年第 2 期。

131. 杨永华：《论财产性收入的社会性质》，载于《南方经济》2010 年第 6 期。

132. 易培强：《关于收入初次分配制度建设的思考》，载于《湖南师范大学社会科学学报》2007 年第 4 期。

133. 易宪容：《关于财产性收入》，载于《银行家》2008 年第 9 期。

134. 岳希明、徐静、刘谦等：《2011 年个人所得税改革的收入再分配效应》，载于《经济研究》2012 年第 9 期。

135. 张建华：《一种简便易用的基尼系数计算方法》，载于《山西农业大学学报：社会科学版》2007 年第 3 期。

136. 张杰、刘志彪：《需求与我国自主创新能力的形成：基于收入分配视角》，载于《经济与管理研究》2008 年第 2 期。

137. 张俊山：《关于“财产性收入”的思考——基于马克思主义分配理论》，载于《华南师范大学学报：社会科学版》2012 年第 4 期。

138. 张世伟、万相昱：《个人所得税制度的收入分配效应——基于微观模拟的研究途径》，载于《财经科学》2008 年第 2 期。

139. 张文春：《个人所得税与收入再分配》，载于《税务研究》2005 年第 11 期。

140. 张新华：《本刊执行总编朱敏对话经济学家白重恩：解困内需有赖社保减负》，载于《新经济导刊》2009 年第 7 期。

141. 张志昌、张宇、刘挺等：《基于浅层语义树核的阅读理解答案句抽取》，载于《中文信息学报》2008 年第 1 期。

142. 赵军、金千里、徐波：《面向文本检索的语义计算》，载于《计算机学报》2005 年第 12 期。

143. 赵俊康：《我国劳资分配比例分析》，载于《统计研究》2006 年第 12 期。

144. 赵人伟：《收入分配、财产分配和渐进改革——纪念〈经济社会体制比较〉杂志创刊 20 周年》，载于《经济社会体制比较》2005 年第 5 期。

145. 赵振华：《关于提高初次分配中劳动报酬比例的思考》，载于《中共中央党校学报》2007 年第 6 期。

146. 郑京平、张英香：《对我国收入分配现状的探讨》，载于《经济管理与研究》1992 年第 5 期。

147. 郑伟、袁新钊：《名义账户制与中国养老保险改革：路径选择和挑战》，载于《经济社会体制比较》2010 年第 2 期。

148. 郑志国：《中国企业利润侵蚀工资问题研究》，载于《中国工业经济》2008 年第 1 期。

149. 中国国家统计局国民经济核算司：《中国经济普查年度资金流量表编制方法》，中国统计出版社 2007 年版。

150. 中国社会科学院财政与贸易经济研究所：《中国：启动新一轮税制改革》，中国财政经济出版社 2003 年版。

151. 卓勇良：《关于劳动所得比重下降和资本所得比重上升的研究》，载于《浙江社会科学》2007 年第 3 期。

152. L. 沃塞曼著，吴喜之译：《现代非参数统计》，科学出版社 2008 年版。

153. Acemoglu D, Johnson S, Robinson J. The rise of Europe: Atlantic Trade, Institutional Change, and Economic Growth [J]. *American Economic Review*, 2005: pp. 546 – 579.

154. Acemoglu D. Labor and Capital Augmenting Technical Change [R]. *Journal of the European Economic Association*, 2003 (1): pp. 1 – 37.

155. Ahn Seung Chan. GMM Estimation of Linear Panel Data Models with Time-varying Individual Effects [J]. *Journal of Econometrics*, 2001, 101 (2): pp. 219 – 255.

156. Alan B. Krueger. Measuring Labor's Share [J]. *American Economic Review*, 1999, 89 (2): pp. 45 – 51.

157. Andrew Sharpe, Jean – François Arsenault, and Peter Harrison. The Relationship between Labour Productivity and Real Wage Growth in Canada and OECD Countries. CSLS Research Report No. 2008 – 8.

158. Anthony B. Atkinson. On the Measurement of Inequality [J]. *Journal of Economic Theory*, 1987 (2): pp. 244 – 263.

159. Ariun Javadev. Capital Account Openness and the Labor Share of Income [J]. *Journal Cambridge Journal Economics*, 2007, 31 (3): pp. 423 – 443.

160. Atkinson A B, Salverda W. Top Incomes in the Netherlands and the United Kingdom over the 20th Century [J]. *Journal of the European Economic Association*, 2005, 3 (4): pp. 883 – 913.

161. Avik Chakrabarti. Import Competition, Employment and Wage in US Manufacturing: New Evidence from Multi-variance Panel Co-integration Analysis [J]. *Applied Econometrics*, 2003, 35 (13): pp. 1445 – 1449.

162. Aziz, J. and L. Cui. Explaining China's Low Consumption: The Neglected Role of Household Income. IMF Working Paper, 2007, WP/ 07/181.

163. Benjamin Dwayne, Loren Brandt and John Giles. The Evolution of Income Inequality in Rural China [J]. *Economic Development and Cultural Change*, 2005, 53 (4): pp. 769 – 824.

164. Bental, B. and D. Demougin. Declining Labor Shares and Bargaining Power: An Institutional Explanation [J]. *Journal of Macroeconomics*, 2010, 32 (1): pp. 443 – 456.

165. Bentolila S, Saint – Paul G. Explaining movements in the labor share [J]. *Contributions in Macroeconomics*, 2003, 3 (1): pp. 1 – 57.

166. Beramendi P. The Politics of Income Inequality in the OECD: The Role of Second Order Effects [R]. Luxembourg Income Study Working Paper, 2001.

167. Berger M C. The Effect of Cohort Size on Earnings Growth: A Reexamination of the Evidence [J]. *The Journal of Political Economy*, 1985, 93 (3): pp. 561 –

573.

168. Bergh A. On the Counterfactual Problem of Welfare State Research: How Can We Measure Redistribution? [J]. *European Sociological Review*, 2005, 21 (4): pp. 345 - 357.

169. Bernanke, B. S. and Gurkaynak, R. S. Is Growth Exogenous? Taking Mankiw, Romer, and Weil Seriously [J]. NBER Macroeconomics Annual 2001, 2002, 16: pp. 11 - 57.

170. Björn Gustafsson and Li Shi. The Effect of Transition on the Distribution of Income in China [J]. *Economics of Transition*, 2001, 9 (3): pp. 593 - 617.

171. Björn Gustafsson, Li Shi. Economic Transformation and the Gender Earnings Gap in Urban China [J]. *Journal of Population Economics*, 2000, 13 (2): pp. 305 - 329.

172. Blanchard O and F. Giavazzi. Macroeconomic Effects of Regulation and in Goods and Labor Markets [J]. *Quarterly Journal of Economics*, 2003, 118 (3): pp. 879 - 907.

173. Blinder A. S. Wage Discrimination: Reduced Forms and Structural Estimation [J]. *Journal of Human Resources*, 1973 (8): pp. 436 - 455.

174. Boot, J. C. G., Feibes, W. and Lisman, J. H. C. Further Methods of Derivation of Quarterly Figures from Annual Data. *Applied Statistics*, 1967, 16 (1): pp. 65 - 75.

175. Bradley D, Huber E, Moller S, et al. Distribution and Redistribution in Postindustrial Democracies [J]. *World Politics*, 2003, 55 (2): pp. 193 - 228.

176. Buchinsky M. Changes in the U. S. Wage Structure 1963 - 1987: An Application of Quantile Regression [J]. *Econometrica*, 1994, 62 (2): pp. 405 - 458.

177. Cahuc, P and Zylberberg, A. Labor Economics [M]. MIT Press, 2004.

178. Caju, P. D., F. Rycx, et al. Inter-industry Wage Differentials, How Much does Rent Sharing Matter. Wage Dynamics Network Working Paper Series, 2009, NO. 1103.

179. Chow G C, Lin A. Best Linear Unbiased Interpolation, Distribution, and Extrapolation of Time Series by Related Series [J]. *The Review of Economics and Statistics*, 1971: pp. 372 - 375.

180. Chow, G. and Lin, A. L. Best linear Unbiased Distribution and Extrapolation of Economic Time Series by Related Series [J]. *Review of Economic and Statistics*, 1971, 53 (4): pp. 372 - 375.

181. Chow, Gregory C. Capital Formation and Economic Growth of China [J]. *Quarterly Journal of Economics*, 1993, 108 (3): pp. 809 – 842.

182. Cohen K J, Muller W, Padberg M W. Autoregressive Approaches to Disaggregation of Time Series Data [J]. *Applied Statistics*, 1971: pp. 119 – 129.

183. Daudey Emilie and García – Peñalosa Cecilia. The Personal and the Factor Distributions of Income in a Cross-section of Countries [J]. *Journal of Development Studies*, 2007, 43 (5): pp. 812 – 829.

184. David H. Autor, Lawrence F. Katz and Melissa S. Kearney. Rising Wage Inequality: the Role of Composition and Prices [C]. NBER Working Paper 2005, No. 11628.

185. Decreuse B and Maarek P. FDI and the Labor Share in Developing Countries: a Theory and Some Evidence [C]. MPRA Working Paper 2008, No. 11224.

186. Denton F T. Adjustment of Monthly or Quarterly Series to Annual Totals: An Approach Based on Quadratic Minimization [J]. *Journal of the American Statistical Association*, 1971, 66 (333): pp. 99 – 102.

187. Di Fonzo, T. and Marini, M. Benchmarking Systems of Seasonally Adjusted Time Series According to Denton's Movement Preservation Principle. Dipartimento di Scienze Statistiche, Università di Padova, Working Paper, 2003, NO. 2003 – 09.

188. Di Fonzo, T. Temporal Disaggregation of Economic Time Series: Towards a Dynamic Extension. Dipartimento di Scienze Statistiche, Università di Padova, Working Paper No. 2002 – 17.

189. Dianna Farrel, Ulrich Greene and Elizabeth Stephenson. The Value of China's Emerging Middle Class. The McKinsey Quarterly, 2006 Special Edition.

190. Ding, N and Wang, Y. G. Household Income Mobility in China and its decomposition [J]. *China Economic Review*, 2008 (9): pp. 373 – 380.

191. Dong, X – Y. Wage Inequality and Detween-firm Wage Dispersion in the 1990s: A Comparison of Rural and Urban Enterprises in China [J]. *Journal of Comparative Economics*, 2005, 33 (4): pp. 664 – 87.

192. Elias, V. J. Sources of Growth: A study of Seven Latin American Economies [M]. ICS Press, 1990.

193. Eurilton Araujo. Real Wage Rigidity and the Taylor Principle [J]. *Economics Letter*, 2009, 104 (2): pp. 46 – 48.

194. Fernández, R. B. Methodological Note on the Estimation of Time Series [J]. *Review of Economic and Statistics*, 1981, 63 (3): pp. 471 – 478.

195. Fields, G. S. Accounting for Income Inequality and Its Changes: A New Method with Application to Distribution of Earning in the United States [J]. *Research Labor Economics*, 2003 (22): pp. 1 - 38.

196. Firpo S, Fortin N M, Lemieux T. Unconditional Quantile Regressions [J]. *Econometrica*, 2009, 77 (3): pp. 953 - 973.

197. Firpo, Sergio, Nicole M. Fortin and Thomas Lemieux. Decomposing Wage Distributions using Influence Function Projections. Mimeo, Department of Economics, University of PUC - RIO, 2005.

198. Fleck S, Glaser J, Sprague S. The Compensation-productivity gap: A Visual Essay, Monthly Labor Review. 2011, http: //www. bls. gov/opub/mlr/2011/01/art3full. pdf.

199. Freeman Richard B. The Effect of Demographic Factors on Age - Earnings Profiles [J]. *The Journal of Human Resources*, 1979, 14 (3): pp. 289 - 318.

200. Fullerton, D. and Metcalf, G. E. Tax Incidence [J]. *Handbook of Public Economics*, 2002 (4): pp. 1787 - 1872.

201. Funk Mark and Strauss Jack. The Long-run Relationship between Productivity and Capital [J]. *Economics Letters*, 2000, 69: pp. 213 - 217.

202. Gerlinde Verbist, Redistributive Effect and Progressivity of Taxes: An International Comparison Across the EU Using Eurobond, Eurobond Working Paper, No. EM5/04, 2004.

203. Gollin, D. Getting Income Shares Right [J]. *Journal of Political Economy*, 2002, 110 (2): pp. 458 - 474.

204. Green P. J. and Silverman B. W. *Nonparametric Regression and Generalized Linear Models: A Roughness Penalty Approach* [M]. Chapman Hall, New York, 1994.

205. Guerrero, V. M. Monthly Disaggregation of a Quarterly Time Series and Forecasts of Its Unobservable Monthly Values [J]. *Journal of Official Statistics-stockholm*, 2003, 19 (3): pp. 215 - 236.

206. Guscina, A. Effects of Globalization on Labor's Share in National Income [C]. IMF Working Paper 2006, No. 06294.

207. Hare, D. and LA, West. Spatial Patterns in China's Rural Industrial Growth and Prospects for the Alleviation of Regional Income Inequality [J]. *Journal of Comparative Economics*, 1999, 27 (3): pp. 475 - 497.

208. Harold Lydall. *The Structure of Earning* [M]. Oxford: Oxford University Press, 1968.

209. Harrison A. Has Globalization Eroded Labor's Share? Some Cross-country Evidence [R]. UC Berkeley and NBER Working Paper, October, 2002.

210. Harrison P. Median Wages and Productivity Growth in Canada and the United States [J]. *CSLS Research Note*, 2009: pp. 2 -32.

211. Harrison, A. E. Has Globalization Eroded Labors Share? Some Cross Country Evidence [C]. UC Berkeley and NBER working paper, October 2002.

212. He X and Hu F. Markov Chain Marginal Bootstrap [J]. *JASA*, 2002, 97 (459): pp. 783 -795.

213. Hofman, A. A. Economic Growth, Factor Shares and Income Distribution in Latin American in the Twentieth Century [C]. Working Paper, 2001.

214. Honore, E. Bo and Kyriazidou Ekaterini. Panel Data Discrete Choice Models with Lagged Dependent Variables [J]. *Econometrica*, 2000, 68 (4): pp. 839 -874.

215. James E. Foster and Michael C. Wolfson. Polarization and the Decline of the Middle Class: Canada and the U. S [J]. *Journal of Economic Inequal*, 2010, 8 (2): pp. 247 -273.

216. Jaumotte and Tytell. How has The Globalization of Labor Affected the Labor Income Share in Advanced Countries? [C]. IMF Working Paper 2007, No. 07298.

217. Jenkins, S., Calculating Income Distribution Indices from Microdata. *National Tax Journal*, 1988: pp. 139 -142.

218. Jensins, S. P. and Van Kerm, P. Accounting for Income Distribution Trends: A Density Function Decomposition Approach [J]. *Journal of Economic Inequal*, 2005, 3 (1): pp. 43 -61.

219. Jeremy Rudd and Karl Whelan. Does the Labor Share of Income Drive Inflation? [C]. Board of Governors of the Federal Reserve System (U. S.), Finance and Economics Discussion Paper 2002, No. 2002 -30.

220. Jesuit, D. K., Mahler, Vincent. Comparing Government Redistribution Across Countries: The Problem ofSecond - Order Effects [J]. *Social Science Quarterly*, 2010, 91 (5): pp. 1390 -1404.

221. Johnson and D. Gale. The Functional Distribution of Income in the United States, 1850 - 1952 [J]. *Review of Economics and Statistics*, 1954, 35 (2): pp. 75 -82.

222. Johnson, W. R. Income Redistribution in a Federal System [J]. *The American Economic Review*, 1988, 78 (3): pp. 570 -573.

223. Jorgenson, D. W. and S. W. Morris (2008). A New Architecture for The

U. S National Accounts. 30th General Conference of the International Association for Research in Income and Wealth, Portoroz, Slovenia.

224. Juhn, C. , K. Murphy and B. Pierce. Wage Inequality and the Rise in Returns to Skill [J]. *Journal of Political Economy*, 1993, 101 (3): pp. 410 – 442.

225. Kakwani Nanak C. Applications of Lorenz Curves in Economic Analysis [J]. *Econometrica*, 1977, 45 (3): pp. 719 – 727.

226. Kaldor. Alternative Theories of Distribution [J]. *The Review of Economic Studies*, 1956, 23 (2): pp. 83 – 100.

227. Kanbur, R. and X, Zhang. Which Regional Inequality? The Evolution of Rural – Urban and Inland – Coastal Inequality in China from 1983 to 1995 [J]. *Journal of Comparative Economics*, 1999, 27 (4): pp. 686 – 701.

228. Katz L F, Murphy K M. Changes in Relative Wages, 1963 – 1987: Supply and Demand Factors [J]. *The Quarterly Journal of Economics*, 1992, 107 (1): pp. 35 – 78.

229. Keely, L. C. and C. M. Tan. Understanding Preferences for Income Redistribution [J]. *Journal of Public Economics*, 2008, 92: pp. 944 – 961.

230. Kenworthy L, Pontusson J. Rising Inequality and the Politics of Redistribution in Affluent Countries [J]. *Perspectives on Politics*, 2005, 3 (3): pp. 449 – 471.

231. Kinam Kim and Peter Lambert. RedistributiveEffect of U. S. Taxes and Public Transfers, 1994 – 2004, *Public Finance Review*, 2009, Vol. 37, No. 1, pp. 3 ~ 26.

232. Klor, E. F. and M. Shayo. Social Identity and Preferences Over Redistribution [J]. *Journal of Public Economics*, 2010, 94 (3 – 4): pp. 269 – 278.

233. Knight, John and Song, Lina. The Determinants of Urban Income Inequality in China [J]. *Oxford Bulletin of Economics and Statistics*, 1991, 53 (2): pp. 123 – 154.

234. Koenker R and Machado A F. Goodness of Fit and Related Inference Processes for Quantile Regression [J]. *JASA*, 1999, 94 (448): pp. 1296 – 1310.

235. Koenker R. Confidence intervals for quantile regression. In Asymptotic Statistics: Proceeding of the 5th Prague Symposium on Asymptotic Statistics [M]. Edited by M. Huskova, Physica – Vdag, 1994.

236. Koenker, R. and G. W. Bassett. Regression Quantiles [J]. *Econometrica*, 1978, 46: pp. 33 – 50.

237. Koenker, R. and K. F. Hallock. Quantile Regression: An Introduction [J]. *Journal of Economic Perspectives*, 2001, 15: pp. 143 – 156.

238. Koenker, R. *Quantile Regression* [M]. Cambridge University Press, London, 2005.

239. Kwang Soo Cheong. An Empirical Comparison of Alternative Functional Forms for the Lorenz Curve. [J]. *Applied Economics Letters*, 2002, 9 (9): pp. 171 - 176.

240. Kravis and Irving. Relative Income Shares in Fact and Theory [J]. *American Economic Review*, 1959, 49 (5): pp. 17 - 49.

241. Kristal, T. Good Times, Bad Times: Postwar Labor's Share of National Income in Capitalist Democracies [J]. *American Sociological Review*, 2010, 75 (5): pp. 729 - 763.

242. Krueger, A. B. Measuring Labors Share [J]. *American Economic Review*, 1999, 89 (2): pp. 45 - 51.

243. Kuznets, S. Long - Term Changes In The National Income of The United States of America Since 1987 [J]. *Review of Income and Wealth*, 1952, 2 (1): pp. 29 - 241.

244. Kyyra and Maliranta. The Micro - Level Dynamics of Declining Labor Share: Lessons From the Finnish Great Leap [J]. *Industrial and Corporate Change*, 2008, 17 (6): pp. 1147 - 1172.

245. Lee, K. Uncertain Income and Redistribution in a Federal System [J]. *Journal of Public Economics*, 1988, 69: pp. 413 - 433.

246. Lemieux, Thomas. Decomposing Changes in Wage Distributions: a Unified Approach [J]. *Canadian Journal of Economics*, 2002, 35 (4): pp. 646 - 688.

247. Lerman R I, Yitzhaki S. Income Inequality Effects by Income Source: A New Approach and Applications to the United States [J]. *The Review of Economics and Statistics*, 1985: pp. 151 - 156.

248. Levy, G. The Politics of Public Provision of Education [J]. *Quarterly Journal of Economics*, 2005, 120 (4): pp. 1507 - 1534.

249. Li Cui and Jahangir Aziz. Explaining China's Low Consumption: The Neglected Role of Household Income [C]. IMF Working Paper 2007, No. 07181.

250. Li, H. Y., D. Y. Xie and H. F. Zou. Dynamics of Income Distribution [J]. *The Canadian Journal of Economics*, 2000, 33 (4): pp. 937 - 961.

251. Litterman R B. A Random Walk, Markov Model for the Distribution of Time Series [J]. *Journal of Business & Economic Statistics*, 1983, 1 (2): pp. 169 - 173.

252. Lyons, TP. Interprovincial Disparities in China: Output and Consumption, 1952 - 1987 [J]. *Economic Development and Cultural Change*, 1991, 39 (3):

pp. 471 – 506.

253. Machado, J. and J. Mata. Counterfactual Decomposition of Changes in Wage Distributions Using Quantile Regression [J]. *Journal of Applied Econometrics*, 2005, 20 (4): pp. 445 – 465.

254. Martin Feldstein. Did Wages Reflect Growth in Productivity [J]. *Journal of Policy Modeling*, 2007, 30 (4): pp. 591 – 594.

255. Martina Lawless and Karl T. Whelan. Understanding the Dynamics of Labor Shares and Inflation [J]. *Journal of Macroeconomics*, 2011, 33 (2): pp. 121 – 136.

256. McDonald, I. M., Solow R M. Wage Bargaining and Employment [J]. *The American Economic Review*, 1981: pp. 896 – 908.

257. Meng, Xin, and Robert Gregory. Urban Poverty in China and its Contributing Factors, 1986 – 2000 [J]. *Review of Income and Wealth*, 2007, 53 (1): pp. 167 – 89.

258. Michael Woodford. The Taylor Rule and Optimal Monetary Policy [J]. *American Economic Review*, 2001, 91 (2): pp. 232 – 237.

259. Mieszkowski, P. M. On the Theory of Tax Incidence [J]. *The Journal of Political Economy*, 1967, 75 (3): pp. 250 – 262.

260. Mishel L, Shierholz H. The sad but true story of wages in America. Economic Policy Issue Brief, 2011, http://epi.3cdn.net/3b7a1c34747d141327_4dm6bx8ni.pdf.

261. Nigel Meager, Stefan Speckesser. Wages, Productivity and Employment: A Review of Theory and International Data. European Employment Observatory Thematic expert ad-hoc paper, 2011.

262. Oaxaca, R. Male – Female Wage Differentials in Urban Labor Markets [J]. *International Economic Review*, 1973, 14 (3): pp. 693 – 709.

263. OECD Publications. Measuring Productivity – OECD Manual Measurement of Aggregate and Industry-level Productivity Growth. OECD Publishing, 2001.

264. Pareto, V. Manual of Political Economy [M]. In A. S. Schwier and A. N. Page, ed. London: Macmilliam, 1972.

265. Parzen M I, Wei L J, Ying Z. A Re-sampling Method Based on Pivotal Estimating Functions [J]. *Biometrika*, 1994, 81 (2): pp. 341 – 350.

266. Pavía J M, Cabrer B, Felip J M. Estimación del VAB Trimestral No Agrario de la Comunidad Valenciana [J]. *Valencia*, *Generalitat Valenciana*, 2000.

267. Pham, T. Hung and Barry Reilly. The Gender Pay Gap in Vietnam, 1993 – 2002: A Quantile Regression Approach [C]. PRUS Working Paper 2006, No. 34.

268. Phillips and Joseph. Labor's Share and Wage Parity [J]. *Review of Economics and Statistics* 1960, 42: pp. 64 - 74.

269. Pittau, M. G and Zelli, R. Testing for Changing Shapes of Income Distribution: Italian Evidence in the 1990s from Kernel Density Estimates [J]. *Empirical Economics*, 2004, 29 (2): pp. 415 - 430.

270. Pontusson, Jonas. *Inequality and Prosperity: Social Europe vs. Liberal America* [M]. Ithaca, New York: Cornell University Press, 2005.

271. Proietti T. Temporal Disaggregation by State Space Methods: Dynamic Regression Methods Revisited [J]. *The Econometrics Journal*, 2006, 9 (3): pp. 357 - 372.

272. R. Moulton, B. The System of National Accounts for The New Economy: What Should Change? [J]. *Review of Income and Wealth*, 2004, 50 (2): pp. 261 - 278.

273. Rossi, N. A Note on the Estimation of Disaggregate Time Series When the Aggregate is Known [J]. *Review of Economics and Statistics*, 1982, Vol. 64, N. 4, pp. 695 - 696.

274. Samuel Bentolila and Gilles Saint - Paul. Explaining Movements in the Labor Share [J]. *The B. E. Journal of Macroeconomics*, 2003, 3 (1).

275. Samuelson P A. International Trade and the Equalization of Factor Prices [J]. *The Economic Journal*, 1948: pp. 163 - 184.

276. Santos Silva, J. M. C. and Cardoso, F. The Chow - Lin Method Using Dynamic Models [J]. *Economic Modeling*, 2001, 18: pp. 269 - 280.

277. Sen, AK. Poverty: An Ordinal Approach to Measurement [J]. *Econometrica*, 1976, 44 (2): pp. 219 - 231.

278. Shastri R. and R. Murthy. Declining Share of Wages in Organized Indian Industry (1973 ~ 1997): A Kaleckian Perspective. Working Paper. 2005, No. 0504020.

279. Shorrocks, A. F. Inequality Decomposition by Factor Components [J]. *Econometrica*, 1982, 50 (1): pp. 193 - 211.

280. Sicular, Terry, Yue Ximing, Bjorn Gustafsson, and Shi Li. The Urban - Rural Income Gap and Inequality in China [J]. *Review of Income and Wealth*, 2007, 53 (1): pp. 93 - 126.

281. Silva J M C S, Cardoso F N. The Chow - Lin method using dynamic models [J]. *Economic Modelling*, 2001, 18 (2): pp. 269 - 280.

282. Silveman, B. W. *Density Estimation for Statistics and Data Analysis* [M]. New

York: Chapman and Hall Ltd, USA, 1986.

283. Silveman, B. W. Using Kernel Density Estimates to Investigate Multimodality [J]. *J. Roy. Statist. Soc. B*, 1981, 43 (1): pp. 97 - 99.

284. Skordis, J. and Welch, M. Comparing Alternative Measures of Household Income: Evidence from the Khayelitsha/Mitcheirs Plain survey [J], *Development Southern Africa*, 2004, 21 (3): pp. 461 - 481.

285. Solow R M. A Skeptical Note on the Constancy of Relative Shares [J]. *The American Economic Review*, 1958: pp. 618 - 631.

286. Sonya L. Eremenco. Using IRT to Compare the Traditional Chinese Fact H&N in Hong Kong and Taiwan Populations [J]. *Quality of Life Research*, 2002, 11 (7): pp. 665 - 689.

287. Sotomayor, Orlando. Education and Changes in Brazilian Wage Inequality, 1976 - 2001 [J]. *Industrial and Labor Relation Review*, 2004, 8 (1): pp. 94 - 111.

288. Stephen G. Donald, David A. Green and Harry J. Paarsch. Differences in Wage Distributions between Canada and the United States: an Application of a Flexible Estimator of Distribution Functions in the Presence of Covariates [J]. *Review of Economic Studies*, 2000, 67 (4): pp. 1001 - 1046.

289. Stockhammer. Determinants of Functional Income Distribution in OECD Countries [C]. IMK Working Paper 2009, No. 5.

290. Stolper W F, Samuelson P A. Protection and Real Wages [J]. *The Review of Economic Studies*, 1941, 9 (1): pp. 58 - 73.

291. Stram D O, Wei W W S. A Methodological Note on the Disaggregation of Time Series Totals [J]. *Journal of Time Series Analysis*, 1986, 7 (4): pp. 293 - 302.

292. Takeuchi, F. Causes of decline in labor's share in Japan [R]. JCER Researcher Report 2005, No. 53.

293. Tilak Abeysinghe, Gulasekaran Rajaguru. Quarterly Real GDP Estimates for China and ASEAN4 with a Forecast Evaluation [J]. *Journal of Forecasting*. 2004, 23 (1): pp. 431 - 447.

294. Tondani, D. Universal Basic Income and Negative Income Tax: Two different ways of thinking redistribution [J]. *Journal of Socio - Economics*, 2009, 38 (2): pp. 246 - 255.

295. Tresch, J. Public Finance: A Normative Theory [M]. Business Publications, INC., Plano, Texas, 1981.

296. Tsui, KY. Trends and Inequalities of Rural Welfare in China: Evidence from Rural Households in Guangdong and Sichuan [J]. *Journal of Comparative Economics*, 1998, 26 (4): pp. 783 - 804.

297. United Nations. Commission of the European Communities. International Monetary Fund, Organization for Economic Co-operation and Development and World Bank. System of National Accounts 1993, Brussels/Luxembourg, New York, Paris, Washington, D. C.

298. Urban I. Kakwani decomposition of redistributive effect: Origins, critics and upgrades [W]. ECINEQ WP, 2009, 148.

299. Usamah Uthman. Profit-sharing Versus Interest-taking in the Kaldor - Pasinetti Theory of Income and Profit Distribution [J]. *Review of Political Economy*, 2006, 18 (2): pp. 209 - 222.

300. Vanoli, A. The New Architecture of the U. S. National Accounts and Its Relationship to The SNA [J]. *Review of Income and Wealth*, 2010, 56 (4): pp. 734 - 751.

301. Wallace, M., K. T. Leicht, et al. Unions, Strikes, and Labor's Share of Income: A Quarterly Analysis of the United States, 1949 - 1992 [J]. *Social Science Research*, 1999, 28 (3): pp. 265 - 288.

302. Welch F. Effects of Cohort Size on Earnings: the Baby Boom Babies' Financial Bust [J]. *The Journal of Political Economy*, 1979: pp. S65 - S97.

303. Wooldridge M. Jeffrey. Distribution-free Estimation of Some Nonlinear Panel Data Models [J]. *Journal of Econometrics*, 1999, 90 (1): pp. 77 - 97.

304. Xinhua He. and Y. Cao. Understanding High Saving Rate in China [J]. *China & World Economy*, 2007, 15 (1): pp. 1 - 13.

305. Yates, J. Imputed rent and income distribution [J]. *Review of Income Wealth*, 1994, 40 (1): pp. 43 - 46.

306. Yu K. Smoothing Regression Quantile by Combining k - NN Estimation with Local Kernel Fitting [J]. *Statistica Sinica*, 1999, 9: pp. 759 - 774.

后　记

居民收入占国民收入比重主要涉及经济学和统计学两大研究领域。本书以经济理论为基础，构建了若干个指标群、99 个指标，力图呈现我国居民收入占国民收入比重的事实是什么，历史的变动趋势如何，关键影响因素在哪，比重相对于其他国家的差异有多大，哪些群体的收入比重需要提升。

在本书即将付梓之际，回过头看，从 2012 年本课题获得教育部重大攻关项目立项到目前已有 4 年，4 年对于历史长河而言只是一瞬，但是对于各位课题组成员而言，却包含了一个又一个潜心钻研的日夜。为了收集数据、探讨研究前沿问题，课题组成员的身影遍布我国大江南北，从乡村小巷到学术殿堂，研究过程辛苦但快乐。我们不会忘记课题组 10 余名成员到山西财经大学参加居民收入分配论坛的场景，课题组成员与国民经济核算专家李宝瑜教授就课题某些问题进行了深入探讨，让老师和同学们受益匪浅。我们不会忘记，在 2013 年中国经济规律研究会学术年会上，课题中期成果论文得到社科院学部委员程恩富教授的认可时课题组成员露出的欣慰笑容。课题研究的 4 年，也是年轻课题组成员在锻炼中成长的 4 年。4 年里，依托课题培养了 1 名博士后、4 名博士、多名硕士，如今，他（她）们已经走上了各自的工作岗位，在大型科研项目研究中历练的分析问题、解决问题的能力将是一笔宝贵的人生财富。

本书凝结了课题组各位成员的心血。在此，我要特别感谢为本书定稿做出重要贡献的课题组成员，首都经济贸易大学纪宏教授、梁峰博士、美国 iTutorGroup 公司数据科学家纪思亮小姐、邹伟博士、韩丽萍博士、康磊、戴媛媛。感谢为本书出版做出贡献的老师和同学，谷晓然博士、倪旭君、刘维娜、冯谚晨、苏浩然。感谢为本课题研究提出宝贵建议的首都经济贸易大学文魁教授、中国人民大学赵彦云教授、北京师范大学沈越教授、国家统计局文兼武司长、国家统计局统计科研所潘璠所长。同时感谢课题结题匿名评审专家为课题结题报告提出了宝贵的修改建议。

刘扬

2016 年 9 月

后记

教育部哲学社會科学研究重大課題攻関項目

成果出版列表

序号	书　名	首席专家
1	《马克思主义基础理论若干重大问题研究》	陈先达
2	《马克思主义理论学科体系建构与建设研究》	张雷声
3	《马克思主义整体性研究》	逄锦聚
4	《改革开放以来马克思主义在中国的发展》	顾钰民
5	《新时期　新探索　新征程 ——当代资本主义国家共产党的理论与实践研究》	聂运麟
6	《坚持马克思主义在意识形态领域指导地位研究》	陈先达
7	《当代资本主义新变化的批判性解读》	唐正东
8	《当代中国人精神生活研究》	童世骏
9	《弘扬与培育民族精神研究》	杨叔子
10	《当代科学哲学的发展趋势》	郭贵春
11	《服务型政府建设规律研究》	朱光磊
12	《地方政府改革与深化行政管理体制改革研究》	沈荣华
13	《面向知识表示与推理的自然语言逻辑》	鞠实儿
14	《当代宗教冲突与对话研究》	张志刚
15	《马克思主义文艺理论中国化研究》	朱立元
16	《历史题材文学创作重大问题研究》	童庆炳
17	《现代中西高校公共艺术教育比较研究》	曾繁仁
18	《西方文论中国化与中国文论建设》	王一川
19	《中华民族音乐文化的国际传播与推广》	王耀华
20	《楚地出土戰國簡册［十四種］》	陈　伟
21	《近代中国的知识与制度转型》	桑　兵
22	《中国抗战在世界反法西斯战争中的历史地位》	胡德坤
23	《近代以来日本对华认识及其行动选择研究》	杨栋梁
24	《京津冀都市圈的崛起与中国经济发展》	周立群
25	《金融市场全球化下的中国监管体系研究》	曹凤岐
26	《中国市场经济发展研究》	刘　伟
27	《全球经济调整中的中国经济增长与宏观调控体系研究》	黄　达
28	《中国特大都市圈与世界制造业中心研究》	李廉水

序号	书　名	首席专家
29	《中国产业竞争力研究》	赵彦云
30	《东北老工业基地资源型城市发展可持续产业问题研究》	宋冬林
31	《转型时期消费需求升级与产业发展研究》	臧旭恒
32	《中国金融国际化中的风险防范与金融安全研究》	刘锡良
33	《全球新型金融危机与中国的外汇储备战略》	陈雨露
34	《全球金融危机与新常态下的中国产业发展》	段文斌
35	《中国民营经济制度创新与发展》	李维安
36	《中国现代服务经济理论与发展战略研究》	陈　宪
37	《中国转型期的社会风险及公共危机管理研究》	丁烈云
38	《人文社会科学研究成果评价体系研究》	刘大椿
39	《中国工业化、城镇化进程中的农村土地问题研究》	曲福田
40	《中国农村社区建设研究》	项继权
41	《东北老工业基地改造与振兴研究》	程　伟
42	《全面建设小康社会进程中的我国就业发展战略研究》	曾湘泉
43	《自主创新战略与国际竞争力研究》	吴贵生
44	《转轨经济中的反行政性垄断与促进竞争政策研究》	于良春
45	《面向公共服务的电子政务管理体系研究》	孙宝文
46	《产权理论比较与中国产权制度变革》	黄少安
47	《中国企业集团成长与重组研究》	蓝海林
48	《我国资源、环境、人口与经济承载能力研究》	邱　东
49	《“病有所医”——目标、路径与战略选择》	高建民
50	《税收对国民收入分配调控作用研究》	郭庆旺
51	《多党合作与中国共产党执政能力建设研究》	周淑真
52	《规范收入分配秩序研究》	杨灿明
53	《中国社会转型中的政府治理模式研究》	娄成武
54	《中国加入区域经济一体化研究》	黄卫平
55	《金融体制改革和货币问题研究》	王广谦
56	《人民币均衡汇率问题研究》	姜波克
57	《我国土地制度与社会经济协调发展研究》	黄祖辉
58	《南水北调工程与中部地区经济社会可持续发展研究》	杨云彦
59	《产业集聚与区域经济协调发展研究》	王　珺

序号	书　名	首席专家
60	《我国货币政策体系与传导机制研究》	刘　伟
61	《我国民法典体系问题研究》	王利明
62	《中国司法制度的基础理论问题研究》	陈光中
63	《多元化纠纷解决机制与和谐社会的构建》	范　愉
64	《中国和平发展的重大前沿国际法律问题研究》	曾令良
65	《中国法制现代化的理论与实践》	徐显明
66	《农村土地问题立法研究》	陈小君
67	《知识产权制度变革与发展研究》	吴汉东
68	《中国能源安全若干法律与政策问题研究》	黄　进
69	《城乡统筹视角下我国城乡双向商贸流通体系研究》	任保平
70	《产权强度、土地流转与农民权益保护》	罗必良
71	《我国建设用地总量控制与差别化管理政策研究》	欧名豪
72	《矿产资源有偿使用制度与生态补偿机制》	李国平
73	《巨灾风险管理制度创新研究》	卓　志
74	《国有资产法律保护机制研究》	李曙光
75	《中国与全球油气资源重点区域合作研究》	王　震
76	《可持续发展的中国新型农村社会养老保险制度研究》	邓大松
77	《农民工权益保护理论与实践研究》	刘林平
78	《大学生就业创业教育研究》	杨晓慧
79	《新能源与可再生能源法律与政策研究》	李艳芳
80	《中国海外投资的风险防范与管控体系研究》	陈菲琼
81	《生活质量的指标构建与现状评价》	周长城
82	《中国公民人文素质研究》	石亚军
83	《城市化进程中的重大社会问题及其对策研究》	李　强
84	《中国农村与农民问题前沿研究》	徐　勇
85	《西部开发中的人口流动与族际交往研究》	马　戎
86	《现代农业发展战略研究》	周应恒
87	《综合交通运输体系研究——认知与建构》	荣朝和
88	《中国独生子女问题研究》	风笑天
89	《我国粮食安全保障体系研究》	胡小平
90	《我国食品安全风险防控研究》	王　硕

序号	书　名	首席专家
91	《城市新移民问题及其对策研究》	周大鸣
92	《新农村建设与城镇化推进中农村教育布局调整研究》	史宁中
93	《农村公共产品供给与农村和谐社会建设》	王国华
94	《中国大城市户籍制度改革研究》	彭希哲
95	《国家惠农政策的成效评价与完善研究》	邓大才
96	《以民主促进和谐——和谐社会构建中的基层民主政治建设研究》	徐　勇
97	《城市文化与国家治理——当代中国城市建设理论内涵与发展模式建构》	皇甫晓涛
98	《中国边疆治理研究》	周　平
99	《边疆多民族地区构建社会主义和谐社会研究》	张先亮
100	《新疆民族文化、民族心理与社会长治久安》	高静文
101	《中国大众媒介的传播效果与公信力研究》	喻国明
102	《媒介素养：理念、认知、参与》	陆　晔
103	《创新型国家的知识信息服务体系研究》	胡昌平
104	《数字信息资源规划、管理与利用研究》	马费成
105	《新闻传媒发展与建构和谐社会关系研究》	罗以澄
106	《数字传播技术与媒体产业发展研究》	黄升民
107	《互联网等新媒体对社会舆论影响与利用研究》	谢新洲
108	《网络舆论监测与安全研究》	黄永林
109	《中国文化产业发展战略论》	胡惠林
110	《20 世纪中国古代文化经典在域外的传播与影响研究》	张西平
111	《国际传播的理论、现状和发展趋势研究》	吴　飞
112	《教育投入、资源配置与人力资本收益》	闵维方
113	《创新人才与教育创新研究》	林崇德
114	《中国农村教育发展指标体系研究》	袁桂林
115	《高校思想政治理论课程建设研究》	顾海良
116	《网络思想政治教育研究》	张再兴
117	《高校招生考试制度改革研究》	刘海峰
118	《基础教育改革与中国教育学理论重建研究》	叶　澜
119	《我国研究生教育结构调整问题研究》	袁本涛 王传毅
120	《公共财政框架下公共教育财政制度研究》	王善迈

序号	书　名	首席专家
121	《农民工子女问题研究》	袁振国
122	《当代大学生诚信制度建设及加强大学生思想政治工作研究》	黄蓉生
123	《从失衡走向平衡：素质教育课程评价体系研究》	钟启泉 崔允漷
124	《构建城乡一体化的教育体制机制研究》	李　玲
125	《高校思想政治理论课教育教学质量监测体系研究》	张耀灿
126	《处境不利儿童的心理发展现状与教育对策研究》	申继亮
127	《学习过程与机制研究》	莫　雷
128	《青少年心理健康素质调查研究》	沈德立
129	《灾后中小学生心理疏导研究》	林崇德
130	《民族地区教育优先发展研究》	张诗亚
131	《WTO 主要成员贸易政策体系与对策研究》	张汉林
132	《中国和平发展的国际环境分析》	叶自成
133	《冷战时期美国重大外交政策案例研究》	沈志华
134	《新时期中非合作关系研究》	刘鸿武
135	《我国的地缘政治及其战略研究》	倪世雄
136	《中国海洋发展战略研究》	徐祥民
137	《深化医药卫生体制改革研究》	孟庆跃
138	《华侨华人在中国软实力建设中的作用研究》	黄　平
139	《我国地方法制建设理论与实践研究》	葛洪义
140	《城市化理论重构与城市化战略研究》	张鸿雁
141	《境外宗教渗透论》	段德智
142	《中部崛起过程中的新型工业化研究》	陈晓红
143	《农村社会保障制度研究》	赵　曼
144	《中国艺术学学科体系建设研究》	黄会林
145	《人工耳蜗术后儿童康复教育的原理与方法》	黄昭鸣
146	《我国少数民族音乐资源的保护与开发研究》	樊祖荫
147	《中国道德文化的传统理念与现代践行研究》	李建华
148	《低碳经济转型下的中国排放权交易体系》	齐绍洲
149	《中国东北亚战略与政策研究》	刘清才
150	《促进经济发展方式转变的地方财税体制改革研究》	钟晓敏
151	《中国—东盟区域经济一体化》	范祚军

序号	书　名	首席专家
152	《非传统安全合作与中俄关系》	冯绍雷
153	《外资并购与我国产业安全研究》	李善民
154	《近代汉字术语的生成演变与中西日文化互动研究》	冯天瑜
155	《新时期加强社会组织建设研究》	李友梅
156	《民办学校分类管理政策研究》	周海涛
157	《我国城市住房制度改革研究》	高　波
158	《新媒体环境下的危机传播及舆论引导研究》	喻国明
159	《法治国家建设中的司法判例制度研究》	何家弘
160	《中国女性高层次人才发展规律及发展对策研究》	佟　新
161	《国际金融中心法制环境研究》	周仲飞
162	《居民收入占国民收入比重统计指标体系研究》	刘　扬
	……	